제7판 객관식 경제학 강의

[거시경제학]

회계사 · 감평사 · 노무사 · 공무원 · 공사

객관식 경제학 강의

Testbank for **Economics**

microeconomics + **macro**economics

7판

[거시경제학]

이영환 · 김진욱 지음

율곡출판사

제7판

들어가는 글

seventh edition
Testbank for Economics
[macroeconomics]
Preface

이 책의 제6판을 낸 후 4년의 시간이 지났습니다. 그동안 기출문제도 상당히 누적되었고 시험 경향 및 난이도에도 일부 변화가 있어 이를 반영하여 책을 개정했습니다. 개정의 주된 내용은 다음과 같습니다.

1. 2020년에서 2023년까지의 기출문제 반영
2. 거시경제학의 새로운 경향 반영
3. 국제경제학의 새로운 경향 반영

이 책의 출간시점에서 2023년 주요 시험 기출문제들이 모두 반영되었으나 국가직 7급 시험은 아직 시행되지 않아 반영되지 않았습니다. 이는 본서로 강의가 이루어지는 학원 및 강사 카페 등을 통해 자료가 제공될 것입니다.

최근 시험경향을 보면 미시경제학은 문제의 난이도가 높아졌고, 거시경제학과 국제경제학은 출제범위가 넓어졌다고 볼 수 있습니다. 이번 개정에서는 이러한 변화를 충실히 반영하려고 노력하였고, 어느 정도 성과가 있었다고 자평합니다. 우선 미시경제학은 경제학의 기본 원리에 해당하는 분야이므로 교과서의 내용이 많이 바뀌지 않았습니다. 따라서 좋은 문제를 빠짐 없이, 그리고 중복 없이 선정하여 문제를 풀어나가면서 자연스럽게 경제학에 대한 이해가 높아질 수 있도록 책을 구성하였습니다.

반면 거시경제학은 상대적으로 새로운 이론이 끊임없이 등장하고 교과서의 체계 및 서술방식도 자주 바뀌는 편입니다. 그러나 일부 객관식 교재들이 이를 잘 반영하지 못하고 있다고 판단하였습니다. 그래서 구성에 있어서는 현재 국내 가장 많은 대학에서 사용하는 교과서의 편재를 따랐으며, 내용에 있어서는 최신 출제경향을 최대한 담아내기 위해 노력하였습니다. 대신 오래되어 더 이상 출제되지 않을 논점과 문제들은 과감히 삭제하였습니다.

이 책을 쓰면서 항상 염두에 두는 것은 '한 발 앞서가기' 라는 말이었습니다. 다른 책보다, 그리고 출제경향보다 앞서가되 딱 한 발만 앞서가자. 그래서 과거 다른 책에는 수록되지 않았던 테일러 준칙, 시간비일관성 문제 등을 적중시켰고, 최근에는 국가부채 비율 관련 문제 등을 적중시켰습니다. 앞으로도 앞서 나가되 너무 앞서 나가지 않는, 수험서로서의 본분을 지키면서 학생들에게 도움이 되는 그런 책을 만들어 나가겠습니다. 오랜 개정 기간 동안 변덕스러운 저자의 요구를 한마디 불평 없이 잘 반영해 준 율곡출판사에 감사드립니다.

2023년 9월

이영환 · 김진욱

초판

들어가는 글

first edition
Testbank for Economics
[macroeconomics]
Preface

본인은 1년 전 경제학 명강사로 널리 알려진 김진욱 선생과 함께 『경제학 강의』라는 제목으로 경제학 텍스트를 출간했다. 당시 저자는 국내외의 저명한 학자들이 저술한 『경제학원론』에 해당하는 좋은 텍스트가 시중에 많이 출간된 상태에서 새삼 새로운 텍스트를 출간하는 이유를 고백했다. 본인과 김진욱 선생이 공저한 『경제학 강의』는 이미 시중에서 인기리에 판매되고 있는 경제학 텍스트에 비해 여러 가지 면에서 부족했다. 그럼에도 우리가 이 텍스트를 공저한 이유는 특정한 목적을 가지고 경제학을 공부하는 사람들이 보다 더 쉽게 경제학의 원리를 이해하고 실무에 응용하기를 바라는 마음에서였다. 아직까지 저자들의 이런 의도가 시장에서 충분히 평가받고 있지는 못하다. 그렇지만 부족한 부분을 꾸준히 보완해 나간다면 언젠가 시장의 기대에 부응하리라 생각하고 있다.

이런 와중에 본인과 김진욱 선생은 이 텍스트를 보완하는 방법으로 『객관식 경제학 강의』를 출간하기로 했다. 그리고 새로운 책의 편집방향과 내용에 대해 진지하게 논의했다. 수많은 젊은 사람들이 여러 가지 형태의 경제학 시험을 준비하는 데 많은 시간을 할애하고 있다. 그리고 시중에는 이들에게 도움을 주는 좋은 책들이 여러 권 나와 있다. 따라서 각종 시험을 대비하는 사람들에게 전혀 도움이 되지 않는다면 새롭게 책을 출간할 명분도 이유도 없다. 경제학의 용어를 빌려 말하자면 한계효용이 0인 책은 출간되어서는 안 된다. 그래서 저자와 김진욱 선생은 새로이 출간되는 『객관식 경제학 강의』가 독자들에게 가치 있는 책으로 평가받을 수 있도록 나름대로 적지 않은 노력을 기울였다. 이 책의 기본적인 특징을 소개하면 다음과 같다.

첫째, 『객관식 경제학 강의』는 기본 텍스트와 같은 순서를 유지해 객관식 문제를 풀어봄으로써 해당 부분 텍스트의 내용을 철저하게 이해할 수 있도록 편집되었다.

둘째, 객관식 문제를 단순히 나열하지 않고 유기적으로 배치하여 문제를 푸는 과정에서 자연스럽게 핵심 개념을 이해하고 출제경향을 파악할 수 있도록 했다.

셋째, 각 장마다 기초 개념을 다루거나 단순한 계산을 요구하는 문제를 기본문제로 분류했으며, 상대적으로 난이도가 높고 응용이 필요한 문제는 실전문제로 분류했다. 따라서 수험생들은 기본문제를 통해 핵심적인 개념을 이해한 후 실전문제를 통해 이것을 응용하면 도움이 될 것이다. 여기에는 기출문제뿐만 아니라 저자들이 새롭게 만든 문제도 수록되어 있다. 앞으로 새로운 문제를 계속 보완할 것이다.

넷째, 기본문제나 실전문제에 최대한 상세한 해설을 첨부했다. 단순히 해설을 위한 해설이 아니라 각 문제의 정답을 구하기 위해서 반드시 알아야 하는 사항을 정리하고자 했다. 이 점은 『경제학 강의』 텍스트의 내용과 상호 보완적인 역할을 할 것으로 기대된다.

다섯째, 2008년까지의 최신 문제들과 향후 출제 가능한 문제들을 수록했다. 특히 향후 출제 가능한 문제들을 엄선해 자세한 해설을 곁들임으로써 수험생 스스로 문제를 풀 수 있는 능력을 높일 수 있도록 했다. 그리고 기출문제인 경우 경제학의 핵심 원리를 이해하기 위해 반드시 알아야 하는 문제들을 엄선했다. 새로운 경제이론이 등장하지 않는 한 이런 기출문제와 저자들이 만든 문제를 이해한다면 어떤 종류의 시험에도 충분히 대비할 수 있다고 확신한다.

이상이 본인과 김진욱 선생이 이 책을 준비하면서 역점을 두었던 몇 가지 포인트이다. 그러나 책을 완성하고 보니 여전히 미흡한 점이 한둘이 아니다. 이 책을 출간하는 가장 중요한 목적은 각종 시험에 대비해 경제학을 공부하는 사람들이 최소의 노력을 들여 경제학을 이해하고 어떤 형태의 객관식 문제에 대해서도 준비할 수 있도록 도와주는 것이다. 이런 목적에 기여할 수 있다면 저자들은 이 책이 사회적으로 기여하는 바가 있다고 생각한다. 그래서 시장의 평가를 겸허하게 받아들이면서 앞으로 이 책을 보완해 나갈 것이다.

이 책이 출간되기까지 많은 사람들이 도움을 주었다. 무엇보다도 바쁜 일정에도 불구하고 이 책의 편집을 위해 노력을 아끼지 않았던 율곡출판사의 방조일 부장과 편집부의 직원 여러분들에게 감사의 말을 전하고 싶다. 그리고 어려운 경제여건에서도 지원을 아끼지 않으시는 박기남 사장님에게도 이 자리를 빌려 감사의 말씀을 전하고 싶다. 또한 기출문제를 엄선하고 교정작업을 하는 과정에서 이지민(서울대), 정지연(이화여대), 안누리(서울대) 군이 열성적으로 도움을 주었다. 이들의 도움이 없었다면 이 책의 출간이 지연되었을 것이고 이 정도나마 완성도를 가질 수 없었을 것이다. 그리고 무엇보다도 이 책의 전체 내용을 조정하고 수험생들과 눈높이를 맞추기 위해 노력한 김진욱 선생의 노고에 경의를 표한다.

2008년 12월

남산 자락의 연구실에서

대표저자 이 영 환

차례

seventh edition
Testbank for **Economics**
[**macro**economics]
Contents

제1장 거시경제의 주요 변수

Testbank for Economics [macroeconomics]

핵 심 출 제 논 점

1. GDP의 정의 및 측정
2. 국민소득 3면등가
3. GDP와 유사지표와의 관계
4. GDP 디플레이터와 소비자물가지수의 비교
5. 소비자물가지수 측정상 문제점
6. 주요 고용지표의 비교
7. 실업률 측정상 문제점

I 거시경제의 수량지수 : 국내총생산의 측정

1. GDP 측정의 의의

- 생산지수로서의 GDP : 한 국가의 경제활동 활성화 정도의 측정
- 후생지수로서의 GDP : 한 국가 국민들의 후생수준 측정

2. GDP의 개념요소

개념	유의사항
"주어진 기간"	1년을 단위기간으로 함(매월 또는 매분기마다 발표)
"한 나라 안에서"	⇔ 한 나라 국민이
"생산된"	⇔ 판매된
"모든"	원칙 : 부가가치를 창출하면 모든 생산활동 포함을 원칙 현실 : 측정의 한계 등으로 불법, 비시장 거래 대부분 제외
"최종"	중복계산을 위해 중간재 제외
"재화와 서비스"	부가가치를 창출한다면 유 · 무형을 가리지 않음
"시장가치의 합"	당해연도 가격으로 측정 : $NGDP_1 = P_1Q_1$ 기준연도 가격으로 측정 : $RGDP_1 = P_0Q_1$*

* 현재 한국은행은 연쇄가중법(매년 구성 및 가중치를 약간씩 변경)에 의한 실질 GDP 도출

3. GDP 포함범위

GDP에 포함되는 항목	GDP에 포함되지 않는 항목
최종생산물 가치	중간생산물 가치
외국인의 국내소득	자국민의 해외소득
주택의 귀속임대료	주택매매 차익
주식거래수수료	주식판매 대금
신규 재고의 누적	기존 재고의 소진
신규 주택의 건설	기존 주택의 판매
농부의 자가경작 농산물	주부의 가사노동

4. GDP와 국민소득 삼면등가

- GDP = 최종생산물의 가치 (= 각 단계에서의 부가가치의 합) : 생산국민소득

  = 임금 + 임대료 + 이윤 (= 요소소득의 합) : 분배국민소득

  = 소비 + 투자 + 정부구매 + 순수출 (= 지출의 합) : 지출국민소득

5. GNP, GDP, GNI, GDI 간의 관계(실질 기준)

해외순수취요소소득 (국내(D) → 국민(N))

	국민(*N*)	국내(*D*)
총생산(*P*)	GNP	GDP
총소득(*I*)	GNI	GDI

교역조건 변화 (총생산(P) → 총소득(I))

- GNP = GDP + 해외순수취요소소득
- GNI = GDP + 해외순수취요소소득 + 교역조건 변화
- $\frac{NGDP}{P} = RGDP$, $\frac{NGNP}{P} = RGNP$ but $\frac{NGNI}{P} \neq RGNI$

Tips

1. $NGNP \equiv NGNI$(개방 · 폐쇄 무관)
2. 전 세계적으로 $\Sigma GDP \equiv \Sigma GNP$(명목 · 실질 무관)
3. 폐쇄경제에서 $RGDP \equiv RGNP \equiv RGDI \equiv RGNI$, $NGDP \equiv NGNP \equiv NGDI \equiv NGNI$
4. 기준연도에는 $NGDP \equiv RGDP$, GDP deflator $\equiv$ 1(또는 100)

6. 기타의 소득지표

<table>
<tr><th>이전지출
(정부 to 가계)</th><th>보조금
(정부 to 기업)</th><th>해외순수취
이전소득</th><th>–</th><th>소득세
(개인, 법인)</th><th>정부수취
이자, 임료</th><th>사내
유보</th><th>간접세</th><th>감가상각</th></tr>
<tr><td></td><td></td><td></td><td colspan="6">GNI(국민총소득)</td></tr>
<tr><td></td><td></td><td></td><td colspan="5">NNI(국민순소득) = 본원소득</td><td></td></tr>
<tr><td></td><td></td><td colspan="6">NDI(국민처분가능소득)</td><td></td></tr>
<tr><td></td><td colspan="6">NI(국민소득)</td><td></td><td></td></tr>
<tr><td></td><td colspan="4">PPI(가계본원소득)</td><td></td><td></td><td></td><td></td></tr>
<tr><td colspan="4">PDI(가계처분가능소득)</td><td></td><td></td><td></td><td></td><td></td></tr>
</table>

- 암기 1 : 국민순소득(NNI) = 국민총소득(GNI) – 감가상각
- 암기 2 : 가계처분가능소득(PDI) = 국민순소득(NNI) – 사내유보 – 각종 세금 + 각종 보조금

7. (실질)경제성장률

- 경제성장률(economic growth rate)이란 실질 GDP의 증가율을 측정한 것이다.
- $g = \frac{Y_1 - Y_0}{Y_0}$, 단, Y는 각 연도의 실질 GDP

Ⅱ 거시경제의 물가지수 : CPI, GDP deflator의 측정

1. GDP deflator의 정의

- $GDP\text{ deflator} = \dfrac{NGDP_1}{RGDP_1} = \dfrac{P_1Q_1}{P_0Q_1}(\times 100)\ (= P_P)$

2. CPI(consumer price index)의 측정

(1) CPI의 정의

- $CPI = \dfrac{P_1Q_0}{P_0Q_0}(\times 100)\ (= L_P)$

(2) CPI에 의한 물가지수 측정상의 문제점

① 대체효과에 의한 왜곡 ⇒ 과대측정 요인

② 새로운 상품의 등장 ⇒ 과대측정 요인

③ 측정하기 힘든 품질변화 ⇒ 과대측정 요인

소비자물가지수(통계청)	GDP 디플레이터(한국은행)
수입 생필품 포함	수입 생필품 비포함
(국산) 자본재 비포함	(국산) 자본재 포함
라스파이레스 지수(기준연도, 고정상품 묶음)	파셰 지수(비교연도, 변동상품 묶음)
과대측정 가능성	과소측정 가능성

3. 인플레이션과 인플레이션율

- 인플레이션 = ① 평균적인 물가수준의 상승, ② 화폐구매력의 하락
- 인플레이션율(π_1) = 물가수준(p)의 상승률 = 화폐가치의 하락률

  $= \dfrac{p_1 - p_0}{p_0}(\times 100)$ (p는 CPI 또는 GDP deflator)

4. 수량지수 및 가격지수에 의한 후생 평가

- $L_Q = \dfrac{P_0Q_1}{P_0Q_0},\ P_Q = \dfrac{P_1Q_1}{P_1Q_0},\ L_P = \dfrac{P_1Q_0}{P_0Q_0},\ P_P = \dfrac{P_1Q_1}{P_0Q_1},\ N = \dfrac{P_1Q_1}{P_0Q_0}$(명목소득지수)
- 명백한 후생 개선의 조건 : $P_Q \geq 1$ 또는 $L_P \leq N$
- 명백한 후생 악화의 조건 : $L_Q \leq 1$ 또는 $P_P \geq N$
- 기준연도와 비교연도 간 RGDP 비교 ⇒ 라스파이레스 수량지수

Ⅲ 고용지표의 측정

1. 생산가능연령인구의 구성

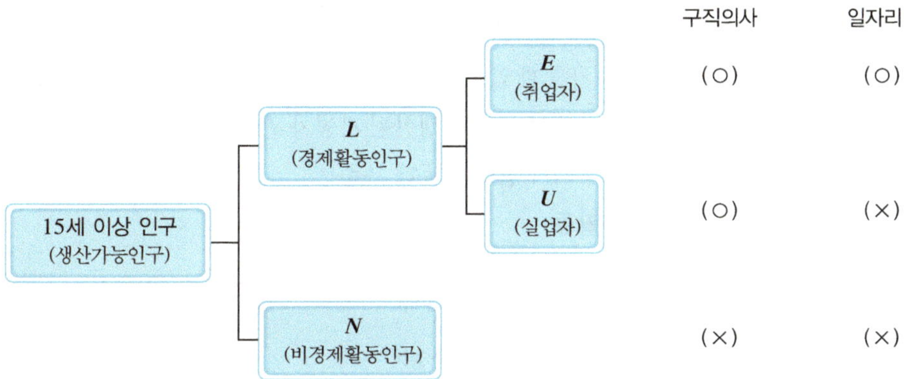

2. 주요 고용지표의 비교

지표	정의		특징
실업률	1. 경제활동인구에 대한 실업자의 비율 2. 구직의사는 있으나 일자리는 없는 사람들의 비율	■ $u = \frac{U}{L} = \frac{U}{E+U}$ $(\times 100)$	■ 낮을수록 바람직 ■ 실업률이 낮다고 반드시 고용규모가 늘어나는 것은 아님 ■ 주관적 · 심리적 요인을 반영
경제활동 참가율	■ 전체 생산가능연령인구에 대한 경제활동인구의 비율	■ $p = \frac{L}{L+N}$ $(\times 100)$	■ 높을수록 바람직 ■ 여성의 경제활동 참여가 활발한 국가일수록 높음
고용률	■ 전체 생산가능연령인구에 대한 취업자의 비율	■ $e = \frac{E}{L+N}$ $(\times 100)$	■ 높을수록 바람직 ■ 객관적이며, 고용규모 변화를 잘 반영

3. 주요 고용지표 간의 관계

- 고용률 = (1 − 실업률) × 경제활동참가율
- 고용률의 최대치는 경제활동참가율!

4. 주의사항

① 실망실업자(구직단념자) 증가 ⇒ u 하락, p 하락, e 불변

② 실업률이 하락한다고 반드시 고용률이 상승하는 것은 아님.

③ 한국은 다른 나라들에 비해 실업률은 낮고, 경제활동참가율은 낮다.

Part-1 기본 문제

01 금년도 국내총생산(GDP) 산출에 포함되는 경제활동은? 2011년 공인노무사 응용

① 전년도 생산된 중고 자동차를 매입
② 국내기업 소유의 해외공장에서 금년도 생산된 자동차 판매
③ 중국 회사가 우리나라로부터 구입한 컴퓨터 부품
④ 전업주부의 금년도 가사활동
⑤ 노령층에 대한 기초연금의 인상분

hint

③ 컴퓨터 부품을 우리나라 기업이 사용한다면 2중계산을 막기 위해 제외되지만 해외로 수출된 경우에는 GDP에 포함된다.

GDP에 포함되는 항목	GDP에 포함되지 않는 항목
최종생산물 가치	중간생산물 가치
외국인의 국내소득	자국민의 해외소득
신규 주택의 판매	기존 주택의 판매
주택의 귀속임대료	주택매매 차익
주식거래수수료	주식판매 대금
회사채 이자소득	공채이자소득
신규 재고의 누적	기존 재고의 소진
신규 주택의 건설	기존 주택의 판매
농부의 자가경작 농산물	주부의 가사노동

02 GDP에 대한 다음 설명 중 옳은 것을 모두 고르면? 2010년 공인회계사

가. 2009년에 생산되어 재고로 보유되다가 2010년에 판매된 재화의 가치는 2010년 GDP에 포함된다.
나. 부동산 중개업자가 2001년에 지어진 아파트의 2010년 매매 중개로 받은 수수료는 2010년 GDP에 포함된다.
다. 2010년 들어 학교 교육에 실망한 부모들이 직장을 그만두고 집에서 자식을 가르치면 2010년 GDP는 감소한다.
라. 홍수 피해를 복구하는 데 들어간 비용은 GDP에 포함된다.

마. 한국의 자동차 회사가 2010년에 미국에서 생산하여 한국에서 판매한 자동차의 가치는 한국의 2010년 GDP에 포함된다.

① 가, 나　② 가, 라　③ 나, 다
④ 가, 다, 라　⑤ 나, 다, 라

hint

GDP란 주어진 기간 내에 자국 내에서 생산된 최종생산물의 시장가치를 의미한다.

가. 2009년에 생산된 것은 2009년의 GDP에 포함된다.
나. 부동산 중개수수료는 2010년의 서비스이므로 GDP에 포함된다.
다. 부모들이 직장을 그만두고 집에서 자식들을 가르치면 직장에서의 생산이 감소하고 가정에서의 생산이 증가하지만 가정에서의 생산은 시장에서 거래된 것이 아니므로 GDP에 포함되지 않는다.
라. 홍수 피해는 국민 후생을 감소시키지만 복구비용은 GDP에 포함된다.
마. 미국에서 생산된 생산물은 미국의 GDP에 포함된다.

03 **갑(甲)회사가 2020년에 생산한 뒤 재고로 보관 중이던 제품을 2021년에 소비자 을(乙)에게 판매하였다. 국내총생산(GDP)에 대한 설명으로 가장 옳은 것은?** 2021년 서울시 7급

① 제품의 가치가 2020년 GDP에 영향을 주지 않되, 2021년 GDP의 소비에 더해진다.
② 제품의 가치가 2020년 GDP에 영향을 주지 않되, 2021년 GDP의 투자에 더해진다.
③ 제품의 가치가 2020년 GDP의 투자에 더해지고, 2021년 GDP의 투자에 더해지며, 2021년 GDP의 소비에서 감해진다.
④ 제품의 가치가 2020년 GDP의 투자에 더해지고, 2021년 GDP의 소비에 더해지며, 2021년 GDP의 투자에서 감해진다.

hint

생산된 GDP 중 판매되지 않은 부분은 생산된 연도의 재고투자에 포함된다. 재고의 판매가 이루어지는 해에는 재고투자가 감소하고, 사용처에 따라 민간소비, 정부구입 또는 순수출이 증가한다.

정답　1 ③　2 ⑤　3 ④

04 **국민소득 지표에 대한 설명으로 옳지 않은 것은?** 2017년 공인회계사

① 폐쇄경제에서는 실질 GDP와 실질 GDI가 같다.

② 명목 GNI는 명목 GNP와 동일한 개념이다.

③ 교역조건 변화에 따른 실질무역손익이 음(-)의 값을 가질 경우, 실질 GDI는 실질 GDP보다 작다.

④ 실질 GNI는 실질 GNP와 동일한 개념이다.

⑤ 명목 국외순수취 요소소득이 음(-)의 값을 가질 경우, 명목 GNI는 명목 GDP보다 작다.

hint

① (O), 폐쇄경제에서는 실질 GDP = 실질 GNP = 실질 GDI = 실질 GNI가 성립한다.
② (O), 과거 명목 GNP를 이름만 바꾸어 현재 명목 GNI로 부르고 있다.
③ (O), 실질 GDI = 실질 GDP + 실질무역손익[단, 실질무역손익이 (−)일 때 손실]
④ (×), 실질 GNI = 실질 GNP + 실질국외순수취요소소득
⑤ (O), 명목 GNI = 명목 GNP = 명목 GDP + 명목국외순수취요소소득

05 **농부는 밀 1포대를 생산하여 이를 제분업자에게 1달러에 판매하였다. 제분업자는 밀을 밀가루로 만들어 제빵업자에게 3달러에 판매하였다. 제빵업자는 밀가루를 이용하여 빵을 만들어 이를 기술자에게 6달러에 판매하였으며, 기술자는 이를 식용으로 사용하였다. 각 단계에서의 부가가치의 합은 얼마이며, GDP는 얼마인가?**

① 부가가치의 합은 6달러, GDP는 10달러

② 부가가치의 합과 GDP 모두 6달러

③ 부가가치의 합은 10달러, GDP는 6달러

④ 부가가치의 합과 GDP 모두 10달러

⑤ 부가가치의 합은 6달러, GDP는 알 수 없음.

hint

부가가치란 생산의 각 단계에서 산출물의 가치에서 투입물의 가치를 제함으로써 구할 수 있다.

농부의 부가가치	= 1달러 − 0달러
제분업자의 부가가치	= 3달러 − 1달러
제빵업자의 부가가치	= 6달러 − 3달러
부가가치의 총합	= 6달러(= 최종생산물의 가치)

06 4개의 기업이 각각 밀가루, 치즈, 토마토, 피자를 생산하는 나라를 상정하자. 이외에 생산되는 다른 재화는 없다. 밀가루, 치즈, 토마토 생산은 토지와 노동력만을 필요로 하지만, 피자의 생산에는 토지와 노동력 외에도 밀가루, 치즈, 토마토를 필요로 한다. 이 경제 내에서 생산된 밀가루, 치즈, 토마토는 모두 피자 회사에 판매되어 피자 생산에 사용된다. 다음 표는 각 재화의 생산과정에서 각 생산요소가 벌어들인 소득과 산출물의 판매액을 나타낸다. 이 나라의 국내총생산(GDP)은? 2021년 서울시 7급

	밀가루 회사	치즈 회사	토마토 회사	피자 회사
총임금	25	28	30	75
총지대	20	47	15	45
판매액	55	80	60	350

① 158 ② 195
③ 285 ④ 350

hint

GDP는 유일한 최종생산물인 피자의 판매액으로 측정할 수 있다. 이 문제는 다양하게 응용될 여지가 있는데 아래 사항을 꼭 확인하기 바란다.

* **GDP의 측정법**

1. 최종생산물 가치 : 350(피자)
2. 부가가치의 합 : 55(밀가루) + 80(치즈) + 60(토마토) + 155(피자) = 350
3. 요소소득의 합 : 158(임금) + 127(지대) + 65(이윤) = 350

정답 4 ④ 5 ② 6 ④

07 국민소득과 관련된 변수들에서 일반적으로 나타나는 특징을 모두 고르면? 2009년 공인회계사

가. 국민소득의 네 가지 지출 구성요소 중에서 소비가 가장 큰 비중을 차지한다.
나. 소비, 투자, 정부지출 중에서 변동성이 가장 큰 것은 정부지출이고 가장 작은 것은 소비이다.
다. 내구소비재에 대한 지출의 변동성보다 비내구소비재에 대한 지출의 변동성이 더 크다.
라. 국가별 1인당 국민소득은 교육수준과 양의 상관관계를 보인다.

① 가, 나 ② 나, 다 ③ 가, 라
④ 가, 다, 라 ⑤ 나, 다, 라

hint

나. 소비, 투자, 정부지출 중 변동성이 가장 큰 것은 투자이다.
다. 음식 등 비내구소비재에 대한 지출은 쉽게 줄이거나 늘릴 수 없어 지출의 변동성이 작다.
라. 인적자본은 1인당 국민소득의 차이를 설명하는 가장 중요한 요인 중 하나이다.

08 국민소득계정에서 투자에 포함되지 않는 것은? 2005년 공인노무사

① 상품 재고의 증가 ② 기업의 새 기계 구입
③ 기존의 다른 기업 인수 ④ 기업의 새 컴퓨터 구입
⑤ 신축주택에 대한 소비자 지출

hint

거시경제학에서 말하는 투자는 '실물자본의 축적'을 의미하는 것으로, 설비투자, 건설투자, 재고투자로 구성된다. 따라서 기존 기업의 인수나 단순한 금융투자는 포함되지 않는다.

09 국민소득과 관련된 설명 중 옳은 것을 모두 고른 것은? 2016년 보험계리사

㉠ 생산국민소득, 분배국민소득, 지출국민소득이 사후적으로 모두 같다는 것을 국민소득 3면등가의 법칙이라 한다.
㉡ 국민소득 순환에서 투자와 조세는 주입(injection)에 해당하고, 저축과 정부지출은 누출(leakage)에 해당한다.
㉢ GDP란 일정 기간 동안 한 국가 내에서 생산된 모든 최종 재화와 서비스의 시장가치이다.

① ㉠, ㉡ ② ㉡, ㉢

③ ㉠, ㉢ ④ ㉠, ㉡, ㉢

hint

㉠ (O)

㉡ (X) ⇒ 주입 : 투자(I), 정부구입(G), 수출(X), 누출 : 민간저축(S_p), 조세(T), 수입(M)

㉢ (O)

10 **GDP 디플레이터와 CPI(소비자물가지수)에 대한 설명으로 옳지 않은 것은?** 2022년 국회 8급

① 기업 또는 정부에 의해 구입된 물품가격 상승은 GDP 디플레이터에 반영되나 CPI에는 반영되지 않는다.

② 해외에서 생산되어 우리나라에서 판매되는 자동차 가격의 인상은 CPI에 영향을 미치나 GDP 디플레이터에는 영향을 미치지 않는다.

③ GDP 디플레이터와 CPI는 재화가격에 고정된 가중치를 사용하여 도출된다.

④ GDP 디플레이터는 생산된 모든 재화 및 용역의 가격을 측정한다.

⑤ CPI는 라스파이레스 지수(Laspeyres Index)이므로 농산물 가격의 급등으로 인해 소비자가 입은 충격을 과대평가한다.

hint

① (O), CPI는 생산국과 무관하며, 소비자들이 주로 사용하는 물품이면 포함된다.

② (O), GDP 디플레이터에는 자국 생산물만 포함된다.

③ (X), CPI는 고정가중치로 계산되지만 GDP 디플레이터는 매년 가중치가 변동된다.

④ (O)

⑤ (O), 대체효과 편의, 신상편의, 품질편의 등으로 CPI는 과대평가된다.

정답 7 ③ 8 ③ 9 ③ 10 ③

11 다음은 A국의 연도별 명목 GDP, 실질 GDP, GDP 디플레이터에 대한 자료이다. (ㄱ)~(ㄹ)에 들어갈 수치를 바르게 연결한 것은?

2021년 국회 8급

연도	명목 GDP	실질 GDP(2020년 기준)	GDP 디플레이터
2000	(ㄱ)	5,000	60
2010	6,000	(ㄴ)	100
2020	8,000	(ㄷ)	(ㄹ)

	(ㄱ)	(ㄴ)	(ㄷ)	(ㄹ)
①	$5,000 \times 0.6$	8,000	8,000	100
②	$5,000/0.6$	8,000	6,000	$(100/60) \times 100$
③	$5,000 \times 0.6$	6,000	8,000	100
④	$5,000/0.6$	6,000	8,000	100
⑤	$5,000 \times 0.6$	6,000	6,000	$(100/60) \times 100$

hint

2000년 : $\frac{(ㄱ)}{5,000} \times 100 = 60 \Rightarrow (ㄱ) = 5,000 \times 0.6$, 2010년 : $\frac{6,000}{(ㄴ)} \times 100 = 100 \Rightarrow (ㄴ) = 6,000$

2020년은 기준연도이므로 명목 GDP와 실질 GDP가 동일하며, GDP 디플레이터는 100이 된다.

12 A국은 사과와 딸기 두 재화만을 생산하며, 각 재화의 생산량과 가격은 다음 표와 같다. A국이 2013년 가격을 기준으로 실질 GDP를 계산한다고 할 때 다음 중 옳지 않은 것은?

2015년 공인회계사

연도	사과		딸기	
	생산량	가격	생산량	가격
2013	10	1	5	2
2014	8	2	6	1

① 2013년의 명목 GDP는 20이다.

② 2013년의 실질 GDP는 20이다.

③ 2014년의 명목 GDP는 22이다.

④ 2014년의 실질 GDP 성장률은 전년 대비 0%이다.

⑤ 2014년의 GDP 디플레이터 상승률은 전년 대비 5%이다.

hint

- $P_{2013} = (1, 2),\ Q_{2013} = (10, 5)$
  $\Rightarrow RGDP_{2013} = NGDP_{2013} = P_{2013}Q_{2013} = 20,\ GDP$ 디플레이터 $= 100$
- $P_{2014} = (2, 1),\ Q_{2014} = (8, 6)$
  $\Rightarrow RGDP_{2014} = P_{2013}Q_{2014} = 20,\ NGDP_{2014} = P_{2014}Q_{2014} = 22,\ GDP$ 디플레이터 $= 110$

13 **A라는 사람의 2001년 연봉은 6천만원이었고, 2010년에는 8천만원의 연봉을 받았다. 소비자 물가지수는 2001년에는 177이었고, 2010년에는 221.25였다고 하자. A의 2010년 연봉을 2001년 가치로 계산했을 때 다음 설명 중 옳은 것은?** 2010년 국회 8급

① 연봉은 4천 5백만원이며, 2001년에서 2010년까지의 기간 동안 A의 구매력은 감소했다.
② 연봉은 6천만원이며, 2001년에서 2010년까지의 기간 동안 A의 구매력에는 아무 변화가 없다.
③ 연봉은 6천 4백만원이며, 2001년에서 2010년까지의 기간 동안 A의 구매력은 증가했다.
④ 연봉은 7천만원이며, 2001년에서 2010년까지의 기간 동안 A의 구매력은 증가했다.
⑤ 연봉은 7천 5백만원이며, 2001년에서 2010년까지의 기간 동안 A의 구매력은 증가했다.

hint

이 문제의 답은 다음 비례식을 만족하는 x와 같다.

$$P_{2010} : Y_{2010} = P_{2001} : x \Rightarrow x = Y_{2010} \times \frac{P_{2001}}{P_{2010}} = 8{,}000\text{만원} \times \frac{177}{221.25} = 6{,}400\text{만원}$$

정답 11 ③ 12 ⑤ 13 ③

14 **다음의 설명 중 옳지 않은 것은?** 2016년 국회 8급

① 국민총소득(gross national income ; GNI)은 한 나라 국민이 일정 기간 동안 벌어들인 임금 · 이자 · 지대 등의 요소소득을 모두 합한 것이다.

② 국내총생산(gross domestic product ; GDP)이 한 나라의 생산활동을 나타내는 생산지표임에 비하여, 국민총소득(gross national income ; GNI)은 국민의 생활수준을 측정하기 위한 소득지표이다.

③ 국민소득(national income ; NI)은 국민순소득(net national income ; NNI)에서 간접세를 빼고 정부의 기업보조금을 합한 것이다.

④ 소비자물가지수(consumer price index ; CPI)는 가계소비지출에서 차지하는 비중이 높은 품목의 가격을 가중평균하여 작성한다.

⑤ 생산자물가지수(producer price index ; PPI)는 파셰(Paasche) 방식을 이용하여 작성한다.

hint

① (O) ② (O)

③ (O) ④ (O)

⑤ (×), 소비자물가지수와 생산자물가지수는 고정된 상품묶음을 가중치로 두는 라스파이레스방식을 사용한다.

15 **소비자물가지수가 생계비의 변화를 과대평가한다는 주장이 있다. 다음에서 이와 같은 주장의 근거로 옳은 것을 모두 고른 것은?** 2012년 국회 8급

ㄱ. 소비자물가지수의 가중치는 고정되어 있다.
ㄴ. 수입재화의 가중치는 0이다.
ㄷ. 가격보다 품질이 빠르게 향상되는 재화를 고려하지 않는다.
ㄹ. 소비자의 재화 대체가능성을 무시한다.
ㅁ. 소비자물가지수는 파셰 방식으로 계산한다.

① ㄱ, ㄴ, ㄷ ② ㄱ, ㄷ, ㄹ ③ ㄱ, ㄴ, ㄷ, ㄹ

④ ㄱ, ㄷ, ㄹ, ㅁ ⑤ ㄴ, ㄷ, ㄹ, ㅁ

hint

ㄱ, ㅁ. 소비자물가지수는 가중치가 고정된 라스파이레스 방식의 지수이다.

ㄴ. 소비자물가지수는 GDP 디플레이터와 달리 수입재를 포함한다.

ㄷ, ㄹ. 소비자물가지수는 대체효과에 의한 왜곡, 측정하기 힘든 품질의 개선, 새로운 상품의 등장 등을 적절히 반영하지 못하여 과대평가의 문제가 발생한다.

16 실업률과 관련된 경제용어에 대한 기술 중 옳은 것을 모두 고르면? 2012년 공인회계사

가. 구직단념자의 증가는 실업률을 감소시킨다.
나. 생산가능연령인구는 만 15세 이상 인구를 의미한다.
다. 실업률은 경제활동인구 중 실업자가 차지하는 비중이다.
라. 비경제활동인구에는 전업학생, 전업주부, 은퇴자 등이 포함된다.
마. 경제활동인구는 생산가능연령인구 중 경제활동에 참가하고 있는 인구를 말한다.

① 가, 나, 다
② 나, 다, 라
③ 나, 다, 라, 마
④ 가, 나, 다, 라
⑤ 가, 나, 다, 라, 마

hint

구직단념자가 증가하면 실업자의 수와 경제활동인구의 수가 동시에 감소하며, 실업률과 경제활동참가율이 동시에 하락한다.

17 우리나라 고용통계에서 고용률이 높아지는 경우로 가장 옳은 것은? 2018년 서울시 7급

① 구직활동을 하던 실업자가 구직단념자가 되는 경우
② 부모님 농장에서 무급으로 주당 18시간 일하던 아들이 회사에 취직한 경우
③ 주당 10시간 일하던 비정규직 근로자가 정규직으로 전환된 경우
④ 전업 주부가 주당 10시간 마트에서 일하는 아르바이트를 시작한 경우

hint

고용률 : $e = \frac{E}{L+N} = \frac{E}{E+U+N}$

① (×), 구직단념자의 발생은 고용률에 영향을 미치지 않는다.
② (×), 18시간 이상 무급가족종사자는 취업자이므로 회사에 취직해도 고용률이 변하지 않는다.
③ (×), 주간 1시간 이상 유급으로 일하는 비정규직 노동자들도 모두 취업자이다.
④ (○)

정답 14 ⑤ 15 ② 16 ⑤ 17 ④

18 다음 표는 갑국의 고용 관련 자료를 나타낸다. 경제활동인구와 비경제활동인구의 합계가 1,000만 명으로 일정할 경우 t기에 비하여 $t+1$기에 취업자 수는 몇 명이나 증가하였는가?

2022년 공인회계사

구분	t기	$t+1$기
실업률	4%	5%
경제활동참가율	60%	70%

① 89만 명 ② 99만 명 ③ 109만 명
④ 119만 명 ⑤ 129만 명

hint

구분(단위 : 만 명)	t기	$t+1$기
실업자	24	35
취업자	576	665
경제활동인구	600	700

19 다음 표는 A국의 고용 관련 자료를 나타낸다. 고용률(= 취업자 수/생산가능인구)은?

2020년 공인회계사

취업자	1,000만 명
실업률	20%
경제활동참가율	80%

① 48% ② 52% ③ 56%
④ 60% ⑤ 64%

hint

이쁜 아이유(본명 : 이지은) 공식을 사용하면 된다.

$e = p(1-u) = 0.8(1-0.2) = 0.64$

정답 18 ① 19 ⑤

Part-2 실전 문제

01 **A국의 GDP에 포함되는 사항만을 〈보기〉에서 모두 고르면?** 2020년 국회 8급

> ㄱ. B국 국적자인 김 씨가 A국 방송에 출연하여 받은 금액
> ㄴ. A국에서 생산된 자동차에 들어갈 부품을 납품한 뒤 받은 대가
> ㄷ. A국의 중고차 딜러가 서비스를 제공한 뒤 받은 대가
> ㄹ. A국 소재 주택에서 발생한 임대료
> (단, ㄱ ~ ㄹ은 모두 A국 내에서 발생하였다.)

① ㄱ, ㄴ ② ㄴ, ㄷ ③ ㄱ, ㄷ, ㄹ
④ ㄴ, ㄷ, ㄹ ⑤ ㄱ, ㄴ, ㄷ, ㄹ

hint

ㄱ. 포함됨, 이는 B국 GNP와 A국 GDP에 포함된다.
ㄴ. 포함 안 됨, 최종재를 포함하는 경우 중간재는 포함되지 않는다.
ㄷ. 포함됨, GDP는 서비스의 대가를 포함한다.
ㄹ. 포함됨, 주택임대료는 임대 또는 자가 거주 여부와 무관히 GDP에 포함된다.

GDP에 포함되는 항목	GDP에 포함되지 않는 항목
최종생산물 가치	중간생산물 가치
외국인의 국내소득	자국민의 해외소득
신규 주택의 판매	기존 주택의 판매
주택의 귀속임대료	주택매매 차익
주식거래수수료	주식판매 대금
신규 재고의 누적	기존 재고의 소진
신규 주택의 건설	기존 주택의 판매
농부의 자가경작 농산물	주부의 가사노동

정답 1 ③

02 **국내총생산(Gross Domestic Product ; GDP)의 계산과 관련된 다음 설명 중 옳지 않은 것은?**

2004년 공인회계사

① GDP를 계산하기 위해 생산된 최종생산물의 가격을 모두 합하는 방법을 사용할 수 있다.

② 자동차 제조기업에서 자동차 재고가 증가하였을 경우, 이는 GDP의 계산에 포함되지 않는다.

③ 생산단계별로 발생한 부가가치를 모두 합산함으로써 GDP를 계산할 수 있다.

④ 가구점에서 만든 가구의 부가가치는 GDP에 포함되지만, 개인이 자신이 사용할 목적으로 손수 만든 가구는 GDP의 계산에 포함되지 않는다.

⑤ 외국인이 소유한 서울의 한 빌딩으로부터의 임대소득은 한국의 GDP의 계산에 포함된다.

hint

② 재고의 증가, 즉 재고투자는 투자의 일부로서 국내총생산(GDP)의 계산에 포함된다. ⑤ 외국인이 소유한 서울의 한 빌딩으로부터의 임대소득은 외국의 GNP와 국내 GDP에 포함된다.

03 **국내총생산(GDP)과 국민총소득(GNI)에 대한 다음 설명 중 옳지 않은 것은?** 2011년 공인회계사

① GDP가 증가해도 GNI는 감소할 수 있다.

② 2008년에 생산된 자동차가 2010년에 중고차 중개회사를 통해 매매되면서 지급된 중개료는 2010년 GDP에 포함된다.

③ 임대주택이 제공하는 주택서비스의 가치는 GDP에 포함되지만, 자가주택의 주택서비스 가치는 GDP에 포함되지 않는다.

④ 전업주부의 경제활동 참가는 GDP 증가를 가져올 수 있다.

⑤ GNI에는 감가상각된 자본재를 대체하는 데 사용되는 자본재의 가치도 포함된다.

hint

일반적으로 비시장거래는 GDP 계산에 포함되지 않는 경우가 많다. 그러나 자가주택의 주택서비스는 GDP에 포함된다.

04 **A국에서 한 사업가가 자신의 여비서와 결혼하였다. 1,000만원의 연봉을 받던 여비서는 결혼 후에도 무보수로 남편의 비서업무를 계속한다고 하자. B국에서는 한 사업가가 자신의 가사도우미와 결혼하였다. 1,000만원의 연봉을 받던 가사도우미는 결혼 후에도 무보수로 가사를 담당한다고 하자. 이때 다음 보기 중 옳은 것은?** 2001년 행시 응용

① A국의 경우 GDP는 증가하며, B국의 경우 GDP는 감소한다.

② A국의 경우 GDP는 증가하며, B국의 경우 GDP는 불변한다.

③ A국의 경우 GDP는 불변하며, B국의 경우 GDP는 불변한다.

④ A국의 경우 GDP는 불변하며, B국의 경우 GDP는 증가한다.

⑤ A국의 경우 GDP는 불변하며, B국의 경우 GDP는 감소한다.

hint

A국의 경우 비서업무가 무보수로 전환되더라도 시장에서 거래되는 최종생산물의 가치는 변화 없다. 이때 임금소득이 감소하지만 같은 크기만큼의 이윤이 증가하기 때문에 분배소득의 합도 변화 없다. 반면 B국의 경우 가사도우미와 결혼하면 가사서비스는 더 이상 시장에서 거래되는 산출물이 아니므로 1,000만원만큼 GDP가 감소한다.

05 다음 〈보기〉 중 GDP가 증가하는 경우는 모두 몇 개인가? 2014년 국회 8급

> ㄱ. 국세청이 세무조사를 강화함에 따라 탈세규모가 줄어들었다.
> ㄴ. 도시에 거주하는 사람에 대한 농지매입규제가 폐지됨에 따라 농지가격이 상승하였다.
> ㄷ. 자가 보유주택의 귀속임대료가 상승하였다.
> ㄹ. 금융구조조정이 성공적으로 마무리되어 은행들의 주가가 급등하였다.
> ㅁ. 자동차 제조기업에서 판매되지 않은 재고증가분이 발생하였다.

① 1개 ② 2개 ③ 3개
④ 4개 ⑤ 5개

hint

ㄱ. 지하경제가 양성화되며, 통계에 포함된다.
ㄴ. 자산가격의 변화는 GDP에 직접 포함되지 않는다.
ㄷ. 자가 보유주택의 귀속임대료는 GDP에 포함된다.
ㄹ. 은행들의 주가 상승은 GDP에 직접 포함되지 않는다.
ㅁ. 비록 판매되지 않더라도 생산된 것은 모두 GDP에 포함된다.

[**주의사항** : 자산가격 변화(ㄴ, ㄹ) 등으로 인해 소비, 투자 등이 증가한다면 간접적으로 GDP에 영향을 미칠 수 있다. 그러나 이러한 유형의 문제는 직접적인 효과만 담고 있다는 것을 유의하기 바란다.]

정답 2 ② 3 ③ 4 ⑤ 5 ③

06 중국에 소재한 한 기업이 2006년에 반도체를 생산하였다. 이 반도체를 미국 소재 컴퓨터 제조기업이 2007년에 수입하여 컴퓨터에 내장한 뒤, 같은 해에 그 컴퓨터를 한국으로 수출하였다. 한국의 어느 대학생이 이 컴퓨터를 2007년에 구입하였다. 이상의 거래로 인해 각국의 2007년 국민소득계정에 나타난 변화의 설명으로 옳은 것은? 2007년 공인회계사

	한국 (소비지출, 순수출, GDP)	중국 (순수출, GDP)	미국 (순수출, GDP)
①	(증가, 감소, 불변)	(증가, 불변)	(증가, 증가)
②	(증가, 감소, 증가)	(증가, 증가)	(불변, 불변)
③	(불변, 불변, 불변)	(증가, 불변)	(증가, 증가)
④	(증가, 감소, 불변)	(증가, 증가)	(불변, 증가)
⑤	(증가, 감소, 알 수 없음)	(증가, 불변)	(증가, 불변)

hint

$Y = C + I + G + (X - M)$에서,
한국의 경우 C 증가, M 증가, Y 불변
중국의 경우 X 증가, I 감소, Y 불변(2006년 생산분)
미국의 경우 X 증가, M 증가, Y 증가(단, 최종생산물 수출 시 부가가치가 증가했을 것이므로 X 증가 > M 증가 가정)

07 2013년에 A국에서 생산되어 재고로 있던 제품을 2014년 초에 B국에서 수입해 자국에서 판매했다고 할 때 이것의 효과에 대한 설명으로 옳은 것은? 2014년 서울시 7급

① A국의 2014년 GDP와 GNP가 모두 증가한다.
② A국의 2014년 수출은 증가하고 GDP는 불변이다.
③ B국의 2014년 GNP는 증가하고 GDP는 불변이다.
④ B국의 2013년 GDP와 2014년 투자가 증가한다.
⑤ B국의 2013년 수입은 증가하고 2014년 수입은 불변이다.

hint

② 2014년에 A국의 경우 수출이 증가하지만 재고투자가 감소하면서 국민소득은 불변이다. 설문의 내용이 국민소득의 규모 및 구성에 미치는 영향을 정리하면 다음과 같다(단, 2014년에 B국에서 수입된 상품은 모두 소비된 것으로 가정함).

	A국									B국								
	Y	=	C	+	I	+	G	+	NX	Y	=	C	+	I	+	G	+	NX
2013년	⇑		–		⇑		–		–	–		–		–		–		–
2014년	–		–		⇓		–		⇑	–		⇑		–		–		⇓

08 **어떤 연도에 A국, B국, C국은 옷, 자동차, 컴퓨터를 다음 표에 제시된 금액만큼 생산하고 해당 재화에 대하여 지출한다. 다음 설명 중 옳은 것은?** (단, 국가는 3개 국가, 재화는 3개 재화만 존재하며, 각 재화의 가격은 100달러로 동일하고, 각국은 같은 재화라면 자국 재화에 대하여 우선 지출한다고 가정한다.)

2016년 공인회계사

(단위 : 백만 달러)

구분	생산액			지출액		
	옷	자동차	컴퓨터	옷	자동차	컴퓨터
A국	6	3	0	3	3	3
B국	0	6	3	3	3	3
C국	3	0	6	3	3	3

① A국의 GDP가 B국의 GDP보다 크다.
② A국은 B국에 옷을 수출한다.
③ B국의 무역수지는 흑자이다.
④ B국과 C국 사이에는 무역이 이루어지지 않는다.
⑤ C국은 A국과의 무역에서 3백만 달러 적자이다.

hint

① (×), 모든 국가의 GDP는 9백만 달러로 동일하다.
② (○), A국은 B국에 옷을 수출하고 C국에서 컴퓨터를 수입한다.
③ (×), 모든 국가의 무역수지는 균형(balance)이다.
④ (×), B국은 C에 자동차를 수출한다.
⑤ (×), C국은 A국에 컴퓨터를 수출하며 A국에 대해 3백만 달러 흑자이다.

정답 6 ① 7 ② 8 ②

09 거시경제변수들에 대한 다음 설명 중 옳은 것은? 2008년 공인회계사

① 경제활동의 세계화가 확산되면서 전 세계 국가들의 국민총생산의 합이 국내총생산의 합보다 점점 더 커지고 있다.

② 교역조건이 악화되었을 경우 실질 국내총소득(GDI) 증가율이 실질 국내총생산(GDP) 증가율보다 더 낮게 나타난다.

③ GDP 디플레이터 상승률은 매년 일정한 재화 품목을 구입하는 비용이 상승하는 정도를 측정한다.

④ 소비자물가지수를 구성하는 재화의 품목은 매년 변화한다.

⑤ 자동차의 국산화율이 높아졌다 하더라도 품질과 생산대수가 동일하다면 자동차 생산의 실질 국내총생산은 변하지 않는다.

hint

① (×), 전 세계 GDP의 합과 전 세계 GNP의 합은 항상 일치한다.
② (○), GDI = GDP + 교역조건 변화로 인한 실질무역손익
③ (×), GDP 디플레이터는 매년 변화하는 비교연도의 수량을 가중치로 사용하는 파셰지수이다.
④ (×), 소비자물가지수의 구성항목은 일정 기간 변하지 않으며, 가중치는 매년 조금씩 수정되는 연쇄가중법을 사용하고 있다.
⑤ (×), 국산화율이 높아지면 국내에서 생산된 부가가치가 증가하므로 GDP가 증가한다.

10 **명목 GDP(국내총생산)와 명목 GNI(국민총소득)에 관한 설명으로 옳은 것을 모두 고른 것은?**

2012년 감정평가사

ㄱ. 폐쇄경제에서 명목 GDP는 명목 GNI와 크기가 같다.
ㄴ. 한국인이 해외에서 벌어들인 요소소득이 외국인이 한국에서 벌어들인 요소소득보다 더 큰 경우에 명목 GDP가 명목 GNI보다 더 크다.
ㄷ. 외국인이 한국에서 벌어들인 근로소득은 한국의 GDP에 포함된다.
ㄹ. 한국인이 해외에서 벌어들인 이자수입은 한국의 GDP에 포함된다.

① ㄱ, ㄴ
② ㄱ, ㄷ
③ ㄴ, ㄷ
④ ㄴ, ㄹ
⑤ ㄷ, ㄹ

hint

ㄱ. (O), 폐쇄경제에서는 NGDP, NGDI, NGNP, NGNI가 항상 동일하다.
ㄴ. (×), 'NGNI = NGNP = NGDP + 명목순수취요소소득'에서 순수취요소소득이 양(+)이라면 NGNI가 더 크다.
ㄷ. (O), 비록 외국인에 의한 것이라도 한국 내에서 만들어진 부가가치는 한국의 GDP에 포함된다.
ㄹ. (×), 비록 한국인에 의한 것이라도 외국 내에서 만들어진 부가가치는 외국의 GDP에 포함된다.

11 **다음 ( ) 안에 알맞은 말을 옳게 짝지은 것은?**

2012년 보험계리사

(㉠)은(는) 일정 기간 동안에 한 나라의 국경 안에서 생산된 모든 최종생산물의 시장가치이다. (㉠)에 대외순수취요소소득을 더하면 (㉡)을 얻게 된다. (㉡)에서 감가상각을 공제하면, (㉢)을 얻을 수 있다. (㉢)에 순간접세를 차감하면 (㉣)을 얻는다.

① ㉠ 국민소득
② ㉡ 국내총생산
③ ㉢ 국민순생산
④ ㉣ 국민총생산

hint

빈칸에 들어갈 국민소득의 개념을 정리하면 다음과 같다.

㉠ 국내총생산(GDP), ㉡ 국민총생산(GNP), ㉢ 국민순생산(NNP), ㉣ NI(국민소득, 단 교역조건 변화로 인한 실질 무역손익을 반영 가정)

정답 9 ② 10 ② 11 ③

12 A국의 경제는 밀 농사를 하는 농부, 밀가루를 제조하는 제분공장, 그리고 빵을 만드는 제과점으로 구성되어 있다. 2012년에 농부는 3억원어치의 밀을 생산하여 공장에 이를 전부 팔았고, 제분공장은 이를 가지고 6억원어치의 밀가루를 생산했다. 이 중 가계가 직접 2억원을 사서 소비했고, 제과점이 4억원어치의 밀가루를 사서 8억원어치의 빵을 만들었다. 옳은 것으로 짝지어진 것은?

2013년 보험계리사

> ㉠ 2012년 A국의 GDP(국내총생산)는 최종생산물을 기준으로 할 때 10억원이다.
> ㉡ 가계의 직접 소비 없이 제과점이 6억원어치의 밀가루를 전부 사서 8억원어치의 빵을 만들었다면, GDP는 여전히 10억원이다.
> ㉢ 2012년 A국의 GDP를 부가가치의 총합으로 계산하면 GDP는 8억원이 된다.
> ㉣ 모든 생산물을 일일이 최종생산물인지 중간투입물인지 확인하기가 어렵기 때문에, 실제로는 최종생산물의 합 대신 부가가치의 합을 계산하는 방법이 더 자주 이용된다.

① ㉠, ㉡
② ㉢, ㉣
③ ㉡, ㉢
④ ㉠, ㉣

hint

㉠ 최종생산물은 가계가 구입한 밀가루 2억원과 제과점이 생산한 빵 8억원이다.
㉡ 이 경우 최종생산물의 가치는 8억원으로 감소한다.
㉢ 최종생산물의 가치 = 부가가치의 합 = 10억원

13 배추와 김치 두 재화만 생산하는 국가를 가정하자. 배추회사는 자체적으로 필요한 투입물을 모두 생산한다. 김치회사는 배추를 유일한 중간투입물로 이용하여 김치를 생산한다. 두 회사는 재화를 생산하기 위해 노동자를 고용하며, 판매된 재화의 가치에서 임금 및 중간투입물 비용을 차감한 만큼 이윤을 얻는다. 아래 표를 보고 국내총생산을 계산할 때 다음 중 옳지 않은 것은?

2011년 공인회계사

	배추회사	김치회사
중간투입물 비용	0	150
임금	100	250
생산물 가치	150	500

① 노동소득 분배율은 70%이다.
② 배추회사가 창출한 부가가치는 150이다.
③ 김치회사가 창출한 부가가치는 350이다.
④ 배추회사와 김치회사의 이윤은 각각 50과 100이다.
⑤ 국내총생산을 지출 측면에서 계산한다면, 배추에 대한 지출 150과 김치에 대한 지출 500을 합한 650이다.

hint

설문의 표를 확장하여 정리하면 다음과 같다.

	배추회사	김치회사	합계
중간투입물 비용	0	150	–
임금	100	250	350
생산물 가치	150	500	–
부가가치	150	350	500
이윤	50	100	150

① 노동소득 분배율 = 350/500 = 70%
② 배추회사가 창출한 부가가치 = 150 − 0 = 150
③ 김치회사가 창출한 부가가치 = 500 − 150 = 350
⑤ 국내총생산을 계산할 때는 중간재인 배추를 제외하고 최종재인 김치만을 고려하여야 한다.

정답 12 ④ 13 ⑤

14 피자니아라는 나라에서는 빵, 치즈, 피자의 세 가지 재화가 각각 다른 회사에 의해서 생산되고 있다. 빵과 치즈를 만드는 회사는 자체적으로 필요한 투입물을 모두 생산한다. 피자회사는 다른 회사에서 생산된 빵과 치즈를 이용해서 피자를 만든다. 세 회사는 모두 제품을 생산하기 위해서 노동자를 고용하고 있으며, 판매된 제품의 가치와 노동 및 중간투입물의 가치와의 차이가 그 기업의 이윤이 된다. 다음 표는 생산된 빵과 치즈가 모두 피자회사에 판매되어 피자를 생산하기 위한 투입물로 사용될 경우에 있어서 세 회사의 활동내역을 요약해서 보여준다. 다음 보기 중 옳지 않은 것을 골라라.

	빵회사	치즈회사	피자회사
중간투입물 비용	0	0	(ㄱ)
임금	15	20	75
생산물 가치	50	35	200

① 노동소득 분배율은 55%이다.
② 빵회사가 창출한 부가가치는 35이다.
③ (ㄱ)에 들어갈 숫자는 85이다.
④ 치즈회사의 부가가치는 35이다.
⑤ 국내총생산은 총임금 및 총이윤의 합과 일치한다.

hint

② 부가가치는 생산물의 가치에서 중간투입물의 가치를 뺀 것이다. 빵회사의 부가가치는 50이 된다.
③ 빵과 치즈가 모두 피자회사에 판매되어 피자를 생산하기 위한 투입물로 사용된다고 하였으므로 (ㄱ)에 들어갈 숫자는 85이다.

15 아래 표는 기업 甲과 乙로만 구성된 A국의 연간 국내 생산과 분배를 나타낸다. 이에 관한 설명으로 옳지 않은 것은? 2021년 감정평가사

항목	甲	乙
매출액	400	900
중간투입액	0	400
임금	250	300
이자	0	50
임대료	100	100
이윤	( )	( )
요소소득에 대한 총지출	( )	( )
부가가치	( )	( )

① 기업 甲의 요소소득에 대한 총지출은 400이다.

② 기업 甲의 부가가치는 400이다.

③ 기업 甲의 이윤은 기업 乙의 이윤과 같다.

④ A국의 임금, 이자, 임대료, 이윤에 대한 총지출은 900이다.

⑤ A국의 국내총생산은 기업 甲과 기업 乙의 매출액 합계에서 요소소득에 대한 총지출을 뺀 것과 같다.

hint

주어진 빈칸을 채우면 다음과 같다.

항목	甲	乙
매출액	400	900
중간투입액	0	400
임금	250	300
이자	0	50
임대료	100	100
이윤	50	50
요소소득에 대한 총지출*	400	500
부가가치	400	500

* **주의사항** : 여기서 요소소득에 대한 총지출은 이윤을 포함한 광의의 개념임

⑤ (×), 국민소득 3면등가에 의하면 A국 국내총생산은 갑과 을의 매출액의 합계에서 중간투입액의 가치를 뺀 것과 같고 요소소득에 대한 총지출과도 같다.

정답 14 ② 15 ⑤

16 생산자물가지수(PPI), 소비자물가지수(CPI), GDP 디플레이터에 대한 설명 중 옳은 것은?

2012년 공인회계사

① 생산자물가지수의 산정 대상은 우리나라 GDP에 계상되는 모든 원자재다.

② 소비자물가지수의 산정 대상은 우리나라 GDP에 계상되는 모든 소비재다.

③ 생산자물가지수와 소비자물가지수는 고정된 가중치를 적용해서 구하는 파셰 지수(Paasche index)의 대표적인 예다.

④ GDP 디플레이터는 변화하는 가중치를 적용해서 구하는 라스파이레스 지수(Laspeyres index)의 대표적인 예다.

⑤ GDP 디플레이터의 산정 대상은 우리나라 GDP에 계상되는 모든 재화와 서비스다.

hint

① 생산자물가지수의 산정에는 중간재 및 수입자본재가 포함된다.
② 소비자물가지수의 산정에는 수입소비재가 포함된다.
③ 생산자물가지수와 소비자물가지수는 라스파이레스 지수이다.
④ GDP 디플레이터는 파셰 지수이다.
⑤ GDP 디플레이터의 산정 대상은 우리나라 GDP에 계상되는 모든 재화와 서비스다.

소비자물가지수(통계청)	GDP 디플레이터(한국은행)
수입 생필품 포함	수입 생필품 비포함
(국산) 자본재 비포함	(국산) 자본재 포함
라스파이레스 지수(고정상품묶음)	파셰 지수(변동상품묶음)
과대측정 가능성	과소측정 가능성

17 우리나라에서 산정되는 물가지수에 관한 설명으로 옳은 것은?

2012년 감정평가사

① 소비자물가지수 산정에 포함되는 재화와 용역은 해마다 달라진다.

② GDP 디플레이터 산정에는 파셰(Passche Index) 지수 산식을 사용한다.

③ 소비자물가지수 산정에는 국내에서 생산되는 재화와 용역만 포함된다.

④ 생산자물가지수 산정에 포함되는 재화와 용역은 해마다 달라진다.

⑤ GDP 디플레이터 산정에 포함되는 재화와 용역은 5년마다 달라진다.

hint

GDP 디플레이터 ⇒ 당해연도의 상품묶음 ⇒ 파셰 지수 ⇒ 과소측정 가능성
소비자물가지수 ⇒ 기준연도의 상품묶음 ⇒ 라스파이레스 지수 ⇒ 과대측정 가능성

18 **다음 표는 갑국과 을국의 명목 GDP와 실질 GDP를 나타낸다. 물가수준은 양국 모두 GDP 디플레이터로 측정한다. 다음 설명 중 옳은 것은?** (단, 양국은 동일한 통화를 사용한다.)

2022년 공인회계사

(단위 : 달러)

구분	갑국		을국	
	명목 GDP	실질 GDP	명목 GDP	실질 GDP
2010년	4.0조	2.0조	1.0조	1.5조
2015년	6.0조	6.0조	2.0조	2.0조
2020년	8.0조	7.0조	5.0조	3.5조

① 갑국의 2010년 GDP 디플레이터는 50이다.

② 갑국의 2010년과 2015년 사이의 실질 GDP 성장률은 2015년과 2020년 사이의 실질 GDP 성장률에 비해 100% 포인트 높다.

③ 을국은 2010년에 비해 2015년에 물가수준이 상승하였다.

④ 을국의 2015년 물가수준은 기준연도 물가수준보다 낮다.

⑤ 2015년 대비 2020년 물가상승률은 갑국이 을국보다 높다.

hint

① (×), 갑국의 2010년 GDP 디플레이터는 200이다.

② (×), 갑국의 2010년과 2015년 사이의 실질 GDP 성장률은 200%, 2015년과 2020년 사이의 실질 GDP 성장률은 약 16.7%로 그 차이는 100%p보다 크다.

③ (○), 2010년 을국의 GDP 디플레이터는 67, 2015년은 100으로 물가수준은 상승하였다.

④ (×), 양국 모두 2015년의 명목 GDP와 실질 GDP가 동일하므로 2015년이 기준연도이다.

⑤ (×), 2020년의 GDP 디플레이터는 갑국은 약 114.3%, 을국은 약 142.9%로 을국의 물가상승률이 더 높다.

정답 16 ⑤ 17 ② 18 ③

19 **A국은 X재와 Y재 두 재화만을 생산한다. 2010년과 2011년에 A국에서 생산된 각 재화의 시장가격과 거래금액은 아래와 같다. 이때 2010년을 기준연도로 하여 2011년 GDP 디플레이터를 구하는 산식으로 옳은 것은?** (단, 그해 A국에서 생산된 재화는 그해에 모두 A국 시장에서 거래되어 소비되었다.)

2021년 공인회계사

연도	시장가격(원)		거래금액(원)	
	X재	Y재	X재	Y재
2010	P_0^x	P_0^y	M_0^x	M_0^y
2011	P_1^x	P_1^y	M_1^x	M_1^y

① $\dfrac{M_1^x + M_1^y}{P_0^x \dfrac{M_1^x}{P_1^x} + P_0^y \dfrac{M_1^y}{P_1^y}}$

② $\dfrac{M_1^x + M_1^y}{P_1^x \dfrac{M_1^x}{P_0^x} + P_1^y \dfrac{M_1^y}{P_0^y}}$

③ $\dfrac{P_0^x \dfrac{M_1^x}{P_1^x} + P_0^y \dfrac{M_1^y}{P_1^y}}{M_0^x + M_0^y}$

④ $\dfrac{P_1^x \dfrac{M_1^x}{P_0^x} + P_1^y \dfrac{M_1^y}{P_0^y}}{M_0^x + M_0^y}$

⑤ $\dfrac{P_1^x \dfrac{M_1^x}{P_0^x} + P_1^y \dfrac{M_1^y}{P_0^y}}{P_0^x \dfrac{M_1^x}{P_1^x} + P_0^y \dfrac{M_1^y}{P_1^y}}$

hint

주어진 기호 간에 다음의 관계가 성립한다. 단, Q_i^j는 i기간에 j재 소비를 나타낸다.

$M_0^x = P_0^x Q_0^x,\ M_0^y = P_0^y Q_0^y$

$M_1^x = P_1^x Q_1^x,\ M_1^y = P_1^y Q_1^y$

2021년 GDP 디플레이터 $= \dfrac{P_1 Q_1}{P_0 Q_1} = \dfrac{P_1^x Q_1^x + P_1^y Q_1^y}{P_0^x Q_1^x + P_0^y Q_1^y} = \dfrac{M_1^x + M_1^y}{P_0^x \dfrac{M_1^x}{P_1^x} + P_0^y \dfrac{M_1^y}{P_1^y}}$

20 **야구선수 A는 2003년에 연봉 8억원을 받았고, 20년 뒤 그의 아들인 B 역시 야구선수가 되어 2023년에 연봉 12억원을 받게 되었다. 소비자물가지수가 2003년에는 80, 2012년에는 100, 2023년에는 150일 때 다음 중 옳은 것은?**

2023년 공인회계사

① A의 연봉을 2012년도 가치로 환산하면 9억원이다.

② B의 연봉을 2012년도 가치로 환산하면 8억 5천만원이다.

③ A의 연봉을 2023년도 가치로 환산하면 14억원이다.

④ B의 연봉을 2003년도 가치로 환산하면 8억원이다.

⑤ A와 B의 연봉을 각각 2015년도 가치로 환산할 때, 2015년도 소비자물가지수에 관계없이 A의 연봉은 B의 연봉보다 많다.

hint

① (×), $P_{2003} : W_{2003} = P_{2012} : x \Rightarrow x = \frac{W_{2003}}{P_{2003}} \cdot P_{2012} = \frac{8억원}{80} \cdot 100 = 10억원$

② (×), $P_{2023} : W_{2023} = P_{2012} : y \Rightarrow y = \frac{W_{2023}}{P_{2023}} \cdot P_{2012} = \frac{12억원}{150} \cdot 100 = 8억원$

③ (×), $P_{2003} : W_{2003} = P_{2023} : z \Rightarrow z = \frac{W_{2003}}{P_{2003}} \cdot P_{2023} = \frac{8억원}{80} \cdot 150 = 15억원$

④ (×), $P_{2023} : W_{2023} = P_{2003} : w \Rightarrow w = \frac{W_{2023}}{P_{2023}} \cdot P_{2003} = \frac{12억원}{150} \cdot 80 = 6.4억원$

⑤ (○), i년도의 실질연봉을 j년도 가치로 나타내면 $\frac{W_i}{P_i} \cdot P_j$가 된다. 즉, 실질연봉에 원하는 연도의 물가를 곱하면 된다. 주어진 사례에서 A의 실질연봉이 B의 실질연봉보다 높기 때문에 동일한 물가를 곱할 경우 언제나 A의 연봉이 더 높다.

21

다음과 같은 가계의 소비지출 구성으로 소비자물가지수를 만들었다고 하자. 2008년 공인회계사

식료품비	30%
교통비	10%
주거비	20%
교육, 의료	30%
의류, 기타	10%
계	100%

전년도에 비해 식료품비가 10%, 주거비가 20% 상승하였고 나머지 품목에는 변화가 없다면 소비자물가지수의 상승률은?

① 3%　② 5%　③ 7%
④ 9%　⑤ 12.5%

hint

소비자물가지수는 평균적인 상품묶음을 구매하는 명목지출액 간의 비율로 측정된다. 즉, 전기 지출액을 100%으로 두었을 때 식료품비가 30%에서 33%로, 주거비가 20%에서 24%로 증가하였으므로 합계 107%의 지출액이 필요하다.

따라서 $CPI = \frac{금기\ 지출액}{전기\ 지출액} \times 100 = \frac{107}{100} \times 100 = 107$ 이 된다.

정답　19 ①　20 ⑤　21 ③

22 A재와 B재만 생산하는 국가의 재화 생산량과 가격이 다음과 같다. 2014년 감정평가사

연도	A 가격	A 생산량	B 가격	B 생산량
2012	(ㄱ)	100	12	50
2013	10	80	10	(ㄴ)

2012년도를 기준연도로 할 때 2013년의 실질 GDP 성장률이 25%이고 GDP 디플레이터가 90이라면 (ㄱ)과 (ㄴ)에 알맞은 것은?

	ㄱ	ㄴ		ㄱ	ㄴ
①	8,	60	②	8,	80
③	10,	80	④	10,	100
⑤	12,	100			

hint

ㄱ을 x, ㄴ을 y로 놓고 정리하면 다음과 같다.

실질 GDP의 비율 : $Q = \frac{P_{2012}Q_{2013}}{P_{2012}Q_{2012}} = \frac{x \times 80 + 12 \times y}{x \times 100 + 12 \times 50} = 1.25$

GDP 디플레이터 : $\frac{P_{2013}Q_{2013}}{P_{2012}Q_{2013}} = \frac{10 \times 80 + 10 \times y}{x \times 80 + 12 \times y} = 0.9$

위 식을 풀면 $x = 10$, $y = 100$이 된다.

23 어느 국가는 쌀과 컴퓨터 두 재화만 생산하고 있다고 한다. 아래의 표를 보고 설명한 사항 중 옳지 않은 것은?

2006년 공인회계사

구분	쌀		컴퓨터	
	가격	수량	가격	수량
2005년(기준연도)	10만	300	150만	40
2006년	20만	200	100만	50

① 2005년과 2006년의 명목소득은 변함이 없다.

② 2006년의 실질소득은 2005년에 비하여 감소하였다.

③ 2006년의 GDP 디플레이터는 100보다 작다.

④ 2006년의 파셰 물가지수는 100보다 작다.

⑤ 2006년의 라스파이레스 물가지수는 100보다 크다.

hint

① $NGDP_{2005} = P_{2005} \times Q_{2005} = 10\text{만} \times 300 + 150\text{만} \times 40 = 9{,}000\text{만}$,

$NGDP_{2006} = P_{2006} \times Q_{2006} = 20\text{만} \times 200 + 100\text{만} \times 50 = 9{,}000\text{만}$

② 2005년도를 기준연도로 할 때

$RGDP_{2005} = P_{2005} \times Q_{2005} = 10\text{만} \times 300 + 150\text{만} \times 40 = 9{,}000\text{만}$,

$RGDP_{2006} = P_{2005} \times Q_{2006} = 10\text{만} \times 200 + 150\text{만} \times 50 = 9{,}500\text{만}$

③, ④ 2006년의 GDP 디플레이터 $= \dfrac{NGDP_{2006}}{RGDP_{2006}} \times 100 = \dfrac{9{,}000}{9{,}500} \times 100 < 100$

⑤ 2006년의 라스파이레스 물가지수 $= \dfrac{P_{2006}Q_{2005}}{P_{2005}Q_{2005}} \times 100 = \dfrac{10{,}000}{9{,}000} \times 100 > 100$

정답 22 ④ 23 ②

24 다음 표는 2009년과 2010년의 소비지출을 나타낸 표이다. 경제 내에 A와 B 두 종류의 상품이 있고, 각 상품의 연도별 상품가격과 구입량은 다음과 같다. 다음 설명 중 옳은 것은?

2010년 공인회계사

연도	A		B	
	가격	구입량	가격	구입량
2009년	100	50	50	100
2010년	110	45	60	105

① 2010년은 2009년에 비하여 후생수준이 낮아지지 않았고, 파셰(Paasche) 수량지수는 1보다 크다.

② 2010년은 2009년에 비하여 후생수준이 낮아지지 않았고, 파셰(Paasche) 수량지수는 1보다 작다.

③ 2010년은 2009년에 비하여 후생수준이 높아지지 않았고, 파셰(Paasche) 수량지수는 1보다 크다.

④ 2010년은 2009년에 비하여 후생수준이 높아지지 않았고, 파셰(Paasche) 수량지수는 1보다 작다.

⑤ 각 상품의 소비량의 증감이 서로 상쇄되기 때문에, 후생수준을 비교하려면 구체적 효용함수에 대한 정보가 있어야 한다.

hint

라스파이레스 수량지수란 기준연도(2009년)의 가격을 기준으로 수량의 증감을 판단하는 방식을 말하며, 파셰 수량지수란 당해연도(2010년)의 가격을 기준으로 수량의 증감을 판단하는 방식을 말한다. 현시선호의 논리를 적용하면 라스파이레스 수량지수가 1보다 작을 때 후생수준이 명백히 하락하고, 파셰 수량지수가 1보다 크면 후생수준이 명백히 상승한다.

라스파이레스 수량지수 : $_Q = \dfrac{P_{2009}Q_{2010}}{P_{2009}Q_{2009}} = \dfrac{100 \times 45 + 50 \times 105}{100 \times 50 + 50 \times 100} = 0.975$

파셰 수량지수 : $\wp_Q = \dfrac{P_{2010}Q_{2010}}{P_{2010}Q_{2009}} = \dfrac{110 \times 45 + 60 \times 105}{110 \times 50 + 60 \times 100} \fallingdotseq 0.978$

25 현재 우리나라 15세 이상 인구는 4,000만 명, 비경제활동인구는 1,500만 명, 실업률이 4%라고 할 때 이에 대한 설명으로 옳은 것은? 2014년 국가직 7급

① 현재 상태에서 실업자는 60만 명이다.

② 현재 상태에서 경제활동참가율은 61.5%이다.

③ 현재 상태에서 고용률은 최대 2.5% 포인트 증가할 수 있다.

④ 현재 상태에서 최대한 달성할 수 있는 고용률은 61.5%이다.

hint

15세 이상 인구 = 경제활동인구(2,500만) + 비경제활동인구(1,500만) = 4,000만
실업자 = 경제활동인구(2,500만) × 실업률(4%) = 100만
경제활동참가율 = 경제활동인구(2,500만)/15세 이상 인구(4,000만) = 62.5%
고용률 = 취업자(2,400만)/15세 이상 인구(4,000만) = 60%
고용률 = (1 − 실업률) × 경제활동참가율

26 고용률에 관한 설명을 바르게 묶어놓은 것은? 2015년 보험계리사

㉠ 생산가능인구 중 취업자의 비율이다. ㉡ 고용률은 항상 경제활동참가율보다 낮다. ㉢ 경제활동참가율과 고용률의 차이가 실업률이 된다.

① ㉠, ㉡　② ㉠, ㉢
③ ㉡, ㉢　④ ㉠, ㉡, ㉢

hint

㉠ (O)
㉡ (O), 고용률 = (1 − 실업률) × 경제활동참가율이 성립한다. [실업률이 0이라면 고용률과 경제활동참가율이 동일하겠지만, 실업률이 0인 경우는 현실적으로 불가능하므로 옳은 보기로 판단한다.]
㉢ (X)

정답　24 ④　25 ③　26 ①

27 다음은 어느 가상경제의 취업과 실업에 대한 조사결과인데, 관리상의 문제로 인해 데이터 분실이 발생하였다.

2010년 공인회계사 응용

구분	데이터 값
15세 이상 인구	200명
비경제활동인구	40명
실업인구	40명
전체 인구	분실
경제활동인구	분실
취업인구	분실

이러한 조사결과에 대한 다음 설명 중 옳은 것을 모두 고르면?

가. 경제활동인구 수는 80명이다.
나. 취업인구는 60명이다.
다. 경제활동참가율은 80%이다.
라. 실업률은 25%이다.
마. 고용률은 70%이다.

① 가, 나 ② 가, 마 ③ 나, 다
④ 다, 라 ⑤ 라, 마

hint

가. 15세 이상 인구(200) = 경제활동인구(160) + 비경제활동인구(40)
나. 경제활동인구(160) = 취업인구(120) + 실업인구(40)
다. 경제활동참가율 = 경제활동인구(160)/15세 이상 인구(200) = 80%
라. 실업률 = 실업인구(40)/경제활동인구(160) = 25%
마. 고용률 = 취업인구(120)/15세 이상 인구(200) = 60%

28 실업률, 경제활동참가율, 고용률에 대한 설명으로 가장 적절한 것은?

2017년 공인회계사

① 고용률은 취업자 수를 경제활동인구로 나눈 값이다.
② 우리나라의 인구증가율이 하락하는 점을 감안하면 경제활동참가율 역시 줄어들 것으로 예상된다.
③ 실업자 중 일부가 구직행위를 포기하면 실업률은 감소하게 된다.
④ 경제활동인구 증가율이 실업자 수 증가율보다 크다면 실업률은 증가한다.

⑤ 경제활동인구 증가율이 생산가능인구 증가율보다 크다면 경제활동참가율은 감소한다.

hint

① (×), 고용률은 취업자수를 생산가능인구로 나눈 것이다.
② (×), 인구증가율이 하락할 경우 더 많은 사람이 더 오래 일해야 할 수도 있다.
③ (○), 구직단념자가 증가하면 실업자가 감소하여 실업률은 감소한다.
④ (×)
⑤ (×)

29 다음 중 우리나라의 실업률 통계 기준에 따라 실업자로 분류되는 경우는? 2018년 공인회계사

① 정규직 일자리를 찾으며 주 40시간 근무하는 38세 슈퍼마켓 비정규직 직원
② 방과 후 아르바이트 자리를 찾고 있는 만 14세 중학생
③ 박사 취득 후 지난 1년 동안 구직활동을 하다가 육아에 전념하기 위해 구직활동을 포기한 34세 여성
④ 20년 동안 근속하던 직장에서 파업이 발생하자 사용자가 직장폐쇄를 하여 현재 집에서 쉬고 있는 42세 남성
⑤ 아버지가 운영중인 식당에서 매일 2시간 무급으로 일하면서 구직활동을 하고 있는 28세 남성

hint

① 비정규직 근로자도 취업자이다.
② 14세 중학생은 고용통계에 포함되지 않는다.
③ 구직포기자는 비경제활동인구이다.
④ 파업근로자는 취업자이다.
⑤ 무급가족종사자의 경우 주당 18시간 이상을 일해야 취업자로 간주된다.

* **참고사항**
취업자에 대한 통계청의 공식 정의는 다음과 같다.

① 조사대상 주간 중 수입을 목적으로 1시간 이상 일한 자
② 자기에게 직접적으로는 이득이나 수입이 오지 않더라도 자기 가구에서 경영하는 농장이나 사업체의 수입을 높이는 데 도운 가족종사자로서 주당 18시간 이상 일한 자(무급가족종사자)
③ 직장 또는 사업체를 가지고 있으나 조사대상 주간 중 일시적인 병, 일기 불순, 휴가 또는 연가, 노동쟁의 등의 이유로 일하지 못한 일시휴직자

정답 27 ④ 28 ③ 29 ⑤

30 다음은 어느 경제의 2017년 노동시장 관련 자료이다. 이 경제의 2018년 초 취업자 수는 얼마인가? 2018년 공인회계사

- 비경제활동인구의 15%가 경제활동인구가 되었다.
- 경제활동인구의 10%가 비경제활동인구가 되었다.
- 실업자의 20%가 취업자가 되었다.
- 취업자의 5%가 실업자가 되었다.
- 경제활동인구와 비경제활동인구를 합한 수는 1,000만 명으로 변함이 없다.
- 경제활동참가율은 변함이 없다.
- 실업률은 변함이 없다.

① 420만 명 ② 480만 명 ③ 540만 명
④ 600만 명 ⑤ 660만 명

hint

1. 15세 이상 인구 불변, 경제활동참가율 불변이므로 $0.15N = 0.1L$, $L + N = 1{,}000 \Rightarrow N = 400$, $L = 600$
2. 경제활동인구 불변, 실업률 불변이므로 $0.2U = 0.05E$, $L = E + U = 600 \Rightarrow U = 120$, $E = 480$

31 노동시장과 관련된 집계변수에 대한 다음 설명 중 항상 옳은 것은? 2008년 공인회계사

① 실업률이 하락했다면 취업자 수가 증가했을 것이다.
② 실업률이 상승했다면 실업자 수가 증가했을 것이다.
③ 경제활동참가율이 상승했다면 실업률도 상승했을 것이다.
④ 취업자 수에는 변화가 없는데 실업자 수가 증가했다면 실업률은 상승했을 것이다.
⑤ 전체 인구 중 생산가능인구가 차지하는 비율이 상승했다면 경제활동참가율이 상승했을 것이다.

hint

$$\text{실업률} = \frac{\text{실업자}}{\text{경제활동인구}} = \frac{\text{실업자}}{\text{취업자} + \text{실업자}}$$

$$\text{경제활동참가율} = \frac{\text{경제활동인구}}{\text{15세 이상 인구}} = \frac{\text{경제활동인구}}{\text{경제활동인구} + \text{비경제활동인구}}$$

① 실업률의 감소는 취업자 수의 증가뿐만 아니라 실업자 수의 감소에서 비롯될 수도 있다.
② 실업률의 증가는 실업자 수의 증가뿐만 아니라 취업자 수의 감소에서 비롯될 수도 있다.
③ 경제활동참가율 상승이 실업자의 증가에서 비롯되었다면 실업률은 증가할 것이나, 취업자의 증가에서 비롯되었다면 실업률은 하락할 것이다.
⑤ 생산가능인구(15세 이상 인구)가 증가할 때 경제활동인구가 증가하였다면 경제활동참가율은 상승하겠지만, 비경제활동인구가 증가하였다면 경제활동참가율은 하락할 것이다.

32 **대부분의 나라에서 구직단념자는 비경제활동인구로 분류하고 있다. 만약 구직단념자를 실업자로 간주한다면 경제활동참가율, 실업률, 고용률은 각각 어떻게 되겠는가?** 2014년 서울시 7급

① 경제활동참가율-상승, 실업률-상승, 고용률-불변
② 경제활동참가율-상승, 실업률-하락, 고용률-상승
③ 경제활동참가율-불변, 실업률-상승, 고용률-상승
④ 경제활동참가율-불변, 실업률-하락, 고용률-하락
⑤ 경제활동참가율-상승, 실업률-불변, 고용률-상승

hint

$P = L + N$ 및 $L = E + U$에서 구직단념자를 실업자로 간주 시 ⇒ P 불변, L 증가, N 감소, E 불변, U 증가

$p = \frac{L}{P}$ 증가, $u = \frac{U}{E+U} = \frac{1}{\frac{E}{U}+1}$ 증가, $e = \frac{E}{P}$ 불변

[주의사항 : 고용률은 구직단념자를 실업에 포함시키는지 여부에 영향을 받지 않음.]

33 **실업률을 하락시키는 변화로 옳은 것을 모두 고른 것은?** (단, 취업자 수와 실업자 수는 0보다 큼) 2013년 공인노무사

ㄱ. 취업자가 비경제활동인구로 전환
ㄴ. 실업자가 비경제활동인구로 전환
ㄷ. 비경제활동인구가 취업자로 전환
ㄹ. 비경제활동인구가 실업자로 전환

① ㄱ, ㄴ
② ㄱ, ㄷ
③ ㄴ, ㄷ
④ ㄴ, ㄹ
⑤ ㄷ, ㄹ

hint

이런 유형의 문제에 대한 가장 쉬운 풀이법은 간단한 수치 예를 사용하는 것이다. 간단한 예를 들면 다음과 같다.

	E	U	L	N	$u = U/L$	비교
변화 이전	7	2	9	1	2/9	-
ㄱ. 취업자가 비경제활동인구로 전환	6	2	8	2	2/8	상승
ㄴ. 실업자가 비경제활동인구로 전환	7	1	8	2	1/8	하락
ㄷ. 비경제활동인구가 취업자로 전환	8	2	10	0	2/10	하락
ㄹ. 비경제활동인구가 실업자로 전환	7	3	10	0	3/10	상승

정답 30 ② 31 ④ 32 ① 33 ③

제2장 거시경제의 주요 시장-1 : 재화시장

Testbank for Economics [macroeconomics]

핵 심 출 제 논 점

1. 총생산함수와 잠재 GDP
2. 대부시장의 분석

Ⅰ 생산물시장(재화시장)의 기초

1. 총생산함수의 형태

- 거시경제의 생산함수 : $Y^s = F(K, L)(= AK^{\alpha}L^{1-\alpha})$

2. 잠재적 생산량과 GDP gap

① 잠재생산량이란 거시경제가 주어진 기술수준 하에서 모든 생산요소를 '정상적'으로 사용한 경우의 생산량, 즉 지속 가능한 최대생산량을 의미한다.[1]

② GDP 갭이란 실제 생산량과 잠재적 생산량의 차이 또는 차이의 잠재적 생산량에 대한 비율을 말한다. GDP 갭이 클수록 한 거시경제에서 자원이 비효율적으로 이용되고 있다.

잠재적 생산량 : $\overline{Y} = F(\overline{K}, \overline{L})$ **GDP 갭** $= \dfrac{\overline{Y} - Y}{\overline{Y}}$

3. 잠재적 성장률

- 잠재적 생산량의 성장률, 즉 지속 가능한 최대성장률을 잠재적 성장률이라고 한다.

잠재적 성장률 : $\overline{g} = \dfrac{\overline{Y}_1 - \overline{Y}_0}{\overline{Y}_0} = n + g$

4. 생산물시장의 균형조건

- 소비함수 : $C = C(Y - T) = \overline{C} + c(Y - T)$ c는 한계소비성향
- 투자함수 : $I = I(r) = \overline{I} - br$ b는 투자의 이자율탄력성(민감도)
- 정부구매와 (순)조세 : $G = \overline{G}, T = \overline{T}$
- 균형조건 : $Y = C(Y - \overline{T}) + I(r) + \overline{G}$

⇒ 케인즈 단순모형 : $Y = C(Y - \overline{T}) + \overline{I} + \overline{G}$ (소득 내생)

⇒ 고전파 단순모형(대부시장) : $\overline{Y} = C(\overline{Y} - \overline{T}) + I(r) + \overline{G}$ (소득 외생, 이자율 내생)

---

1. 유사한 의미의 용어로는 자연산출량(natural rate of output)과 완전고용산출량(full employment output) 등이 있다.

Ⅱ 고전학파, 대부시장, 세이의 법칙

1. 저축의 구성 : 소득 중 소비하고 남은 부분

- 민간저축 : $S_P = Y - T - C$
- 정부저축 : $S_G = T - G$
- 국민저축 : $S = Y - C - G$
- 해외저축 : $S_f = M - X$
- 개방 총저축 : $(Y - C - G) + (M - X)$

2. 대부시장의 균형과 고전학파의 (실질)이자율결정모형

이론	방법 1	방법 2
공급	■ 국민저축 : $S = Y - C - G$ (= 민간저축 + 정부저축 = $(Y - T - C) + (T - G)$)	■ 민간저축 : $S_P = (Y - T - C)$
수요	■ 민간투자 : $I = I(r)$	■ 민간투자와 재정적자 : $I(r) + (G - T)$
균형조건	■ 균형조건 : $Y - C - G = I(r)$ 또는 $(Y - T - C) = I(r) + (G - T)$ ■ 대부시장의 균형조건은 재화시장의 균형조건과 동일 ■ 이자율이 대부시장 균형을 달성하는 과정에서 자동적으로 재화시장의 균형도 동시에 달성	

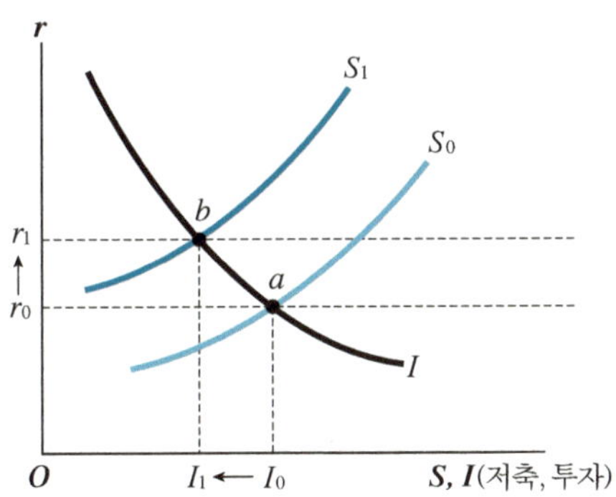

(a) 정부구매의 증가 : 방법-1

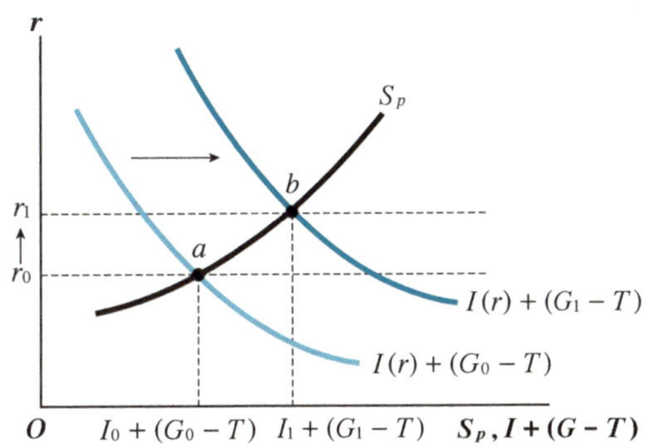

(b) 정부구매의 증가 : 방법-2

3. 구축효과

- 정부구매의 증가가 이자율 상승을 통해 민간투자를 감소시키는 현상(최협의)
- 재정정책이 비정부부문 지출을 감소시키는 현상(최광의)

Tips

1. 재정수지는 흑자가 저축, 경상수지는 적자가 저축!
2. 대부시장에서 이자율의 신축적 조정으로 인해 고전학파가 주장하는 세이의 법칙 성립!
3. 소비가 이자율의 감소함수 ⇒ 저축이 이자율의 증가함수!

Part-1 기본 문제

01 **A국의 총생산함수가 $Y = K^{\frac{1}{2}}L^{\frac{1}{2}}$이다. 이에 관한 설명으로 옳은 것을 모두 고른 것은?** (단, Y는 국민소득, K는 자본량, L은 노동량으로 인구와 같다.) 2016년 감정평가사

ㄱ. 총생산함수는 규모에 따른 수익 불변의 성질을 가진다.
ㄴ. 1인당 자본량이 증가하면 1인당 국민소득은 증가한다.
ㄷ. 자본량이 일정할 때 인구가 증가하면 1인당 국민소득은 감소한다.

① ㄱ
② ㄴ
③ ㄱ, ㄷ
④ ㄴ, ㄷ
⑤ ㄱ, ㄴ, ㄷ

hint

ㄱ. (O), 1차 동차함수는 규모수익 불변을 만족한다.
ㄴ. (O), 1인당 생산함수는 $y = f(k) = k^{\frac{1}{2}}$이다.
ㄷ. (O), $f(k)$는 k의 감소함수이다.

02 **폐쇄경제 하에서 소비(C)는 감소하고 정부지출(G)은 증가할 경우 민간저축과 정부저축에 대한 설명으로 가장 옳은 것은?** (단, 국민소득과 세금은 고정되어 있다고 가정한다.) 2016년 서울시 7급

① 민간저축과 정부저축 모두 증가한다.
② 민간저축과 정부저축 모두 감소한다.
③ 민간저축은 증가하고 정부저축은 감소한다.
④ 민간저축은 감소하고 정부저축은 증가한다.

hint

국민저축 : 불변
민간저축 : 증가
정부저축 : 감소

03 다음과 같은 고전학파 모형에서 정부가 조세를 100억원 증가시켰을 때 그 결과가 옳게 짝지어진 것은? 2018년 공인회계사

> $Y = C + I + G$　　　$C = 100 + 0.7(Y - T)$
> $I = 1{,}000 - 50r$　　　$Y = 5{,}000$
> (단, Y, C, I, G, T, r은 각각 국민소득, 소비, 투자, 정부지출, 조세, 이자율을 의미한다.)

	공공저축의 변화	개인저축의 변화	투자의 변화
①	100억원 증가	30억원 감소	70억원 증가
②	100억원 증가	70억원 감소	30억원 증가
③	70억원 증가	30억원 감소	70억원 증가
④	70억원 증가	70억원 감소	30억원 감소
⑤	70억원 증가	30억원 감소	70억원 감소

hint

공공저축 : $S_g = T - G \Rightarrow \Delta S_g = \Delta T = 100$
소비 : $C = 100 + 0.7(Y - T) \Rightarrow \Delta C = -0.7\Delta T = -70$
개인저축 : $S_p = Y - T - C \Rightarrow \Delta S_p = -\Delta T - \Delta C = -30$
투자 : $I = S = S_p + S_g \Rightarrow \Delta I = \Delta S = \Delta S_p + \Delta S_g = 70$

*** 주의사항**

투자는 균형이자율을 구해서 알아낼 수도 있지만 국민저축과 투자가 일치한다는 조건으로부터 보다 쉽게 구해낼 수 있음을 활용하였다.

정답 1 ⑤ 2 ③ 3 ①

04 〈보기〉와 같은 경제환경 하에서 개인저축과 균형이자율(r^*)은?

2016년 국회 8급

▪ $Y = C + I + G$	▪ $T = 1{,}500$
▪ $Y = 6{,}000$	▪ $C = 200 + 0.5(Y - T)$
▪ $G = 3{,}000$	▪ $I = 1{,}000 - 40r$

(단, Y는 국민소득, C는 소비지출, T는 조세, I는 투자지출, r은 이자율, G는 정부지출이다. 이때 r의 균형값인 균형이자율은 r^*로 표시한다.)

	개인저축	균형이자율(r^*)
①	2,050	11.25
②	2,000	11.25
③	2,050	11.50
④	2,000	11.50
⑤	2,050	12.25

hint

이 문제는 고전학파 모형에 해당한다.

개인저축 : $S_P = Y - T - C = 6{,}000 - 1{,}500 - [200 + 0.5(6{,}000 - 1{,}500)] = 2{,}050$

균형조건 : $S = Y - C - G = 6{,}000 - 2{,}450 - 3{,}000 = 550 = I = 1{,}000 - 40r \Rightarrow r^* = 11.25$

05 다음은 어느 폐쇄경제의 국민소득과 관련된 자료이다.

$C = 300 + 0.75(Y - T)$	$I = 200$
$G = 100$	$T = 80$

이때 민간저축과 정부저축은? (단, Y, C, I, G, T는 각각 총생산, 소비, 투자, 정부지출, 조세이다.)

2023년 공인회계사

	민간저축	정부저축
①	200	−20
②	220	−20
③	200	20
④	220	20
⑤	180	0

hint

투자가 외생적으로 200이므로 국민저축도 200이다. 따라서 민간저축과 정부저축의 합도 200이 되어야 한다. 이 조건을 만족하는 보기는 ②밖에 없다.

*** 참고사항**

원칙적으로 이 문제는 총생산이 내생변수인 케인즈 모형이므로 총생산을 구해야 한다. 그러나 뻔히 답이 보이게 문제를 출제해 놓았는데 굳이 어렵게 풀 이유는 없다. 안 그래도 시험장 가면 1교시에 시간이 부족하다고 난리다.

06 **재정지출 증가의 구축효과(crowding out effect)를 가장 잘 설명한 것은?** 2005년 감정평가사

① 재정지출이 증가하면 환율이 상승하며 해외로부터의 수입을 감소시킨다.

② 재정지출 증가는 물가의 상승을 초래하여 소비지출의 비중을 감소시킨다.

③ 재정지출의 증가는 경기회복을 초래하여 실업률을 떨어뜨린다.

④ 재정지출의 증가는 이자율의 상승을 초래하여 민간투자의 위축을 초래한다.

⑤ 재정지출의 증가는 통화량 증가를 동반하여 실질임금을 떨어뜨린다.

hint

구축효과란 재정정책이 민간의 지출을 감소시키는 효과를 의미한다. 구축효과의 주된 경로는 재정지출의 증가(정부저축 및 국민저축의 감소)가 이자율을 상승시킴으로써 투자를 위축시키는 것이다.

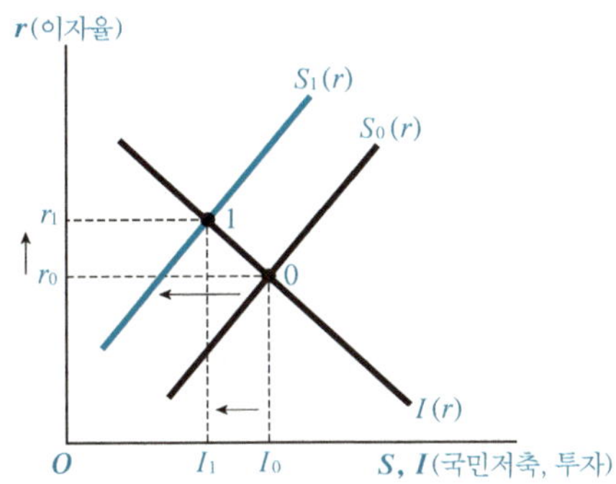

정답 4 ① 5 ② 6 ④

Part-2 실전 문제

01 **폐쇄경제인 B국의 총생산함수가 $Y = AK^{\alpha}L^{1-\alpha}$이다. 전염병으로 인하여 L이 갑자기 감소함으로써 발생하는 변화에 관한 설명으로 옳은 것을 모두 고른 것은?** (단, A와 K는 일정하며, Y는 총생산, α는 0과 1 사이의 상수값, A는 총요소생산성, K는 자본량, L은 노동량으로 인구와 같다.)

ㄱ. 총생산은 증가할 것이다.	ㄴ. 1인당 생산은 증가할 것이다.
ㄷ. 자본의 한계생산은 증가할 것이다.	ㄹ. 노동의 한계생산은 증가할 것이다.

① ㄱ, ㄴ　② ㄱ, ㄷ　③ ㄴ, ㄷ
④ ㄴ, ㄹ　⑤ ㄷ, ㄹ

hint

ㄱ. (×), 총생산은 감소한다.
ㄴ. (○), 1인당 자본이 증가하므로 1인당 생산은 증가할 것이다.
ㄷ. (×), 노동의 감소로 자본의 한계생산은 감소할 것이다.
ㄹ. (○), 노동의 감소로 노동의 한계생산은 증가할 것이다.

02 **완전경쟁시장 하의 폐쇄경제이며 균형재정을 유지하고 있는 한 국가의 생산함수와 소비함수가 아래와 같다. 국민소득계정의 3면등가 관계와 기업의 이윤극대화 조건이 성립하고, 생산량과 정부지출이 각각 100과 10이라면, (a)투자량과 (b)자본소득의 조합으로 가장 옳은 것은?**

2022년 군무원

- 생산 : $Y = K^{0.3}L^{0.7}$
- 소비 : $C = 0.6(Y - T)$

Y, K, L은 각각 생산량, 자본투입량, 노동투입량이며, C와 T는 각각 소비와 조세를 나타낸다.

① (a) 36, (b) 30　② (a) 46, (b) 30
③ (a) 36, (b) 35　④ (a) 46, (b) 35

hint

소비 : $C = 0.6(Y - T) = 0.6(100 - 10) = 54$(*균형재정 하에서 $T = G = 10$)
투자 : $I = S = Y - C - G = 100 - 54 - 10 = 36$
자본소득 : $rK = 0.3Y = 30$

03 만일 미국에서 한국으로의 대규모 이민과 같이 어떤 경제의 전체 노동자 수가 갑자기 증가하는 일이 발생한다면 단기적으로 이 경제의 GDP에 발생할 변화로서 가장 타당한 것은?

2009년 국회 8급

① 경제 전체의 실질 GDP와 1인당 실질 GDP 모두 증가할 것이다.

② 경제 전체의 실질 GDP는 증가하고 1인당 실질 GDP는 감소할 것이다.

③ 경제 전체의 실질 GDP는 감소하고 1인당 실질 GDP는 증가할 것이다.

④ 경제 전체의 실질 GDP는 증가하고 명목 GDP는 감소할 것이다.

⑤ 경제 전체의 명목 GDP는 증가하고 실질 GDP는 감소할 것이다.

hint

노동에 대한 한계생산이 체감하는 일반적인 생산함수에서 다른 조건이 일정할 때 노동의 공급이 증가하면 총 GDP는 증가하지만 1인당 GDP는 감소한다.

04 정부가 재정적자를 확대시키면서 예산을 팽창할 경우 나타나는 현상이 아닌 것은?

2006년 감정평가사

① 대부자금시장에서 이자율을 상승시킨다.

② 정부저축과 국민저축의 감소를 가져온다.

③ 대부자금시장에서 공급곡선이 왼쪽으로 이동한다.

④ 민간투자의 감소를 초래한다.

⑤ 총수요의 감소를 초래한다.

hint

대부자금시장을 나타내는 데는 두 가지 방법이 있다.

	방법 1	방법 2
공급	국민저축 : $S = Y - C - G$	민간저축 : $S_P = (Y - T - C)$
수요	민간투자 : $I = I(r)$	민간투자와 재정적자 : $I(r) + (G - T)$

실제로 교과서에서 두 가지 방법이 모두 많이 쓰이고 있다. 이때 방법 2에 따르면 대부자금공급곡선은 이동하지 않지만 방법 1에 따르면 대부자금공급곡선은 좌측으로 이동한다. 따라서 이 부분을 문제삼을 수 있겠으나 ⑤가 잘못되었음이 확실하므로 실전에서는 당연히 ⑤를 선택하여야 한다.

정답 1 ④ 2 ① 3 ② 4 ⑤

05 대부자금(loanable fund)의 공급이 실질이자율의 증가함수이고 대부자금의 수요는 실질이자율의 감소함수인 대부자금시장 모형에서 재정흑자 증가의 결과로 가장 옳지 않은 것은?

2009년 공인회계사

① 실질이자율이 하락한다.

② 민간저축이 감소한다.

③ 민간투자가 증가한다.

④ 재정흑자의 증가분만큼 국민저축이 증가한다.

⑤ 정부저축이 증가한다.

hint

재정흑자(budget surplus)의 증가는 정부저축의 증가를 의미한다. 정부저축은 국민저축을 구성하므로 국민저축을 증가시키고 실질이자율을 하락시킨다. 이에 따라 투자는 증가하지만 민간저축은 감소한다. 결과적으로 정부저축과 민간저축의 합인 국민저축은 재정흑자의 증가보다 소폭으로 증가한다.

06 재화시장과 대부시장의 균형에 대한 설명으로 잘못된 것은?

① 케인즈 모형에서는 산출량의 조정에 의해 재화시장이 균형이 될 때 대부시장도 균형을 이룬다.

② 고전파 모형에서는 이자율의 조정에 의해 대부시장이 균형이 될 때 재화시장도 동시에 균형을 이룬다.

③ 재정적자가 발생할 때 정부저축은 음(-)이 된다.

④ 저축이 이자율에 의존하는 경우 재정적자의 투자에 대한 구축효과는 더욱 커진다.

⑤ 대부시장의 균형을 이루는 실질이자율은 (-)의 값을 가질 수도 있다.

hint

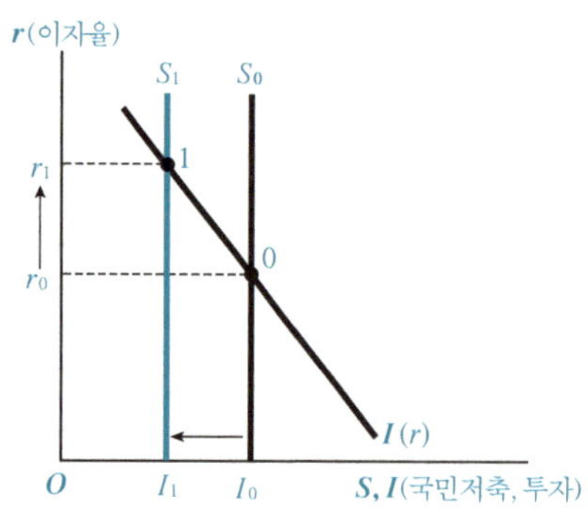

〈그림 1〉 저축이 이자율에 영향을 받지 않는 경우

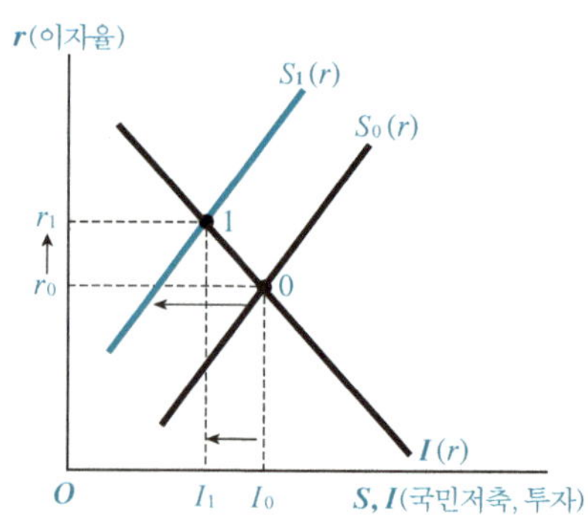

〈그림 2〉 저축이 이자율에 영향을 받는 경우

저축이 이자율에 영향을 받는 경우에는 재정적자로 인해 저축이 감소할 때 이자율이 상승하면서 저축의 감소를 일부 회복시키게 된다. 〈그림 1〉은 저축이 이자율에 영향을 받지 않는 경우로서 이러한 경우에는 재정적자의 증가폭과 동일한 투자감소가 나타난다. 반면 〈그림 2〉는 저축이 이자율에 영향을 받는 경우로서 이러한 경우에는 재정적자의 증가폭보다 투자의 감소폭이 작다.

07 **고전학파의 대부자금설이 성립할 경우 정부가 저축을 촉진하기 위해 이자소득세를 인하하고 동시에 투자를 촉진하는 투자세액공제제도를 도입할 때 예상되는 대부자금시장의 변화로 옳은 것은?** (단, 수요곡선은 우하향, 공급곡선은 우상향) 2011년 감정평가사

① 균형이자율 상승, 균형거래량 증가
② 균형이자율 상승, 균형거래량 감소
③ 균형이자율 하락, 균형거래량 증가
④ 균형이자율 하락, 균형거래량 증감 불분명
⑤ 균형이자율 등락 불분명, 균형거래량 증가

hint

이자소득세가 인하되면 민간저축이 증가하며 대부자금의 공급곡선이 우측으로 이동한다. 반면 투자세액공제가 이루어지면 투자수요가 증가하며 대부자금의 수요곡선이 우측으로 이동한다. 결과적으로 균형거래량은 반드시 증가하지만 균형이자율의 변화는 불명확하다.

정답 5 ④ 6 ④ 7 ⑤

08 다음 식으로 나타낼 수 있는 경제를 가정할 경우 개인저축과 균형이자율은? 2020년 국회 8급

$Y = C + I + G$	$Y = 5{,}000$
$T = 800$	$G = 1{,}200$
$C = 250 + 0.75(Y - T)$	$I = 1{,}100 - 50r$

(Y : 국민소득, G : 정부지출, T : 세금, C : 소비, I : 투자, r : 이자율)

	개인저축	균형이자율
①	600	6
②	600	14
③	800	6
④	800	14
⑤	800	20

hint

이 문제는 소득이 외생적으로 주어졌으므로 고전학파 모형이다. 또한 생산물시장만 주어졌으므로 고전학파 단순모형인 대부시장 모형을 통해 나타낼 수 있다.

개인소비 : $C = 250 + 0.75(5{,}000 - 800) = 3{,}400$
개인저축 : $S_p = Y - T - C = 5{,}000 - 800 - 3{,}400 = 800$
정부저축 : $S_g = T - G = -400$
국민저축 : $S = S_p + S_g = 400$
대부시장의 균형 : $S = 400 = I = 1{,}100 - 50r \Rightarrow r^* = 14$

* **참고사항**
물론 이 문제는 다음 균형조건을 풀어도 무방하다.

$Y = C + I + G \Rightarrow 5{,}000 = 250 + 0.75(5{,}000 - 800) + 1{,}100 - 50r + 1{,}200 = 5{,}700 - 50r$

09 다음과 같은 대부자금시장 모형을 고려하자.

생산 측면	지출 측면
$Y = F(A, K, L)$ $A = \overline{A},\ K = \overline{K},\ L = \overline{L}$	$C = C(Y - T, r)$ $I = I(Y)$ $T = \overline{T},\ G = \overline{G}$

Y는 총생산이다. A, K, L은 총요소생산성, 자본 및 노동이며, 각각 $\overline{A}$, $\overline{K}$ 및 $\overline{L}$로 고정되어

있다. $F(\cdot)$는 총생산함수이고 각각의 독립변수에 대해 증가함수이다. C, I, T, G, r은 소비, 투자, 조세, 정부지출 및 실질이자율을 나타내며, 조세와 정부지출은 $\overline{T}$와 $\overline{G}$로 고정되어 있다. $C(\cdot)$는 가처분소득$(Y-T)$과 실질이자율에 대해 각각 증가함수 및 감소함수이고, $I(\cdot)$는 총생산에 대해 증가함수이다. 다음 중 옳지 않은 것은? (단, 저축곡선과 투자곡선의 세로축은 실질이자율을, 가로축은 저축 또는 투자를 나타낸다.) 2022년 공인회계사

① 저축곡선은 양(+)의 기울기를 갖는다.

② 투자곡선은 수직이다.

③ 정부지출이 증가하면 실질이자율은 상승한다.

④ 소비가 외생적으로 증가해도 소득은 불변이다.

⑤ 노동공급이 감소하면 실질이자율은 상승한다.

hint

① (○), 소비가 이자율의 감소함수이므로 저축은 이자율의 증가함수가 된다.
② (○), 투자는 이자율에 영향을 받지 않는다.
③ (○), 정부지출이 증가하면 저축함수가 좌측으로 이동한다.
④ (○), 주어진 고전파 모형에서 수요는 공급에 영향을 미치지 못한다.
⑤ (×), 노동공급이 감소하면 총생산이 감소하는데, 이 경우 저축과 투자가 모두 좌측으로 이동하기 때문에 실질이자율의 변화 방향은 불명확하다.

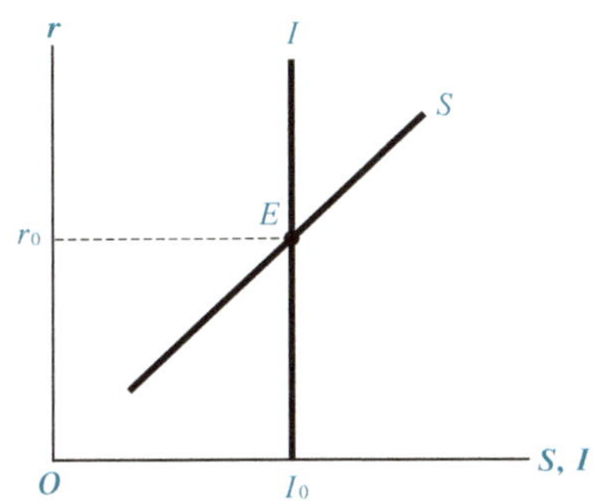

정답 8 ④ 9 ⑤

10 가격이 신축적인 폐쇄경제에서 조세와 재정지출을 각각 10 증가시킬 때 국민소득 증가분은? (단, Y는 국민소득, C는 소비, I는 투자, G는 정부지출, T는 조세, r은 이자율, L은 노동, W는 임금, M은 통화량, V는 화폐유통속도, P는 물가, L^S는 노동공급, L^D는 노동수요이다.). 2023년 공인노무사

▪ $C = 10 + 0.8(Y - T)$	▪ $I = 10 - 200r$	▪ $G = 50$
▪ $T = 50$	▪ $MV = PY$	▪ $V = 1$
▪ $M = 100$	▪ $Y = L$	
▪ $L^S = 50 + 10(W/P)$	▪ $L^D = 150 - 10(W/P)$	▪ $L = L^S = L^D$

① 0　② 10　③ 50
④ 100　⑤ 500

hint

주어진 단순한 고전학파 모형에서 조세와 재정지출은 노동수요와 노동공급에 영향을 미치지 않으므로 균형고용량 및 균형생산량이 불변이다. (주의사항 : 이 문제는 계산을 통해 푸는 문제가 아니라 고전학파 모형에 대한 사전지식을 통해 풀이하는 문제임)

정답　10 ①

제3장 거시경제의 주요 시장-2 : 화폐시장

Testbank for Economics [macroeconomics]

핵 심 출 제 논 점

1. 화폐의 정의 및 측정
2. 수량방정식과 화폐수량설
3. 피셔방정식과 피셔 가설
4. 화폐시장의 균형조건
5. 인플레이션의 사회적 비용

I 화폐이론의 주요 개념

1. 화폐의 정의

① 교환에 쉽게 사용될 수 있는 몇 가지 자산

② 수익성 자산과 대비되는 개념으로서의 유동성이 높은 자산

(유동성 = 한 자산을 다른 자산으로 쉽게 전환할 수 있는 속성)

2. 화폐(통화량)의 측정

<table>
<tr><th>현금(C)</th><th>요구불예금(D)</th><th>저축성 예금</th><th>기타 금융권자산</th><th>국공채 등 기타 유동성자산</th></tr>
<tr><td colspan="2">협의통화(M1)</td><td></td><td></td><td></td></tr>
<tr><td colspan="3">광의통화(M2)</td><td></td><td></td></tr>
<tr><td colspan="4">금융기관유동성(Lf)</td><td></td></tr>
<tr><td colspan="5">광의유동성(L)</td></tr>
</table>

* 지급준비금, 신용카드 사용액 및 사용한도 등도 어떤 종류의 통화지표에도 포함되지 않음

II 화폐시장의 주요 이론

1. 수량방정식(교환방정식)과 화폐수량설

- 수량방정식 : $MV = PY$ 또는 $\dfrac{\Delta M}{M} + \dfrac{\Delta V}{V} = \dfrac{\Delta P}{P} + \dfrac{\Delta Y}{Y}$
- 화폐수량설 = 수량방정식 + 고정된 화폐유통속도
- 화폐수량설 = ① 명목소득 및 물가는 화폐의 수량에 의해 결정된다.
  ② 화폐유통속도가 고정이다. ③ 화폐수요의 이자율탄력성이 0이다.

2. 피셔방정식과 피셔 효과

(1) 피셔방정식

- 사후적 피셔방정식 : $i = r + \pi$
- 사전적 피셔방정식 : $i = r + \pi^e$

(2) 피셔 가설 또는 피셔 효과

- 명목이자율(i)과 인플레이션(π)은 1 : 1의 관계
- 실질이자율(r)은 대부시장(실물)에서 결정되며 화폐에 의해 영향을 받지 않는다고 가정

Tips
1. 투자(I)의 기회비용은 실질이자율!! 화폐수요(L)의 기회비용은 명목이자율!!
2. 실질이자율은 (−)의 값을 가질 수 있지만, 명목이자율은 (−)의 값을 가질 수 없다.
3. 물가−이자율 연동계약 시 실질이자율 일정!

3. 화폐시장의 균형식

- 실질 : $\frac{\overline{M}}{P} = L(Y, i) = kY - hi$ or 명목 : $\overline{M} = P \cdot L(Y, i) = P \cdot (kY - hi)$

4. 정부 예산제약식, 화폐발행차익, 인플레이션조세

- 단순화된 정부예산제약식 : $G - T = \Delta B + \Delta M$
- 화폐발행을 통해 정부가 얻는 수입을 화폐발행차익(seigniorage gain)이라고 한다.
- 인플레이션조세는 민간의 실질잔고(실질화폐보유액)를 세원으로, 인플레이션율을 세율로 하는 조세와 같다.

5. 고전적 이분법과 화폐의 중립성

- 고전적 이분법 : 실질변수와 명목변수를 결정하는 요인은 구분된다는 고전학파의 주장
- 화폐의 중립성 : 화폐는 명목변수에만 영향 미치며, 실질변수에는 영향 미치지 못한다는 주장

Ⅲ 인플레이션의 사회적 비용과 초인플레이션

1. 인플레이션의 사회적 비용

예상된 인플레이션의 비용	예상치 못한 인플레이션의 비용
구두창비용* (피셔 효과)	자의적인 부의 재분배 불확실성의 증가
공통적으로 발생하는 비용**	
메뉴비용, 상대가격의 왜곡 조세상의 왜곡, 혼란과 불편	

* 구두창비용은 공통적으로 발생하는 비용에 포함되기도 함.
** 공통적으로 발생하는 비용에 '인플레이션 조세'를 포함시키기도 함.
*** (기대)인플레이션의 이득 : 디플레이션 방지, 유동성 함정 방지, 노동시장의 유연한 조정

2. 초인플레이션(하이퍼인플레이션)의 특징

① 통화증가율보다 물가상승률이 높다.

② 화폐유통속도는 상승한다.

③ 명목통화량은 급속도로 증가하지만, 실질통화량은 오히려 감소한다.

④ 기대인플레이션의 역할과 화폐수요량의 감소가 중요한 역할을 한다.

⑤ 초인플레이션을 종식시키기 위해서는 통화긴축보다는 재정개혁을 통한 신뢰성의 회복이 중요하다.

Tips

1. 완전히 예상된 인플레이션의 경우 채권자와 채무자 간에 재분배효과가 발생하지 않는다. (○)
2. 완전히 예상된 인플레이션의 경우 아무도 손해 보지 않는다. (×)
3. 물가-임금 연동계약 시 실질임금 일정!

Part-1 기본 문제

01 **다음 중 거시경제학에서 의미하는 화폐에 속하지 않는 것은?**

① 지폐와 주화 ② 요구불예금
③ 저축성 예금 ④ 양도성 예금증서
⑤ 신용카드

hint

화폐란 교환을 편리하게 하는 자산이며, 구체적인 포함범위는 유동성의 정도에 따라 결정된다. 신용카드는 자산이 아니므로 화폐에 포함되지 않는다.

02 **다음 중 자산의 유동성(liquidity)을 가장 잘 설명하고 있는 것은?** 2002년 공인회계사

① 자산가격의 변동성 ② 자산의 현금화 용이성
③ 자산가격의 예측가능성 ④ 자산가격의 불변성
⑤ 자산취득의 용이성

hint

유동성이란 한 재화를 다른 재화로 바꿀 수 있는 속성을 의미한다. 일단 한 재화가 현금화되고 나면 즉각 다른 재화로 바꿀 수 있게 되기 때문에 일반적으로 유동성은 현금화 용이성의 정도로 측정한다.

03 **화폐가 두 시점 사이의 구매력을 이전시켜 주는 역할을 하는 기능을 무엇이라고 하는가?**

① 교환의 매개체 ② 가치의 측정기능
③ 회계의 기본 단위 ④ 가치의 저장기능
⑤ 위험회피기능

hint

화폐의 주요 기능으로는 교환의 매개체, 가치의 측정, 가치의 저장 등이 있다. 이 중 설문의 내용은 가치의 저장기능에 해당한다.

정답 1 ⑤ 2 ② 3 ④

04 다음 중 협의의 통화(M1)에 해당하지 않는 것은? 2014년 보험계리사

① 민간보유 현금 ② 요구불예금
③ 기간물 정기예금 ④ 수시입출식 저축성 예금

hint

만기가 정해져 즉각 인출이 불가능한 기간물 금융상품들은 M2에는 포함되지만 M1에는 포함되지 않는다.

05 다음 중 M_2에 포함되지 않는 것은? 2003년 감정평가사

① 현금통화 ② 요구불예금
③ 저축성 예금 ④ 지불준비금

hint

지불준비금은 직접거래의 수단으로 사용되는 것이 아니므로 어떤 통화지표에도 포함되지 않는다는 점에 유의하도록 하자.

06 명목 GDP와 관련된 교환(화폐수량)방정식에 대한 설명으로 옳지 않은 것은? 2016년 보험계리사

① 완전고용 하에서 화폐유통속도가 일정할 경우 화폐공급이 증가하면 물가가 상승한다.
② 화폐시장의 균형 하에서 화폐유통속도가 일정할 경우 화폐수요는 명목 GDP에 비례한다.
③ 투기적 화폐수요를 설명하고자 교환방정식이 도입되었다.
④ 명목 GDP가 1,000이고 화폐공급이 100이면 화폐유통속도는 사후적으로 10이 된다.

hint

① (O), 화폐수량설 ② (O)
③ (×), 교환방정식은 거래적 화폐수요를 설명하는 데 더 적합하다.
④ (O)

07 화폐수량설에 따른 화폐수량방정식은 $M \times V = P \times Y$이다. 이에 관한 설명으로 옳지 않은 것은? (단, M은 통화량, V는 화폐유통속도, P는 산출물의 가격, Y는 산출량이다.) 2010년 감정평가사 응용

① 장기적으로 화폐의 중립성이 성립한다.
② 화폐유통속도는 오랜 기간에 걸쳐 비교적 안정적이다.
③ 중앙은행이 통화량을 증가시키면 물가는 상승한다.
④ 화폐수요가 이자율에 민감하게 반응한다.

⑤ 중앙은행이 통화량을 변화시키면 산출량의 명목가치는 비례적으로 변한다.

hint

화폐수량설(Quantity theory of money)은 물가와 명목소득이 화폐의 수량에 의해 결정된다는 이론을 말한다. 이러한 가정이 성립되기 위해서는 화폐유통속도가 고정(또는 매우 안정적)이어야 하며, 총산출은 화폐와 무관하게 결정되어야 한다.

08 어느 경제의 화폐수요함수가 다음과 같다.

$$\frac{M^d}{P} = \frac{Y}{4i}$$

M^d, P, Y, i는 각각 명목화폐수요, 물가수준, 총생산, 명목이자율을 나타낸다. 이 경제의 화폐유통속도는? 2019년 공인회계사

① i
② $4i$
③ $\frac{1}{4i}$
④ $\frac{1}{4}$
⑤ 4

hint

화폐수요함수는 소득의 증가함수이며 이자율의 감소함수라는 조건을 만족하고 있다. 주어진 식을 변형하면 다음과 같다.

$M(4i) = PY \Rightarrow MV = PY$에서 $V = 4i$ [화폐유통속도는 not 고정 but 이자율의 증가함수]

09 화폐수요에 대한 설명으로 옳은 것은? 2015년 보험계리사

① 신용카드가 널리 보급되면 화폐수요가 감소한다.
② 경기가 좋아지면 화폐수요가 감소한다.
③ 이자율이 증가하면 화폐수요가 증가한다.
④ 경제 내의 불확실성이 커지면 화폐수요가 감소한다.

hint

화폐수요함수 : $\frac{M^d}{P} = L(Y, i) = \overline{L} + kY - hi$

① (○), 독립적 화폐수요($\overline{L}$)의 감소
② (×), Y의 증가
③ (×), i의 증가
④ (×), 독립적 화폐수요($\overline{L}$)의 증가[∵ 위험자산(증권) 수요의 감소]

정답 4 ③ 5 ④ 6 ③ 7 ④ 8 ② 9 ①

10 **1년 만기 채권의 수익률은 8%이고 향후 1년간 예상되는 물가상승률은 3%이다. 동일한 금액의 채권과 화폐를 1년간 보유할 때 채권 실질수익률과 화폐 실질수익률의 차이는?**

2022년 보험계리사

① 0% ② 3%
③ 5% ④ 8%

hint

채권 실질수익률은 8% − 3% = 5%, 화폐의 실질수익률은 −3%이므로 수익률과 동일하게 8%이다. 이로부터 화폐수요의 기회비용이 명목이자율임을 확인할 수 있다.

11 **다음은 A국 거시경제에 대한 고전학파 모형이다. 이 모형에 따를 경우 원금 100달러를 빌리면 1년 후에 갚아야 하는 원리금은?** (단, 소수점 이하는 반올림한다.)

2020년 공인회계사

- 화폐수량방정식 : $MV = PY$
- 피셔방정식 : $(1+i) = (1+r)(1+\pi)$
- 통화량 증가율 : 8%
- 국내총생산 증가율 : 3%
- 화폐유통속도 변화율 : 0%
- 실질이자율 : 1%

(단, M, V, P, Y, i, r, π는 각각 통화량, 화폐유통속도, 물가, 국내총생산, 명목이자율, 실질이자율, 물가상승률을 나타낸다. 증가율, 변화율, 이자율은 연간 기준이다.)

① 102달러 ② 104달러
③ 106달러 ④ 108달러
⑤ 110달러

hint

1. $\hat{M} + \hat{V} = \hat{P} + \hat{V} \Rightarrow 8\% + 0\% = \hat{P} + 3\% \Rightarrow \pi = \hat{P} = 5\%$
2. $(1+i) = (1+r)(1+\pi) \Rightarrow i = r + \pi = 1\% + 5\% = 6\%$

따라서 100달러를 빌리면 약 106달러를 갚아야 한다.

12 인플레이션에 대한 설명 중 옳은 것을 모두 고르면?

2016년 공인회계사

> 가. 인플레이션은 현금 보유를 줄이기 위한 구두창비용(shoeleather cost)을 발생시킨다.
>
> 나. 인플레이션이 예측되지 못할 경우, 채권자와 채무자의 부가 재분배된다.
>
> 다. 인플레이션이 안정적이고 예측 가능한 경우에는 메뉴비용(menu cost)이 발생하지 않는다.
>
> 라. 인플레이션은 자원배분의 왜곡을 가져오지만, 상대가격의 변화를 발생시키지는 않는다.

① 가, 나
② 나, 라
③ 가, 나, 다
④ 가, 다, 라
⑤ 나, 다, 라

hint

가. (○)
나. (○), 예상보다 높은 인플레이션의 경우 채권자에서 채무자로 부가 재분배된다.
다. (×), 메뉴비용은 예상 여부와 무관하게 발생하는 비용이다.
라. (×), 상품마다 가격결정 기간이 다르다면 상대가격도 왜곡된다.

13 인플레이션에 대한 설명으로 옳지 않은 것은?

2022년 국회 8급

① 인플레이션 반영 비율의 차이에서 오는 상대가격의 변화로 자원배분의 왜곡을 초래할 수 있다.
② 실제 물가상승률이 예상된 물가상승률보다 더 큰 경우 채무자는 이득을 보고 채권자는 손해를 본다.
③ 프리드만(M. Friedman)에 따르면 인플레이션은 언제나 화폐적 현상이다.
④ 수요견인 인플레이션은 총수요의 증가가 인플레이션의 주요한 원인이 되는 경우이다.
⑤ 먼델-토빈 효과(Mundell-Tobin effect)가 나타나면 기대인플레이션이 상승할 때 민간투자가 감소한다.

hint

$>$ $<$ 감소 채무자 유리
② (○), $i = r + \pi = r^e + \pi^e$에서 $\pi = \pi^e \Rightarrow r = r^e \Rightarrow$ 채권의 실질가치 불변 ⇒ 유불리 없음
$<$ $>$ 증가 채권자 유리

⑤ (×), 먼델-토빈 효과에 의하면 기대인플레이션 상승 시 실질이자율이 하락하고 투자가 증가한다.

정답 10 ④ 11 ③ 12 ① 13 ⑤

Part-2 실전 문제

01 **갑은 요구불예금 계좌에 예치했던 금액을 인출하여 저축성 예금계좌에 입금하였다. 이때 M_1과 M_2는 어떻게 변화하였을까?**

① M_1은 변함 없고 M_2는 감소한다.
② M_1은 변함 없고 M_2는 증가한다.
③ M_1은 감소하고 M_2는 변함 없다.
④ M_1은 증가하고 M_2는 변함 없다.
⑤ M_1은 감소하고 M_2는 증가한다.

hint

협의통화와 광의통화를 가장 간단히 나타내면, M_1 = 현금통화 + 요구불예금, M_2 = 현금통화 + 요구불예금 + 저축성예금이 된다. 이때 요구불예금을 인출하여 저축성 예금에 입금하였으므로 M_1은 감소하지만 M_2는 변화가 없다. 화폐지표의 구성에 대해서는 다음의 표를 참고하기 바란다.

<table>
<tr><th>현 금(C)</th><th>요구불예금(D)</th><th>저축성 예금</th><th>기타 금융권자산</th><th>국공채 등
기타 유동성자산</th></tr>
<tr><td colspan="2">협의통화(M_1)</td><td></td><td></td><td></td></tr>
<tr><td colspan="3">광의통화(M_2)</td><td></td><td></td></tr>
<tr><td colspan="4">금융기관유동성(Lf)</td><td></td></tr>
<tr><td colspan="5">광의유동성(L)</td></tr>
</table>

02 **통화지표에 대한 설명으로 옳지 않은 것은?** (이준구 · 이창용 저, 『경제학원론』 응용)

① 보통 협의의 통화라고 하면 현금통화를 의미하고 광의 유동성은 L을 가리킨다.
② 통화지표로 널리 사용되는 것에는 현금통화, M_1, M_2 등이 있다.
③ 현금통화에 요구불예금과 수시입출식 저축예금을 더하면 M_1이 된다.
④ M_2는 M_1에 정기 예적금과 부금, 시장형 상품과 실적 배당형 상품 등을 더한 것이다.
⑤ 여러 가지 통화지표로 구분하는 가장 큰 기준은 화폐의 범주 안에 포함시키는 금융자산의 유동성이다.

hint

일반적으로 협의의 통화는 M_1을, 광의의 통화는 M_2를 의미한다.

03 **통화지표에 대한 설명으로서 옳지 않은 것은?** (이준구 · 이창용 저, 『경제학원론』 응용)

① 한국은행은 금융기관의 종류에 따라서가 아니라 금융상품의 유동성 차이에 따라 통화지표를 정의하기 위해 2003년 통화지표를 새롭게 편제하였다.

② 현금통화, M_1, M_2, Lf 로 구분하는 것은 점차 유동성이 적은 금융자산까지도 화폐의 범주에 포함시킨 것이다.

③ 적절한 통화지표의 선택은 통화지표와 실물경제의 밀접성과 통제가능성을 기준으로 판단해야 한다.

④ M_1, M_2, Lf 로 바뀌면서 밀접성과 통제가능성은 점차 증가하지만 화폐의 범주에 유동성이 적은 금융자산이 포함된다는 단점이 있다.

⑤ 통화지표의 실물부문과의 관련성과 통제가능성은 일반적으로 상충관계를 갖는 것이 보통이다.

hint

M_1, M_2, Lf 로 바뀌면서 실물부문과의 밀접성은 높아지지만 통제가능성은 점차 감소하며, 화폐의 범주에 유동성이 적은 금융자산까지 포함된다.

04 **교환방정식에 근거한 통화량과 인플레이션의 관계에 관한 설명 중 옳지 않은 것은?**

2014년 보험계리사

① 통화증가율이 증가하면 인플레이션율이 증가한다.

② 유통속도가 일정할 때 경제성장률이 증가하면 인플레이션율은 하락한다.

③ 유통속도가 일정할 때 고전학파에 따르면 장기적으로 통화증가율과 인플레이션율은 같다.

④ 유통속도가 일정할 때 3%의 인플레이션율을 유지하려면, 통화증가율과 경제성장률의 합이 3%를 유지해야 한다.

hint

$MV = PY \rightarrow \frac{\Delta M}{M} = \frac{\Delta P}{P} + \frac{\Delta Y}{Y}$ (단, V는 상수) $\rightarrow \frac{\Delta P}{P} = \frac{\Delta M}{M} - \frac{\Delta Y}{Y}$

③ 고전학파의 장기에 실제 생산량이 잠재생산량과 일치하여 불변이라면 통화증가율과 인플레이션율은 같다. (단, 경제성장이 고려될 수 있는 '최장기' 에는 이 보기가 잘못된 것일 수도 있다.)

④ 유통속도가 일정할 때 3%의 인플레이션율을 유지하려면 통화증가율과 경제성장률의 차이를 3%로 유지해야 한다.

정답 1 ③ 2 ① 3 ④ 4 ④

05 **한 국가의 명목 GDP는 1,650조원이고, 통화량은 2,500조원이라고 하자. 이 국가의 물가수준은 2% 상승하고, 실질 GDP는 3% 증가할 경우에 적정 통화공급 증가율은 얼마인가?** (단, 유통속도 변화 $\Delta V = 0.0033$이다.)

2018년 국회 8급

① 2.5%
② 3.0%
③ 3.5%
④ 4.0%
⑤ 4.5%

hint

$MV = PY = NGDP \Rightarrow V = \frac{NGDP}{M} = \frac{1,650}{2,500} = 0.66,\ \hat{V} = \frac{\Delta V}{V} = \frac{0.0033}{0.66} = 0.5\%$

$\hat{M} + \hat{V} \fallingdotseq \hat{P} + \hat{Y} \Rightarrow \hat{M} + 0.5\% \fallingdotseq 2\% + 3\%$

06 **다음은 전통적 화폐수량설에 관한 문제이다. A국은 우유와 빵만을 생산하며 그 생산량과 가격은 아래 표와 같다. 2010년도의 통화량이 20억원이면 2011년도의 통화량은?** (단, 통화의 유통속도는 2010년도와 2011년도에 동일하다.)

2012년 국가직 7급

연도	우유		빵	
	가격(원/병)	생산량(백만 병)	가격(원/개)	생산량(백만 개)
2010년	250	40	200	10
2011년	300	40	400	15

① 20억원
② 25억원
③ 30억원
④ 35억원

hint

2010년의 명목 GDP : $NGDP_{2010} = 250 \times 40 + 200 \times 10 = 12,000$(백만)

2011년의 명목 GDP : $NGDP_{2011} = 300 \times 40 + 400 \times 15 = 18,000$(백만)

2010년의 화폐유통속도 : $V = \frac{PY}{M} = \frac{NGDP}{M} = \frac{12,000}{2,000} = 6$

화폐유통속도는 불변이라고 하였으므로 2011년의 화폐유통속도 $V = \frac{18,000}{x} = 6$에서 $x = 3,000$(백만), 즉 30억원이 된다.

07 **화폐수량방정식은 $M \times V = P \times Y$이다**(M은 통화량, V는 화폐유통속도, P는 산출물의 가격, Y는 산출량이고, 화폐유통속도는 일정함). **甲국의 화폐유통속도가 乙국의 화폐유통속도보다 크고 양국의 중앙은행이 각각 통화량을 5% 증가시켰다. 이때 화폐수량설에 따른 추론으로 옳은 것은?** (단, 甲국과 乙국에서 화폐수량설이 독립적으로 성립함)

2013년 공인노무사

① 물가상승률은 甲국이 乙국보다 높다.
② 물가상승률은 乙국이 甲국보다 높다.
③ 산출량 증가율은 甲국이 乙국보다 높다.
④ 산출량 증가율은 乙국이 甲국보다 높다.
⑤ 甲국과 乙국의 명목산출량은 각각 5% 증가한다.

hint

$\hat{M} + \hat{V} = \hat{P} + \hat{Y}$에서 $\hat{V} = 0$일 때 $\hat{M} = \hat{P} + \hat{Y} = \widehat{PY}$ 이다(단, ^는 증가율을 의미). 본 문제에서 국가별 성장률은 주어지지 않았으며, 성장률에 따라 물가상승률이 달라진다. 단, 어느 경우에나 통화증가율과 일치하는 만큼 명목산출량(명목소득)이 증가한다.

08 **화폐수요함수가 $\frac{M}{P} = 500 + 0.2Y - 1{,}000i$이다. $Y = 1{,}000$, $i = 0.1$일 때 $P = 100$과 $P = 200$이라면 화폐유통속도는 각각 얼마인가?** (단, M은 통화량, P는 물가, Y는 실질국민소득, i는 명목이자율, V_1은 $P = 100$일 때 화폐유통속도, V_2는 $P = 200$일 때 화폐유통속도이다.)

2014년 감정평가사

① $V_1 = \frac{5}{6}$, $V_2 = \frac{5}{6}$
② $V_1 = \frac{5}{6}$, $V_2 = \frac{10}{6}$
③ $V_1 = \frac{10}{6}$, $V_2 = \frac{10}{6}$
④ $V_1 = \frac{10}{6}$, $V_2 = \frac{20}{6}$
⑤ $V_1 = \frac{20}{6}$, $V_2 = \frac{20}{6}$

hint

1. $V = \frac{PY}{M} = \frac{Y}{M/P} = \frac{Y}{500 + 0.2Y - 1{,}000i} = \frac{1{,}000}{500 + 200 - 100} = \frac{10}{6}$
2. 주어진 식에서 화폐유통속도는 P에 영향을 받지 않는다.

정답 5 ⑤ 6 ③ 7 ⑤ 8 ③

09 **화폐수요함수는 $\frac{M^d}{P} = \frac{Y}{5i}$이다. 다음 중 옳은 것을 모두 고른 것은?** (단, $\frac{M^d}{P}$는 실질화폐잔고, i는 명목이자율, Y는 실질생산량, P는 물가이다.)

2017년 감정평가사

ㄱ. 명목이자율이 일정하면, 실질생산량이 $k\%$ 증가할 경우 실질화폐잔고도 $k\%$ 증가한다.
ㄴ. 화폐유통속도는 $\frac{5i}{Y}$이다.
ㄷ. 명목이자율이 일정하면 화폐유통속도는 일정하다.
ㄹ. 실질생산량이 증가하면 화폐유통속도는 감소한다.

① ㄱ, ㄴ
② ㄱ, ㄷ
③ ㄴ, ㄷ
④ ㄴ, ㄹ
⑤ ㄷ, ㄹ

hint

주어진 화폐수요함수를 정리하면 $M(5i) = PY$가 된다. 이를 수량방정식 $MV = PY$와 비교하면 $V = 5i$임을 알 수 있다.

ㄱ. (O), 주어진 화폐수요함수의 소득탄력성은 1이다.
ㄴ. (×), 화폐유통속도는 $5i$이다. [not 고정 but i의 증가함수라고 했던 것을 기억하라.]
ㄷ. (O)
ㄹ. (×)

10 **통화함수 $\frac{M}{P} = 0.4\left(\frac{Y}{i^{\frac{1}{2}}}\right)$이다. 화폐수량방정식을 이용하여 명목이자율이 4일 때, 화폐의 유통속도는?** (단, Y는 균형소득, M은 통화량, P는 물가이다.)

2023년 공인노무사

① 2
② 4
③ 5
④ 6
⑤ 8

hint

통화(수요)함수를 정리하면 $M(2.5i^{\frac{1}{2}}) = PY$가 된다. 따라서 $V = 2.5\sqrt{4} = 5$가 된다.

11 **다음은 3인($i = 1, 2, 3$)만이 존재하는 경제의 화폐수요를 나타낸다. 경제 전체의 마샬 k는?**

2018년 보험계리사

> 개인 i의 화폐수요　　: $M_i^d = k_i Y_i$ (단, M_i^d, Y_i, k_i는 각각 개인 i의 화폐수요, 소득, 마샬 k)
> 경제 전체의 화폐수요 : $M^d = kY$ (단, M^d, Y, k는 각각 경제 전체의 화폐수요, 소득, 마샬 k)
> $Y_1 = 20,\ Y_2 = 40,\ Y_3 = 60,\ k_1 = 0.4,\ k_2 = 0.4,\ k_3 = 0.2$

① 0.30　　② 0.33
③ 0.36　　④ 0.39

hint

$Y = \sum_{i=1}^{3} Y_i = 20 + 40 + 60 = 120,\ M^d = \sum_{i=1}^{3} k_i Y_i = 8 + 16 + 12 = 36$

$M^d = kY \Rightarrow 36 = k \times 120 \Rightarrow k = 0.3$

12 **연물가상승률이 12%일 때 甲이 100을 빌려주고 1년 후에 실질가치로 105를 받으려고 한다면 甲은 명목이자율을 몇 %로 해야 하는가?**

① 5%　　② 12%
③ 13%　　④ 20.1%
⑤ 17.6%

hint

⑤ 명목이자율 = 실질이자율(5%) + (예상)인플레이션율(12%)의 관계식을 이용한다. 피셔공식은 근사식이므로 약간의 차이가 발생할 수 있다. (원칙적으로 접근하면 $105 = \frac{100(1+i)}{1+\pi}$에서 $\pi = 0.12$를 대입하면 $i = 0.176$이 구해진다.)

정답　9 ②　10 ③　11 ①　12 ⑤

13 **다음과 같은 폐쇄경제 고전학파 모형을 가정하자.**

상품시장	화폐시장
$Y=\sqrt{LK}$, $L=100$, $K=100$ $C=10+0.8(Y-T)$ $I=12-2r$ $G=10$ $T=10$	$\frac{M^d}{P}=f(Y)$

중앙은행이 통화공급 증가율을 2%에서 5%로 상승시켰을 때, 피셔방정식이 성립한다면 새로운 균형에서 총생산, 물가상승률, 명목이자율은? (단, Y, L, K, C, T, I, r, G, $\frac{M^d}{P}$은 각각 총생산, 노동, 자본, 소비, 조세, 투자, 실질이자율(%), 정부지출, 실질화폐수요를 나타낸다. $f(\cdot)$는 증가함수이다.)

2023년 공인회계사

	총생산	물가상승률	명목이자율
①	100	3%	7%
②	100	5%	4%
③	100	5%	7%
④	105	5%	4%
⑤	105	7%	3%

hint

1. 총생산
   $Y=\sqrt{LK}=\sqrt{100 \cdot 100}=100$
2. 실질이자율 : 대부시장균형식
   $S=Y-C-G=100-[10+0.8(100-10)]-10=8=I=12-2r \Rightarrow r=2(\%)$
3. 인플레이션율 : 화폐수량설
   화폐수요가 이자율에 영향을 받지 않으므로 화폐수량설이 성립하여 $\pi=\hat{M}=5\%$가 된다.
4. 명목이자율 : 피셔방정식
   $i=r+\pi=2+5=7(\%)$

14 고전학파 거시모형에서 생산함수는 $Y = 50\sqrt{L}$, 노동공급함수는 $\frac{W}{P} = \sqrt{L}(P > 0)$, 통화량은 100, 화폐의 유통속도는 10이다. 저축함수는 $S(r) = -10 + 1,000r$이고, 투자함수는 $I(r) = 50 - 200r$이다. 다음 중 옳지 않은 것은? (단, Y, L, W, P, r은 각각 산출량, 노동, 명목임금, 물가, 이자율임.)

2023년 국회 8급

① $W = 40$　② $L = 25$　③ $Y = 250$
④ $P = 4$　⑤ $r = 0.05$

hint

1. 노동시장 균형조건
   $Y = 50\sqrt{L}$ ⇒ 이윤극대화 조건(노동수요함수) : $\frac{W}{P} = MP_L = \frac{25}{\sqrt{L}}$
   ⇒ 노동시장 균형조건 : $\frac{W}{P} = \frac{25}{\sqrt{L}} = \sqrt{L} \Rightarrow L^* = 25,\ Y^* = 250,\ \left(\frac{W}{P}\right)^* = 5$
2. 화폐수량설
   $\Rightarrow MV = PY \Rightarrow 100 \times 10 = P \times 250 \Rightarrow P^* = 4,\ W^* = 20$
3. 대부시장 균형조건
   $S(r) = -10 + 1,000r = I(r) = 50 - 200r \Rightarrow r^* = 0.05$

15 명목이자율을 상승시킬 수 있는 요인을 모두 고르면?

2014년 공인회계사

> 가. 기대인플레이션율 상승
> 나. 투자의 한계효율 하락
> 다. 시간선호율 상승
> 라. 국채발행 증가

① 가, 라　② 나, 다　③ 가, 다, 라
④ 나, 다, 라　⑤ 가, 나, 다, 라

hint

가. 피셔방정식 $i = r + \pi^e$에서 다른 조건이 일정할 때 기대인플레이션율 상승은 명목이자율을 상승시킨다.
나. 투자의 한계효율이 하락하면 투자가 감소한다.
다. 시간선호율이 상승하면 저축이 감소한다.
라. 국채발행이 증가하면 국채가격은 하락한다. 채권가격과 이자율 사이에는 역의 관계가 있으므로 명목이자율은 상승한다. [인플레이션율이 일정하다면 실질이자율도 상승한다.]

정답　13 ③　14 ①　15 ③

16 실질이자율과 명목이자율에 대한 설명으로 옳은 것은? 2017년 공인회계사

① 실질이자율이 명목이자율보다 작다면, 기대인플레이션은 양(+)의 값을 가진다.

② 실질이자율이 명목이자율보다 작다면, 구매력은 채무자에서 채권자로 이전된다.

③ 실질이자율은 음수가 될 수 없다.

④ 실질이자율은 명목이자율에서 제반 비용 등을 뺀 이자율이다.

⑤ 실질이자율이 명목이자율보다 크다면, 지속적인 물가상승이 예상된다.

hint

① (○), $i = r + \pi^e$에서 $i > r$이라면 $\pi^e > 0$이다.

② (×), $i > r$이라면 $\pi^e > 0$이지만 π와 π^e 중 어느 쪽이 큰지에 따라 채무자가 유리할 수도 있고 채권자가 유리할 수도 있다.

③ (×), 명목이자율은 원칙상 음수가 될 수 없지만 실질이자율은 얼마든지 음수가 될 수 있다.

④ (×), 이런 말에 속는 학생은 없을 것이다.

⑤ (×), $i < r$이라면 $\pi^e < 0$이다. 즉, 디플레이션을 예상한다.

17 정기예금의 실질수익률은 실질이자율이다. 현금보유의 실질수익률은? 2012년 감정평가사

① 실질이자율

② 실질이자율의 마이너스 값

③ 인플레이션율

④ 인플레이션율의 마이너스 값

⑤ 실질이자율과 인플레이션율의 합

hint

피셔방정식 $i = r^e + \pi^e$ 또는 $r^e = i - \pi^e$에서 현금의 명목이자율은 0이므로 실질수익률은 인플레이션율의 (−) 값이 된다.

18 다음 중 옳지 않은 것은?

① 인플레이션이 예상되는 경우에 명목이자율은 (−)의 값을 가질 수 없다.

② 인플레이션이 예상되는 경우에 실질이자율은 (−)의 값을 가질 수 없다.

③ 디플레이션이 예상되는 경우에 명목이자율은 (−)의 값을 가질 수 없다.

④ 디플레이션이 예상되는 경우에 실질이자율은 (−)의 값을 가질 수 없다.

⑤ 인플레이션이 예상되는 경우 명목이자율이 실질이자율보다 크다.

hint

①, ③ 명목이자율이 (−)라면 돈을 빌려주는 것보다 그냥 보유하는 것이 유리하므로 대차거래가 이루어지지 않을 것이다. 따라서 정상적인 금융거래에서 명목이자율은 (−)값을 가질 수 없다. ④, ⑤ 피셔방정식 $r = i - \pi$에서 i는 항상 (+)이며 디플레이션 시 π는 (−)이므로 실질이자율 r도 항상 0보다 크다.

19 **화폐의 수요에 대한 설명 중 적합하지 않은 것은?** (이준구 · 이창용 저, 『경제학원론』 응용)

① 경제학에서 화폐수요란 여러 가지 자산 중에서 화폐의 형태로 보유하려는 금액이 얼마인지를 나타낸다.

② 자산을 화폐의 형태로 보유하면 유동성이 높아지는 장점이 있지만 다른 형태로 보유할 경우 얻을 수 있었던 수익을 포기해야만 한다.

③ 화폐를 보유하는 이유는 거래적 동기, 예비적 동기, 투기적 동기가 있기 때문이다.

④ 현재 주식이나 채권의 수익률이 아주 낮은 경우 투기적 동기의 화폐수요는 감소하게 된다.

⑤ 현금자동인출기의 등장은 거래적 동기의 화폐수요를 감소시켰다.

hint

④ 주식이나 채권의 수익률이 낮은 시기에는 화폐보유의 상대적 매력이 높아진다. 따라서 이 경우 투기적 화폐수요가 증가할 가능성이 크다.

20 **다음 설명 중 적합하지 않은 것은?**

① 물가상승률이 높은 경우 실질화폐수요는 증가한다.

② 이자율이 높아지면 투기적 동기의 화폐수요는 줄어든다.

③ 소득이 증가하면 화폐수요가 증가한다.

④ 일반적으로 호황기에는 화폐유통속도가 높아진다.

⑤ 신용카드는 화폐지표에 포함되지 않지만 신용카드가 널리 보급되면 화폐에 대한 수요는 감소할 것이다.

hint

물가상승률이 높아지면 명목이자율이 상승한다. 이는 화폐보유로 인한 기회비용의 상승을 의미하므로 일반적으로 실질화폐의 보유를 감소시키는 효과가 발생한다. 단, 물가상승 시 명목변수로 측정된 화폐수요는 일반적으로 증가한다는 사실을 유의하기 바란다.

정답 16 ① 17 ④ 18 ② 19 ④ 20 ①

21 명목화폐수요에 관한 설명으로 옳지 않은 것은? 2010년 공인노무사

① 물가수준이 높아지면 거래적 동기에 의해 화폐수요가 증가한다.
② 화폐보유의 기회비용이 증가하면 화폐수요가 감소한다.
③ 불확실성이 증가하면 예비적 동기에 의해 화폐수요가 증가한다.
④ 신용카드 사용금액이 증가하면 거래적 동기에 의해 화폐수요가 증가한다.
⑤ 소득이 증가하면 거래적 동기에 의해 화폐수요가 증가한다.

hint

실질화폐수요 : $\frac{M^d}{P} = L(Y, i) = \overline{L} + kY - hi$
명목화폐수요 : $M^d = P \times L(Y, i) = P \times (\overline{L} + kY - hi)$

④ 신용카드의 사용이 증가하면 거래적 동기에 의한 화폐수요는 감소한다. 이는 위 식에서 독립적 화폐수요요인에 해당하는 $\overline{L}$가 감소한 것으로 나타내어진다.

22 다음 중 명목화폐수요량에 미치는 효과와 실질화폐수요량에 미치는 효과가 서로 다르게 나타날 수 있는 것은? 2011년 공인회계사 응용

① 모든 재화의 가격이 매년 10% 상승한다.
② 현금인출기의 보급이 확대된다.
③ 실질이자율이 5%에서 4%로 하락한다.
④ 경기불황으로 실질소득이 감소한다.
⑤ 신용카드 사용에 따른 소득공제 혜택이 축소된다.

hint

실질화폐수요 : $\frac{M^d}{P} = L(Y, i) = \overline{L} + kY - hi$
명목화폐수요 : $M^d = P \times L(Y, i) = P \times (\overline{L} + kY - hi)$
피셔방정식 : $i = r + \pi^e$

① 인플레이션이 발생하면 실질화폐수요량은 감소한다. 그러나 명목화폐수요량은 실질화폐수요량의 감소와 물가수준의 상승효과가 상반되어 증가할 수도 있고 감소할 수도 있다.

23 **어떤 경제의 2008년, 2009년, 2010년의 연간 물가상승률이 각각 1%, 2%, 4%였고, 같은 기간 동안 연초 명목이자율은 각각 5%, 5%, 6%였다고 하자. 또한 사람들의 예상물가상승률은 전년도의 물가상승률과 같다고 하자**(즉, 사람들은 전년도 물가상승률이 올해에 그대로 실현될 것이라고 예상한다.)**. 만약 피셔방정식**(Fisher Equation)**이 성립한다면 다음 중 옳은 것은?** 2011년 국회 8급

① 2009년 초에 1년짜리 예금에 가입할 당시의 예상 실질이자율은 4%였을 것이다.
② 2009년 초에 예금에 가입하여 1년 뒤 실제로 실현된 실질이자율은 4%였을 것이다.
③ 2010년 초에 1년짜리 예금에 가입할 당시의 예상 실질이자율은 2%였을 것이다.
④ 2009년 초에 예상 실질이자율에 기초하여 돈을 빌려준 사람은 1년 뒤 예상보다 이익을 보았을 것이다.
⑤ 2010년 초에 예상 실질이자율에 기초하여 돈을 빌려준 사람은 1년 뒤 예상보다 이익을 보았을 것이다.

hint

피셔방정식을 사용하여 문제의 내용을 정리하면 다음과 같다.

	2008년	2009년	2010년
명목이자율(i)	5%	5	6
실제 인플레이션율(π)	1	2	4
예상 인플레이션율(π^e)	–	1	2
실제 실질이자율(r)	4	3	2
예상 실질이자율(r^e)	–	4	4

② 2009년 초에 예금에 가입하여 1년 뒤 실제로 실현된 실질이자율은 3%이다.
③ 2010년 초에 1년짜리 예금에 가입할 당시의 예상 실질이자율은 4%이다.
④, ⑤ 2009년과 2010년 실제 실질이자율은 예상 실질이자율보다 낮다.

정답 21 ④ 22 ① 23 ①

24 **인플레이션의 효과에 대한 설명으로 옳은 것은?** 2004년 국가직 7급

① 인플레이션이 완전히 예견될 수만 있다면 이로 인해 손해를 보는 사람은 없을 것이다.
② 현금을 보유하고 있는 사람은 인플레이션세(inflation tax)를 내는 효과가 발생한다.
③ 예상치 못한 인플레이션이 발생할 경우 미리 계약된 임금을 지급하는 기업은 손해를 본다.
④ 예상치 못한 인플레이션이 발생할 경우 자연실업률이 하락한다.

hint

인플레이션의 비용

1. 비록 예상된 경우라도 발생하는 비용
   1) 구두창비용　2) 메뉴비용　3) 상대가격의 왜곡
   4) 조세상의 왜곡　5) 혼란과 불편
2. 예상치 못한 인플레이션의 추가적 비용
   1) 자의적인 부의 재분배　2) 불확실성의 증대

25 **인플레이션 조세(inflation tax)에 관한 설명으로 옳은 것은?** 2012년 감정평가사

① 물가가 상승함에 따라 납세자들이 더 높은 세율등급을 적용받아 납부하는 소득세로 정의된다.
② 물가가 상승함에 따라 경제주체가 보유하고 있는 통화의 실질가치가 상승할 때 발생한다.
③ 세율이 인상됨에 따라 인플레이션율이 상승하는 것을 의미한다.
④ 정부가 정부채권을 시중 금융기관으로부터 매입함으로써 발생한 이자율 하락으로 인한 금융자산의 가격하락을 의미한다.
⑤ 정부가 통화량을 증가시켜 재정자금을 조달할 때 발생한다.

hint

인플레이션 조세(inflation tax)란 정부가 통화량을 증가시켜 재정자금을 조달할 때 발생하는 민간의 부담을 의미한다. 가장 좁게는 인플레이션으로 인한 실질통화가치의 하락을 의미하며, 넓게는 공채실질가치의 하락, 세율인상으로 인한 실질조세부담 증가를 포함한다. 인플레이션 조세를 넓게 정의한다면 ①도 답이 될 수 있지만, 보기 ⑤가 있는 상황에서 ①을 선택할 이유는 없다.

26 **화폐발행이득(seigniorage)에 관한 설명으로 옳은 것을 모두 고른 것은?** 2018년 공인노무사

ㄱ. 정부가 화폐공급량 증가를 통해 얻게 되는 추가적 재정수입을 가리킨다.
ㄴ. 화폐라는 세원에 대해 부과하는 조세와 같다는 뜻에서 인플레이션 조세라 부른다.
ㄷ. 화폐공급량 증가로 인해 생긴 인플레이션이 민간이 보유하는 화폐자산의 실질가치를 떨어뜨리는 데서 나온다.

① ㄱ ② ㄴ ③ ㄱ, ㄷ
④ ㄴ, ㄷ ⑤ ㄱ, ㄴ, ㄷ

hint

ㄱ. (O)
ㄴ. (O), 실질화폐발행 이득은 $S = \frac{\Delta M}{P} = \frac{\Delta M}{M}\frac{M}{P} = \pi \times \frac{M}{P}$으로 나타내어진다. 인플레이션조세는 세율이 인플레이션이며 세원이 민간실질화폐인 세금으로 볼 수 있다.
ㄷ. (O), 화폐발행은 그 자체로 가치를 창출하지 못한다. 그럼에도 정부가 구매력을 갖게 된 것은 민간의 구매력을 빼앗아 왔음을 의미한다. 이는 인플레이션이 화폐가치를 하락시키는 과정을 통해 이루어진다.

27 **화폐수량설이 성립하는 경제에서 인플레이션율이 10%, 물가수준이 10, 명목통화량이 3,000, 국민소득이 1,000, 명목이자율이 15%라고 한다. 이 경우 실질화폐발행차익(real seigniorage)은 얼마인가?** [단, 실질화폐발행차익은 $\frac{\Delta M}{P}$으로 정의된다.]

① 0 ② 10 ③ 20
④ 30 ⑤ 40

hint

실질화폐발행차익 : $\frac{\Delta M}{P} = \frac{\Delta M}{M}\frac{M}{P} = \pi \times \frac{M}{P} = 10\% \times \frac{3,000}{10} = 30$

정답 24 ② 25 ⑤ 26 ⑤ 27 ④

28 다음 조건이 만족된다고 가정하자.

- 화폐시장의 균형조건 : $\frac{M}{P} = L(Y, i)$
- 피셔방정식 : $i = r + \pi^e$
- 화폐수량설 : $\frac{\Delta M}{M} = \pi$
- 실질화폐발행차익 : $S = \frac{\Delta M}{P}$

다음 중 실질화폐발행차익(real seigniorage)**이 가장 큰 경우는?** [단, 실질화폐발행차익은 $\frac{\Delta M}{P}$으로 정의된다.]

① 실제 인플레이션율과 기대인플레이션율이 모두 높은 경우
② 실제 인플레이션율과 기대인플레이션율이 모두 낮은 경우
③ 실제 인플레이션율은 높고 기대인플레이션율은 낮은 경우
④ 실제 인플레이션율은 낮고 기대인플레이션율은 높은 경우
⑤ 기대인플레이션율은 무관히 실제 인플레이션율이 높은 경우

hint

실질화폐발행차익 : $\frac{\Delta M}{P} = \frac{\Delta M}{M}\frac{M}{P} = \pi \times \frac{M}{P} = \pi \times L(Y, r + \pi^e)$

29 **인플레이션의 비용에 대한 설명으로 옳지 않은 것은?** 2013년 국회 8급

① 예상과 다른 인플레이션이 발생하면 채무자가 느끼는 부채에 대한 실질적 부담이 감소하여 효율성이 증가한다.

② 인플레이션으로 인해 현금 보유를 줄이고 은행 예금이 증가하는 현상으로 인해 거래비용이 증가한다.

③ 인플레이션으로 인한 명목비용 상승이 즉각적으로 가격에 반영되지 못함으로써 상대가격의 왜곡이 발생한다.

④ 누진소득세 체제에서는 인플레이션으로 인해 기존과 동일한 실질소득을 얻더라도 세후 실질소득이 하락할 수 있다.

⑤ 적절한 수준의 인플레이션은 명목임금의 하방경직성으로 인하여 발생하는 노동시장의 불균형을 개선하는 데 도움이 된다.

hint

① 예상보다 높은 인플레이션이 발생하면 채무자가 느끼는 부채에 대한 실질적 부담은 감소한다. 이러한 자의적인 부의 재분배는 경제의 불확실성을 증가시켜 투자와 경제성장을 저해한다. [단, 보다 엄격히는 예상보다 높은 인플레이션이라고 표현해야 한다.]

② 구두창비용 ③ 상대가격왜곡비용 ④ 조세왜곡

⑤ 명목임금이 하방경직적이더라도 인플레이션이 발생하면 실질임금을 하락시키는 효과가 있다. 이는 노동시장의 불균형을 개선하는 데 도움이 된다.

30 **예상하지 못한 인플레이션의 영향에 대한 설명 중 옳지 않은 것은?** 2007년 공인회계사

① 명목환율이 불변이면 실질 순수출은 증가한다.

② 봉급생활자나 연금생활자가 불리해진다.

③ 고정이자를 지급하는 장기채권에 대한 수요가 감소한다.

④ 구두창비용과 메뉴비용이 발생한다.

⑤ 기업의 명목적인 조세부담이 증가한다.

hint

물가가 상승하면 가격경쟁력이 하락하여 수출이 감소하게 된다. 일반적으로 실질환율이 상승하면 순수출이 증가하는 관계가 있다. 실질환율의 정의 $\varepsilon = \frac{eP_f}{P}$에서 물가가 상승하면 실질환율은 하락한다.

정답 28 ③ 29 ① 30 ①

31 **다음은 인플레이션의 발생 배경과 그 영향에 대한 설명이다. 이 중 틀린 것은?** 2006년 서울시 7급

① 예상된 인플레이션의 경우 '메뉴비용(menu cost)' 이 발생할 수 있다.

② 예상 못한 인플레이션의 경우 은행에 가서 현금을 인출하는 횟수가 빈번해지는 '구두가죽비용(shoeleather cost)' 이 발생한다.

③ 예상 못한 인플레이션의 경우 채권자와 채무자 사이에 '소득재분배' 효과가 발생한다.

④ 생산비 상승으로 인한 비용인플레이션의 경우 '스태그플레이션(stagflation)' 이 발생할 수 있다.

⑤ 예상 못한 인플레이션은 경제의 불확실성을 증대시킨다.

hint

① 메뉴비용은 비록 인플레이션이 예상되었다고 하더라도 발생하는 비용이다. ② 구두가죽비용은 인플레이션으로 인한 화폐가치 하락을 예상할 때 은행을 자주 방문하게 되는 비용이므로 예상된 인플레이션의 비용으로 분류된다. ③ 예상 못한 인플레이션은 채권자에게서 채무자에게로 소득을 재분배한다. ⑤ 인플레이션율이 높아지면 그 변동성이 커지면서 불확실성이 증가한다고 한다(프리드먼 효과).

[**주의사항** : 실전 30번은 예상하지 못한 인플레이션의 비용으로 구두창비용을 포함한 ④를 옳은 보기로 처리하였다. 반면 실전 31번은 예상하지 못한 인플레이션의 비용으로 구두창비용을 포함한 보기 ②를 틀린 보기로 처리하였다. 기출문제에서 이런 불일치가 발생한 것은 '예상하지 못한 인플레이션'이라는 표현이 불완전하기 때문이다. 전혀 예상하지 못한 인플레이션이라면 구두창비용은 발생하지 않지만 일부라도 예상된 인플레이션이라면 구두창비용이 발생하기 때문이다. 수험생 입장에서는 이러한 표현상의 한계가 있다는 것을 너그럽게 이해하고 주의해서 답을 골라야 한다.]

32 **통화량과 인플레이션에 관한 설명 중 잘못된 것은?**

① 인플레이션율이 높아지면 인플레이션의 변동성도 증가하여 불확실성이 증가한다.

② 피셔(Fisher)가설에 따르면 인플레이션율이 상승할 경우 명목이자율도 같은 %p로 상승한다.

③ 인플레이션에 직면한 경제주체들이 화폐보유를 줄이는 과정에서 구두창비용(shoeleather cost)이 발생한다.

④ 가격은 수요와 공급에 따라 신축적으로 변동해야 하므로 시장경제에서 물가안정은 바람직한 경제정책이라 할 수 없다.

⑤ 디플레이션에서는 사람들이 생산적인 투자를 하기보다 현금을 보유할 유인이 있어 경기후퇴가 가속화될 우려가 있다.

hint

① 프리드먼 효과

④ 이는 일반물가와 상대가격을 혼동한 표현이다. 상대가격이 신축적으로 조정되는 것은 바람직하지만 물가수준이 많이 변하는 것은 바람직하지 않다.

⑤ 디플레이션 시기에는 소비 및 투자를 지연하는 효과가 발생한다.

33 인플레이션에 관한 설명으로 옳은 것은?

2018년 공인노무사

① 피셔 가설은 '명목이자율 = 실질이자율 + 물가상승률' 이라는 명제로서 예상된 인플레이션이 금융거래에 미리 반영됨을 의미한다.

② 새케인즈학파에 의하면 예상된 인플레이션의 경우에는 어떤 형태의 사회적 비용도 발생하지 않는다.

③ 실제 물가상승률이 예상된 물가상승률보다 더 큰 경우, 채권자는 이득을 보고 채무자는 손해를 본다.

④ 실제 물가상승률이 예상된 물가상승률보다 더 큰 경우, 고정된 명목임금을 받는 노동자와 기업 사이의 관계에서 노동자는 이득을 보고 기업은 손해를 보게 된다.

⑤ 예상하지 못한 인플레이션 발생의 불확실성이 커지면 장기계약이 활성화되고 단기계약이 위축된다.

hint

① (○), 인플레이션이 예상되면 명목이자율을 높게 받음으로써 실질이자율이 하락하는 것을 막는다.

② (×), 메뉴비용이나 구두창비용은 예상된 경우에도 발생하는 비용이다.

③ (×), $\pi > \pi^e$이면 $r < r^e$이다. 즉, 채권자는 예상보다 낮은 이자율을 받아 손해를 보고 채무자는 예상보다 낮은 이자율을 지급하여 이익을 본다.

④ (×), 예상보다 물가상승률이 큰 경우 실질임금이 하락하므로 노동자가 손해를 보고 기업이 이익을 본다.

⑤ (×), 불확실성이 커지면 장기계약이 위축되고 단기계약이 증가한다.

정답 31 ② 32 ④ 33 ①

34 합리적 경제주체들이 인플레이션율을 3%로 예상하였는데 실제 인플레이션율이 6%였다고 하자. 다음 보기 중 옳은 것을 모두 고른 것은?

ㄱ. 메뉴비용(menu cost)이 발생한다.
ㄴ. 구두창비용(shoe-leather cost)이 발생한다.
ㄷ. 고정금리로 정기예금에 가입한 가계는 손해를 본다.
ㄹ. 물가연동계약을 체결한 근로자는 손해를 본다.
ㅁ. 명목가치에 근거한 세법 하에서 근로소득세 수입은 증가하지만 이자소득세 수입은 감소한다.

① ㄱ, ㄴ, ㅁ ② ㄱ, ㄴ, ㄹ ③ ㄱ, ㄷ, ㄹ
④ ㄱ, ㄷ, ㅁ ⑤ ㄱ, ㄴ, ㄷ

hint

ㄱ. 인플레이션이 발생하면 예상 여부와 무관하게 메뉴비용이 발생한다.
ㄴ. 3%의 인플레이션이 기대된 만큼 명목이자율이 상승할 것이며 이는 은행을 더 자주 찾게 만든다.
ㄷ. 고정금리계약 하에서 $\pi > \pi^e$이므로 $r < r^e$가 성립한다. 즉, 채권자들은 예상보다 낮은 실질이자율을 받게 되므로 손해를 본다.
ㄹ. 물가연동계약을 체결하면 인플레이션만큼 명목임금이 인상되기 때문에 실질임금을 일정하게 유지할 수 있다.
ㅁ. 인플레이션이 발생하고 명목임금이 상승하면 명목조세수입이 증가한다. 또한 명목이자율의 상승으로 이자소득세도 증가한다.

35 물가지수, 인플레이션과 관련된 다음 주장 중 옳지 않은 것은? 2008년 공인회계사

① 기대되는 인플레이션율이 높을수록 명목이자율은 높게 형성된다.
② GDP 디플레이터를 계산할 때 최종재가 아닌 중간재의 가격변화는 포함되지 않는다.
③ 예상보다 높은 인플레이션이 발생하였을 경우 실질이자율은 예상보다 낮게 나타난다.
④ 소비자물가지수 산정에 편입되어 있는 수입재의 가격상승은 소비자물가지수에 직접적으로 영향을 미친다.
⑤ 명목이자율이 인플레이션에 연동되었다면 인플레이션율이 낮을수록 실질이자율이 낮아진다.

hint

①, ⑤ 피셔방정식 $i = r + \pi^e$에서 명목이자율이 인플레이션에 연동되어 있다면 인플레이션과 똑같은 정도로 명목이자율이 상승하므로 실질이자율은 일정하게 유지된다. 명목이자율을 인플레이션에 연동시키는 계약을 지수화 계약(indexation)이라고 부르기도 한다.

③ 예상된 실질이자율은 $r^e = i - \pi^e$, 실제 실질이자율은 $r = i - \pi$으로 나타낼 수 있다.

$\pi > \pi^e \Rightarrow r < r^e$

이때 $\pi = \pi^e \Rightarrow r = r^e$ 의 관계가 성립한다.

$\pi < \pi^e \Rightarrow r > r^e$

36 **금융기관의 세전 명목이자율이 연 2.0%이고 이에 대한 이자소득세율이 25.0%이다. 예상물가 상승률이 연 1.8%일 때 피셔방정식(Fisher equation)에 의한 연간 세후 실질이자율은 얼마인가?**

2015년 공인노무사 응용

① 0.3% ② 0.2% ③ 0.0%

④ −0.2% ⑤ −0.3%

hint

⑤ 세후 실질이자율이란 세전 명목이자율에서 조세와 인플레이션율의 효과를 뺀 것으로 다음과 같이 구할 수 있다.

	i	r	π
세전	2%	0.2%	1.8%
세후	1.5%	−0.3%	1.8%

* **주의사항 1**

명목이자율은 0 아래로 내려갈 수 없지만, 실질이자율은 얼마든지 0 아래로 내려갈 수 있다는 점을 유의해야 한다.

* **주의사항 2**

엄밀히 말하면 이 문제의 세후 실질이자율은 세후 '수취' 실질이자율을 의미한다.

정답 34 ⑤ 35 ⑤ 36 ⑤

37 다음 중 하이퍼인플레이션에 대한 설명으로 적절하지 않은 것은?

① 통화증가율에 비해 더 높은 인플레이션율이 나타난다.

② 하이퍼인플레이션 기간에는 화폐유통속도가 급감한다.

③ 일반적 인플레이션과 비교할 때 화폐수요의 역할이 강조된다.

④ 하이퍼인플레이션은 재정개혁과 함께 종식되는 경우가 많다.

⑤ 탄지-올리베라 등의 경제학자들은 인플레이션이 재정적자를 심화시킬 수 있다고 주장하였다.

hint

② $\hat{M}+\hat{V}=\hat{P}+\hat{Y}$에서 통화증가율 이상의 물가상승이 나타나기 위해서는 화폐유통속도가 상승해야 한다.

③ 화폐시장균형식 $\frac{M}{P}=L(Y,\ i)$에서 $P=\frac{M}{L(Y,\ i)}$이 된다. 이 경우 M이 급격히 상승하며 인플레이션에 대한 기대를 유발시키면 명목이자율이 상승하는데, 이는 화폐수요를 감소시키며 통화증가율 이상의 물가상승을 유발한다.

정답 37 ②

제4장 거시경제의 주요 시장-3 : 노동시장

Testbank for Economics [macroeconomics]

핵 심 출 제 논 점

1. 자연실업과 경기적 실업
2. 마찰적 실업과 구조적 실업
3. 효율임금가설
4. 실업유형별 대책

I 노동시장의 장기균형 : 자연실업률의 도출

1. 실업의 2가지 성격

① 초과공급(excess supply)으로서의 실업 ⇒ 케인즈학파, 임금경직성, 수요 부족

② 상호불일치(mismatch)로서의 실업 ⇒ 고전학파, 정보불완전, 전환비용

2. 실업의 구성

① 실제 실업 = 자연실업 + 경기적 실업

② 자연실업 = 마찰적 실업 + 구조적 실업

3. 자연실업률의 도출

① 노동시장의 장기균형 조건 : $sE = fU$

② 자연실업률의 결정식 : $u_N = \dfrac{s}{s+f} = \dfrac{1}{1+(f/s)}$

s는 실직률(= 고용지속기간의 역수), f는 구직률(= 실업지속기간의 역수)

4. 자연실업률의 특징

① 자연실업률은 0보다 큰 값이다.

② 관측된(실제) 실업률은 자연실업률로 수렴한다.

③ 실직률(s)이 상승하면 자연실업률은 상승한다.

④ 구직률(f)이 상승하면 자연실업률은 하락한다.

5. 자연실업률의 다양한 표현

① 경제가 장기적으로 수렴하는 실업률, 즉 장기평균실업률

② 노동시장의 불완전성으로 인해 장기적으로도 사라지지 않는 실업률

③ 경기변동과 무관한 마찰적 · 구조적 요인에 의한 실업률

④ 경기적 실업이 0일 때의 실업률

⑤ 인플레이션을 가속시키지 않는 최소의 실업률(NAIRU)(필립스곡선 + 적응적 기대)

⑥ 인플레이션을 가속시키거나 감속시키지 않는 실업률(물가안정실업률)

⑦ 실제 인플레이션율과 기대인플레이션율이 일치할 때의 실업률(필립스곡선)

⑧ 실제 산출량이 자연산출량 수준일 때의 실업률

Tips 과거 통화주의 및 초기 새고전파에서는 자연실업률을 '일자리와 사람 수가 같을 때에도 존재하는 실업률'이라 정의하여 마찰적 실업만을 포함시켰다. 이는 마찰적 실업과 구조적 실업을 모두 포함시키는 현대의 자연실업률의 범위에 비해 좁다.

Tips

1. 자연실업률은 0이다. (×)
2. 완전고용 시 실업률은 0이다. (×)
3. 자연실업률은 경기적 실업이 0일 때의 실업률이다. (○)
4. 자연실업률은 고정된 값이므로 자연실업률을 낮출 수 없다. (×)
5. 재정정책, 통화정책과 같은 경기안정화 수단으로는 자연실업률을 낮출 수 없다. (○)
6. 자연실업률을 낮추는 것은 바람직하지 않다. (×)
7. 실제 실업률을 자연실업률 아래로 낮추는 것은 바람직하지 않다. (○)

Ⅱ 실업의 구성

1. 마찰적 실업과 구조적 실업

마찰적 실업	구조적 실업
자연실업률의 구성요인	
지속기간 짧음 상호불일치 일자리 수와 노동자 수가 같은 경우에도 존재 실질임금이 청산임금과 같은 경우에도 존재	지속기간 길 초과공급 일자리 수보다 노동자 수가 많아서 존재 실질임금이 청산임금보다 높아서 존재
직장 이동에 소요되는 시간 1. 정보불완전성, 2. 업무이질성	실질임금경직성 1. 최저임금, 2. 노동조합, 3. 효율임금

* **실업보험** : 구직률 하락 ⇒ 자연실업률 상승

* **직업소개프로그램** : 구직률 불명확 ⇒ 자연실업률 불명확(대체로 하락)

* **정년연장법안** : 실직률 하락 + 구직률 하락 ⇒ 자연실업률 불명확

* **고용보호조치** : 실직률 하락 + 구직률 하락 ⇒ 자연실업률 불명확

2. 임금경직성과 구조적 실업

① 자연실업의 구성요인 중 상대적으로 지속기간이 긴 실업

② 임금경직성으로 인해 장기에도 사라지지 않는 실업

③ 실제 임금이 수요와 공급을 일치시키는 임금보다 높기 때문에 발생하는 실업

3. 효율성 임금 가설

(1) 의미

- 기업이 스스로 균형임금(청산임금)보다 높은 실질임금을 지급하는 것
- 균형임금보다 더 높은 실질임금을 지불하면 노동자들의 근로의욕과 생산효율이 상승
- 이러한 경우 노동시장에는 초과공급(구조적 실업, 비자발적 실업)이 지속됨

(2) 효율성 임금의 지급 이유

① 영양 모형(영양상태의 개선)　　② 이직비용 모형(이직 방지)

③ 도덕적 해이 모형(근무태만 방지)　　④ 역선택 모형

(3) 효율성 임금의 조건

- 생산함수가 $y = f[e(w)L]$일 때,

  솔로우 조건 : $\dfrac{\partial e/e}{\partial w/w} = 1$

  $\Rightarrow$ 근로효율의 실질임금탄력성 = 1

> **Tips**
> 1. 효율임금은 균형임금보다 높다. (○ or ×)
> 2. 효율임금은 경쟁시장의 균형임금보다 높다. (○)

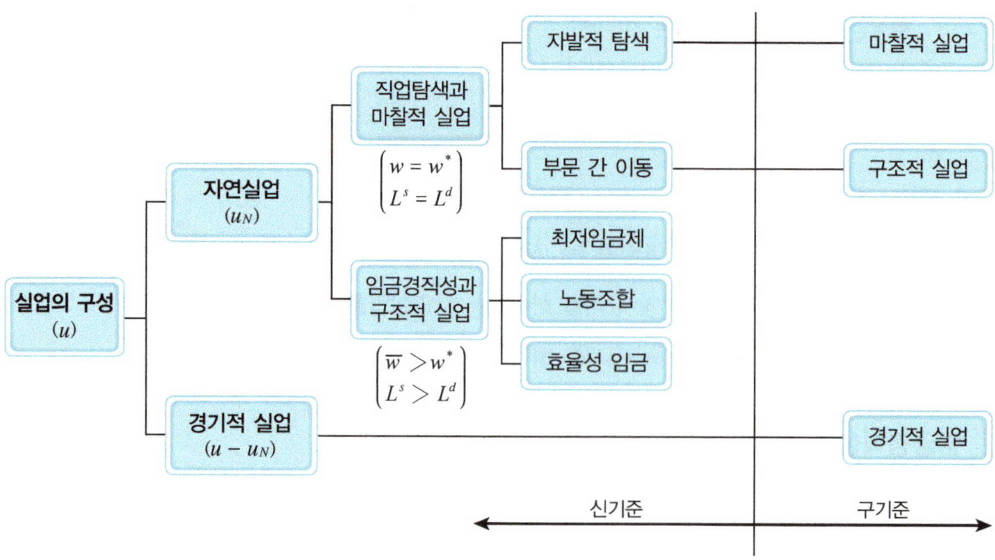

Part-1 기본 문제

01 매 기간당 취업자 중에서 3%는 실직을 당하는 반면 실업자 중에서 17%는 새로이 취업한다고 하자. 이때 관측된 실업률이 17%이면 경기적 실업률은 얼마인가?

① 2%　② 3%　③ 3.5%
④ 4%　⑤ 5%

hint

자연실업률(장기균형실업률)의 결정공식에서 $u_N = \frac{s}{s+f} = \frac{0.03}{0.03+0.17} = 0.15$가 된다. 이때 관측된 실업률 = 자연실업률 + 경기적 실업률, 즉 $u = u_N + (u - u_N)$의 관계에 있기 때문에 경기적 실업은 2%가 된다.

02 실업에 관한 설명으로 옳지 않은 것은? 2018년 감정평가사

① 균형임금을 초과한 법정 최저임금의 인상은 비자발적 실업을 증가시킨다.
② 실업급여 인상과 기간 연장은 자발적 실업 기간을 증가시킨다.
③ 정부의 확장적 재정정책은 경기적 실업을 감소시킨다.
④ 인공지능 로봇의 도입은 경기적 실업을 증가시킨다.
⑤ 구직자와 구인자의 연결을 촉진하는 정책은 마찰적 실업을 감소시킨다.

hint

① (O), 임금경직성으로 인한 초과공급으로 인한 실업은 비자발적 성격이 강함
② (O), 구직기간이 일어지고 마찰적 실업이 증가한다.
③ (O)
④ (×), 이는 구기준에 의하면 구조적 실업, 신기준에 의하면 마찰적 실업이며 어느 쪽에 의하더라도 경기적 실업과는 무관하다.
⑤ (O)

정답　1 ①　2 ④

03 실업에 관한 설명으로 옳은 것은? 2016년 감정평가사

① 만 15세 미만 인구도 실업률 측정 대상에 포함된다.

② 마찰적 실업은 자연실업률 측정에 포함되지 않는다.

③ 더 좋은 직장을 구하기 위해 잠시 직장을 그만둔 경우는 경기적 실업에 해당한다.

④ 경기적 실업은 자연실업률 측정에 포함된다.

⑤ 현재의 실업률에서 실망실업자(discouraged workers)가 많아지면 실업률은 하락한다.

hint

① (×), 노동통계에 포함되는 것은 15세 이상 인구이다.

② (×), 자연실업은 마찰적 실업과 구조적 실업의 합이다.

③ (×), 이는 자발적 탐색실업으로서 마찰적 실업에 속한다.

④ (×), 경기적 실업은 자연실업률 측정에 포함되지 않는다.

⑤ (○), 실망실업자는 통계상 실업자가 아니라 비경제활동인구로 분류되며 이들이 증가하면 실업률이 하락하는 착시현상을 유발한다.

04 실업에 대한 설명으로 옳지 않은 것은? 2022년 국가직 7급

① 구조적 실업은 노동공급량이 노동수요량을 지속적으로 초과하기 때문에 발생한다.

② 마찰적 실업은 노동자들이 일자리에 대한 정보가 완전함에도 불구하고 일자리 탐색에 나서기 때문에 발생한다.

③ 구속력 있는 최저임금은 구조적 실업의 원인 중 하나이다.

④ 균형임금보다 높은 효율임금(efficiency wage)은 구조적 실업의 원인 중 하나이다.

hint

이 문제는 실업 구분의 신기준이 적용된 사례이다.

구조적 실업 : 자연실업 중 초과공급의 성격을 띠며 지속기간이 상대적으로 긴 실업
마찰적 실업 : 자연실업 중 상호불일치의 성격을 띠며 지속기간이 상대적으로 짧은 실업

② (×), 탐색이 필요한 가장 중요한 이유는 정보가 불완전하기 때문이다.

05 **실업에 관한 설명으로 옳지 않은 것은?** 2020년 공인노무사

① 실업보험은 마찰적 실업을 감소시켜 자연실업률을 하락시키는 경향이 있다.

② 경기변동 때문에 발생하는 실업을 경기적 실업이라고 한다.

③ 효율성 임금 이론에 따르면 높은 임금책정으로 생산성을 높이려는 시도가 실업을 야기할 수 있다.

④ 내부자-외부자 가설에 따르면 내부자가 임금을 높게 유지하려는 경우 실업이 발생할 수 있다.

⑤ 최저임금제도는 구조적 실업을 야기할 수 있다.

hint

① (×), 실업보험은 구직활동 기간을 증가시키고 구직률을 하락시켜 자연실업률을 상승시킨다.
⑤ (○), 이 문제는 실업 분류의 신기준을 따르고 있음을 확인하기 바란다.

06 **근로자들에게 균형임금보다 높은 임금을 지불하는 것이 기업에게 오히려 이득이 된다는 효율임금이론의 주장으로 적절하지 않은 것은?** 2008년 공인회계사

① 근로자들이 더 많은 영양분을 섭취하여 건강해지게 된다.

② 근로자의 이직이 줄어들어 이직으로 인한 비용이 감소된다.

③ 자질이 더 좋은 근로자들이 지원할 것이므로 근로자의 자질이 향상된다.

④ 근로의욕이 증진되어 근무태만이 줄어든다.

⑤ 직업탐색비용이 낮아져 실업률이 하락한다.

hint

효율임금이론은 균형보다 높은 임금으로 인해 장기적으로도 사라지지 않는 '구조적 실업' 또는 '대기실업'을 설명하는 이론이다. 반면 직업탐색이론은 임금이 균형임금이라 하더라도 사라지지 않는 실업인 '마찰적 실업'을 설명하는 이론이다.

*** 효율성 임금의 지급 이유**

1. 영양상태의 개선(영양 모형)
2. 이직비용의 감소(이직비용 모형)
3. 유능한 인재의 채용(역선택 모형)
4. 근무태만의 방지(도덕적 해이 모형)

정답 3 ⑤ 4 ② 5 ① 6 ⑤

07 **효율임금이론(efficiency wage theory)에 관한 설명으로 옳은 것을 모두 고른 것은?**

ㄱ. 근로자의 생산성이 임금수준에 영향을 받는다는 사실에 입각해 임금의 하방경직성을 설명하고 있다.
ㄴ. 높은 임금은 근로자들의 태만을 막아주는 기능을 함으로써 근로자의 도덕적 해이를 막을 수 있다고 설명한다.
ㄷ. 기업이 제공하는 임금이 낮아지면 역선택의 문제가 발생하므로 이를 해결하기 위해서 기업은 임금을 낮추지 않는다고 설명한다.
ㄹ. 비자발적 실업이 존재하여도 임금이 하락하지 않는 이유를 설명할 수 있다.

① ㄱ ② ㄴ ③ ㄱ, ㄴ, ㄷ
④ ㄴ, ㄷ, ㄹ ⑤ ㄱ, ㄴ, ㄷ, ㄹ

hint

ㄱ. (O)
ㄴ. (O)
ㄷ. (O)
ㄹ. (O)

08 **1930년대 미국을 중심으로 주요 선진국에선 급격한 실업증가가 발생하였는데, 대공황 당시의 실업을 설명하는 용어와 이에 대한 대책으로 적당한 것은?**

① 자연실업-노조활성화
② 마찰적 실업-직업훈련 실시
③ 구조적 실업-실업보험의 도입
④ 계절적 실업-직업정보의 제공
⑤ 경기적 실업-정부지출의 확대

hint

대공황(great depression)의 원인에 대해서는 여러 가지 주장이 있다. 케인즈는 대공황이 총수요의 부족으로 인해 발생한 실업의 급증으로 보았으며, 이에 대한 대책으로 총수요 증대를 주장하였다.

정답 7 ⑤ 8 ⑤

Part-2 실전 문제

01 **실업과 관련된 설명 중 옳은 것을 모두 고르면?** 2007년 공인회계사

가. 새로운 직장에 곧 취업하게 될 사람은 실업자가 아니다.
나. 1주일에 한 시간씩 일하고 그 대가를 받는 사람은 실업자가 아니다.
다. 직장을 구하다 구직활동을 포기한 사람이 많아지면 실업률은 높아진다.
라. 자연실업률은 경기적 실업이 0인 상태를 말한다.
마. 아르바이트를 그만두고 학업에 전념하는 대학생이 많아지면 실업률은 낮아진다.

① 가, 마　② 나, 라　③ 나, 다, 라
④ 가, 나, 다, 마　⑤ 가, 나, 다, 라, 마

hint

가. 취업대기자 역시 실업자에 포함된다.
나. 실업통계에 따르면 1주일에 1시간만 일해도 취업자에 포함된다.
다. 실망실업자가 증가하면 관측된 실업률은 낮아진다.
라. 실제 실업 = 자연실업 + 경기적 실업, 자연실업 = 마찰적 실업 + 구조적 실업(대기적 실업)
마. 실업자 수의 변화 없이 취업자 수가 감소하는 경우이므로 실업률은 상승한다.

02 **어느 국가의 현재 실업률이 30%이다. 현재 실업자가 다음 기에 일자리를 구할 확률은 0.3이고, 현재 취업자가 다음 기에 일자리를 잃을 확률은 0.1이다. 다음 기 실업률은 현재의 실업률과 비교하여 어떻게 변화할 것인가?** (단, 생산가능인구는 일정하고, 경제활동인구와 비경제활동인구 사이의 이동은 없다.) 2023년 공인회계사

① 2% 포인트 하락　② 1% 포인트 하락　③ 변화 없음
④ 1% 포인트 상승　⑤ 2% 포인트 상승

hint

경제활동인구가 일정할 때 30%의 실업자 중 0.3의 비율이 직장을 얻는다면 9%p의 실업률 감소요인이 발생한다. 반면 70%의 취업자 중 0.1의 비율이 일자리를 잃는다면 7%p의 실업률 증가요인이 발생한다. 따라서 합계 2%p의 실업률 감소요인이 발생한다.

정답　1 ②　2 ①

03 노동시장에서 현재 고용상태인 개인이 다음 기에도 고용될 확률을 P_{11}, 현재 실업상태인 개인이 다음 기에 고용될 확률을 P_{21}이라고 하자. 이 확률이 모든 기간에 항상 동일하다고 할 때 이 노동시장에서의 균형실업률은?

2018년 국회 8급

① $\frac{P_{21}}{(1-P_{21})}$ ② $\frac{P_{21}}{P_{11}}$ ③ $\frac{(1-P_{11})}{(1-P_{11}+P_{21})}$

④ $\frac{(1-P_{11})}{(P_{11}+P_{21})}$ ⑤ $\frac{(1-P_{11})}{(1-P_{21})}$

hint

구직률 $f = P_{21}$, 실직률 $s = 1 - P_{11}$이므로 $u_N = \frac{s}{(s+f)} = \frac{(1-P_{11})}{(1-P_{11}+P_{21})}$

04 비경제활동인구가 존재하지 않는 경제의 노동시장에서 이번 기(t)의 실업자(U_t) 중에서 다음 기$(t+1)$에 고용되는 비율은 e, 이번 기의 취업자 중에서 다음 기에 실업자로 전환되는 비율은 b이다. 즉, 이번 기의 경제활동인구를 L_t라고 하면 다음 기의 실업자는 아래 식과 같이 결정된다.

$$U_{t+1} = (1-e)U_t + b(L_t - U_t)$$

이 경제의 인구증가율이 n이다. 즉, $L_{t+1} = (1+n)L_t$이다. 장기균형에서의 실업률은?

2021년 공인회계사

① $\frac{e+b}{n+b}$ ② $\frac{n+e}{n+b}$ ③ $\frac{n+e}{n+e+b}$

④ $\frac{b}{n+e+b}$ ⑤ $\frac{e}{n+e+b}$

hint

주어진 식의 양변을 L_t로 나누면 다음과 같다.

$$\frac{U_{t+1}}{L_t} = (1-e)\frac{U_t}{L_t} + b\left(1 - \frac{U_t}{L_t}\right)$$

위 식의 좌변을 변형하면 다음과 같다.

$$\frac{U_{t+1}}{L_{t+1}}\frac{L_{t+1}}{L_t} = (1+n)\frac{U_{t+1}}{L_{t+1}} = (1-e)\frac{U_t}{L_t} + b\left(1 - \frac{U_t}{L_t}\right)$$

균제상태에서 실업률이 일정할 것이므로 $\bar{u} = \frac{U_{t+1}}{L_{t+1}} = \frac{U_t}{L_t}$를 대입하여 정리하면 다음과 같다.

$(1+n)\bar{u} = (1-e)\bar{u} + b(1-\bar{u}) \Rightarrow (n+e+b)\bar{u} = b \Rightarrow$ 균제상태의 실업률 : $\bar{u} = \frac{b}{n+e+b}$

05 다음은 어떤 나라의 고용 관련 자료를 정리한 표이다. 2019년 공인회계사

생산가능인구	1,000만 명
경제활동참가율	70%
실업자	35만 명
실업자가 일자리를 구할 확률	0.24
취업자가 일자리를 잃을 확률	0.01

실업률 갭을 실제 실업률에서 자연실업률을 차감한 값으로 정의할 때 이 나라의 실업률 갭은?

(단, 생산가능인구, 실업자가 일자리를 구할 확률, 취업자가 일자리를 잃을 확률은 일정하고, 경제활동인구와 비경제활동인구 사이의 이동은 없다.)

① −0.5%
② 0.0%
③ 0.5%
④ 1.0%
⑤ 1.5%

hint

생산가능인구를 P, 경제활동인구를 L, 실업자가 일자리를 구할 확률(구직률)을 f, 취업자가 일자리를 잃을 확률(실직률)을 s라고 하자.

경제활동인구 : $p = 0.7 = \frac{L}{P} = \frac{L}{1,000} \Rightarrow L = 700$(만 명)

실제 실업률 : $u = \frac{U}{L} = \frac{35}{700} = 0.05 = 5\%$

자연실업률 : $u_N = \frac{s}{s+f} = \frac{0.01}{0.01 + 0.24} = 0.04 = 4\%$

실업률 갭 : $u - u_N = 5\% - 4\% = 1\%$

정답 3 ③ 4 ④ 5 ④

06 **노동자를 해고하는 데 많은 제한을 가하여 노동자를 보호하는 정책을 시행하고 있다. 이에 대한 설명으로 옳지 않은 것은?** 2014년 보험계리사

① 고용안정이 보장되어 노동자의 이직률이 낮아진다.

② 기업은 한번 채용하면 해고가 어려우므로 채용에 신중을 기할 것이며, 이는 전반적으로 신규채용을 줄어들게 한다.

③ 경제 전체의 실업률은 상승할 수도 있다.

④ 청년실업의 해소에 큰 도움이 될 수 있다.

hint

고용보호정책은 실직률(s)을 하락시키는 동시에 구직률(f)도 하락시킨다. 두 가지 효과가 상충되어 균형실업률 $u_N = \frac{s}{s+f}$는 상승할 수도 있고 하락할 수도 있다. 실직률 하락의 혜택은 장년층에 돌아가는 반면, 구직률 하락의 비용은 청년층에게 지워질 가능성이 높다.

07 **다음 중 자연실업률에 대한 설명으로 옳지 않은 것은?**

① 노동시장이 장기적으로 수렴하는 실업률을 말한다.

② 물가안정실업률(NAIRU)이라고 부르기도 한다.

③ 관측된 실업률에서 경기적 실업을 제하면 구할 수 있다.

④ 자연실업의 개념을 처음 제안한 프리드먼은 일자리 수와 노동자의 수가 같을 때의 실업률이 자연실업률이라 정의하였다.

⑤ 자연실업에 포함되는 실업의 범위는 새고전학파의 주장이 새케인즈학파의 주장보다 넓다.

hint

프리드먼과 새고전학파는 주로 직업탐색에 소요되는 시간에서 비롯되는 마찰적 실업만을 자연실업에 포함시키지만 새케인즈학파는 장기적 임금경직성으로부터 비롯되는 구조적 실업(또는 대기실업) 역시 자연실업의 범위에 포함시킨다. 따라서 자연실업에 포함되는 실업의 범위는 새케인즈학파의 주장이 새고전학파의 주장보다 넓다. 이러한 차이는 주로 새고전학파와 새케인즈파의 임금경직성에 대한 이해의 차이에서 비롯된다.

08 실업의 분류방식은 시대에 따라 여러 차례 변화하였다. 현재 노동시장에서 널리 받아들여지는 구분방식에 의하면 실업은 자연실업과 경기적 실업으로 구분되며, 자연실업은 다시 마찰적 실업과 구조적 실업으로 구분된다. 실업의 구성요인에 대한 설명으로 옳지 않은 것으로 구성된 보기는?

가. 마찰적 실업은 자연실업에 포함되며, 구조적 실업은 경기적 실업에 포함된다.
나. 마찰적 실업과 구조적 실업을 구분하는 가장 중요한 기준은 실업의 지속기간이다.
다. 마찰적 실업에 비해 구조적 실업의 지속기간이 상대적으로 짧다.
라. 실업의 지속기간이 길어질 경우 실업자의 구직률(job finding rate)이 하락한다.
마. 임금의 경직성이 강할수록 고용의 변동폭이 크고 실업의 지속시간이 길다.

① 가　② 가, 나　③ 가, 다
④ 나, 라　⑤ 나, 마

hint

가. 마찰적 실업과 구조적 실업 모두 자연실업의 구성요인이다.
다. 마찰적 실업은 정보의 불완전성, 구조적 실업은 임금의 실질경직성이 그 주된 원인이며, 후자의 경우가 지속기간이 더 길다.
라. 실업의 지속기간과 구직률은 역수의 관계이다. 즉, 구직률 = 1/실업지속기간

09 다음 중 자연실업률을 낮추는 방법으로 가장 거리가 먼 것은?

① 실업급여를 삭감한다.
② 전산망을 확충하고 직업정보제공사업을 활성화한다.
③ 사양산업의 노동자들에게 직업교육을 실시한다.
④ 금리인하와 같이 확장적 통화정책을 실시한다.
⑤ 기업과 노동조합 간에 협력적 노사관계를 구축한다.

hint

자연실업률 가설에 따르면 실제 실업률은 결국 자연실업률로 수렴하게 된다. 따라서 총수요관리정책은 자연실업률을 낮추는 데 아무런 역할을 하지 못한다.

정답　6 ④　7 ⑤　8 ③　9 ④

10 다음 중 마찰적 실업에 대한 이유로서 가장 적절하지 않은 것은? 2004년 감정평가사

① 근로자들의 다양한 선호와 능력
② 불완전한 정보
③ 지리적인 이동
④ 직장을 탐색하는 데 걸리는 시간
⑤ 최저임금제

hint

마찰적 실업은 주로 정보의 불완전성 등으로 인해 직업탐색에 시간이 소요되기 때문에 발생하며 비교적 그 지속기간이 짧다. 최저임금제는 실질임금의 경직성으로 인해 비교적 오래 지속되는 실업인 구조적 실업(또는 대기적 실업이라고도 한다.)의 원인이다. 구조적 실업이란 용어의 의미가 2004년 이후의 문제에서 바뀌고 있음에 유의하기 바란다.

11 실업에 관한 설명으로 옳은 것은? 2022년 공인노무사

① 구직단념자의 증가는 비경제활동인구의 감소를 초래하여 실업률을 상승시킨다.
② 비자발적 실업이 존재한다는 것은 노동시장에서 실제 임금수준이 균형임금보다 낮다는 것을 의미한다.
③ COVID-19 팬데믹 문제로 산업활동이 둔화하여 발생하는 실업은 마찰적 실업에 해당한다.
④ 전기차 등 친환경차 생산 증대로 기존 내연기관 자동차 생산에 종사하는 노동자가 일자리를 잃는 경우 구조적 실업에 해당한다.
⑤ 해외 유아의 국내 유입이 증가하는 경우 실업률이 하락한다.

hint

이 문제는 실업 구분의 구기준이 적용된 사례이다.

① (×), 구직단념자의 증가는 실업자 수를 감소시키고 비경제활동인구를 증가시켜서 실업률 하락, 경제활동참가율 하락, 고용률 불변을 유발한다.
② (×), 비자발적 실업(초과공급으로서의 실업)이 존재한다는 것은 노동시장에서 실제 임금수준이 균형 임금수준보다 높다는 것을 의미한다.
③ (×), 산업활동 둔화로 인한 실업은 구조적 실업이나 경기적 실업에 해당할 수 있으나 마찰적 실업에 속한다고 보기는 어렵다.
④ (○), 이는 신기준에 의하면 마찰적 실업의 부문 간 이동에 해당하며, 구기준에 의하면 구조적 실업에 해당한다. 이러한 경우에는 이 문항에 대한 판단을 보류하고 다른 문항의 옳고 그름을 따져서 답을 찾아야 한다.
⑤ (×), 해외 유아는 15세 미만의 경제활동이 불가능한 인구이므로 현재 실업률 지표와는 무관하다.

12 마찰적 실업의 원인을 모두 고른 것은? 2012년 감정평가사

ㄱ. 노동자들이 자신에게 가장 잘 맞는 직장을 찾는 데 시간이 걸리기 때문이다.
ㄴ. 기업이 생산성을 제고하기 위해 시장균형임금보다 높은 수준의 임금을 지불하는 경향이 있기 때문이다.
ㄷ. 노동조합의 존재로 인해 조합원의 임금이 생산성보다 높게 설정되기 때문이다.

① ㄱ ② ㄴ ③ ㄷ
④ ㄱ, ㄴ ⑤ ㄴ, ㄷ

hint

ㄴ은 효율임금가설, ㄷ은 내부자-외부자 가설로 모두 구조적 실업의 근거이다.

13 노동시장에서 구조적으로 초과공급을 발생시킬 수 있는 요인으로 옳지 않은 것은? 2014년 보험계리사

① 효율적 임금(efficient wage)
② 지나치게 높은 최저임금제
③ 노동조합으로 인한 고용비용의 상승
④ 유동성제약으로 인한 소비부족으로 유효수요 하락
⑤ 노동시장에서의 비대칭정보

hint

이 문제는 실업 구분의 신기준을 따른 대표적인 문제이다. 신기준에 의한 구조적 실업은 실질임금의 경직성으로 인해 발생하는 지속기간이 긴 실업을 의미한다. 실질임금 경직성의 대표적인 원인으로는 최저임금제, 노동조합, 효율임금이 있다.

정답 10 ⑤ 11 ④ 12 ① 13 ④

14 **실업에 대한 설명 중 옳지 않은 것은?** 2005년 공인노무사

① 실업보험은 근로자의 소득을 보호해 주지만, 탐색실업을 증가시킬 수 있다.
② 마찰적 실업은 다른 실업에 비해 비교적 짧은 기간에 끝난다고 할 수 있다.
③ 전업주부는 경제활동인구에 속하지 않는다.
④ 실망실업자들을 고려하면, 실제 실업률은 통계상의 실업률보다 높다고 할 수 있다.
⑤ 설비자동화로 인한 실업을 경기적 실업이라고 한다.

hint

④ 실망실업자들의 존재를 고려하면 통계상에 나타난 실업률은 진정한 실업률에 비해 과소측정된다. 즉, 실제의 노동시장의 사정은 우리가 측정한 실업률보다 높다. ⑤ 설비자동화로 인한 실업을 구기준에서는 구조적 실업이라고 하였고, 신기준에서는 부문 간 이동이라고 하여 마찰적 실업의 일종으로 분류하고 있다. 어떤 경우에도 이를 경기적 실업이라고 부르는 경우는 없다.

15 **경기의 호황이 지속되는 경우 오히려 실업이 증가하는 현상이 발생하는 경우가 있는데 이에 대한 설명으로 가장 가능성이 높은 것은?**

① 자발적 탐색실업의 증가
② 구조적 실업의 증가
③ 경기적 실업의 증가
④ 계절적 실업의 증가
⑤ 위장실업의 증가

hint

경기가 호황일 때는 새로운 직업을 얻기가 어렵지 않기 때문에 신규 인원이 노동시장에 진입한다. 뿐만 아니라 기존 취업자도 자기에게 더 잘 맞는 직업을 찾기 위해 탐색에 나서기도 한다.

16 **다음은 경제적 측면에서 노동조합의 효과에 관한 설명이다. 이 중에서 틀린 내용은?**

2003년 보험계리사

① 노조가 있으면 노조가 없을 때에 비해 자연실업률은 더 낮아진다.
② 노조가 임금을 균형임금보다 높게 설정하면 노동수요는 감소하고 노동공급은 증가한다.
③ 노조에 가입한 근로자들이 단체교섭을 통해 높은 임금의 혜택을 누리는 반면, 노조에 속해 있지 않은 근로자들은 낮은 임금을 받게 된다.
④ 비판론자들은 노동조합이 노동배분의 효율성과 공평성을 저해한다고 주장한다.

hint

노조는 균형보다 높은 실질임금을 지속시킴으로써 자연실업률을 상승시킨다. 임금경직성으로 인한 자연실업이 존재할 수 있다는 평가는 실업을 분류하는 새로운 기준에 의한 것이며, 새케인즈파의 주장에 가깝다.

17 **효율임금이론(efficiency wage theory)에 관한 설명으로 옳은 것은?** 2013년 공인노무사

① 효율성 임금 가설은 노동시장에서 시장청산이 이루어지지 않는 이유를 설명하기 위해 사용된 이론 중 하나이다.

② 기업이 임금을 시장균형임금보다 낮게 설정하여 이윤극대화를 추구한다는 이론이다.

③ 기업은 숙련노동자에 대한 정보가 완전하기 때문에 해당 노동자에 대해서 항상 높은 임금을 지불한다는 이론이다.

④ 비자발적 실업이 발생하는 경우 효율적인 임금수준이 재조정되므로 임금이 하락하는 이유를 설명할 수 있다.

⑤ 기업이 기존 노동자의 임금을 높게 유지하고, 신규 노동자의 임금을 낮게 유지하는 경우를 설명한다.

hint

①, ② 효율임금이론이란 기업이 스스로 균형보다 높은 임금을 지급하는 현상을 의미한다. 그 원인은 실질임금과 노동생산성이 (+)의 관계를 갖기 때문이다.

③ 효율임금을 지급하는 이유는 영양상태 개선, 비대칭정보, 이직비용 감소 등이 있다.

④ 효율임금은 기업이 이윤극대화를 위해 균형보다 높은 임금을 지급하는 것이므로 비자발적 실업이 존재하더라도 임금이 하락하지 않는다.

18 **효율임금이론에 대한 설명으로 옳은 것만을 모두 고른 것은?** 2013년 지방직 7급

ㄱ. 효율임금은 노동시장의 균형임금보다 높다.
ㄴ. 노동의 초과공급에 의한 실업의 존재를 설명한다.
ㄷ. 근로자들의 근무태만을 방지할 수 있다.
ㄹ. 노동의 생산성이 임금수준을 결정한다고 가정한다.

① ㄱ, ㄴ, ㄷ　　② ㄱ, ㄴ, ㄹ

③ ㄱ, ㄷ, ㄹ　　④ ㄴ, ㄷ, ㄹ

hint

ㄹ. 전통적 임금이론에 의하면 노동생산성이 임금을 결정짓는다. 반면 효율임금가설에서는 오히려 임금수준이 노동의 생산성을 결정짓는다.

정답 14 ⑤ 15 ① 16 ① 17 ① 18 ①

19 **근로효율이 실질임금의 증가함수라는 효율임금가설에서 솔로우 조건**(이윤극대화 조건)**을 옳게 나타낸 것은?**

① 근로효율의 실질임금에 대한 탄력성이 0이다.

② 근로효율의 실질임금에 대한 탄력성이 0보다 크다.

③ 근로효율의 실질임금에 대한 탄력성이 1이다.

④ 근로효율의 실질임금에 대한 탄력성이 1보다 크다.

⑤ 근로효율의 실질임금에 대한 탄력성이 음(−)이다.

hint

효율임금에 대한 솔로우 조건은 실질임금 인상률과 근로효율 상승률이 동일한 상태를 나타낸다.

$$\frac{dw}{w} = \frac{de}{e} \Rightarrow \frac{de}{e} / \frac{dw}{w} = 1$$

20 **어느 경제에서 총생산함수는 $Y = 100\sqrt{N}$이고, 노동공급함수는 $N = 2{,}500\left(\frac{W}{P}\right)$이며, 생산가능인구는 3,000명이다. 이 경제에서는 실질임금이 단기에는 경직적이지만 장기에는 신축적이라고 가정하자. 이 경제의 단기와 장기에서 일어나는 현상으로 옳지 않은 것은?** (단, W는 명목임금, P는 물가수준을 나타낸다.) 2018년 국가직 7급

① 장기균형에서 취업자 수는 2,500명이다.

② 장기균형에서 명목임금이 10이라면 물가수준은 10이다.

③ 장기균형에서 실업자는 500명이다.

④ 기대치 않은 노동수요 감소가 발생할 경우 단기적으로 실업이 발생한다.

hint

노동수요곡선 : $\frac{W}{P} = MP_N = 50\frac{1}{\sqrt{N}}$ 또는 $N^d = 2{,}500\left(\frac{W}{P}\right)^{-2}$

장기균형 조건 : $N^d = 2{,}500\left(\frac{W}{P}\right)^{-2} = N^s = 2{,}500\left(\frac{W}{P}\right) \Rightarrow \left(\frac{W}{P}\right)^* = 1,\ N^* = 2{,}500$

① (O)

② (O)

③ (×)

④ (O), 단기에는 실질임금이 경직적이므로 노동수요가 감소할 경우 초과공급으로서의 실업이 발생된다.

*** 주의사항**

현대 거시경제학에서는 실업을 복합적인 현상으로 보고 있다. 즉, 실업의 일부는 초과공급(excess supply)으로 인한 것이며 일부는 상호불일치(mismatch)로 인한 것이다.

과거 출제관행에 비추어 볼 때 이 문제는 실업을 초과공급으로 간주하고 ③의 경우 실업이 존재하지 않는 것으로, ④의 경우 단기적으로만 실업이 발생하는 것으로 보고 출제한 것으로 보인다. 그러나 현대거시경제학의 입장에서 이러한 출제관행이 불합리하다고 볼 여지가 있다.

정답 19 ③ 20 ③

제5장 경기변동이론의 기초

Testbank for Economics [macroeconomics]

핵 심 출 제 논 점

1. 경기종합지수

2. 오쿤의 법칙

Ⅰ 경기의 순환과정

1. 슘페터(Joseph Alois Schumpeter)의 파동이론

	주기	발생원인
키친 파동	40개월	재고투자
주글라 파동	9～10년	설비투자
콘드라티에프 파동	40～60년	기술혁신, 전쟁

2. 우리나라의 경기종합지수(2019년 개편)

경기선행지수	경기동행지수	경기후행지수
1. 재고순환지표(제조업)	1. 비농림어업 취업자 수	1. 취업자 수
2. 경제심리지수	2. 광공업생산지수	2. 생산자제품재고지수
3. 기계류 내수출하지수(선박 제외)	3. 서비스업활동지수(도소매업 제외)	3. 소비자물가지수변화율(서비스)
4. 건설수주액(실질)	4. 소매판매액지수	4. 소비재수입액(실질)
5. 수출입물가비율	5. 내수출하지수	5. 회사채(CP)유통수익률
6. 코스피	6. 건설기성액(실질)	
7. 장 · 단기금리차	7. 수입액(실질)	

Ⅱ 오쿤의 법칙 : 장기균형에서 단기변동으로～!

1. 갭 형태(gap form)

■ $\frac{\overline{Y}-Y}{\overline{Y}} = \alpha(u-u_N)$ 또는 $u = u_N + \frac{1}{\alpha}\left(\frac{\overline{Y}-Y}{\overline{Y}}\right)$ 단, $\alpha > 1$

$$\Rightarrow Y \begin{matrix} > \\ = \\ < \end{matrix} \overline{Y} \Leftrightarrow u \begin{matrix} < \\ = \\ > \end{matrix} u_N$$

2. 성장률 형태(growth rate form)

■ $g = \overline{g} - \alpha du$ (g는 실제 성장률, $\overline{g}$는 잠재성장률, $du = u - u_{-1}$)

$$\Rightarrow g \begin{matrix} > \\ = \\ < \end{matrix} \overline{g} \Rightarrow u \begin{matrix} < \\ = \\ > \end{matrix} u_{-1} \Rightarrow \text{실업률} \begin{matrix} \text{하락} \\ \text{불변} \\ \text{상승} \end{matrix}$$

3. 의미

① 실업률과 GDP 간 음(−)의 관계

② 실업 갭(경기적 실업)과 GDP 갭(총생산 손실분) 간의 양(+)의 관계

③ 실업률은 총생산 갭의 변화분에 대응하여 1 : 1보다 작은 비율로 변화한다. 즉, 산출량 변동에 비해 고용 또는 실업의 변동폭이 작다.

Tips

1. 고통지수 = 인플레이션율(%) + 실업률(%)
2. 고통지수는 인플레이션에 지나치게 높은 가중치를 두고 있다고 평가됨

Part-1 기본 문제

01 **다음 중 경기변동을 유발하는 총수요부문의 요인이 아닌 것은?** 2005년 공인노무사

① 노동인구 감소
② 소비감소
③ 통화량 감소에 따른 이자율 상승
④ 정부의 재화 및 서비스 구입 증가
⑤ 수출증가

hint

총수요측면의 충격은 재화시장에서의 충격과 화폐시장에서의 충격으로 이루어져 있다. 총공급측면의 충격은 노동인구의 변화(예 : 이민, 저출산), 자본스톡의 변화(예 : 전쟁, 지진), 기술충격 등으로 인한 생산함수의 변화 등이 있다.

02 **다음 중 공급충격에 해당되지 않는 것은?** 2004년 감정평가사

① 가뭄으로 인한 농작물 피해
② 한국은행의 통화공급량 증가
③ 이라크전쟁으로 인한 원유가 상승
④ 노사분규로 인한 임금 상승
⑤ 제조물 책임법의 도입

hint

통화공급의 변화는 대표적인 총수요충격이며, 공급측에 아무런 영향을 미치지 못한다.

03 **향후 경기국면을 예측하기 위해 우리나라 통계청에서 발표하는 선행종합지수의 구성지표가 아닌 것은?** 2012년 공인노무사

① 건설수주액
② 기계류내수출하지수
③ 코스피지수
④ 소비자기대지수
⑤ 도시가계소비지출

hint

①~④ 경기선행지수, ⑤ 경기후행지수

04 **다음 중 잠재적 GDP와 밀접한 관련이 있는 실업률은?** 2002년 보험계리사

① 잠재적 실업률 ② 비자발적 실업률
③ 마찰적 실업률 ④ 경기적 실업률
⑤ 자연실업률

hint

잠재적 GDP(potential GDP)란 한 경제에서 자원을 정상적으로 사용하였을 때 달성 가능한 GDP를 말한다. 즉, 장기균형 상태인 자연실업률 수준에서의 산출량이 잠재적 GDP에 해당한다. 잠재적 GDP와 유사한 개념으로는 완전고용 GDP, 자연산출량, 물가안정 산출량(NAIRO) 등이 있다.

05 **오쿤의 법칙(Okun's law)은 다음 중 어떤 것들의 관계를 나타내는가?**

① 실업률과 경제성장률 ② 물가상승률과 임금상승률
③ 물가상승률과 경제성장률 ④ 실업률과 임금상승률
⑤ 실제 물가상승률과 기대 물가상승률

hint

오쿤의 법칙의 해석 : $\frac{Y^* - Y}{Y^*} = \alpha(u - u_N)$, $\alpha > 0$ (단, Y^*는 잠재적 산출량, u_N은 자연실업률)

1. 실업률과 산출량 간에 존재하는 부(-)의 관계
2. 경기적 실업과 GDP 갭 간의 정(+)의 관계

06 **다음 중 고통지수(misery index)에 대한 정의로 옳은 것은?**

① 고통지수 = 실업률 + 경제성장률
② 고통지수 = 실질이자율 + 인플레이션율
③ 고통지수 = 인플레이션율 + 경제성장률
④ 고통지수 = 실업률 + 인플레이션율
⑤ 고통지수 = 실업률 - 경제성장률

hint

고통지수란 실업률과 인플레이션율의 합으로서 고통지수가 높을수록 거시경제가 건전하지 못하며 국민들의 삶이 어려워진다.

정답 1 ① 2 ② 3 ⑤ 4 ⑤ 5 ① 6 ④

Part-2 실전 문제

01 **경제성장 및 경기변동에 관한 설명으로 옳지 않은 것은?** 2021년 국가직 7급

① 국내총생산이 장기추세치보다 더 큰 값을 가질 때 경제는 호황기에 있다.

② 국내총생산의 단기적 동향을 경기변동이라 하고 장기적 추세를 경제성장이라고 한다.

③ 국내총생산이 늘어나는 시기에 실업률이 줄어들고 국내총생산이 줄어드는 시기에 실업률이 늘어나는 양상을 공행성의 예라 할 수 있다.

④ 어떤 변수가 일정한 시차를 갖고 다른 변수보다 선행(leading)하거나 후행(lagging)하는 경우 두 변수 사이에 공행성이 없다고 말한다.

hint

① (O), 호황, 확장, 팽창 등 다양한 이름으로 부른다.

② (O)

③ (O), 이는 오쿤의 법칙을 의미한다.

④ (×), 공행성(comovement)이란 순행, 비순행, 역행, 선행, 후행, 동행 등을 모두 포괄하는 개념이다.

02 **경기변동에 관한 설명으로 옳지 않은 것은?** 2020년 서울시 7급

① 확장국면과 수축국면이 반복되어 나타나는 현상이다.

② 확장국면과 수축국면의 기간과 강도가 다르다.

③ 루카스(R. Lucas)는 거시경제변수들이 공행성(comovement)을 보인다고 했다.

④ 케인즈(J. Keynes)는 경기변동의 주기적인 규칙성을 강조했다.

hint

④ (×), 케인즈는 경기변동의 주된 요인이 심리적 요인이며 경기변동은 매우 불규칙적이고 예측할 수 없다고 보았다.

03 우리나라의 경기변동에 관한 설명으로 옳지 않은 것은? 2017년 보험계리사

① 경기의 저점에서 정점까지의 기간을 확장국면이라 하고, 정점에서 저점까지의 기간을 수축국면이라 한다.

② 현재 통계청이 확장국면과 수축국면의 2분법으로 통계를 공표하고 있다.

③ 제1순환부터 현재까지 확장국면이 수축국면보다 평균적으로 짧은 경기의 비대칭성을 보인다.

④ 경기변동은 지속성과 비대칭성의 특징을 갖는다.

hint

우리나라의 경기변동에서 공통적으로 나타나는 특징은 확장국면이 길고 완만하고, 수축국면이 짧고 급격하다는 점이다.

04 다음 중 경제침체에 선행하여 나타나리라고 예상되는 현상은 어느 것인가?

① 실업급여 신청자가 감소한다.
② 장 · 단기 금리차이가 증가한다.
③ 재고가 감소한다.
④ 은행이 신규 대출을 줄인다.
⑤ 주식가격이 상승한다.

hint

④를 제외한 나머지는 모두 호황에 선행하여 나타날 수 있는 현상들이다. 예를 들어 불황이 시작될 때 기업은 판매가 감소하며, 의도하지 않은 재고가 발생하는 것을 관찰하게 되고, 이에 따라 생산을 급격하게 줄여 대응함으로써 본격적인 불황이 시작된다. 우리나라의 경기종합지수 중에도 경기선행지수로서 재고순환지수라는 것이 포함되어 있다.

경기선행지수	경기동행지수	경기후행지수
1. 재고순환지표(제조업)	1. 비농림어업 취업자 수	1. 취업자 수
2. 경제심리지수	2. 광공업생산지수	2. 생산자제품재고지수
3. 기계류 내수출하지수(선박 제외)	3. 서비스업활동지수(도소매업 제외)	3. 소비자물가지수변화율(서비스)
4. 건설수주액(실질)	4. 소매판매액지수	4. 소비재수입액(실질)
5. 수출입물가비율	5. 내수출하지수	5. 회사채(CP)유통수익률
6. 코스피	6. 건설기성액(실질)	
7. 장 · 단기금리차	7. 수입액(실질)	

정답 1 ④ 2 ④ 3 ③ 4 ④

05 2015년 현재 우리나라 경기종합지수 중 동행종합지수의 구성지표로 옳은 것은?

2015년 감정평가사

① 구인 · 구직비율
② 코스피지수
③ 장 · 단기 금리차
④ 광공업생산지수
⑤ 생산자제품재고지수

hint

①, ②, ③은 선행종합지수이며 ⑤는 후행종합지수이다. 특히 경기선행지수는 자주 출제되므로 잘 익혀두어야 한다.

06 경기선행지표와 관련된 다음 설명 중 옳은 것을 모두 고른 것으로 옳은 것은?

ㄱ. 기업 재고는 불황 시작 전 증가하지만 불황이 본격화되면 오히려 감소한다.
ㄴ. 향후 불황이 예상되는 경우 수익률곡선(yield curve)의 기울기가 작아진다.
ㄷ. 금융기관유동성의 규모가 감소하는 것은 경기회복의 신호가 된다.
ㄹ. 구인배율(= 기업의 구인인원 수/구직노동자의 수)이 높아지는 것은 고용증가의 신호이다.

① ㄱ, ㄴ, ㄷ
② ㄱ, ㄴ, ㄹ
③ ㄱ, ㄷ
④ ㄱ, ㄷ, ㄹ
⑤ ㄱ, ㄴ, ㄷ, ㄹ

hint

ㄱ. (○), 불황 시작 전에 계획되지 않은 재고가 증가하지만, 불황이 본격화되면 계획된 재고가 감소한다.
ㄴ. (○), 장 · 단기 금리차는 경기에 순행하는 대표적인 지수이다.
ㄷ. (×), 금융기관유동성의 감소는 은행의 대출규모가 감소하였음을 의미한다. 이는 경기후퇴의 신호가 된다.
ㄹ. (○), 구인배율은 노동자 1인당 비어 있는 일자리 수를 의미한다. 이 비율이 높다는 것은 기업이 미래 경기를 긍정적으로 보고 추가적인 고용의사를 가지고 있음을 의미한다. 또한 이 비율이 높다면 앞으로 노동자들이 일자리를 얻기가 보다 손쉬워질 것이다.

07 경기변동과 관련된 다음 설명 중 옳은 것을 모두 고른 것은?

2016년 보험계리사

㉠ 투자와 실업은 일반적으로 경기순응적이다.
㉡ 경기순환의 국면은 회복, 호황, 후퇴, 불황의 4분법과 확장기, 수축기의 2분법으로 구분된다.
㉢ 기준순환일은 경기의 정점(peak) 또는 저점(trough)이 발생하는 시점을 말한다.

① ㉠, ㉡ ② ㉡, ㉢
③ ㉠, ㉢ ④ ㉠, ㉡, ㉢

hint

㉠ (×), 투자는 경기순응적이지만 실업은 경기역행적이다.
㉡ (○)
㉢ (○)

08 다음 중 경기변동에 대해 알려진 사실로 옳지 않은 것은?

① 소비와 투자는 경기에 순행하지만 소비보다는 투자의 변동성이 더 크다.
② 1970년대 이후의 자료에 의하면 물가는 경기에 역행하는 것으로 알려져 있다.
③ 실질임금은 호황기에 하락하는 안정적인 관계를 보이고 있다.
④ 고용은 경기에 순행하지만 경기에 후행하는 특징을 가진다.
⑤ 통화량이 급감하는 경우 일정 기간 후 경기의 후퇴가 나타난다.

hint

실증연구에 의하면 실질임금은 경기에 순행하는 특징을 뚜렷이 보이고 있다.

09 다음 중 오쿤의 법칙(Okun' s law)이 의미하는 바를 가장 정확히 나타낸 것은?

① 물가상승과 경제성장 간의 정(+)의 상관관계
② 물가상승과 경제성장 간의 음(-)의 상관관계
③ 경기적 실업과 GDP 갭(국민생산 손실분) 간의 정(+)의 상관관계
④ 경기적 실업과 GDP 갭(국민생산 손실분) 간의 음(-)의 상관관계
⑤ 자연실업률과 잠재성장률 간의 정(+)의 상관관계

hint

오쿤의 법칙의 해석 : $\frac{Y^* - Y}{Y^*} = \alpha(u - u_N)$, $\alpha > 0$ (단, Y^*는 잠재적 산출량, u_N은 자연실업률)

1. 실업률과 산출량 간에 존재하는 부(-)의 관계
2. 경기적 실업과 GDP 갭 간의 정(+)의 관계

(일반적으로 GDP 갭은 $\frac{Y^* - Y}{Y^*}$로 정의되는데, 일부 교과서에는 GDP 갭을 $\frac{Y - Y^*}{Y^*}$로 정의하는 경우도 있기 때문에 유의하기 바란다.)

정답	5 ④	6 ②	7 ②	8 ③	9 ③

10 실질 GDP가 잠재 실질 GDP 수준보다 낮은 상태의 경제에 대한 설명 중 옳은 것을 모두 고르면? 2013년 공인회계사

가. 불황 갭 상태이다.
나. 실업률이 자연실업률보다 높다.
다. 노동시장에서 임금의 하락 압력이 발생한다.
라. 인플레이션 압력이 발생한다.
마. 단기 총공급곡선이 점차 오른쪽으로 이동하게 된다.

① 가, 나　② 다, 마　③ 가, 다, 라
④ 가, 나, 다, 마　⑤ 나, 다, 라, 마

hint

$Y < \bar{Y} \Rightarrow \frac{\bar{Y} - Y}{\bar{Y}} > 0 \Rightarrow$ 불황 갭 $\Rightarrow (u - u_N) > 0 \Rightarrow$ 임금 하락 압력 $\Rightarrow$ $SRAS$ 우하방 이동 $\Rightarrow$ 물가하락 압력

11 실업률과 총생산에 관한 설명 중 옳은 것을 모두 고르면? 2013년 국회 8급

ㄱ. 오쿤(Okun)의 법칙은 자연실업률과 잠재 GDP의 관계를 실증분석한 경험법칙이다.
ㄴ. 고용의 유연성이 증가하면 경기변동에 따른 실업률의 변화가 심해진다.
ㄷ. 단기적으로 경기적 실업이 증가하면 실제 GDP가 잠재 GDP 이하로 하락한다.
ㄹ. 오쿤(Okun)에 따르면 경기적 실업이 증가하면 총생산 갭(침체 갭)은 증가한다.

① ㄱ, ㄷ　② ㄴ, ㄹ
③ ㄱ, ㄴ, ㄷ　④ ㄴ, ㄷ, ㄹ
⑤ ㄱ, ㄴ, ㄷ, ㄹ

hint

ㄱ. 오쿤(Okun)의 법칙은 자연실업률과 잠재 GDP가 주어져 있다고 보고 실제 실업률과 실제 GDP 간의 관계를 설명하는 이론이다.
ㄴ. 고용의 유연성이 증가하면 고용의 변동성이 커진다. 이 경우 실업률의 변동성도 커진다.
ㄷ~ㄹ. $\frac{\bar{Y} - Y}{\bar{Y}} = \alpha(u - u_N)$에서 $(u - u_N)$ 증가 $\Rightarrow \frac{\bar{Y} - Y}{\bar{Y}} > 0 \Rightarrow Y < \bar{Y}$

12 **실제 경제성장률이 잠재성장률보다 높은 경우에 발생하는 것을 모두 고르면?** 2009년 공인회계사

> 가. 실업률은 자연실업률 수준보다 낮다.
>
> 나. 구직률(job finding rate)은 낮아지고 실직률(job separation rate)은 높아진다.
>
> 다. 양(+)의 경기적 실업이 발생한다.
>
> 라. 인플레이션 갭(inflationary gap)이 발생한다.

① 가 ② 가, 나 ③ 가, 라

④ 나, 다 ⑤ 다, 라

hint

갭 형태의 오쿤의 법칙은 $\frac{\bar{Y}-Y}{\bar{Y}} = \alpha(u - u_N)$이며, 성장률 형태의 오쿤의 법칙은 $g = \bar{g} - \alpha(u - u_{-1})$이다. 후자를 정리하면 다음과 같다. (단, g는 실제 경제성장률, $\bar{g}$는 잠재성장률)

$$g \gtreqless \bar{g} \Leftrightarrow u \lesseqgtr u_{-1}$$

가. (O), 수준과 성장률은 다른 것이기 때문에 실제 경제성장률이 잠재성장률보다 높다고 실제 총생산이 잠재총생산보다 크다는 보장이 없다. 또한 실제 실업률이 자연실업률보다 낮다는 보장도 없다. 그러나 기존 출제 관행상 이런 유형의 문제는 전기의 실제 총생산이 잠재총생산과 같고, 실제 실업률이 자연실업률과 같다는 가정 하에 출제되고 있으며, 이러한 전제 하에 가는 옳다.

나. (×), 출제의도가 경기호황기를 언급하는 것으로 보이므로 구직률은 상승하고 실직률은 하락할 것이다.

다. (×), 출제의도상 $u < u_N$이면 경기적 실업 $(u - u_N) < 0$이 된다.

라. (O), 출제의도상 $u < u_N$이면 $Y > \bar{Y}$이어서 인플레이션 갭이 발생한다.

정답 10 ④ 11 ④ 12 ③

13 **경기변동에 있어서의 공행성, 또는 동조성에 대해 설명한 것으로 적당하지 않은 것은?**

① 경기변동 중에 여러 변수가 특정한 관계를 갖고 움직이는 경향을 말한다.

② GDP 갭과 경기적 실업은 주로 양의 상관관계를 가지는데 이러한 관계를 오쿤의 법칙이라고 한다.

③ 호황기에는 소비, 투자, 고용 등이 증가한다.

④ 주식가격이나 통화량은 경기변동에 선행하는 경향이 있다.

⑤ 대부분의 국가에서 실업이 1%p 증가할 때 산출량은 1%보다 작은 폭으로 감소한다.

hint

여러 국가의 실증연구를 정리한 오쿤의 법칙에 따르면 실업이 1%p 증가할 때 산출량은 1%보다 큰 폭으로 변화한다. (단, GDP 갭은 교과서에 따라 $\frac{Y^*-Y}{Y^*}$로 정의하기도 하고, $\frac{Y-Y^*}{Y^*}$로 정의하기도 하기 때문에 보기 ②는 조심해야 한다.)

14 **최근 선진국과 우리나라에서 나타나고 있는 고용 없는 성장(jobless growth)은 오쿤의 법칙에 의해 설명할 수 있는 현상이라 볼 수 있다. 다음 중 성장률은 (+)이지만 고용은 오히려 감소하는 경우가 발생할 수 있는 조건으로 가장 적당한 것은?**

① 실제 성장률이 (−)인 경우

② 잠재성장률이 (−)인 경우

③ 실제 성장률과 잠재성장률이 일치하는 경우

④ 실제 성장률이 잠재성장률보다 높은 경우

⑤ 실제 성장률이 잠재성장률보다 낮은 경우

hint

오쿤의 법칙에 의하면, 자연실업률이 일정할 때 다음의 관계가 성립한다.

1. 실제 성장률 > 잠재성장률 → 실업률 하락, 고용 증가
2. 실제 성장률 = 잠재성장률 → 실업률 일정, 고용 일정
3. 실제 성장률 < 잠재성장률 → 실업률 상승, 고용 감소

15 아래 표에는 세 나라의 실제 실업률, 자연실업률, 실질 GDP가 기록되어 있다. 다음 설명 중 옳은 것은? 2015년 공인회계사

국가	실제 실업률(%)	자연실업률(%)	실질 GDP(조원)
A	4	4	900
B	3	5	1,300
C	6	5	1,200

① A국은 GDP 갭(gap)이 발생하지 않고 잠재 GDP는 900조원보다 작다.

② B국은 확장 갭(expansionary gap)이 발생하고 잠재 GDP는 1,300조원보다 작다.

③ B국은 침체 갭(recessionary gap)이 발생하고 잠재 GDP는 1,300조원보다 작다.

④ C국은 확장 갭이 발생하고 잠재 GDP는 1,200조원보다 작다.

⑤ C국은 침체 갭이 발생하고 잠재 GDP는 1,200조원보다 작다.

hint

오쿤의 법칙에 의하면 다음의 관계가 성립한다.

$$Y \overset{>}{\underset{<}{=}} Y^* \Rightarrow u \overset{<}{\underset{>}{=}} u_N \Rightarrow \begin{matrix}\text{확장 갭}\\ \text{장기균형}\\ \text{침체 갭}\end{matrix}$$

① (×), A국은 GDP 갭은 0이며 잠재 GDP는 900이다.

② (○), 확장 갭이 발생하며 잠재 GDP는 1,300보다 작다.

③ (×)

④ (×), 침체 갭이 발생하고 잠재 GDP는 1,200보다 크다.

⑤ (×)

정답 13 ⑤ 14 ⑤ 15 ②

16 A국의 연간 실질 GDP 변화율과 실업률의 변화가 다음과 같은 관계에 있다. 이에 관한 설명으로 옳은 것은? 2012년 감정평가사 응용

실질 GDP 변화율(%) = 3% − 2 × 실업률(%)의 변화

① 자연실업률은 3%이다.

② 실업률이 5%에서 6%로 상승하면 실질 GDP는 2% 감소한다.

③ 실질 GDP가 1% 하락하면 실업률은 5%에서 5.5%로 상승한다.

④ 물가가 상승하면 단기적으로 실질 GDP가 감소한다.

⑤ 실업률이 변화하지 않을 경우 실질 GDP는 3% 증가한다.

hint

설문에서 주어진 식은 오쿤의 법칙의 다른 표현으로 기호를 사용해서 나타내면 다음과 같다.

$$\frac{dy}{y} = 3\% - 2(u - u_{-1})$$

① (×), 위 식에서는 자연실업률이 일정하다고 가정되었지만 그 수준은 알 수 없다.

② (×), $(u - u_{-1}) = 1\%$일 때 성장률은 잠재성장률보다 2%p 낮은 1%가 된다. 이 경우 실질 GDP의 성장률은 하락하지만 실질 GDP의 수준은 증가한다.

③ (×), 성장률이 −1%이면 실업률은 2%p 상승한다.

④ (×), 위 식에는 물가변화의 효과가 반영되어 있지 않으므로 이 명제의 옳고 그름은 판단할 수 없다.

⑤ (○), 실업률이 일정하게 유지될 때 성장률인 3%가 잠재성장률이 된다.

17 고통지수에 대한 설명으로 옳지 않은 것은?

① 오쿤(A. Okun) 등에 의해 정의되어 널리 사용되고 있는 경제지수이다.

② 인플레이션율이 높아지면 상승한다.

③ 실업률이 높아지면 상승한다.

④ 보통 인플레이션율과 실업률의 단순합계로 정의된다.

⑤ 고통지수는 인플레이션에 비해 실업에 너무 높은 가중치를 두고 있다는 비판을 받는다.

hint

실증연구에 따르면 실업 1%는 인플레이션 1.7%에 해당하는 비용을 유발한다고 한다. 따라서 실업과 인플레이션의 단순 합계인 고통지수는 인플레이션에 지나치게 낮은 가중치를 두고 있다는 문제점이 있다.

정답 16 ⑤ 17 ⑤

제6~7장 거시경제의 총수요 : *IS–LM* 모형

Testbank for Economics [macroeconomics]

핵심출제논점

1. 케인지언 크로스 모형과 승수
2. 유동성선호이론
3. *IS–LM* 모형의 균형 및 불균형
4. 재정정책과 통화정책
5. 통화주의와 케인즈주의
6. 인플레이션기대와 먼델–토빈 효과
7. 디플레이션과 대공황

I 케인즈 단순모형과 승수의 정리

1. 단순모형

① 소비함수 : $C=\overline{C}+c(Y-T)$ $\overline{C}$는 독립(기초)소비, c는 한계소비성향

② 투자함수 : $I=\overline{I}$

③ 정부구매 : $G=\overline{G}$

④ 조세 : $T=\overline{T}$

⑤ 균형식 : $Y=\overline{C}+c(Y-\overline{T})+\overline{I}+\overline{G}$

$\Rightarrow Y^*=\frac{1}{1-c}(\overline{C}-c\overline{T}+\overline{I}+\overline{G}) \Rightarrow$ 기본 승수 *는 $\frac{1}{1-c}$, 조세승수는 $\frac{-c}{1-c}$

2. 비례세, 유발투자, 수출, 수입을 모두 고려한 모형

⑤′ 균형식 : $Y=\overline{C}+c(Y-\overline{T}-tY)+\overline{I}+vY+\overline{G}+\overline{X}-\overline{M}-mY$

$\Rightarrow Y^*=\frac{1}{1-c(1-t)-v+m}(\overline{C}-c\overline{T}+\overline{I}+\overline{G}+\overline{X}-\overline{M})$

$\Rightarrow$ 기본 승수는 $\frac{1}{1-c(1-t)-v+m}$, 조세승수는 $\frac{-c}{1-c(1-t)-v+m}$

$\Rightarrow$ 한계소비성향이 크고, 비례세율이 작고, 유발투자계수가 크고, 한계수입성향이 작을수록 승수가 크다.

* 기본 승수 = 투자승수 = 정부지출승수 = 수출승수
* 조세승수 = (−) 이전지출승수
* 수입함수는 소득의 함수로 두기도 하고 가처분소득의 함수로 두기도 함

3. 케인즈 단순모형의 2가지 표현

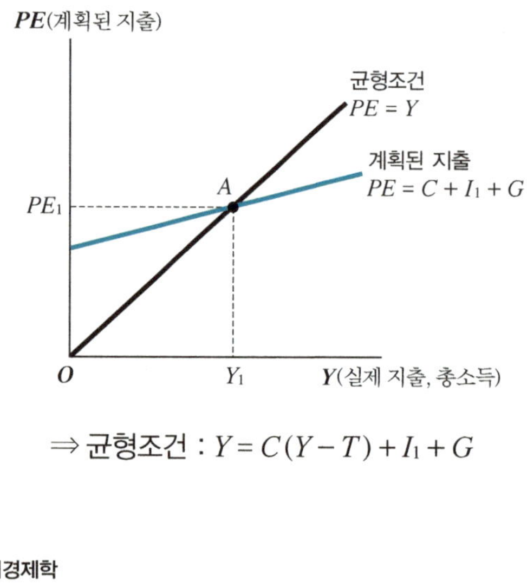

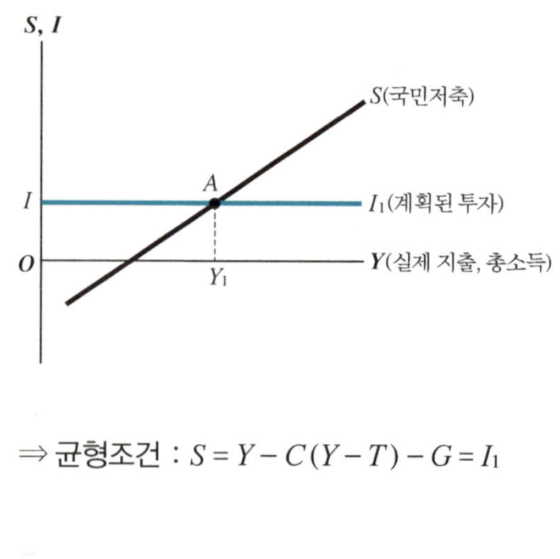

$\Rightarrow$ 균형조건 : $Y=C(Y-T)+I_1+G$

$\Rightarrow$ 균형조건 : $S=Y-C(Y-T)-G=I_1$

4. 저축함수의 형태

- $S = Y - C - G = Y - [\overline{C} + c(Y - \overline{T})] - \overline{G} = (1 - c)Y - \overline{C} + c\overline{T} - \overline{G}$

5. 저축-투자의 균형조건 및 항등조건

- I : 실제 투자, I_1 : 계획된 투자, I_2 : 계획되지 않은 투자 $\Rightarrow I \equiv I_1 + I_2$
- 계획된 지출 : $PE = C + I_1 + G$, 실제 지출(실제 생산, 실제 소득) : $Y = C + I + G$
- $Y \equiv C + I + G \Rightarrow S \equiv I$(항등식)

  $Y = C + I_1 + G \Rightarrow S = I_1$(균형식)

6. 절약의 역설(또는 저축의 역설)

① 약한 형태 : 저축을 증가시키려고 하면 총소득이 감소한다.

② 강한 형태 : 저축을 증가시키려고 하면 총소득이 감소하고 저축이 증가하지 않는다.

Ⅱ *IS–LM* 모형과 정책논쟁

1. 기본 성질

	*IS*곡선	*LM*곡선
균형조건-1	$Y = C(Y - T) + I(r) + G$ 또는 $I(r) = S(Y)$(투자 = 저축)	$\frac{M}{P} = L(Y, r)$ (화폐의 공급 = 화폐의 수요)
균형조건-2	$Y = \frac{1}{1-c}(\overline{C} - c\overline{T} + \overline{I} + \overline{G} - br)$	$\frac{\overline{M}}{\overline{P}} = (\overline{L} +)kY - hr$
기울기(… 완만)	승수(클수록), 투자의 이자율탄력성(클수록)	화폐수요의 소득탄력성(작을수록), 화폐수요의 이자율탄력성(클수록)
이동요인 (… 우측이동)	$\overline{C}$(증가), $\overline{G}$(증가), $\overline{I}$(증가), $\overline{T}$(감소)	$\overline{M}$(증가), $\overline{P}$(감소), $\overline{L}$(감소)**
(… 곡선이) 가파를수록*	재정정책 강력 통화정책 약함	통화정책 강력 재정정책 약함
균형국민소득	$Y^* = \frac{1}{1 - c + b\left(\frac{k}{h}\right)}[\overline{C} - c\overline{T} + \overline{I} + \overline{G} + \left(\frac{b}{h}\right)\frac{\overline{M}}{\overline{P}}]$	

* 단, 정책으로 인한 곡선의 수평이동폭 동일 가정 시의 효과임. 수평이동폭이 상이한 경우에는 수식으로 확인해야 함[소득계수(c, k) 변화 시 곡선의 수평이동폭이 동일하지 않음]

** 독립적 화폐수요 감소 ⇒ ATM의 보급, 신용카드의 보급, 불확실성 감소 등

2. 주요 계수의 변화와 정책효과

■ 재정정책 : $\dfrac{dY^*}{d\overline{G}} = \dfrac{1}{1-c+b\left(\dfrac{k}{h}\right)}$

■ 통화정책 : $\dfrac{dY^*}{d\left(\dfrac{\overline{M}}{\overline{P}}\right)} = \dfrac{1}{h} \cdot b \cdot \dfrac{1}{1-c+b\left(\dfrac{k}{h}\right)} \left(= \dfrac{1}{\dfrac{h}{b}(1-c)+k} \right)$

	곡선의 기울기	재정정책	통화정책
c 증가	IS 완만	강	강
b 증가	IS 완만	약	강
h 증가	LM 완만	강	약
k 증가	LM 급경사	약	약

Tips

1. 승수 증가 ⇒ IS 완만 + 수평이동폭 증가 ⇒ 재정정책 강화, 통화정책 강화!
2. 구축효과의 크기는 $b\left(\dfrac{k}{h}\right)$가 클수록 커짐

3. 특수한 경우의 IS-LM 곡선

	기본 가정	곡선의 형태	재정정책	통화정책	학파
야성적 충동, 투자함정	$b=0$	IS 수직, AD 수직	강력	무력	케인즈학파
화폐수량설	$h=0$	LM 수직, AD 직각쌍곡선	무력	강력	통화론자
유동성 함정*	$h=\infty$	LM 수평, AD 수직	강력	무력	케인즈학파

* 이자율이 너무 낮아(채권값이 너무 높아) 더 이상 채권을 가지지 않으려 하는 상황

4. (구)케인즈학파와 통화주의 : 1960~1970년대

■ 케인즈학파 : $b\downarrow, h\uparrow$ ⇒ IS 가파, LM 완만 ⇒ 재정정책 강함, 통화정책 약함

■ 통화주의 : $b\uparrow, h\downarrow$ ⇒ IS 완만, LM 가파 ⇒ 재정정책 약함, 통화정책 강함

Ⅲ $IS-LM$의 균형과 불균형

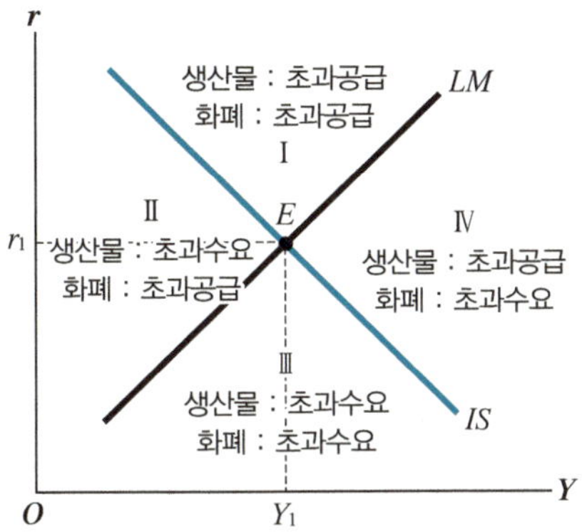

IS 우측 $\Rightarrow Y > C+I+G \Rightarrow S > I$

$\Rightarrow$ 재화시장, 대부시장 초과공급

IS 좌측 $\Rightarrow Y < C+I+G \Rightarrow S < I$

$\Rightarrow$ 재화시장, 대부시장 초과수요

LM 우측 $\Rightarrow \dfrac{M^S}{P} < L(Y,r) \Rightarrow$ 화폐시장 초과수요

LM 좌측 $\Rightarrow \dfrac{M^S}{P} > L(Y,r) \Rightarrow$ 화폐시장 초과공급

Ⅳ 인플레이션기대와 먼델-토빈 효과

	$Y-r$ 평면에 나타낸 경우	$Y-i$ 평면에 나타낸 경우
IS곡선	$Y=C(Y-T)+I(r)+G$	$Y=C(Y-T)+I(r=i-\pi^e)+G$
LM곡선	$\dfrac{M}{P}=L(Y, i=r+\pi^e)$	$\dfrac{M}{P}=L(Y,i)$
인플레이션기대 시	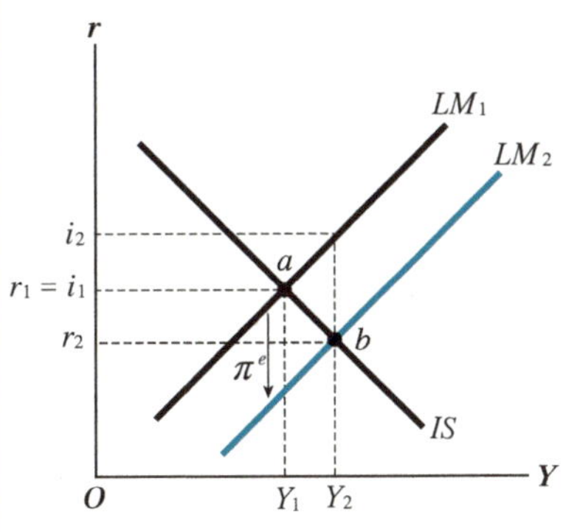 ⇒ LM곡선 하방 이동	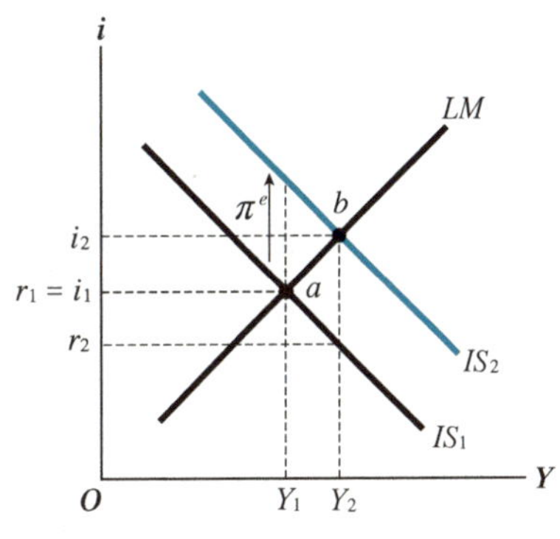 ⇒ IS곡선 상방 이동

- 단기 : 인플레이션기대 $>$ 명목이자율 상승 $\Rightarrow$ 실질이자율 하락 $\Rightarrow$ 먼델-토빈 효과
- 장기 : 인플레이션기대 $=$ 명목이자율 상승 $\Rightarrow$ 실질이자율 불변 $\Rightarrow$ (완전한) 피셔 효과

Ⅴ 디플레이션의 경제적 효과와 대공황

1. 디플레이션의 안정화 효과(*AD* 상 이동)

- 케인즈 효과 ⇒ 물가하락 시 I 증가 ⇒ LM곡선 우측이동
- 피구 효과 ⇒ 물가하락 시 C 증가 ⇒ IS곡선 우측이동
- 먼델-플레밍 효과 ⇒ 물가하락 시 NX 증가 ⇒ IS곡선 우측이동

2. 디플레이션의 불안정화 효과(*AD*의 이동)

① 예상된 디플레이션의 경우 ⇒ 먼델-토빈 효과 ⇒ IS곡선 좌측이동*
⇒ 소비지연 효과 ⇒ IS곡선 좌측이동

② 예상 못한 디플레이션의 경우 ⇒ 부채-디플레이션이론(채무자 불리, 채권자 유리)
⇒ 채무자 지출성향 > 채권자 지출성향 가정 시
⇒ IS곡선 좌측이동($Y-i$ 평면)

* 예상 여부와 무관하게 자산가치 하락 효과, 은행대출 감소 효과 등도 IS곡선 좌측이동

3. 대공황의 원인

- 지출가설 : IS 좌측이동
- 초기 통화가설 : LM 좌측이동 ⇒ 통화 감소의 직접효과 강조
  수정 통화가설 : IS 좌측이동 ⇒ 디플레이션의 불안정화 효과 강조

Tips
1. 대공황은 주로 IS곡선의 이동!
2. 대공황은 주로 AD곡선의 이동!

Part-1 기본 문제

01 **케인지안 크로스 모형에서 저축이 사전적 투자를 초과할 때 나타나는 현상으로 가장 적절한 것은?** (단, 폐쇄경제를 가정한다.)

① 생산물시장의 초과공급　　② 생산물시장의 초과수요
③ 대부시장의 초과수요　　④ 화폐시장의 유동성 과잉

hint

$S > I \Rightarrow Y > C + I + G \Rightarrow$ 생산물시장 및 대부시장의 초과공급 $\Rightarrow$ 계획하지 않은 재고 증가 $\Rightarrow$ 향후 총생산 감소

02 **폐쇄경제에 대한 케인즈의 국민소득 결정 모형이 다음과 같다.**

$C = a + 0.75(Y - T)$	$I = b + 0.15Y$
$T = c + 0.2Y$	$G = \overline{G}$

Y, C, I, T, G는 각각 소득, 소비, 투자, 조세 및 정부지출이다. a, b, c는 각각 소득에 의존하지 않는 자율적(autonomous) **소비, 투자 및 조세를 나타내는 상수이다. 정부지출이 $\overline{G}$로 일정할 때 자율적 소비승수는?** 2022년 공인회계사

① 2.5　　② 3.0
③ 3.5　　④ 4.0
⑤ 4.5

hint

자율적 소비승수 : $\dfrac{1}{1 - c(1 - t) - v} = \dfrac{1}{1 - 0.75(1 - 0.2) - 0.15} = \dfrac{1}{0.25} = 4$

정답　1 ①　2 ④

03 다음은 폐쇄경제에 대한 국민소득 결정 모형이다. 정부가 총생산을 잠재 총생산 수준과 일치하도록 조정하려면 정부지출의 변화는? 2020년 공인회계사

- $C = 100 + 0.8(Y - T)$
- $I = 200$
- $G = 50$
- $T = 50 + 0.25Y$
- $Y = C + I + G$
- $Y^p = 750$

(단, Y, C, I, G, T, Y^p는 각각 총생산, 소비, 투자, 정부지출, 조세, 잠재 총생산을 나타낸다.)

① 50 감소　② 25 감소　③ 10 감소
④ 10 증가　⑤ 25 증가

hint

1. 현재 균형소득
$Y = 100 + 0.8[Y - (50 + 0.25Y)] + 200 + 50 \Rightarrow Y_0 = 775$

2. 필요 정부지출 변화
비례세가 있는 단순모형이므로 승수는 $\frac{1}{1 - c(1 - t)} = \frac{1}{1 - 0.8(1 - 0.25)} = 2.5$가 된다.
$Y^p - Y_0 = -25 = 2.5 \times \Delta G$에서 $\Delta G = -10$이 된다.

04 저축의 역설(paradox of saving)에 관한 설명으로 옳은 것은? 2011년 감정평가사 응용

① '저축은 미덕이고 소비는 악덕' 이라는 주장으로서 구성의 오류(fallacy of composition)의 대표적인 예이다.

② 투자가 GDP와 정(+)의 상관관계를 가질 때에는 저축이 증가하면 소득이 증가한다는 가설이다.

③ 고전학파(Classical School)의 이론에서는 성립되지 않는 가설이다.

④ 경기가 매우 침체한 경우에는 성립하지 않는다.

hint

＊ 저축의 역설

1) 개인들의 독립적 저축 증가에도 불구하고 총소득 감소로 인해 경제 전체의 실제 저축이 증가하지 못하는 현상
2) 구성의 오류의 대표적인 예, 주로 경기불황기, 단기에 성립
3) 투자가 소득, 이자율과 무관한 경우 성립 : 총소득 감소, 저축 불변
4) 투자가 이자율의 감소함수인 경우 불성립 : 총소득 감소, 저축 증가
5) 투자가 소득의 증가함수인 경우 성립 : 총소득 크게 감소, 저축 감소
6) 투자가 소득의 증가함수이고 이자율의 감소함수인 경우 불명확 : 총소득 감소, 저축 불명확

05 통화수요함수가 다음과 같다.

$$\left(\frac{M}{P}\right)^d = 2{,}200 - 200r$$

여기서 r은 %로 표현된 이자율(예를 들어 이자율이 10%라면, $r = 10$)이며, M은 통화량, P는 물가수준, 그리고 d는 수요를 나타내는 첨자이다. 물가수준이 2라고 하면 중앙은행이 이자율을 7% 수준으로 맞추고자 할 때 통화 공급량은 얼마인가? 2018년 공인회계사

① 1,600　② 1,400
③ 1,200　④ 1,000
⑤ 800

hint

주어진 값을 대입하면 $\frac{M}{2} = 2{,}200 - 1{,}400$이 된다. 이를 만족하는 $M = 1{,}600$이다.

06 화폐수요함수가 $\frac{M^d}{P} = 5{,}000 - 5{,}000i$이고, 기대물가상승률은 10%, 화폐공급은 8,000, 물가수준은 2이다. 피셔효과가 성립할 때 균형실질이자율은 얼마인가? (단, M^d는 화폐수요, P는 물가수준, i는 소수로 표시된 명목이자율이다.)

① 8%　② 9%
③ 10%　④ 11%

hint

화폐시장균형식 : $\frac{M}{P} = \frac{8{,}000}{2} = 5{,}000 - 5{,}000i \Rightarrow i = 20\%$
피셔방정식 : $i = r + \pi^e \Rightarrow r = 10\%$

정답　3 ③　4 ③　5 ①　6 ③

07 어떤 폐쇄경제 국가의 거시경제 모형이 다음과 같을 때 균형이자율을 구하면? 2021년 국가직 7급

- $C = 130 + 0.5Y_D$
- $Y_D = Y - T$
- $T = 0.2Y$
- $I = 120 - 90r$
- $G = 200$
- $M_D = 25 + 0.5Y - 25r$
- $M_S = 200$

(단, C는 소비, Y_D는 가처분소득, Y는 국민소득, T는 조세, I는 투자, r은 이자율, G는 정부지출, M_D는 화폐수요, M_S는 화폐공급을 나타낸다.)

① 1.5%
② 2.0%
③ 2.5%
④ 3.0%

hint

1. IS곡선

$Y = 130 + 0.5(Y - 0.2Y) + 120 - 90r + 200 \Rightarrow 0.6Y = 450 - 90r \Rightarrow Y = 750 - 150r$

2. LM곡선

$200 = 25 + 0.5Y - 25r \Rightarrow 0.5Y = 175 + 25r \Rightarrow Y = 350 + 50r$

연립하면 $200r = 400$에서 $r = 2$가 된다. 문제에 이자율의 단위를 밝히지는 않았지만 이 정도는 눈치로 알 수 있다.

08 다음과 같은 폐쇄경제의 *IS-LM* 모형을 전제할 경우, ( ) 안에 들어갈 용어로 옳게 묶인 것은? 2012년 공인노무사

- IS곡선 : $r = 5 - 0.1Y$(단, r은 이자율, Y는 국민소득)
- LM곡선 : $r = 0.1Y$
- 현재 경제상태가 국민소득은 30이고 이자율이 2.5라면, 상품시장은 (ㄱ)이고 화폐시장은 (ㄴ)이다.

① ㄱ : 균형, ㄴ : 균형
② ㄱ : 초과수요, ㄴ : 초과수요
③ ㄱ : 초과공급, ㄴ : 초과공급
④ ㄱ : 초과수요, ㄴ : 초과공급
⑤ ㄱ : 초과공급, ㄴ : 초과수요

hint

IS–LM의 균형조건 $5 - 0.1Y = 0.1Y$에서 $Y^* = 25$, $r^* = 2.5$이므로 현재 경제상태 A는 균형점 E로부터 수평우측에 위치한다. 이러한 점에서는 상품시장의 초과공급과 화폐시장의 초과수요가 나타난다.

IS 우측 $\Rightarrow Y > C+I+G \Rightarrow S > I$

$\Rightarrow$ 재화시장, 대부시장 초과공급

IS 좌측 $\Rightarrow Y < C+I+G \Rightarrow S < I$

$\Rightarrow$ 재화시장, 대부시장 초과수요

LM 우측 $\Rightarrow \frac{M^s}{P} < L(Y, r) \Rightarrow$ 화폐시장 초과수요

LM 좌측 $\Rightarrow \frac{M^s}{P} > L(Y, r) \Rightarrow$ 화폐시장 초과공급

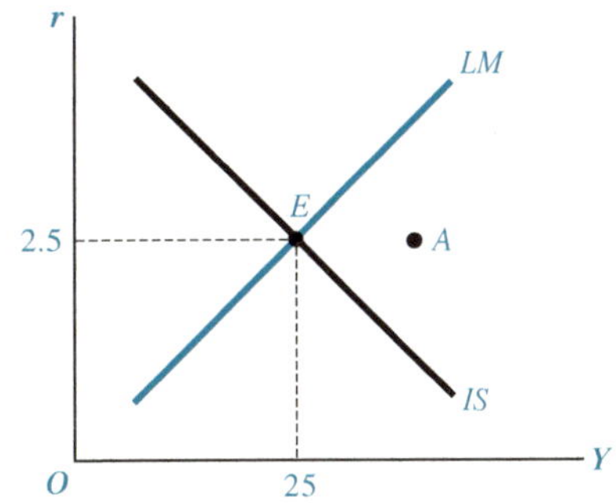

09 ***IS–LM*** **모형에서 정부가 정부지출과 조세를 동일한 금액만큼 증가시킬 때의 효과에 대한 설명이다. 다음 중 옳은 것은?** 2006년 공인회계사

① 소득은 증가하고, 이자율은 상승한다.

② 소득은 증가하고, 이자율은 불변이다.

③ 소득과 이자율은 모두 불변이다.

④ 소득은 불변이고, 이자율은 상승한다.

⑤ 소득은 감소하고, 이자율은 상승한다.

hint

균형재정승수는 1이므로 정부지출과 조세를 동일한 금액만큼 증가시킬 때 IS곡선은 정부지출의 크기만큼 우측으로 이동하게 된다. 이때 소득증가와 이자율 상승이 동시에 나타난다.

10 **다음 (　　) 안에 알맞은 것은?** 2009년 감정평가사

> 정부의 재정적자는 정부차입으로 인한 민간투자의 감소를 초래하는데, 이러한 현상을 (　　)(이)라고 한다. 이는 정부차입이 이자율을 (　　)시키기 때문이다.

① 분산투자, 상승

② 금융중개, 하락

③ 승수효과, 하락

④ 위험분산, 하락

⑤ 구축효과, 상승

hint

정부의 차입 증가는 대부시장의 공급감소(또는 수요증가)를 통해 이자율을 상승시키며, 투자는 감소시킨다.

정답 7 ② 8 ⑤ 9 ① 10 ⑤

11 **한계소비성향(marginal propensity to consume)이 0.8이고 비례소득세(income taxes)는 없는 상태에서 정액세(lump-sum taxes)가 100만큼 감소한다고 가정하자. 주어진 이자율 수준에서 *IS*곡선은 어느 방향으로 얼마만큼 변화하는가?**

① 300만큼 오른쪽으로 이동
② 300만큼 왼쪽으로 이동
③ 400만큼 오른쪽으로 이동
④ 400만큼 왼쪽으로 이동
⑤ 200만큼 오른쪽으로 이동

hint

재정정책이 실시되면 *IS*곡선은 정책의 승수배(정부구매 시 $\frac{1}{1-c}$, 감세 시 $\frac{-c}{1-c}$)만큼 이동하게 된다.

* **참고사항**

케인지언 크로스 모형에서 총소득 증가폭은 *IS*-*LM* 모형에서 *IS*곡선의 우측이동폭에 해당한다.

12 ***IS*−*LM* 모형에서 재정정책의 효과가 강력해지기 위한 조건으로 가장 적당한 것은?**

① 승수효과가 크고 구축효과도 커야 한다.
② 승수효과가 크고 구축효과는 작아야 한다.
③ 승수효과가 작고 구축효과가 커야 한다.
④ 승수효과가 작고 구축효과도 작아야 한다.
⑤ 승수효과가 크면 되고 구축효과와는 무관하다.

hint

IS-*LM* 모형에서 재정정책의 효과는 승수효과와 구축효과의 합이다. 따라서 승수효과가 강할수록, 구축효과가 약할수록 재정정책의 효과가 강력해진다.

13 ***IS*-*LM* 모형에서 통화당국이 공개시장에서 채권을 _____하면, 이자율이 _____하며, 투자와 소득은 ____한다. 다음 보기 중 일관성 있게 연결된 것은?** 2005년 감정평가사

① 매입-하락-감소
② 매입-상승-감소
③ 매각-상승-증가
④ 매각-상승-감소
⑤ 매각-하락-감소

hint

채권을 매각하면 통화량은 감소하여 *LM*곡선을 좌측으로 이동시켜 이자율을 상승시킨다.

14 ***IS-LM*** **모형에서 통화정책의 효과가 강력해지기 위한 조건으로 가장 적당한 것은?**

① 이자율 하락폭이 크고 투자가 이자율에 탄력적으로 반응한다.

② 이자율 하락폭이 크고 투자가 이자율에 비탄력적으로 반응한다.

③ 이자율 하락폭이 작고 투자가 이자율에 탄력적으로 반응한다.

④ 이자율 하락폭이 작고 투자가 이자율에 비탄력적으로 반응한다.

⑤ 이자율이 불변이며 투자가 이자율에 비탄력적으로 반응한다.

hint

IS-LM 모형에서 통화정책의 효과는 유동성 효과로 인한 이자율의 하락과 이로 인한 투자의 증가에서 비롯한다. 따라서 이자율이 많이 하락하고 이로 인해 투자가 많이 증가하면 통화정책의 효과가 강력해진다.

15 **현재의 이자율은 적정 수준이나, 균형국민소득은 완전고용 국민소득 수준에 미치지 못하여 실업이 존재하는 상태이다. 이때 현재의 이자율 수준을 유지하면서 국민소득을 완전고용 국민소득 수준으로 높이기 위한 정책으로 옳은 것은?**

① 확장 재정정책과 확장 금융정책의 병행　　② 긴축 재정정책과 긴축 금융정책의 병행

③ 확장 재정정책과 긴축 금융정책의 병행　　④ 긴축 재정정책과 확장 금융정책의 병행

⑤ 확장 금융정책만 시행

hint

현재의 이자율을 유지하면서 소득을 증가시키기 위해서는 *IS*곡선과 *LM*곡선을 모두 우측으로 이동시켜야 한다.

정답　11 ③　12 ②　13 ④　14 ①　15 ①

16 다음 중 통화주의자들의 주장으로 옳지 않은 것은?

① 정책시차의 존재　　② $k\%$ 준칙주의
③ 신화폐수량설　　④ 화폐의 외생성
⑤ 유동성 함정

hint

〈1960~1970년대 케인즈주의와 통화주의의 논쟁〉

	케인즈주의	통화주의
공통점	경기변동에서 총수요의 역할 강조, 정부 정책의 효과 인정	
차이점	가파른 IS, 완만한 LM	완만한 IS, 가파른 LM
	유동성 함정, 야성적 충동 강조	(신)화폐수량설, 구축효과 강조
	재정정책이 상대적으로 강력	통화정책이 상대적으로 강력
	재량에 의한 개입 인정	시차의 존재로 인해 준칙 주장

17 유동성 함정에 대한 다음 설명 중 옳은 것은?

2018년 공인회계사

가. 실질이자율이 0일 경우 유동성 함정이 발생한다.
나. 유동성 함정에서 재정정책은 총수요에 영향을 미치지 못한다.
다. 유동성 함정에서 화폐 수요가 이자율에 대해 완전탄력적이다.
라. 유동성 함정에서 채권가격이 하락할 것이라고 예상된다.

① 가, 나　　② 가, 다
③ 나, 다　　④ 나, 라
⑤ 다, 라

hint

가. (×), 명목이자율이 충분히 낮은 상황에서 유동성 함정이 발생한다. 명목이자율이 0이 되는 것은 유동성 함정이 발생할 충분조건이라고 보면 된다. 이 경우 인플레이션율이 양(+)이라면 실질이자율은 얼마든지 음(−)이 될 수도 있다.
나. (×), 유동성 함정 하에서 LM곡선은 수평이 되며 재정정책은 매우 강력하다.
다. (○), 유동성 함정 하에서 $h=\infty$이 된다.
라. (○), 이자율이 더 이상 내리지 않을 것이라 예상하는 것은 채권값이 더 이상 오르지 않을 것이라 예상하는 것과 동일하다.

18 화폐시장의 균형을 이루는 이자율과 국민소득의 조합을 나타내는 곡선이 *LM*곡선이다. 최근에는 여러 나라의 금융당국이 금융정책을 집행할 때 일정한 이자율 준칙(interest rate rule)을 사용하는 것으로 알려져 있다. 이제 금융당국이 인플레이션에 비례하여 목표이자율이 설정되는 준칙을 채택하였다고 하자. 이 경우 금융시장의 균형을 나타내는 곡선은 이자율과 국민소득 좌표에서 어떤 모양을 띠게 되는가? 2012년 공인회계사

① 목표이자율 수준에서 수평이다.
② 일정한 국민소득 수준에서 수직이다.
③ 우하향하는 곡선이다.
④ 원점을 지나면서 우상향하는 곡선이다.
⑤ 가로축 절편이 양인 우상향하는 곡선이다.

hint

일반적인 *LM*곡선은 금융당국이 통화량을 일정하게 유지한다는 가정 하에 도출된 것이다. 이에 비해 금융당국이 소득과 무관하게 결정되는 일정한 이자율을 달성한다면 *LM*곡선은 수평이 된다. 반면 항상 일정한 소득을 달성한다면 *LM*곡선은 수직의 형태가 된다.

19 고전학파의 화폐수량설이 성립할 때 다음 설명 중 옳은 것은?

① *LM*곡선과 *AD*곡선이 모두 수직이 된다.
② *LM*곡선과 *AD*곡선이 모두 수평이 된다.
③ *LM*곡선은 수직이지만 *AD*곡선은 우하향한다.
④ *LM*곡선은 수평이지만 *AD*곡선은 우하향한다.
⑤ *LM*곡선은 수직이지만 화폐수요곡선은 우하향한다.

hint

화폐수량설이 성립할 때 1) 화폐수요의 이자율탄력성 = 0, 2) 화폐수요곡선 수직, 3) *LM*곡선 수직, 4) *AD*곡선 직각쌍곡선

정답 16 ⑤ 17 ⑤ 18 ① 19 ③

20 다음 중 디플레이션이 갖는 안정화 효과와 불안정화 효과를 맞게 연결한 것은?

	안정화 효과	불안정화 효과
①	케인즈 효과	피구 효과
②	피구 효과	먼델-플레밍 효과
③	먼델-플레밍 효과	먼델-토빈 효과
④	먼델-토빈 효과	부채-디플레이션 이론
⑤	부채-디플레이션 이론	피구 효과

hint

케인즈 효과, 피구 효과, 먼델-플레밍 효과 등은 물가하락 시 경기가 회복될 수 있는 경로를 설명하는 효과이다. 반면 먼델-토빈 효과와 부채-디플레이션 이론은 물가하락 시 경기가 더욱 악화될 수 있는 효과를 설명하는 이론이다..

정답 20 ③

Part-2 실전 문제

01 **케인즈의 균형국민소득 결정 모형에서 실제 지출이 Y_3 수준이라고 할 때 재고와 생산량에 대한 설명으로 옳은 것은?** 2018년 공인회계사

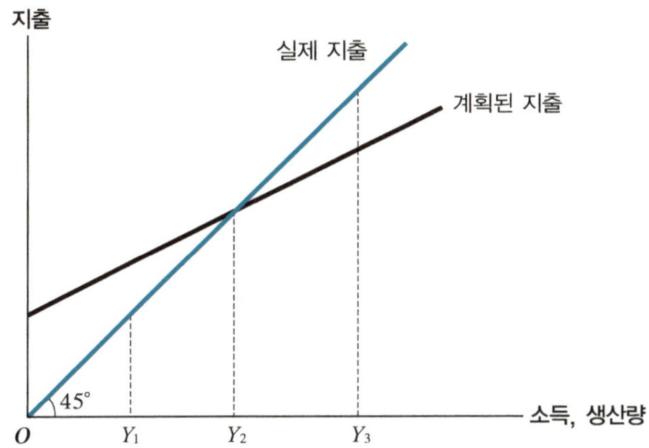

① 재고가 증가하여 생산량이 증가한다.
② 재고가 감소하여 생산량이 증가한다.
③ 재고가 증가하여 생산량이 감소한다.
④ 재고가 감소하여 생산량이 감소한다.
⑤ 재고가 불변하여 생산량이 불변한다.

hint

실제 지출(실제 생산, 실제 소득)을 Y라고 하고 계획된 지출을 PE라고 할 때 다음 관계가 성립한다.

$$Y \gtreqless Y^* \Rightarrow Y = C + I + G \gtreqless PE = C + I_1 + G \Rightarrow I = I_1 + I_2 \gtreqless I_1 \Rightarrow I_2 \gtreqless 0$$

단, I는 실제 투자 I_1은 계획한 투자, I_2는 계획하지 않은 투자

균형생산 $Y^* = Y_2$이고 $Y_3 > Y^*$이므로 계획하지 않은 재고 증가가 발생하며 향후 생산량은 감소할 것이다.

정답 1 ③

02 아래 그림은 단순 케인즈 모형에서 투자(I) - 저축(S)곡선을 나타내고 있으며, 현재 국민총생산(Y)은 Y_0에서 달성되고 있다. 단순 케인지안 모형에서 저축함수의 성격과 현재 생산물시장의 상황을 옳게 서술하고 있는 것은? 2011년 보험계리사

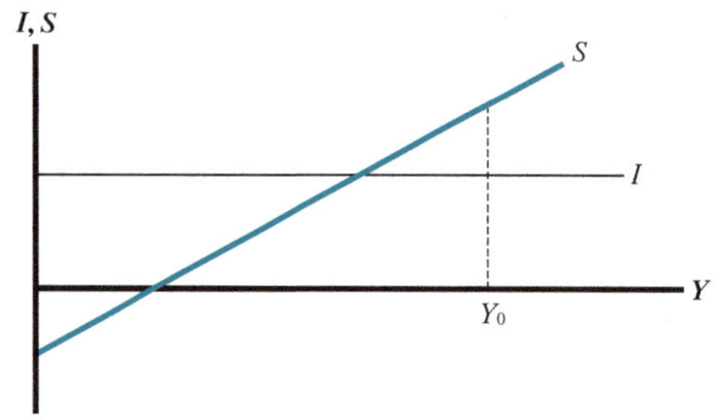

① 저축은 국민소득의 증가함수이고, 의도했던 것보다 재고가 더 쌓였다.

② 저축은 국민소득의 증가함수이고, 의도했던 것보다 재고가 줄었다.

③ 저축은 이자율의 증가함수이고, 의도했던 것보다 재고가 더 쌓였다.

④ 저축은 이자율의 증가함수이고, 의도했던 것보다 재고가 줄었다.

hint

Y_0에서 $S > I$가 성립한다. 이때 $Y > C + I + G$, 즉 "총생산 > 계획된 총지출"이 되므로 계획되지 않은 재고 증가가 나타난다.

03 다음은 케인즈의 국민소득 결정 모형이다. 완전고용 국민소득 수준이 Y_3라면 다음 설명 중 옳지 않은 것은? 2014년 국회 8급

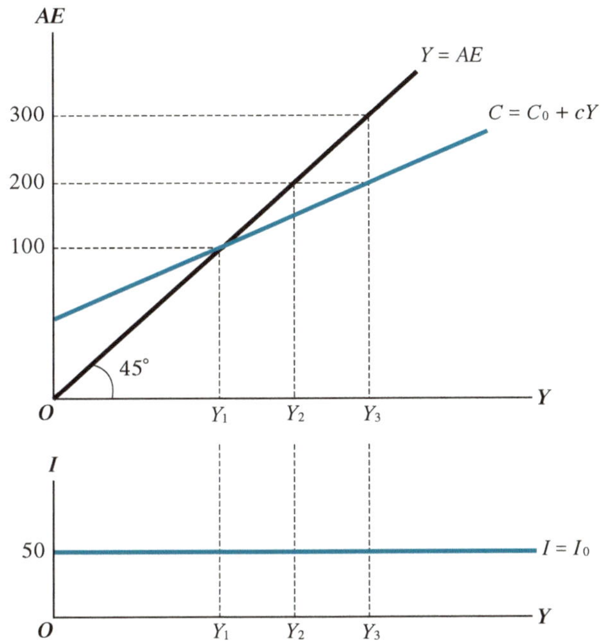

(Y : 소득, AE : 총지출, C : 소비, C_0 : 기초소비, c : 한계소비성향, I : 투자, I_0 : 독립투자)

① OY_3 수준에서 총수요는 250이다.

② 완전고용에 필요한 총수요는 300이다.

③ 위 그래프는 유발투자를 고려하고 있지 않다.

④ 디플레이션 갭이 100이다.

⑤ OY_3 수준에서 소비와 투자의 차이는 150이다.

hint

디플레이션 갭이란 완전고용을 달성하기 위한 독립적 지출의 증가폭을 의미한다. 현재 균형소득은 200이고 완전고용 국민소득은 300이다. 또한 위 그림에서 한계소비성향은 0.5이고 승수는 2이므로 디플레이션 갭은 50이 된다. (단, 본 문제는 정부구매 및 순수출이 0이라고 가정하고 있다. 물론 문제가 논리적으로는 문제가 있지만, 합격할 수험생이라면 이 정도 눈치는 있어야 한다.)

정답 2 ① 3 ④

04 **폐쇄경제의 소비(C), 투자(I), 정부지출(G), 조세수입(T)이 다음과 같다.** 2014년 공인회계사

$$C = 200 + 0.5(Y - T),\ I = 100,\ G = 100,\ T = 100\ (Y\text{는 국민소득})$$

국민소득은 $Y = C + I + G$로 결정된다. 정부가 조세수입을 200으로 늘릴 때 정부저축, 민간저축, 국민저축(national saving)의 변화에 대한 설명 중 옳은 것은?

	정부저축	민간저축	국민저축
①	증가	감소	불변
②	감소	감소	감소
③	감소	증가	불변
④	증가	불변	증가
⑤	감소	불변	감소

hint

본 문제는 총소득을 계산해 낸 후 각각의 저축의 정의를 활용해서 풀 수 있다. 그러나 총소득을 구하지 않고도 답을 구할 수 있는데, 요령은 다음과 같다.

1. 정부저축 $T - G$는 0에서 100으로 증가
2. 총투자가 100으로 고정이므로 균형조건 $S = I$에서 총저축도 불변
3. 총저축이 불변인데 정부저축이 증가하였으므로 민간저축은 감소

05 **A국의 경제는 $C = 0.7(Y - T) + 25$, $I = 32$, $T = tY + 10$으로 표현된다. 완전고용 시의 국민소득은 300이며, 재정지출은 모두 조세로 충당할 때 완전고용과 재정지출의 균형을 동시에 달성하는 t는?** (단, Y는 국민소득, C는 소비, I는 투자, G는 정부지출, T는 조세, t는 소득세율을 나타낸다.)

① $\frac{1}{5}$ ② $\frac{1}{4}$

③ $\frac{1}{3}$ ④ $\frac{1}{2}$

hint

재화시장균형 조건 : $Y = C + I + G$ 완전고용 조건 : $Y = 300$

균형재정 조건 : $G = T = tY + 10$

위 세 가지 조건을 연립하면 다음과 같다.

$Y = [0.7(Y - T) + 25] + 32 + G$

$\Rightarrow 300 = [0.7(300 - 300t - 10) + 25] + 32 + 300t + 10$

$= 270 + 90t$

$\Rightarrow t = \frac{1}{3}$

06 **균형재정승수의 값과 그 이유에 관한 설명으로 옳은 것은?** (단, 비례세, 유발투자, 수출, 수입은 없다고 가정한다.)

① "0" 정부지출의 증가가 조세의 증가에 의해 완전 상쇄되므로 국민생산에 미치는 영향은 전혀 없다.

② "1" 정부지출의 증가는 그 자체가 즉각적으로 유효수요를 증가시키지만 조세는 정부가 이를 거두어들이는 기간이 상당히 존재하여 그 기간 동안에는 총체적으로 유효수요가 증가하고 국민생산도 증가한다.

③ "1" 정부지출의 증가는 일반적으로 그 자체가 즉각적으로 유효수요를 증가시키는 반면 조세의 증가는 소비지출의 감소를 통해서만 유효수요에 영향을 미치기 때문이다.

④ "값을 알 수 없다." 정부지출의 증가는 그 자체가 즉각적으로 유효수요를 증가시키지만 조세는 정부가 이를 거두어들이는 기간이 상당히 존재하여 그 기간 동안에는 총체적으로 유효수요가 증가하고 국민생산도 증가하는데 세금을 거두어들이는 기간은 상황마다 다르기 때문이다.

⑤ "-1" 정부지출 증가에 따라 조세는 2배로 증가하므로 국민생산은 감소한다.

hint

정부지출의 효과는 직접적(정부지출승수 : $\frac{1}{1-c}$)인 데 반해, 조세의 효과는 간접적(조세승수 : $\frac{-c}{1-c}$)이다. 따라서 물가와 이자율이 주어졌다고 가정할 때 정부지출과 조세가 같은 액수만큼 증가한다면 이와 동일한 폭으로 소득도 증가한다(균형재정승수 : $\frac{1-c}{1-c}=1$).

정답 4 ① 5 ③ 6 ③

07 **정부지출과 조세가 같은 액수만큼 증가했을 경우 경제의 변화는?** 2002년 감정평가사

① 누출이 주입과 동일한 액수만큼 증가했으므로 경제에 미치는 영향이 없다.

② 조세증가로 인한 소비지출의 감소는 정부지출액이 가지는 효과보다 크므로 국민소득이 감소한다.

③ 조세는 국민소득에 마이너스의 효과를 주므로 국민소득은 감소한다.

④ 이런 경우 국민소득은 증가할 수도 있고 감소할 수도 있다.

⑤ 정부지출의 증가액은 그 전체가 주입이지만 조세는 일부만 저축으로서의 누출이기 때문에 국민소득이 증가한다.

hint

정부지출은 주입이며 그 효과가 직접적이지만, 조세는 누출이며 그 효과가 간접적이다.

주입(injection)	**누출**(leakage)
국민소득의 순환에 새로 추가되는 요인	국민순환의 흐름에서 빠져나가는 요인
민간투자, 정부지출, 수출	민간저축, 조세, 수입
균형국민소득을 증가시킴	균형국민소득을 감소시킴

08 **A국과 B국의 거시경제 모형이 각각 다음과 같을 때 이에 대한 설명으로 옳은 것은?**

2021년 국가직 7급

A국	B국
▪ $C = 20 + 0.8Y_D$	▪ $C = 20 + 0.8Y_D$
▪ $Y_D = Y - T$	▪ $Y_D = Y - T$
▪ $T = 30 + 0.25Y$	▪ $T = 30$
▪ $I = 40$	▪ $I = 40$
▪ $G = 50$	▪ $G = 50$
▪ $X = M = 0$	▪ $X = M = 0$

(단, C는 소비, Y_D는 가처분소득, Y는 국민소득, T는 조세, I는 투자, G는 정부지출, X는 수출, M은 수입을 나타내며, 측정 단위는 조원이다)

① A국의 균형국민소득이 215조원이라고 할 때 균형국민소득을 4% 증가시키기 위해서는 정부지출을 8.6조원 증대시키면 된다.

② B국의 균형국민소득이 430조원이라고 할 때 균형국민소득을 4% 증가시키기 위해서는

투자를 3.44조원 증대시키면 된다.

③ 정부지출의 증대가 균형국민소득에 미치는 영향의 크기는 A국과 B국이 동일하다.

④ A국의 한계세율이 증가하면 균형국민소득 역시 증가한다.

hint

① (×), 215조원의 4%가 8.6조원이다. A국의 정부지출승수는 $\frac{\Delta Y}{\Delta G} = \frac{1}{1-c(1-t)} = \frac{1}{1-0.8(1-0.25)} = 2.5$ 이기 때문에 정부지출은 8.6조원보다 작은 폭으로 증가해도 된다.

② (○), 430조원의 4%는 17.2조원이다. B국의 독립투자승수는 $\frac{\Delta Y}{\Delta I} = \frac{1}{1-c} = \frac{1}{1-0.8} = 5$이기 때문에 $\Delta I = 3.44$가 된다.

③ (×), 승수가 다르므로 정부지출의 효과도 다르다.

④ (×), 한계세율이 상승하면 소비가 감소하므로 균형국민소득이 감소한다.

09 다음의 거시경제 모형에서 옳지 않은 것은? 2006년 공인회계사

> $Y = C + I + G,\ C = a + bY_d,\ I = I_0,\ G = G_0,\ T = c + dY,\ Y_d = Y - T$
>
> Y는 소득, C는 소비, I는 투자, G는 정부지출, T는 조세, Y_d는 가처분소득, $a > 0$, $0 < b < 1$, $c > 0$, $0 < d < 1$, $I_0 > 0$, $G_0 > 0$는 상수

① 균형국민소득은 c와 양(+)의 관계에 있다.

② 투자승수는 b와 양(+)의 관계에 있다.

③ 균형국민소득은 I_0와 G_0와 양(+)의 관계에 있다.

④ 투자승수는 c에는 영향을 받지 않고 d와는 음(-)의 관계에 있다.

⑤ 투자승수와 정부지출승수는 같게 나타난다.

hint

설문의 식을 정리하면 $Y = \frac{1}{1-b(1-d)}[a + I_0 + G_0 - bc]$가 된다. ① c는 소득과 무관한 정액세를 의미하며, 정액세가 증가하면 소비가 감소하여 국민소득도 감소한다. ② b는 한계소비성향이며 투자승수는 $\frac{1}{1-b(1-d)}$이므로, b가 증가하면 승수가 증가한다. ③ I_0나 G_0가 증가하면 승수배만큼 국민소득이 증가한다.

정답 7 ⑤ 8 ② 9 ①

10 **다음은 단기균형 모형의 한 예이다. 지출승수를 가장 높게 만들 수 있는 조합을 묶어 놓은 것은?** (단, C, Y, T, I, G, X, M은 각각 소비, 소득, 조세, 투자, 정부지출, 수출, 수입을 가리키며, a, c는 양의 상수, b, d, m, t는 0과 1 사이의 상수이다. 변수에 윗줄이 그어진 것은 외생변수임을 의미한다.) 2008년 공인회계사

가. $C = a + b(Y - \overline{T})$	나. $C = a + b(1 - t)Y$	다. $I = c + dY$
라. $I = \overline{I}$	마. $G = \overline{G},\ X = \overline{X},\ M = mY$	바. $G = \overline{G},\ X = \overline{X},\ M = \overline{M}$

① 가, 다, 바 ② 가, 라, 마 ③ 가, 라, 바
④ 나, 라, 마 ⑤ 나, 다, 바

hint

일반적으로 비례세는 승수를 감소시키며, 투자의 소득의존성(가속도원리)은 승수를 증가시키고, 수입이 소득에 비례하는 경우 승수는 감소한다. 따라서 설문에서 가, 다, 바의 조합에서 승수가 가장 크게 나타난다.

11 **개방경제의 국민소득 결정 모형이 아래와 같다. 정부지출(G)과 조세(T)를 똑같이 200에서 300으로 늘리면 균형국민소득은 얼마나 늘어나는가?** (단, Y는 국민소득이다.) 2018년 감정평가사

소비함수 : $C = 300 + 0.6(Y - T)$	투자함수 : $I = 200$
정부지출 : $G = 200$	조　　세 : $T = 200$
수　　출 : $EX = 400$	수　　입 : $IM = 100 + 0.1(Y - T)$

① 0 ② 50 ③ 100
④ 200 ⑤ 250

hint

1. 정책 이전

$Y = 300 + 0.6(Y - 200) + 200 + 200 + 400 - 100 - 0.1(Y - 200)$

$\Rightarrow 0.5Y = 300 - 120 + 200 + 200 + 400 - 100 + 20 = 900 \Rightarrow Y_0 = 1{,}800$

2. 정책 이후

$Y = 300 + 0.6(Y - 300) + 200 + 300 + 400 - 100 - 0.1(Y - 300)$

$\Rightarrow 0.5Y = 300 - 180 + 200 + 300 + 400 - 100 + 30 = 950 \Rightarrow Y_1 = 1{,}900$

* 참고사항

1. 수입이 소득의 함수인 경우 개방경제균형재정승수 : $\dfrac{1 - c}{1 - c + m}$
2. 수입이 가처분소득의 함수인 경우 개방경제균형재정승수 : $\dfrac{1 - c + m}{1 - c + m} = 1 \Rightarrow \Delta G = \Delta T = \Delta Y = 100$

12 개방경제 하에서 우리나라의 단순 케인지안 거시경제 모형의 설정에 필요한 정보를 수집하였더니 다음과 같았다고 한다.

▪ 독립적 소비지출 : 20조원	▪ 독립적 투자지출 : 150조원
▪ 독립적 정부지출 : 200조원	▪ 조세수입 : 200조원
▪ 독립적 수출 : 160조원	▪ 독립적 수입 : 30조원
▪ 한계소비성향 : 0.8	▪ 한계수입성향 : 0.1

글로벌 금융위기를 극복하기 위하여 우리나라 정부는 재정지출을 30조원 늘리기로 하였고, 또한 외국의 재정지출의 확대에 힘입어 우리나라 수출이 15조원 증가할 것으로 예상된다. 이러한 국가 간 정책협조는 위 모형에 의하면 우리나라의 국민소득과 경상수지에 어떻게 영향을 미칠 것으로 예상되는가?

	균형국민소득	경상수지		균형국민소득	경상수지
①	45조원 증가	10.5조원 개선	②	90조원 증가	6.0조원 개선
③	150조원 증가	변동 없음	④	210조원 증가	3.0조원 악화
⑤	240조원 증가	9.0조원 악화			

hint

국민소득의 변화 = 승수 × 독립적 지출변화

$$= \frac{1}{1-c+m} \times \Delta G + \frac{1}{1-c+m} \times \Delta X = \frac{1}{0.3} \times 30 + \frac{1}{0.3} \times 15 = 150$$

경상수지의 변화 = 수출의 변화 − 수입의 변화

$$= \Delta X - \Delta M = \Delta X - m\Delta Y = 15 - 0.1 \times 150 = 0$$

정답 10 ① 11 ③ 12 ③

13 **한 경제에 부유한 계층과 가난한 계층이 존재하고 부유한 계층의 한계소비성향은 가난한 계층의 한계소비성향보다 작다. 정부가 경기 부양을 위해 조세를 감면하려고 할 때 다음 중 가장 적절하지 않은 것은?**

2016년 국회 8급

① 가난한 계층의 조세 감면을 크게 할수록 경기 부양효과가 크다.

② 조세 감면 총액이 커지면 경기 부양효과가 커진다.

③ 소득분포가 경기 부양효과의 크기에 영향을 미친다.

④ 가난한 계층의 비율이 높을수록 경기 부양효과가 커진다.

⑤ 부유한 계층과 가난한 계층의 한계소비성향의 차이가 작을수록 경기 부양효과가 커진다.

hint

⑤ (×), 한계소비성향의 차이는 경기부양효과에 일관된 영향을 미치지 않는다. 어느 계층이 주로 혜택을 받는지와 그 계층의 한계소비성향이 경기부양효과를 결정한다.

14 **케인즈(Keynes)의 "절약의 역설(paradox of thrift)"에 대해서 가장 잘 설명한 것은?**

2004년 감정평가사

① 모든 개인이 저축을 늘리려 하는 경우, 총수요의 감소로 국민소득이 감소하고, 결국은 개인의 저축을 더 늘릴 수 없는 상황

② 모든 개인이 저축을 줄이려 하는 경우, 늘어난 소비로 국민소득이 감소하고, 결국은 개인의 저축을 더 늘릴 수 없는 상황

③ 모든 개인이 저축을 늘리려 하는 경우, 늘어난 저축이 소비와 국민소득의 증가를 가져오고, 결국은 개인의 저축을 더 늘릴 수 있는 상황

④ 모든 개인이 저축을 늘리려 하는 경우, 늘어난 저축이 투자로 이어져 국민소득이 증가하고, 결국은 개인의 저축을 더 늘릴 수 있는 상황

⑤ 케인즈의 거시 모형에서, 소비는 미덕이므로 저축할 필요가 없고, 따라서 저축은행의 설립을 불허해야 하는 상황

hint

절약의 역설 또는 저축의 역설은 케인즈 모형에서 나타나는 특징적인 현상이다. 이 명제가 성립하기 위해서는 1) 우선 현재 상태가 유휴설비가 있는 불황이어야 하며, 2) 투자가 이자율의 영향을 받지 않거나 소득의 증가함수여야 한다.

15 **케인즈의 이론에 관한 설명으로 옳지 않은 것은?** 2014년 공인노무사

① 노동시장에서 명목임금은 하방경직성을 갖는다.

② 투자는 기업가의 심리에 큰 영향을 받는다.

③ 경기침체 시에는 확대재정정책이 필요하다.

④ 공급은 스스로의 수요를 창조하므로 만성적인 수요부족은 존재하지 않는다.

⑤ 저축의 역설이라는 관점에서 '소비는 미덕, 저축은 악덕' 이라고 주장한다.

hint

④ 이는 세이의 법칙을 설명하는 것으로서 고전학파의 주장에 해당한다.

16 **화폐시장과 관련한 설명 중 적합하지 않은 것은?**

① 중앙은행은 화폐공급을 조절함으로써 원하는 수준의 이자율을 달성할 수 있다.

② 화폐공급곡선이 수직인 경우 균형이자율은 전적으로 화폐수요에 의해서 결정된다.

③ 화폐시장에 초과공급이 있으면 이자율은 하락하게 된다.

④ 화폐의 수요와 공급에 의해서 이자율이 결정된다는 이론을 유동성선호이론이라고 한다.

⑤ 우리나라에서 M_2의 양은 GDP보다 크며 GDP와 같은 방향으로 변하는 특징이 있다.

hint

화폐공급이 수직인 경우라도 화폐공급의 변화는 이자율을 변화시킬 수 있다. 즉, 화폐공급을 늘리면 이자율은 하락하고, 화폐공급을 줄이면 이자율은 상승한다.

17 **유동성선호이론에 대한 설명으로 옳지 않은 것은?** 2003년 국가직 7급

① 중앙은행은 통화공급을 정책변수로 사용한다.

② 통화공급이 정책변수로 사용되면, 통화공급은 이자율에 대하여 무한탄력적이다.

③ 이자율이 정책변수로 사용되면, 통화공급은 이자율에 대해 무한탄력적이다.

④ 이자율이 상승하면 화폐의 보유비용이 상승한다.

⑤ 이자율은 화폐의 수요와 공급이 일치하는 수준에서 결정된다.

hint

중앙은행이 통화공급을 정책변수로 사용하면 통화공급은 수직이 되어 이자율에 대해 비탄력적인 형태가 된다.

정답	13 ⑤	14 ①	15 ④	16 ②	17 ②

18 통화량(M)을 물가(P)로 나눈 값을 실질화폐잔고라고 한다. 어떤 경제의 실질화폐잔고에 대한 수요는 $\frac{M}{P} = 0.5 \times Y - i$($Y$는 실질소득, i는 명목이자율)이고, 현재 M의 값은 100, P의 값은 2로 주어져 있다. 중앙은행이 M을 100에서 110으로 증가시켰을 때 LM곡선의 이동에 대한 다음 설명 중 옳은 것은? 2012년 국회 8급

① 오른쪽으로 10만큼 이동한다.
② 왼쪽으로 10만큼 이동한다.
③ 오른쪽으로 5만큼 이동한다.
④ 왼쪽으로 5만큼 이동한다.
⑤ 이동하지 않는다.

hint

LM곡선의 수평이동폭이란 외부적 충격이 주어졌을 때 주어진 이자율 i 상에서 소득이 얼마나 변화해야 다시 균형이 달성되는지를 나타낸다. 주어진 식에서 실질통화량이 5 증가할 때 화폐시장의 균형이 유지되기 위해서는 소득이 10 증가하여야 한다. 즉, LM곡선은 오른쪽으로 10만큼 이동한다.

19 현재 경제상황은 아래와 같다.

> $\frac{M^d}{P} = 1{,}000 - 1{,}000i, \quad M^s = 1{,}700$
> $P = 2, \quad \pi^e = 0.05$
> (M^d : 명목화폐수요, i : 명목이자율, M^s : 명목화폐공급, P : 물가, π^e : 기대물가상승률)

이때 다음 두 가지 질문의 답으로 옳은 것은? 2013년 국회 8급

(Ⅰ) 현재 균형실질이자율은 얼마인가?
(Ⅱ) 다른 조건들이 모두 동일할 때 화폐공급이 50만큼 늘어나고 기대물가상승률이 10%로 상승하는 경우 새로운 균형실질이자율은 얼마인가?

	Ⅰ	Ⅱ
①	10%	2.5%
②	10%	5%
③	15%	2.5%
④	15%	5%
⑤	15%	7.5%

hint

(Ⅰ) $\frac{M^s}{P} = \frac{M^d}{P} \Rightarrow \frac{1{,}700}{2} = 1{,}000 - 1{,}000i \Rightarrow i = 0.15,\ \pi^e = 0.05,\ r = 0.1$

(Ⅱ) $\frac{M^s}{P} = \frac{M^d}{P} \Rightarrow \frac{1{,}750}{2} = 1{,}000 - 1{,}000i \Rightarrow i = 0.125,\ \pi^e = 0.1,\ r = 0.025$

20 **다음 그래프는 IS곡선과 물가수준 P와 통화공급량 M에 따른 LM곡선이다. 물가수준과 통화공급량의 관계가 가장 적절한 것은?** (단, $LM(P=P_i, M=M_j)$은 물가수준이 P_i이고 통화공급량이 M_j인 LM곡선을 나타낸다. $i, j = 1, 2$)

2018년 공인회계사

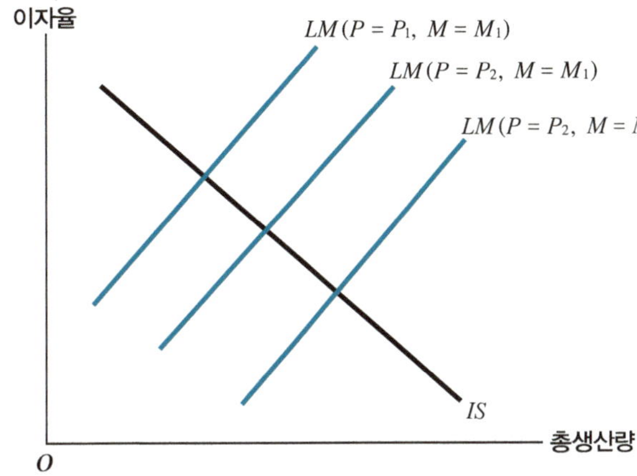

① $P_1 > P_2, M_1 > M_2$
② $P_1 < P_2, M_1 > M_2$
③ $P_1 > P_2, M_1 < M_2$
④ $P_1 < P_2, M_1 < M_2$
⑤ $P_1 = P_2, M_1 = M_2$

hint

다른 조건이 일정할 때 실질통화량이 많을수록 LM곡선이 우측에 위치한다. 따라서 다음의 조건이 성립해야 한다.

$$\frac{M_1}{P_1} < \frac{M_1}{P_2} < \frac{M_2}{P_2} \Rightarrow P_1 > P_2\text{이고 } M_1 < M_2$$

정답 18 ① 19 ① 20 ③

21 **한 경제에서 이자율이 하락하면서 동시에 경기의 침체가 나타나고 있다. *IS-LM* 모형을 사용하여 이러한 현상의 원인을 찾을 때 가장 적당한 것은?**

① 중앙은행의 채권매각
② 주식시장의 호황으로 인한 소비의 증가
③ 중앙은행의 지급준비율 인상
④ 신용카드 사용제한으로 인한 화폐수요의 급증
⑤ 불확실성 증가로 인한 투자의 감소

hint

IS-*LM* 모형에서 이자율의 하락과 경기침체가 동시에 나타나기 위해서는 *IS*곡선이 좌측으로 이동해야 한다. 즉, 실물부분의 부정적 충격요인을 찾으면 된다.

22 **정부지출을 축소하는 한편, 국민소득이 일정하게 유지되도록 통화정책을 실시할 경우 그 영향에 대한 설명 중 옳은 것은?** (단, 폐쇄경제 *IS*-*LM* 모형을 이용하여 분석하되, *IS*곡선은 우하향하며 *LM*곡선은 우상향한다고 가정한다.) 2016년 공인회계사

① *IS*곡선이 우측이동한다. ② *LM*곡선이 좌측이동한다.
③ 이자율이 하락한다. ④ 재정적자가 증가한다.
⑤ 실질화폐수요가 감소한다.

hint

① (×), 정부지출을 축소하면 *IS*곡선이 좌측으로 이동한다.
② (×), 국민소득이 일정하게 유지되기 위해서는 *LM*곡선이 우측으로 이동해야 한다.
③ (○), *IS*곡선이 좌측으로 이동하고 *LM*곡선이 우측으로 이동하면 이자율이 하락한다.
④ (×), 정부지출을 축소했으므로 재정적자가 감소한다.
⑤ (×), 다른 조건이 일정할 때 이자율이 하락하면 실질화폐수요는 증가한다.

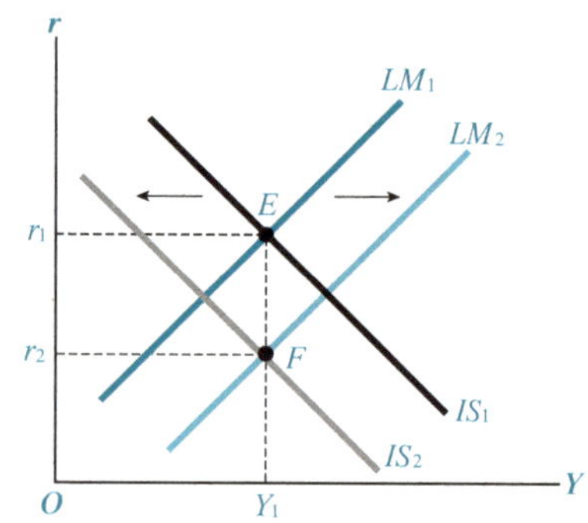

23 **어느 경제의 *IS*곡선이 다음과 같이 주어져 있다.**

$$Y = 20 + 0.75(Y - T) + I(r) + G$$

***Y*, *T*, *I*, *r*, *G*는 각각 총생산, 조세, 투자, 실질이자율, 정부지출을 나타낸다. 정부가 다음과 같**

은 정부지출 확대와 조세 감면의 조합으로 확장적 재정정책을 실시할 때 그에 따른 투자감소가 가장 작은 경우는? (단, LM곡선은 우상향하고 투자는 실질이자율의 감소함수이다.)

2019년 공인회계사

	정부지출	조세
①	4단위 증가	2단위 감소
②	3단위 증가	4단위 감소
③	2단위 증가	6단위 감소
④	1단위 증가	7단위 감소
⑤	변화 없음	9단위 감소

hint

정부지출 및 조세의 규모는 IS곡선 및 LM곡선의 기울기에 영향을 미치지 않는다. 이 경우 IS곡선의 수평이동폭이 클수록 이자율 상승폭이 가장 크고 투자감소폭도 크다. 따라서 주어진 보기 중 IS곡선의 수평이동폭이 가장 작은 경우를 찾으면 된다.

IS곡선의 수평이동폭 : $\Delta Y = \frac{1}{1-c}\Delta G + \frac{-c}{1-c}\Delta T = 4\Delta G - 3\Delta T$

주어진 보기 중 IS곡선의 수평이동폭이 가장 작은 것은 ①이며 22만큼 이동한다.

24 〈보기〉와 같은 상황에서 정부지출이 100만큼 증가하는 경우 IS-LM 균형에 의해 변하는 GDP 값 중 가능한 값은? (단, 승수효과 > 구축효과 > 0)

2016년 국회 8급

- 폐쇄경제를 가정한다.
- IS곡선은 우하향하고 LM곡선은 우상향하는 일반적인 형태를 가진다.
- 가계의 한계소비성향이 0.5이고 소득세는 존재하지 않는다.

① 0
② 100
③ 200
④ 250
⑤ 300

hint

승수효과 : $\Delta Y = \frac{1}{1-c}\Delta G = 2 \times 100 = 200$

승수효과가 200이며 구축효과가 이를 일부 상쇄하므로 최종 소득증가폭은 0보다 크고 200보다 작다.

정답 21 ⑤ 22 ③ 23 ① 24 ②

25 단기적 재정정책이 가장 큰 효과를 발휘하는 경우는 다음 중 어느 것인가? 2006년 감정평가사 응용

① 중앙은행이 일정한 소득수준 달성을 목표로 하는 경우

② 중앙은행이 일정한 이자율수준 달성을 목표로 하는 경우

③ 중앙은행이 일정한 통화량 수준 달성을 목표로 하는 경우

④ 중앙은행이 일정한 물가수준 달성을 목표로 하는 경우

⑤ 중앙은행이 어떠한 정책대응도 하지 않는 경우

hint

중앙은행이 일정한 이자율수준 달성을 목표로 하는 경우에는 사실상 LM곡선이 수평인 경우와 같다. 따라서 이때 재정정책의 효과가 매우 강력해진다.

26 구축효과(crowding-out effect)에 대해 옳게 말하고 있는 사람들로만 짝지은 것은?

2013년 보험계리사

ⓖ **용규** : 구축효과는 확장적 재정정책이 이자율을 상승시키기 때문에 발생하는 현상이야.

ⓛ **선빈** : 구축효과는 투자감소 외에 추가적으로 유발된 소비감소에 따른 소득감소로도 설명할 수 있는 부분이 있어.

ⓒ **희섭** : 확장적 재정정책을 국채발행으로 하는 경우, 국채이자율은 하락하지만 전체 채권시장의 이자율은 상승해서 투자가 감소하는 거지.

ⓡ **지완** : LM곡선이 수직이라면 구축효과의 크기가 승수효과의 크기보다 커져서 확장적 재정정책이 국민소득에 아무런 영향을 주지 못하는 거야.

① ㉠, ㉡ ② ㉠, ㉣

③ ㉡, ㉢ ④ ㉢, ㉣

hint

㉢ 국채 신규발행 ⇒ 국채가격 하락 ⇒ 국채이자율 상승

㉣ LM곡선이 수직이라면 구축효과의 크기가 승수효과의 크기와 동일하다.

[**주의사항** : ㉣에서 승수효과는 단순모형에서의 소득변화 크기를 의미한다.]

27 **소비는 가처분소득의 함수이고, 투자는 이자율의 함수이며, 정부지출 및 조세는 외생적으로 결정된다고 한다. 이러한 경제에 대한 다음 설명 중 옳지 않은 것은?** 2013년 공인회계사

① 폐쇄경제에서 정부지출의 증가는 민간투자를 감소시킨다.

② 폐쇄경제에서 정부지출이 증가하였을 때 소비가 가처분소득의 함수일 뿐만 아니라 이자율의 감소함수라면 가처분소득만의 함수일 때보다 이자율이 더 많이 상승한다.

③ 자본이동이 완전히 자유롭고 변동환율제를 채택한 소규모 개방경제에서 정부지출의 증가는 순수출을 감소시킨다.

④ 자본이동이 완전히 자유롭고 변동환율제를 채택한 소규모 개방경제에서 정부지출의 증가는 국내 통화가치를 상승시킨다.

⑤ 자본이동이 완전히 자유롭고 변동환율제를 채택한 소규모 개방경제에서 수입제한정책은 교역규모를 감소시킨다.

hint

② 소비가 이자율의 감소함수라면 *IS*곡선은 더욱 완만해진다. 따라서 재정정책이 실시된 경우 이자율은 덜 상승한다.

③, ④ 완전자본이동과 변동환율을 전제할 때 개방경제에서의 구축효과는 환율을 하락시켜 순수출을 감소시키는 것으로 나타난다.

⑤ 해당 정책이 실시된 경우 순수출은 불변이다. 이 경우 독립적으로 수입을 제한한 결과 수출도 감소하였을 것이다.

정답 25 ② 26 ① 27 ②

28 **다음 중 *IS-LM* 모형에 대한 설명으로 옳지 않은 것은?** (단, 정책의 효과는 총소득에 미치는 영향으로 측정함)

① 투자의 이자율탄력성이 클수록 *IS*곡선이 완만해지며 재정정책의 효과가 약해진다.
② 승수가 클수록 *IS*곡선이 완만해지며 재정정책의 효과가 약해진다.
③ 승수가 클수록 *IS*곡선의 수평이동폭이 커진다.
④ 화폐수요의 이자율탄력성이 클수록 *LM*곡선이 완만해지며 재정정책의 효과가 강해진다.
⑤ 화폐수요의 소득탄력성이 클수록 *LM*곡선이 가팔라지며 재정정책의 효과가 약해진다.

hint

승수가 클수록 *IS*곡선의 기울기는 완만해지지만 수평이동폭이 커지기 때문에 재정정책의 효과는 강력해진다. 이는 *IS-LM* 곡선에 대한 수식도출을 통해 확인할 수 있다.

*** 참고 : *IS-LM*의 수식 도출**

1. 생산물시장(*IS*)의 균형식

소비함수 : $C = \overline{C} + c(Y - \overline{T})$ — $\overline{C}$는 기초소비, c는 한계소비성향

투자함수 : $I = \overline{I} - br$ — b는 투자의 이자율탄력성

균형식 : $Y = \overline{C} + c(Y - \overline{T}) + (\overline{I} - br) + \overline{G}$ — 정리하면

*IS*곡선 : $Y = \dfrac{1}{1-c}(\overline{C} - c\overline{T} + \overline{I} + \overline{G} - br)$

2. 화폐시장(*LM*)의 균형식

$\dfrac{\overline{M}}{P} = L(Y, r) = kY - hr$ — h는 화폐수요의 이자율탄력성, k는 화폐수요의 소득탄력성

*LM*곡선 : $r = -\left(\dfrac{1}{h}\right)\dfrac{\overline{M}}{\overline{P}} + \left(\dfrac{k}{h}\right)Y$ 또는 $Y = \left(\dfrac{h}{k}\right)r + \left(\dfrac{1}{k}\right)\dfrac{\overline{M}}{\overline{P}}$

(G, T, M, P는 외생변수, Y, r은 내생변수)

3. 정리

	기울기	이동요인	이동 폭 결정요인
IS	$-\dfrac{1-c}{b}$ $(-b \times \dfrac{1}{1-c}$의 역수)	$\overline{C}, \overline{T}, \overline{I}, \overline{G}$	$\dfrac{1}{1-c}$(수평), $\dfrac{1}{b}$(수직)
LM	$\left(\dfrac{k}{h}\right)$	$\overline{M}, \overline{P}$	$\dfrac{1}{h}$(수직), $\dfrac{1}{k}$(수평)

4. *IS-LM*의 균형 : 총수요측면의 균형

가. 균형국민소득의 도출

IS-LM 모형에서 균형국민소득을 구하기 위해서는 *IS*방정식과 *LM*방정식을 모두 만족시키는 *Y*를 구해야 하므로 *IS*곡선과 *LM*곡선을 연립하여 정리하면 다음을 얻는다.

균형국민소득 : $Y^* = \dfrac{1}{1 - c + b\left(\dfrac{k}{h}\right)}\left[\overline{C} - c\overline{T} + \overline{I} + \overline{G} + \left(\dfrac{b}{h}\right)\dfrac{\overline{M}}{\overline{P}}\right]$

만약 이 식에서 물가(P)가 내생변수로 반영된다면 위 식은 총수요곡선(AD)이 된다.

나. 재정정책의 효과

$$\frac{dY^*}{d\overline{G}} = \frac{1}{1-c+b\left(\frac{k}{h}\right)}$$

다. 통화정책의 효과

$$\frac{dY^*}{d(\overline{M}/\overline{P})} = \frac{1}{h}\cdot b\cdot\frac{1}{1-c+b\left(\frac{k}{h}\right)}\left(=\frac{1}{\frac{h}{b}(1-c)+k}\right)$$

29 **폐쇄경제의 재정승수에 대한 다음 설명 중 옳은 것을 모두 고르면?** (단, 화폐수요와 투자는 이자율의 감소함수이다.)

2013년 공인회계사

가. 거래적 화폐수요의 소득탄력성이 클수록 정부지출승수가 증가한다.

나. 동일한 크기의 조세 삭감과 정부지출 증가에 대해 조세승수의 절댓값이 정부지출승수의 절댓값보다 작은 이유는 조세 감소분 중 일부분이 가계저축으로 전환되기 때문이다.

다. 이자율 변화에 대해 투자가 민감하게 반응할수록 정부지출승수는 증가한다.

① 가 ② 나 ③ 다

④ 가, 나 ⑤ 나, 다

hint

가. 한계소비성향(c)이나 화폐수요의 소득탄력성(k) 등 소득계수가 변하는 경우에는 해당 곡선의 수평이동폭이 바뀌기 때문에 곡선의 기울기만으로 정책효과를 판단해서는 안 된다. 구체적 정책효과는 수식으로 확인할 수밖에 없다. 아래 내용을 숙지하기 바란다.

	곡선의 기울기	재정정책	통화정책
c 증가	IS 완만	강	강
b 증가	IS 완만	약	강
h 증가	LM 완만	강	약
k 증가	LM 급경사	약	약

[**주의사항** : 승수효과는 화폐시장을 고려하지 않은 단순모형에서의 소득증가 효과를 의미할 수도 있고 IS-LM 모형에서 소득증가 효과를 의미할 수도 있다. 이 문제에서는 후자의 의미로 사용되었다.]

정답 28 ② 29 ②

30 ***IS-LM* 모형에서 확장적인 재정정책이 소득에 미치는 효과에 대한 설명 중 옳은 것을 모두 고르면?** 2014년 공인회계사

> 가. 화폐수요의 이자율탄력성(h)이 높을수록 소득증가 효과가 커진다.
> 나. 소득세율(t)이 높을수록 소득증가 효과가 커진다.
> 다. 한계소비성향(c)이 높을수록 소득증가 효과가 커진다.
> 라. 민간투자의 이자율탄력성(b)이 높을수록 소득증가 효과가 커진다.

① 가, 나　② 가, 다　③ 가, 다, 라
④ 나, 다, 라　⑤ 가, 나, 다, 라

hint

재정정책의 효과는 c가 크고, t가 작고, b가 작고, h가 크고, k가 작을수록 크다. (실전 31번 문제 해설 참고)

31 ***IS-LM* 모형에서 구축효과에 대한 설명이다. (가), (나), (다)를 바르게 짝지은 것은?** (단, IS곡선은 우하향하고, LM곡선은 우상향한다고 가정한다.) 2016년 공인회계사

> ▪ 화폐수요의 소득탄력성이 (가) 구축효과가 커진다.
> ▪ 화폐수요의 이자율탄력성이 (나) 구축효과가 커진다.
> ▪ 투자의 이자율탄력성이 (다) 구축효과가 커진다.

	(가)	(나)	(다)
①	클수록	작을수록	클수록
②	클수록	작을수록	작을수록
③	작을수록	작을수록	클수록
④	작을수록	클수록	작을수록
⑤	작을수록	클수록	클수록

hint

케인즈 단순모형에서 정부구매 증가의 효과는 $\frac{1}{1-c}$이며, $IS-LM$ 모형에서 정부구매 증가의 효과는 $\frac{1}{1-c+b\left(\frac{k}{h}\right)}$이다. 따라서 $b\left(\frac{k}{h}\right)$가 클수록 구축효과가 크다.

즉, 화폐수요의 소득탄력성 k가 클수록,
화폐수요의 이자율탄력성 h가 작을수록,
투자의 이자율탄력성 b가 클수록 구축효과가 크다.

32 경기안정화 정책에 관한 설명으로 옳은 것은? 2018년 감정평가사

① 재정지출 증가로 이자율이 상승하지 않으면 구축효과는 크게 나타난다.

② 투자가 이자율에 비탄력적일수록 구축효과는 크게 나타난다.

③ 한계소비성향이 클수록 정부지출의 국민소득 증대효과는 작게 나타난다.

④ 소득이 증가할 때 수입재 수요가 크게 증가할수록 정부지출의 국민소득 증대효과는 크게 나타난다.

⑤ 소득세가 비례세보다는 정액세일 경우에 정부지출의 국민소득 증대효과는 크게 나타난다.

hint

① (×), 이자율이 상승할수록 구축효과가 크다.

② (×), 투자가 이자율에 탄력적일수록 구축효과가 크다.

③ (×), 한계소비성향이 크면 승수가 증가하며 재정정책의 효과가 강화된다.

④ (×), 한계수입성향이 크면 승수가 감소하며 재정정책의 효과가 약화된다.

⑤ (○), 예를 들어 폐쇄경제에서 비례세의 경우 정부구매승수 $\frac{1}{1-c(1-t)}$, 정액세의 경우 정부구매승수 $\frac{1}{1-c}$이다.

* **주의사항 1**

정책의 효과는 모형에 따라 달라지기 때문에 출제 측이 모형을 보다 자세히 제시했어야 한다고 본다. 예를 들어 확장재정정책은 폐쇄경제에서는 실질 GDP를 증가시킬 수 있지만 완전자본이동–완전변동환율 하에서는 실질 GDP를 증가시킬 수 없다.

* **주의사항 2**

③의 경우 *IS*–*LM* 모형에서 *IS*곡선이 완만해지지만 그 이동폭이 증가하여 재정정책과 통화정책이 모두 강해진다.

④의 경우 *IS*곡선이 가팔라지지만 그 이동폭이 감소한다. 정책의 정확한 효과를 알기 위해서는 자본의 이동성 환율제도 등을 검토해야 하므로 정책효과는 불명확하지만 대체로 정책효과는 약해질 것으로 볼 수 있다.

정답 30 ② 31 ① 32 ⑤

33 **물가수준이 고정되어 있고 국민경제의 생산능력에 여유가 있다고 가정하자. 다음 중 화폐공급의 증가가 이자율을 하락시키고, 국민소득을 가장 많이 증가시키는 경우를 바르게 설명한 것은?**

2006년 서울시 7급

① 화폐수요가 이자율에 대해 탄력적이고, 투자수요가 이자율에 대해 탄력적이며, 승수의 크기가 클 경우

② 화폐수요가 이자율에 대해 비탄력적이고, 투자수요가 이자율에 대해 비탄력적이며, 승수의 크기가 클 경우

③ 화폐수요가 이자율에 대해 비탄력적이고, 투자수요가 이자율에 대해 탄력적이며, 승수의 크기가 작을 경우

④ 화폐수요가 이자율에 대해 비탄력적이고, 투자수요가 이자율에 대해 탄력적이며, 승수의 크기가 클 경우

⑤ 화폐수요가 이자율에 대해 탄력적이고, 투자수요가 이자율에 대해 비탄력적이며, 승수의 크기가 클 경우

hint

통화량 증대가 국민소득에 미치는 경로를 요약하면 '통화량 증가 → 이자율 하락 → 투자증가 → 국민소득 증가'로 나타낼 수 있다. 화폐수요가 이자율에 대해 비탄력적이면 이자율이 크게 하락하고, 투자수요가 이자율에 탄력적이면 투자가 크게 증가하며, 승수가 크면 소득이 크게 증가한다.

34 소비가 소득만의 함수이고 투자는 이자율만의 함수이며, 화폐수요가 이자율과 소득의 함수인 단순한 *IS-LM* 모형을 상정하자. 이 모형에서 통화량 확대정책이 국민소득에 미치는 효과가 커지도록 하는 요인들을 모두 고른 것은? 2012년 공인회계사

가. 한계소비성향이 커졌다.
나. 투자의 이자율에 대한 탄력성이 커졌다.
다. 화폐수요의 이자율에 대한 탄력성이 커졌다.
라. 화폐수요의 소득에 대한 탄력성이 작아졌다.

① 가, 나　　② 나, 다　　③ 가, 나, 라
④ 나, 다, 라　　⑤ 가, 나, 다, 라

hint

IS-LM 모형에서 계수변화가 국민소득에 미치는 영향을 알기 위해서는 기울기에 미치는 영향과 수평이동폭에 미치는 효과를 모두 고려해야 한다. 이를 엄밀하게 판단하기 위해서는 수식을 사용할 수밖에 없다.

통화정책의 효과 : $\dfrac{dY^*}{d(\overline{M}/\overline{P})} = \dfrac{1}{h} \cdot b \cdot \dfrac{1}{1-c+b\left(\frac{k}{h}\right)} \left(= \dfrac{1}{\frac{h}{b}(1-c)+k}\right)$

이 식에서 찾아낼 수 있는 중요한 사실은 다음과 같다.

	곡선의 기울기	재정정책	통화정책
c 증가	*IS* 완만	강	강
b 증가	*IS* 완만	약	강
h 증가	*LM* 완만	강	약
k 증가	*LM* 급경사	약	약

정답　33 ④　34 ③

35 **다음 (가), (나) 경우의 실질화폐잔고 수요를 고려하자. 다음 설명 중 옳은 것은?** (단, 실질화폐잔고 수요의 이자율탄력성과 소득탄력성은 유한하다. 폐쇄경제 $IS-LM$ 분석을 이용하며, IS곡선은 우하향한다.)

2022년 공인회계사

(가) 실질화폐잔고 수요가 이자율에 의존하지 않고 소득의 증가함수이다.
(나) 실질화폐잔고 수요가 소득에 의존하지 않고 이자율의 감소함수이다.

① (가)의 경우 실질화폐잔고 수요의 이자율탄력성이 0보다 크다.
② (나)의 경우 실질화폐잔고 수요의 소득탄력성이 0보다 크다.
③ (가)의 경우 LM곡선은 수평선의 형태를 갖는다.
④ (나)의 경우 통화량을 늘리더라도 총수요가 증가하지 않는다.
⑤ (가)의 경우 재정지출을 늘리더라도 총수요가 증가하지 않는다.

hint

(가) $h = 0$, LM곡선 수직, 재정정책 무력, 통화정책 강력
(나) $k = 0$, LM곡선 수평, 재정정책 강력, 통화정책 강력

*** 참고사항**

(나)의 사례는 맨큐 저 『거시경제학』 연습문제에도 소개되어 있다. 이는 LM이 수평이라고 해서 통화정책이 반드시 무력하지는 않음을 보여주는 사례이다. 정책의 효과를 기울기로만 접근했던 사람들은 이 문제에 당혹했을 것이다. $k = 0$이고 LM곡선이 수평일 때 재정정책이 강력하다는 것은 쉽게 추측할 수 있다. 반면 $k = 0$이고 LM곡선이 수평일 때 통화공급이 증가하면 LM곡선이 수평인 형태를 유지하며 하방으로 이동한다. 그 결과 총소득은 매우 크게 증가한다.

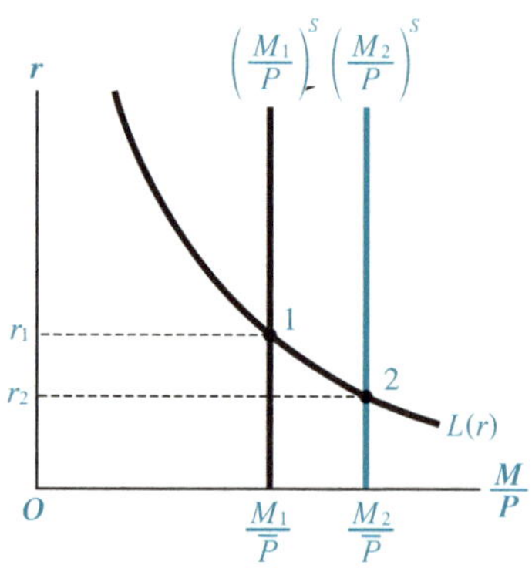

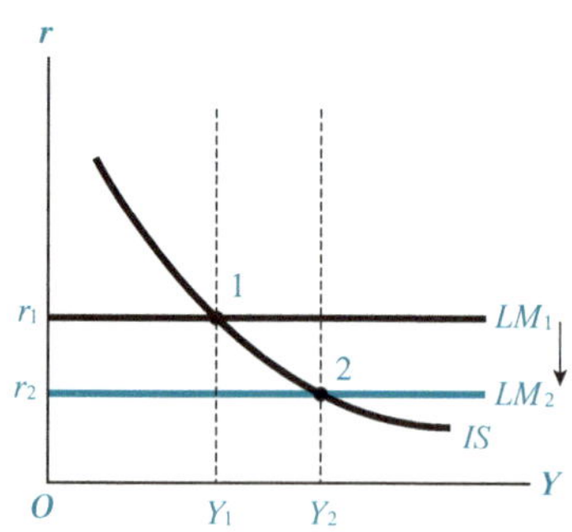

36 **통화정책의 단기효과에 대한 설명 중 옳은 것은?** (단, 정책의 효과는 총소득에 미치는 영향으로 측정함)
2015년 서울시 7급 응용

① 화폐수요의 이자율탄력성이 클수록 통화정책의 효과가 크다.

② 투자의 이자율탄력성이 클수록 통화정책의 효과가 크다.

③ 임금 조정의 신축성이 클수록 통화정책의 효과가 크다.

④ 한계소비성향이 작을수록 통화정책의 효과가 크다.

⑤ 화폐유통속도가 작을수록 통화정책의 효과가 크다.

hint

통화정책이 강할 조건은 $c\uparrow$, $b\uparrow$, $h\downarrow$, $k\downarrow$이다.
외부적 충격으로 인한 곡선의 이동폭이 동일하다면 IS곡선이 완만하고, LM곡선이 가파를수록 통화정책의 효과가 강하다.

① (×), h 증가 ⇒ LM 완만 ⇒ M 약화
② (○), b 증가 ⇒ IS 완만 ⇒ M 강화
③ (×), AS 가파름 ⇒ M 약화
④ (×), c 감소 ⇒ IS 가파름 ⇒ M 약화
⑤ (×), V 감소 ⇒ 통화정책의 효과를 감소시킴

정답 35 ⑤ 36 ②

37 ***IS-LM* 모형을 상정하자. 통화정책을 사용하여 경기를 부양하려는 경우 그 효과가 더 큰 경제 상태(㉠, ㉡)와 요인(ⓐ, ⓑ, ⓒ)을 바르게 고른 것은?** (단, Y는 국민소득, r은 이자율이며, 통화정책으로 인한 LM곡선의 수평이동폭은 동일하다고 가정함) 2015년 보험계리사

> ㉠ IS : $Y = 500 - 2{,}000r$
>
> LM : $Y = 400 + 4{,}000r$
>
> ㉡ IS : $0.5Y = 320 - 1{,}600r$
>
> LM : $0.25Y = 100 + 100r$
>
> ⓐ 한계저축성향이 증가
>
> ⓑ 화폐수요의 이자율탄력성이 감소
>
> ⓒ 투자의 이자율탄력성이 감소

① ㉠ − ⓐ, ⓑ
② ㉠ − ⓑ, ⓒ
③ ㉡ − ⓑ
④ ㉡ − ⓐ, ⓒ

hint

ㄱ. IS 가파름, LM 완만
ㄴ. IS 완만, LM 가파름

다른 조건이 일정할 때 IS곡선이 완만하고 LM곡선이 가파를수록 통화정책의 효과가 강하다. 따라서 ㄴ. 이 타당하다.

ⓐ IS 가팔라짐, M정책 약화
ⓑ LM 가팔라짐, M정책 강화
ⓒ IS 가팔라짐, M정책 약화

따라서 ⓑ만 위 조건에 타당하다.

38 **다음의 *IS-LM* 모형에 관한 설명으로 옳지 않은 것은?** (단, Y는 국민소득, C는 소비, I는 투자, G는 정부지출, L은 화폐수요, M은 화폐공급, r은 이자율이다.) 2010년 감정평가사

> $Y = C + I + G$(생산물시장의 균형식)
>
> $L = M$(화폐시장의 균형식)
>
> $C = a_1 + a_2 Y (0 < a_2 < 1)$
>
> $I = b_1 + b_2 r (b_2 < 0)$
>
> $L = d_1 + d_2 Y + d_3 r (d_2 > 0,\ d_3 < 0)$
>
> G와 M은 정책변수
>
> a_1, a_2, b_1, b_2, d_1, d_2, d_3는 모두 상수

① a_2의 절댓값이 증가하면 정부지출이 국민소득에 미치는 영향이 커진다.

② b_2의 절댓값이 증가하면 정부지출이 국민소득에 미치는 영향이 작아진다.

③ d_2의 절댓값이 증가하면 정부지출이 국민소득에 미치는 영향이 작아진다.

④ d_3의 절댓값이 증가하면 정부지출이 국민소득에 미치는 영향이 작아진다.

⑤ d_3의 절댓값이 증가하면 정부지출이 이자율에 미치는 영향이 작아진다.

hint

① a_2는 한계소비성향을 의미한다. 한계소비성향이 증가하면 정부지출 승수가 커진다.

② b_2는 투자의 이자율탄력성을 의미한다. 투자의 이자율탄력성이 증가하면 정부지출의 효과가 약화된다.

③ d_2는 화폐수요의 소득탄력성을 의미한다. d_2가 커지면 LM곡선이 가팔라지며, 구축효과가 커짐에 따라 정부지출의 효과가 약화된다.

④, ⑤ d_3는 화폐수요의 이자율탄력성을 의미한다. d_3가 커지면 LM곡선이 완만해지며, 이자율의 상승폭이 작아진다. 따라서 구축효과가 작아짐에 따라 정부지출의 효과가 강화된다.

정답 37 ③ 38 ④

39 **다음 모형에 기초하여 분석할 때 잘못된 것은?** (단, Y는 소득, C는 소비, I는 투자, r은 실질이자율, T는 조세, G는 정부지출, P는 물가수준, π^e는 예상물가상승률, β_i, $i = 0, \cdots, 5$는 양의 계수, M^d는 명목화폐수요, M^s는 명목화폐공급이며, T_0, G_0, $\overline{M}$, π_0^e는 상수이다.)

$C = \beta_0 + \beta_1(Y - T)$, $I = \beta_2 - \beta_3 r$

$T = T_0$, $G = G_0$, $Y = C + I + G$(생산물시장의 균형)

$\frac{M^d}{P} = \beta_4 Y - \beta_5(r + \pi^e) + \beta_6$

$M^s = \overline{M}$, $M^d = M^s$(화폐시장의 균형)

$\pi^e = \pi_0^e = 0$

① β_1이 증가하면 재정정책 및 통화정책이 GDP에 미치는 효과가 모두 강화된다.

② β_3가 증가하면 재정정책이 GDP에 미치는 효과는 약화되고 통화정책이 GDP에 미치는 효과는 강화된다.

③ β_4가 증가하면 재정정책이 GDP에 미치는 효과는 약화되고 통화정책이 GDP에 미치는 효과는 강화된다.

④ 경제가 유동성 함정에 빠진다면 β_5가 무한대가 된다.

⑤ 거래 중 신용카드 사용비율이 감소한다면 β_6가 증가한다.

hint

2013년 감정평가사 문제를 응용하였다.

③ β_4는 화폐수요의 소득민감도(탄력성)를 의미한다. β_4가 상승하면 재정정책과 통화정책이 모두 약화된다.
(자세한 증명은 실전 30번 문제 해설 참고)

40 다음은 단기 폐쇄경제 모형을 나타낸 것이다.

상품시장	화폐시장
$C = 360 + 0.8(Y - T)$	$M = 2{,}640$
$I = 400 - 20r$	$P = 6$
$G = 180\,;\, T = 150$	$L = Y - 200r$

C, Y, T, I, G, M, P, L, r은 각각 소비, 총생산, 세금, 투자, 정부지출, 화폐공급량, 물가수준, 실질화폐수요, 이자율(%)을 나타낸다. 정부가 정부지출은 60만큼 늘리고 세금은 60만큼 줄이는 정책을 시행한다. 중앙은행이 이자율을 고정시키고자 할 때 화폐공급량은?

2020년 공인회계사

① 2,640　② 3,240　③ 3,420
④ 5,160　⑤ 5,880

hint

상품시장에서 이자율이 불변일 때 $\Delta Y = \frac{1}{1-c}\Delta G + \frac{-c}{1-c}\Delta T = 5 \times 60 + (-4)(-60) = 540$이므로 IS곡선은 수평으로 540만큼 이동한다. 화폐시장의 균형식 $\frac{M}{P} = Y - 200r$에서 Y가 540 증가할 때 이자율이 불변이라면 좌변이 540 증가해야 한다. 이는 $\Delta M = 3{,}240$임을 의미한다.

정답　39 ③　40 ⑤

41 다음은 단순한 폐쇄경제의 $IS-LM$ 모형이다.

2004년 입시

소비$(C) = 10 + 0.7Y$	투자$(I) = 2 - r$
정부구입$(G) = 8$	통화공급$(M^S) = 10$
화폐수요$(M^D) = 20 + 0.2Y - r$	
(단, 여기서 Y = 국민소득, r = 이자율이다.)	

이 경우 정부구입이 3만큼 증가하는 경우 구축효과(crowding-out effect)에 의해 소득(Y)은 얼마만큼 감소하는가?

① 4
② 6
③ 8
④ 10
⑤ 16

hint

	IS곡선	LM곡선
증가 전	$Y = (10 + 0.7Y) + (2 - r) + 8$ $\Rightarrow IS_1 : 0.3Y = 20 - r$	$10 = 20 + 0.2Y - r$ $\Rightarrow LM : 0.2Y = -10 + r$
	$\Rightarrow Y_1 = 20,\ r_1 = 14$ [E점]	
증가 후	$Y = (10 + 0.7Y) + (2 - r) + 11$ $\Rightarrow IS_2 : 0.3Y = 23 - r$	불변
	$\Rightarrow Y_2 = 26,\ r_2 = 15.2$ [F점]	

1. 단순승수모형에 의하면 승수는 $\frac{1}{1-c} = \frac{1}{1-0.7} = \frac{10}{3}$이므로 IS곡선의 수평이동폭은 10이 된다. 이는 오른쪽 그림의 E점에서 E'점까지의 거리에 해당한다.
2. 그러나 $IS-LM$ 모형에서 소득은 6만큼 증가하였다. 이는 오른쪽 그림 E점에서 F점 사이의 소득증가폭에 해당한다. 따라서 이자율 상승 및 이에 따른 소득감소를 의미하는 구축효과의 크기는 4가 된다.

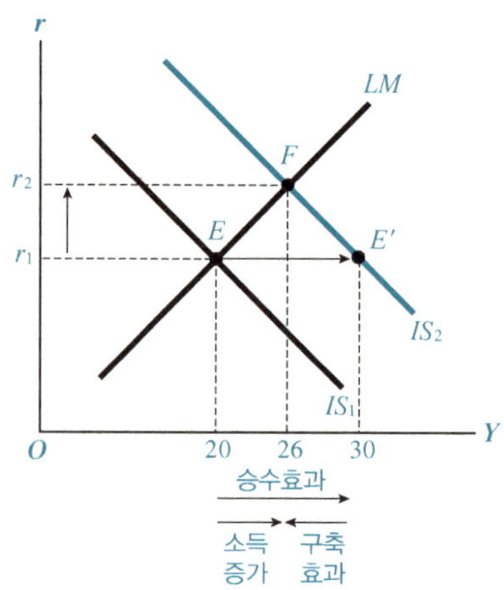

42 다음과 같은 폐쇄경제 *IS-LM* 모형을 가정하자.

상품시장	화폐시장
$C = 170 + 0.5(Y - T)$	$L(Y, i) = Y - 40i$
$I = 100 - 10(i - \pi^e)$	$P = 2$
$G = \overline{G}, T = 60, \pi^e = 0$	$M = 300$

$C, Y, T, I, i, G, M, P, L(Y, i), \pi^e$은 각각 소비, 소득, 조세, 투자, 명목이자율, 정부지출, 명목화폐공급, 물가수준, 실질화폐수요함수 및 기대인플레이션을 나타낸다. 또한 오쿤의 법칙이 다음과 같이 성립한다.

$$u - 4 = -\frac{1}{50}(Y - 500)$$

u는 실업률이다. 정부가 정부지출을 이용한 재정정책을 통해 실업률을 5%로 유지하고자 할 때 정부지출은? (단, 명목이자율과 실업률은 % 단위로 표시된다.) 2022년 공인회계사

① 50 ② 60 ③ 70
④ 80 ⑤ 90

hint

1. 오쿤의 법칙 : $u - 4 = -\frac{1}{50}(Y - 500) = 1 \Rightarrow Y = 450$
2. *LM*곡선 : $\frac{M}{P} = 150 = Y - 40i \Rightarrow i = 7.5$
3. *IS* 곡선 : $Y = [170 + 0.5(450 - 60)] + (100 - 75) + \overline{G} = 450$

위 식을 풀면 $\overline{G} = 60$이 된다.

정답 41 ① 42 ②

43 폐쇄경제 거시경제 모형이 다음과 같이 주어져 있다. $\alpha = 0.8$, $\beta = 0$일 때 다음 중 옳은 것은?

2021년 보험계리사

- 소비함수 : $C = a + \alpha Y_d$, $Y_d = Y - T$
- 투자함수 : $I = b - \beta r$
- 정부재정 : $G = \overline{G}$, $T = \overline{T}$
- 화폐수요함수 : $l^d = v + \gamma Y_d - \eta r$
- 시장청산 조건 : $Y = C + I + G$ 및 $l^d = l^s$

(단, C는 소비, Y_D는 가처분소득, Y는 생산, T는 조세, I는 투자, r은 실질이자율, G는 정부지출, l^d는 화폐수요, l^s는 화폐공급, $a, b, v, \alpha, \beta, \gamma, \eta, \overline{G}, \overline{T}, \overline{l^s}$는 양의 상수이다.)

① 정부지출승수는 4이다.
② 균형재정승수는 1이다.
③ 통화량을 늘리면 생산이 증가한다.
④ 통화량을 늘리면 이자율이 상승한다.

hint

$\beta = 0$이 되면 IS곡선이 수직이 되고, 이 경우 단순모형승수와 $IS-LM$ 모형승수가 동일해진다.

① (×), 정부지출승수는 $\frac{1}{1-\alpha} = 5$이다.
② (○), 수출입, 유발투자 등이 없으므로 균형재정승수는 1이다.
③ (×), IS곡선이 수직인 상태에서 통화 증가는 생산에 영향을 미치지 않는다.
④ (×), 통화량을 늘리면 LM곡선이 우측으로 이동하며 이자율이 하락한다.

44 다음과 같은 폐쇄경제 $IS-LM$ 모형을 가정하자.

상품시장	화폐시장
$C = 3 + \frac{3}{4}(Y - T)$	$M = 900$
$I = 5 - r$	$P = 10$
$G = 12$	$L(Y) = 3Y$
$T = 4 + \frac{1}{3}Y$	

$C, Y, T, I, G, M, P, L(Y), r$은 각각 소비, 총생산, 조세, 투자, 정부지출, 화폐공급, 물가수준, 실질화폐수요, 실질이자율(%)을 나타낸다. 정부가 정부지출을 1단위 증가시킬 때 새로

운 균형에서 총생산의 변화는? 2023년 공인회계사

① 4단위 증가 ② 2단위 증가 ③ 변화 없음
④ 2단위 감소 ⑤ 4단위 감소

hint

이 문제에서 눈에 띄는 부분은 화폐수요가 이자율에 영향을 받지 않는다는 점이다(화폐수량설). 즉, $h = 0$이 성립하여 LM곡선이 수직이 된다. 이 경우 IS곡선을 이동시키는 재정정책은 총생산에 영향을 미치지 못한다. (계산해서 푸는 문제가 아니라 계산 안 하고 푸는 문제임에 유의할 것)

45 케인즈학파 경제학자들이 경기침체기에 금융정책이 효과를 나타내지 못한다고 생각하는 이유로 가장 옳은 것은? 2014년 국회 8급

① 화폐수요와 투자수요 모두 이자율에 대해 상당히 탄력적이다.
② 화폐수요는 이자율에 대해 상대적으로 탄력적이며, 투자수요는 이자율에 대해 상대적으로 비탄력적이다.
③ 화폐수요, 투자수요 모두 이자율에 대해 완전 비탄력적이다.
④ 화폐수요는 이자율에 대해 상대적으로 비탄력적이며, 투자수요는 이자율에 대해 상대적으로 탄력적이다.
⑤ 화폐수요와 투자수요 모두 이자율에 대해 상당히 비탄력적이다.

hint

$IS-LM$ 모형에서 금융정책의 유효성은 투자의 이자율탄력성과 화폐수요의 이자율탄력성의 크기와 관련이 있다. 불황에는 대체로 화폐수요의 이자율탄력성은 매우 높고 투자의 이자율탄력성은 매우 낮은 경향이 있다. 이러한 경우는 통화당국이 화폐공급을 증가시켜도 금리인하 효과를 거두기 힘들며(유동성 함정), 비록 금리가 인하되더라도 투자가 증가하지 않는다(투자함정, 야성적 충동).

정답 43 ② 44 ③ 45 ②

46 통화정책 및 재정정책에 관한 케인즈경제학자와 통화주의자의 견해로 옳지 않은 것은?

2014년 공인노무사

① 케인즈경제학자는 투자의 이자율탄력성이 매우 크다고 주장한다.

② 케인즈경제학자는 통화정책의 외부시차가 길다는 점을 강조한다.

③ 통화주의자는 k% 준칙에 따른 통화정책을 주장한다.

④ 케인즈경제학자에 따르면 이자율이 매우 낮을 때 화폐시장에 유동성 함정이 존재할 수 있다.

⑤ 동일한 재정정책에 대해서 통화주의자가 예상하는 구축효과는 케인즈경제학자가 예상하는 구축효과보다 크다.

hint

① 극단적 케인즈학파의 견해
야성적 충동 : 투자의 이자율탄력성 = 0 ⇒ IS곡선 수직
유동성 함정 : 화폐수요의 이자율탄력성 = ∞ ⇒ LM곡선 수평

47 다음 ( ) 안에 알맞은 말을 옳게 짝지은 것은?

2012년 보험계리사

> 채권가격이 더 이상 상승할 수 없을 정도로 높은 경우, 채권가격이 하락할 것으로 예상되어 자산을 화폐 형태로 보유하려고 한다. 따라서 화폐공급량이 증가하여도 채권가격은 더 이상 (㉠)하지 않고 (㉡)만 그만큼 증가한다. 즉, 화폐수요의 이자율탄력도가 무한대가 되는 (㉢)에 빠진다. 여기서 화폐수요의 이자율탄력도는 (㉣)의 기울기에 영향을 미치고 (㉣)이 수평으로 나타난다.

① ㉠ 상승, ㉡ 화폐수요량, ㉢ 유동성 함정, ㉣ LM곡선

② ㉠ 하락, ㉡ 화폐수요량, ㉢ 유동성 함정, ㉣ LM곡선

③ ㉠ 상승, ㉡ 화폐보유, ㉢ 정책 함정, ㉣ IS곡선

④ ㉠ 하락, ㉡ 화폐보유, ㉢ 정책 함정, ㉣ IS곡선

hint

자산시장이 채권시장과 화폐시장으로만 이루어지는 단순한 경제에서 이자율은 매우 낮고 채권가격은 매우 높은 경우라면 모든 사람이 채권가격의 하락을 예상하므로 사람들은 늘어난 화폐를 화폐의 형태로만 보유하려할 것이므로 이자율에는 영향을 미치지 않는다. 이러한 현상을 유동성 함정(liquidity trap)이라고 한다.

48 유동성 함정에서 발생할 수 있는 일반적인 상황으로 옳지 않은 것은? 2015년 국가직 7급

① 재정지출 확대가 국민소득에 미치는 영향은 거의 없다.

② 통화량 공급을 늘려도 더 이상 이자율이 하락하지 않는다.

③ 재정지출 확대에 따른 구축효과가 발생하지 않는다.

④ 경제주체들은 채권가격 하락을 예상하여 채권에 대한 수요 대신 화폐에 대한 수요를 늘린다.

hint

① (×), 유동성 함정 하에서는 재정정책을 실시할 때 이자율이 상승하지 않고 구축효과가 발생하지 않아 재정정책의 효과가 매우 강력하게 나타난다.

*** 유동성 함정의 특징**

1. 화폐수요의 이자율탄력성이 무한대
2. LM곡선이 수평
3. 채권가격이 매우 높고, 이자율이 매우 낮은 상태
4. 통화정책에도 불구하고 이자율이 하락하지 않음*
5. 일반적인 통화정책은 무력하고 재정정책은 매우 강력
   [단, 양적완화정책이 실시될 경우에는 LM곡선과 IS곡선이 함께 이동하므로 무력하지 않음]

정답 46 ① 47 ① 48 ①

49 다음 설명 중 옳은 것은? 2017년 국회 8급

① 화폐수요의 이자율탄력성이 음의 무한대($-\infty$)일 때 금융정책은 효과가 없다.

② 소비에 실질잔고효과(혹은 피구효과)가 도입되면 물가가 하락할 때 *LM*곡선이 우측으로 이동한다.

③ 고전학파의 화폐수량설이 성립할 때 *LM*곡선은 수평의 형태를 보인다.

④ 유동성 함정에서 사람들은 채권의 예상수익률이 정상적인 수준보다 높다고 생각한다.

⑤ 케인지안은 투자수요의 이자율탄력도가 크고 화폐수요의 이자율탄력도가 작다고 보는 반면, 통화주의자는 투자수요의 이자율탄력도는 작고 화폐수요의 이자율탄력도는 크다고 본다.

hint

① (○), 유동성 함정
② (×), 소비에 실질잔고효과(혹은 피구효과)가 도입되면 물가가 하락할 때 *IS*곡선이 우측으로 이동한다.
③ (×), 고전학파의 화폐수량설이 성립할 때 *LM*곡선은 수직의 형태를 보인다.
④ (×), 유동성 함정 하에서 채권가격이 너무 높고 예상수익률이 너무 낮다고 생각하여 채권을 보유하지 않으려 한다.
⑤ (×), 케인지안은 투자수요의 이자율탄력도가 작고 화폐수요의 이자율탄력도가 크다고 보는 반면, 통화주의자는 투자수요의 이자율탄력도는 크고 화폐수요의 이자율탄력도는 작다고 본다.

50 유동성 함정과 부(wealth)의 효과에 관한 설명으로 옳지 않은 것은? 2016년 보험계리사

① 유동성 함정은 *LM*곡선의 수평구간에서 발생한다.

② 케인즈의 유동성 함정에 대한 반론으로서 고전학파는 부의 효과를 주장하였다.

③ 유동성 함정은 화폐수요의 이자율탄력성이 영(0)일 때 발생한다.

④ 유동성 함정에 빠진 경제라도 부의 효과가 존재한다면 확장적 통화정책은 국민소득을 증가시킨다.

hint

유동성 함정 : 화폐수요의 이자율탄력성이 ∞, *LM*곡선이 수평, 전통적 의미의 통화정책 무력함
부의 효과(피구효과) : 경기후퇴 및 물가하락 시 소비가 증가하는 효과, *IS*곡선의 이동, 통화정책 유효

51 그림과 같이 *IS* 곡선과 *LM* 곡선이 그려져 있다 하자. 점 *A* 의 상태를 바르게 나타낸 것은?

2006년 감정평가사

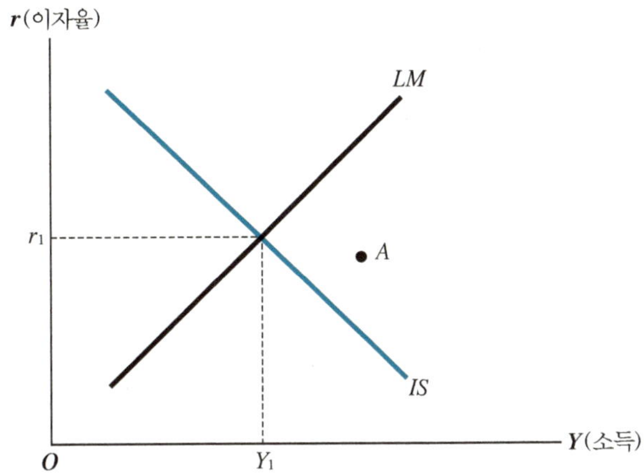

① 저축(S) > 투자(I), 그리고 화폐수요 > 화폐공급

② 저축(S) < 투자(I), 그리고 화폐수요 > 화폐공급

③ 저축(S) > 투자(I), 그리고 화폐수요 < 화폐공급

④ 저축(S) < 투자(I), 그리고 화폐수요 < 화폐공급

⑤ 저축(S) = 투자(I), 그리고 화폐수요 > 화폐공급

hint

*IS*곡선과 *LM*곡선은 각각 재화시장과 화폐시장의 균형을 나타낸다. 반면 *IS*곡선과 *LM*곡선의 좌우측은 각각 재화시장과 화폐시장의 불균형을 나타낸다.

IS 우측 ⇒ $Y > C+I+G$ ⇒ $S > I$ ⇒ 재화시장, 대부시장 초과공급

IS 좌측 ⇒ $Y < C+I+G$ ⇒ $S < I$ ⇒ 재화시장, 대부시장 초과수요

LM 우측 ⇒ $\frac{M^s}{P} < L(Y, r)$ ⇒ 화폐시장 초과수요

LM 좌측 ⇒ $\frac{M^s}{P} > L(Y, r)$ ⇒ 화폐시장 초과공급

정답 49 ① 50 ③ 51 ①

52 ***IS*곡선과 *LM*곡선이 만나는 지점에 어떤 경제가 위치해 있다고 가정하자. 경제가 이 위치에서 벗어날 때 재화와 서비스 시장과 화폐시장에서 불균형이 발생한다. 다음 설명 중 옳지 않은 것은?** 2006년 공인회계사

① 소득은 변하지 않고 이자율만 상승한다면, 재화와 서비스에 대한 수요가 공급을 초과하게 된다.
② 소득은 변하지 않고 이자율만 상승한다면, 화폐에 대한 공급이 수요를 초과하게 된다.
③ 이자율이 변하지 않고 소득만 상승한다면, 재화와 서비스에 대한 공급이 수요를 초과하게 된다.
④ 이자율이 변하지 않고 소득만 상승한다면, 화폐에 대한 수요가 공급을 초과하게 된다.
⑤ 이자율이 변하지 않고 소득만 하락한다면, 재화와 서비스에 대한 수요가 공급을 초과하게 된다.

hint

*IS*곡선의 우측에서는 재화시장의 초과공급, 좌측에서는 재화시장의 초과수요가 나타난다. *LM*곡선의 우측에서는 화폐시장의 초과수요, 좌측에서는 화폐시장의 초과공급이 발생한다.

53 ***IS*곡선에 대한 설명으로 다음에서 옳은 것을 모두 고른 것은?** 2012년 국회 8급

ㄱ. *IS*곡선 하방의 한 점은 생산물시장이 초과수요 상태임을 나타낸다.
ㄴ. 한계저축성향이 클수록 *IS*곡선은 평평해진다.
ㄷ. 정부지출과 조세가 동액만큼 증가하더라도 *IS*곡선은 우측으로 이동한다.
ㄹ. 피구(Pigou) 효과를 고려하게 되면 *IS*곡선의 기울기는 보다 가팔라진다.
ㅁ. *M*(수입)은 소득의 증가함수이므로 개방경제 하의 *IS*곡선은 폐쇄경제 하의 *IS*곡선보다 가파르다.

① ㄱ, ㄴ ② ㄱ, ㄷ, ㄹ ③ ㄱ, ㄷ, ㅁ
④ ㄱ, ㄹ, ㅁ ⑤ ㄴ, ㄷ, ㅁ

hint

ㄱ. *IS*곡선의 아래에서는 $S < I$ 또는 $Y < E$의 관계가 성립한다.
ㄴ. 한계저축(소비)성향의 증가(감소) 시 *IS*곡선은 가팔라진다.
ㄷ. 균형재정승수가 0보다 크기 때문에 *IS*곡선은 우측으로 이동한다.
ㄹ. 피구 효과는 일반적으로 물가하락 시 발생하는 효과이므로 *IS*곡선의 형태변화가 아니라 *IS*곡선의 이동으로 나타내어진다.
ㅁ. 승수가 감소하면 *IS*곡선은 가팔라진다.

54 **폐쇄경제 *IS*-*LM* 모형과 관련된 설명으로 옳은 것은?** (단, *IS*곡선은 우하향, *LM*곡선은 우상향한다.)

2012년 감정평가사

① *IS*곡선과 *LM*곡선에서 총공급곡선이 도출된다.

② 정부지출의 구축효과는 발생하지 않는다.

③ 현재 경제상태가 *IS*곡선의 왼쪽, *LM*곡선의 오른쪽에 있다면 상품시장은 초과공급, 화폐시장은 초과수요 상태이다.

④ 피구 효과(Pigou effect)에 의하면 물가수준이 하락할 때 *IS*곡선이 우측으로 이동하여 국민소득이 증가한다.

⑤ *IS*-*LM* 모형에서 물가수준은 내생변수이다.

hint

④ 피구 효과(Pigou effect) 또는 물가유도실질잔고효과란 물가하락 시 실질통화량의 증가로 인해 민간소비지출이 증가하는 현상을 의미한다. 이 경우 *IS*곡선이 우측으로 이동한다.

⑤ 전통적 *IS*-*LM* 모형에서 물가는 외생변수이다. 물가가 내생변수로 포함되기 위해서는 *AD*-*AS* 모형으로 분석의 확장이 이루어져야 한다.

정답 52 ① 53 ③ 54 ④

55 **폐쇄경제의 *IS-LM* 모형에서 화폐시장 균형조건이 $\frac{M}{P} = L(r, Y-T)$일 때 조세 삭감이 미치는 효과로 옳은 것을 모두 고른 것은?** (단, 초기는 균형상태, *IS*곡선은 우하향, *LM*곡선은 우상향하며, *M*은 통화량, *P*는 물가, *r*은 이자율, *Y*는 국민소득, *T*는 조세이다.) 2023년 감정평가사

ㄱ. *IS*곡선 우측이동	ㄴ. *LM*곡선 우측이동
ㄷ. 통화수요 감소	ㄹ. 이자율 상승

① ㄱ, ㄴ ② ㄱ, ㄷ ③ ㄱ, ㄹ
④ ㄴ, ㄷ ⑤ ㄴ, ㄹ

hint

조세 삭감 ⇒ 가처분소득 증가 ⇒ 소비 증가 ⇒ *IS*곡선 우측이동
조세 삭감 ⇒ 가처분소득 증가 ⇒ 화폐수요 증가 ⇒ *LM*곡선 좌측(상방)이동

*IS*곡선이 우측으로 이동하고 *LM*곡선이 좌측으로 이동할 경우 이자율은 분명히 상승하지만 국민소득은 불분명하다. 조세 삭감이 화폐수요 및 *LM*곡선에 미치는 영향을 나타내면 아래 그림과 같다.

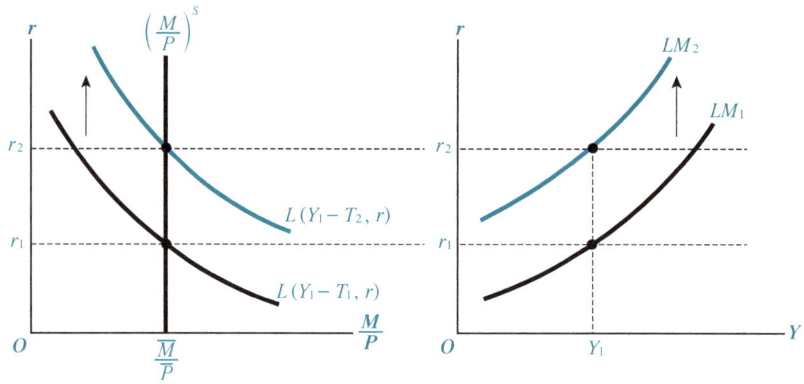

(a) 화폐시장 (b) *LM*곡선

56 **'투자는 이자율의 감소함수'라는 가정에 가속도원리를 도입하여, '투자는 이자율의 감소함수일 뿐만 아니라 소득의 증가함수'라는 가정으로 바꾸면 *IS*곡선 또는 *LM*곡선에 어떠한 변화가 초래되는가?**

가. *IS*곡선이 완만해진다.
나. *LM*곡선이 완만해진다.
다. 재정정책이 소득에 미치는 효과가 강력해진다.
라. 통화정책이 소득에 미치는 효과가 강력해진다.

① 가, 다 ② 가, 라 ③ 나, 다
④ 나, 라 ⑤ 가, 다, 라

hint

가속도원리를 도입하면 승수가 $\frac{1}{1-c-v}$로 증가한다. 승수의 증가는 *IS*곡선의 기울기와 이동폭에 동시에 영향을 미친다는 점에 유의하도록 하라. (이러한 효과를 반영하면 재정정책과 통화정책이 모두 강력해진다.)

57 **폐쇄경제의 *IS-LM* 모형에서 지급준비율과 현금/예금 보유비율이 이자율의 감소함수일 때 두 비율이 상수인 경우와 비교하여 옳은 설명을 모두 고른 것은?** (단, *IS*곡선은 우하향, *LM*곡선은 우상향한다.)

2013년 감정평가사

ㄱ. 통화공급은 외생적으로 결정된다.
ㄴ. 통화정책의 효과가 커진다.
ㄷ. 재정정책의 효과가 커진다.
ㄹ. *LM*곡선의 기울기가 완만해진다.

① ㄱ, ㄴ ② ㄴ, ㄷ ③ ㄷ, ㄹ
④ ㄱ, ㄴ, ㄹ ⑤ ㄱ, ㄷ, ㄹ

hint

ㄱ. 통화공급은 내생변수인 이자율에 영향을 받는다. 즉, 통화공급도 내생변수가 된다.
ㄴ. 이 경우 *LM*곡선의 기울기가 완만해져서 재정정책의 효과가 커지고, 통화정책의 효과가 약해진다.

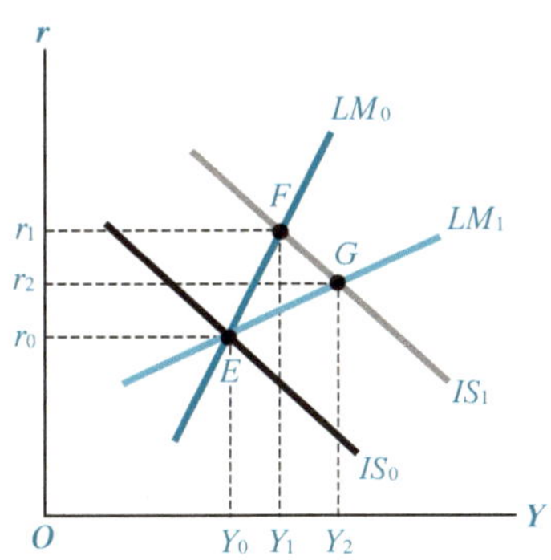

〈그림 1〉 재정정책의 효과 강화

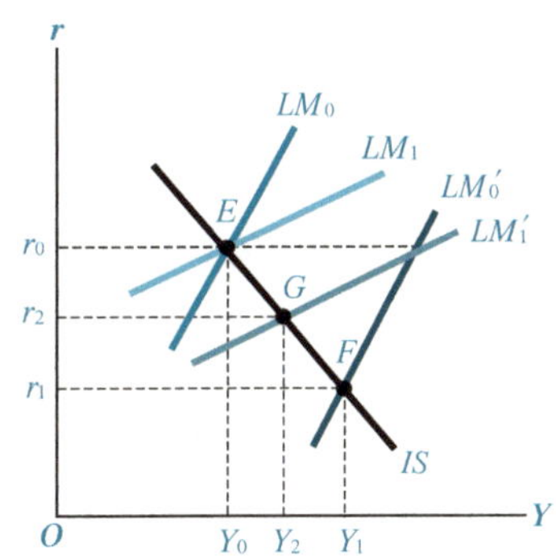

〈그림 2〉 통화정책의 효과 약화

정답 55 ③ 56 ⑤ 57 ③

58 **현재 경제상황은 아래와 같다.** 2013년 국회 8급 응용

> $\frac{M^d}{P} = 100Y - 1{,}000i$, $M^s = 1{,}700$, $P = 2$, $\pi^e = 0.05$, $Y = 10$
> (M^d : 명목화폐수요, i : 명목이자율, M^s : 명목화폐공급, Y : 실질 GDP, P : 물가, π^e : 기대물가 상승률)

다른 조건들이 모두 동일하고 π^e가 0.1로 상승할 때 LM곡선의 기울기와 LM곡선의 위치에 미치는 영향으로 옳은 것은? (단, LM곡선은 총소득 및 실질이자율 평면에 나타내어진다.)

① 기울기 불변, 우측이동
② 기울기 불변, 좌측이동
③ 기울기 가팔라짐, 우측이동
④ 기울기 가팔라짐, 좌측이동
⑤ 기울기 완만해짐, 우측이동

hint

2013년 국회 8급 문제의 식을 활용하였다. 인플레이션 기대가 상승해도 LM곡선의 기울기에는 변화가 없다. 또한 총소득-실질이자율 평면에서 LM곡선은 하방, 즉 우측으로 이동한다.

59 **다음은 어느 폐쇄경제의 총수요부문을 나타낸 것이다. 실질이자율을 수직축으로, 총수요를 수평축으로 하여 IS-LM곡선을 나타내고자 한다. 기대 인플레이션이 0%에서 -1%로 변화할 경우 그 효과에 대한 설명으로 잘못된 것은?** 2017년 공인회계사

> - IS 관계식 : $0.25Y = 425 - 25r$
> - LM 관계식 : $500 = Y - 100i$
> - 피셔 방정식 : $i = r + \pi^e$
>
> (단, Y, r, i, π^e는 각각 총수요, 실질이자율, 명목이자율, 기대 인플레이션을 나타낸다.)

① 총수요는 50만큼 감소한다.
② IS곡선은 이동하지 않는다.
③ 명목이자율은 0.5만큼 하락한다.
④ LM곡선이 상방 이동하며 실질이자율이 1만큼 상승한다.
⑤ 실질이자율은 명목이자율에 1을 더한 값이 된다.

hint

* **실질이자율 평면에 나타낸 IS-LM-FE 모형**

3개의 방정식 중 피셔방정식을 LM곡선에 대입하여 정리하면 다음과 같다.

- IS 관계식 : $0.25Y = 425 - 25r \Rightarrow Y = 1{,}700 - 100r$
- $LM + FE$ 관계식 : $500 = Y - 100(r + \pi^e) \Rightarrow Y = 500 + 100(r + \pi^e)$

1. $\pi^e = 0$인 경우

- IS 관계식 : $0.25Y = 425 - 25r \Rightarrow Y = 1{,}700 - 100r$
- $LM + FE$ 관계식 : $500 = Y - 100(r + \pi^e) \Rightarrow Y = 500 + 100r$

정리하면, $Y_0 = 1{,}100$, $i_0 = r_0 = 6$

2. $\pi^e = -1$인 경우

- IS 관계식 : $0.25Y = 425 - 25r \Rightarrow Y = 1{,}700 - 100r$
- $LM + FE$ 관계식 : $500 = Y - 100(r - 1) \Rightarrow Y = 400 + 100r$

정리하면, $Y_1 = 1{,}050$, $i_0 = 5.5$, $r_0 = 6.5$

60 중앙은행이 통화공급을 증가시킬 때 명목이자율의 변화에 대한 예측으로 옳은 것은?

① 고전학파 : 상승, 케인즈학파 : 하락
② 고전학파 : 불변, 케인즈학파 : 하락
③ 고전학파 : 불변, 케인즈학파 : 상승
④ 고전학파 : 상승, 케인즈학파 : 불변
⑤ 고전학파 : 하락, 케인즈학파 : 불변

hint

통화공급이 증가할 때 케인즈학파의 유동성선호이론에 따르면 명목이자율은 하락한다. 반면 고전학파의 피셔 가설에 따르면 명목이자율은 상승한다. 대체로 케인즈학파의 이론은 단기의 거시경제를 잘 설명하고 고전학파의 이론은 장기의 거시경제를 잘 설명하기 때문에 현실적으로는 단기적으로 명목이자율이 하락했다가 장기적으로는 명목이자율이 상승하는 J자 형의 변화를 보일 것으로 예상된다.

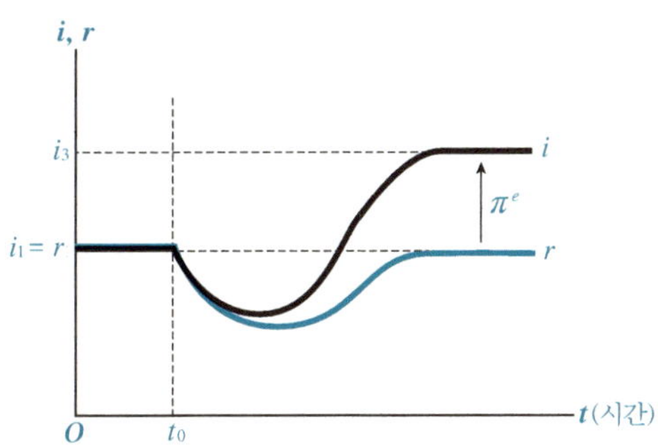

(단, i는 명목이자율, r은 실질이자율)

정답 58 ① 59 ④ 60 ①

61 **통화량의 증가가 이자율에 미치는 효과에 대한 설명으로 옳지 않은 것은?** 2016년 보험계리사

① 단기적으로 명목이자율이 하락하는 유동성효과가 발생한다.

② 장기적으로 물가상승으로 인해 명목이자율이 상승하는 피셔효과가 발생한다.

③ 피셔(I. Fisher)는 인플레이션율이 1% 포인트 상승할 경우 명목이자율이 1% 포인트 상승하는 피셔효과를 주장하였다.

④ 장기적으로 화폐의 중립성이 성립하므로 실질이자율이 상승한다.

hint

④ (×), 장기적으로 화폐의 중립성이 성립한다면 실질이자율은 불변이다.

62 **중앙은행이 통화증가율을 5%에서 12%로 상승시켰을 때 금리의 변화에 대해 설명한 것으로 가장 잘못된 것은?**

① 명목금리는 단기적으로 하락할 것이다.

② 명목금리는 장기적으로는 상승할 것이다.

③ 실질금리는 단기적으로 하락할 것이다.

④ 실질금리는 장기적으로는 상승할 것이다.

⑤ 장기적으로 명목금리는 실질금리에 12%를 더한 값이 될 것이다.

hint

통화증가율이 상승하였을 때 명목금리는 단기적으로 하락하였다가 장기적으로는 상승하게 된다. 반면 실질금리는 단기적으로 하락하였다가 장기적으로는 원상을 회복하게 된다는 것이 일반적인 예측이다.

63 인플레이션에 대한 설명 중 옳지 않은 것은? 2015년 국회 8급

① 먼델-토빈(Mundell-Tobin) 효과에 따르면 기대인플레이션율이 상승하면 투자가 감소한다.

② 공급충격이 발생한 경우 인플레이션 타게팅(targeting) 정책은 산출을 불안정하게 한다.

③ 디스인플레이션(disinflation) 정책이 실업률에 미치는 영향은 해당 정책이 기대되었는가에 의존한다.

④ 합리적 기대 가설에 따르면 예상 인플레이션율이 상승하면 실제 인플레이션율이 높아진다.

⑤ 명목임금이 하방경직적일 때 디플레이션이 발생하면 실질임금은 상승한다.

hint

① (×), 기대인플레이션 상승 ⇒ 명목이자율 소폭 상승, 실질이자율 하락 ⇒ 투자 증가
② (○), 예를 들어 *AS* 좌측이동 ⇒ 물가상승 ⇒ *AD* 좌측이동 ⇒ 총생산 감소폭 확대
③ (○), 희생비율은 *PC*의 기울기, *PC*의 이동 정도에 영향을 받는다.
④ (○), 예상 인플레이션 상승 ⇒ *AS* 좌측이동 ⇒ 실제 인플레이션 상승
⑤ (○), 실질임금 $w = \frac{W}{P}$에서 분자 불변, 분모 하락

64 다음 설명 중 옳지 않는 것은? 2018년 보험계리사

① 화폐의 중립성(neutrality of money)이 성립하면 명목 통화량의 증가는 실질국민소득에 영향을 미치지 못한다.

② 실질잔액효과(real balance effect)에 의하면 기대인플레이션이 발생할 경우 명목이자율은 기대인플레이션보다 더 크게 상승한다.

③ 기대인플레이션의 상승은 기대가 추가된(expectation-augmented) 필립스곡선을 위쪽으로 이동시킨다.

④ 리카도 동등(Ricardian equivalence)정리가 성립하면, 현재의 정액세 감소는 총수요를 증가시키지 못한다.

hint

② 실질잔액 효과 또는 피구 효과가 있을 때 기대인플레이션이 상승하고 명목이자율이 상승하면 민간은 실질잔액을 감소시키며 그 결과 소비가 감소한다. 이로 인해 저축이 증가하면 실질이자율이 하락하는데 이러한 경우라면 명목이자율은 기대인플레이션보다 적게 상승한다. 이는 먼델-토빈 효과를 설명하는 여러 경로 중 하나이다.

정답 61 ④ 62 ④ 63 ① 64 ②

65 대공황의 발생과 극복에 대한 논쟁에 관한 서술 중 옳은 것은? 2005년 국가직 7급

① 부채-디플레이션(debt-deflation) 가설에 의하면 예상하지 못한 디플레이션은 부(wealth)의 재분배를 통해 총수요를 위축시킨다.

② 피구 효과(Pigou Effect)에 의하면 디플레이션이 소득을 추가적으로 감소시킬 우려가 있다.

③ 프리드먼(Friedman)의 통화견해(money hypothesis)에 의하면 *IS*곡선의 좌측이동이 대공황의 주요인이다.

④ 피구 효과(Pigou Effect)에 의하면 대공황은 통화승수의 감소로 소득을 추가적으로 감소시킬 우려가 있다.

⑤ 먼델-토빈(Mundell-Tobin) 효과에 의하면 예상된 디플레이션은 투자를 증가시키는 효과를 발생시킬 수 있다.

hint

① 예측치 못한 디플레이션은 채무자에게서 채권자에게로 부를 이전시킨다. 그런데 이때 채무자의 지출성향이 일반적으로 채권자의 지출성향보다 높기 때문에 경제 전체적인 총지출을 감소시키게 된다. 이러한 과정에서 불황이 더 심화되는 현상을 부채-디플레이션 이론이라고 한다. ② 피구 효과가 존재한다면 물가하락 시 실질잔고의 증가가 소비를 증가시켜 소득감소를 완화시킨다. ③ 프리드먼(Friedman)의 통화견해(money hypothesis)에 의하면 *LM*곡선의 좌측이동이 대공황의 직접적인 원인이다(단, 통화견해는 이후 물가하락이 *IS*곡선을 좌측으로 이동시킬 수 있다는 견해로 발전하였다.). ④ 피구 효과는 통화승수와는 직접적인 관련이 없다. ⑤ 먼델-토빈(Mundell-Tobin) 효과란 인플레이션이 실질이자율을 하락시키는 효과를 의미한다. 반대로 디플레이션은 실질이자율을 상승시키게 될 것인데 이 경우 투자는 감소하게 될 것이다.

66 **디플레이션(deflation)에 관한 설명으로 옳은 것을 모두 고른 것은?** 2012년 공인노무사

ㄱ. 명목금리가 음(-)으로 떨어져 투자수요와 생산 감소를 유발할 수 있다.
ㄴ. 명목임금의 하방경직성이 있는 경우, 실질임금의 하락을 초래한다.
ㄷ. 기업 명목부채의 실질상환 부담을 증가시킨다.
ㄹ. 기업의 채무불이행 증가로 금융기관 부실화가 초래될 수 있다.

① ㄱ, ㄴ
② ㄱ, ㄷ
③ ㄴ, ㄷ
④ ㄴ, ㄹ
⑤ ㄷ, ㄹ

hint

ㄱ. 비록 디플레이션이 이루어지더라도 명목이자율이 (−)로 내려가는 일은 이론상 발생하지 않는다.
ㄷ~ㄹ. 일반적 부채계약의 경우 디플레이션은 명목부채액이 불변인 상태에서 실질부채액을 증가시키는 효과가 있다. 이로 인해 채무불이행이 증가하면 금융기관이 부실화될 수 있다.

정답 65 ① 66 ⑤

제8장 거시경제의 총공급-1 : *AD-AS* 모형

Testbank for **Economics** [macroeconomics]

핵 심 출 제 논 점

1. 총수요곡선의 형태 및 이동
2. 장기 총공급곡선
3. 단기 총공급곡선의 다양한 모형
4. 고전학파와 케인즈학파
5. 적응적 기대와 정책 분석
6. 합리적 기대와 정책무력성 명제

I 총수요(aggregate demand)의 이해

1. *IS-LM* 모형의 한계 및 *AD-AS* 모형의 필요성

① 거시경제의 주요 변수인 물가가 외생변수로 설정됨

② 거시경제를 구성하는 주요 시장인 노동시장에 대한 분석이 고려되지 않음

2. 총수요곡선이 우하향하는 이유

	물가가 하락할 때 ……
이자율효과(케인즈 효과)	실질이자율이 하락하며 *I*가 증가하는 효과 ⇒ *LM*곡선 이동
실질자산효과(피구 효과)	실질자산이 증가하며 *C*가 증가하는 효과 ⇒ *IS*곡선 이동
실질환율효과(먼델-플레밍 효과)	실질환율이 상승하며 *NX*가 증가하는 효과 ⇒ *IS*, *BP*곡선 이동

* 세 가지 효과 중 표준적인 *IS-LM* 모형은 이자율효과만을 반영

* 피구 효과 존재 시 : 물가하락 시 *IS* 우측이동, *AD* 완만

3. 총수요곡선의 기울기

① 단순(폐쇄) *IS-LM* 모형에서 *IS* 완만 ⇒ *AD* 완만, *LM* 가파 ⇒ *AD* 완만 또는 가파

② *AD*곡선이 완만할 조건 = 통화정책이 강력할 조건!!

③ 피구 효과 있는 경우 *AD* 완만

④ 수출입이 물가에 민감한 경우 *AD* 완만

4. 총수요곡선의 이동(…… 시 총수요곡선 우측이동)

- *IS*곡선과 *LM*곡선 우측이동 요인 중 물가하락을 제외한 모든 요인 ⇒ 총수요곡선 우측이동

5. 특수한 형태의 총수요곡선

① 극단적인 케인즈학파 : 유동성 함정, 야성적 충동 ⇒ 수직의 *AD* ⇒ 통화정책 시 이동 않음 (단, 피구 효과가 없고 폐쇄경제 전제, 만약 피구 효과가 있거나 개방경제라면 비록 유동성 함정, 야성적 충동의 경우라도 *AD* 우하향)

② 극단적인 고전학파 : 화폐수량설(고정된 화폐유통속도) ⇒ 직각 쌍곡선의 *AD* ⇒ 재정정책 시 이동 않음

Ⅱ 총공급(aggregate supply)의 이해

1. 이론적인 총공급곡선

	고전학파(장기 또는 완전고용에 가까운 경우)	**케인즈학파**(단기 또는 유휴설비 존재)
형태	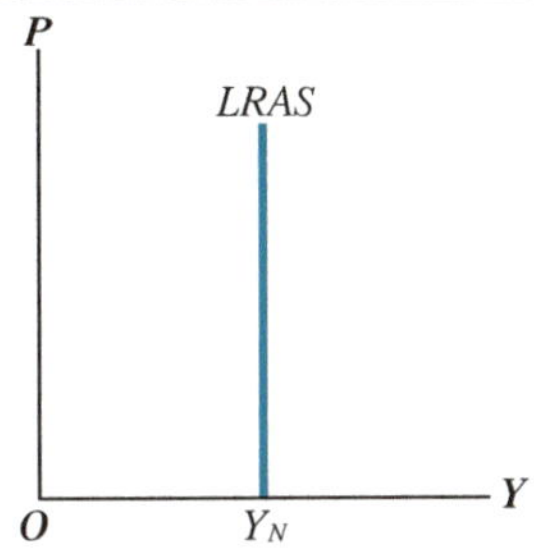	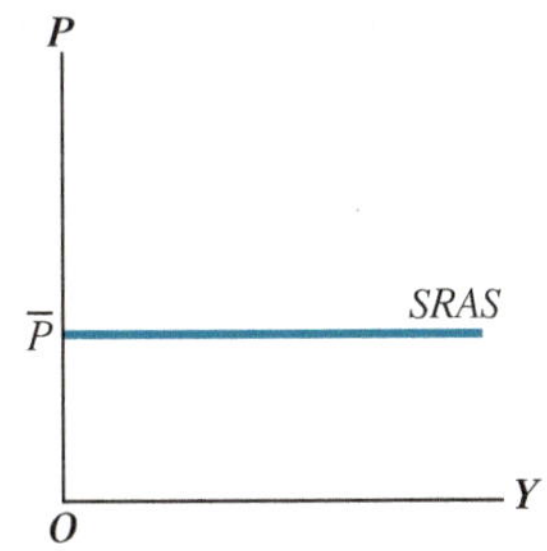
수식	$Y = Y_N (= \overline{Y})$	$P = \overline{P}$
조건	▪ ① 어떤 착각도 존재하지 않고 ② 모든 가격이 신축적인 경우	▪ 모든 가격이 경직적인 경우 (가격이 산출량과 무관하게 결정되는 경우)
의미	▪ 수직의 총공급곡선 하에서는 총수요는 산출량에 아무런 영향을 미치지 못하며 단지 물가에만 영향을 미친다. 또한 모든 산출량의 변화는 총공급의 변화에서 비롯한다. ⇒ 세이의 법칙, 고전적 이분법 및 화폐의 중립성 성립	▪ 수평의 총공급곡선 하에서는 총수요가 산출량을 결정하며, 총공급능력의 변화는 산출량에 직접적 영향을 미치지 못한다. ⇒ 케인즈법칙, 유효수요이론, 고전적 이분법 및 화폐의 중립성 불성립

2. 고전학파와 케인즈학파(정리)

	고전학파	**(극단적인) 케인즈학파**
공급측면에 대한 가정	$Y = \overline{Y}$: 세이의 법칙 (수직의 AS)	$P = \overline{P}$: 케인즈 법칙 (수평의 AS)
재화시장	$S(\overline{Y}) = I(r)$: 대부자금설	$S(Y) = \overline{I}$: 야성적 충동 $(b = 0)$
화폐시장	$M\overline{V} = P\overline{Y}$: 화폐수량설 $(h = 0)$	$\frac{M}{P} = L(Y, r)$: 유동성 함정 $(h = \infty)$

3. 현실적인 (단기) 총공급곡선

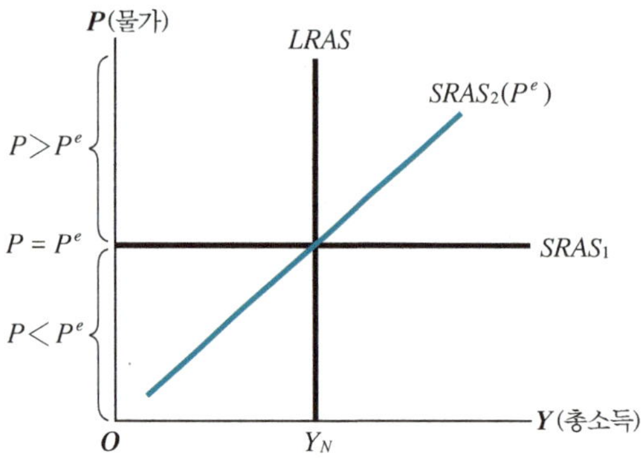

	장기 총공급(*LRAS*)	단기 총공급(*SRAS*)
수식	$Y=Y_N$	$Y=Y_N+\alpha(P-P^e)$, $\alpha>0$
기울기	수직	우상향($1/\alpha$)
(우측) 이동요인	Y_N 상승	P^e 하락, Y_N 상승, v 하락

- $SRAS$는 $P=P^e$일 때 $Y=Y_N$ 지남, 즉 Y_N에서의 $SRAS$의 높이가 P^e
- v는 P^e, Y_N의 총공급에 영향을 미치는 모든 일시적 요인

4. 총공급곡선의 기울기

(1) 모형의 분류

	불완전정보(착각 , 청산)	**가격경직성**(경직성, 비청산)
노동시장	화폐환상, 노동자오인, 비대칭정보*	임금경직성, 비신축임금, 임금계약
재화시장	불완전정보, 루카스	가격경직성, 비신축가격, 메뉴비용

* 화폐환상은 케인즈, 노동자오인은 통화주의, 비대칭정보는 새고전학파에 의해 주장 but 단기적인 분석은 유사

(2) 총공급곡선이 우상향하는 이유

	수직이 아닌 이유($\alpha \neq 0$인 이유)	…… ***AS*가 완만해짐**(α가 커짐)
노동자오인 모형 (노동시장의 불완전정보)	▪ 명목임금 상승을 실질임금 상승으로 착각	▪ 노동자들의 착각이 클수록
임금경직성 모형 (노동시장의 가격경직성)	▪ 명목임금을 고정시키고 고용을 조정하는 기업의 존재	▪ 장기 임금계약기업이 많을수록 ▪ 지수화 임금계약기업이 적을수록 ▪ 임금조정주기가 길수록 ▪ 임금조정이 엇갈려 이루어질수록
불완전정보 모형* (재화시장의 불완전정보)	▪ 일반물가의 상승을 상대가격 상승으로 착각	▪ 기업의 착각이 클수록 ▪ 재량정책 사용빈도가 낮을수록
(재화)가격경직성 모형 (재화시장의 가격경직성)	▪ 재화가격을 고정시키고 산출량을 조정하는 기업의 존재	▪ 메뉴비용이 높을수록 ▪ 경직적 기업이 많을수록 ▪ 가격조정이 엇갈려 이루어질수록

* 불완전정보 모형은 정보우위(비대칭정보)를 가정하지 않음.

* 4모형이 모두 합리적 기대를 반영할 수 있으나 불완전정보 모형이 합리적 기대를 가장 직접적으로 반영

5. 참고사항 : α의 의미

① 총공급곡선 기울기의 역수

② 예상치 못한 물가변화에 대해 산출량이 반응하는 정도

③ 시장불완전성(착각, 비신축성)의 정도

④ 총수요 변동에 대한 산출량(소득)의 변화 정도

⑤ 경기안정화 정책의 유효성 정도

⑥ 경기변동에 있어서 총수요 요인의 중요성

6. 총공급곡선의 이동

단기 총공급곡선(*SRAS*)의 우측이동	기대물가(P^e) 하락	▪ 명목임금의 하락
	유리한 가격충격(v)	▪ 원자재 가격 하락, 노조의 공격성 완화 등 다양한 일시적 요인
	자연산출량(Y_N) 증가	▪ 노동, 물적 · 인적자본, 기술, 규제, 자연자원 등의 긍정적 변화
장기 총공급곡선(*LRAS*)의 우측이동	자연산출량(Y_N) 증가	▪ 노동, 물적 · 인적자본, 기술, 규제, 자연자원 등의 긍정적 변화

7. 유의사항

- 물가의 변화는 총수요곡선 상 또는 총공급곡선 상의 이동을 유발할 뿐 총공급곡선 자체의 이동을 유발하지는 않는다.
- 장기 총공급곡선은 기대물가의 변화에 의해 이동하지 않는다.
- 개방경제에서는 환율의 상승이 총수요곡선을 우측, 총공급곡선을 좌측으로 이동시킬 수 있다.
- 기대인플레이션의 상승이 총수요곡선을 우측으로 이동시킬 수 있다.

8. *AD-AS* 모형의 응용

(1) 1990년대 신경제 현상

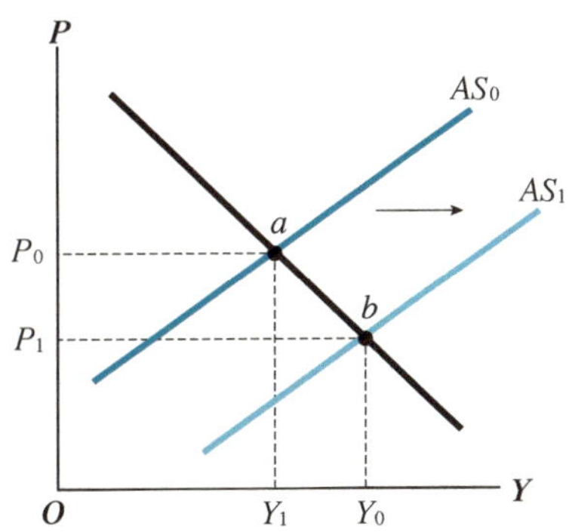

(a) 기술진보의 효과

(2) 원유가 인상과 정책딜레마

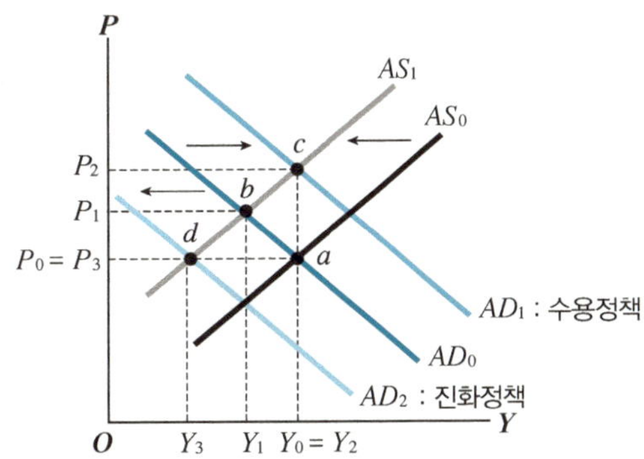

(b) 수용정책과 진화정책

Ⅲ 기대 유형, 합리적 기대, 루카스 비판

1. 기대 유형의 비교

	적응적 기대	합리적 기대
정의	과거, 물가정보에 근거한 기대 형성 (제한적, 과거지향적)	과거, 현재 이용 가능한 모든 정보에 근거한 기대 형성(포괄적, 미래지향적)
수식	▪ $P_t^e = P_{t-1}^e + \alpha(P_{t-1} - P_{t-1}^e)$ ▪ $P_t^e = P_{t-1}(\alpha = 1$, 정태적 기대)	▪ $P_t^e = E\left[P_t \middle\| \Omega_{t-1}\right]$ 단, Ω_{t-1}은 $t-1$에 사용 가능 모든 정보
특징	체계적 오류 발생	체계적 오류 발생하지 않음
정책효과	지속적	일시적
해당 학파	(구)케인즈학파, 통화주의	새고전학파, 새케인즈학파

* 합리적 기대 시 예측오차가 발생하지 않는다. (×), 체계적 오류가 발생하지 않는다. (○)

* '적응적 기대 + 단기'는 '합리적 기대 + 예측(×)'과 유사

2. 합리적 기대에 대한 다양한 표현

① 사용 가능한 모든 정보를 활용한 최선의 예측

② 기대형성 과정에 최적화 원리를 반영

③ 그와 관련된 경제모형이 예측하는 바와 동일하다.

④ 경제주체는 자신을 포함하는 모형의 해를 자신의 예측치(기댓값)로 사용한다.

⑤ 체계적 오류를 유발하지 않는다. 즉, 동일한 실수를 반복하지 않는다.

⑥ 합리적 기대에 의할 때 예측오차는 예측할 수 없다.

⑦ 정책 자체가 기대변수에 미치는 영향을 고려해야 한다.[1]

3. 루카스 비판(Lucas critique(1976))

- 정책이 사람들의 기대와 행동방식에 미치는 변화를 고려하지 않고, 단순히 과거의 자료에 기초하여 경제정책의 효과를 예상하는 방식은 잘못될 수 있다.
- 루카스 비판의 진정한 의의는 정책의 효과는 기계적인 것이 아니고 민간이 어떤 정보에 접하고(사전 공지 여부), 이를 어떻게 받아들이는지(정책 또는 정부에 대한 신뢰성의 정도)에 따라 달라질 수 있음을 밝힌 점이다.

1. 이는 루카스 비판을 표현하는 것이라 볼 수도 있다.

4. 예상 여부에 따른 정책효과

새케인즈학파	단기	장기
예상된 정책	○	×
예상치 못한 정책	○	×

새고전학파	단기	장기
예상된 정책	×	×
예상치 못한 정책	○	×

- 모든 경우의 수에서 통화정책 장기 실질변수 영향 없다.
- 학파 무관 예상치 못한 정책은 단기에 효과 있다.
- 새고전학파에 의하면 예상된 정책은 단기에도 효과 없다. ⇒ 정책무력성 명제
- 새고전학파에 의하면 예상치 못한 정책은 단기에 효과 있다.
- 새케인즈학파에 의하면 예상된 정책이라도 단기에 효과 있다.

5. 정책무력성 명제의 성립 조건(= 고통 없는 디스인플레이션의 성립 조건)

① 충분한 사전공지

② 민간의 합리적 기대 형성

③ 정책의 신뢰성

④ 가격변수의 완전한 신축성

Part-1 기본 문제

01 물가수준이 하락할 때의 설명으로 옳은 것만을 〈보기〉에서 모두 고르면? 2020년 국회 8급

> ㄱ. $IS-LM$ 모형에서 실질화폐공급이 증가하여 실질이자율이 하락하고 투자가 증가한다.
> ㄴ. 실질환율이 하락하여 순수출이 감소한다.
> ㄷ. 가계의 실질자산가치가 상승하여 소비가 증가한다.

① ㄱ ② ㄴ ③ ㄱ, ㄷ
④ ㄴ, ㄷ ⑤ ㄱ, ㄴ, ㄷ

hint

이는 AD곡선이 우하향하는 3가지 이유에 대한 문제이다.

ㄱ. (○), 이를 이자율효과 또는 케인즈 효과라고 한다.
ㄴ. (×), 물가가 하락하면 실질환율이 상승하며 순수출이 증가하는데 이를 실질환율효과 또는 먼델-플레밍 효과라고 한다.
ㄷ. (○), 이를 실질자산효과 또는 피구 효과라고 한다.

02 다음 중 총수요곡선을 왼쪽으로 이동시키는 것은 어떤 것인가? 2006년 감정평가사

① 저소득층에 대한 정부의 보조금 증가
② 정부의 조세감면으로 인한 민간투자의 증대
③ 조세증가로 인한 가처분소득의 감소
④ 통화량 증대로 인한 이자율의 감소
⑤ 재취업 프로그램의 활성화로 인한 실업률의 감소

hint

①, ②, ④ 총수요곡선의 우측이동. ③ 조세증가로 인해 인한 가처분소득의 감소는 소비를 감소시키며 총수요곡선을 좌측으로 이동시킨다. ⑤ 균형실업률(자연실업률)의 감소는 총공급곡선을 우측으로 이동시킬 뿐 총수요곡선에 직접적인 영향을 미치지는 않는다.

*** 총수요곡선의 이동**

요령 1 : $Y^d = C + I + G + NX$에서 각 항목에 미치는 영향을 고려한다.
요령 2 : IS곡선과 LM곡선을 우측으로 이동시키는 요인 중 물가하락을 제외한 요인들은 모두 총수요곡선을 우측으로 이동시킨다고 이해하면 편리하다.

IS의 우측이동 : 독립적인 소비, 투자, 정부지출, 순수출 증가, 조세(감소)

LM의 우측이동 : 통화량 증가, 화폐유통속도 증가(화폐수요 감소)

그 외 환율의 상승, 기대인플레이션의 상승 등도 총수요곡선을 우측으로 이동시킨다.

03 **다음 중 수직의 총공급곡선이 의미하는 바를 가장 잘 나타낸 것은?**

① 총수요측 변동은 물가에 영향을 미치지 못한다.
② 총공급측 변동은 물가에 영향을 미치지 못한다.
③ 총수요측 변동은 산출량에 영향을 미치지 못한다.
④ 총공급측 변동은 산출량에 영향을 미치지 못한다.
⑤ 총수요측 변동과 총공급측 변동은 모두 산출량에 영향을 미친다.

hint

③ 총공급곡선이 수직이면 산출량은 총공급에 의해 결정된다. 이는 경제성장 및 경기변동이 모두 공급측 요인에 의해서만 이루어진다는 것을 의미한다.

04 **단기적으로 총공급곡선은 우상향하는 것으로 알려져 있다. 이에 대한 근거로 제시될 수 있는 사례를 모두 고르면?** 2023년 공인회계사

가. 생산성증가율은 0%이고 물가상승률이 6%였을 때 명목임금 상승률은 3%였다.
나. 가격 인상 요인이 발생하더라도 기업의 가격조정은 천천히 이루어지는 경향이 있다.
다. 개별 기업은 정보 부족으로 인하여 전반적인 물가수준의 상승을 자사 제품의 상대가격 상승으로 착각하는 경향이 있다.
라. 정부가 규제를 완화하여 해외 노동자들의 유입이 증가하였다.

① 가, 나 ② 가, 라 ③ 다, 라
④ 가, 나, 다 ⑤ 나, 다, 라

hint

가. 비신축임금 모형
나. 비신축가격 모형
다. 불완전정보 모형(루카스 모형)

정답 1 ③ 2 ③ 3 ③ 4 ④

05 **아래의 폐쇄경제 *IS-LM* 모형에서 도출된 총수요곡선으로 옳은 것은?** (단, r은 이자율, Y는 국민소득, M^d는 명목화폐수요량, P는 물가수준, M^s는 명목화폐공급량이고 $Y > 20$이다.)

2022년 감정평가사

- IS곡선 : $r = 10 - 0.4Y$
- 실질화폐수요함수 : $\frac{M^d}{P} = 0.1Y - r$
- 명목화폐공급함수 : $M^s = 4$

① $P = \frac{1}{2(Y-20)}$ ② $P = \frac{1}{(Y-20)}$ ③ $P = \frac{2}{(Y-20)}$

④ $P = \frac{4}{(Y-20)}$ ⑤ $P = \frac{8}{(Y-20)}$

hint

LM곡선 : $\frac{M}{P} = \frac{4}{P} = 0.1Y - r$

AD곡선 : $\frac{M}{P} = \frac{4}{P} = 0.1Y - r = 0.1Y - (10 - 0.4Y) = 0.5Y - 10 \Rightarrow$ 총수요곡선 : $P = \frac{8}{Y-20}$

06 **총수요 $Y = 300 + M - P$와 단기총공급 $Y = 500 + (P - P^e)$인 경제의 최초 균형에서 통화량이 1,000, 물가가 800이다. 이때 중앙은행이 사전공지 없이 통화량을 1,200으로 증가시킨다면 단기균형과 장기균형에서 물가는 각각 얼마인가?** (단, Y는 국민소득, M은 통화량, P는 물가, P^e는 예상물가이다.)

① 단기 : 800, 장기 : 900 ② 단기 : 900, 장기 : 800

③ 단기 : 800, 장기 : 1,000 ④ 단기 : 900, 장기 : 1,000

⑤ 단기 : 800, 장기 : 950

hint

1. 정책 이전

$Y^d = 300 + 1{,}000 - 800 = Y^s = 500 + (800 - P^e) \Rightarrow P^e = 800,\ Y_0 = \overline{Y} = 500$ [$\overline{Y}$는 잠재총생산]

2. 단기균형

예측하지 못한 정책이므로 $P^e = 800$일 때 $Y^d = 300 + 1{,}200 - P = Y^s = 500 + (P - 800)$

$\Rightarrow P_1 = 900,\ Y_1 = 600$

3. 장기균형

$P = P^e,\ Y = \overline{Y} = 500$이 성립해야 하므로 $Y^d = 300 + 1{,}200 - P = Y^s = 500$

$\Rightarrow P_2 = 1{,}000,\ Y_2 = 500$

07 다음 그림은 어느 경제의 장단기 총공급곡선과 총수요곡선이다. 이 경제의 장기균형에 대한 설명으로 가장 옳은 것은? 2018년 서울시 7급

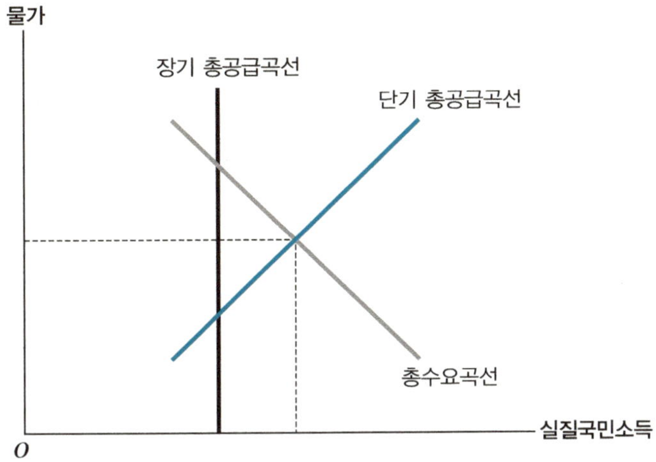

① 이 경제는 현재 장기균형상태에 있다.

② 장기 총공급곡선이 오른쪽으로 움직이며 장기균형을 달성하게 된다.

③ 임금이 상승함에 따라 단기 총공급곡선이 왼쪽으로 움직이며 장기균형을 달성하게 된다.

④ 확장적 재정정책을 사용하지 않는다면 이 경제는 경기침체에 머무르게 된다.

hint

현재 단기균형에서 $Y > \overline{Y}$가 성립하므로 인플레이션갭이 존재한다. 따라서 아무런 개입이 없다면 명목임금이 상승하면서 $SRAS$가 상방이동하여 장기균형을 회복하게 된다.

정답 5 ⑤ 6 ④ 7 ③

08 **고전학파와 케인즈학파에 관한 다음 설명 중 옳은 것만을 모두 고르면?** 2019년 공인회계사

가. 케인즈학파는 동일한 규모라면 정부지출 확대가 조세감면보다 총수요 증대 효과가 크다고 보았다.
나. 고전학파는 정부의 확장적 재정정책이 민간투자를 감소시킬 수 있다고 보았다.
다. 고전학파는 재량적인 총수요 관리 정책이 경기안정화에 효과적이라고 보았다.
라. 케인즈학파는 수요측 요인보다는 공급측 요인에 의해 경기변동이 발생한다고 보았다.

① 가, 나 ② 가, 다 ③ 다, 라
④ 가, 나, 라 ⑤ 나, 다, 라

hint

가. (○), 정부지출 승수는 $\frac{1}{1-c}$로서 조세감면의 승수는 $\frac{(-)c}{1-c}$보다 크다.
나. (○), 구축효과를 의미한다.
다. (×), 재량적인 총수요 관리 정책이 경기안정화에 효과적이라고 본 것은 케인즈학파의 견해이다.
라. (×), 케인즈학파는 수요측 요인을 보다 강조하는 입장을 가지고 있다.

09 **총수요-총공급 모형에서 일시적인 음(-)의 총공급 충격이 발생한 경우를 분석한 설명으로 옳지 않은 것은?** (단, 총수요곡선은 우하향, 총공급곡선은 우상향한다.) 2018년 감정평가사

① 확장적 통화정책은 국민소득을 감소시킨다.
② 스태그플레이션을 발생시킨다.
③ 단기 총공급곡선을 왼쪽으로 이동시킨다.
④ 통화정책으로 물가 하락과 국민소득 증가를 동시에 달성할 수 없다.
⑤ 재정정책으로 물가 하락과 국민소득 증가를 동시에 달성할 수 없다.

hint

① (×), 확장적 통화정책은 감소한 소득을 원상회복시키는 효과가 있다.
② (○)
③ (○)
④ (○), 이러한 상황을 정책 딜레마상황이라고 한다.
⑤ (○)

10 경제안정화 정책에 대한 〈보기〉의 내용 중 (가), (나), (다)를 옳게 짝지은 것은?

2022년 서울시 7급

> 새고전파 경제학자들은 기존 이론들이 근로자들이 ___(가)___ 을(를) 한다고 가정하는 데 문제가 있다고 지적한다. 그들은 만약 근로자들이 ___(나)___ 을(를) 한다면 총수요확장정책이 단기에서도 물가만 상승시킬 뿐 실업률에는 아무런 영향을 주지 못한다고 주장하는데 이를 ___(다)___ (이)라고 부른다.

	(가)	(나)	(다)
①	적응적 기대	합리적 기대	정책무력성의 명제
②	완전한 예견	합리적 기대	화폐수량설
③	적응적 기대	완전한 예견	정책무력성의 명제
④	합리적 기대	완전한 예견	화폐수량설

hint

(가) : 적응적 기대, 통화주의와 전통적 케인즈학파는 적응적 기대를 가정하였다.

(나) : 합리적 기대, 새고전파 경제학자와 새케인즈학파는 합리적 기대를 가정한다.

(다) : 정책무력성 명제, 예상된 경제정책은 비록 단기에도 실물경제에 영향을 미치지 못한다는 새고전학파의 주장

정답 8 ① 9 ① 10 ①

11 거시경제정책과 관련된 학파들의 주장에 대한 다음 설명 중 옳은 것을 모두 고른 것은?

2008년 공인회계사

가. 합리적 기대 이론의 정책무력성 명제는 예상되지 못한 정책의 효과가 없다는 주장이다.
나. 공급 중시 경제학은 세율을 낮추어도 조세수입이 증가할 수 있다는 래퍼곡선과 관련이 있다.
다. 새케인즈학파 경제학은 물가, 임금의 경직성에 합리적 기대 이론을 수용한 것으로 정책의 효과가 최소한 단기적으로 존재한다고 주장한다.

① 가 ② 다 ③ 가, 나
④ 가, 다 ⑤ 나, 다

hint

합리적 기대 이론의 정책무력성 명제에 의하면 예상된 정책은 일시적으로도 효과를 거둘 수 없으며, 예상치 못한 정책은 일시적으로 바람직하지 못한 효과를 유발할 뿐이라고 주장한다. 그러나 새케인즈 경제학자들은 가격의 경직성을 증명함으로써 비록 예상된 정책이라 하더라도 정부의 정책이 효과가 있다는 점을 강조한다.

	새고전학파	새케인즈학파
예상된 정책	효과 없음	효과 있음
예상되지 않은 정책	효과 있음(바람직하지 않음)	효과 있음

정답 11 ⑤

Part-2 실전 문제

01 **다음 중 총수요곡선이 우하향하는 이유가 아닌 것은?** 2006년 감정평가사

① 물가가 하락함에 따라 소비자들의 실질구매력이 증가하여 소비지출을 증가시킨다.

② 물가하락에 따라 이자율도 하락하여 투자지출을 증가시킨다.

③ 물가하락과 함께 이자율이 하락하여 수입을 감소시킨다.

④ 물가하락과 함께 이자율이 하락하여 수출을 증가시킨다.

⑤ 물가하락 시에는 가격이 하락하는 상품이 많아 이들 상품에 대한 수요가 증가한다.

hint

총수요곡선이 우하향하는 이유는 투자증가(케인즈 효과 ②), 소비증가(피구 효과 ①), 순수출증가(먼델-플레밍 효과 ③, ④)에서 비롯한다. ⑤는 대체효과를 의미하는데 이는 총수요곡선의 우하향성과는 직접적인 관계가 없다.

*** 총수요곡선이 우하향하는 이유**

이름	물가가 하락할 때 ……
이자율효과(케인즈 효과)	실질이자율이 하락하며 I가 증가하는 효과 ⇒ LM곡선 이동
실질자산효과(피구 효과)	실질자산이 증가하며 C가 증가하는 효과 ⇒ IS곡선 이동
실질환율효과(먼델-플레밍 효과)	실질환율이 상승하며 NX가 증가하는 효과 ⇒ IS, BP곡선 이동

정답 1 ⑤

02 화폐수량설에서 도출한 총수요곡선에 관한 설명으로 옳은 것을 모두 고르면? 2009년 국회 8급

> ㄱ. 총수요곡선은 물가와 총수요량의 관계를 나타내는 곡선이다.
> ㄴ. 정부지출이 증가하면 총수요곡선은 오른쪽으로 이동한다.
> ㄷ. 통화공급이 증가하면 총수요량은 총수요곡선을 따라 증가한다.
> ㄹ. 통화 유통속도가 빨라지면 총수요곡선은 오른쪽으로 이동한다.

① ㄱ ② ㄱ, ㄹ ③ ㄱ, ㄴ, ㄹ
④ ㄱ, ㄷ, ㄹ ⑤ ㄱ, ㄴ, ㄷ, ㄹ

hint

ㄱ. $MV = PY$를 정리하면 $Y^d = \frac{MV}{P}$(단, V는 물가, 소득 등과 무관하게 결정)가 된다(직각쌍곡선 형태의 총수요곡선). 이때 물가가 하락하면 실질잔고가 증가하면서 지출의 증가로 이어진다.

ㄴ. 고전학파의 총수요곡선에서 정부지출은 총수요에 영향을 미치지 못한다. (화폐수량설이 성립할 경우 LM곡선은 수직이 되며, 이때 정부지출은 100% 구축됨)

ㄷ~ㄹ. 통화공급이 증가하거나 유통속도가 빨라지면 총수요곡선이 우측으로 이동한다.

03 다음 중 총수요곡선의 기울기를 더욱 완만하게 하는 것이 아닌 것은? 2001년 보험계리사

① 화폐수요의 이자율탄력성이 민감해졌다. ② 투자수요의 이자율탄력성이 민감해졌다.
③ 소비에 대한 부(富)의 효과가 커졌다. ④ 투자에 대한 자산효과가 커졌다.
⑤ 상품수지효과가 커졌다.

hint

화폐수요의 이자율탄력성이 크다면 물가가 하락하더라도 이자율이 크게 하락하지 않아 총수요곡선이 가팔라진다. 따라서 이자율 하락으로 인한 케인즈 효과가 감소한다. $IS-LM$ 모형을 사용한다면 화폐수요의 이자율탄력성이 크면 LM곡선이 완만해지는데 이 경우 LM곡선이 이동하더라도 소득이 크게 증가하지 않는다.

04 **다음 (　　) 안의 내용을 옳게 연결한 것은?** 2010년 감정평가사

> 소비함수에 자산효과가 도입되면 물가수준의 하락에 따라 실질자산이 (ㄱ)하고, 이는 소비의 (ㄴ)를 통해 (ㄷ)곡선을 (ㄹ)으로 이동시켜 국민소득 증가를 가져와 유동성 함정 문제를 해결할 수 있다. 이것을 (ㅁ)효과라고 한다.

	ㄱ	ㄴ	ㄷ	ㄹ	ㅁ
①	증가	증가	*IS*	우측	케인즈
②	증가	증가	*IS*	우측	피구
③	감소	감소	*IS*	좌측	마샬
④	증가	감소	*LM*	좌측	피구
⑤	감소	증가	*LM*	우측	마샬

hint

물가하락으로 인해 실질자산이 증가하면서 *IS*곡선이 우측으로 이동하는 효과를 피구 효과(Pigou effect)라고 한다. 피구 효과가 존재한다면 유동성 함정에 빠진 경제가 물가가 하락함에 따라 불황에서 스스로 벗어날 수 있게 된다.

05 **수출입이 많고 가격에 민감한 경제의 경우 원유가격이 상승할 때 나타날 것으로 예상되는 현상으로 다음 중 가장 적당한 것은?**

① 물가수준이 큰 폭으로 상승하고 산출량은 작은 폭으로 감소한다.
② 물가수준이 작은 폭으로 상승하고 산출량은 큰 폭으로 감소한다.
③ 물가수준이 큰 폭으로 상승하고 산출량은 작은 폭으로 증가한다.
④ 물가수준이 작은 폭으로 상승하고 산출량은 큰 폭으로 증가한다.
⑤ 물가수준이 작은 폭으로 하락하고 산출량은 큰 폭으로 감소한다.

hint

원유가격이 상승하면 *AS*곡선이 좌측으로 이동한다. 이 경우 물가는 상승하고 산출량은 감소한다. 그런데 수출입이 많고 가격에 민감한 경제라면 *AD*곡선이 완만해지기 때문에 물가의 상승폭은 작아지고, 산출량의 감소폭은 커진다.

정답 2 ② 3 ① 4 ② 5 ②

06 ***IS-LM*** **모형에서 단기균형소득이 잠재 GDP에 못 미친다고 상정하자. 이 경제가 장기에 잠재 GDP 수준으로 복귀하기까지의 조정과정을 가장 잘 나타낸 것은?** 2003년 감정평가사

① 물가수준이 상승하여 *IS*곡선이 왼쪽으로 이동한다.
② 물가수준이 하락하여 *LM*곡선이 오른쪽으로 이동한다.
③ 물가수준이 상승하여 *LM*곡선이 오른쪽으로 이동한다.
④ 물가수준이 하락하여 *IS*곡선이 왼쪽으로 이동한다.
⑤ 물가수준이 상승하여 *LM*곡선이 왼쪽으로 이동한다.

hint

IS-LM 모형 하에서 총수요가 총공급에 미치지 못할 때 물가가 하락하면서 *LM*곡선을 이동시켜 균형을 회복하게 된다.

07 **다음 모형에 기초하여 분석할 때 물가수준-국민소득 평면에서 총수요곡선이 우하향하는 이유를 가장 적절하게 설명한 것은?** (단, Y는 소득, C는 소비, I는 투자, r은 실질이자율, T는 조세, G는 정부지출, P는 물가수준, π^e는 예상물가상승률, β_i, $i=0, \cdots, 5$는 양의 계수, M^d는 명목화폐수요, M^s는 명목화폐공급이며, T_0, G_0, $\overline{M}$, π_0^e는 상수이다.) 2013년 감정평가사

$$C=\beta_0+\beta_1(Y-T), \quad I=\beta_2-\beta_3 r, \quad T=T_0, \quad G=G_0$$
$$Y=C+I+G \text{ (생산물시장의 균형)}$$
$$\frac{M^d}{P}=\beta_4 Y-\beta_5(r+\pi^e), \quad M^s=\overline{M}$$
$$M^d=M^s \text{ (화폐시장의 균형)}$$
$$\pi^e=\pi_0^e$$

① 물가수준이 하락하면 실질자산의 가치가 증가하여 소비지출이 증가한다.
② 물가수준이 하락하면 실질화폐공급의 증가로 이자율이 하락하여 투자가 증가한다.
③ 물가수준이 하락하면 해외로 자본유출이 증가하여 순수출이 증가한다.
④ 물가수준의 변화와 무관하게 구축효과로 인해 총수요가 감소한다.
⑤ 물가수준의 변화와 무관하게 피구 효과로 인해 총수요가 감소한다.

hint

①, ⑤ 위 모형에서 소비함수는 소비의 실질자산효과(= 피구 효과)를 포함하고 있지 않다.
③ 위 모형은 폐쇄경제 모형이다.
④ 총수요곡선이 우하향하는 이유는 구축효과와 무관하다.

08 다음 설명 중 옳지 않은 것은? 2013년 국회 8급

① 확장적 통화정책을 쓰게 되면 이자율이 하락하고 투자가 증가하여 총수요곡선은 우측으로 이동하므로 경기침체의 해결방안으로 고려될 수 있다.

② 물가가 하락하게 되면 자국 화폐로 표시된 실질환율이 상승하여 총수요곡선이 우측으로 이동하므로 경기침체의 해결방안으로 고려될 수 있다.

③ 투자세액공제를 확대하게 되면 총수요를 증가시키게 되므로 경기침체의 해결방안으로 고려될 수 있다.

④ 향후 물가가 상승할 것이라고 예상하게 되면 총수요 증가가 나타나므로 경기침체의 해결방안으로 고려될 수 있다.

⑤ 기술진보는 장기 총공급곡선을 우측으로 이동시키므로 경제성장에 도움이 되는 방안이라 할 수 있다.

hint

물가의 하락은 총수요곡선의 이동이 아닌 총수요곡선 상의 이동이다. 그 외의 보기들은 모두 옳다. 좋은 사례들이므로 잘 익혀두기 바란다.

09 총공급곡선이 수직선의 형태를 가질 경우 국민소득을 증가시키는 가장 좋은 방법은? 2006년 공인회계사

① 노동시장의 유연성을 높인다.

② 정부의 재정지출을 증가시킨다.

③ 개인소득에 대한 조세를 감면한다.

④ 기업의 투자를 활성화시킨다.

⑤ 중앙은행이 보유증권을 공개 매입한다.

hint

총공급곡선이 수직인 경우는 세이의 법칙(Say's law)이 성립하는 경제로서 총수요는 산출량에 영향을 미치지 못하며 총공급의 변화만이 산출량에 영향을 미치게 된다. 설문의 보기 중 총공급에 영향을 미칠 수 있는 가장 확실한 방법은 ①이다. 노동시장의 유연성이 높아지면 장기균형실업률이 하락하면서 자연산출량이 증가하고 장 · 단기 총공급곡선이 우측으로 이동한다.

정답 6 ② 7 ② 8 ② 9 ①

10 **총공급곡선이 물가(세로축)와 소득(가로축)의 평면에서 수직선으로 그려지는 것으로 알려진 가상의 경제가 있다. 이 경우 기술혁신에 따른 총요소생산성 향상의 거시경제적 효과 중 옳지 않은 것은?** 2009년 국회 8급

① 동일한 요소 투입에 대한 산출량이 증가한다.
② 총공급곡선이 우측으로 이동함에 따라 균형소득이 증가한다.
③ 소득과 물가가 반대방향으로 움직인다.
④ 실질임금이 경기순응적인 특성을 보인다.
⑤ 노동의 한계생산이 증가함에 따라 고용이 증가하고 실질임금이 감소한다.

hint

*** 기술혁신의 거시경제적 효과**

1. 총생산함수의 상방이동
2. 장 · 단기 총공급곡선의 우측이동 ⇒ 물가와 소득이 반대방향으로 움직임
3. 노동수요곡선의 우측이동 ⇒ 실질임금이 경기순행적인 변화를 보임

11 **다음 중 케인즈학파와 고전학파의 이자율 결정이론을 연결한 것으로 옳은 것은?**

	케인즈학파	고전학파
①	유동성선호설	화폐수량설
②	유동성선호설	대부자금설
③	화폐환상	화폐수량설
④	화폐환상	대부자금설
⑤	유동성효과	소득효과

hint

케인즈는 화폐시장에서의 수요와 공급이 이자율을 결정짓는다고 주장한 반면, 고전학파는 대부시장(실물시장)에서의 수요와 공급이 이자율을 결정짓는다고 주장하였다. 고전학파와 케인즈학파의 비교에 대해서는 아래 표를 참고하도록 하여라.

	(극단적인) **케인즈학파**	**고전학파**
공급측면에 대한 가정	$P=\overline{P}$: 케인즈 법칙(수평의 $SRAS$)	$Y=\overline{Y}$: 세이의 법칙(수직의 $LRAS$)
재화시장	$S(Y)=\overline{I}$: 야성적 충동($dI/dr=0$)	$S(\overline{Y})=I(r)$: 대부자금설
화폐시장	$\frac{M}{P}=L(Y, r)$: 유동성 함정($dL/dr=\infty$)	$M\overline{V}=P\overline{Y}$: 화폐수량설($dL/dr=0$)

12 **다음의 폐쇄경제 모형에 대한 설명으로 옳지 않은 것은?** (단, Y는 국민소득, C는 소비, I는 투자, G는 정부지출, r은 이자율, M^d는 명목화폐수요, M^s는 명목화폐공급이며, P는 물가수준이다.)

> $Y = C + I + G$(생산물시장의 균형)
> $Y = 100$
> $C = 20 + 0.5Y$
> $I = 30 - 50r$
> $G = 10$
> $M^s = M^d$(화폐시장의 균형)
> $\frac{M^d}{P} = 0.01Y - r$
> $M^s = 20$

① 이러한 모형은 고전학파 모형으로 볼 수 있다.
② 대부시장의 균형조건은 생산물시장의 균형조건과 동일하다.
③ 생산물시장의 균형을 이루기 위한 이자율 $r = 0.2$이다.
④ 화폐시장의 균형을 이루기 위한 물가수준 $P = 25$가 된다.
⑤ 이러한 모형에서 통화공급이 증가하면 이자율은 하락한다.

hint

이 문제는 고전파의 일반균형 모형에 해당한다. 고전파 모형에서는 Y가 외생적으로 주어졌을 때 생산물시장 및 대부시장의 균형을 달성하는 r과 화폐시장의 균형을 달성하는 P가 차례로 결정된다.

생산물시장의 균형 : $Y = C + I + G \Rightarrow 100 = (20 + 0.5 \times 100) + (30 - 50r) + 10$
(대부시장의 균형)

위 식을 정리하면 $r = 0.2$가 된다.

화폐시장의 균형 : $\frac{M^s}{P} = \frac{M^d}{P} \Rightarrow \frac{20}{P} = 0.01 \times 100 - 0.2 = 0.8$

위 식을 정리하면 $P = 25$가 된다. 이러한 모형에서 통화량의 증가는 물가만 상승시킬 뿐 이자율에 영향을 미치지 못한다.

* **참고사항** : 보다 전형적인 고전파의 모형에서는 화폐수요의 이자율탄력성이 0이어서 화폐수량설(quantity theory of money)이 성립해야 한다. 그러나 화폐수량설이 성립하지 않더라도 소득이 외생적으로 주어져서 세이의 법칙(Say' s law)이 성립하는 경우라면 고전학파 모형으로 분류할 수 있다.

정답 10 ⑤ 11 ② 12 ⑤

13 폐쇄경제에서 실질이자율에 대한 설명으로 옳은 것을 모두 고르면? 2007년 공인회계사

가. 고전학파 이론에 의하면 실질이자율은 대부자금시장에서 저축과 투자가 일치되도록 결정된다.
나. 가격경직성을 가정하는 케인즈학파에 의하면 단기 실질이자율은 화폐시장에서 수요와 공급이 일치되도록 결정된다.
다. 고전학파와 케인즈학파 모두 실질이자율의 하락은 투자지출의 증가를 가져오는 것으로 설명한다.
라. 고전학파와 케인즈학파 모두 통화량 증가는 실질이자율의 하락을 가져오는 것으로 설명한다.

① 가, 나, 다　② 가, 나, 라　③ 나, 다, 라
④ 가, 다, 라　⑤ 가, 나, 다, 라

hint

가격이 신축적이어서 고전학파 이론이 성립하는 장기에 실질이자율은 재화시장 또는 대부시장에서 결정된다. 반면 가격이 경직적이어서 케인즈학파 이론이 성립하는 단기에 의하면 실질이자율은 화폐시장의 수요 · 공급에 의해 결정된다. 고전학파의 세계에서 통화량의 증가는 명목이자율을 상승시킬 뿐 실질이자율에 영향을 미치지 못하므로 라.는 잘못된 것으로 판단된다.

14 케인즈학파의 입장을 〈보기〉에서 모두 고르면? 2016년 국회 8급

ㄱ. 세이의 법칙(Say' s law)이 성립한다.
ㄴ. 생산된 것이 모두 판매되기 때문에 수요부족 상태가 장기적으로 지속될 가능성은 없다.
ㄷ. 가격이 경직적이고 충분한 정도의 유휴설비가 존재하는 경우 경제 전체 생산량은 유효수요에 의해 결정된다.
ㄹ. 모든 개인이 절약을 하여 저축을 증가시키면 총수요가 감소하여 국민소득이 감소하게 된다.
ㅁ. 정부는 시장에 개입하지 않는 것이 바람직하다.
ㅂ. 이자율은 화폐시장에서 결정된다.
ㅅ. 임금의 하방경직성, 화폐환상(money illusion)의 부재를 주장한다.

① ㄱ, ㄴ, ㄷ　② ㄴ, ㅁ, ㅂ　③ ㄷ, ㄹ, ㅁ
④ ㄷ, ㄹ, ㅂ　⑤ ㄹ, ㅂ, ㅅ

hint

ㄱ. (×), 이는 고전파의 주장이다.
ㄴ. (×), 이는 고전파의 주장이다.
ㄷ. (○)
ㄹ. (○), 이를 절약의 역설이라고 한다.
ㅁ. (×), 이는 고전파의 주장이다.
ㅂ. (○), 이를 유동성선호이론이라고 한다.
ㅅ. (×)

15 **단기 총공급곡선이 우상향하는 이유로 옳지 않은 것은?** 2014년 보험계리사 응용

① 명목임금이 경제상황에 따라서 조정되지 않기 때문에, 가격이 상승하면 고용이 증가하고 산출이 증가한다.

② 메뉴비용으로 가격이 상승할 때 가격을 조정하지 않게 되어 판매량이 증가하고 이에 따라서 산출이 증가한다.

③ 정보의 부재로 인해서, 가격 상승이 전반적인 가격 상승임에도 불구하고 상대가격 상승으로 인식하여 노동고용량이 증가하고 산출이 증가한다.

④ 실제 물가수준이 예상물가수준 이상으로 상승하면, 예상물가를 조정하는 과정에서 명목임금이 하락하고 고용이 증가하여 산출이 증가한다.

hint

① 명목임금경직성 모형
② 메뉴비용 모형
③ 불완전정보 모형(생산자오인 모형, 루카스 모형)
④ 실제 물가수준이 예상물가수준 이상으로 상승하면, 예상물가를 조정하는 과정에서 명목임금은 상승하지만 실질임금은 하락한다.

	불완전정보	가격경직성
노동시장	노동자오인 모형	비신축임금 모형
재화시장	불완전정보 모형	비신축가격 모형

* **참고사항** : 원래 문제에서는 임금이 명목임금인지 실질임금인지를 밝히지 않고 있었는데 이는 불완전한 출제이다. 문항의 구조상 명목임금을 의미한 것으로 볼 수밖에 없다.

정답 13 ① 14 ④ 15 ④

16 **단기 총공급곡선이 우상향하는 이유는 학파와 분석하는 시장에 따라 다양한 방식에 의하여 설명될 수 있다. 옳은 설명으로 짝지어진 것은?** 2013년 보험계리사

> ㄱ. 불완전정보 모형은 기업이 노동자에 비해 더 정확한 정보를 가지고 있음을 가정하여 단기 총공급곡선의 우상향을 설명한다.
> ㄴ. 임금계약 모형은 실제로 노동의 수요와 공급이 장기 임금계약을 통해서 이루어진다는 점에서 착안된 모형으로 볼 수 있다.
> ㄷ. 정보비대칭에 의한 노동자오인 모형과 임금계약 모형은 물가상승이 총생산의 증가를 가져오는 요인을 모두 노동시장으로부터 찾고 있으나, 제시한 학파는 서로 다르다.
> ㄹ. 실질임금이 미약하게나마 경기순행적(procyclical)이라는 실증연구를 설명할 수 있는 모형은 가격경직성 모형과 노동자오인 모형이다.

① ㄱ, ㄴ ② ㄴ, ㄷ
③ ㄷ, ㄹ ④ ㄱ, ㄹ

hint

㉠ 이 지문은 노동자오인 모형에 대한 것이다.
㉢ 노동자오인 모형은 통화주의학파, 임금계약 모형은 새케인즈학파의 모형이다.
㉣ 실질임금이 경기순행적(procyclical)이라는 실증연구를 설명할 수 있는 모형은 가격경직성 모형과 불완전정보 모형이다. (실물경기변동론에서도 실질임금이 경기순행적이지만 실물경기변동 모형의 총공급곡선은 장 · 단기 모두 수직이다.)

17 **새케인즈학파(new Keynesian)의 경직적 가격 모형(sticky-price model)과 관련한 설명으로 옳지 않은 것은?** 2017년 공인회계사

① 팽창적 통화정책은 단기적으로 생산량을 증가시킨다.
② 가격을 신축적으로 조정하는 기업은 한계비용이 상승하면 가격을 인상한다.
③ 물가가 기대물가보다 높을 경우 생산량은 잠재생산량보다 커진다.
④ 가격을 신축적으로 조정하는 기업이 많아질수록 총공급곡선의 기울기가 커진다.
⑤ 가격을 신축적으로 조정하지 않는 기업은 미래의 경제상황보다는 과거의 경제상황에 근거하여 가격을 설정한다.

hint

경직적 가격 모형(비신축가격 모형 또는 메뉴비용 모형이라고도 함)에서 총공급곡선 및 총공급곡선의 기울기 역수인 α는 다음과 같이 결정된다.

총공급곡선 : $Y = Y_N + \alpha(P - P^e)$, $\alpha = \dfrac{s}{(1-s)a}$ 단, s는 비신축기업의 비율, a는 신축적 기업의 가격민감도

① (O)
② (O)
③ (O)
④ (O)
⑤ (×), 비신축적 기업들은 향후 수년간 지속될 가격을 설정해야 하므로 미래 경제상황을 고려한다.

18 A국의 기업 중 $\frac{1}{2}$은 해당 기간 동안 미리 정해진 가격을 그대로 유지한다. 나머지 $\frac{1}{2}$은 실제 물가와 산출량 변동에 대응하여 즉각적으로 가격을 조정한다. 가격을 조정하는 기업의 경우 전체 물가가 1 상승할 경우 자신의 가격을 동일한 폭으로 상승시키며 총생산이 1만큼 증가할 때 가격을 $\frac{1}{2}$만큼 상승시킨다. 새케인즈학파의 가격경직성 이론에 의할 때 A국 총공급곡선의 기울기는 얼마가 되는가?

① $\frac{1}{4}$　② $\frac{1}{2}$　③ 1
④ 2　⑤ 4

hint

비신축적 가격 기업의 비율을 s, 신축적 가격 기업의 비율을 $1-s$, 신축적 기업 가격의 산출량에 대한 가격민감도를 α라고 할 때 총공급곡선은 다음과 같다. 여기서 α는 총공급곡선 기울기의 역수이므로 총공급곡선의 기울기는 $\frac{1}{2}$이 된다.

$$Y = Y_N + \alpha(P - P^e),\ \alpha = \frac{s}{(1-s)a} = \frac{1/2}{(1/2)\times(1/2)} = 2$$

정답　16 ②　17 ⑤　18 ②

19 **총수요-총공급 모형에서 경제주체들의 예상이 경제에 미치는 영향에 대한 다음 설명 중 옳은 것을 모두 고르면?** (단, 다른 모든 조건은 일정하다.) 2013년 공인회계사

> 가. 가계가 미래 물가가 낮아질 것으로 예상하는 경우, 현재 소비지출이 감소하여 총수요곡선이 왼쪽으로 이동한다.
> 나. 가계가 미래 소득이 높아질 것으로 예상하는 경우, 현재 소비지출이 증가하여 총수요곡선이 오른쪽으로 이동한다.
> 다. 기업들이 미래 매출에 대해 낙관적으로 전망하는 경우, 현재 투자지출을 지연시켜 총수요곡선이 왼쪽으로 이동한다.
> 라. 기업들이 미래에 물가가 하락하여 실질임금이 상승할 것으로 예상하는 경우, 현재 노동수요가 증가하여 총공급곡선이 오른쪽으로 이동한다.

① 가, 나　　② 다, 라
③ 가, 나, 다　　④ 가, 나, 라
⑤ 나, 다, 라

hint

가. 실제 물가수준의 변화는 총수요곡선 상의 이동이지만 예상물가의 변화는 총수요곡선의 이동임에 유의하기 바란다.
다. 투자에는 건설기간이 필요하기 때문에 기업들이 미래 매출에 대해 낙관적으로 전망하는 경우 미리 투자지출을 증가시켜야 한다.
라. 기업들이 미래 실질임금과 현재 실질임금을 고려하여 노동수요의 기간대체를 할 수 있음을 고려한 보기지만, 대부분의 모형에서는 이를 고려하지 않는다. 출제 측은 ④를 답으로 발표하였다가 논란이 일자 ①, ④를 모두 정답으로 인정하였다.

20 **현대적인 총공급곡선의 일반적인 형태는 다음과 같다.**

> 총공급곡선 : $Y = Y_N + \alpha(P - P^e)$

이러한 총공급곡선에서 α의 의미에 대한 설명으로 옳지 않은 것은?

① α는 현실의 시장이 얼마나 불완전한지를 반영하는 값이다.
② 노동자들의 화폐환상이 클수록 α의 크기가 커진다.
③ 장기 임금계약 관행이 늘어날수록 α의 크기가 커진다.
④ 단기에 비해 장기에 α의 크기가 커진다.
⑤ 가격을 고정하고 산출량으로 대응하는 기업이 늘어날수록 α의 크기가 커진다.

hint

α는 현실의 시장이 얼마나 불완전한지를 반영하는 값으로서, 구체적으로 노동시장과 재화시장에서 불완전정보 또는 가격경직성의 정도를 반영한다. 장기가 되면 더 많은 정보를 갖게 되고 가격도 신축적으로 조정될 수 있으므로 α값은 점점 작아져서 결국 총공급곡선이 수직이 될 것으로 예상할 수 있다.

*** 참고사항 : α의 의미**

1. 총공급곡선 기울기의 역수
2. 예상치 못한 물가변화에 대해 산출량이 반응하는 정도
3. 시장불완전성의 정도(착각, 비신축성)
4. 총수요 변동에 대한 산출량(소득)의 변화 정도
5. 경기안정화 정책의 유효성의 정도
6. 경기변동에 있어서 총수요 요인의 중요성

21 **총공급이론에 대한 다음 설명으로 옳지 않은 것은?**

① 임금이 지수화된 기업이 많아질수록 총공급곡선은 가팔라진다.
② 자의적인 통화정책이 많이 실시된 국가일수록 총공급곡선은 가파르다.
③ 노동자들이 착각을 일으키는 정도가 커질수록 총공급곡선은 완만하다.
④ 가격을 수시로 조정하는 기업이 늘어난다면 총공급곡선은 완만해진다.
⑤ 임금의 장기계약이 늘어날수록 총공급곡선은 완만해진다.

hint

①, ⑤ 임금지수화 계약(indexation)이란 물가가 상승하는 만큼 명목임금을 상승시켜 주는 계약을 의미한다. 만약 완전한 지수화가 이루어진다면 물가가 상승하더라도 실질임금이 일정하게 유지되며 산출량도 변하지 않아 수직의 총공급곡선이 도출된다. 반면 임금의 장기계약이 늘어날수록 총공급곡선은 완만해진다. ② 루카스 모형에서 자의적인 통화정책이 많이 실시된 국가일수록 사람들은 더 이상 착각을 일으키지 않기 때문에 총공급곡선은 가파르다. ③ 노동자오인 모형에서 노동자들이 착각을 일으키는 정도가 커질수록 산출량이 자연산출량에서 많이 벗어나 총공급곡선은 완만하다. ④ 새케인즈학파의 가격경직성 모형에서 신축적으로 가격을 조정하는 기업과 가격을 고정시키고 산출량으로 대응하는 기업 중 후자가 많을수록 총공급곡선은 완만해진다(이처럼 총공급곡선이 완만해지는 것을 '총수요의 산출량에 대한 효과가 증가한다' 라고 표현하기도 한다.).

정답 19 ①, ④ 20 ④ 21 ④

22 **어느 국민경제의 단기 총공급곡선과 총수요곡선이 각각 $Y = \overline{Y} + \alpha(P - P^e)$와 $Y = 2\frac{M}{P}$이다. 경제주체들은 이용 가능한 모든 정보를 활용하여 합리적으로 기대를 형성한다. 이 국민경제에 대한 설명 중 옳지 않은 것은?** (단, Y는 산출량, $\overline{Y}$는 자연산출량, P는 물가수준, P^e는 기대물가수준, M은 통화량이며 $\alpha > 0$가 성립함)

① 단기 총공급곡선의 기울기는 $\frac{1}{\alpha}$이다.
② 예상된 물가수준의 상승은 산출량을 증가시키지 못한다.
③ 과거에 재량정책이 많이 이루어진 국가일수록 α는 큰 값을 갖는다.
④ 총수요곡선이 $Y = 3\frac{M}{P}$이 된다면 화폐유통속도는 상승한다.
⑤ 예상된 통화량 증가는 물가수준을 높일 것이다.

hint

① (O)
②, ⑤ (O), 정책무력성 명제
③ (×), 합리적 기대 하에서 경제주체들은 동일한 실수를 반복하지 않는다. 따라서 과거에 재량정책이 많이 이루어진 국가일수록 총공급곡선이 가팔라지며 α가 작은 값을 갖는다는 것은 루카스의 유명한 실증연구 결과이다.
④ (O), $Y = 2\frac{M}{P}$을 정리하면 $M \times 2 = P \times Y$이다. 즉, 현재 $V = 2$가 성립한다. 만약 총수요곡선이 $Y = 3\frac{M}{P}$이 되면 $V = 3$이 되어 화폐유통속도가 상승한다.

23 **거시경제의 총수요와 총공급에 대한 다음 설명 중 옳지 않은 것은?** 2013년 공인회계사

① 명목임금 경직성 하에서 물가수준이 하락하면 기업이윤이 줄어들어서 기업들의 재화와 서비스 공급이 감소하므로 단기 총공급곡선이 좌측으로 이동한다.
② 케인즈의 유동성선호이론에 의하면 경제가 유동성 함정에 빠지는 경우 추가적 화폐공급이 투자적 화폐수요(speculative demand for money)로 모두 흡수된다.
③ 공급측면의 경제학에 의하면 근로소득세율의 인하는 단기 총공급곡선의 우측이동을 가져온다.
④ 변동환율제도에서 확장적 재정정책의 구축효과는 폐쇄경제에서 동일한 정책의 구축효과보다 더 크게 나타날 수 있다.
⑤ 단기 경기변동에서 소비와 투자는 모두 경기순응적이며, 소비의 변동성은 투자의 변동성보다 작다.

hint

물가의 변화는 총공급곡선의 이동이 아닌 총공급곡선 상의 이동이다. 그 외의 보기들은 모두 옳다. 좋은 사례들이므로 잘 익혀두기 바란다.

24 **총공급곡선의 이동과 관련된 다음 설명 중 적절하지 않은 것은?** (단, 단기 총공급곡선은 우상향 한다.) 2008년 공인회계사

① 자본스톡이 증가하면 장기 총공급곡선은 오른쪽으로 이동한다.
② 기술진보가 이루어지면 단기 총공급곡선은 오른쪽으로 이동한다.
③ 예상물가수준이 하락하면 장기 총공급곡선은 오른쪽으로 이동한다.
④ 인구 고령화가 진행되어 노동인구가 감소하면 단기 총공급곡선은 왼쪽으로 이동한다.
⑤ 자연자원이 추가적으로 발굴되면 장기 총공급곡선은 오른쪽으로 이동한다.

hint

단기 총공급곡선은 물가예상, 원자재 가격 상승, 자연산출량의 변화 등으로 인해 이동한다. 반면 장기 총공급곡선은 자연산출량의 변화에 의해서만 이동한다.

25 **A국의 총생산함수는 $Y = 20\sqrt{L}$이다. 명목임금이 W, 물가수준이 P로 주어질 때 노동수요곡선 및 총공급곡선을 구한 것으로 옳은 것은?**

	노동수요곡선	총공급곡선
①	$L^d = 100P^1W^1$	$Y^s = 200P^1W^1$
②	$L^d = 100P^1W^{-1}$	$Y^s = 200P^1W^1$
③	$L^d = 100P^2W^{-2}$	$Y^s = 200P^{-1}W^{-1}$
④	$L^d = 100P^2W^{-2}$	$Y^s = 200P^1W^{-1}$
⑤	$L^d = 100P^2W^2$	$Y^s = 200P^1W^{-1}$

hint

총생산함수 : $Y = 20\sqrt{L}$
한계생산함수 : $MP_L = \frac{10}{\sqrt{L}}$
이윤극대화 조건 : $\frac{W}{P} = \frac{10}{\sqrt{L}}$ ⇒ 노동수요함수 : $L^d = \frac{10^2P^2}{W^2} = 100P^2W^{-2}$ (우하향)
총공급함수 : $Y^s = 20\sqrt{L^d} = 200P^1W^{-1}$ (우상향)

정답 22 ③ 23 ① 24 ③ 25 ④

26 **총수요-총공급 모형에서 통화 및 재정정책의 장 · 단기 효과에 대한 설명으로 옳지 않은 것은?**

2005년 국가직 7급

① 리카도의 대등정리에 따르면 정부지출의 규모를 일정 수준으로 유지하면서 조세를 국채로 대체하여 재정적자가 증가하면 장기뿐 아니라 단기에서도 국민소득과 물가에 아무런 영향을 주지 못한다.

② 화폐공급의 증가는 단기적으로 경기팽창의 효과를 갖지만 장기적으로 경기팽창의 효과가 사라지고 물가만이 상승하는 결과를 가져온다.

③ 정부지출이 증가하면 경기는 단기적으로 팽창하지만 장기적으로 경제에 실질적인 영향을 주지 않으므로 중립적이다.

④ 정부지출의 증가가 단기에서는 경기팽창의 효과를 가지나 장기에서는 물가만 상승시키고 국민소득에 아무런 변화를 가져오지 못하므로 장기에서 보면 정부지출의 재원을 국채를 발행하여 충당하든 조세수입액의 증가로 충당하든 아무런 차이가 없다.

hint

다음 〈그림 1〉에서 화폐공급의 증가는 단기적으로 경기팽창의 효과를 갖지만(a에서 b로 이동) 장기적으로 경기

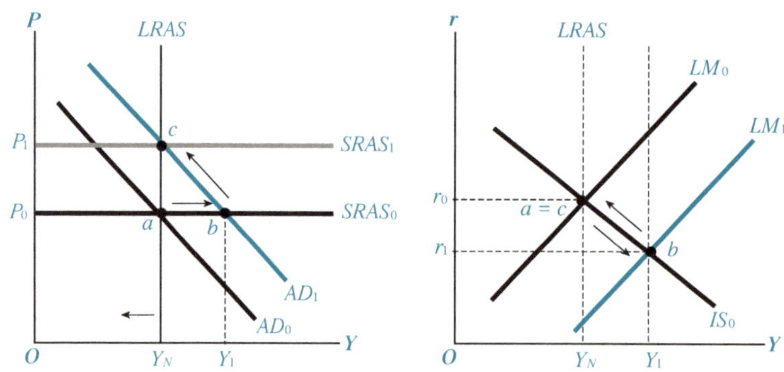

〈그림 1〉 통화정책의 장기 중립성

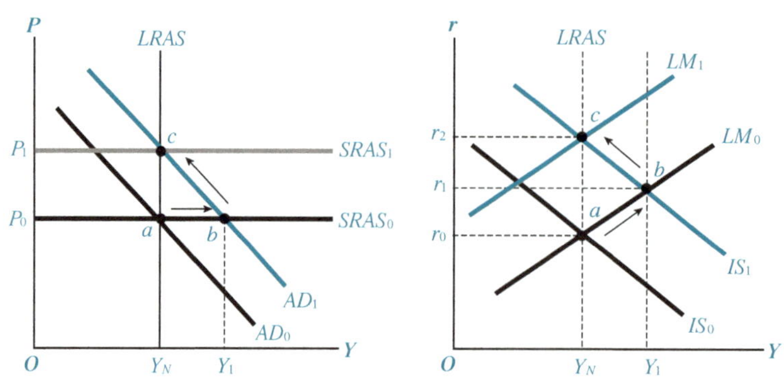

〈그림 2〉 재정정책의 장기 비중립성

팽창의 효과가 사라지고 물가만이 상승하는 결과를 가져온다. 이를 '화폐의 중립성'이라 한다. 정부지출이 증가하는 경우에도 경기는 단기적으로 팽창하지만 장기적으로 산출량의 규모에 아무런 영향을 미치지 않는다. 그러나 정부의 지출은 장기적으로 이자율을 상승시켜 총수요 중 투자가 차지하는 비중을 감소시킨다. 즉, 재정정책은 장기적으로도 경제에 실질적인 영향을 미친다는 점에서 재정정책은 장기에도 중립적이지 않다고 한다.

27 ***IS-LM* 및 총수요-총공급 모형에서 법정지급준비율의 하락과 투자세액공제**(investment tax credit)**가 단기적으로 거시경제에 미치는 영향에 대한 다음 설명 중 옳은 것은?** (단, 우하향하는 *IS*곡선과 우상향하는 *LM*곡선, 우하향하는 총수요곡선과 우상향하는 단기 총공급곡선을 가정한다.) 2010년 공인회계사

① 이자율이 감소하고 소득이 감소한다.
② 이자율이 증가하고 소득이 감소한다.
③ 이자율과 소득이 모두 변하지 않는다.
④ 물가수준이 상승하고 소득이 증가한다.
⑤ 물가수준이 하락하고 거래적 화폐수요가 감소한다.

hint

법정지급준비율의 하락은 통화승수의 증가를 통해 *LM*곡선을 우측으로 이동시킨다. 투자세액공제는 투자증가를 통해 *IS*곡선을 우측으로 이동시킨다. 따라서 총수요가 증가하여 물가수준이 상승하고 소득이 증가하지만 이자율의 증감은 명확하지 않다.

28 **폐쇄경제에서 정부지출이 증가하는 경우, 거시경제 균형의 단기 변화에 대한 설명으로 옳지 않은 것을 모두 고르면? 단, 총수요곡선은 우하향한다.** 2009년 공인회계사

가. 명목임금이 경직적일수록 경기확장 효과가 작아진다. 나. 임금과 가격이 신축적일수록 물가수준의 상승폭이 커진다. 다. 이자율이 하락하여 민간투자가 증가한다.

① 가
② 나
③ 가, 다
④ 나, 다
⑤ 가, 나, 다

hint

가~나. 정부지출과 같은 총수요정책은 총공급곡선이 완만할수록 소득에 미치는 효과가 크고 물가에 미치는 효과가 감소한다. 총공급곡선은 상품가격이나 명목임금이 경직적일수록, 그리고 경제주체들의 착각이 클수록 완만한 기울기를 가진다.
다. 정부지출이 증가하면 이자율이 상승하며 민간투자를 감소시키는 구축효과(crowding out effect)가 발생한다.

정답 26 ③ 27 ④ 28 ③

29 **어떤 나라의 단기 총수요곡선이 $Y = 70 - P$, 단기 총공급곡선이 $Y = 10 + P$로 주어져 있다고 한다.** (여기에서 Y는 국민소득, P는 물가이다.) **완전고용국민소득이 50일 때 다음 설명 중 옳지 않은 것은?**

2012년 공인회계사

① 단기 균형물가수준은 30이다.
② 경기침체 갭(recessionary gap)은 10이다.
③ 향후 명목임금은 하락할 것이다.
④ 향후 단기 총공급곡선은 좌측으로 이동할 것이다.
⑤ 장기 균형물가수준은 20으로 떨어질 것이다.

hint

① 단기균형 조건 $AD = SRAS$, 즉 $70 - P = 10 + P$에서 $P_0 = 30$, $Y_0 = 40$이 된다.
② 완전고용국민소득($\bar{Y}$)이 50이므로 경기침체 갭 $\bar{Y} - Y_0 = 10$이 된다.
③ 경기침체 갭이 (+)이므로 경기는 불황이며, 비자발적 실업이 존재하므로 향후 명목임금은 하락할 것이다.
④ 명목임금의 하락은 단기 총공급곡선을 우측으로 이동시킨다.
⑤ 장기균형 조건 $AD = LRAS$, 즉 $70 - P = 50$에서 $P_1 = 20$이 된다.

오른쪽 그림에서 단기균형은 E점, 장기균형은 F점으로 나타내어진다.

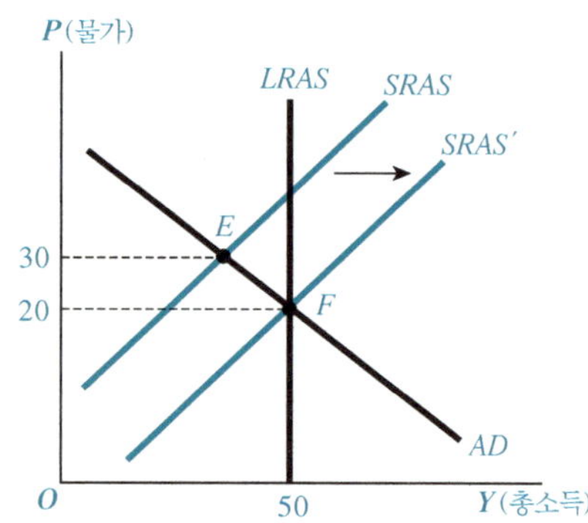

30 **총수요 $Y = 300 + 10\left(\frac{M}{P}\right)$과 단기 총공급 $Y = 500 + (P - P^e)$인 경제의 최초 균형에서 통화량이 1,000, 물가가 50이다. 통화량이 예상치 못하게 1,260으로 증가하면 단기균형(ㄱ)과 장기균형(ㄴ)에서 물가는 각각 얼마인가?** (단, Y는 국민소득, M은 통화량, P는 물가, P^e는 예상물가이다.)

2014년 감정평가사

① ㄱ: 50, ㄴ: 60
② ㄱ: 60, ㄴ: 50
③ ㄱ: 60, ㄴ: 60
④ ㄱ: 60, ㄴ: 63
⑤ ㄱ: 63, ㄴ: 63

hint

ㄱ. 단기균형 조건 : $Y^d = 300 + \frac{12{,}600}{P} = Y^s = 500 + (P - 50)$
정리하면 $P = 60$, $Y = 510$
ㄴ. 장기균형 조건 : $Y = \bar{Y} = 500$, $P = P^e = 63$

31 A국의 거시경제 모형이 다음과 같을 때 균형물가수준으로 옳은 것은?

- 민간소비 : $C = 2 + 0.5Y$
- 투자 : $I = 2 - r$
- 정부구입 : $G = 3$
- 실질화폐수요 : $\frac{M^D}{P} = 7 + 0.5Y - r$
- 명목화폐공급 : $M^S = 3$
- 총공급곡선 : $Y = \overline{Y} + 2(P - P^e)$
- 잠재생산량 : $\overline{Y} = 10$
- 예상물가 : $P^e = 5$

① 1　② $\sqrt{2}$　③ $\frac{1}{\sqrt{2}}$
④ $\frac{\sqrt{3}}{\sqrt{2}}$　⑤ $\frac{\sqrt{2}}{\sqrt{3}}$

hint

1. 총수요곡선의 도출

IS곡선 : $Y = (2 + 0.5Y) + (2 - r) + 3 \Rightarrow Y = 14 - 2r$

LM곡선 : $\frac{3}{P} = 7 + 0.5Y - r \Rightarrow Y = -14 + \frac{6}{P} + 2r$

위 두 식을 연립하면 $2Y = \frac{6}{P} \Rightarrow Y^d = \frac{3}{P}$

2. 총공급곡선의 도출

$Y^s = \overline{Y} + 2(P - P^e) = 10 + 2(P - 5) = 2P$

3. 균형물가수준

$Y^d = \frac{3}{P} = Y^s = 2P \Rightarrow P^* = \sqrt{\frac{3}{2}}$

정답　29 ④　30 ④　31 ④

32 **합리적 기대**(rational expectations)**와 적응적 기대**(adaptive expectations)**에 대한 다음 설명 중 옳지 않은 것은?** 2004년 공인회계사

① 합리적 기대란 경제주체들이 어떤 변수를 예측할 때 현재 이용 가능한 모든 정보를 활용하는 것을 말한다.

② 적응적 기대란 경제주체들이 어떤 변수를 예측할 때 최근에 실현된 변수값을 근거로 기대를 형성하는 것을 말한다.

③ 미래의 변수값에 대한 합리적인 기대를 형성하면 예측오차가 발생하지 않는다.

④ 경제주체들이 현재의 정부 정책에 관한 정보를 기대형성에 활용하는 것은 합리적 기대의 한 예가 될 수 있다.

⑤ 노동자들이 올해의 인플레이션율이 작년과 동일할 것이라고 예상하는 것은 적응적 기대의 한 예가 될 수 있다.

hint

③ 합리적 기대에 의할 경우 예측오차가 발생할 수 있으나 그 오차는 평균적으로 0이 된다. 동일한 내용을 '합리적 기대 하에서는 체계적 오류(systematic error)가 발생하지 않는다' 라고 표현하기도 한다. ⑤ 올해의 인플레이션율이 작년과 동일할 것이라고 예상하는 것은 정태적 기대(static expectation)로서 적응적 기대의 한 예이다.

기대의 유형

완전예견 (perfect foresight)	− 미래의 값을 항상 정확히 예측할 수 있는 경우 − $P_t^e = P_t$
적응적 기대 (adaptive expectation)	− 과거의 값에 기초하여 미래의 경제상태를 예측하는 것으로서 예측오류를 부분적으로 수정해 가면서 미래를 예측한다. 체계적 오류가 발생할 수 있다. − $P_t^e = P_{t-1}^e + \alpha(P_{t-1} - P_{t-1}^e)$
정태적 기대 (static expectation)	− 현재의 경제상태가 미래에도 그대로 유지될 것으로 예상하는 것으로서 적응적 기대에서 $\alpha = 1$인 특수한 형태이다. − $P_t^e = P_{t-1}$
합리적 기대 (rational expectation)	− 경제주체들이 과거와 현재의 이용 가능한 모든 정보를 사용하여 최선의 예측을 형성하는 것으로 체계적 오류를 유발하지 않는다. − $P_t^e = E[P_t \mid \Omega_{t-1}]$, 단 Ω_{t-1}는 $t-1$에 사용 가능한 모든 정보

33 **적응적 기대(adaptive expectation)를 통하여 경제주체들이 물가에 대해 예상을 할 때 다음 중 어느 방법이 가장 적합한가?** 2002년 공인회계사

① 경제학자의 자문을 구한다.

② 과거의 물가자료를 이용한다.

③ 화폐수량설과 같은 경제모형을 사용한다.

④ 랜덤방식의 무작위 추정을 한다.

⑤ 현재 이용 가능한 모든 정보를 가장 합리적으로 활용한다.

hint

합리적 기대란 경제주체들이 주어진 정보를 최대한 의사결정에 활용한다는 가정으로서, 본질적으로 경제학자들이 사용하는 모형이 예측하는 바와 평균적으로 동일한 예측이 이루어진다고 가정하는 것이다(The market is as smart as the economist modeling it). ②를 제외한 모든 보기는 합리적 기대와 관련된 다양한 표현들이다.

34 **어떤 경제에서 경제주체들의 t기 예상물가가 다음과 같은 방식으로 결정된다고 한다.**

$$P_t^e = P_{t-1}^e + \alpha(P_{t-1} - P_{t-1}^e) \qquad \text{단, } 0 \le \alpha \le 1$$

다음 보기 중 잘못된 것은?

① 위 기대형성 방식은 적응적 기대의 한 예이다.

② $\alpha = 0$인 경우라면 고정된 기대(fixed expectation)를 가정한 것과 같다.

③ $\alpha = 1$인 경우라면 정태적 기대(static expectation)를 가정한 것과 같다.

④ $\alpha = 0.5$인 경우 확장적 총수요정책이 실시되더라도 총공급은 이동하지 않는다.

⑤ $\alpha = 0.5$인 경우 경제주체들이 동일한 실수를 반복한다.

hint

④ 위 기대형성 방식은 적응적 기대의 일반화된 형태이다. 이러한 기대 하에서 총수요정책이 실시되면 당시에는 총공급곡선이 이동하지 않지만 이후 총공급곡선이 서서히 이동하여 최종균형으로 이동하게 된다.

정답 32 ③ 33 ② 34 ④

35 어떤 경제에서 경제주체들의 t기 예상물가가 다음과 같은 방식으로 결정된다고 한다.

$$P_t^e = P_{t-1}^e + \alpha(P_{t-1} - P_{t-1}^e) \qquad \text{단, } \alpha = 0.5$$

제1기부터 제3기까지 실제물가가 100, 120, 140으로 변했으며 1기의 예상물가는 100이었다고 가정하자. 이 경우 2기부터 4기까지의 예상물가를 구한 것으로 옳은 것은?

① 100, 100, 100
② 110, 115, 120
③ 100, 110, 125
④ 105, 127.5, 135
⑤ 110, 120, 130

hint

제2기 : $P_2^e = 100 + 0.5(100 - 100) = 100$
제3기 : $P_3^e = 100 + 0.5(120 - 100) = 110$
제4기 : $P_4^e = 110 + 0.5(140 - 110) = 125$

36 합리적 기대 이론에 관한 다음 설명 중 옳지 않은 것은? 2006년 서울시 7급

① 경제주체는 완전한 정보에 근거하여 합리적으로 행동한다.
② 경제주체의 미래에 관한 전망이 경제모형 내에 명시적으로 고려되어야 한다.
③ 예측되는 정부 정책의 변화는 민간부문의 대응으로 인해 무력화될 수도 있다.
④ 민간부문의 과거 행동에만 근거하여 수립된 정책은 그 결과가 의도한 바와 다르게 나타날 수도 있다.
⑤ 경제주체의 미래에 관한 예측이 사후적으로 틀릴 수는 있지만, 경제주체는 일관된 오류를 계속해서 범하지 않는다.

hint

① (×), 합리적 기대는 불완전정보를 전제하는 경우가 많다.
② (○)
③ (○), 이는 정책무력성 명제를 의미한다.
④ (○), 이는 루카스 비판을 의미한다.
⑤ (○)

37 **경제주체들이 경제에 대해 기대를 형성하는 방법에 대한 설명으로 적합하지 않은 것은?**

① 예측대상이 되는 변수에 대한 과거와 현재의 정보에 기초해 미래에 대한 기대를 형성한다는 것이 적응적 기대 이론이다.

② 사용할 수 있는 모든 정보를 적절한 방식으로 활용해 미래에 대한 기대를 형성한다는 것이 합리적 기대 이론이다.

③ 합리적 기대 이론에 따르면 사람들이 합리적으로 기대한다면 예측한 값과 미래에 실제 실현된 값은 같아지게 된다.

④ 경제주체들이 합리적 기대를 하는 경우 예상된 정책은 효과가 없게 되는데 이를 정책무력성 명제라고 한다.

⑤ 합리적 기대 이론에 의하더라도 예상치 못한 정책은 효과가 있지만 그 효과는 오래 지속되지 않는다.

hint

③ 합리적으로 기대하는 경제주체들은 체계적 실수를 범하지 않는다. 즉, 동일한 실수를 범하지 않는다고 전제한다. 그러나 불완전한 정보 하에서 착각이 있을 수 있기 때문에 예측한 값과 미래에 실제 실현된 값이 반드시 일치하는 것은 아니다.

38 **다음 중 루카스 비판(Lucas critique)과 관계없는 것은?**

① 수직의 단기 총공급곡선
② 고통 없는 인플레이션 저감
③ 정책무력성의 명제
④ 최적 정책의 비일관성
⑤ 리카도 대등정리

hint

루카스 비판이란 정책이 사람들의 기대와 행동에 미칠 영향을 고려하지 않고 단지 과거자료에 기초하여 정책의 효과를 예측한다면 잘못된 예측을 할 수 있음을 지적한 것이다. 이러한 루카스 비판은 합리적 기대(rational expectation)와 민간의 최적화 행위(optimization)를 고려하지 않은 기존의 경제학 관행에 대한 중요한 비판이었으며, 이후 고통 없는 인플레이션 저감, 정책무력성 명제, 최적 정책의 비일관성, 리카도 대등정리 등 새고전파 이론에 영향을 주었을 뿐만 아니라 오늘날 새케인즈학파 경제학자들도 모두 합리적 기대를 받아들이게 되는 중요한 계기가 되었다. ①의 수직의 총공급곡선은 극단적인 고전학파의 주장에 해당하며, 루카스는 불완전정보 하에서 물가예상오류가 존재할 수 있기 때문에 현실적으로 총공급곡선이 우상향하는 기울기를 가질 수 있다고 생각하였다.

정답 35 ③ 36 ① 37 ③ 38 ①

39 **〈보기〉와 같은 노동시장에서 합리적 기대**(rational expectations) **균형이 성립하고 기업이 위험중립적이라고 할 때 p의 값은?**

2016년 국회 8급

> ▪ 노동시장에 두 가지 유형 A와 B의 노동자들이 각각 p와 $1-p$의 비율로 존재한다.
> ▪ 기업은 유형 A에 대해서는 15의 임금을, 유형 B에 대해서는 5의 임금을 지불할 용의가 있다.
> ▪ 기업은 노동자의 유형을 알지 못한 채 모든 노동자를 동일한 임금을 지급하여 고용한다.
> ▪ $p = \frac{w}{20} - \frac{1}{10}$(단, w는 임금)

① 0.1 ② 0.3 ③ 0.5
④ 0.6 ⑤ 1

hint

기업이 A유형 노동자의 구성비율을 p^e로 기대한 경우 지급의사는 다음과 같다.

$$w(p^e) = p^e \cdot 15 + (1-p^e) \cdot 5 = 5 + 10p^e \quad (1)$$

기업이 $w(p^e)$를 지급할 경우 실제 노동자들의 구성비율은 다음과 같다.

$$p = \frac{5+10p^e}{20} - \frac{1}{10} \quad (2)$$

합리적 기대 또는 모형-일관성 기대 하에 균형이 성립했다는 것은 기업이 경제모형을 포함한 모든 정보를 최대한 활용하여 수립한 사전적 기대와 실현된 바가 동일하여 자신의 기대를 수정할 이유가 없어진 상태를 의미한다. 따라서 식 (2)에 $p^e = p$를 대입하면 $p^e = p = 0.3$이 성립하며 식 (1)에서 $w(p^e) = w(p) = 8$이 된다.

40 **어떤 경제의 총수요곡선은 $P_t = -Y_t + 2$, 총공급곡선은 $P_t = P_t^e + (Y_t - 1)$이다. 이 경제가 현재 $P = \frac{3}{2}$, $Y = \frac{1}{2}$에서 균형을 이루고 있다고 할 때 다음 중 옳은 것은?** (단, P_t^e는 예상물가이다.)

2018년 국회 8급

① 이 경제는 장기균형 상태에 있다.
② 현재 상태에서 P_t^e는 1/2이다.
③ 현재 상태에서 P_t^e는 3/2이다.
④ 개인들이 합리적 기대를 한다면 P_t^e는 1이다.
⑤ 개인들이 합리적 기대를 한다면 P_t^e는 2이다.

hint

①~③ (×), 장기균형이 성립하기 위해서는 $P_t^e = P_t$가 성립하여 물가예측오류가 없어야 한다. $P_t = \frac{1}{2}$과 $Y_t = \frac{1}{2}$을 대입하면 $P_t^e = 2$가 된다. $P_t^e > P_t$가 성립하므로 과다물가 예측상태로서 장기균형이 아니다.

④ (○), 합리적 기대 또는 모형일관성 기대에 의하면 경제주체의 합리적 기대는 주어진 모형의 해와 동일하다. 주어진 모형 및 정책에 대한 모든 정보가 주어졌다고 가정하면 $P_t^e = 1$이 된다.

* **주의사항**

현재 문제에서는 정책과 관련된 모든 정보가 주어져 있는지 여부가 명시되지 않았다. 만약 완전한 정보가 갖추어지지 않았다면, 또는 잘못된 정보가 알려진다면 민간의 합리적 기대가 다른 값을 가질 수도 있다.

41 **어떤 경제가 장기균형상태(a)에 있다. 중앙은행이 통화량을 감축하는 정책을 시행할 때 IS-LM과 총수요(AD)-총공급(AS) 곡선의 이동으로 인한 균형점의 변화를 나타낸 것으로 옳은 것은?** (단, r은 이자율, Y는 총생산량, $\overline{Y}$는 장기균형 총생산량, P는 물가, $LRAS$는 장기 총공급곡선, $SRAS$는 단기 총공급곡선을 나타낸다.) 2017년 공인회계사

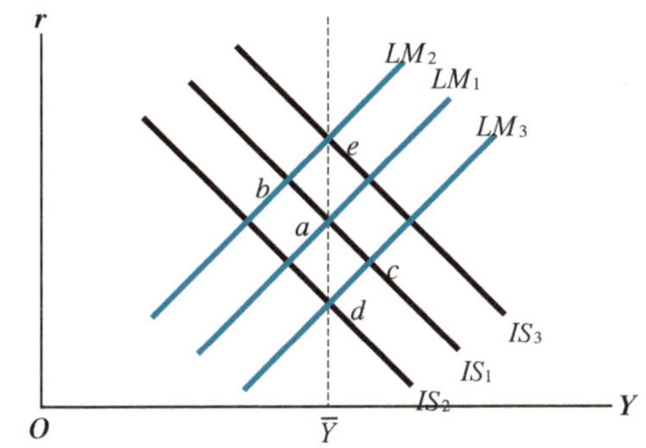

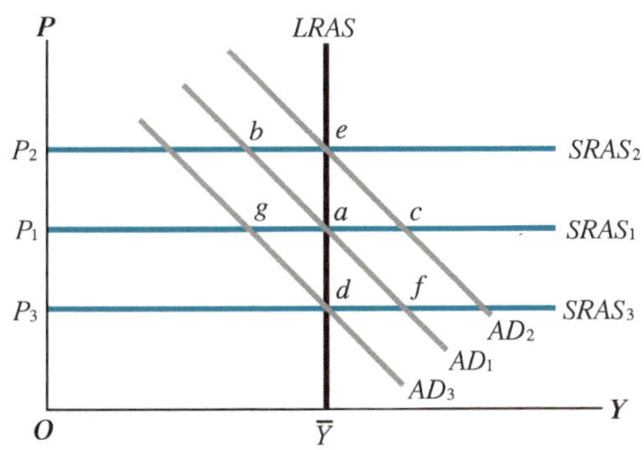

	IS-LM	AD-AS		IS-LM	AD-AS
①	$a-b-a$	$a-b-e$	②	$a-b-e$	$a-b-e$
③	$a-b-e$	$a-c-e$	④	$a-b-a$	$a-g-d$
⑤	$a-c-a$	$a-b-e$			

hint

단기 : 통화량 감축 ⇒ LM곡선의 좌측이동 + AD곡선의 좌측이동

장기 : 물가하락 ⇒ LM곡선의 우측이동 + AD곡선 상 이동

정답 39 ② 40 ④ 41 ④

42 총수요와 총공급이 다음과 같은 경제의 현재 균형점은 A이다. 이 경제에서 기대물가가 일시적으로 상승할 경우 단기 및 장기균형점으로 옳은 것은? 2018년 공인회계사

- 총수요 : $P = a - bY$
- 총공급 : $P = P^e + d(Y - Y^n)$

(단, P, Y, P^e, Y^n은 물가, 생산량, 기대물가, 자연생산량을 나타내며, a, b, d는 양(+)의 상수이다.)

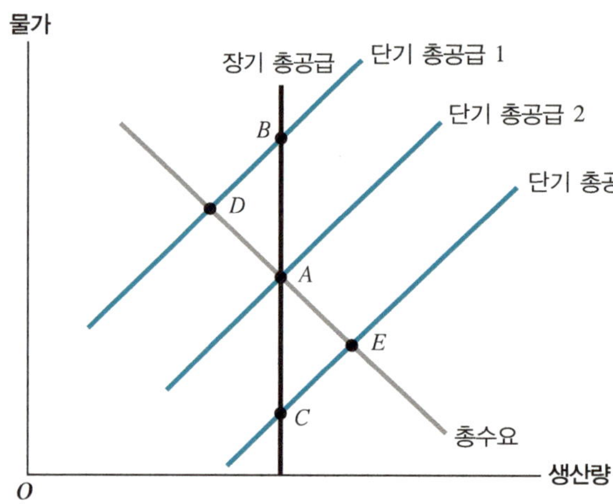

	단기균형점	장기균형점
①	E	C
②	E	A
③	D	B
④	D	A
⑤	B	A

hint

기대물가의 상승은 단기 총공급을 상방으로 이동시켜 D점이 단기균형이 된다.
이 경우 과잉물가예측($P^e > P$)이 유발되며 예측오류가 수정되면 단기 총공급이 하방으로 이동하여 A점이 장기균형이 된다.

43 **총수요(AD)와 총공급(AS)이 다음과 같다.** 2014년 공인회계사

> 총수요함수 : $P = a - bY$ 총공급함수 : $P = P_{-1} + d(Y - \overline{Y})$
>
> (P는 물가수준, P_{-1}은 전기의 물가수준, Y는 산출량, $\overline{Y}$는 잠재산출량, a, b, d는 모두 양의 상수)

이 경제의 현재 균형점은 A이다. 정부나 중앙은행이 어떠한 정책대응도 하지 않는다고 가정할 때 경제의 변화 방향으로 옳은 것은?

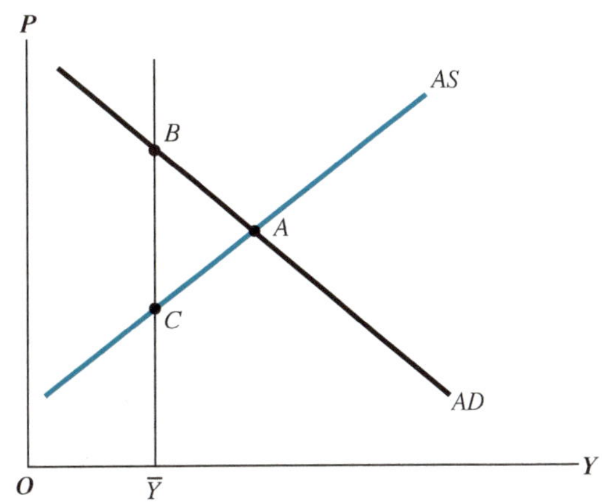

① 여러 기 후에 B점에 도달
② 여러 기 후에 C점에 도달
③ 다음 기에 B점에 도달
④ 다음 기에 C점에 도달
⑤ A점에 계속 머물러 있음

hint

적응적 기대를 가정할 때 $P^e = P_{-1}$이므로 단기균형점은 A_1, A_2, ⋯ 등의 점을 지난 후 오랜 기간 후 새로운 장기균형점인 B점에 도달하게 된다.

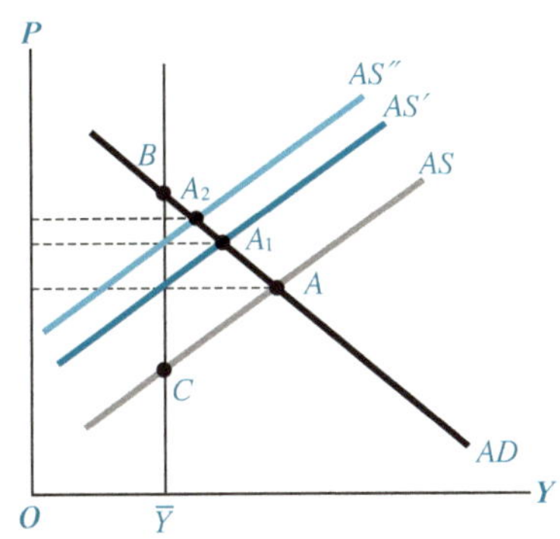

정답 42 ④ 43 ①

44 총수요(AD)와 총공급(AS)이 다음과 같은 경제의 현재 균형점은 아래 그래프에서 A이다. 잠재 GDP가 $\overline{Y_1}$에서 $\overline{Y_2}$로 증가할 때 이 경제의 단기 및 장기 균형점으로 옳은 것은?

2015년 공인회계사

> AD : $P = a - bY$
>
> AS : $P = P_{-1} + d(Y - \overline{Y})$
>
> (P는 물가수준, P_{-1}은 전기의 물가수준, Y는 실질 GDP, $\overline{Y}$는 잠재 GDP, a, b, d는 모두 양의 상수)

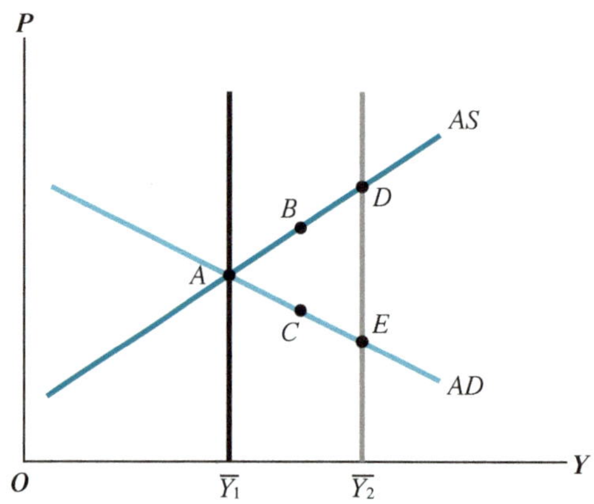

	단기균형점	장기균형점
①	B	D
②	C	D
③	B	E
④	C	E
⑤	E	E

hint

잠재 GDP가 증가하면 단기 총공급곡선과 장기 총공급곡선이 모두 우측으로 이동하므로 단기균형은 C점이 된다. 그러나 이 점에서는 $Y < \overline{Y_2}$가 성립하므로 물가기대가 서서히 하락한다. 따라서 최종균형은 $Y = \overline{Y_2}$이 성립하는 E점이 된다.

45 **총공급곡선은 경제주체들의 물가에 대한 기대에 따라 변동하며, $Y=\overline{Y}+\alpha(P-P^e)$의 함수형태로 표현된다. 여기서 Y는 GDP, $\overline{Y}$는 잠재 GDP, P는 물가, P^e는 예상물가를 나타내며 $\alpha>0$이다. 기대형성에 따라 장·단기 균형이 어떻게 결정되는가에 대한 다음 설명 중 옳지 않은 것은?** (단, 최초의 균형은 A점이며, 이때의 예상물가는 P_0이다. 적응적 기대(adaptive expectation) 하에서 예상물가는 직전기의 물가와 같다. $LRAS$, $SRAS$ 및 AD는 각각 장기 총공급곡선, 단기 총공급곡선 및 총수요곡선이다.)

2011년 공인회계사

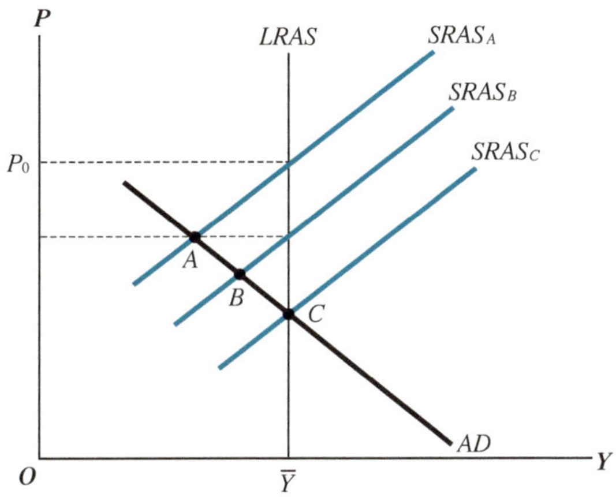

① 적응적 기대 하에서 한 기간이 지난 뒤 단기균형은 B점이다.

② 합리적 기대 하에서 한 기간이 지난 뒤 단기 총공급곡선은 $SRAS_C$이다.

③ 적응적 기대 하에서의 장기균형은 C점이다.

④ 합리적 기대 하에서의 장기균형은 C점이다.

⑤ 적응적 기대 하에서 장기균형까지 조정되는 동안 예상물가는 실제물가보다 낮다.

hint

① 적응적 기대 하에서는 전기 물가가 현재 예상물가가 되므로 한 기간이 지난 뒤 총공급곡선은 $SRAS_B$가 된다.

② 합리적 기대란 관련된 경제모형이 예측하는 균형과 동일한 예측을 하는 것이다. 따라서 합리적 기대에 의하면 한 기간이 지난 후 모든 정보가 알려졌을 때 총공급곡선은 장기균형점을 통과하는 $SRAS_C$이다.

⑤ 주어진 총공급곡선에서 다음의 관계가 성립한다.

$$P>P^e(=P_{-1}) \Rightarrow Y>\overline{Y}$$
$$P=P^e(=P_{-1}) \Rightarrow Y=\overline{Y}$$
$$P<P^e(=P_{-1}) \Rightarrow Y<\overline{Y}$$

적응적 기대 하에서 조정이 이루어지는 과정에서 산출량은 잠재산출량보다 작다. 즉, 이 경우 예상물가는 실제물가보다 높아야 한다.

정답 44 ④ 45 ⑤

46 **다음 그림은 폐쇄경제인 A국의 화폐시장, 대부자금시장, *IS*-*LM* 및 *AD*-*AS* 균형을 나타낸다. 소비가 외생적으로 감소한 경우 다음 설명 중 옳은 것은?** (단, $\frac{M}{P}$, L, S, I, r, Y, C, G, T, P는 각각 실질화폐잔고 공급, 실질화폐잔고 수요, 저축, 투자, 이자율, 총생산, 소비, 정부지출, 조세, 물가를 나타낸다.)

2021년 공인회계사

〈화폐시장〉

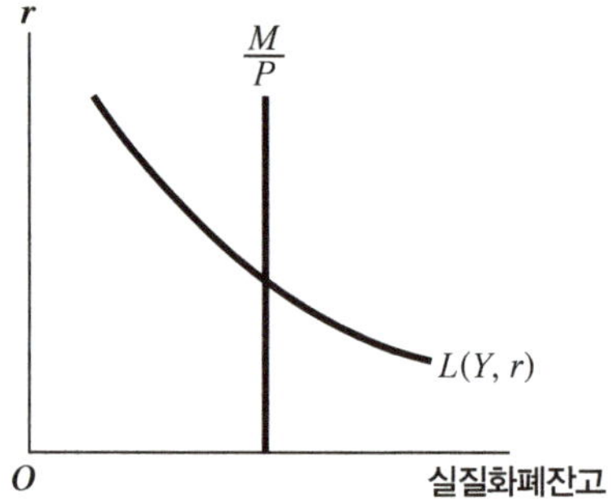

〈대부자금시장〉

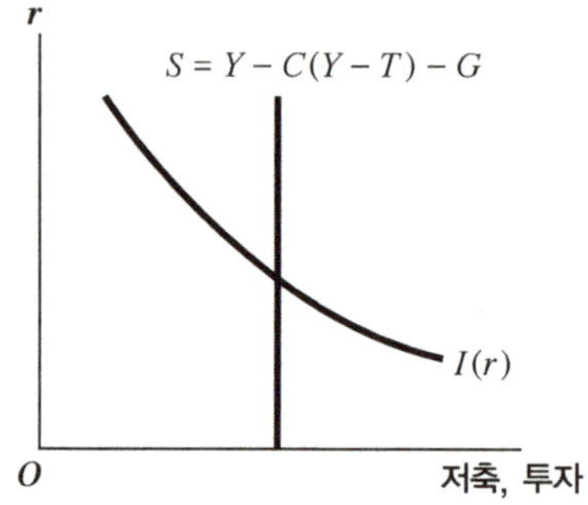

〈*IS*-*LM*〉

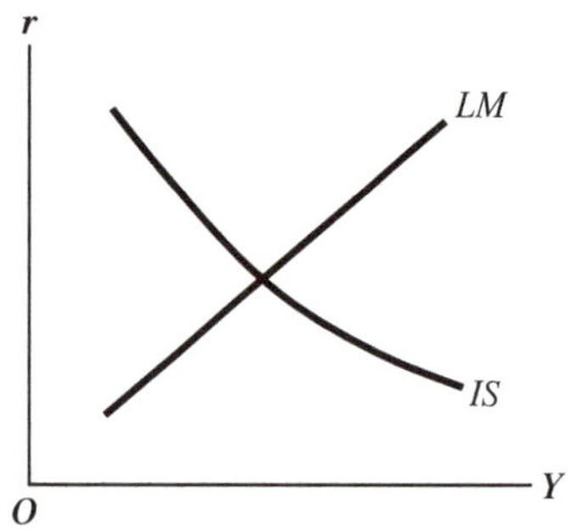

〈*AD*-*AS*〉

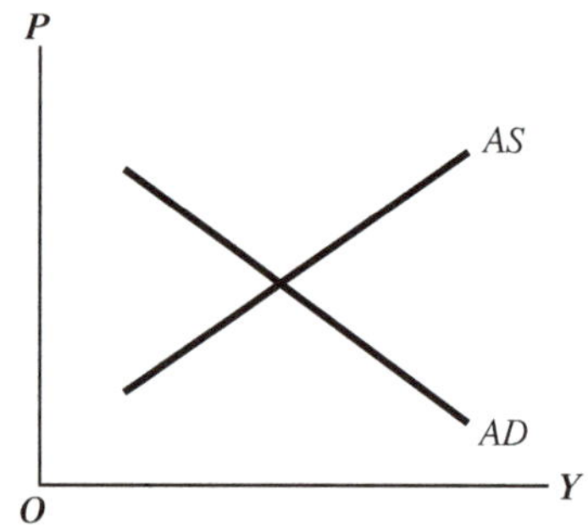

① 대부자금시장에서 저축곡선이 좌측이동한다.

② *IS*-*LM*에서 *IS*곡선이 상향이동한다.

③ *AS*-*AD*에서 *AS*곡선이 좌측이동한다.

④ 화폐시장에서 실질화폐잔고 공급곡선이 좌측이동한다.

⑤ 화폐시장에서 실질화폐잔고 수요곡선이 좌측이동한다.

hint

독립적 소비감소 시,
*IS*곡선이 좌측이동, *AD*곡선이 좌측이동
*LM*곡선 물가하락으로 우측이동
저축함수 독립소비 감소로 우측이동
화폐수요곡선 소득감소로 좌측이동
화폐공급곡선 물가하락으로 우측이동

47 **그림은 폐쇄경제인 A국의 화폐시장, 대부자금시장 및 $IS-LM$ 균형을 나타낸다. 화폐시장에서 실질화폐잔고 수요가 외생적으로 감소한 경우 이에 대한 설명 중 옳은 것은?** (단, $\frac{M}{P}$, L, S, I, r, Y, C, G, T는 각각 실질화폐잔고 공급, 실질화폐잔고 수요, 저축, 투자, 이자율, 총생산, 소비, 정부지출, 조세를 나타낸다.)

2020년 공인회계사

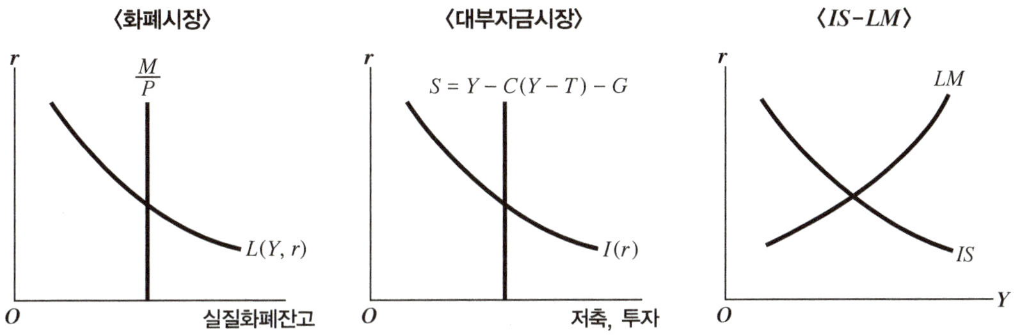

① 이자율이 상승한다.

② 대부자금시장에서 저축곡선이 우측이동한다.

③ $IS-LM$에서 LM곡선이 상향이동한다.

④ $IS-LM$에서 IS곡선이 좌측이동한다.

⑤ 총생산이 감소한다.

hint

독립적 화폐수요 감소 시,
화폐수요곡선 좌측이동
LM 우측이동
총소득 증가 및 이자율 하락
총소득 증가로 화폐수요곡선 일부 우측이동
총소득 증가로 저축함수 우측이동

정답 46 ⑤ 47 ②

48 **전염병과 국제분쟁 등으로 인해 갑국의 경제는 불확실성이 커지게 되었다. 갑국의 은행들은 이에 대응하여 가산금리를 올려 대출금리를 인상하였다. 투자가 대출금리에 의존할 때 (Y, r) 평면에서의 IS곡선과 (Y, P) 평면에서의 총수요곡선의 변화에 대한 설명으로 옳은 것은?** (단, Y, C, I, G, T, R, r, $spread$, M^d, P는 각각 총생산, 소비, 투자, 정부지출, 조세, 대출금리, 실질이자율, 가산금리, 화폐수요, 물가이다.)

2023년 공인회계사

$$Y = C + I + G$$
$$C = 1{,}000 + 0.6(Y - T)$$
$$I = 2{,}500 - 200R$$
$$R = r + spread$$
$$G = T = 100$$
$$\frac{M^d}{P} = Y - 900r$$

① IS곡선은 더 가팔라지고, 총수요곡선은 더 완만해진다.
② IS곡선은 더 완만해지고, 총수요곡선은 더 가팔라진다.
③ IS곡선과 총수요곡선 모두 더 완만해진다.
④ IS곡선과 총수요곡선 모두 더 가팔라진다.
⑤ IS곡선과 총수요곡선 모두 좌측으로 이동한다.

hint

$spread$의 증가는 IS곡선과 총수요곡선의 기울기에 영향을 미치지 못한다. 대신 $spread$의 증가는 투자자가 인식하는 이자율을 상승시켜서 IS곡선과 총수요곡선을 좌측으로 이동시킨다.

49 **부동산 가격의 급락이 거시경제에 미치는 영향에 관한 설명 중 옳은 것은?** (단, 총수요곡선은 우하향, 총공급곡선은 우상향함)

2011년 보험계리사

① 가계의 자산가치가 감소하여 소비가 감소하므로 총수요곡선이 왼쪽으로 이동한다.
② 단기적으로는 물가가 하락하지만 임금이 낮아져 생산이 증가하므로 장기적으로 원래의 수준을 회복한다.
③ 총수요의 감소로 판매가 부진해지면 장기 총공급곡선이 왼쪽으로 이동하여 경제가 완전고용상태에 미달하게 된다.
④ 부동산에 대한 수요가 증가하여 총수요곡선이 오른쪽으로 이동한다.

hint

잘못된 보기들을 바로잡으면 다음과 같다.

②~③ 임금이 낮아져 단기 총공급곡선이 우측으로 이동하며, 물가는 장기에 더 크게 하락한다.

④ 부동산 가격 급락은 자산효과를 통해 소비와 투자를 감소시킨다. 부동산 가격 하락이 부동산 수요에 미치는 영향은 향후 사람들이 추가하락을 예상하는지, 반등을 예상하는지에 따라 달라진다.

50 **현 경제상황이 장기균형에 있다고 가정하자. 최근 현금자동입출금기를 설치하고 운영하는 비용이 더욱 낮아지면서 통화수요가 하락하는 상황이 발생하였다. 이 상황은 장 · 단기균형에 어떠한 영향을 미치는가?** 2014년 서울시 7급

① 단기에는 가격수준과 실질 GDP가 증가하지만, 장기에는 영향이 없다.

② 단기에는 가격수준과 실질 GDP가 증가하지만, 장기에는 가격수준만 상승할 뿐 실질 GDP에 대한 영향은 없다.

③ 단기에는 가격수준과 실질 GDP가 하락하지만, 장기에는 영향이 없다.

④ 단기에는 가격수준과 실질 GDP가 하락하지만, 장기에는 가격수준만 하락할 뿐 실질 GDP에 대한 영향은 없다.

⑤ 단기에는 가격수준과 실질 GDP가 증가하고, 장기에도 가격수준과 실질 GDP 모두 증가한다.

hint

단기 : LM 및 AD곡선 우측이동 ⇒ 물가 및 실질 GDP 증가

장기 : LM 좌측이동, $SRAS$ 좌측이동 ⇒ 물가상승, 실질 GDP 원상회복

[**주의사항** : 단기 : AS 우상향, 장기 : AS 수직임을 가정함]

정답 **48** ⑤ **49** ① **50** ②

51 **어떤 국가에서 정부가 신용카드 수수료에 대한 세금을 인상하였다고 한다. 이 정책이 국민경제에 미치는 파급효과에 대한 설명 중 옳지 않은 것은?** (단, 장기공급곡선을 제외하고는 수직이거나 수평이 아닌 일반적인 *IS*, *LM*, *AS*, *AD* 곡선을 가진 경제를 가정함.) 2015년 국회 8급

① 민간의 현금 보유비율은 증가한다.

② 통화량은 감소한다.

③ 단기에 이자율은 상승하고 산출은 감소한다.

④ 화폐수량설과 피셔 효과(Fisher effect)에 따르면 장기적으로 물가는 하락한다.

⑤ 화폐수량설과 피셔 효과에 따르면 장기적으로 실질이자율은 하락한다.

hint

신용카드 사용의 제한은 여러 가지 요인에 영향을 미치기 때문에 문제에서 어떤 측면을 강조하는지를 주의해서 접근해야 한다.

1. 소비에 미치는 영향 : 독립소비의 감소
2. 화폐공급에 미치는 영향 : 통화승수 감소
3. 화폐수요에 미치는 영향 : 독립적 화폐수요의 증가

문제에서는 화폐공급에 미치는 영향을 강조하고 있다.

① (O), *cr* 증가

② (O), 통화승수 감소, 통화량 감소

③ (O), 단기 *LM*, *AD* 좌측이동

④ (O)

⑤ (×), 화폐수량설과 피셔 효과가 전제하는 고전적 이분법에 의하면 통화량 변화 시 실질이자율은 불변이다.

52 **정부가 경기안정화 정책을 수행할 때 물가안정보다는 국민소득 안정화에만 정책목표를 두고 있고 중앙은행은 국민소득 안정화보다는 물가안정에만 정책목표를 두고 있다고 가정하자. 경기를 침체시키는 부(−)의 공급충격(negative supply shock)이 발생하였을 경우 아래의 설명 중 옳지 않은 것은?** 2014년 서울시 7급

① 최종 재화와 서비스에 대한 정부지출이 증가하게 된다.

② 중앙은행은 공개시장 매입을 하게 된다.

③ 정부의 경기안정화 정책과 중앙은행의 통화정책이 물가수준에 미치는 효과는 서로 상충된다.

④ 정부의 경기안정화 정책과 중앙은행의 통화정책이 국민소득에 미치는 효과는 서로 상충된다.

⑤ 중앙은행은 이자율을 높이는 정책을 시행한다.

hint

부(−)의 공급충격 ⇒ *AS* 좌측이동 ⇒ 스태그플레이션(물가상승, 경기후퇴)

⇒ 1. 물가안정 목표 시 : 긴축정책 통한 *AD* 좌측이동
　 2. 소득안정 목표 시 : 확장정책 통한 *AD* 우측이동

[**주의사항 1** : *AS* 충격 ⇒ 물가안정 목표 시와 소득안정 목표 시 서로 반대방향 정책
AD 충격 ⇒ 물가안정 목표 시와 소득안정 목표 시 서로 동일방향 정책]

[**주의사항 2** : 본 문제에서 '정부'는 '중앙은행'을 제외한 좁은 의미로 사용되었음에 유의할 것]

정답 51 ⑤ 52 ②

53 **장기균형 상태에 있던 경제에 기상변화로 인해 농작물 피해가 발생했다. 총수요-총공급 모형을 이용하여 기상변화가 경제에 미치는 영향을 설명한 것 중 옳은 것은?** (단, 총수요곡선은 우하향하고, 단기 총공급곡선은 수평이고, 장기 총공급곡선은 수직이다.) 2011년 공인회계사

① 기상변화가 일시적이면 단기적으로 물가가 상승하지만 소득은 불변이다.

② 기상변화가 일시적이면 장기적으로 물가는 기상변화 이전 수준으로 돌아가지만 소득은 감소한다.

③ 기상변화가 영구적이면 단기적으로 물가는 상승하지만 소득은 불변이다.

④ 기상변화가 영구적이면 장기적으로 물가가 상승하지만 소득은 기상변화 이전 수준으로 돌아간다.

⑤ 기상변화가 일시적이든 영구적이든 단기적으로 물가는 상승하고 소득은 감소한다.

hint

본 문제에서 기상변화가 일시적인 경우라는 것은 잠재생산량과 장기 총공급곡선에 영향을 미치지 않는 충격이라 볼 수 있고, 기상변화가 영구적이라는 것은 잠재생산량과 장기 총공급곡선에 영향을 미치는 충격이라 볼 수 있다.

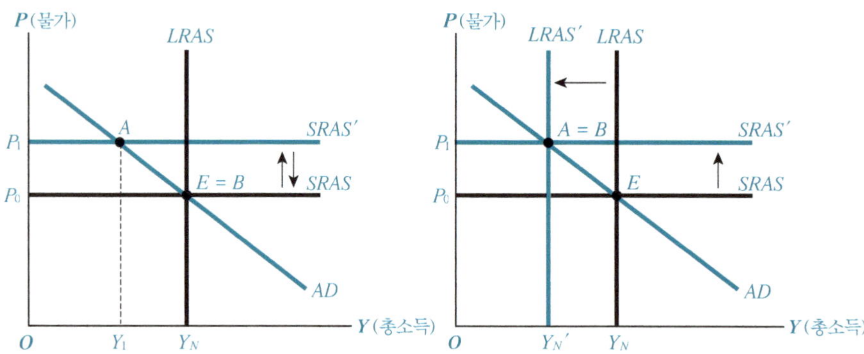

〈그림 1〉 일시적 공급충격의 효과　　〈그림 2〉 영구적 공급충격의 효과

위 각각의 그림에서 A점은 단기의 균형을 B점은 장기의 균형을 나타낸다. 기상변화가 일시적인 경우에는 장기적으로 물가와 소득이 원상을 회복한다. 그러나 기상변화가 영구적인 경우에는 장기적으로 물가상승 및 소득감소가 발생한다. 그러나 어떤 경우에나 단기적으로 물가는 상승하고 소득은 감소한다.

54 **일시적으로 국제원유가격이 하락하였다고 하자. 이것이 장기균형 상태에 있던 원유수입국에 미치는 영향을 총수요-총공급 모형을 이용하여 설명한 것 중 옳은 것은?** (단, 총수요곡선은 우하향하고, 단기 총공급곡선은 우상향하며, 장기 총공급곡선은 수직이라고 가정) 2015년 공인회계사

① 단기적으로 물가가 상승하고 국민소득은 불변이다.
② 장기적으로 물가는 원유가격 하락 충격 이전 수준으로 돌아가고 국민소득은 감소한다.
③ 단기적으로 물가는 하락하고 국민소득은 불변이다.
④ 장 · 단기 모두 물가는 상승하고 국민소득은 감소한다.
⑤ 장기적으로 물가와 국민소득 모두 원유가격 하락 충격 이전 수준으로 돌아간다.

hint

일시적인 긍정적 총공급충격의 경우 일시적으로 v가 하락하였다가 원상으로 회복되며, Y_N은 변하지 않는다. 이 경우 일시적으로 물가하락과 총소득 증가가 나타나지만 장기적으로는 원상으로 회복된다.

정답 53 ⑤ 54 ⑤

55 **장기 총공급곡선은 $Y = 2{,}000$에서 수직이고, 단기 총공급곡선은 $P = 1$에서 수평이다. 총수요곡선은 $Y = 2\frac{M}{P}$이고 $M = 1{,}000$이다. 최초에 장기균형 상태였던 국민경제가 일시적 공급충격을 받아 단기 총공급곡선이 $P = 2$로 이동하였을 때 〈보기〉에서 옳은 것을 모두 고르면?** (단, Y는 국민소득, P는 물가, M은 통화량을 나타냄)

2015년 국회 8급

ㄱ. 국민경제의 최초 장기균형은 $(P : Y) = (1 : 2{,}000)$이다.

ㄴ. 공급충격으로 단기균형은 $(P : Y) = (2 : 1{,}000)$으로 이동한다.

ㄷ. 공급충격이 발생한 후 중앙은행이 새로운 단기균형에서의 국민소득을 장기균형 수준으로 유지하려면 통화량은 $M = 1{,}000$이 되어야 한다.

ㄹ. 총수요곡선과 장기 총공급곡선이 변하지 않았다면 공급충격 후에 장기균형은 $(P : Y) = (1 : 2{,}000)$이다.

① ㄱ, ㄴ
② ㄱ, ㄷ
③ ㄴ, ㄷ
④ ㄱ, ㄴ, ㄹ
⑤ ㄴ, ㄷ, ㄹ

hint

ㄱ. (○), 최초 장기균형 : $Y = \frac{2 \times 1{,}000}{P} = 2{,}000 \Rightarrow (P, Y) = (1, 2{,}000)$, E점

ㄴ. (○), 일시적 충격 후 단기균형 : $Y = \frac{2 \times 1{,}000}{2} = 1{,}000 \Rightarrow (P, Y) = (2, 1{,}000)$, A점

ㄷ. (×), 일시적 충격에 수용적 대응 : $Y = \frac{2 \times M}{P} = 2{,}000 \Rightarrow M = 2{,}000$, C점

ㄹ. (○), 외생변수인 M과 $\overline{Y}$에 변화가 없는 한 내생변수인 P와 Y도 원래의 균형(E점 = B점)으로 복귀한다.

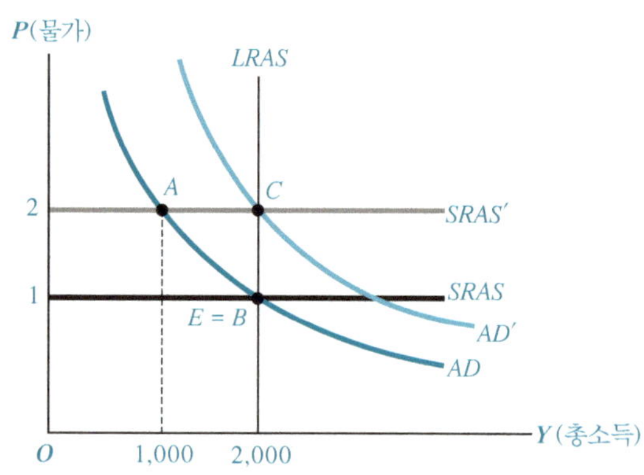

56 **갑국에서는 최근 자연재해로 생산설비가 파괴되어 생산비용이 크게 증가하였다. 갑국 정부는 국채를 발행하여 자연재해로 인한 피해를 극복하기 위한 재정지출을 늘리는 한편, 중앙은행은 공개시장운영을 통하여 발행된 국채를 전량 매입하였다. 다음 설명 중 옳은 것은?** (단, 폐쇄경제 *IS*−*LM* 및 *AD*−*AS* 분석을 이용하며 *IS*곡선과 *AD*곡선은 우하향하고, *LM*곡선과 *AS*곡선은 우상향한다.) 2022년 공인회계사

① 갑국에서 통화량이 증가하였다.
② 갑국에서 *IS*곡선이 좌측이동하였다.
③ 갑국에서 물가가 하락하였다.
④ 갑국 정부의 재정적자가 감소하였다.
⑤ 갑국에서 *AS*곡선이 우측이동하였다.

hint

① (○), 중앙은행이 공개시장조작정책을 통해 채권을 매입하고 통화량을 증가시켰다.
② (×), *IS*곡선은 우측이동하였다.
③ (×), *AS*곡선이 좌측, *AD*곡선이 우측으로 이동하면서 물가는 상승한다.
④ (×), 재정적자는 증가하였다.
⑤ (×), 생산비용 상승으로 *AS*곡선이 좌측(상방)으로 이동하였다.

정답 55 ④ 56 ①

57 디플레이션에 대처하기 위한 경제정책에 대한 입장과 학파를 바르게 짝지은 것은?

2021년 공인회계사

가. 정부 정책에 대해 민간이 충분히 신뢰하는 상황이라면 통화량을 늘릴 계획을 발표하는 것으로 충분하다.

나. 디플레이션의 원인은 통화에 있으므로 통화량을 늘리고 준칙에 따른 통화정책을 수행하면 된다.

다. 디플레이션의 원인은 유효수요 부족에 기인하므로 재정정책을 통해 소득을 확대시켜야 한다.

	가	나	다
①	새고전학파	통화주의학파	케인즈학파
②	새고전학파	케인즈학파	통화주의학파
③	케인즈학파	새고전학파	통화주의학파
④	케인즈학파	통화주의학파	새고전학파
⑤	통화주의학파	새고전학파	케인즈학파

hint

가. 새고전학파의 합리적 기대

나. 통화주의의 신화폐수량설과 $k\%$ 준칙

다. 케인즈학파의 유효수요이론

정답 57 ①

제9장 거시경제의 총공급-2 : 필립스곡선

Testbank for Economics [macroeconomics]

핵 심 출 제 논 점

1. 단기 필립스곡선의 형태 및 이동
2. 장기 필립스곡선의 형태 및 이동
3. 자연실업률가설과 인플레이션 가속화현상
4. 합리적 기대와 고통 없는 디스인플레이션 논쟁
5. 신경제현상과 이력현상

I 필립스곡선의 도출 및 이동, 인플레이션의 발생원인

1. 총수요의 변화와 단기 필립스곡선의 도출 : 상충관계 존재, PC 상 이동, 수요견인 π

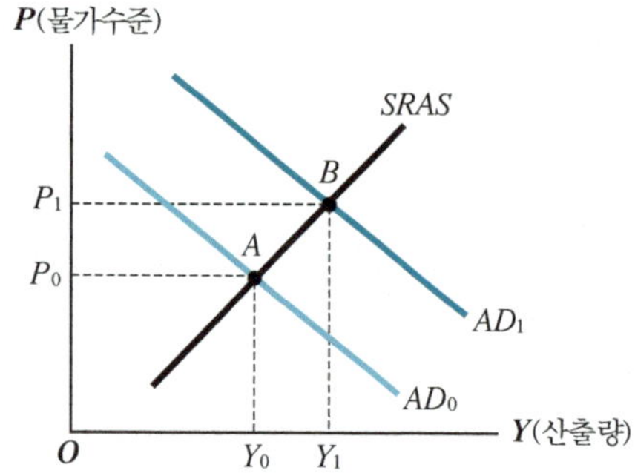

(a) 총수요-총공급 모형

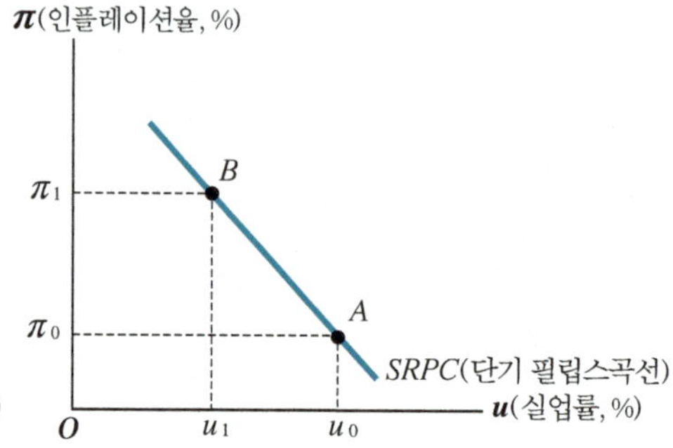

(b) 필립스곡선

2. 총공급의 변화와 단기 필립스곡선의 이동 : 상충관계 변화(악화), PC의 이동, 비용인상 π

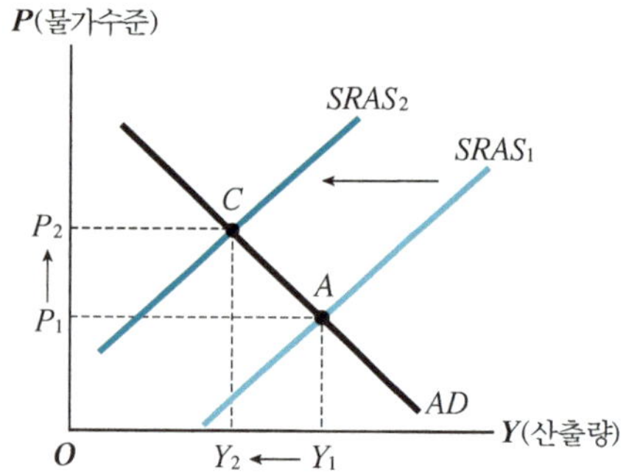

(a) 총수요-총공급 모형

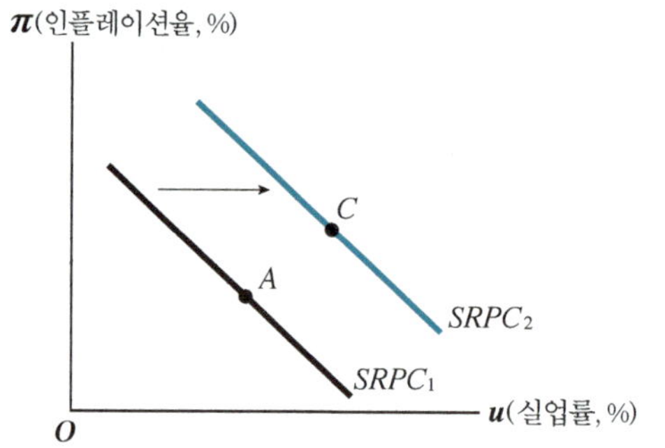

(b) 필립스곡선

3. 장기 총공급곡선과 장기 필립스곡선 : 상충관계 소멸, PC 수직, 자연(실업)률 가설

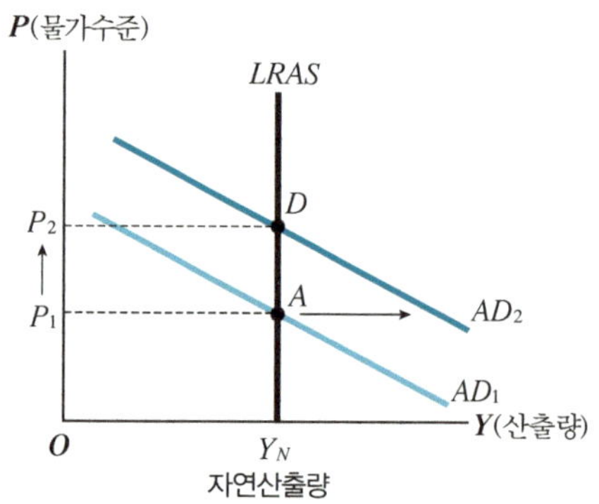

(a) 총수요-총공급 모형

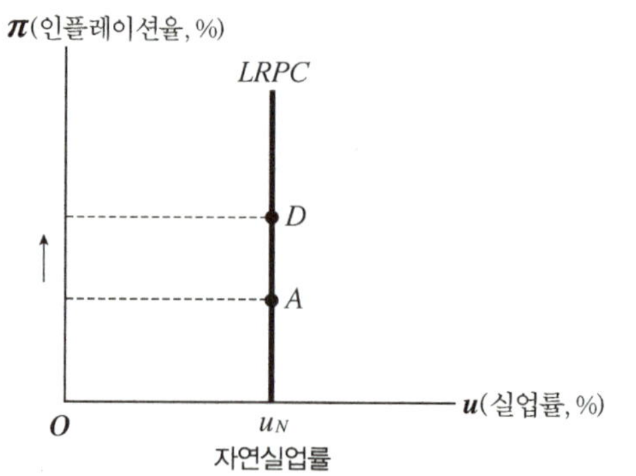

(b) 필립스곡선

Ⅱ 필립스곡선의 형태 및 이동

	장기 필립스곡선	단기 필립스곡선
형태	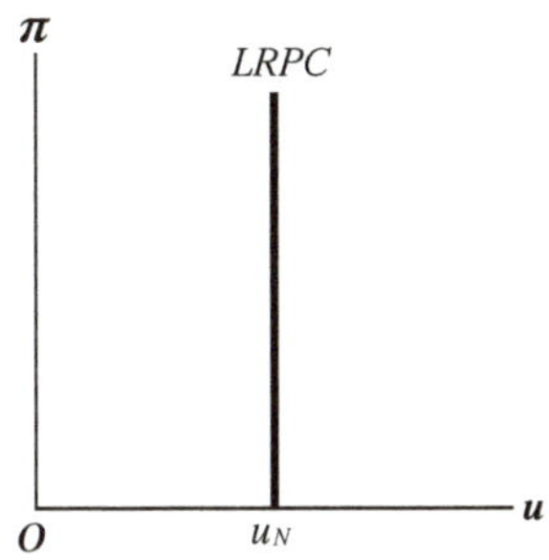	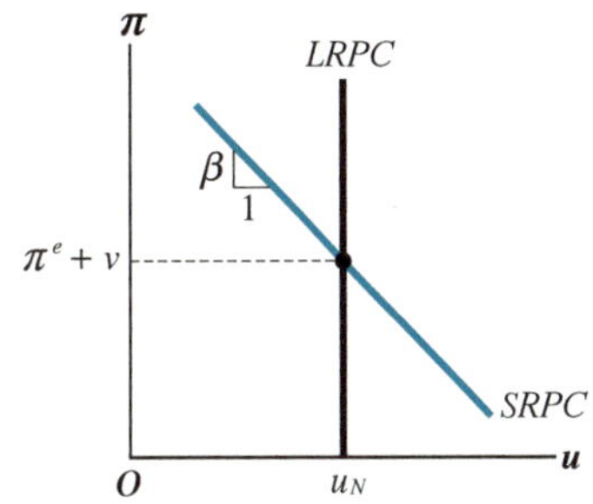
수식	■ $u = u_N$ (자연실업률 수준에서 수직)	■ $\pi = \pi^e - \beta(u - u_N) + v$ or $u = u_N - \alpha(\pi - \pi^e) + \mu$ (단, v, μ는 부정적 충격)
의미	■ 상충관계 소멸	■ 상충관계 존재
기울기	■ 수직 (장기 총공급곡선이 수직인 이유와 동일)	■ 우하향(기울기 : $-\beta$) (단기 총공급곡선이 우상향하는 이유와 동일)
(우측)이동	■ 자연실업률의 상승(u_N)	■ 기대인플레이션의 상승(π^e) ■ 부정적 가격충격(v) ■ 자연실업률의 상승(u_N)

Tips

1. AD의 이동 = AS 상 이동 = PC 상 이동!
2. AS의 이동 = AD 상 이동 = PC의 이동!
3. AS 우상향 = PC 우하향
4. AS 수직 = PC 수직
5. $v = 0$일 때 u_N에서 높이가 π^e

Ⅲ 단기 인플레이션의 3가지 원인

$$\pi = \pi^e - \beta(u - u_N) + v$$

π^e ↑	$\beta(u - u_N)$ ↑	v ↑
자기 실현 (PC의)	수요 견인 (PC 상)	비용 인상 (PC의)

Ⅳ 인플레이션 가속화 현상과 NAIRU

■ 기대부가 필립스곡선, 적응적 기대(정태적 기대), $v = 0$을 가정할 때,

$$\pi = \pi_{-1} - \beta(u - u_N) \Rightarrow u \begin{matrix} > \\ = \\ < \end{matrix} u_N \Leftrightarrow \pi \begin{matrix} < \\ = \\ > \end{matrix} \pi_{-1} \Leftrightarrow \begin{matrix} \text{감속화} \\ \text{물가안정, 관성} \\ \text{가속화} \end{matrix}$$

■ 정부가 자연실업률보다 낮은 실업률을 달성하려고 한다면 인플레이션률을 지속적으로 상승시킬 수밖에 없다.

■ 자연실업률을 인플레이션을 가속하지 않는 최저실업률(NAIRU)이라고 함

Ⅴ 인플레이션 저감의 비용

1. 희생비율(sacrifice ratio) : 인플레이션 저감비용

■ 1%p의 인플레이션을 감소시키기 위해 감수해야 하는 *RGDP*의 누적감소비율

⇒ 희생비율 = *RGDP* 총감소율/인플레이션 총감소분

2. 급랭정책과 점진정책

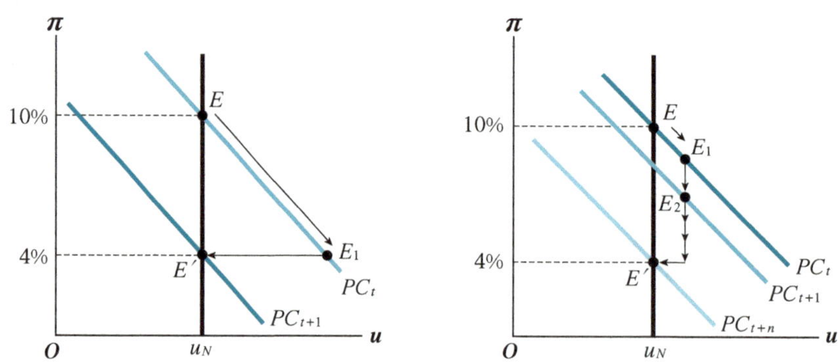

(a) 급랭정책 (b) 점진정책

■ **급랭정책** : 짧은 기간 높은 실업, **점진정책** : 오랜 기간 낮은 실업 유발

⇒ 적응적 기대 가정 시 어느 쪽이 나은지 평가 어려움

⇒ 합리적 기대 가정 시 새고전파는 급랭정책을 선호, 새케인즈파는 점진정책을 선호

⇒ *PC*가 가파를수록, *PC* 이동폭이 클수록 희생비율이 작아짐

⇒ 고통 없는 디스인플레이션 조건 = 정책무력성 명제 조건

Ⅵ 이력가설

1. 의미

- 실제 실업률이 높아진 상태가 일정 기간 유지될 경우 자연실업률 자체가 높아지는 현상
- 경기후퇴가 종료된 이후에도 고용이 원상을 회복하지 못하는 현상

  ⇒ 단기뿐만 아니라 장기에도 PC 우하향 가능(상충관계 존재)

2. 발생원인

① 노동시장의 신호이론

② 노동자의 숙련도 상실

③ 근로에 대한 태도변화

④ 관대한 실업보험제도

⑤ 내부자-외부자 모형

Tips

1. 자연실업률가설에 의할 때 다른 정책은 몰라도 통화정책은 u_N에 영향을 미치지 못함.
2. 이력가설에 의할 때 통화정책도 u_N에 영향을 미칠 수 있음.

Part-1 기본 문제

01 **우리나라의 인플레이션율과 실업률 간의 관계가 아래 식과 같이 주어져 있다고 하자. 이 식에 대한 설명으로 틀린 것은?** 2005년 감정평가사

인플레이션율 = 3% − 1.0 × (실업률 − 4%)

① 우리나라의 장기 인플레이션율은 3%이다.
② 위 식은 단기 총공급곡선이 우상향하는 경우에 나타난다.
③ 우리나라의 자연실업률은 4%이다.
④ 고용이 완전고용수준을 초과하는 경우 인플레이션율은 반드시 3%보다 높다.
⑤ 위 식은 경기침체기에만 나타난다.

hint
현재 사용되는 필립스곡선의 일반적인 형태는 $\pi = \pi^e - \beta(u - u_N) + \nu$이다. 위 수식에 나타내어진 필립스곡선이 나타내는 실업과 인플레이션 간의 상충관계는 호 · 불황과 무관하게 성립하는 관계이다.

02 **다음 중 단기 필립스곡선이 우하향하는 이유와 관계 없는 것은?**

① 물가의 변화에 따라 명목임금이 신축적으로 변동하고 이에 따라 생산도 변한다.
② 불완전정보로 인하여 전반적인 물가수준의 변화와 상대가격의 변화를 혼동한다.
③ 수요의 변화에 따라 기업들이 가격을 즉각적으로 조정할 수 없다.
④ 노동수요는 실질임금에 의존하지만 노동공급은 기대실질임금의 함수이다.
⑤ 임금이 장기계약에 의해 정해진다.

hint
단기 필립스곡선은 단기 총공급곡선으로부터 도출된다. 따라서 단기 필립스곡선이 우하향하는 이유는 단기 총공급곡선이 우상향하는 4가지 이유와 동일하다.
①은 고전학파의 기본 가정, ②는 불완전정보 모형(루카스 모형), ③은 비신축가격 모형, ④는 노동자오인 모형, ⑤는 비신축임금 모형(임금계약 모형)에 해당한다.

03 **경제주체들이 앞으로 인플레이션이 더욱 심화될 것으로 예상하게 되는 경우 장 · 단기 필립스곡선에 미치는 영향을 옳게 설명한 것은?** 2003년 보험계리사 응용

① 장기 필립스곡선은 우측으로 단기 필립스곡선은 위쪽으로 이동한다.
② 장기 필립스곡선은 좌측으로 단기 필립스곡선은 위쪽으로 이동한다.
③ 장기 필립스곡선은 이동하지 않고 단기 필립스곡선은 위쪽으로 이동한다.
④ 장 · 단기 필립스곡선은 모두 이동하지 않고 단기 필립스곡선 상에서 이동한다.

hint

필립스곡선의 이동요인

단기 필립스곡선(우측이동)	**장기 필립스곡선**(우측이동)
기대인플레이션의 상승(π^e) 부정적 가격충격(ν) 자연실업률의 상승(u_N)	자연실업률의 상승(u_N)

04 **경제 내의 임금계약 중 장기계약으로 이루어지는 비율이 높아졌다고 할 때 옳은 것은?**

① 장기 필립스곡선이 완만해진다.
② 장기 필립스곡선이 가팔라진다.
③ 단기 필립스곡선이 완만해진다.
④ 단기 필립스곡선이 가팔라진다.
⑤ 단기 필립스곡선이 안쪽으로 이동한다.

hint

임금계약 중 장기계약의 비율이 높아진다는 것은 전반적으로 임금의 경직성이 높아진다는 것을 의미하는데, 이 경우 총수요가 증가할 때 산출량에 미치는 효과가 커진다. 즉, 단기 총공급곡선이 완만해진다. 이때 단기 필립스곡선도 완만해진다.

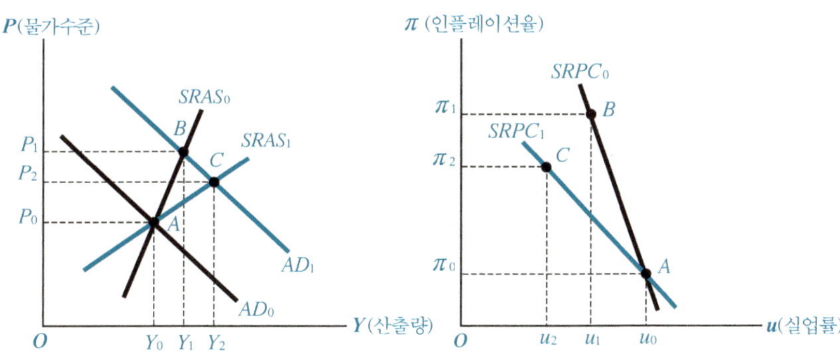

$SRAS_0$, $SRPC_0$: 장기계약 비중이 낮은 경우($A \to B$)
$SRAS_1$, $SRPC_1$: 장기계약 비중이 높은 경우($A \to C$)

정답 1 ⑤ 2 ① 3 ③ 4 ③

05 **적응적 기대 가설 하에서 필립스곡선(Phillips curve)에 관한 설명으로 옳은 것을 모두 고른 것은?**

2011년 공인노무사

> ㄱ. 필립스곡선은 단기에 인플레이션율과 실업률 간에 음(-)의 상관관계를 나타낸다.
> ㄴ. 밀턴 프리드먼(M. Friedman)에 의하면 필립스곡선은 장기에 우하향한다.
> ㄷ. 예상 인플레이션율이 상승하면 단기 필립스곡선은 오른쪽으로 이동한다.
> ㄹ. 단기적으로 실업률이 자연실업률보다 클 경우 물가가 상승한다.

① ㄱ, ㄴ
② ㄴ, ㄷ
③ ㄱ, ㄷ
④ ㄴ, ㄹ
⑤ ㄷ, ㄹ

hint

ㄹ. (×), 엄밀히 말하면, 적응적(정태적) 기대를 가정할 때 실업률이 자연실업률보다 클 경우 물가상승률이 낮아진다. [단, 공급충격 $v = 0$ 가정]

$$\pi = \pi_{-1} - \beta(u - u_N) \Rightarrow u \gtreqless u_N \text{이면 } \pi \lesseqgtr \pi_{-1}$$

06 **다음 중 옳은 것은?**

① 스태그플레이션은 필립스곡선 상의 우측이동으로 설명할 수 있다.
② 스태그플레이션은 필립스곡선 상의 좌측이동으로 설명할 수 있다.
③ 스태그플레이션은 필립스곡선의 우측이동으로 설명할 수 있다.
④ 스태그플레이션은 필립스곡선의 좌측이동으로 설명할 수 있다.
⑤ 스태그플레이션은 필립스곡선으로는 설명할 수 없는 현상이다.

hint

스태그플레이션은 실업률과 인플레이션율이 동시에 상승하는 현상으로서 필립스곡선 상의 이동으로 설명할 수는 없지만 필립스곡선 자체가 이동하는 현상으로 이해할 수 있다.

07 **인플레이션 저감정책(disinflation policy)의 비용은 일시적이지만 혜택은 영원하다는 주장은 다음 중 어떤 이론에 근거한 것인가?**

① 신경제이론
② 자연실업률가설
③ 합리적 기대 가설
④ 이력가설
⑤ 임금경직성 가설

hint

자연실업률가설(natural rate hypothesis)에 따르면 인플레이션 저감정책의 비용은 실업의 증가 또는 산출량의 감소이지만 장기적으로 실업은 자연실업 수준으로 돌아오기 때문에 이러한 비용은 일시적이다.

08 **현재 인플레이션율 8%에서 4%로 낮출 경우 〈보기〉를 참고하여 계산된 희생률은?** (단, Π_t, Π_{t-1}, U_t는 각각 t기의 인플레이션율, $(t-1)$기의 인플레이션율, t기의 실업률이다.) 2021년 감정평가사

> ▪ $\Pi_t - \Pi_{t-1} = -0.8(U_t - 0.05)$　　▪ 현재 실업률 : 5%
> ▪ 실업률 1%p 증가할 때 GDP 2% 감소로 가정
> ▪ 희생률 : 인플레이션율을 1%p 낮출 경우 감소되는 GDP 변화율(%)

① 1.5　② 2　③ 2.5
④ 3　⑤ 3.5

hint

1. 필립스곡선에서 4%p의 디스인플레이션은 5%p의 실업률 증가를 유발한다.
2. 5%p의 실업률 증가는 10%의 GDP를 감소시킨다.
3. 희생률 = $\dfrac{\text{총소득손실률}}{\text{인플레이션율 감소분}} = \dfrac{-10\%}{-4\%} = 2.5$가 된다.

09 **필립스곡선에 대한 설명으로 가장 옳지 않은 것은?** 2018년 서울시 7급

① 예상 인플레이션율의 상승은 단기 필립스곡선을 위쪽으로 이동시킨다.
② 부의 공급충격이 발생하면 단기 필립스곡선은 위쪽으로 이동하고 스태그플레이션이 발생한다.
③ 단기 필립스곡선의 기울기가 급할수록 인플레이션율 1% 포인트를 낮추기 위해 필요한 GDP의 % 포인트 감소분으로 표시되는 희생비율이 높아진다.
④ 단기 필립스곡선의 기울기가 급할수록 총수요-총공급 모형에서의 단기 총공급곡선의 기울기도 급해진다.

hint

③ (×), 다른 조건이 동일할 때 필립스곡선의 기울기가 급할수록 인플레이션율을 낮추기 위한 실업률 증가분이 줄어들고 GDP 감소율도 감소한다.

정답　5 ③　6 ③　7 ②　8 ③　9 ③

10 통화량, 인플레이션과 고용에 대한 설명으로 옳은 것은?

2012년 국가직 7급

① 구직을 포기한 자의 수가 증가하면 실업률은 증가한다.

② 총수요관리를 통한 경기안정화정책은 자연실업률을 낮추기 위한 것이다.

③ 통화의 중립성(the neutrality of money)은 통화량의 증가가 주요 명목변수에 영향을 미치지 못함을 말한다.

④ 이력현상이론(hysteresis theory)에 따르면 장기불황이 지속되는 경우 자연실업률이 증가한다.

hint

② 총수요관리정책은 경기적 실업을 감소시키기 위한 것이다.

③ 통화의 중립성이란 통화량의 증가가 실질변수에 영향을 미치지 못함을 말한다.

11 필립스곡선(Phillips curve)에 대한 설명으로 옳지 않은 것은?

2016년 7급

① 1950년대 말 필립스(A. W. Phillips)는 영국의 실업률과 명목임금 상승률 사이에서 양(+)의 상관관계를 찾아냈다.

② 총공급곡선은 물가와 산출 분석에, 필립스곡선은 인플레이션과 실업 분석에 적절하다.

③ 이력현상(hysteresis)이 존재할 경우 거시경제정책은 장기적으로도 실업률에 영향을 미칠 수 있다.

④ 디스인플레이션 정책에 따른 희생률은 적응적 기대보다 합리적 기대에서 작게 나타난다.

hint

① (×), 필립스가 발견한 것은 실업률과 '명목' 임금 상승률 사이의 음(-)의 상관관계이다. 이를 이후 립시가 실업률과 인플레이션 간의 관계로 변경하여 오늘날까지 사용되고 있다.

④ (○), 합리적 기대 하에서 정책에 대한 사전공지가 이루어지고 정책이 신뢰성이 있다면 희생률은 낮아질 수 있다.

정답 10 ④ 11 ①

Part-2 실전 문제

01 **다음 중 필립스곡선에 대한 설명으로 맞는 것을 고르면?**

① 장기노동계약자의 비중이 높을수록 단기 필립스곡선이 가파른 기울기를 가진다.

② 자연실업률이 증가하면 필립스곡선이 하향이동한다.

③ 예상물가상승률이 증가하면 필립스곡선이 하향이동한다.

④ 단기 필립스곡선이 장기 필립스곡선보다 더 가파른 기울기를 가진다.

⑤ 물가연동제를 실시하는 노동계약의 비중이 클수록 단기 필립스곡선은 더 가파른 기울기를 가진다.

hint

① 비신축임금 모형에서 장기노동계약자의 비중이 높을수록 총공급곡선은 완만해진다. 이 경우 필립스곡선도 완만해진다.

② 자연실업률이 증가하면 필립스곡선은 우측(상방)이동한다.

③ 예상물가상승률이 증가하면 필립스곡선은 상방(우측)이동한다.

④ 장기적으로 실업률은 자연실업률로 회귀하므로 단기 필립스곡선보다 장기 필립스곡선이 가파르다.

⑤ 물가연동제(indexation)란 물가가 상승하는 만큼 명목임금을 상승시켜 주는 계약을 의미한다. 만약 완전한 물가연동제가 이루어진다면 실질임금이 일정하게 유지되며 산출량도 변하지 않아 총공급곡선과 필립스곡선이 수직이 된다. 따라서 물가연동제를 채택하는 기업의 비율이 늘어날수록 필립스곡선이 가팔라져서 수직에 가까워질 것으로 생각할 수 있다.

정답 1 ⑤

02 필립스곡선에 관한 설명으로 옳지 않은 것은? 2014년 공인노무사

① 장기 필립스곡선이 수직이 되는 이유는 장기에는 화폐환상이 사라지기 때문이다.

② 필립스곡선은 실업률과 인플레이션율 사이의 관계를 나타낸다.

③ 스태그플레이션은 필립스곡선이 불안정함을 보여주는 사례이다.

④ 새고전학파에 따르면 예상된 정부 정책이 실시되었을 때 필립스곡선은 단기에서도 자연실업률 수준에서 수직이 된다.

⑤ 필립스곡선이 우하향할 때 예상 인플레이션율이 상승하면 필립스곡선은 하방으로 이동한다.

hint

① 필립스곡선이 수직이 되기 위해서는 화폐환상 및 각종의 비신축성이 사라져야 한다.
③ 스태그플레이션은 필립스곡선이 이동하면서 발생하는 현상으로 볼 수 있다.
④ 정책무력성 명제가 성립하는 경우는 우상향하는 단기 총공급의 이동으로 나타내는 것이 타당하지만, 단기적으로도 총공급곡선이 수직이 된다는 표현을 쓰기도 한다.
⑤ 예상 인플레이션율의 상승, 부정적 공급충격 등은 필립스곡선을 바깥쪽(상방)으로 이동시킨다.

03 다음의 인플레이션 요인들 중 그 성격이 다른 것은? 2009년 국회 8급

① 경기침체를 해소하기 위한 경기부양책으로 통화공급량을 대폭 증가시켰다.

② 사회간접자본 확충을 위한 통신망 구축사업이 시행되었다.

③ 기업이 대규모 해외자본을 유치하여 투자를 확대하였다.

④ 중국과 인도 등의 경제성장으로 우리나라의 수출이 크게 증가하였다.

⑤ 세계경제의 성장으로 세계원자재에 대한 수요가 크게 증가하고 있다.

hint

①~④ 수요견인인플레이션
⑤ 비용인상인플레이션

04 필립스곡선의 형태에 대한 설명 중 옳은 것을 모두 고른 것은? 2006년 공인회계사

가. 우상향하는 총공급곡선 하에서 총수요가 변하면 필립스곡선은 우하향한다.
나. 수직의 총공급곡선 하에서 총수요가 변하면 필립스곡선은 수직이다.
다. 우하향하는 총수요곡선 하에서 총공급이 변하면 필립스곡선은 우상향한다.

① 가 ② 나
③ 다 ④ 가, 나
⑤ 가, 나, 다

hint

총수요-총공급 모형에서 총수요충격(*AD* shock)은 필립스곡선 상의 이동이 되고, 총공급충격(*AS* shock)은 필립스곡선 자체의 이동이 된다. 일부 교과서에서는 총공급충격으로 인해 필립스곡선이 이동하면서 나타나는 점을 연결하여 필립스곡선이 우상향한다고 표현하기도 한다.

05 인플레이션율과 실업률에 관한 설명으로 옳은 것은? 2009년 감정평가사

① 필립스곡선은 인플레이션율과 실업률 간의 양(+)의 관계를 보여준다.
② 합리적 기대 이론에 따르면 인플레이션율과 실업률은 장기적으로는 양(+)의 관계에 있지만 단기적으로는 음(−)의 관계에 있다.
③ 인플레이션율과 실업률이 동시에 상승하는 현상은 필립스곡선의 이동으로 설명될 수 있다.
④ 스태그플레이션은 인플레이션율이 상승하면서 실업률이 감소되는 현상이다.
⑤ 총공급충격은 스태그플레이션을 초래할 수 없다.

hint

잘못된 보기들을 바로잡으면 다음과 같다.

① 필립스곡선은 인플레이션율과 실업률 간의 음(−)의 관계를 보여준다.
② 합리적 기대 이론에 따르면 실업률은 장기적으로는 인플레이션율과 무관하다.
④, ⑤ 스태그플레이션은 인플레이션율과 실업률이 동시에 상승하는 현상으로서 총공급충격에서 비롯한다.

정답 2 ⑤ 3 ⑤ 4 ⑤ 5 ③

06

F국가의 필립스곡선이 아래와 같이 추정되었을 때 이에 대한 해석으로 옳은 것은? (단, 공급충격은 없다고 가정한다.)

2011년 보험계리사

$$\pi = \pi^e + 3.2 - 0.8u$$

(단, π는 인플레이션율, π^e는 기대인플레이션율, u는 실업률임)

① 장기 필립스곡선은 자연실업률이 4.0%인 점에서 수직인 형태를 취한다.

② 단기 필립스곡선은 우하향하며, 기대인플레이션이 상승하면 그 기울기가 가파르게 된다.

③ 기대인플레이션이 상승하면 장기 필립스곡선이 오른쪽으로 이동한다.

④ 3.5%의 인플레이션이 예상되는 상황에서 정부가 실업률을 5.0%에서 4.0%로 낮추고자 한다면 인플레이션율이 1.2% 포인트 상승하는 것을 감수하여야 한다.

hint

① 위 식을 정리하면 $\pi = \pi^e - 0.8(u - 4)$가 된다. $\pi = \pi^e$일 때 $u_N = 4$가 된다.

②, ③ 기대인플레이션이 상승하면 단기 필립스곡선은 이동하지만, 장기 필립스곡선은 영향을 받지 않는다.

④ 인플레이션기대가 주어져 있을 때(그 값이 얼마인지는 무관) 실업률 1%p 감소를 위해 0.8%p의 인플레이션율 상승을 감수해야 한다.

07

다음과 같은 가정이 성립한다고 하자.

1. 자연실업률은 일정하다.
2. 외생적 공급충격은 없다.
3. 인플레이션에 대한 기대는 전기 인플레이션과 동일하다.

이러한 경우 중앙은행이 실제 실업률을 자연실업률보다 낮게 유지하려 할 경우 예상되는 결과는?

① 인플레이션율은 변하지 않는다.

② 인플레이션율은 1회적으로 상승한다.

③ 인플레이션율은 매 기간 일정한 폭으로 상승한다.

④ 인플레이션율은 1회적으로 하락한다.

⑤ 인플레이션율은 매 기간 일정한 폭으로 하락한다.

hint

$$\begin{array}{l} u > u_N \Rightarrow \pi < \pi^e(=\pi_{-1}) \\ u = u_N \Rightarrow \pi = \pi^e(=\pi_{-1}) \\ u < u_N \Rightarrow \pi > \pi^e(=\pi_{-1}) \end{array}$$

적응적 기대를 반영한 단기 필립스곡선에서 위 관계가 성립한다. 즉, 실업률이 자연실업률보다 낮으면 물가상승률이 점점 높아진다. 이를 인플레이션 가속화현상(inflation acceleration)이라고 한다.

08 **기대를 반영한 필립스곡선이 아래와 같을 때 이에 대한 〈보기〉의 설명 중 옳지 않은 것을 모두 고르면?** 2010년 국회 8급

$$\pi = \pi^e - 0.4(u - 4)$$

(π : 실제 인플레이션, π^e : 기대인플레이션, u : 실제 실업률)

> 가. 실제 인플레이션이 기대인플레이션과 동일하면 실제 실업률은 4%이다.
> 나. 기대인플레이션이 상승하면 필립스곡선은 위로 평행이동한다.
> 다. 잠재 GDP에 해당하는 실업률은 4%이다.
> 라. 실제 실업률이 4%보다 크면 실제 인플레이션은 기대인플레이션보다 높다.
> 마. 기대인플레이션이 전기의 실제 인플레이션과 동일하다고 할 때 실제 인플레이션이 전기에 비해 2%p 감소하기 위해서는 실제 실업률이 8%가 되어야 한다.

① 가, 나
② 나, 라
③ 라
④ 마
⑤ 라, 마

hint

가~라. 기대부가 필립스곡선 $\pi = \pi^e - \beta(u - u_N)$과 오쿤의 법칙 $\frac{\overline{Y} - Y}{\overline{Y}} = \alpha(u - u_N)$에서 다음의 관계가 성립한다. (단, 위 문제에서 $\beta = 0.4, u_N = 4$이다.)

$$\pi \begin{array}{c} > \\ = \\ < \end{array} \pi^e \Rightarrow u \begin{array}{c} < \\ = \\ > \end{array} u_N(=4) \Rightarrow Y \begin{array}{c} > \\ = \\ < \end{array} \overline{Y}$$

마. $\pi = \pi_{-1} - 0.4(u - 4)$에서 $\pi - \pi_{-1} = -0.4(u - 4) = -2$가 만족되기 위해서 $u = 9(\%)$가 되어야 한다.

정답 6 ① 7 ③ 8 ⑤

09 아래 그림에서 어떤 경제가 점 B에 있다고 하자. 다음 설명 중 옳은 것은? 2013년 공인회계사

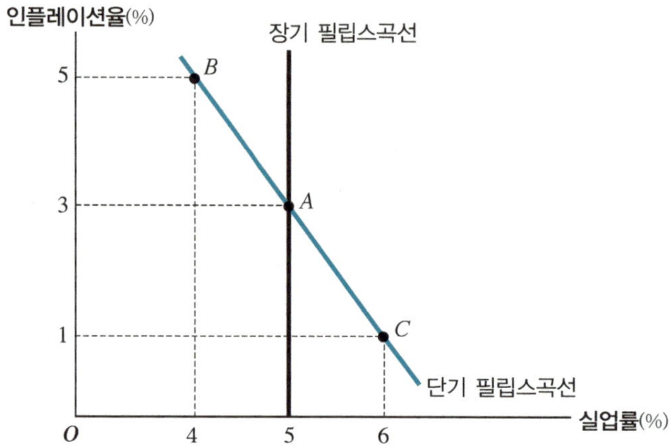

① 기대인플레이션율과 실제 인플레이션율이 같다.

② 이 경제에서는 잠재 실질 GDP가 달성되고 있다.

③ 기대인플레이션율은 3%이다.

④ 자연실업률은 4%이다.

⑤ 기대인플레이션율의 하락은 B에서 A로의 이동을 가져온다.

hint

기대부가 필립스곡선 $\pi = \pi^e - \beta(u - u_N)$과 오쿤의 법칙 $\frac{\overline{Y} - Y}{\overline{Y}} = \alpha(u - u_N)$에서 다음의 관계가 성립한다.

$\pi > \pi^e \Rightarrow u < u_N \Rightarrow Y > \overline{Y}$

$\pi = \pi^e \Rightarrow u = u_N \Rightarrow Y = \overline{Y}$

$\pi < \pi^e \Rightarrow u > u_N \Rightarrow Y < \overline{Y}$

①, ② 현재 B점에서 $u < u_N$이 성립하므로 $\pi > \pi^e$, $Y > \overline{Y}$가 성립한다.

③ 기대인플레이션율은 $u = u_N$일 때의 인플레이션율과 일치한다.

⑤ 기대인플레이션율의 변화는 필립스곡선을 이동시킨다.

10 한국 경제가 현재 단기 필립스곡선 SP_1 상의 a점에 있다고 가정하자. 중동지역 정세의 불안정으로 인해 에너지 가격이 폭등할 경우 단기에서 장기까지 한국 경제의 예상 이동경로로 옳은 것은? (단, U_n은 자연실업률 수준을 나타냄) 2014년 국회 8급

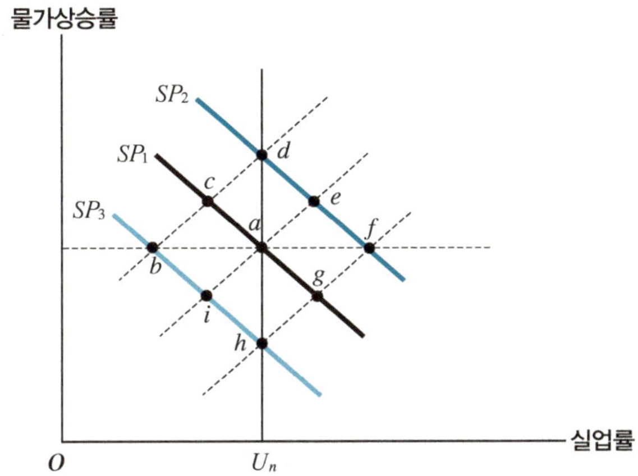

① $a \to c \to d$ ② $a \to e \to d$ ③ $a \to g \to h$
④ $a \to i \to h$ ⑤ $a \to e \to a$

hint

유가가 일시적으로 폭등하면 단기 총공급곡선이 좌측으로 이동함으로써 물가상승률은 상승하고 실업률은 증가한다. 이후 잠재산출량보다 낮은 상태에서 예상물가수준이 하락하면서 총공급곡선이 우측으로 이동한다.

정답 9 ③ 10 ⑤

11 다음은 어느 경제의 $AD-AS$ 곡선과 필립스곡선을 나타낸다. $AD-AS$ 균형이 $A \rightarrow B \rightarrow C$로 이동할 경우 필립스곡선에서 해당하는 균형 이동으로 적절한 것은? 2021년 공인회계사

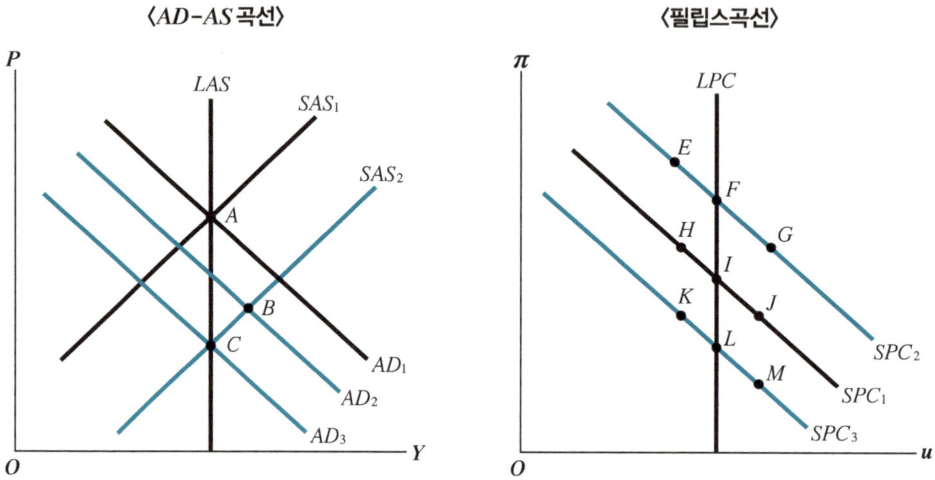

① $I \rightarrow H \rightarrow I$　② $I \rightarrow J \rightarrow L$　③ $I \rightarrow K \rightarrow L$

④ $L \rightarrow M \rightarrow L$　⑤ $F \rightarrow I \rightarrow J$

hint

$AD-AS$곡선과 필립스곡선이 거울이미지 성격을 갖는다는 점을 활용하면 된다.

$A \rightarrow B$: SAS곡선의 우측이동, SPC곡선의 좌측이동 $\Rightarrow$ ($F \rightarrow H$, $F \rightarrow K$ 또는 $I \rightarrow K$)

$B \rightarrow C$: SAS곡선 상의 좌측이동, SPC곡선 상의 우측이동 $\Rightarrow$ ($H \rightarrow I$ 또는 $K \rightarrow L$)

따라서 가능한 조합은 $F \rightarrow H \rightarrow I$, $F \rightarrow K \rightarrow L$, $I \rightarrow K \rightarrow L$ 세 가지이다.

12 **필립스곡선에 관한 설명으로 옳은 것을 모두 고른 것은?** 2013년 감정평가사

ㄱ. 원유가격의 상승은 단기 필립스곡선을 아래쪽으로 이동시킨다.
ㄴ. 기대인플레이션율의 상승은 단기 필립스곡선을 아래쪽으로 이동시킨다.
ㄷ. 합리적 기대 하에서 예상치 못한 통화정책은 인플레이션율과 실업률의 조합점을 단기 필립스곡선 상에서 이동시킨다.
ㄹ. 적응적 기대 하에서 통화정책은 인플레이션율과 실업률의 조합점을 단기 필립스곡선 상에서 이동시킨다.

① ㄱ, ㄴ ② ㄱ, ㄷ ③ ㄴ, ㄷ
④ ㄴ, ㄹ ⑤ ㄷ, ㄹ

hint

ㄱ. 아래쪽 ⇒ 위쪽, ㄴ. 아래쪽 ⇒ 위쪽
ㄷ. ㄹ. 합리적 기대 하에서 예상치 못한 통화정책 및 적응적 기대 하에서 통화정책은 모두 단기 필립스곡선 상에서 이동을 만들어낸다. 합리적 기대의 경우 1기간 후 바로 장기균형으로 이동하지만 적응적 기대 하에서는 여러 기간에 걸쳐 서서히 장기균형으로 이동한다.

13 **단기 필립스곡선은 $\pi_t = \pi^e - 0.5(u_t - u^n)$이다. 중앙은행이 실업률을 u^n 수준으로 달성하기 위한 방법으로 옳은 것은?** (단, π_t는 t기의 물가상승률, π^e는 예상물가상승률, u_t는 t기의 실업률, u^n은 자연실업률이다.) 2014년 감정평가사

① 통화량 증가율을 높이다가 예고 없이 갑자기 낮춘다.
② 통화량 증가율을 낮추다가 예고 없이 갑자기 높인다.
③ 통화량 증가율을 일정하게 유지한다고 공표한 다음 그대로 지킨다.
④ 통화량 증가율을 일정하게 유지한다고 공표한 다음 더 높은 수준으로 바꾼다.
⑤ 통화량 증가율을 일정하게 유지한다고 공표한 다음 더 낮은 수준으로 바꾼다.

hint

$u_t = u^n$이기 위해서는 $\pi^e = \pi_t$이어야 한다. 이를 위해서는 정책을 사전에 공표한 후 이와 일치하는 정책을 시행해야 한다. 단, 정책에 대한 신뢰성이 확보되어 있음을 전제한다.

정답 11 ③ 12 ⑤ 13 ③

14 **적응적 기대 가설에 기초한 필립스곡선에 관한 설명으로 옳지 않은 것은?** 2010년 감정평가사

① 정부지출이 증가하면 단기적으로 경제의 균형은 필립스곡선을 따라 실업률이 더 낮고 인플레이션율이 더 높은 점으로 옮겨간다.

② 통화량이 증가하면 장기적으로 경제의 균형은 필립스곡선을 따라 실업률은 변하지 않고 인플레이션율만 더 높은 점으로 옮겨간다.

③ 유가상승과 같은 공급충격은 단기적으로 필립스곡선을 왼쪽으로 이동시켜 경제의 균형은 실업률과 인플레이션율이 모두 낮은 점으로 옮겨간다.

④ 예상 인플레이션율이 더 높을수록 단기 필립스곡선은 더 높은 곳에 위치한다.

⑤ 프리드먼(M. Friedman)에 의하면 장기적으로는 실업률과 인플레이션율 사이에 상충관계가 성립하지 않는다.

hint

①, ② 적응적 기대에 의하면 재정정책이나 통화정책이 확장적으로 이루어지는 경우 단기적으로는 단기 필립스곡선을 따라 실업률이 낮고 인플레이션율이 높은 점으로 이동하지만, 장기적으로는 실업률이 자연실업률 수준으로 돌아오고 인플레이션율만 상승한다.

③ 유가상승과 같은 부정적 공급충격은 단기 필립스곡선을 우상방으로 이동시키고, 실업률과 인플레이션율을 모두 상승시키는데, 이를 스태그플레이션(Stagflation)이라고 한다.

15 **반인플레이션정책(disinflation policy)과 관련된 다음 설명 중 옳지 않은 것은?**

① 희생비율이란 인플레이션율을 1%p 낮추기 위해 감수해야 하는 GDP 감소율을 말한다.

② 정부 정책에 대한 국민들의 신뢰도가 매우 높다면 희생비율은 낮아질 수 있다.

③ 급랭정책(cold turkey)이란 급진적으로 인플레이션율을 낮추기 위한 정책을 말한다.

④ 합리적 기대론자들은 급진적인 정책보다는 점진적인 반인플레이션정책을 주장한다.

⑤ 노동시장에서의 임금이 비신축적일수록 희생비율이 높다.

hint

합리적 기대론자들은 정책의 신뢰성을 얻기 위해서는 급진적인 정책을 통해 빠른 시간 내에 인플레이션을 퇴치하는 것이 바람직하다고 본다.

16 **단기에서 총공급곡선은 우상향하고 필립스곡선은 우하향하며 장기에서는 둘 다 수직이라고 할 때 다음 설명 중 옳은 것을 모두 고르면?** 2013년 공인회계사

(가) 총공급곡선이 우상향하는 이유는 메뉴비용, 장기계약, 불완전정보 등으로 설명할 수 있다.
(나) 필립스곡선이 수직에 가깝다면 인플레이션율을 1% 하락시키기 위한 국민소득 감소분으로 표현되는 희생비율이 크다.
(다) 우상향하는 총공급곡선과 우하향하는 필립스곡선은 모두 총수요관리정책을 통하여 국민소득 안정화정책이 가능함을 의미한다.
(라) 장기 총공급곡선과 장기 필립스곡선 하에서는 화폐의 중립성이 성립한다.

① (가), (나) ② (다), (라) ③ (가), (나), (다)
④ (가), (나), (라) ⑤ (가), (다), (라)

hint

(나) 필립스곡선이 가파르다면 디스인플레이션이 이루어지더라도 실업의 증가분이 크지 않다.
(다) 우상향하는 총공급곡선과 우하향하는 필립스곡선은 재량적 안정화정책의 이론적 근거로 제시되었으나 통화주의, 새고전학파 등에 의해 비판받게 된다.

17 **기대가 부가된 필립스곡선**(expectation-augmented Phillips curve)**과 관련된 다음 설명 중 가장 옳지 않은 것은?** 2014년 공인회계사

① 중동전쟁으로 원유가격이 급등하면 필립스곡선이 이동한다.
② 오쿤의 법칙(Okun' s law)과 결합하여 총공급곡선을 도출할 수 있다.
③ 1970년대 스태그플레이션(stagflation)을 설명하는 데 유용하다.
④ 기대 물가상승률이 합리적 기대에 따라 결정되면 예상된 통화정책은 실업률에 영향을 미치지 않는다.
⑤ 다른 조건이 같다면 필립스곡선이 가파를수록 희생률(sacrifice ratio)이 크다.

hint

④ 이는 정책무력성의 명제를 설명하고 있다. 단, 이 명제가 성립하기 위해서는 합리적 기대에 더하여 정책에 대한 완전한 정보, 완전한 가격, 임금경직성 등이 만족되어야 한다. (이러한 조건을 고려하지 않고 합리적 기대만으로 정책무력성 명제가 성립할 것이라는 설명은 새고전파적 논리에 치우친 서술이지만 오래된 출제관행이고 다른 잘못된 보기가 있으므로 맞는 보기로 간주한다.)
⑤ 필립스곡선이 가파르다면 디스인플레이션 정책을 실시하더라도 실업률의 증가는 그다지 크지 않다.

정답 14 ③ 15 ④ 16 ⑤ 17 ⑤

18 **필립스곡선과 고통 없는 디스인플레이션(disinflation)에 대한 설명으로 가장 적절한 것은?**

2017년 공인회계사

① 적응적 기대(adaptive expectation) 하에서는 고통 없는 디스인플레이션이 가능하다.

② 필립스곡선이 원점에 대해서 볼록하면, 필립스곡선 상의 어느 점에서 측정해도 희생률(sacrifice ratio)은 일정하다.

③ 고통 없는 디스인플레이션이란 단기 필립스곡선 상의 움직임을 말한다.

④ 고통 없는 디스인플레이션이 가능하려면 정부의 디스인플레이션 정책이 미리 경제주체들에게 알려져야 한다.

⑤ 필립스곡선이 우상향하는 스태그플레이션 현상이 나타날 때에 희생률은 더 크다.

hint

* **고통 없는 디스인플레이션의 조건**

1. 충분한 사전공지
2. 민간의 합리적 기대
3. 정책의 신뢰성
4. 모든 가격과 임금의 완전한 신축성

위 조건이 만족될 경우 정책실시와 함께 필립스곡선이 신속히 이동하여 실업증가 및 산출량 감소가 발생하지 않는다.

① (×), 합리적 기대 전제

② (×), 디스인플레이션이 필립스곡선 상의 이동으로 나타내어질 경우라면 필립스곡선 기울기가 완만할수록 희생률이 크다.

③ (×), 고통없는 디스인플레이션은 '필립스곡선 상의 이동'이 아닌 '필립스곡선의 이동'으로 나타내어진다.

④ (○)

⑤ (×), 필립스곡선이 우상향한다는 표현 자체가 논란의 여지가 있을 뿐 아니라 스태그플레이션 여부는 희생률에 직접 영향을 미치지 않는다.

19 다음 그림은 필립스곡선을 나타낸다. 현재 균형점이 A인 경우, (가)와 (나)로 인한 새로운 단기 균형점은? 2017년 국가직 7급

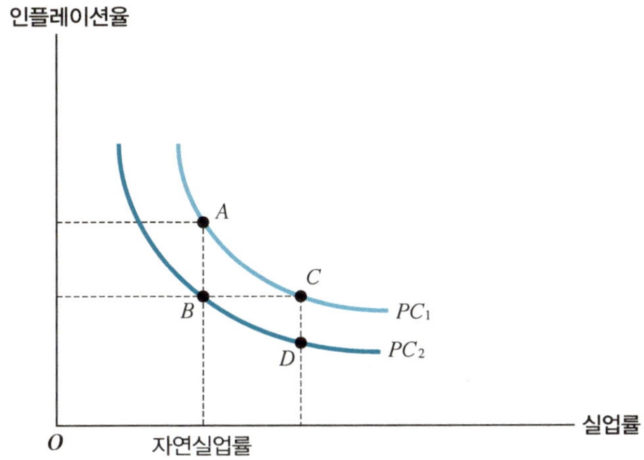

(가) 경제주체들의 기대형성이 적응적 기대를 따르고 예상하지 못한 화폐공급의 감소가 일어났다.
(나) 경제주체들의 기대형성이 합리적 기대를 따르고 화폐공급의 감소가 일어났다. (단, 경제주체들은 정부를 신뢰하며, 정부 정책을 미리 알 수 있다.)

	(가)	(나)
①	B	C
②	B	D
③	C	B
④	C	D

hint

(가) 예상하지 못한 총수요변화는 PC의 이동을 수반하지 않는 PC 상의 이동이다.
(나) 합리적 기대하 예상된 총수요변화는 PC의 이동으로 나타나며 실질변수에 영향을 미치지 않는다.

[단, 이러한 문제는 모든 가격과 임금의 완전한 신축성을 전제해야 하는데 출제관행상 이러한 조건은 만족된다고 전제하고 있다. 향후 이 부분에 대해서는 수정 또는 개선이 이루어질 수 있다고 본다.]

정답 18 ④ 19 ③

20 어떤 경제를 다음과 같은 필립스(Phillips) 모형으로 표현할 수 있다고 할 때 다음 설명 중 옳은 것은? 2018년 국회 8급

$$\pi_t = \pi_t^e - \alpha(u_t - \bar{u}) \qquad \pi_t^e = 0.7\pi_{t-1} + 0.2\pi_{t-2} + 0.1\pi_{t-3}$$

(단, π_t는 t기의 인플레이션율, π_t^e는 t기의 기대인플레이션율, α는 양의 상수, u_t는 t기의 실업률, $\bar{u}$는 자연실업률이다.)

① 기대 형성에 있어서 체계적 오류 가능성은 없다.
② 경제주체들은 기대를 형성하면서 모든 이용 가능한 정보를 활용한다.
③ 가격이 신축적일수록 α값이 커진다.
④ α값이 클수록 희생률(sacrifice ratio)이 커진다.
⑤ t기의 실업률이 높아질수록 t기의 기대인플레이션율이 낮아진다.

hint

① (×), 적응적 기대 하에서는 체계적 오류가 발생한다.
② (×), 이는 합리적 기대의 정의이다.
③ (○), α는 필립스곡선의 (−) 기울기인데 착각이 없을수록, 가격이 신축적일수록 그 값이 커진다.
④ (×), α가 크고 필립스곡선이 가파를수록 희생률이 낮다.
⑤ (×), 현재 실업률은 현재 예상 인플레이션율에 영향을 미치지 않는다.

21 물가와 물가정책에 대한 주장으로 옳은 것을 짝지은 것은? 2013년 보험계리사

㉠ 디스인플레이션(disinflation) 전략 중 점진주의(gradualism) 전략은 급랭(cold turkey) 전략에 비해 실업률 증가의 폭이 작기 때문에 물가안정의 비용이 더 낮다고 할 수 있다.
㉡ 일본의 양적완화(자산매입) 정책은 디플레이션을 막기 위한 것으로 해석할 수 있다.
㉢ 가격변수들이 신축적이고 물가상승률에 대한 기대가 정확한 장기에는 인플레이션과 실업률 간의 상충관계(trade-off)가 존재하지 않는다.
㉣ 인플레이션이 완전히 예견되면 경제적 비용은 발생하지 않는다.

① ㉠, ㉣ ② ㉡, ㉢
③ ㉡, ㉣ ④ ㉠, ㉢

hint

㉠ 점진주의(gradualism) 전략과 급랭(cold turkey) 전략 중 어느 쪽이 희생비율이 낮은지는 정책신뢰성, 사전공지 여부, 가격, 임금경직성 등 다양한 요인을 고려해야 하므로 일률적으로 평가할 수 없다.
㉡ 일본의 양적완화(자산매입) 정책은 총수요를 확대하여 물가상승률을 상승시킬 것이다.

㉣ 인플레이션이 완전히 예견되더라도 구두창비용, 메뉴비용, 상대가격왜곡, 조세왜곡 등의 비용이 발생한다.

22 어떤 경제의 실업률(u)과 물가상승률(π) 사이에 다음과 같은 필립스곡선(Phillips curve)이 성립한다고 하자. 주어진 필립스곡선과 관련된 다음 설명 중 옳지 않은 것은? 2015년 공인회계사

$$\pi = \pi^e - a(u - \bar{u})$$

$$\pi^e = \pi_{-1}$$

(π^e는 기대물가상승률, π_{-1}은 전기의 물가상승률, $\bar{u}$는 자연실업률, a는 유한한 양의 상수)

① π^e는 적응적 기대에 따라 형성된다.

② 가격이 신축적일수록 a가 큰 경향이 있다.

③ 물가상승률을 낮추기 위해 감수해야 할 실업률의 증가폭은 a에 비례한다.

④ 물가상승률이 예상보다 높으면 실업률은 자연실업률보다 낮다.

⑤ 단기에 실업률은 물가상승률의 전기 대비 변화에 의해 결정된다.

hint

*PC*의 기울기가 클수록 희생비율이 작다.

*PC*가 정책변화에 즉각 반응할수록(즉, 이동이 즉각적일수록) 희생비율이 작다.

③ a의 증가 ⇒ *PC* 기울기 상승 ⇒ 희생비율 감소 ⇒ 디스인플레이션 시 감수해야 할 실업률 증가폭 감소

정답 20 ③ 21 ② 22 ③

23 **실업률 3%**(자연실업률), **경제성장률 2%**(잠재성장률), **인플레이션율 5%인 폐쇄경제에서 인플레이션율이 높다고 판단한 통화당국이 긴축정책을 시행하자 인플레이션율이 3%로 낮아졌다. 이 경제가 다음의 필립스곡선과 오쿤의 법칙을 따르며 자연실업률, 잠재성장률, 기대인플레이션율에 아무런 변화가 없다고 가정할 때 실업률과 경제성장률은?** (단, π_t는 현재 인플레이션율, π^e는 기대인플레이션율, u_t는 현재 실업률, u_N은 자연실업률, y_t는 현재 경제성장률, y_P는 잠재성장률이다.)

2023년 국가직 9급

- 필립스곡선 : $\pi_t = \pi^e - 0.5(u_t - u_N)$
- 오쿤의 법칙 : $u_t - u_{t-1} = -0.5(y_t - y_P)$

	실업률	경제성장률
①	5%	−2%
②	6%	−4%
③	7%	−6%
④	8%	−8%

hint

편의상 정책시행 이전을 1기, 정책시행 이후를 2기로 나타내자. 또한 정책시행 이후에도 자연실업률과 잠재성장률은 영향 받지 않는다고 가정한다. 문제에서 주어진 정보를 표로 정리하면 다음과 같다. (단위 : %)

	π_t	π^e	u_t	u_N	y_t	y_P
1기	5	a	3	3	2	2
2기	3	a	b	3	c	2

필립스곡선을 활용하면 $a = 5$, $b = 7$임을 구할 수 있다. 또한 오쿤의 법칙에 의하면 $c = -6$이 된다.

24 **오쿤의 법칙**(Okun's Law)**에 따라 실업률이 1% 포인트 증가하면, 실질 GDP는 약 2% 감소한다고 가정하자. 만약 중앙은행이 화폐공급 증가율을 낮추어 인플레이션율은 10%에서 8%로 하락하였으나 실업률은 4%에서 8%로 증가하였을 경우 희생비율**(sacrifice ratio)**은?** (단, 희생비율 = 실질 GDP 손실률/인플레이션 감소분이며, 디스인플레이션으로 인한 실업률 상승은 1년간만 지속된다.)

2015년 감정평가사 응용

① 약 2
② 약 4
③ 약 6
④ 약 8
⑤ 약 10

hint

$$\text{희생비율} = \frac{Y \text{ 손실률}}{\pi \text{ 하락분}} = \frac{Y \text{ 손실률}}{u \text{ 증가분}} \times \frac{u \text{ 증가분}}{\pi \text{ 하락분}} = (-2) \times \frac{+4\%}{-2\%} = 4$$

25 **아래에 열거된 A국의 통계치를 이용하여 A국의 고통지수**(misery index)**를 구하라. 또한 A국 정부가 인플레이션율을 4.0%에서 2.0%로 떨어뜨리려는 정책이 성공한다면 연간 GDP는 얼마나 감소하는지 구하라.** (단, 다른 조건들이 일정하다고 가정)

가. 실업률 8.5%	나. 인플레이션율 4.0%
다. 희생비율 = 3	라. GDP 1,000조원
마. 청년실업률 10.5%	바. 예상 인플레이션율 3.0%

① 14.5, 60조 ② 12.5, 60조 ③ 14.5, 30조
④ 12.5, 30조 ⑤ 14.5, 45조

hint

고통지수 = 실업률 + 인플레이션율 = 12.5%

희생비율 = $\frac{\text{GDP 감소율}}{\pi \text{ 감소분}}$ = 3에서 GDP 감소율 = 3 × π 감소분 = −6%, 따라서 연간 GDP 감소분은 60조가 된다.

26 **중앙은행이 물가상승률을 2% 포인트 낮출 때 실업률이 4%에서 5%로 상승하였다. 자연실업률은 4%, 잠재성장률은 2%이다. 아래와 같은 오쿤**(Okun)**의 법칙을 이용하여 성장률의 관점에서 희생률**(sacrifice ratio)**을 구하면?** 2022년 보험계리사

$$u = u^* - 0.5(y - y^*)$$

(단, u는 실업률, u^*는 자연실업률, y는 성장률, y^*는 잠재성장률이다.)

① 0 ② 1
③ 2 ④ 3

hint

주어진 오쿤의 법칙에 따르면 실업률이 1%p 상승할 경우 성장률은 잠재성장률 대비 2%p 하락한다. 그런데 물가상승률을 2%p 낮추면 실업률은 1%p 상승하고 성장률이 2%p 하락한 것이므로, 희생률을 물가상승률을 1%p 낮추기 위해 감수해야 하는 성장률의 하락으로 정의하면 희생률은 1이다.

정답 23 ③ 24 ② 25 ② 26 ②

27 어느 경제의 단기 필립스곡선이 $\pi = \pi^e - a(u - \bar{u})$이라고 한다. 다음 설명 중 옳지 않은 것은?
(단, π는 인플레이션율, π^e는 기대인플레이션율, a는 양의 상수, u는 실업률, $\bar{u}$는 자연실업률이다.)

2023년 군무원

① 합리적 기대 하에서는 항상 $\pi = \pi^e$가 성립하기 때문에 단기 필립스곡선도 수직이다.
② 물가가 경직적일수록 a가 작다.
③ 자연실업률이 감소하면 단기 필립스곡선은 좌측으로 이동한다.
④ 새케인즈학파 경제학자들은 기억효과에 의해 $\bar{u}$ 자체가 증가할 수 있다고 주장한다.

hint

① (×), 합리적 기대의 경우 동일한 실수를 반복하지 않을 뿐 예측오류를 유발할 수 있다. 따라서 합리적 기대에 의하더라도 필립스곡선은 우하향한다.
② (○), 가격이 경직적일수록, 착각의 발생가능성이 클수록 단기에 총공급곡선과 필립스곡선이 완만해지고 a가 작아진다.
③ (○), 자연실업률이 감소하면 단기 및 장기 필립스곡선이 모두 좌측으로 이동한다.
④ (○), 이러한 현상을 실업의 이력효과 또는 이력현상(hysteresis)이라고도 한다.

28 다음 중 이력가설이 발생할 수 있는 원인에 대한 설명으로서 옳지 않은 것은?

① 채용시장의 비대칭정보
② 노동자들의 숙련도 감소
③ 관대한 실업보험
④ 협력적인 노사관계
⑤ 근로에 대한 태도변화

hint

이력가설은 실제 실업률이 높아진 경우 고용규모가 영원히 감소하는 여러 가지 경로를 통해 발생한다. 이의 주된 원인은 노동시장의 비대칭정보, 관대한 사회보험제도, 노조의 이기적 행태 등이며, 협력적 노사관계는 고용규모의 감소와 관계가 없다.

*** 이력가설의 발생원인**

1. 노동시장에서 정보의 비대칭성(stigma effect)
2. 장기실업으로 인한 숙련도 하락
3. 관대한 사회보험제도
4. 근로에 대한 태도변화
5. 노동조합의 이기적 대응(내부자-외부자 이론)

29 **이력가설이 발생할 경우 장 · 단기 필립스곡선의 형태에 대한 설명으로 적당한 것은?**

① 단기 필립스곡선은 우하향하고 장기 필립스곡선은 수직이다.
② 단기 필립스곡선은 우하향하고 장기 필립스곡선도 우하향한다.
③ 단기 필립스곡선은 수직이고 장기 필립스곡선은 우하향한다.
④ 단기 필립스곡선은 수직이고 장기 필립스곡선도 수직이다.
⑤ 단기 필립스곡선은 우하향하고 장기 필립스곡선은 우상향한다.

hint

이력가설(hysteresis hypothesis)이란 실제 실업률이 높아진 상태가 지속된다면 자연실업률까지 상승할 수 있다는 주장을 말한다. 이력가설 하에서는 단기뿐만 아니라 장기에도 실업과 인플레이션 간의 상충관계가 존재한다고 주장한다. 오른쪽 그림에서 자연실업률이 성립한다면 단기에 실업은 단기적으로 K점까지 상승했다가 원래 상태를 회복할 것이므로 수직이 된다. 그러나 실제 실업률이 상승한 것이 자연실업률까지 상승시킬 수 있다면, 장기적으로도 실업이 원래의 수준을 회복하지 못하고 장기 필립스곡선 역시 우하향하는 형태를 가지게 된다.

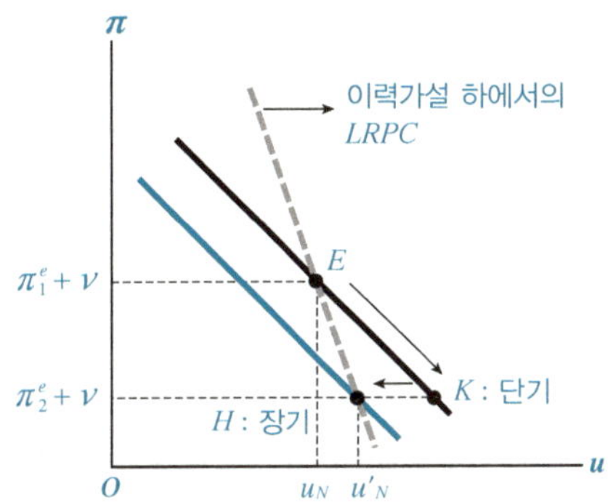

30 **필립스(Phillips)에 따르면 인플레이션율과 실업률 사이에는 음(-)의 상관관계 또는 상충관계가 존재한다. 그러나 최근의 자료를 보면 장기적으로 두 변수 사이에 음의 상관관계가 명확히 존재하지 않는 것처럼 보인다. 그 원인에 대한 여러 가지 설명 중 가장 옳지 않은 것은?**

2005년 공인회계사

① 석유가격 등 공급요인의 변화로 필립스곡선이 이동할 수 있다.
② 사람들의 인플레이션율에 대한 기대가 변할 수 있다.
③ 노동시장의 구조변화에 따라 자연실업률이 변할 수 있다.
④ 통화량의 변화에 따라 자연실업률이 변할 수 있다.
⑤ 이력현상(hysteresis)이 발생하여 자연실업률이 변할 수 있다.

hint

최근에 실증적으로 필립스곡선의 상충관계가 파괴된 것처럼 보이는 이유는 여러 충격에 의해 필립스곡선이 이동하면서 발생한 현상이라 볼 수 있다. 오늘날 대부분의 경제학자들이 자연율가설(또는 자연실업률가설)을 받아들이고 있기 때문에 통화량의 변화는 자연실업률에 영향을 미치지 못한다고 생각한다.

정답 27 ① 28 ④ 29 ② 30 ④

31 **자연실업률에 대한 다음의 서술 중 옳지 않은 것은?** 2000년 감정평가사

① 현재 진행되는 인플레이션을 가속시키지도 않고 감속시키지도 않게 해주는 실업률 수준이다.

② 모든 노동시장에 걸쳐 구인자 수와 구직자 수가 같은 수준에서 형성되는 실업률이다.

③ 현재의 실업률이 자연실업률보다 낮으면 현행 인플레이션을 평균적으로 더 높게 만든다.

④ 고전학파계열의 경제학자들은 정부가 안정화정책을 쓰든 쓰지 않든 자연실업률 수준은 불변이라고 가정한다.

⑤ 새케인즈학파는 자연실업률 수준은 고정되어 있지만 실제 실업률은 과거의 실업률 수준에 영향을 받는다는 이력(hysteresis)현상을 가정한다.

hint

이력가설(hysteresis)은 실제 실업률이 높아진 기간이 지속되는 경우 자연실업률도 상승할 수 있다고 주장하여 실제 실업률과 자연실업률 간의 2분법적 접근을 거부하고 있다.

32 **1990년대 미국에서는 물가상승률과 실업률이 동시에 하락하는 현상이 나타났다. 이러한 현상을 신경제(new economy)현상이라고 부르는데 이에 대한 설명으로 가장 적당한 것은?**

① 이러한 현상은 총수요충격 시 발생하는 필립스곡선의 이동으로 설명할 수 있다.

② 이러한 현상은 총수요충격 시 발생하는 필립스곡선 상의 이동으로 설명할 수 있다.

③ 이러한 현상은 총공급충격 시 발생하는 필립스곡선의 이동으로 설명할 수 있다.

④ 이러한 현상은 총공급충격 시 발생하는 필립스곡선 상의 이동으로 설명할 수 있다.

⑤ 이러한 현상은 더 이상 실업과 인플레이션 간의 상충관계가 존재하지 않음을 의미한다.

hint

1990년대에 저물가-저실업의 신경제현상이 발생했을 때 일부 전문가들은 경제의 체질이 바뀌어 더 이상 기존의 경제학은 타당성이 없어졌다고 설명하였다. 그러나 이러한 현상은 바람직한 총공급충격 시 나타나는 필립스곡선의 좌측(하방)이동으로 얼마든지 설명할 수 있는 현상이다.

정답 31 ⑤ 32 ③

제10장 소비와 저축 이론

Testbank for Economics [macroeconomics]

핵 심 출 제 논 점

1. 소비의 수수께끼
2. 피셔의 기간대체가설
3. 생애주기가설
4. 항상소득가설
5. 임의보행가설
6. 유동성제약가설
7. 상대소득가설
8. 즉각적 만족 가설

I 소비의 미시적 기초 : 피셔의 기간 소비대체 모형

1. 기본 모형

■ $max\ U = U(C_1, C_2)\ s.t.\ C_1 + \frac{C_2}{1+r} = Y_1 + \frac{Y_2}{1+r} \Rightarrow Y_1, Y_2, r$ 외생, C_1^*, C_2^* 내생

최적 소비조건 : $MRS_{12} = 1 + r$

2. 주요 분석

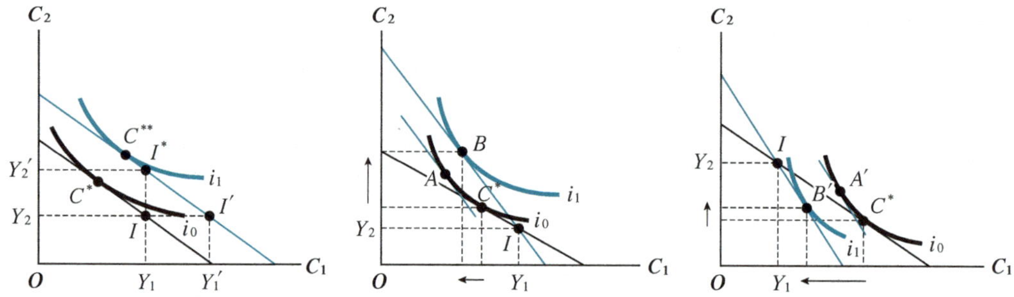

(a) 소득 증가　(b) 이자율 상승 : 저축자　(c) 이자율 상승 : 차입자

3. 주요 결론

① 현재소비는 현재소득뿐만 아니라 미래소득에 의해서도 영향을 받는다.

② 소비는 소득뿐만 아니라 이자율에 의해서도 영향을 받는다.

③ 소비는 소득의 흐름보다는 전반적이고 평균적인 소득수준에 의해 결정된다.

④ 소비자는 가능한 소비의 흐름을 일정하게 하려고 한다(소비평준화 가설).

4. 완전평준화 조건

■ $U = u(C_1) + \beta u(C_2)$일 때 $\beta(1+r) = 1$

■ $U = u(C_1) + \frac{u(C_2)}{1+\rho}$일 때 $\rho = r$

Ⅱ 소비 및 저축의 주요 이론

이론	소비함수/강조변수	주요 내용
절대소득가설 (J. M. Keynes)	■ $C=\overline{C}+cY$: 현재 가처분소득	① $0<MPC=c<1$ ② $APC>MPC$ ③ Y_1 강조, Y_2, r의 역할은 미미
소비의 수수께끼 (S. Kuznets)	■ 소비함수에 대한 실증연구	■ 횡단면, 단기시계열 : APC 체감, 즉 $APC>MPC$ ■ 장기시계열 : APC 일정, 즉 $APC=MPC$
소비의 기간대체가설 (I. Fisher)	■ $C=C(r, PV)$: 평생 부, 이자율	■ 소비평준화의 기초 : 미래전망적, 최적화 원리 도입 ■ 소비는 금기 소득뿐만 아니라 다음기 소득, 이자율에 의해서도 영향을 받는다. ■ 최적 소비조건 : $MRS_{12}=1+r$
생애주기가설 (F. Modigliani)	■ $C=\alpha W+\beta Y$: 자산, 저축	■ 소득의 체계적 변화에 대한 소비평준화 ■ 자산과 저축의 역할 강조 ■ 생애 단계에 따라 소비성향과 저축성향이 상이함 ■ (사회적) 고령화 현상은 총저축률을 하락시킴 ■ 소비의 수수께끼 : $APC=\frac{C}{Y}=\alpha\left(\frac{W}{Y}\right)+\beta$
항상소득가설 (M. Friedman)	■ $C=\alpha Y^P$: 항상소득	■ 소득의 확률적 변화에 대한 소비평준화 ■ 관측된 소득 = 항상소득 + 일시소득 ■ 일시소득 증가 ⇒ 저축 증가, 항상소득 증가 ⇒ 소비 증가 (일시적 감세는 효과 없음) ■ 소비의 수수께끼 : $APC=\frac{C}{Y}=\frac{\alpha Y^P}{Y}=\frac{\alpha Y^P}{Y^T+Y^P}$
랜덤워크 가설 (R. Hall)	■ $C_t=C_{t-1}+\varepsilon_t$: 예상치 못한 (소득) 변화	■ 랜덤워크가설 = 항상소득가설 + 합리적 기대 ■ 소비의 변화는 예측할 수 없다. ■ 미래소비의 최적 예측치는 현재소비 ■ 이미 예측된 정책은 (더 이상) 소비를 변화시킬 수 없다. ■ 항구적이며 예측치 못한 정책만이 소비를 변화시킬 수 있다. ■ 감세 발표 시 소비 증가, 시행 시 소비 불변
유동성제약가설 (Mankiw, Flavin, etc)	■ $C=C(Y-T)$: 현재 가처분소득	■ 소비의 현재소득에 대한 과잉민감성 ■ 미래소득 및 항상소득에 대한 과잉둔감성 ■ 자본시장의 불완전성을 고려하면, 비록 미래전망적인 소비자라고 하더라도 케인즈의 예측처럼 소비하게 된다.
상대소득가설 (Duesenberry)	■ 타인소득, 과거소득	■ 2가지 소비의 외부성 강조, 이후 비합리적 소비로 비판됨 ■ 전시효과 : 자신의 소비가 타인의 소비에 영향을 받는 현상 ■ 톱니효과 : 현재 소비가 과거 최고소득에 영향을 받는 현상
즉각적 만족 가설 (D. Laibson)	■ 현재 가처분소득	■ 눈앞의 소비에 집착 ■ 과잉소비, 과소저축 ■ 소비의 시간비일관성 발생

* 근시안, 유동성제약 ⇒ 현재소득이 소비에 미치는 영향력 증가!

* 소비와 소비지출의 구분이 필요한 이유는 내구재 때문!

* 소비평준화가 바람직한 이유는 기간별 소비의 한계효용이 체감하기 때문!

Part-1 기본 문제

01 **매크로랜드의 2007년 처분가능소득이 100만 달러였고 소비는 70만 달러였다. 그런데 2008년에는 처분가능소득이 101만 달러로 증가하고 소비는 70만 6천 달러로 증가하였다. 2007년의 평균소비성향과 2008년의 한계소비성향의 값은 얼마인가?** (이준구 · 이창용 저, 『경제학원론』 응용)

① 2007년의 평균소비성향 : 0.6　　2008년의 한계소비성향 : 0.6
② 2007년의 평균소비성향 : 0.6　　2008년의 한계소비성향 : 0.7
③ 2007년의 평균소비성향 : 0.7　　2008년의 한계소비성향 : 0.7
④ 2007년의 평균소비성향 : 0.7　　2008년의 한계소비성향 : 0.6
⑤ 2007년의 평균소비성향 : 0.6　　2008년의 한계소비성향 : 0.65

hint

일반적으로 평균소비성향은 $APC = \frac{C}{Y}$로 정의된다. 따라서 2007년의 평균소비성향 $APC_{2007} = \frac{70}{100} = 0.7$이 된다. 또한 한계소비성향 $MPC = \frac{\Delta C}{\Delta Y}$로 정의된다. 따라서 2008년의 한계소비성향 $MPC_{2008} = \frac{70.6 - 70}{101 - 100} = 0.6$이 된다. 설문에서 평균소비성향보다 한계소비성향이 낮은 소비함수는 일반적인 단기소비함수의 형태와 일치한다.

02 **다음 중 케인즈의 소비함수에 대해 틀린 설명은?** 2003년 감정평가사

① 현재의 가처분소득에 가장 크게 의존하다.
② 가처분소득이 증가하면 소비는 소득의 증가분보다 적게 증가한다.
③ 평균소비성향이 한계소비성향보다 작다.
④ 단기에서의 소비 움직임을 잘 설명한다.
⑤ 평균소비성향은 소득이 증가함에 따라 감소한다.

hint

케인즈 소비함수의 특징

1. 소득이 증가하면 소비와 저축 모두 증가한다($0 < c = MPC < 1$).
2. 소득이 증가할 때 소비의 비율 APC는 점차 감소한다($APC > MPC$).
3. (금기) 가처분소득이 소비의 주요 결정요소이며, 이자율은 중요하지 않다.

03 **피셔(Fisher)의 2기간 최적 소비선택 모형에서 제1기에 소득이 소비보다 큰 소비자에 관한 설명으로 옳은 것을 모두 고른 것은?** (단, 기간별 소비는 모두 정상재이며, 저축과 차입이 자유롭고 저축이자율과 차입이자율이 동일한 완전자본시장을 가정함)

> ㄱ. 제1기의 소득증가는 제1기의 소비를 증가시킨다.
> ㄴ. 제2기의 소득증가는 제2기의 소비를 감소시킨다.
> ㄷ. 실질이자율이 증가하면 제2기의 소비는 증가한다.

① ㄱ ② ㄱ, ㄴ, ㄷ ③ ㄱ, ㄷ
④ ㄴ ⑤ ㄴ, ㄷ

hint

제1기의 소득이 소비보다 크다는 것은 이 소비자가 저축자(대여자)임을 의미한다. 기간별 소비가 모두 정상재이므로 어느 기간의 소득이 증가하는지와 무관하게 모든 기간의 소비가 증가한다. 실질이자율이 상승하면 대체효과와 소득효과가 모두 제2기의 소비를 증가시킨다.

04 **소비이론에 관한 설명으로 옳은 것은?** 2012년 보험계리사

① 항상소득가설에 의하면, 임시소득이 증가할 때 임시소비의 증가로 이어진다.
② 절대소득가설은 미래 전망적 소비자를 가정한다.
③ 절대소득가설은 개별 경제주체의 의사결정에 대해 분석한 미시경제적 기초(microeconomic foundation)에 기반하고 있다.
④ 생애주기가설은 소비가 현재소득뿐 아니라 미래소득에도 영향을 받는다는 사실을 이론화 했다는 점에서 항상소득가설과 흡사하다.

hint

① 항상소득가설에서 항상소득이 증가하면 소비가 증가하지만, 임시소득이 증가하면 소비가 증가하지 않고 모두 저축된다. ② 절대소득가설은 케인즈의 직관적 통찰에 기초한 이론으로 미시적 기초가 부족하다는 비판을 받는다.

소비의 결정요인

1. 케인즈의 절대소득가설 : 현재 가처분소득 강조
2. 듀센베리의 상대소득가설 : 과거소득, 타인소득 강조
3. 항상소득가설, 생애주기가설 : 미래소득 강조

정답 1 ④ 2 ③ 3 ③ 4 ④

05 **생애주기이론이 설명하고 있는 내용으로 가장 옳지 않은 것은?**

① 소비성향은 소득수준뿐만 아니라 그 사람이 어떤 나이에 있느냐에 의해서도 영향을 받게 된다.

② 인생을 청년기, 장년기, 노년기로 구분하였을 때 청년기에는 소득보다 소비가 많은 시기로 음의 저축을 하는 시기이다.

③ 장년기에는 높아진 소득으로 저축을 하여 청년기나 은퇴 후의 음의 저축을 상쇄한다.

④ 소득이 일정함에도 불구하고 소비가 낙타 등 모양의 변화양상을 갖고 있다는 점을 강조한다.

⑤ 소득의 변화에 비해 소비의 변화가 작은 점에 주목한다.

hint

① 생애주기가설의 가장 큰 특징은 사람들이 어떤 연령대에 있는지에 따라 소비성향 또는 저축성향이 달라질 수 있음을 보인 것이다.
② 생애주기가설에 따르면 노년층은 청 · 장년층에 비해 소비성향이 높은 것으로 알려져 있다.
④ 소득이 낙타 등 모양의 변화양상을 갖고 있음에도 불구하고 소비는 상대적으로 일정하다는 점을 강조한다.

06 **소비의 항상소득가설과 생애주기가설에 관한 설명으로 옳은 것을 모두 고른 것은?**

2014년 감정평가사

ㄱ. 소비자들은 가능한 한 소비수준을 일정하게 유지하려는 성향이 있다.
ㄴ. 생애주기가설에 의하면 고령인구의 비율이 높아질수록 민간부문의 저축률은 하락한다.
ㄷ. 프리드먼(Friedman)의 항상소득가설에 의하면 높은 소득의 가계가 평균적으로 낮은 평균소비성향을 갖는다.
ㄹ. 케인즈(Keynes)는 항상소득가설을 이용하여 승수효과를 설명하였다.

① ㄱ, ㄴ　　② ㄱ, ㄹ　　③ ㄴ, ㄷ
④ ㄱ, ㄴ, ㄷ　　⑤ ㄴ, ㄷ, ㄹ

hint

ㄱ. 소비평준화 성향　　ㄴ. 고령층의 저축성향이 낮다.
ㄷ. 소득이 높은 가계는 임시소득의 비중이 높아 평균소비성향이 낮다.
ㄹ. 케인즈의 승수효과의 기초가 된 이론은 절대소득가설이다.

07 소비이론에 대한 설명으로 옳은 것을 〈보기〉에서 모두 고르면? 2015년 국회 8급

ㄱ. 절대소득가설에 따르면, 가처분소득이 증가할 때 소비지출이 증가하므로 소비함수 곡선이 상방으로 이동한다.
ㄴ. 쿠즈네츠(Kuznets)의 실증분석에 따르면, 장기에는 평균소비성향이 한계소비성향보다 크다.
ㄷ. 상대소득가설은 소비의 가역성과 소비의 상호의존성을 가정한다.
ㄹ. 항상소득가설에 따르면, 현재소득이 일시적으로 항상소득 이상으로 증가할 때 평균소비성향은 일시적으로 상승한다.

① ㄱ ② ㄷ ③ ㄱ, ㄹ
④ ㄴ, ㄷ ⑤ 모두 옳지 않다.

hint

ㄱ. (×), 가처분소득의 증가는 소비함수 상의 이동이다.
ㄴ. (×), 쿠즈네츠의 연구에 의하면 장기 MPC가 단기 MPC보다 크다.
ㄷ. (×), 상대소득가설은 소비의 비가역성을 가정한다.
ㄹ. (×), $APC = \frac{C}{Y} = \frac{\alpha Y^P}{Y}$에서 현재소득이 항상소득 이상으로 증가하면 APC는 하락한다.

08 소비이론에 관한 설명으로 옳지 않은 것은? 2020년 감정평가사

① 생애주기가설에 따르면 장기적으로 평균소비성향이 일정하다.
② 항상소득가설에 따르면 단기적으로 소득 증가는 평균소비성향을 감소시킨다.
③ 케인즈(M. Keynes)의 소비가설에서 이자율은 소비에 영향을 주지 않는다.
④ 피셔(I. Fisher)의 기간 간 소비선택이론에 따르면 이자율은 소비에 영향을 준다.
⑤ 임의보행(random walk)가설에 따르면 소비의 변화는 예측할 수 있다.

hint

⑤ (×), 합리적 기대를 전제하는 임의보행가설에서 현재의 정보로 예측할 수 없는 사건만 소비를 변화시킬 수 있다. 즉 소비의 변화는 예측할 수 없다.

정답 5 ④ 6 ④ 7 ⑤ 8 ⑤

Part-2 실전 문제

01 **소비와 소비지출에 대한 설명으로 옳지 않은 것은?**

① 소비는 사용된 상품의 성격에 따라 내구성 소비와 비내구성 소비 및 서비스에 대한 소비로 구분할 수 있다.
② 소비의 개념과 소비지출의 개념을 구분하는 이유는 비내구성 소비의 존재 때문이다.
③ 소비지출이란 한 해 동안 가계가 구입한 모든 소비재의 총 시장가치의 합이다.
④ 소비지출은 총수요의 50% 이상의 비중을 차지하고 있다.
⑤ 과거 우리나라의 처분가능소득과 소비의 관계를 관찰해 보면 뚜렷한 양의 상관관계가 있었음을 알 수 있다.

hint

② 한 해 동안 가계가 구입한 모든 소비재의 총 시장가치의 합을 소비지출(consumption expenditure)이라고 하며, 이 중 올해 사용된 부분만을 소비라고 한다. 예를 들어 10년간 사용할 수 있는 자동차를 구입했을 때 그중 $\frac{1}{10}$만이 소비되는 셈이다. 즉, 소비와 소비지출의 개념을 구분하는 것은 내구성 소비의 존재 때문이다.

02 **한 폐쇄경제에서 소득수준에 따른 소비가 다음과 같이 주어지고 투자는 소득수준에 관계없이 180으로 주어졌다. 다음 중 틀린 것은?** (단, 정부지출과 조세는 없다고 가정한다.)

2007년 감정평가사 응용

국민소득	1,500	1,600	1,700	1,800	1,900
소비	1,325	1,420	1,515	1,610	1,705

① 균형국민소득은 1,600이다.
② 총지출 스케줄의 기울기는 0.85이다.
③ 한계저축성향은 0.05이다.
④ 소득이 2,000일 때의 소비는 1,800이다.
⑤ 한계소비성향은 0.95이다.

hint

우선 소비함수와 총지출 스케줄의 기울기에 해당하는 한계소비성향을 구하면 $MPC = \frac{\Delta C}{\Delta Y} = 0.95$가 된다. $MPC + MPS = 1$에서 $MPS = 0.05$가 된다. 이때의 소비함수는 $C = \overline{C} + 0.95Y$에서 주어진 값을 대입함으로써 $C = -100 + 0.95Y$를 구할 수 있다. 따라서 소득이 2,000인 경우 소비는 1,800이 되며, 폐쇄경제의 국민소득균형식 $Y = C + I\ (+\ G)$에서 균형국민소득은 1,600이 된다. (단, 이 문제에서의 소비함수는 기초소비가 음수인 형태로서 일반적인 케인즈의 소비함수와는 약간 다른 형태를 갖게 된다.)

03 장기소비함수와 단기소비함수에 대한 설명으로 가장 적절한 것은? 2001년 공인회계사

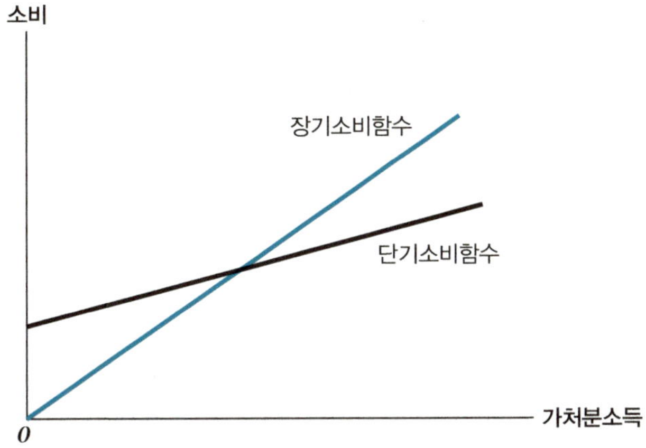

① 장기 및 단기 소비함수의 한계소비성향은 가처분소득이 늘어남에 따라 증가한다.

② 장기시계열 자료를 보면 평균소비성향이 증가한다.

③ 항상소득가설에 의하면 호황기에 일시적으로 소득이 증가하면 증가된 소득의 대부분을 소비한다.

④ 횡단면 자료분석에 나타나는 소득변화는 항상소득의 변화를 반영하므로 장기소비함수의 기울기가 단기소비함수의 기울기보다 가파르게 된다.

⑤ 단기소비함수의 평균소비성향은 가처분소득이 증가함에 따라 감소한다.

hint

설문의 그래프에서 장 · 단기 소비함수의 한계소비성향은 일정하다. 또한 장기소비함수의 평균소비성향은 일정하며, 단기소비함수의 평균소비성향은 감소한다. 일반적으로 횡단면 소비함수와 단기소비함수에서의 평균소비성향은 감소하지만 장기소비함수에서의 평균소비성향은 일정한 현상이 나타나는데, 이를 소비의 수수께끼(puzzle of consumption)라고 한다.

정답 1 ② 2 ② 3 ⑤

04 두 기간에 걸쳐 소비하는 소비자를 생각할 때 다음 중 금리인상의 효과로 옳지 않는 것은?

2001년 감정평가사

① 금리가 인상되어도 예산선은 여전히 부존점을 통과한다.

② 금리인상으로 예산선의 기울기가 변한다.

③ 예금자는 항상 예금자의 위치를 고수하며 효용이 증가한다.

④ 차입자가 차입자의 위치를 고수한다면 효용이 감소한다.

⑤ 차입자가 예금자로 위치를 바꾸는 경우 효용이 증가한다.

hint

③ 이자율 상승 시 예금자가 계속 예금자여야 하는 이유는 만약 차입자로 위치를 바꾼다면 비합리적인 소비가 되기 때문이다(약공리 위반 또는 무차별곡선 교차 발생). 이 경우 〈그림 1〉에서처럼 효용은 증가한다. ④ 차입자가 여전히 차입자인 경우 〈그림 2〉처럼 후생이 감소한다. ⑤ 차입자가 예금자로 위치를 바꾸는 경우에 〈그림 3〉처럼 효용이 증가할 수도 있고 〈그림 4〉처럼 효용이 감소할 수도 있다.

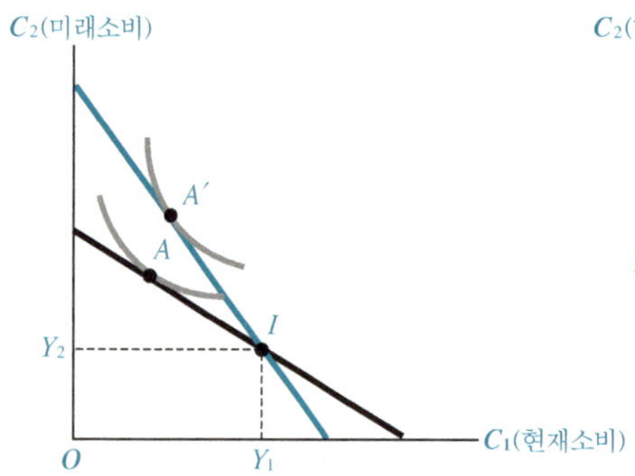

〈그림 1〉 예금자의 경우

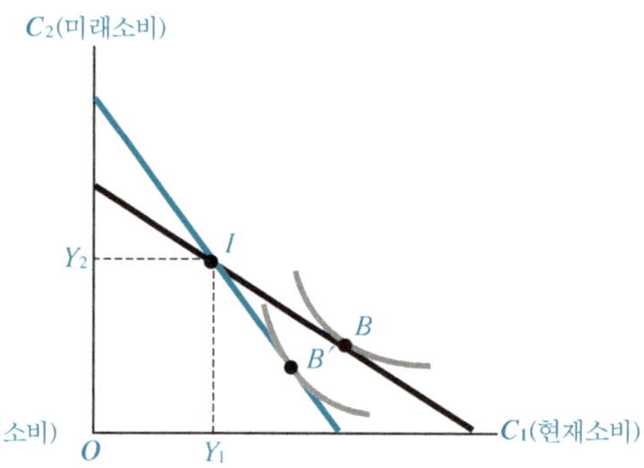

〈그림 2〉 차입자가 여전히 차입자인 경우

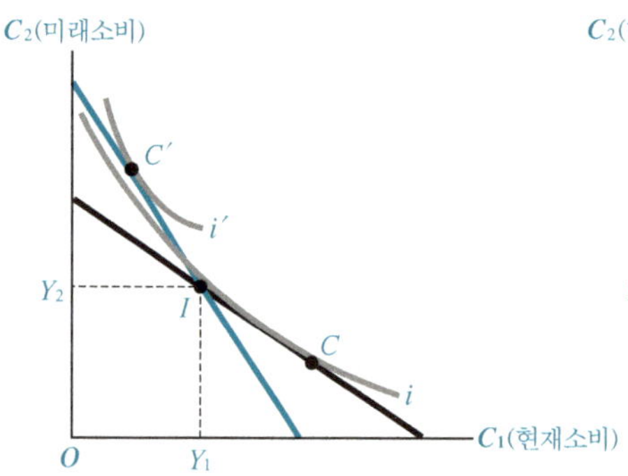

〈그림 3〉 차입자가 예금자로 위치를 바꾸는 경우-1

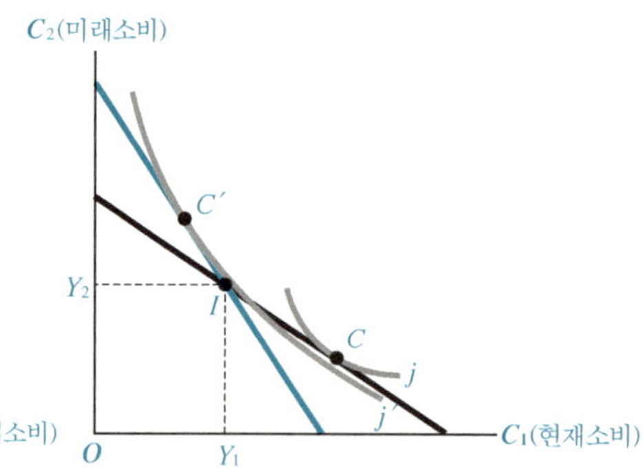

〈그림 4〉 차입자가 예금자로 위치를 바꾸는 경우-2

05 소비자 A는 1기와 2기에 걸쳐 소비를 한다. c_1을 1기의 소비, c_2를 2기의 소비라고 할 때 소비자 A의 효용함수는 $U(c_1, c_2) = min\{c_1, c_2\}$이다. 1기의 소득은 210만원이고, 2기의 소득은 0원이며, 각 기의 소비재 가격은 1원으로 동일하다. A는 1기에 10%의 이자율로 저축을 하거나 대출을 받을 수 있다. 소비자 A의 행동 중 합리적인 것은? 2009년 감정평가사

① 100만원을 저축한다. ② 110만원을 저축한다.
③ 100만원을 대출받는다. ④ 110만원을 대출받는다.
⑤ 저축하지도 대출받지도 않는다.

hint

소비자 A가 직면한 효용극대화의 문제는 다음과 같다.

$$\max U(c_1, c_2) = \min\{c_1, c_2\} \quad s.t.\ c_1 + \frac{c_2}{1+r} = y_1 + \frac{y_2}{1+r}$$

위 제약식에 $r = 0.1$, $y_1 = 210$, $y_2 = 0$을 대입하면 $c_1 + \frac{c_2}{1+0.1} = 210$이 된다. 레온티에프 효용함수에서 최적 소비조건은 $c_1 = c_2$이므로 이 조건을 제약식에 대입하면 $2.1c_1 = 231$에서 $c_1^* = 110$, $c_2^* = 110$이 된다. 따라서 소비자 A는 제1기에 $s = y_1 - c_1 = 100$을 저축한다.(단위 : 만원)

06 주어진 소득과 이자율 하에서 2기에 걸쳐 소비를 선택하는 소비자의 효용함수와 예산제약은 다음과 같다. 소비선택의 최적 조건에서 1기의 소비와 2기의 소비는 그 크기가 같다고 할 때 이자율과 할인인자의 관계를 올바르게 나타낸 것은? 2016년 공인회계사

- 효용함수 : $U(C_1, C_2) = \sqrt{C_1} + \beta\sqrt{C_2}$
- 예산제약 : $C_1 + \frac{1}{1+r}C_2 = Y_1 + \frac{1}{1+r}Y_2$

(단, $Y_1, Y_2, C_1, C_2, \beta, r$은 각각 1기의 소득, 2기의 소득, 1기의 소비, 2기의 소비, 할인인자, 이자율을 나타낸다.)

① $\beta(1+r) = 1$ ② $\beta(2+r) = 1$ ③ $2\beta r = 1$
④ $r(1+\beta) = 1$ ⑤ $r(2+\beta) = 1$

hint

최적 소비조건은 예산선의 기울기와 무차별곡선의 기울기가 일치하는 것이다.

$$MRS_{12} = \frac{\frac{1}{2}\frac{1}{\sqrt{C_1}}}{\frac{\beta}{2}\frac{1}{\sqrt{C_2}}} = \frac{1}{\beta}\frac{\sqrt{C_2}}{\sqrt{C_1}} = 1 + r \Rightarrow C_1 = C_2\text{를 대입하면 } \beta(1+r) = 1\text{이 된다.}$$

정답 4 ⑤ 5 ① 6 ①

07 다음은 2기간 소비선택모형이다. 이에 대한 설명으로 옳지 않은 것은? 2017년 국가직 7급

> 소비자의 효용함수는 $U(C_1, C_2) = \ln(C_1) + \beta\ln(C_2)$이다. 여기서 C_1은 1기 소비, C_2는 2기 소비, $\beta \in (0,1)$, ln은 자연로그이다. 소비자의 1기 소득은 100이며, 2기 소득은 0이다. 1기의 소비 중에서 남은 부분은 저축할 수 있으며, 저축에 대한 이자율은 r로 일정하다.

① 소비자의 예산제약식은 $C_1 + \frac{C_2}{1+r} = 100$이다.
② $\beta(1+r) = 1$이면, 1기의 소비와 2기의 소비는 같다.
③ $\beta > \frac{1}{1+r}$이면, 1기의 소비가 2기의 소비보다 크다.
④ 효용함수가 $U(C_1, C_2) = C_1 C_2^{\beta}$인 경우에도, 1기 소비와 2기 소비의 균형은 변하지 않는다.

hint

1. 효용극대화 문제

$$\max\ U(C_1, C_2) = \ln(C_1) + \beta\ln(C_2) \quad \text{s.t. } C_1 + \frac{C_2}{1+r} = 100$$

2. 최적 소비의 도출

최적 소비조건 : $MRS_{12} = \frac{MU_{C_1}}{MU_{C_2}} = \frac{1/C_1}{\beta/C_2} = \frac{1}{\beta}\frac{C_2}{C_1} = (1+r) \Rightarrow C_2 = \beta(1+r)C_1$

이를 예산제약식에 대입하면 다음과 같다.

$$C_1 + \frac{\beta(1+r)C_1}{1+r} = 100 \Rightarrow C_1^* = \frac{1}{1+\beta} \times 100,\ C_2^* = \frac{\beta(1+r)}{1+\beta} \times 100$$

① (O)
② (O)
③ (×), $\beta > \frac{1}{1+r} \Rightarrow \beta(1+r) > 1 \Rightarrow C_2^* > C_1^*$
④ (O), $U(C_1, C_2) = \ln(C_1) + \beta\ln(C_2)$와 $U(C_1, C_2) = C_1 C_2^{\beta}$는 동일한 효용함수이다. 이를 어떻게 확인할 수 있을까?

08 **두 기간 생존하는 소비자 A와 B로 구성된 가상의 경제에서 두 소비자의 효용함수는 $U(C_1, C_2) = \sqrt{C_1 C_2}$로 동일하다. C_1과 C_2는 각각 1기와 2기의 소비를 나타낸다. A는 1기에 200단위의 소득을 얻지만 2기에는 소득이 없다. B는 1기에 40단위의 소득을 얻고 2기에 300단위의 소득을 얻는다. A와 B는 두 기간에 걸친 효용을 극대화하고, 균형이자율에서 자유롭게 대차가 가능하다. 균형이자율과 1기에서 A와 B의 대차관계를 올바르게 짝지은 것은?**
(단, 채무불이행에 관한 불확실성은 없다.) 2023년 공인회계사

	균형이자율	대차관계
①	50%	A가 B에게 100단위 대여
②	50%	A가 B에게 120단위 대여
③	25%	A가 B에게 100단위 대여
④	25%	A가 B에게 120단위 대여
⑤	0%	대차관계 없음

hint

이 문제에 접근하는 방법은 여러 가지가 있는데 1기의 균형조건, 즉 1기의 총소득과 총소비가 일치한다는 조건을 통해 답을 구하면 다음과 같다.

$\max U(C_1, C_2) = \sqrt{C_1 C_2}$ s.t. $C_1 + \frac{C_2}{1+r} = Y_1 + \frac{Y_2}{1+r}$

⇒ 최적 소비조건 : $MRS_{12} = \frac{C_2}{C_1} = 1 + r \Rightarrow C_2 = (1+r)C_1$

⇒ 개인별 1기 소비함수 : $C_1 = \frac{1}{2}\left(Y_1 + \frac{Y_2}{1+r}\right)$

⇒ 균형조건 : $C_1^A + C_1^B = 100 + \frac{1}{2}\left(40 + \frac{300}{1+r}\right) = Y_1^A + Y_1^B = 240 \Rightarrow r = 0.25$

균형에서 $S^A = Y_1^A - C_1^A = 100$(양의 저축, 대여), $S^B = Y_1^B - C_1^B = -100$(음의 저축, 차입)

정답 7 ③ 8 ③

09 대표적 소비자의 생애효용함수가 다음과 같다.

$$u(c_1, c_2) = \sqrt{c_1} + \frac{1}{1+r}\sqrt{c_2}$$

이 소비자는 1기에 근로소득 y를 얻는 반면, 2기에는 근로소득이 없다. 이 소비자가 1기에 s를 저축하면 2기에 원리금 $(1+r)s$를 돌려받는다. 정부가 1기에 τy를 걷은 다음, 2기에 원리금 $(1+r)\tau y$를 돌려주는 공적연금정책을 도입하려 한다. 이에 따른 각 시기의 예산제약식은 다음과 같다.

- 1기 : $c_1 = (1-\tau)y - s$
- 2기 : $c_2 = (1+r)(\tau y + s)$

이 경우 공적연금이 개인저축을 구축하며 τ^* 이상에서는 개인저축이 0이다. τ^*의 최솟값은? (단, c_t는 t기의 소비를 나타낸다.)

2021년 공인회계사

① $\frac{1}{1+r}$ ② $\frac{1}{2+r}$ ③ $\frac{1}{3+r}$

④ $\frac{r}{1+r}$ ⑤ $\frac{r}{2+r}$

hint

1. 예산제약선

이 문제는 국민연금제도의 민간저축에 대한 구축효과(crowding out effect)를 설명하는 문제이다. 우선 기간 간 예산선을 구하면 다음과 같다.

$\tau y + s = y - c_1$

$c_2 = (1+r)(\tau y + s) = (1+r)(y - c_1) \Rightarrow$ 예산제약선 : $c_1 + \frac{c_2}{1+r} = y$

2. 최적 소비조건

최적 소비조건 : $MRS_{12} = \dfrac{\frac{1}{2}\frac{1}{\sqrt{c_1}}}{\frac{1}{1+r}\frac{1}{2}\frac{1}{\sqrt{c_2}}} = (1+r)\dfrac{\sqrt{c_2}}{\sqrt{c_1}} = (1+r) \Rightarrow c_2 = c_1$

3. 최적 소비 및 자발적 저축

최적 소비조건을 예산제약선에 대입하면 다음과 같다.

$\frac{2+r}{1+r}c_1 = y,\ c_1 = \frac{1+r}{2+r}y$

1기의 제약조건에서 양의 저축이 이루어질 조건은 다음과 같다.

$s = (1-\tau)y - c_1 = (1-\tau)y - \frac{1+r}{2+r}y = \left(1 - \tau - \frac{1+r}{2+r}\right)y = \left(\frac{1}{2+r} - \tau\right)y \geq 0$

따라서 $\tau \geq \frac{1}{2+r}$이면 개인저축을 완전히 구축한다.

10 **잔여 생애가 60년인 갑은 앞으로 은퇴까지 40년간 매년 5,000만원의 소득을 얻을 것으로 예상하고 있다. 현재 갑이 보유하고 있는 자산은 없으며, 5억원의 부채를 지고 있다. 갑의 소비가 생애주기가설을 따를 때 갑이 은퇴하는 시점에서 순자산**(자산 – 부채)**은?** (단, 이자율은 항상 0이고, 갑이 사망하는 시점에서 순자산은 0이다.) 2023년 보험계리사

① 4억원 ② 5억원
③ 6억원 ④ 7억원

hint

사망시점의 순재산이 0일 경우 은퇴하는 시점에서 순재산은 은퇴 이후 소비의 합과 일치한다.

생애순자산 : $W + RY$ = −5억원 + 40 × 0.5억원 = 15억원

연간 소비 : $C = \frac{W + RY}{T} = \frac{-5\text{억원} + 40 \times 0.5\text{억원}}{60}$ = 0.25억원

은퇴시점 순자산 : 20 × 0.25억원 = 5억원

11 **생애주기이론**(life-cycle theory)**에 의할 경우 평균수명에는 변화가 없으나 노령층 인구의 비율이 늘어날 때의 변화를 설명한 것으로 옳은 것은?**

① 총저축률과 경제활동참가율이 모두 상승한다.
② 총저축률과 경제활동참가율이 모두 하락한다.
③ 총저축률은 상승하고 경제활동참가율은 하락한다.
④ 총저축률은 하락하고 경제활동참가율은 상승한다.
⑤ 총저축률은 상승하고 경제활동참가율은 불변이다.

hint

생애주기이론에 의하면 근로계층은 양(+)의 저축률을, 은퇴계층은 음(−)의 저축률을 가진다. 노령층은 은퇴자의 비율이 높으므로 경제 전체의 총저축률이 감소한다.
노령층 인구가 증가하면 노동인구의 비율이 감소하며 경제활동참가율이 하락한다. 단, 이러한 변화가 실업률에 미치는 영향은 불명확하다.

정답 9 ② 10 ② 11 ②

12 **개인들의 소비행태를 설명하는 라이프사이클가설(생애주기가설)에 대한 설명으로 옳지 않은 것은?** 2006년 국가직 7급

① 일생을 통하여 볼 때 소득수준은 일정하지 않고 변한다.
② 개인들의 나이에 따라 소비성향이 달라진다.
③ 개인의 소비는 일생 동안에 발생할 수 있는 기대소득의 현재가치에 의존한다.
④ 소득이 높은 시기에는 소비는 많고, 소득이 낮은 시기에는 소비도 적다.
⑤ 소비자는 자신의 평생에 걸친 소득을 균등화시켜 소비한다.

hint

생애주기가설은 사람들이 불균등한 소득의 흐름에도 불구하고 소비를 일정하게 유지하려 한다는 소비평준화 가설(consumption smoothing)의 한 축을 이루는 이론이다. 모딜리아니의 생애주기가설은 사람들의 생애를 통해 나타나는 체계적인 소득의 변화에 대한 소비평준화에 관심을 가진 반면, 밀튼 프리드먼의 항상소득가설은 불확실한 임시소득의 변화에 대해서 소비를 평준화하는 접근을 제시하고 있다.

13 **생애주기가설(life-cycle hypothesis)에 대한 설명으로 가장 적절한 것은?** 2018년 공인회계사

① 부(wealth)가 일정한 양(+)의 수준으로 주어진 경우 소비함수의 기울기는 1보다 크다.
② 부가 증가하면 소비함수가 아래쪽으로 이동한다.
③ 생애 전 기간 동안 부는 지속적으로 증가한다.
④ 장기적으로 평균소비성향이 일정해진다는 사실을 설명할 수 있다.
⑤ 단기적으로 소비는 부에 의존하지만 소득에는 의존하지 않는다고 가정한다.

hint

생애주기가설에서 소비함수는 $C = \alpha W + \beta Y$, 평균소비성향은 $APC = \alpha\left(\frac{W}{Y}\right) + \beta$이다.

① (×), 소비함수의 기울기 $0 < \beta < 1$의 값이다.
② (×), 소비함수의 절편 αW에서 부의 증가는 소비함수를 위로 이동시킨다.
③ (×), 은퇴시점 이전에는 부가 증가하지만 그 이후에는 부가 감소한다.
④ (○), 장기적으로 소득과 부가 같은 비율로 상승한다면 APC가 일정한 현상을 설명할 수 있다.
⑤ (×)

* **참고사항**

보기 ①과 ②의 경우 평면의 x축과 y축이 무엇인지를 밝히지 않아 문제가 될 여지가 있다. 그러나 학생들은 관행과 상식에 따라 보기의 옳고 그름을 판단해야 할 것이다.

14 **다음 중 프리드먼의 항상소득가설에 따를 때 틀린 설명은?** 2005년 감정평가사

① 길에서 주운 돈은 대부분 저축된다.

② 승진으로 인한 임금 상승이 소비에 미치는 영향은 매우 크다.

③ 같은 시점에서 조사해 보면 평균소비성향은 소득이 높은 사람이 소득이 낮은 사람에 비해 낮다.

④ 장기간에 걸쳐 조사해 보면 소득이 증가해도 평균소비성향이 변하지 않는다.

⑤ 정부가 조세를 단기에만 변화시킬 때 장기간 변화시킬 때보다 소비에 미치는 효과가 커진다.

hint

① 임시소득의 변화, ② 항상소득의 변화, ③ 횡단면, 단기시계열분석에서 APC 체감, ④ 장기시계열분석에서 APC 일정, ⑤ 일시적인 조세변화는 임시소득의 변화이므로 소비에 영향을 미치지 못하고 장기간의 조세변화는 항상소득의 변화이므로 소비에 영향을 미친다.

15 **소비이론에 관한 설명으로 옳은 것은?** 2022년 감정평가사

① 항상소득가설(permanent income hypothesis)에 따르면, 현재소득이 일시적으로 항상소득보다 작게 되면 평균소비성향은 일시적으로 증가한다.

② 생애주기가설(life-cycle hypothesis)은 소비자가 저축은 할 수 있으나 차입에는 제약(borrowing constraints)이 있다고 가정한다.

③ 케인즈 소비함수는 이자율에 대한 소비의 기간별 대체효과를 반영하고 있다.

④ 소비에 대한 임의보행(random walk) 가설은 소비자가 근시안적(myopic)으로 소비를 결정한다고 가정한다.

⑤ 항상소득가설은 소비자가 차입제약에 직면한다고 가정한다.

hint

① (O), 항상소득가설에 따르면 $C = \alpha Y^P$, 평균소비성향 $= \frac{C}{Y} = \frac{\alpha Y^P}{Y}$이므로 Y가 증가하면 평균소비성향은 감소한다.

② (×), 일반적으로 생애주기가설은 저축 및 차입이 자유롭다고 가정한다.

③ (×), 케인즈 소비함수는 미래소득, 이자율에 영향을 받지 않고 현재소득에만 영향을 받는다.

④ (×), 임의보행가설은 소비자가 미래지향적으로 소비를 결정한다고 가정한다.

⑤ (×), 항상소득가설은 저축 및 차입이 자유롭다고 가정한다.

정답 12 ④ 13 ④ 14 ⑤ 15 ①

16 **A국 정부는 영구히 소득세율을 5%p 인상하기로 하고 그 시행 시기는 1년 후로 발표하였다. 항상소득가설의 관점에서 소득세율 개정 발표 이후 소비에 대한 다음 설명 중 옳은 것은?**

2020년 공인회계사

① 소비는 발표 즉시 감소하고 이후 그 수준으로 계속 유지된다.
② 소비는 발표 즉시 감소하지만 1년 후에는 발표 이전 수준으로 회복된다.
③ 발표 후 1년 동안 소비는 균일하게 감소하고 이후 그 수준으로 계속 유지된다.
④ 발표 후 1년 동안 소비는 영향을 받지 않지만 1년 후에는 감소하고 이후 그 수준으로 계속 유지된다.
⑤ 소비는 영향을 받지 않는다.

hint

항상소득은 발표시점에서 감소한 후 일정하게 유지된다. 따라서 소비도 발표시점에서 감소한 후 일정하게 유지된다.

*** 주의사항**

항상소득가설 및 임의보행가설에서 항구적이고 예상된 정책이 시행되는 경우 이미 예상시점에서 소비가 변하였기 때문에 시행시점에는 더 이상 소비가 변하지 않는다는 것이지 소비가 전혀 변하지 않는다는 것은 아니라는 점에 주의할 것!

17 **2기간 최적 소비선택 모형에서 1기 소비자 차입제약(borrowing constraint)에 의해 제한을 받고 있다. 정부가 2기에 소득세를 감면하기로 하였다면 소득세 감면이 없을 경우에 비해 1기 소비와 2기 소비는 어떻게 변화하겠는가?** 2008년 감정평가사

① 1기 소비 증가, 2기 소비 증가
② 1기 소비 증가, 2기 소비 불변
③ 1기 소비 불변, 2기 소비 증가
④ 1기 소비 불변, 2기 소비 불변
⑤ 1기 소비 감소, 2기 소비 증가

hint

차입제약이 존재할 경우 소비는 금기 가처분소득에 의해 결정된다. 2기에 소득세를 감소하는 것은 1기의 가처분소득에 아무런 영향을 미치지 못한다. 따라서 1기의 소비는 불변이고 2기의 소비만 증가하게 될 것이다. 반면 차입제약이 존재하지 않는다면 두 기간의 소비가 모두 증가하게 될 것이다.

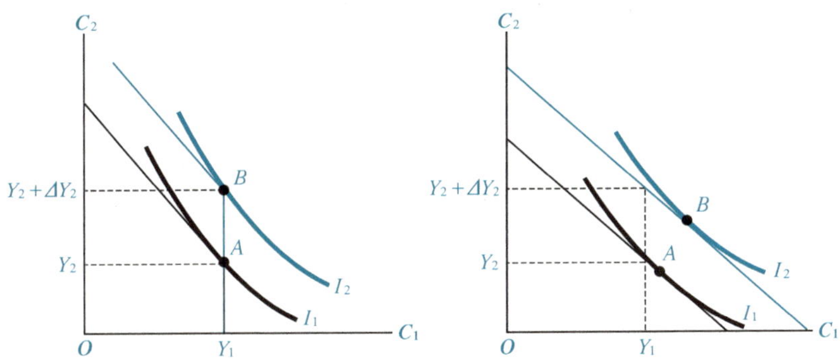

〈그림 1〉 차입제약이 있는 경우 〈그림 2〉 차입제약이 없는 경우

정답 16 ① 17 ③

18 **매기 양(+)의 소득을 얻는 소비자 A는 두 기간(1기와 2기)에 걸쳐 최적 소비선택을 한다. 시장의 이자율과 관련해 아래 두 경우를 고려하자.**

경우 Ⅰ : $r_b^I = r_s^I = \bar{r}$	경우 Ⅱ : $r_b^{II} > \bar{r}$, $r_s^{II} < \bar{r}$

위의 두 경우에 A의 선택과 관련된 다음 설명 중 옳지 않은 것은? (단, r_b^I, r_b^{II}는 각각 경우 Ⅰ과 경우 Ⅱ의 차입이자율, r_s^I, r_s^{II}는 각각 경우 Ⅰ과 경우 Ⅱ의 저축이자율, $\bar{r}$는 양(+)의 상수이다. A에게 1기와 2기 소비는 정상재이며, A의 1기와 2기 소비에 대한 무차별곡선은 원점에 대해 강볼록하다.)

2023년 공인회계사

① 경우 Ⅱ의 예산집합은 경우 Ⅰ의 예산집합보다 작다.
② 경우 Ⅰ에서 매기 소득과 소비가 일치한다면, 경우 Ⅱ에서도 매기 소득과 소비가 일치한다.
③ 경우 Ⅰ에서 1기에 차입하고 있다면, 경우 Ⅰ에서 경우 Ⅱ로의 이자율 변화가 1기 소비에 미치는 소득효과와 대체효과의 방향은 같다.
④ 경우 Ⅰ에서 1기에 저축하고 있다면, 경우 Ⅰ에서 경우 Ⅱ로의 이자율 변화가 1기 소비에 미치는 소득효과와 대체효과의 방향은 같다.
⑤ 경우 Ⅰ에서 1기에 저축하고 있다면, 경우 Ⅱ에서 1기에 차입하는 선택을 하지 않는다.

hint

① (○), 경우 Ⅰ은 자본시장이 완전한 경우를 나타낸다. 이 경우 예산선은 *abc*와 같다. 경우 Ⅱ는 자본시장이 불완전하여 저축이자율이 차입이자율보다 낮은 경우를 나타낸다. 이 경우 예산선은 *dbe*와 같다. 경우 Ⅱ의 예산집합은 경우 Ⅰ의 예산집합보다 작다.

③ (○), 〈그림 1〉의 경우 Ⅰ에서 차입하는 경우를 0점이라고 하자. 이 경우 0점에서 1점까지의 변화는 대체효과이고, 1점에서 2점까지의 변화가 소득효과이다. 두 가지 효과가 모두 1기 소비를 감소시킨다.

④ (×), 〈그림 2〉의 경우 Ⅰ에서 저축하는 경우를 0점이라고 하자. 이 경우 0점에서 1점까지의 변화는 대체효과이고, 1점에서 2점까지의 변화는 소득효과이다. 대체효과는 1기 소비를 늘리지만 소득효과는 1기 소비를 줄인다.

⑤ (○), 경우 Ⅰ에서 *b*점 좌측을 선택하던 소비자가 경우 Ⅱ에서 *b*점 우측을 선택하는 그림을 그리면 무차별곡선이 교차할 수밖에 없다.

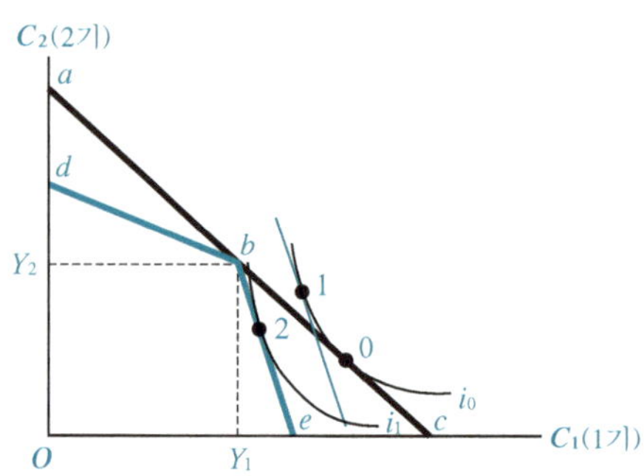

〈그림 1〉

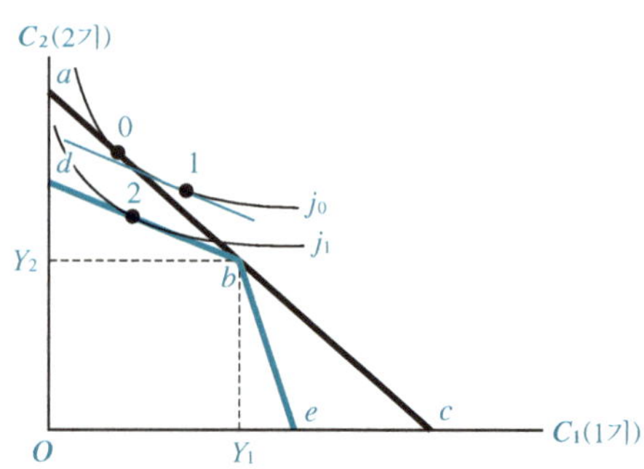

〈그림 2〉

19 주어진 소득과 이자율 하에서 효용을 극대화하는 소비자의 효용함수가 다음과 같다.

$$U(C_1, C_2) = \sqrt{C_1} + \sqrt{C_2}$$

C_1과 C_2는 각각 1기와 2기의 소비를 나타낸다. 이 소비자의 소득은 1기에 0이고 2기에 1,300이다. 만약 이 소비자가 1기에 400까지만 차입할 수 있다면, 이 소비자의 효용은? (단, 이자율은 0이다.)

2019년 공인회계사

① 38 ② 40 ③ 45
④ 48 ⑤ 50

hint

우선 내부해가 실현가능한지를 확인해 보기로 하자.

예산제약선 : $C_1 + C_2 = Y_1 + Y_2 = 1,300$
최적 소비조건 : $MRS_{12} = \sqrt{\frac{C_2}{C_1}} = 1 \Rightarrow C_2 = C_1$

최적 소비조건을 예산제약선에 대입할 경우 $C_1^* = C_2^* = 650$이 된다. 이를 나타내면 아래 그림의 A점과 같다. 그런데 이러한 소비가 실현되기 위해서는 650의 차입이 이루어져야 하는데 현재 400 이상 소비할 수 없기 때문에 실현된 소비는 $C_1 = 400$, $C_2 = 900$이 될 것이다. 이는 그림의 B점과 같고 이때의 효용은 $U = \sqrt{400} + \sqrt{900} = 50$이 된다.

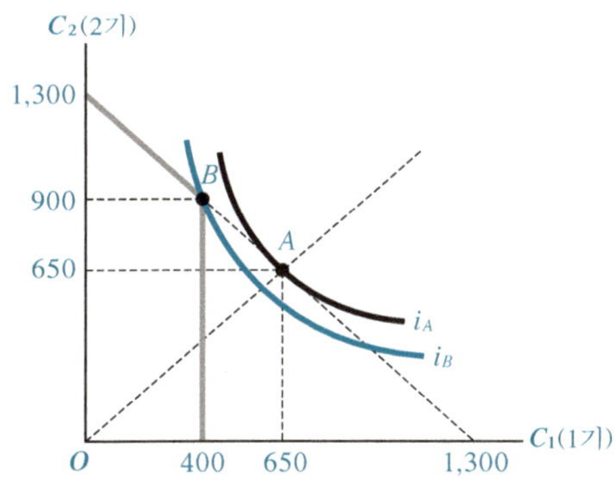

정답 18 ④ 19 ⑤

20 다음은 소비함수에 대한 설명이다. 이에 대한 분석으로 옳지 않은 것은?

2016년 공인회계사

- 김 씨는 절대소득가설을 따르며, 소비함수는 $C = 0.8Y + 10$이다. (단, C는 소비, Y는 소득이다.)
- 이 씨는 항상소득가설을 따르며, 소비함수는 $C_t = 0.5Y_t^P$, $Y_t^P = 0.5Y_t + 0.3Y_{t-1}$이며, 소득은 t기에 120, $t-1$기에 80이다. (단, C_t는 t기의 소비, Y_t^P는 t기의 항상소득, Y_t는 t기의 소득이다.)
- 박 씨는 상대소득가설을 따르며, 소비함수는 $Y \geq Y_m$일 때에 $C = 0.7Y$이며, $Y < Y_m$일 때에 $C = 0.7Y_m + 0.5(Y - Y_m)$이다. (단, C는 소비, Y는 소득, Y_m은 과거 최대 소득이다.)

① 김 씨의 $\frac{\Delta C}{\Delta Y}$는 소득의 크기에 상관없이 일정하다.

② 김 씨의 $\frac{C}{Y}$는 소득의 증가에 따라서 체감한다.

③ 이 씨의 $\frac{C_t}{Y_t}$는 1보다 크다.

④ 박 씨의 $\frac{\Delta C}{\Delta Y}$는 Y가 Y_m보다 작을 때 1보다 작다.

⑤ 박 씨의 $\frac{\Delta C}{\Delta Y}$는 Y가 Y_m보다 클 때 1보다 작다.

hint

① (○), 김 씨의 $\frac{\Delta C}{\Delta Y} = 0.8$로 일정하다.

② (○), 김 씨의 $\frac{C}{Y} = 0.8 + \frac{10}{Y}$으로 소득의 증가에 따라 체감한다.

③ (×), $C_t = 0.5Y_t^P = 0.5 \times (0.5 \times 120 + 0.3 \times 80) = 42$이므로 $\frac{C_t}{Y_t} = \frac{42}{120} < 1$이다.

④ (○), Y가 Y_m보다 작을 때 박 씨의 $\frac{\Delta C}{\Delta Y} = 0.5 < 1$이다.

⑤ (○), Y가 Y_m보다 클 때 박 씨의 $\frac{\Delta C}{\Delta Y} = 0.7 < 1$이다.

21 소비이론에 대한 설명으로 옳지 않은 것은?

2016년 7급

① 레입슨(D. Laibson)에 따르면 소비자는 시간 비일관성(time inconsistency)을 보인다.

② 항상소득가설에 의하면 평균소비성향은 현재소득 대비 항상소득의 비율에 의존한다.

③ 생애주기가설에 의하면 전 생애에 걸쳐 소비흐름은 평탄하지만, 소득흐름은 위로 볼록한 모양을 갖는다.

④ 가계에 유동성제약이 존재하면 현재소득에 대한 현재소비의 의존도는 약화된다.

hint

① (O), 레입슨(D. Laibson)의 즉각적 만족 가설에 의하면 소비자는 사전에 계획한 것에 비해 훨씬 작은 규모의 저축을 한다. 즉, 소비자는 시간 비일관성(time inconsistency)을 보인다.

④ (×), 가계에 유동성제약이 존재하면 현재소비의 현재소득에 대한 한계소비성향 $\frac{\Delta C_1}{\Delta Y_1}=1$이 된다. 즉, 현재소비는 현재소득 변화에 매우 민감해진다.

22 소비이론에 관한 설명으로 옳은 것은?

2013년 보험계리사

① 기간 간 소비선택 모형(inter-temporal consumption choice model)에서 차입자의 경우 이자율이 상승하면 현재소비는 감소하고 미래소비는 불분명하게 된다.

② 유동성제약(liquidity constraint)이 해소되면, 소비가 현재소득의 변화에 대해 항상소득이론이 예측하는 것보다 더 민감하게 반응하는 소위 과잉민감성(excess sensitivity) 현상이 발생한다.

③ 평생소득이론(생애주기가설)에서 장기적으로 평균소비성향이 일정한 것은 자산(부)의 증가보다는 근로소득의 증가에 기인한 측면이 크다.

④ 케인즈의 절대소득이론은 장기 시계열자료에서 평균소비성향이 일정하다는 쿠즈네츠의 분석을 잘 설명할 수 있기 때문에 여전히 가장 직관적인 소비이론으로 사용되고 있다.

hint

① 여가가 정상재임을 전제할 때 차입자에 있어 대체효과와 소득효과 모두 현재소비를 감소시킨다. 반면 대체효과는 미래소비를 증가시키지만 소득효과는 미래소비를 감소시켜 미래소비에 미치는 영향은 불명확하다.

② 현재소득에 대한 과잉민감성 및 미래소득에 대한 과잉둔감성은 유동성제약이 구속력이 있는 경우 발생하는 효과이다.

③ 평생소득이론에서 *APC*가 일정하게 유지되기 위해서는 자산과 근로소득이 비슷한 속도로 증가할 것이라는 가정이 필요하다.

④ 케인즈의 절대소득이론은 장기 시계열자료에서 평균소비성향이 일정하다는 쿠즈네츠의 분석을 설명하지 못한다.

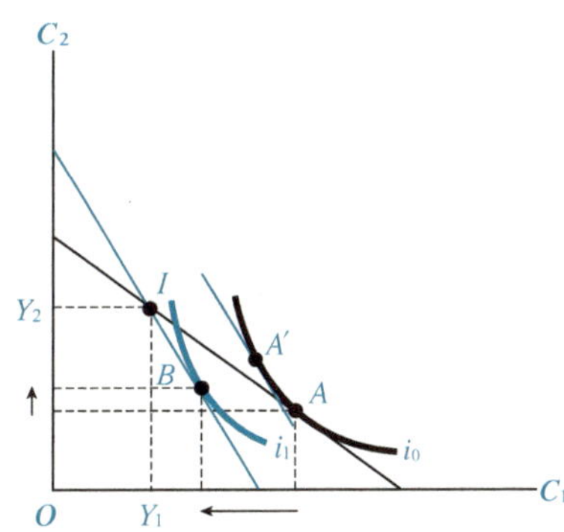

정답 20 ③ 21 ④ 22 ①

23 소비가설에 대한 다음 설명 중 옳지 않은 것은? 2004년 감정평가사

① 항상소득가설이 옳다면 소비자는 소득의 일시적 변동에도 불구하고 저축과 차입을 통해서 소비를 일정하게 유지하려고 한다.

② 생애주기가설에 의하면 소비자는 저축을 통해 소득을 중장년기로부터 노년기로 이전하고자 한다.

③ 생애주기가설과 항상소득가설이 옳더라도 가계에 유동성제약이 존재하면 소비는 현재 소득에 의해서도 결정될 수 있다.

④ 항상소득가설과 합리적 기대 가설이 옳다면 예상된 소득의 감소는 소비에 영향을 주지 않는다.

⑤ 케인즈의 절대소득가설에 의하면 소비의 이자율탄력성이 매우 높다.

hint

케인즈 소비이론은 현재 가처분소득이 현재소비를 결정지으며 이자율 등은 큰 영향을 미치지 못한다는 의미에서 '절대소득가설'이라는 이름을 갖게 되었다.

24 소비이론에 대한 설명으로 〈보기〉에서 옳은 것을 모두 고른 것은? 2023년 보험계리사

ㄱ. 항상소득가설에 따르면 평균소비성향은 항상소득과 실제 소득 사이의 비율에 의존한다.

ㄴ. 리카도 대등정리(Ricardian equivalence theorem)에 위하면 정부지출이 일정할 때 현재의 조세인하는 현재소비를 증가시킨다.

ㄷ. 생애주기가설에 의하면 현재소득이 증가할 때 현재소비와 평균소비성향이 증가한다.

ㄹ. 상대소득가설은 소비의 비가역성과 상호의존성을 가정한다.

① ㄱ, ㄴ

② ㄴ, ㄷ

③ ㄷ, ㄹ

④ ㄱ, ㄹ

hint

ㄱ. (O), 항상소득가설의 소비함수 $C=\alpha Y^P$에서 $APC=\frac{C}{Y}=\frac{\alpha Y^P}{Y}$이다.

ㄴ. (×), 리카르도 대등정리가 성립할 때 정부지출의 변화 없는 조세인하는 소비에 영향을 미치지 못한다.

ㄷ. (×), 생애주기가설의 소비함수 $C=\alpha W+\beta Y$에서 $APC=\frac{C}{Y}=\alpha\left(\frac{W}{Y}\right)+\beta$이며, W가 일정할 때 Y가 증가하면 소비수준은 높아지지만 평균소비성향은 하락한다.

ㄹ. (O), 소비의 비가역성 또는 소비의 톱니효과란 금기 소비가 과거 최대소득에 영향 받아 경기후퇴기에 쉽게 줄어들지 않는 현상을 말한다. 소비의 상호의존성 또는 소비의 전시효과란 개인의 소비가 다른 사람의 소비에 영향 받아 저소득층의 평균소비성향이 고소득층의 평균소비성향보다 높아지는 성향을 의미한다.

24 소비이론에 대한 다음 설명 중 잘못된 것의 개수는?

가. 항상소득가설(permanent income hypothesis)에 따르면 일시적 감세에 비해 지속적 감세의 효과가 크다.
나. 랜덤워크 가설(random walk hypothesis)에 따르면 예상치 못한 정책이 실시되어도 소비의 흐름은 불변이다.
다. 리카도 정리(Ricardian equivalence)에 따르면 정부지출이 주어져 있을 때 정액세의 삭감은 소비에 영향을 미치지 못한다.
라. 유동성제약(liquidity constraint) 하에서 미래소득의 증가는 현재소비에 영향을 미치지 않는다.
마. 생애주기가설(life cycle hypothesis)에 의하면 노년층에 조세를 거두어 청장년층에 지급하면 총소비가 증가한다.

① 1개　② 2개　③ 3개
④ 4개　⑤ 5개

hint

가. (O).
나. (×), 랜덤워크 가설에서 오직 예측치 못한 정책만이 소비를 변화시키게 된다.
다. (O).
라. (O).
마. (×), 생애주기가설에 따르면 노년층의 소비성향이 청장년층의 소비성향보다 높다.

정답　23 ⑤　24 ④　25 ②

제11장 투자이론

Testbank for **Economics** [macroeconomics]

핵 심 출 제 논 점

1. 신고전파 투자이론
2. q이론과 주식시장
3. 재고투자의 동기
4. 가속도이론
5. 투자의 소득의존성

Ⅰ 투자의 주요 이론

이론	주요 내용
(순)현재가치법	■ $NPV = \sum_{t=0}^{n} \frac{B_t - C_t}{(1+r)^t}$ (단, B_t, C_t는 각 기간별 편익과 비용, r은 할인율) 즉, 투자안의 순현재가치 = 편익의 현재가치 − 비용의 현재가치 ■ (순)투자의 조건 : $NPV > 0$, 투자는 이자율의 감소함수
내부수익률법 (= 투자의 한계효율법)	■ $NPV = \sum_{t=0}^{n} \frac{B_t - C_t}{(1+\rho)^t} = 0$를 만족하는 할인률 ρ 즉, 내부수익률 = 투자안의 순현재가치를 0으로 만드는 할인율 ■ (순)투자의 조건 : $\rho > r$, 투자는 이자율의 감소함수
신고전파이론	■ 자본재 보유의 편익과 비용이 일치하는 수준까지 투자 ■ 자본재 보유의 편익 : $MB = \frac{R}{P} = MP_K$ ■ 자본재 보유의 비용 : $MC = \frac{P_K}{P}(r+\delta) = \frac{P_K}{P}(i - \pi^e + \delta)$ ■ (순)투자의 조건 : $MB > MC$, 투자는 이자율의 감소함수 ■ 기술진보, 해외노동력 유입, 지진 ⇒ 투자 증가
평균 q이론	■ 주식시장이 투자에 미치는 영향 강조, 미래지향적 투자이론 ■ $q = \frac{V}{C} = \frac{\text{주식시장에서 평가된 기업의 시장가치}}{\text{기업의 실물자본 대체비용}}$ ■ (순)투자의 조건 : $q > 1$ ■ 주가 상승 ⇒ 투자 증가
한계 q이론	■ $q = \frac{\Delta V}{\Delta C} = \frac{\text{주식시장에서 평가된 기업의 시장가치의 변화}}{\text{기업의 실물자본에 대한 신규 투자}}$ ■ (순)투자의 조건 : $q > 1$
가속도이론	■ 투자는 소득변화(ΔY)의 증가함수, 주로 재고투자의 변화를 잘 설명함 ■ $I = \Delta N = \beta \Delta Y$ ■ 가속도효과가 작용할 경우 승수가 증가하며, 투자가 경기변동에 민감해짐 ■ 경기확장기 기업 재고 보유 증가 (신축적 가속도이론 : 조정비용으로 인해 투자의 조정이 여러 기간에 걸쳐 이루어지는 경우)
기타 이론	■ 금융제약이론 : 투자는 기업 현금흐름의 증가함수 ■ 옵션 가설 : 투자는 불확실성의 감소함수

* 거시경제학에서 투자는 실물투자, 즉 실물자본의 축적

* 총투자(I) = 설비투자 + 건설투자 + 재고투자 + 지적재산투자

* 총투자(I) = 계획한 투자 + 계획하지 않은 (재고)투자

* 총투자(I) = 순투자(I^n) + 대체투자(δK)

* 순투자(I_t^n) = $\lambda(K_t^* - K_t)$ = 조정계수(최적 자본량 − 현재 자본량)

* 일정한 조건 하에서 신고전파이론과 q이론은 동등한 이론임이 증명되어 있음

Ⅱ 투자의 미시적 기초 : 조겐슨의 신고전파 모형(사용자비용 모형)

1. 자본재 보유의 편익과 비용

- $MB = \frac{R}{P} = MP_K$: 자본재의 임대가격
- $MC = \frac{P_K}{P}\left(i - \frac{\Delta P_K^e}{P_K} + \delta\right) = \frac{P_K}{P}(r + \delta)$: 자본의 사용자비용
- 한계편익과 한계비용의 차이인 $MP_K - \frac{P_K}{P}(r+\delta)$를 자본의 한계이윤율이라고 함

2. 투자함수

- 순투자함수 : $I_t^n = \lambda(K_t^* - K_t)$, 총투자함수 : $I_t = I_t^n + \delta K_t = \lambda(K_t^* - K_t) + \delta K_t$

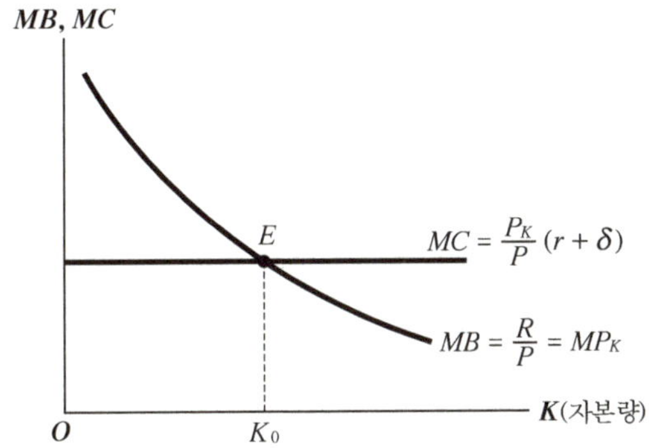

Ⅲ 불확실성과 투자

1. 재고 보유의 주요 동기 : 생산평준화, 제고수준 기피

2. 불확실성 증가 ⇒ 옵션가설 : 설비 및 건설투자 감소, 제고수준 기피 이론 : 재고투자 증가

Part-1 기본 문제

01 **도마(Domar)의 성장이론에서 투자의 이중성이란?** 2006년 국가직 7급

① 투자에는 독립투자와 유발투자의 이중성이 있음을 의미한다.

② 투자는 사전적 투자와 사후적 투자로 이분되어 있음을 의미한다.

③ 투자는 설비투자와 재고투자의 두 부분으로 나눌 수 있음을 의미한다.

④ 투자는 생산물의 공급능력을 증가시키는 한편 총수요를 증가시키는 두 가지 역할을 수행함을 의미한다.

hint

투자의 이중성이란 투자가 총수요(단기적 경기변동)와 총공급(장기적 경제성장)에 모두 중요한 영향을 미침을 의미한다.

02 **투자수준의 변동은 총지출 변동, 따라서 국민총생산 변동의 주된 원인이 된다. 다음 중 투자행위 및 투자함수에 관하여 바르게 설명하고 있는 것은?** 2008년 국가직 7급

① 투자의 회임기간(gestation period)이 길수록 투자의 위험은 감소하는 것으로 알려져 있다.

② 경제학 이론에서는 실질이자율과 투자 간에 정(+)의 관계가 있는 것으로 가정하고 있다.

③ 일반적으로 산출의 증가는 투자에 큰 영향을 미치지 못하는 것으로 가정한다.

④ 재고도 투자행위의 하나로 간주된다.

⑤ 감가상각이 없을 때 현기의 투자가 증가하면 다음기의 자본저량(capital stock)은 감소하는 것이 일반적이다.

hint

① 투자의 회임기간이 길어질수록 유동성이 낮고 더 많은 위험을 부담하기 때문에 더 많은 수익이 지급되는 것이 일반적이다. ② 경제학 이론에서는 실질이자율과 투자 간에 음(-)의 관계가 있는 것으로 가정하고 있다. ③, ④ 또한 산출의 증가는 특히 재고투자에 뚜렷한 영향을 미치는 것으로 알려져 있다. ⑤ 자본축적 공식에 따르면 $\Delta K = I - \delta K$가 성립하므로 감가상각이 일정할 때 투자가 증가하면 다음 기의 자본저량은 증가할 것이다.

03 자본의 한계생산(MP_K)이 다음과 같이 자본량(K)의 함수로 주어진 기업이 있다.

$$MP_K = \frac{16}{K} + 0.02$$

최종 생산물인 소비재의 자본재에 대한 상대가격은 언제나 1이고, 실질이자율과 감가상각률은 각각 0.10과 0이다. 현재 자본량이 220이면, 이 기업은 최적 자본량에 도달하기 위해 자본량을 어떻게 조정해야 하는가? 2019년 공인회계사

① 20만큼 줄인다.
② 20만큼 늘린다.
③ 30만큼 줄인다.
④ 30만큼 늘린다.
⑤ 현재의 수준을 유지한다.

hint

신고전파투자이론에서 최적 자본량은 자본재 보유의 한계편익과 한계비용이 일치하는 수준에서 이루어진다.

$$MB = MP_K = \frac{16}{K} + 0.02 = MC = \frac{P_K}{P}(r+\delta) = 0.10 \Rightarrow K^* = 200$$

따라서 최적 자본에 이르기 위해서는 20의 자본량 감소가 필요하다. 즉, 20의 음의 순투자가 필요하다.

04 다음 중 투자의 가속도 모형에 관한 설명으로 가장 옳은 것은? 2000년 감정평가사

① 투자는 소득수준에 의존한다.
② 투자는 이자율에 의존한다.
③ 투자는 투자의 한계효율에 의존하다.
④ 투자는 소득수준의 변화에 의존한다.
⑤ 투자는 자금여력에 의존한다.

hint

투자의 가속도이론은 주로 재고투자의 변동을 잘 설명하는 것으로 알려져 있다. 이를 간단히 식으로 나타내면 $I = \Delta N = \beta \Delta Y$가 된다. 즉, 투자는 소득수준의 변화에 의존한다.

정답 1 ④ 2 ④ 3 ① 4 ④

05 투자이론에 관한 설명으로 옳지 않은 것은? 2016년 보험계리사

① 케인즈의 투자이론에서 시장이자율이 투자의 한계효율보다 클 경우 투자가 이루어진다.

② 투자는 이자율과 음(-)의 관계가 있다.

③ 토빈의 q이론에 의하면 $q > 1$인 경우 순투자가 이루어진다.

④ 국민소득의 증가로 투자가 증가할 때 이를 유발투자라 한다.

hint

① (×), 케인즈의 투자이론에서 투자가 이루어지기 위해서는 투자의 한계효율(내부수익률)이 시장이자율보다 커야 한다.

06 토빈(J. Tobin)의 *q*에 관한 설명으로 옳은 것은? 2013년 공인노무사

① 장기적으로 임금변화율과 실업률의 관계를 설명하는 지표이다.

② q값이 1보다 클 경우 투자규모는 증가한다고 설명한다.

③ q값은 자본비용을 자본의 시장가치로 나눈 값으로 도출된다.

④ q값은 자본의 상대적 효율성을 나타내는 지표이며, 신규투자의 변화와는 관련이 없어 거시경제지표로 활용하기 어렵다.

⑤ 토빈은 장기적으로 q값이 0으로 근접하여 순투자가 일어나지 않는 경향이 있다고 주장하였다.

hint

②, ③, ⑤ 토빈의 $q = \frac{V}{C} = \frac{\text{주식시장에서 평가된 기업의 시장가치}}{\text{기업의 실물자본 대체비용}}$, q가 1보다 크면 순투자가 이루어지며 균형상태에서 q는 1에 근접한다.

정답 5 ① 6 ②

Part-2 실전 문제

01 **투자와 관련된 설명으로 옳지 않은 것은?**

① 투자지출은 소비지출에 비하여 GDP에서 차지하는 비중이 대체로 낮다.
② 투자세액 공제는 기업의 투자를 촉진시키는 효과를 가져온다.
③ 재고의 변화는 자본스톡에는 영향을 주지 못하기 때문에 투자로 간주되지 않는다.
④ 투자는 변동성이 심하여 경기변동을 초래하는 중요한 요인으로 간주된다.
⑤ 토빈(Tobin)의 q값이 1보다 크다면 기업은 투자를 늘려 자본스톡을 증가시키는 것이 유리하다.

hint

③ 투자는 설비투자, 건설투자, 재고투자로 이루어진다. 재고투자는 비중은 작지만 변동성이 매우 크기 때문에 투자를 구성하는 매우 중요한 요인이다.

02 **신고전학파의 투자모형**(Neoclassical model of investment)**에서 자본의 순투자**(net investment)**를 증가시키는 요인이 아닌 것은?** 2022년 국가직 7급

① 감가상각률 하락
② 기술 발전
③ 고용량 감소
④ 실질이자율 하락

hint

신고전파 투자모형에 의하면 자본재 보유의 실질한계편익과 실질한계비용이 일치할 때의 자본수준이 최적 자본(K^*)이며 최적 자본과 실제 투자가 일치하지 않을 때 그 차이를 메워가는 작업이 순투자이다.

자본재 보유의 실질한계편익 : $MB = \frac{R}{P} = MP_K$
자본재 보유의 실질한계비용 : $MC = \frac{P_K}{P}(r + \delta)$
순투자 : $I_t^n = \lambda(K^* - K_t)$

① (○), 감가상각률 하락 ⇒ MC 하락 ⇒ K^* 증가 ⇒ 순투자 증가
② (○), 기술 발전 ⇒ MP_K 상승 ⇒ MB 상승 ⇒ K^* 증가 ⇒ 순투자 증가
③ (×), 고용량 감소 ⇒ MP_K 하락 ⇒ MB 하락 ⇒ K^* 감소 ⇒ 순투자 감소
④ (○), 실질이자율 하락 ⇒ MC 하락 ⇒ K^* 증가 ⇒ 순투자 증가

정답 1 ③ 2 ③

03 다음은 신고전학파의 투자모형이 적용되는 경제이다. 이 경제에서 자본량은 자본 추가에 따른 실질이윤율이 양수이면 증가, 음수이면 감소, 영이면 변함이 없다. 이 경제의 정상상태(steady state)에서 자본량은 얼마인가? 2017년 공인회계사

- 자본 추가에 따른 실질이윤율 : $MPK - p_K(r+\delta)$
- 생산함수 : $Y = K^{\frac{1}{2}}(\overline{L})^{\frac{1}{2}}$
- 시장에서 주어진 자본의 실질가격, 실질이자율 : $p_K = 100$, $r = 2\%$
- 고정된 노동량, 감가상각률 : $\overline{L} = 100$, $\delta = 8\%$

(단, MPK, p_K, r, δ, Y, K, $\overline{L}$는 각각 자본의 한계생산물, 자본의 실질가격, 실질이자율, 감가상각률, 생산물, 자본량, 고정된 노동량이며 자본의 가격상승률은 생산물가격 상승률과 같다고 가정한다.)

① $\frac{1}{4}$　② $\frac{1}{2}$　③ 1
④ 2　⑤ 4

hint

정상상태는 더 이상 자본의 증가 또는 감소의 유인이 없어 자본스톡이 일정하게 유지되는 수준을 말한다. 즉, $MPK = p_K(r+\delta)$ 또는 $MPK - p_K(r+\delta) = 0$이 성립하면 된다.

$$MPK = \frac{1}{2}K^{-\frac{1}{2}}(\overline{L})^{\frac{1}{2}} = 5K^{-\frac{1}{2}} = p_K(r+\delta) = 100(2\% + 8\%) = 10 \Rightarrow K^* = \frac{1}{4}$$

04 Tobin q에 대한 설명으로 적합하지 않은 것은? 2008년 감정평가사

① 기업보유자본의 시장가치를 기업보유자본의 대체비용으로 나눈 값이다.
② q값이 1보다 크면 순투자가 이루어진다.
③ 현재 및 장래 기대이윤이 증가하면 q값은 증가한다.
④ 실질이자율이 상승하면 q값은 감소한다.
⑤ 자본의 한계생산이 증가하면 q값은 감소한다.

hint

q의 정의 : $q = \frac{V}{C} = \frac{\text{주식시장에서 평가된 기업의 시장가치}}{\text{기업의 실물자본 대체비용}}$

자본의 한계생산이 상승하면 주식시장의 평가가 호전되면서 주가가 상승하고 q값도 상승할 것이다.

05 토빈의 q(Tobin's q)에 대한 설명으로 옳지 않은 것은? 2011년 국회 8급

① 기업의 수익성, 경제정책 등 미래에 대한 기대가 큰 투자에 큰 영향을 미친다는 것을 강조한다.

② 자본조정비용을 고려할 경우 감가상각률이 증가하면 투자는 감소한다.

③ 토빈의 q가 증가하면 투자유인도 증가한다.

④ 전통적 투자모형인 신고전학파 투자모형과는 무관한 모형이다.

⑤ 주가변화와 투자변화 간에는 밀접한 관계가 있음을 강조한다.

hint

효율적인 주식시장, 규모수익 불변 등 몇 가지 가정을 추가하면 신고전학파 투자모형과 토빈의 q이론이 동일한 결론에 이른다는 것을 증명할 수 있다. 신고전파 투자모형과 토빈의 q이론의 동등성이라고 한다.

$MP_K > \frac{P_K}{P}(r+\delta)$ ⇒ 주식가격 상승 ⇒ $q > 1$ ⇒ 양(+)의 순투자

$MP_K = \frac{P_K}{P}(r+\delta)$ ⇒ 주식가격 불변 ⇒ $q = 1$ ⇒ 영(0)의 순투자

$MP_K < \frac{P_K}{P}(r+\delta)$ ⇒ 주식가격 하락 ⇒ $q < 1$ ⇒ 음(-)의 순투자

06 투자이론에 대한 다음 설명 중 가장 옳지 않은 것은? 2009년 공인회계사

① 케인즈는 투자의 한계효율(marginal efficiency)과 이자율이 일치하는 수준에서 투자수준이 결정된다고 보았다.

② 가속도원리에 의하면 투자는 소득변화의 증가함수이다.

③ 신고전학파의 투자이론에 의하면 자본의 한계생산성이 투자의 주요 결정요인이다.

④ 토빈(Tobin)의 q이론에 의하면 주식시장에서 평가된 어느 기업의 시장가치가 그 기업의 실물자본 대체비용보다 큰 경우, 이 기업의 투자는 감소한다.

⑤ 딕싯(Dixit)의 투자옵션 모형에 의하면 투자는 불확실성의 감소함수이다.

hint

④ 토빈(Tobin)의 q이론에 의하면 주식시장에서 평가된 어느 기업의 시장가치가 그 기업의 실물자본 대체비용보다 큰 경우, 즉 $q>1$인 경우 기업의 투자는 증가한다.

$$\text{토빈의 } q = \frac{\text{주식시장에서 평가된 기업의 시장가치}}{\text{기업의 실물자본 대체비용}} > 1 \Rightarrow \text{양(+)의 순투자}$$

정답 3 ① 4 ⑤ 5 ④ 6 ④

07 기업의 투자에 대한 설명으로 옳지 않은 것은? 2012년 보험계리사 응용

① 재고투자 모형에 의하면 불확실성이 증가할 때 투자가 늘어난다고 주장한다.
② 토빈의 q이론은 주식시장을 명시적으로 반영했기 때문에 기업에 설치된 자본의 대체비용을 고려하지 않는다.
③ 여러 기간을 고려한 모형에서 감가상각률의 상승은 투자의 한계수익에 미치는 영향이 불확정적이다.
④ 이자율 상승은 차입비용 내지 대체투자자산의 수익률 상승을 뜻하므로 투자를 감소시킨다.
⑤ 토빈의 q이론은 실증연구에 편리하게 사용할 수 있다는 장점이 있다.

hint

① 재고투자를 설명하는 대표적인 이론은 생산평준화이론(production smoothing theory)과 재고고갈회피이론(stock out avoidance)인데, 실증연구에 의하면 후자의 설명력이 더 높다고 한다. 따라서 기업 판매량의 불확실성이 증가할 경우 재고의 고갈을 막기 위해 완충자산(buffer stock)으로서의 재고 보유를 늘린다. ③ 감가상각률의 상승은 직접적으로 투자의 순수익률을 감소시키지만 자본의 감소를 유발하여 한계생산을 상승시킬 수도 있다.

08 투자이론에 대한 다음 설명 중 옳지 않은 것은? 2018년 국회 8급

① 투자는 토빈(Tobin) q의 증가함수이다.
② 자본의 한계생산이 증가하면 토빈(Tobin) q값이 커진다.
③ 투자옵션모형에 따르면, 상품가격이 정상이윤을 얻을 수 있는 수준으로 상승하더라도 기업이 바로 시장에 진입하여 투자하지 못하는 이유는 실물부문의 투자가 비가역성을 갖고 있기 때문이다.
④ 재고투자모형은 수요량 변화에 따른 불확실성의 증가가 재고투자를 증가시킬 수도 있다는 점을 설명한다.
⑤ 신고전학파에 따르면 실질이자율 하락은 자본의 한계편익을 증가시켜 투자의 증가를 가져온다.

hint

① (○)
② (○), 자본의 생산성이 높아지고 이것이 주가에 반영된다면 q는 상승할 것이다.
③ (○), 투자의사결정을 쉽게 번복할 수 없다는 것을 비가역성이라고 한다. 비가역성으로 인해 투자 의사결정을 보다 신중하게 내리게 된다.
④ (○), 재고소진회피모형에 의하면 불확실성이 클수록 더 많은 재고를 가지는 것이 유리하다.
⑤ (×), 실질이자율의 하락은 자본의 한계비용을 하락시킨다.

09 투자이론에 관한 설명으로 옳지 않은 것은? 2018년 보험계리사

① 현재가치이론에 의하면 투자수익의 현재가치가 투자비용의 현재가치보다 클 때 투자가 실행된다.

② 토빈의 q이론에 의하면 $q > 1$이면 투자가 실행되고 $q < 1$이면 투자가 실행되지 않는다.

③ 재고소진 기피(stock-out avoidance) 모형에 의하면 수요증가 가능성이 커질수록 재고 보유동기는 감소한다.

④ 가속도원리에서 산출량의 증가는 투자에 양(+)의 영향을 미친다.

hint

① (○)

② (○), 보다 엄밀하게 표현한다면 $q > 1$일 때 순투자가 실행된다.

③ (×), 수요가 커질 것을 예상한다면 재고소진으로 인해 판매기회를 놓치는 것을 막기 위해 재고 보유를 늘릴 것이다. 또한 수요의 불확실성이 클수록 재고 보유를 늘릴 유인이 있다고 알려져 있다.

④ (○), 가속도원리에 따른 투자함수는 $I = \beta \Delta Y$로 나타낼 수 있다.

10 주식가격 하락과 미래 불확실성의 증가가 거시경제에 미치는 영향에 대한 다음 설명 중 옳은 것은? 2010년 공인회계사

① 예비적 저축가설에 의하면 현재소비가 감소한다.

② 토빈(J. Tobin)의 q가 증가하여 투자가 감소한다.

③ 불확실성의 증가에 따라 환율의 변동성이 감소한다.

④ 딕싯(A. Dixit)의 투자옵션 모형에 의하면 미래의 불확실성에 관계없이 주식가격 하락이 투자의 감소를 가져온다.

⑤ 우하향하는 총수요곡선과 우상향하는 총공급곡선 하에서 단기적으로 물가수준이 상승한다.

hint

① 저축의 동기로는 생애주기적 동기, 예비적 동기, 상속동기 등을 들 수 있다. 불확실성이 증가하면 불확실한 미래에 대비하기 위한 예비적 동기의 저축이 증가하면서 소비가 감소한다.

② 불확실성의 증가는 주가를 하락시켜 q가 하락할 가능성이 크다.

③ 불확실성 증가 시 다른 변수에 비해 환율의 변동성이 매우 크다.

④ 옵션가설에 의하면 불확실성이 증가하면 직접적으로 투자를 감소시킨다. (주식가격이 하락한다면 투자의 감소폭을 증가시킬 것이다.)

⑤ 불확실성의 증가로 총수요가 감소하면 소득이 감소하고 물가수준이 하락한다.

정답	7 ②	8 ⑤	9 ③	10 ①

11 **다음 중 재고투자에 대한 설명으로 적당하지 않은 것은?**

① 전체 GDP의 약 1% 내외를 차지하지만 경기변동에 큰 영향을 미친다.

② 투자의 구성요소 중 변동성이 매우 낮은 안정된 지출이다.

③ 생산량을 안정시키기 위해 재고를 보유하는 것을 생산평준화(production smoothing)라고 한다.

④ 일반적 상식과 달리 불황기에는 재고투자가 급감하는 것으로 알려져 있다.

⑤ 재고투자의 변화는 투자의 가속도이론으로 잘 설명할 수 있다.

hint

② 재고투자는 투자의 구성요소 중에서도 그 변동성이 가장 큰 요소로 알려져 있다. 특히 불황기에는 지출감소의 거의 반 가까이를 재고투자의 감소로 설명할 수 있을 정도로 그 중요성이 강조된다.

12 **내구연수가 1년인 자본재의 공급가격이 5,000만원이고 예상수익이 6,000만원이라면 투자의 한계효율은?**

① 50%　　② 10%

③ 2%　　④ 20%

hint

투자의 한계효율 또는 투자안의 내부수익률(*IRR* : internal rate of return)이란 투자안의 순현재가치를 0으로 만드는 할인율을 의미한다.

13 **투자함수에 관련된 다음 설명 중 옳지 않은 것은?**

① 어떤 투자안의 내부수익률이 이자율보다 높다면 순현재가치가 0보다 크다.

② q이론에 따르면 미래의 자본수익성 상승이 예상되면 현시점에서 투자가 증가한다.

③ 자본재 가격이 상승하면 투자안의 내부수익률이 상승한다.

④ 어떤 기업이 대규모의 사내유보를 보유하고 있다면 투자의 이자율탄력성은 그리 크지 않을 것이다.

⑤ 투자가 소득변동에 영향을 받는다면 경기변동 시 투자의 변동성이 더욱 커진다.

hint

① (○)

② (○), 미래 자본수익성이 상승된다면 주가가 상승하고 q가 높아져서 현시점의 투자가 증가한다.

③ (×), 일반적으로 자본재 가격이 상승하면 내부수익률은 하락한다.

④ (○), 사내유보가 크다면 유보자금을 쓰면 되기 때문에 이자율에 큰 영향을 받지 않는다.

⑤ (○)

14 **자본재 가격이 일정할 때 소비재 가격이 상승하면?** (단, 할인율은 일정하다.) 2016년 국회 8급

① 자본의 한계효율곡선이 우측으로 이동한다.

② 자본의 한계효율곡선이 좌측으로 이동한다.

③ 자본의 한계효율곡선의 기울기의 절댓값이 작아진다.

④ 자본의 한계효율곡선의 기울기의 절댓값이 커진다.

⑤ 자본의 한계효율곡선은 변하지 않는다.

hint

편의상 자본재 가격을 C, 소비재 판매로 인한 수입을 R이라고 할 때 자본의 한계효율(내부수익률)은 다음 방정식을 만족하는 ρ값이 된다.

$$NPV = -C + \frac{R_1}{(1+\rho)} + \frac{R_2}{(1+\rho)^2} + \frac{R_3}{(1+\rho)^3} + \cdots\cdots + \frac{R_n}{(1+\rho)^n} = 0$$

이 경우 소비재 가격의 상승으로 R_i가 상승하면 위 식을 만족하는 ρ도 상승한다. 즉, 한계효율곡선이 상방(우측)으로 이동한다.

정답 11 ② 12 ④ 13 ③ 14 ①

제12장 화폐의 공급과 수요

Testbank for Economics [macroeconomics]

핵 심 출 제 논 점

1. 본원통화의 공급
2. 통화승수
3. 신화폐수량설
4. 토빈의 포트폴리오 이론
5. 보몰-토빈의 현금재고관리이론
6. 금융시장의 주요 이론

I 화폐공급의 이론

1. 본원통화의 구성

본원통화(H)*		
현금통화(C)	지불준비금(R)	
현금통화(C)	시재금	지준예치금
화폐발행액**		지준예치금

* 본원통화 : 중앙은행이 예금은행과 민간에 공급한 지폐와 주화 등

** 화폐발행액 : ① 본원통화 중 실제 민간과 예금은행이 보유한 부분

② 본원통화 중 중앙은행에 지준예치금으로 환류된 부분을 제외한 것

** 화폐발행액은 본원통화보다 클 수도 있고 작을 수도 있다. (×)

2. 중앙은행 대차대조표(좌측), 예금은행 대차대조표(우측)

자산	부채
국내자산	국내부채
– 유가증권	– 화폐발행액
– 대정부대출	– 지준예치금
– 재할인대출	
해외자산	해외부채

자산	부채 및 자본
지급준비금	예금
대출금	기타채무
유가증권	자본(소유주 주식지분)

3. 화폐공급방정식의 도출

(1) $cr = C/D$, $rr = R/D$인 경우

- $m = \dfrac{M^s}{H} = \dfrac{C+D}{C+R} = \dfrac{C/D+1}{C/D+R/D} = \dfrac{cr+1}{cr+rr}$
- $M^s = \dfrac{cr+1}{cr+rr}H$

(2) 통화승수 $m = \dfrac{cr+1}{cr+rr}$의 특징

① 일반적으로 1보다 크고 $\dfrac{1}{rr}$보다 작은 값이다(단, rr은 법정지준율).

② $rr = 1$일 때, 즉 100% 지급준비제도 하에서 $m = 1$이 된다.

③ $cr = 0$일 때, 즉 민간현금보유가 없을 때 $m = \dfrac{1}{rr}$이 된다.

④ rr이나 cr이 상승하면 통화승수는 감소한다. 이는 지급준비율이나 현금비율이 상승하면 추가적인 신용창조(credit creation)가 제약되기 때문이다.

* **참고사항 :** 현금통화비율 $cc = \frac{C}{M}$, 지급준비율 $rr = \frac{R}{D}$인 경우

- 통화승수 $m = \frac{1}{cc + rr(1 - cc)}$
- 이는 1보다 크고 $\frac{1}{rr}$보다 작은 값이며, cc나 rr이 상승하면 감소하는 특징을 갖는다.

4. 통화량 조정정책

통화량을 증가시키는 정책	통화량을 감소시키는 정책
① 채권의 매입	① 채권의 매도
② 법정지준율 인하	② 법정지준율 인상
③ 재할인율 인하(대출한도 증액)	③ 재할인율 인상(대출한도 축소)

Tips

*** 통화공급의 내생성**

1. 이자율 상승 ⇒ $cr\downarrow$ $rr\downarrow$ ⇒ 통화승수 ↑ ⇒ $\frac{M^s}{P}$ 우상향
2. 불확실성 상승 ⇒ $cr\uparrow$ $rr\uparrow$ ⇒ 통화승수 ↓ ⇒ $\frac{M^s}{P}$ 좌측이동

Ⅱ 화폐수요의 이론

이론	주요 내용	참고사항
케인즈 : 유동성선호설	■ 거래적 동기 : 소득의 증가함수 ⇒ 보몰-토빈 모형 ■ 투기적 동기 : 이자율의 감소함수 ⇒ 신화폐수량설, 포트폴리오 이론 ■ 예비적 동기 : 소득의 증가함수	■ i 강조 ■ ε_i 매우 큼****
마샬 : 현금잔고방정식*	■ $M^d = kPY$ 또는 $\frac{M^d}{P} = kY$, k = 소득에 대한 화폐보유비율 (미시적, 저량, 가치의 저장기능 고려)	■ k 일정, $h = 0$ ■ $\varepsilon_Y = 1$, $\varepsilon_i = 0$
피셔 : 수량방정식**	■ $M = \frac{1}{V}PY$ 또는 $\frac{M}{P} = \frac{1}{V}Y$, V = 화폐의 소득유통속도 (거시적, 유량, 교환의 매개기능 강조)	■ V 일정, $h = 0$ ■ $\varepsilon_Y = 1$, $\varepsilon_i = 0$
프리드먼 : 신화폐수량설	■ $\left(\frac{M}{P}\right)^d = f(i_b - i_m, i_e - i_m, \pi^e - i_m, h, W)$*** 또는 $\left(\frac{M}{P}\right)^d = L(Y^P)$ ■ 투기적 화폐수요이론의 발전 : 자산선택이론 ■ 화폐유통속도는 고정은 아니나 안정적(단기 순행, 장기 안정) ■ 통화량 중심의 준칙정책 주장[통화주의의 이론적 배경]	■ M^s와 M^d의 문제를 분리 ⇒ 화수설의 핵심은 화폐수요 ■ V 일정 ×, $h = 0$
토빈 : 포트폴리오 이론	■ 적절한 위험과 수익률의 조합을 만들어내기 위해 무수익 안전자산인 화폐를 보유 ■ 투기적 화폐수요이론의 발전 : 자산선택이론	■ 이자율 감소함수 조건 (대체효과 > 소득효과) ■ 위험↑ ⇒ L^d↓
보몰-토빈 : 재고이론접근	■ 거래를 편리하게 할 수 있는 최소한의 화폐를 보유 ■ $min\ C = FN + i \times \frac{Y}{2N}$ ⇒ $N^* = \sqrt{\frac{iY}{2F}}$ ■ $\left(\frac{M}{P}\right)^d = \frac{Y}{2N^*} = \sqrt{\frac{YF}{2i}}$ ■ 거래적 화폐수요이론의 발전	■ ATM 보급 ⇒ F↓ ⇒ L^d↓ ■ $\varepsilon_Y = 0.5$, $\varepsilon_i = (-)0.5$ ■ 거래적 화폐수요도 이자율의 감소함수 ■ 화폐수요는 필수재, 화폐수요에 규모의 경제

* 케임브리지방정식이라고도 함.

** 교환방정식이라고도 함.

*** $i_b - i_m, i_e - i_m$은 채권, 주식 보유의 상대적 수익률(−), $\pi^e - i_m$은 실물자산 보유의 상대적 수익률(−), h는 인적자산과 비인적자산의 비율(+), W는 실질부(+).

**** 화폐수요 소득탄력성 : $\varepsilon_Y = \frac{dL}{dY}\frac{Y}{L}$, 화폐수요 이자율탄력성 : $\varepsilon_i = (-)\frac{dL}{di}\frac{i}{L}$

Part-1 기본 문제

01 **다음 중 본원통화를 설명한 것으로 잘못된 것은?**

① 중앙은행이 민간에 공급한 지폐와 주화이다.

② 회계상 중앙은행의 부채이다.

③ 파생통화와 비교되는 개념으로 신용창조의 기반이 된다.

④ 본원통화는 중앙은행이 공급하며 파생통화는 민간은행이 공급한다.

⑤ 현금통화와 지급준비금의 합으로 정의되는 화폐발행액과 같은 개념이다.

hint

'본원통화 = 현금통화 + 지급준비금 = 화폐발행액 + 중앙은행예치금' 의 관계가 성립한다. 아래 표를 참고하기 바란다.

<table>
<tr><th colspan="3">본원통화(H)</th></tr>
<tr><td>현금통화(C)</td><td colspan="2">지불준비금(R)</td></tr>
<tr><td>현금통화(C)</td><td>시재금</td><td>지준예치금</td></tr>
<tr><td colspan="2">화폐발행액</td><td>지준예치금</td></tr>
</table>

02 **어떤 가상적인 경제의 통화량과 관련된 자료가 아래와 같이 주어져 있다. 주어진 자료를 이용하여 통화승수를 구하면?** (단, 수시입출금식 저축성 예금은 0이라 가정한다.)

민간화폐보유액	250억원
요 구 불 예 금	750억원
필요지급준비금	75억원
초과지급준비금	75억원

① 2 ② 2.5

③ 3 ④ 3.5

hint

현금-예금 비율을 cr로 나타내고 지급준비금-예금 비율을 rr로 나타내었을 때 통화승수는 $m = \frac{cr+1}{cr+rr}$이 된다. 이때 위 표에서 $cr = \frac{250}{750} = \frac{1}{3}$이 되고, $rr = \frac{75+75}{750} = \frac{1}{5}$이므로 이를 대입하면 $m = \frac{cr+1}{cr+rr} = \frac{1/3+1}{1/3+1/5} =$ 2.5가 된다.

정답 1 ⑤ 2 ②

03 은행의 지급준비율이 20%인 경제에서 중앙은행이 발행한 본원통화가 100억원일 때 최대 통화량은? 2023년 공인회계사

① 500억원 ② 300억원 ③ 200억원
④ 100억원 ⑤ 20억원

hint

현금비율 및 지급준비율이 낮을수록 통화승수가 증가한다. 통화승수 $m = \frac{C+D}{C+R} = \frac{cr+1}{cr+rr}$에서 $cr = 0$을 대입하면 $m = \frac{1}{rr} = 5$가 된다.

04 본원통화에 대한 통화량의 비율을 통화승수라 한다. 통화승수에 관한 설명 중 가장 옳은 것은? 2015년 보험계리사

① 현금선호비율이 높을수록 통화승수는 커진다.
② 은행의 지급준비율이 높아지면 통화승수는 커진다.
③ 현금에 비해 요구불예금의 비중이 커지면 통화승수는 커진다.
④ 지급준비율이 100%이면 통화승수는 1보다 작다.

hint

통화승수 : $m = \frac{cr+1}{cr+rr}$

① (×), cr 증가 시 m 감소
② (×)
③ (○), cr 감소 시 m 증가
④ (×), $rr = 1$이면 $m = 1$

05 통화량의 증가를 가져오지 않는 것을 〈보기〉에서 모두 고르면? 2013년 국회 8급

ㄱ. 재할인율의 인상
ㄴ. 중앙은행의 공채 매입
ㄷ. 중앙은행의 외환보유고 증가
ㄹ. 법정지불준비율의 인하
ㅁ. 신용카드 사용으로 인한 민간의 현금보유비율 감소

① ㄱ ② ㄱ, ㄴ ③ ㄴ, ㄷ, ㄹ
④ ㄱ, ㄴ, ㄷ, ㄹ ⑤ ㄴ, ㄷ, ㄹ, ㅁ

hint

ㄱ. 재할인율의 인상 ⇒ 본원통화 감소 ⇒ 통화량 감소
ㄴ. 중앙은행의 공채 매입 ⇒ 본원통화 증가 ⇒ 통화량 증가
ㄷ. 중앙은행의 외환보유고 증가 ⇒ 본원통화 증가 ⇒ 통화량 증가(단, 불태화정책은 없음을 가정)
ㄹ. 법정지불준비율의 인하 ⇒ 통화승수 증가 ⇒ 통화량 증가
ㅁ. 신용카드 사용으로 인한 민간의 현금보유비율 감소 ⇒ 통화승수 증가 ⇒ 통화량 증가

06 **갑국의 중앙정부는 추운 겨울 날씨에 대응하여 난방비를 지원하기로 하였다. 만약 갑국의 중앙은행이 재정지출 증가로 인한 물가상승을 우려하여 공개시장운영을 한다면, 국공채시장의 변화로 옳은 것은?** 2023년 공인회계사

① 공개시장 매각으로 국공채 공급이 증가하고, 국공채 수익률이 상승한다.
② 공개시장 매각으로 국공채 공급이 증가하고, 국공채 수익률이 하락한다.
③ 공개시장 매입으로 국공채 수요가 감소하고, 국공채 수익률이 하락한다.
④ 공개시장 매입으로 국공채 공급이 증가하고, 국공채 수익률이 상승한다.
⑤ 공개시장 매입으로 국공채 수요가 증가하고, 국공채 수익률이 하락한다.

hint

물가상승 우려 ⇒ 긴축통화정책 ⇒ 공채 매각 ⇒ 공채가격 하락 ⇒ 공채 수익률 상승

07 **다음 금융 · 자본시장에 관한 설명 중 사실과 가장 거리가 먼 것은?** 2001년 공인회계사

① 일반은행이 한국은행으로부터 차입할 때 지불하는 이자율을 재할인율(rediscount rate)이라 한다.
② 은행과 은행 간의 초단기 대출거래가 일어나는 시장을 콜시장(call market)이라 한다.
③ 시중에 유통 중인 현금과 지급준비금을 합한 것을 본원통화(reserve base)라 한다.
④ 공개시장조작(OMO)이란 한국은행이 공개된 시장에서 주식이나 회사채를 사고파는 것을 말한다.
⑤ 한국은행의 대출이자율은 통상 시중은행의 대출이자율보다 낮다.

hint

중앙은행의 공개시장조작의 주요 대상은 국공채이다.

정답	3 ①	4 ③	5 ①	6 ①	7 ④

08 케인즈(Keynes)의 화폐수요이론에 대한 설명 중 옳지 않은 것은?

2003년 입시

① 거래적 동기의 화폐수요는 소득과 양(+)의 관계에 있다.

② 예비적 동기의 화폐수요는 소득과 양(+)의 관계에 있다.

③ 투자적 또는 투기적 동기의 화폐수요는 이자율과 양(+)의 관계에 있다.

④ 거래적 화폐수요는 보몰(Baumol)의 재고 모형으로 발전하였다.

⑤ 투자적 또는 투기적 화폐수요는 토빈(Tobin)의 포트폴리오 이론에 의해 보완되었다.

hint

케인즈에 따르면 거래적 화폐수요는 소득의 증가함수이며 투기적 동기의 화폐수요는 이자율의 감소함수이다. 이후의 이론에 따르면 특정한 가정 하에 모든 유형의 화폐수요는 소득의 증가함수이며 이자율의 감소함수가 되는데, 화폐수요의 이자율탄력성의 크기에 대해서는 케인즈학파와 통화주의자 간의 격렬한 논쟁이 있었다.

09 보몰(W. Boumol)의 거래적 화폐수요이론에 대한 설명으로 옳지 않은 것을 〈보기〉에서 모두 고르면?

2016년 국회 8급

ㄱ. 거래적 화폐수요는 이자율의 감소함수이다.
ㄴ. 한 번에 인출하는 금액이 커지면 거래비용이 증가한다.
ㄷ. 화폐수요에 있어서 규모의 불경제가 존재한다.
ㄹ. 거래비용이 증가하면 화폐수요는 증가한다.
ㅁ. 한 번에 인출하는 금액이 커지면 화폐수요도 커진다.

① ㄱ, ㄴ　　② ㄴ, ㄷ　　③ ㄴ, ㄹ

④ ㄹ, ㅁ　　⑤ ㄴ, ㄷ, ㅁ

hint

$$\min C = FN + i \times \frac{Y}{2N} \Rightarrow \frac{dC}{dN} = F - \frac{iY}{2N^2} = 0 \Rightarrow N^* = \sqrt{\frac{iY}{2F}} \Rightarrow \left(\frac{M}{P}\right)^d = \frac{Y}{2N} = \sqrt{\frac{YF}{2i}}$$

ㄱ. (○)
ㄴ. (×), 다른 조건이 일정할 때 한 번에 인출하는 금액이 커지면 N이 작아지고 거래비용(FN)은 감소한다.
ㄷ. (×), 거래액 증가액이 4배가 되면 화폐수요는 2배가 된다. 즉, 화폐수요에 있어서 규모의 경제가 존재한다.
ㄹ. (○), 다른 조건이 일정할 때 거래비용 F가 증가하면 화폐수요는 증가한다.
ㅁ. (○), 한 번에 인출하는 금액이 커지면 N이 작아지고 화폐수요 $\frac{Y}{2N}$도 커진다.

정답 8 ③ 9 ②

Part-2 실전 문제

01 본원통화에 관한 설명으로 옳은 것은? 2001년 행시

① 본원통화는 은행(중앙은행과 그 외 시중은행) 밖에 존재하는 모든 현금과 시중은행의 지불준비금을 합한 것이다.

② 본원통화는 은행(중앙은행과 그 외 시중은행) 밖에 존재하는 모든 현금과 시중은행이 중앙은행에 예치한 예금을 합한 것이다.

③ 본원통화는 은행(중앙은행과 그 외 시중은행) 밖에 존재하는 모든 현금이다.

④ 본원통화는 은행(중앙은행과 그 외 시중은행) 밖에 존재하는 모든 현금과 시중은행의 금고에 있는 금액을 합한 것이다.

⑤ 본원통화는 시중은행 밖에 존재하는 모든 현금과 시중은행이 중앙은행에 예치한 예금을 합한 것이다.

hint

'본원통화 = 현금통화 + 지급준비금 = 화폐발행액 + 중앙은행예치금' 의 관계가 성립한다. 아래 표를 참고하기 바란다.

<table>
<tr><td>현금통화(C)</td><td colspan="2">지불준비금(R)</td></tr>
<tr><td>현금통화(C)</td><td>시재금</td><td>지준예치금</td></tr>
<tr><td colspan="2">화폐발행액</td><td>지준예치금</td></tr>
</table>

정답 1 ①

02 **다음은 가상의 중앙은행 재무상태표(대차대조표)를 나타낸 것이다. 보기 중 본원통화를 증가시키는 요인이 아닌 것은?**

자산	부채
국내자산	국내부채
– 유가증권	– 화폐발행액
– 대정부대출	– 지준예치금
– 재할인대출	– 통화안정증권
국외자산	국외부채

① 중앙은행의 대정부대출의 증가

② 중앙은행의 재할인대출(대은행대출)의 증가

③ 통화안정증권의 상환

④ 중앙은행의 유가증권 매입

⑤ 예금은행이 시재금을 중앙은행에 예치

hint

중앙은행 재무상태표에서 본원통화는 화폐발행액 및 지준예치금의 합과 같다. 부채의 증가가 나타나기 위해서는 자산항목의 증가 또는 다른 부채항목의 감소가 있어야 한다.

①, ②, ④ 자산의 증가

③ 부채의 감소

⑤ 이 경우 지준예치금이 증가하지만 화폐발행액이 감소하므로 본원통화 구성의 변화일 뿐 본원통화의 크기는 바뀌지 않는다.

03 **어느 경제의 현금통화는 400조원, 법정지급준비율은 5%이며 은행은 50조원의 초과지급준비금을 보유하고 있다. 이 경제의 요구불예금 대비 현금보유 비율이 40%라면 본원통화와 M1 통화승수는?** (단, 요구불예금 이외의 예금은 없다고 가정한다.) 2019년 공인회계사

	본원통화	M1 통화승수
①	450조원	2.5
②	450조원	2.8
③	450조원	3.2
④	500조원	2.5
⑤	500조원	2.8

hint

C는 현금통화, D는 요구불예금, R은 지급준비금, $R1$은 법정지급준비금, $R2$는 초과지급준비금, M은 통화량, H는 본원통화, m은 통화승수라고 하자.

$$\frac{C}{D} = \frac{400}{D} = 0.4 \Rightarrow D = 1{,}000$$
$$\frac{R1}{D} = \frac{R1}{1{,}000} = 0.05 \Rightarrow R1 = 50,\ R = R1 + R2 = 50 + 50 = 100$$
$$M = C + D = 400 + 1{,}000 = 1{,}400,\ H = C + R = 400 + 100 = 500,\ m = \frac{M}{H} = \frac{1{,}400}{500} = 2.8$$

04 어떤 경제의 통계가 다음 표와 같이 조사되었다. 다음 보기 중 잘못된 것은?

명목국민소득	200조원
실질국민소득	150조원
실질경제성장률(전년 대비)	5%
실업률	4.5%
물가상승률(전년 대비)	3%
실질이자율	1.5%
통화량	100조원
총저축률(명목국민소득 대비)	30%
현금통화비율(예금 대비)	8%
법정지준율(예금 대비)	2%
초과지준율(예금 대비)	0.8%

① 통화의 소득유통속도는 2이다.
② 마샬의 k는 $\frac{1}{2}$이다.
③ 총 지준율은 2.8%이다.
④ 통화승수는 8이다.
⑤ GDP 디플레이터는 약 133이다.

hint

④ 현금예금비율 $cr = 0.08$, 지급준비율 $rr = 0.028$이므로 통화승수 $m = \frac{0.08 + 1}{0.08 + 0.028} = 10$이 된다.

정답 2 ⑤ 3 ⑤ 4 ④

05 **화폐공급과 관련한 설명으로 적합하지 않은 것은?** (이준구 · 이창용 저, 『경제학원론』 응용)

① 화폐공급은 이자율에 영향을 받지 않고 중앙은행이 결정할 수 있다고 가정하기도 한다.
② 중앙은행만이 화폐공급량을 결정할 경우 화폐공급곡선은 수직의 형태가 된다.
③ 현실적으로 화폐공급은 중앙은행뿐만 아니라 개인이나 일반은행의 선택에 의해서도 영향을 받는다.
④ 화폐공급이 개인이나 일반은행에 의해서도 영향을 받는다는 현실을 감안하면 화폐공급곡선은 우하향하는 모습을 보일 것이다.
⑤ 국제수지도 화폐공급에 영향을 미칠 수 있다.

hint

화폐공급이 개인이나 일반은행에 의해서도 영향을 받는다는 현실을 감안하면 이자율 상승 시 현금-예금 비율의 감소 및 지급준비율의 감소 등으로 통화량이 증가할 것이므로 화폐공급곡선은 우상향하는 모습을 보이게 될 것이다.

06 **요구불예금만 존재하고 은행조직 밖으로의 현금누출은 없다. 또한 예금은행은 대출의 형태로만 자금을 운용하며, 예금은행은 초과지급준비금 없이 법정지급준비금만 보유한다. 그리고 본원통화가 공급된 후 민간은 현금통화를 보유하지 않고 전부 은행에 예금한다. 본원통화는 100만큼 공급되었다. 다음 중 옳은 설명만 모두 고른 것은?** 2012년 보험계리사

㉠ 지급준비율이 5%이면 궁극적으로 창출되는 통화량은 2,000이 된다.
㉡ 통화승수는 지급준비율과는 관련이 없고, 민간이 현금을 얼마나 보유하는가에 영향을 받는다.
㉢ 은행의 신뢰성이 저하되는 경우, 은행은 장차 예금인출 사태에 대비하여 지급준비율을 높이게 되고 지급준비율이 높아짐에 따라 통화승수가 증가하여 화폐공급이 줄어든다.
㉣ 위에서 가정한 바에 의하면 통화량은 중앙은행에 의해 완전히 통제될 수 있다.

① ㉠, ㉡ ② ㉠, ㉣
③ ㉡, ㉢ ④ ㉢, ㉣

hint

㉠, ㉣ 현금보유비율 = 0, 초과지급준비율 = 0인 경우 통화승수는 법정지급준비율의 역수가 된다. 이러한 경우라면 통화공급은 법정지급준비율과 본원통화에 의해서만 결정되므로 중앙은행은 통화량을 완전히 통제할 수 있다.
㉢ 지급준비율이 상승하면 통화승수는 감소한다.

07 A국에는 2개의 은행이 있는데, 지급준비율을 제1은행은 20%, 제2은행은 10%로 항상 유지한다. 甲은 기존에 보유하고 있던 현금 100만원을 제1은행에 예금하였고, 제1은행은 지급준비금을 제외한 금액을 乙에게 대출하였다. 乙은 이 돈으로 丙에게서 물품을 구입하였고, 丙은 이 대금을 제2은행에 예금하였다. 제2은행은 지급준비금을 제외한 금액을 丁에게 대출하였다. 이상의 거래로부터 추가적으로 창출된 통화량은? 2010년 감정평가사

① 144만원 ② 152만원 ③ 160만원
④ 232만원 ⑤ 332만원

hint

1단계 : 갑이 100을 제1은행에 입금함
2단계 : 제1은행이 100 중 20%를 지급준비금으로 남기고 80을 을에게 대출함*
3단계 : 을이 병에게 지급한 80이 제2은행에 예금됨
4단계 : 제2은행이 80 중 8을 남기고 72를 정에게 대출함*

이 중 2단계와 4단계에서 각 80과 72의 파생통화가 창출된다.

08 갑돌이가 100만원을 현금으로 집 금고에 보관하다가 은행에 예금하였다. 만약 은행들이 예금의 5%에 해당하는 지급준비금만을 보유하고 나머지는 전부 타 은행에 대출한다면, 이 경제에서 ㉠ 은행권 전체의 예금총액의 증가분, ㉡ 통화량(M1)의 증가분은 각각 얼마인가?

	㉠	㉡		㉠	㉡
①	2,000만원	1,900만원	②	2,000만원	2,000만원
③	1,900만원	2,000만원	④	2,005만원	1,995만원
⑤	2,010만원	1,995만원			

hint

은행권 전체의 예금 증가분 : $\frac{1}{\text{지급준비율}} \times \text{본원적 예금} = \frac{1}{5\%} \times 100 = 2{,}000(\text{만원})$

M1의 증가분 : $\Delta M1 = \Delta C + \Delta D = -100 + 2{,}000 = 1{,}900(\text{만원})$

(만약 설문에서 타 은행에 대출한다는 언급이 없다면 위 값은 예금 증가의 최대한이 된다.)

정답 5 ④ 6 ② 7 ② 8 ①

09 **A경제의 지급준비율이 실질이자율의 함수로서 $0.4-2r$이고, 현금/요구불예금 비율이 0.2, 물가수준은 1로 고정되어 있다고 한다. 본원통화는 100이고, 화폐수요함수는 $L(Y, r)=0.5Y-10r$이다. 실질이자율이 10%인 경우 화폐시장이 균형을 이루는 소득수준은 얼마인가?** (Y는 실질소득, r은 소수로 표시한 실질이자율이다.) 2021년 보험계리사

① 302 ② 402
③ 502 ④ 602

hint

실질이자율이 10%인 경우 지급준비율 $rr=0.2$가 된다.

통화공급방정식 : $M=\frac{cr+1}{cr+rr}H=\frac{0.2+1}{0.2+0.2}100=300$

화폐시장균형식 : $300=0.5Y-10r=0.5Y-1 \Rightarrow Y^{*}=602$

10 **다음 자료를 이용하여 구한 통화량 $M1$의 통화승수는?** 2017년 보험계리사

> $M1=C+D,\ H=C+R,$
> $c=\frac{C}{M1}=\frac{1}{6},\ z=\frac{R}{D}=\frac{1}{10}$
> (단, C : 현금통화, D : 요구불예금, H : 본원통화, R : 지급준비금, c : 현금-통화비율, z : 지급준비율)

① 2 ② 3
③ 4 ④ 5

hint

통화공급방정식 $M1=\frac{1}{c+z(1-c)}=\frac{1}{1/6+1/10(1-1/6)}=\frac{1}{1/4}=4$

[현금-통화비율 c에서 현금-예금비율 cr을 구한 후 통화승수를 구해도 똑같이 구해짐]

11 **상업은행인 해피은행의 재무상태표(대차대조표)가 아래와 같다고 하자. 법정지급준비율이 10%라고 가정할 때 해피은행이 보유하고 있는 초과지급준비금을 신규로 대출하는 경우 은행제도의 신용창조를 통한 통화량의 증가분은 최대 얼마인가?** 2015년 공인회계사

자산		부채	
지급준비금	60	예금	200
대출	40		
국채	100		

① 100 ② 200 ③ 300

④ 400 ⑤ 500

hint

법정지준금 = 200 × 10% = 20

초과지준금 = 60 − 20 = 40

통화승수의 상한 = $\frac{1}{\text{법정지준률}}$ = 10 ⇒ 통화량은 최대 400까지 증가할 수 있다.

12 **은행 A의 재무상태표(대차대조표)는 다음과 같다.** 2017년 공인회계사

자산(억원)		**부채 및 자본**(억원)	
지급준비금	50	예금	200
증권	50	납입자본금	50
대출	150		

위와 같은 상황에서, 급작스런 50억원의 예금 인출이 발생했다고 한다. 은행 A는 일단 지급준비금 50억원으로 이와 같은 인출 상황에 대응하였다. 법정 지급준비율이 10%일 때 법정 지급준비금을 마련하기 위한 은행 A의 조치에 대한 설명으로 옳지 않은 것은?

① 중앙은행으로부터 부족한 지급준비금만큼 차입한다.

② 은행 A가 보유한 증권을 부족한 지급준비금만큼 매각한다.

③ 부족한 지급준비금만큼 신규대출을 늘린다.

④ 콜시장으로부터 부족한 지급준비금만큼 차입한다.

⑤ 추가로 주식을 발행하여 부족한 지급준비금만큼 충당한다.

hint

A은행은 인출 후 150의 예금과 0의 지급준비금을 갖게 되므로 법정지준금 조건을 맞추기 위해서는 15의 지급준비금(자산) 증가가 필요하다. 각 거래가 해당 계정에 미치는 직접적 효과는 다음과 같다.

① 부채 증가

② 자산 감소

③ 자산 증가

④ 부채 증가

⑤ 자본금 증가

대차평형의 원리상 ③의 경우에는 지급준비금(자산) 증가가 불가능하다.

정답 9 ④ 10 ③ 11 ④ 12 ③

13 어느 은행의 재무상태가 다음과 같을 때 은행의 레버리지 비율($\frac{\text{총자산}}{\text{자기자본}}$)은 대출이 회수 불가로 판명되기 전에 비해 몇 배가 되는가? (단, 소수 첫째 자리에서 반올림한다) 2021년 국가직 7급

- 최초 자기자본은 1,000만원이고 예금으로 9,000만원을 예치하고 있다.
- 예금액의 10%를 지급준비금으로 보유하고 있으며, 잔여 자산을 모두 대출하고 있다.
- 전체 대출금액 중 10%가 회수 불가로 판명되었다.

① 3배　② 5배
③ 10배　④ 12배

hint

1. 회수 불가 판명 이전 은행의 재무상태표(단위 : 만원)

자산		부채 및 자본	
지급준비금	900	예금	9,000
대출금	9,100	자본	1,000

이 경우 은행의 레버리지 비율 = $\frac{10,000}{1,000}$ = 10이다.

2. 회수 불가 판명 이후 은행의 재무상태표

자산		부채 및 자본	
지급준비금	900	예금	9,000
대출금	8,190	자본	90

이 경우 은행의 레버리지 비율은 = $\frac{9,090}{90}$ = 101이다. 따라서 레버리지 비율은 10.1배가 되었다.

14 통화정책에 대한 설명으로 옳은 것만을 〈보기〉에서 모두 고르면? 2020년 국회 8급

ㄱ. 재할인율을 높이면 시중의 통화량은 감소한다.
ㄴ. 시중은행의 법정지급준비율을 높이면 통화량은 감소한다.
ㄷ. 중앙은행이 공개시장에서 국채를 매입하면 통화량은 감소한다.
ㄹ. 중앙은행이 화폐를 추가로 발행하면 통화승수가 커진다.

① ㄱ, ㄴ　② ㄱ, ㄹ　③ ㄴ, ㄷ
④ ㄴ, ㄹ　⑤ ㄷ, ㄹ

hint

ㄱ. (O), 재할인율을 높이면 대은행대출이 감소하여 본원통화가 감소한다.
ㄴ. (O), 지급준비율을 높이면 통화승수가 감소한다.
ㄷ. (×), 중앙은행이 공개시장에서 국채를 매입하면 본원통화가 증가한다.
ㄹ. (×), 중앙은행의 화폐발행과 통화승수는 별개의 문제이다.

15 화폐수요와 화폐공급이 다음과 같이 주어졌을 때 옳은 설명은? 2012년 보험계리사

> ▪ 화폐수요곡선 : $\frac{M^D}{P} = aY + bR + c$
> ▪ 화폐공급곡선 : $\frac{M^S}{P} = M_0 + dR$
> (단, a, b, c, d는 상수, M^D는 화폐수요량, P는 물가, M^S는 화폐공급량, Y는 실질소득, R은 이자율, M_0는 외생적 화폐공급량)

① 거래적 동기에 의한 화폐수요가 존재할 경우 a는 음수이다.
② 투기적 동기에 의한 화폐수요가 존재할 경우 b는 0이다.
③ 화폐시장의 균형에서 외생적 화폐공급량이 물가를 결정한다.
④ 예금화폐공급을 포함할 경우 일반적으로 d는 양수이다.

hint

① 거래적 동기에 의한 화폐수요는 소득의 증가함수이므로 a는 양수이다.
② 투기적 동기에 의한 화폐수요는 이자율의 감소함수이므로 b는 음수이다.
③ 위 모형에서 소득, 명목이자율, 외생적 통화공급량이 모두 주어지더라도 실질통화량이 결정될 뿐, 명목통화량과 물가수준을 구체적으로 구할 수 없다.
④ 이자율이 상승하면 현금예금비율과 지급준비율이 하락하면서 통화승수가 상승한다. 따라서 d는 양수이다.

정답 13 ③ 14 ① 15 ④

16 다음 중 화폐수요에 대해 자산선택이론적 접근을 한 대표적인 이론을 고른 것으로 가장 적당한 것은?

가. 케인즈의 유동성선호설	나. 보몰-토빈의 재고이론
다. 토빈의 평균-분산분석	라. 프리드먼의 신화폐수량설
마. 고전학파의 수량방정식	

① 가, 나
② 나, 다
③ 다, 라
④ 라, 마
⑤ 나, 라

hint

가. 케인즈의 이론은 거래이론적 측면과 자산선택론적 접근이 모두 포함되어 있다. 나. 거래이론적 접근, 다. 자산선택이론적 접근, 라. 자산선택이론적 접근, 마. 거래이론적 접근, 따라서 보기 중 가장 적당한 것은 ③이 된다.

17 다음의 화폐수량설에 관한 설명 중 틀린 것은? 2006년 서울시 7급

① 거래형 화폐수량설에서는 화폐의 기능 중 교환의 매개수단으로서의 기능을 강조하고 있다.
② 현금잔고형 화폐수량설에서는 화폐의 기능 중 구매력의 저장수단으로서의 기능을 강조하고 있다.
③ Friedman의 신화폐수량설에서는 실질국민소득, 이자율, 인플레이션율 등을 이용하여 화폐에 대한 실질적인 수요를 계산할 수 있다고 보았다.
④ Friedman의 신화폐수량설은 그 이전의 화폐수량설들이 화폐에 대한 수요이론이었던 데 반해, 화폐에 대한 공급이론적인 측면이 강하다.
⑤ Friedman의 신화폐수량설에서는 총자산 가운데서 비인간자산의 비중이 높을수록 화폐에 대한 수요는 감소할 것으로 보았다.

hint

④ 프리드먼의 신화폐수량설은 화폐의 수요가 화폐의 공급과 명확히 구분되는 개념임을 기반으로 하고 있다.
⑤ 프리드먼에 따르면 인간자산(인적자산)은 가장 유동성이 낮은 자산이므로 인간자산의 비율이 높은 소비자는 포트폴리오의 유동성을 확보하기 위해 다른 사람들에 비해 화폐를 많이 보유한다.

18 **프리드먼의 신화폐수량설에서는 실질화폐수요를 결정하는 가장 중요한 요인을 다음 중 어느 것으로 보는가?**

① 장기적인 기대소득
② 채권의 예상수익률
③ 주식의 예상수익률
④ 예상 인플레이션
⑤ 통화증가율

hint

신화폐수량설에서 실질화폐수요를 결정짓는 가장 중요한 요인은 항상소득 수준이다. 이자율은 거의 영향을 미치지 못한다.

19 **C국의 국민들은 오직 보몰-토빈(Baumol-Tobin)의 화폐재고관리 모형에 의해서만 화폐수요를 결정한다. 다음 중 C국의 국민이라고 볼 수 없는 사람은?** 2012년 보험계리사 응용

> **갑** : 나는 주로 일상생활의 거래에 사용하기 위해 화폐를 보유하는 것이지, 다른 자산보다 유리해서 보유하는 것은 아니야.
> **을** : 예금이자율이 상승했네. 화폐수요를 줄여야겠군.
> **병** : 화폐는 무위험자산이니 수익성 있는 증권(채권)과 적당히 나눠서 자산을 선택해야지.
> **정** : 소득이 4배 늘어났으니 화폐수요는 2배 늘리고 싶군.

① 갑
② 을
③ 병
④ 정

hint

① 보몰-토빈 모형은 거래적 화폐수요 모형이다.
②, ④ 보몰-토빈 모형에서 화폐수요함수는 $\frac{M^d}{P} = \sqrt{\frac{YF}{2i}}$가 된다. 즉, 이 모형은 거래적 화폐수요 역시 이자율의 감소함수일 수 있음을 의미한다. 또한 소득이 4배 증가하면 화폐수요는 2배만 증가하는데, 이는 거래적 화폐수요에 규모의 경제가 존재함을 의미한다.
③ 다양한 자산에 대한 배분에 대한 선택은 투자적(투기적) 화폐수요의 문제이다.

정답 16 ③ 17 ④ 18 ① 19 ③

20 **화폐수요에 대한 설명으로 옳지 않은 것은?** 2011년 국가직 7급

① 화폐는 다른 금융자산에 비해 교환수단으로는 우등(superior)하나, 가치저장수단으로는 열등(inferior)하다.

② 보몰-토빈(Baumol-Tobin)의 거래적 화폐수요이론에 따르면, 다른 조건이 일정할 때 소득이 2배 증가하면 화폐수요는 2배보다 더 많이 증가한다.

③ 프리드먼(M. Friedman)의 화폐수요모델은 케인즈(J. M. Keynes)의 화폐수요모델에 비해 화폐유통속도가 안정적인 것을 전제한다.

④ 피셔(I. Fisher)의 거래수량설에서 강조된 것은 화폐의 교환수단 기능이다.

hint

② 보몰-토빈의 거래적 화폐수요 모형에서는 화폐수요에 규모의 경제가 존재한다.

21 **보몰(W. Baumol)의 거래적 화폐수요이론에 대한 설명으로 옳지 않은 것만을 〈보기〉에서 모두 고르면?** 2022년 국회 8급

ㄱ. 화폐수요의 소득탄력성은 $\frac{1}{2}$이다.
ㄴ. 물가가 상승하면 실질화폐수요는 감소한다.
ㄷ. 이자율이 상승하면 기회비용이 증가하므로 화폐수요가 감소한다.
ㄹ. 사회 내의 총소득이 일정할 때 소득분배가 균등해지면 화폐수요가 감소한다.
ㅁ. 거래적 화폐수요에는 규모의 경제가 존재한다.

① ㄱ, ㄷ　② ㄴ, ㄹ　③ ㄴ, ㅁ
④ ㄷ, ㄹ　⑤ ㄷ, ㅁ

hint

보몰-토빈의 화폐수요 모형

$\min\ C = FN + i \times \frac{Y}{2N}$ ⇒ 1계 조건 : $\frac{dC}{dN} = F - \frac{iY}{2N^2} = 0$

⇒ 최적 은행방문 횟수 : $N^* = \sqrt{\frac{iY}{2F}}$ ⇒ 실질화폐수요함수 : $\left(\frac{M}{P}\right)^d = L(Y, i, F) = \sqrt{\frac{YF}{2i}}$

ㄱ. (○), 예를 들어 소득이 4배가 되면 화폐수요는 2배가 된다.
ㄴ. (×), 물가가 상승해도 실질화폐수요는 불변이다.
ㄷ. (○)
ㄹ. (×), 수평축에 소득을 두었을 때 화폐수요함수가 아래로 오목하므로 소득분배가 균등해지면 평균적인 화폐수요가 증가한다.
ㅁ. (○), 예를 들어 거래규모가 4배가 될 때 화폐규모는 2배만 있으면 된다. 이를 화폐수요의 규모의 경제라

고 한다.

22 다음에서 화폐수요에 대한 설명으로 옳은 것을 모두 고르면? 2011년 국회 8급

ㄱ. 케인즈(Keynes)에 따르면 화폐수요는 이자율에 반비례한다.
ㄴ. 화폐수요가 이자율에 극단적으로 민감할 경우 통화정책은 명목 GDP에 아무런 영향을 주지 못한다.
ㄷ. 프리드먼(Friedman)은 이자율이 화폐수요에 큰 영향을 미치지 못하며, 화폐수요는 기타자산, 화폐의 상대적 기대수익률, 항상소득의 함수라고 주장한다.
ㄹ. 보몰-토빈(Baumol-Tobin)은 이자율이 올라가면 거래 목적의 현금보유도 줄어들기 때문에 화폐유통속도는 증가한다고 주장한다.
ㅁ. 토빈의 포트폴리오 이론(Tobin's portfolio theory)에 의하면 이자율 상승 시 소득효과는 화폐수요를 감소시킨다.
ㅂ. 보몰-토빈(Baumol-Tobin)에 따르면 거래적 화폐수요에는 범위의 경제가 존재한다.

① ㄱ, ㄴ, ㄷ
② ㄴ, ㄷ, ㄹ, ㅁ
③ ㄱ, ㄴ, ㄷ, ㄹ, ㅁ
④ ㄱ, ㄴ, ㄷ, ㄹ
⑤ ㄱ, ㄴ, ㄷ, ㄹ, ㅁ, ㅂ

hint

ㅁ. 토빈의 포트폴리오 이론에 의하면 이자율 상승 시 대체효과 보상이 증가한 위험자산 보유를 늘리고 화폐수요를 감소시킨다. 반면 소득효과는 일반적으로 위험자산 보유를 줄이고 화폐보유를 증가시킨다.
ㅂ. 보몰-토빈(Baumol-Tobin)에 따르면 거래적 화폐수요에는 '규모의 경제'가 존재한다.

정답 20 ② 21 ② 22 ④

23 **화폐수요함수는 $\frac{M}{P} = L(i, Y)$이고, i가 낮을수록, Y가 높을수록 화폐수요는 증가한다. 중앙은행이 내년부터 통화량 증가율을 높이겠다고 발표할 경우 모든 개인들이 이 발표를 그대로 신뢰한다면, 금년도 이 경제에서 발생되는 현상으로 옳은 것은?** (단, P는 물가, M은 통화량, r은 실질이자율, π^e는 예상물가상승률, 명목이자율 $i = r + \pi^e$, Y는 실질 GDP이며, 물가는 항상 신축적으로 조정된다.)

① 아직 통화량 증가가 발생한 것은 아니므로 π^e도 변하지 않을 것이다.
② 아직 통화량 증가가 발생한 것은 아니지만 현재 물가 P는 하락할 것이다.
③ 아직 통화량 증가가 발생한 것은 아니지만 현재 물가 P는 상승할 것이다.
④ π^e가 상승할 것이므로 화폐수요가 증가할 것이다.
⑤ π^e가 하락할 것이므로 화폐공급이 증가할 것이다

hint

화폐시장균형식을 정리하면 다음과 같다. 장기에는 화폐시장균형 조건이 물가결정식이 된다.

물가결정식 : $P = \frac{M}{L(Y, i)} = \frac{M}{L(Y, r + \pi^e)}$

아직 통화량 증가가 발생한 것은 아니지만 π^e가 상승할 것이므로 화폐수요가 감소하며 현재 물가가 상승한다.

24 **불확실성 하에서 자산보유에 따른 위험을 줄이기 위해 무위험자산인 화폐에 대한 수요를 강조한 이론은?** 2013년 지방직 7급

① 케임브리지학파의 현금잔고방정식(Cash Balance Equation)이론
② 프리드먼의 신화폐수량설(New Quantity Theory of Money)
③ 토빈의 화폐수요에 관한 자산선택이론(Portfolio Theory)
④ 보몰-토빈의 거래적 화폐수요이론(Transactions Demand for Money)

hint

① 가치를 안전하고 편리하게 보장하기 위한 투자적 수요
② 적절한 포트폴리오(자산구성)를 만들어내기 위한 투자적 화폐수요
③ 적절한 위험과 수익률의 조합을 얻기 위한 투자적 화폐수요
④ 거래에 편리하게 사용하기 위한 거래적 화폐수요

25 **주식 및 채권시장과 관련된 다음 설명 중 가장 적절하지 않은 것은?** 2008년 공인회계사

① 여러 기업의 주식에 분산하여 투자하면 체계적 위험을 줄일 수 있다.

② 효율적 시장 가설은 주식가격이 시장의 모든 정보를 반영하고 있다고 주장한다.

③ 효율적 시장 가설은 주식가격이 랜덤워크(random walk)를 따른다고 한다.

④ 채권의 만기가 길수록 이자율 변동에 따른 채권가격의 변동성은 커진다.

⑤ 금융시장 불안으로 안전자산에 대한 선호도가 높아지면 국채 이자율은 하락한다.

hint

① 분산보유를 통해 비체계적 위험을 감소시킬 수 있으나 체계적 위험을 감소시킬 수는 없다. ⑤ 국채에 대한 선호도가 높아지면 국채의 가격이 상승하며, 이와 역의 관계에 있는 국채 이자율은 하락한다. 이는 국채에 대한 선호도가 높아질 경우 낮은 이자율을 지급하고도 자금을 조달할 수 있음을 의미한다.

26 **수지는 액면금액(face value)이 100만원인 2년 만기 채권을 보유하고 있다. 이표이자율(coupon rate)은 4.5%이고, 보유기간 1년이 경과하여 4만 5천원의 이자를 지급받았으며, 만기까지 남은 기간이 1년이라고 한다. 채권시장의 불완전성은 존재하지 않고 시장이자율이 연 10%일 때 수지가 보유하고 있는 채권의 가격은 얼마인가?** 2012년 국회 8급

① 90만원 ② 95만원

③ 100만원 ④ 105만원

⑤ 110만원

hint

이표이자율이 4.5%이므로 1년 후 만기에 원금과 이자를 포함하여 104만 5천원을 받게 된다. 현재 채권의 가격은 이 금액의 현재가치와 같으므로 $\frac{4.5+100}{1+0.1}=95$(만원)이 된다.

정답 23 ③ 24 ③ 25 ① 26 ②

27 **내년부터 매년 240만원을 영구히 받는 금융채권이 있다. 현재 이자율이 연 6%에서 8%로 상승하면 금융채권의 가치는?**

① 500만원 감소
② 1,000만원 감소
③ 480만원 증가
④ 1,000만원 증가
⑤ 이상의 어느 것도 아니다.

hint

내년부터 매년 b를 지급하는 채권의 가치 B는 다음과 같다.

$$B = \frac{b}{(1+r)} + \frac{b}{(1+r)^2} + \frac{b}{(1+r)^3} + \cdots\cdots = \frac{\frac{b}{(1+r)}}{1-\left(\frac{1}{1+r}\right)} = \frac{b}{r}$$

* 무한등비급수의 공식 $\frac{\text{초항}}{1-\text{공비}}$을 사용하였음.

28 **채권 수익률(또는 이자율)을 상승시키는 요인이라고 볼 수 없는 것은?** 2002년 행시

① 국채를 발행하여 정부가 재정적자를 조달하는 경우
② 금융위기로 인하여 국가 신용등급이 하락하는 경우
③ 회사채를 발행하여 기업이 투자재원을 마련하는 경우
④ 외국인의 국내 채권에 대한 수요가 증가하는 경우
⑤ 내국인의 외국 채권에 대한 수요가 증가하는 경우

hint

① 재정적자 ⇒ 대부자금 공급의 감소 ⇒ 이자율 상승*
② 신용등급 하락 ⇒ 대부자금 공급의 감소 ⇒ 이자율 상승
③ 회사채 발행에 의한 투자 ⇒ 대부자금 수요의 증가 ⇒ 이자율 상승
④ 외국인의 국내투자 ⇒ 대부자금 공급의 증가 ⇒ 이자율 하락
⑤ 내국인 해외투자 ⇒ 대부자금 공급의 감소 ⇒ 이자율 상승

* 재정적자는 정의에 따라 대부자금 수요의 증가로 볼 수도 있다.

29 **기대인플레이션 상승이 채권시장에 미치는 영향으로 옳은 것은?** 2021년 보험계리사

① 채권공급이 감소한다.
② 채권수요가 증가한다.
③ 채권거래량이 증가한다.
④ 채권가격이 하락한다.

hint

기대인플레이션율이 상승하면 채권수요자들은 더 높은 명목이자율을 요구하게 된다. 이는 채권에 대해 더 낮은 가격을 지급할 의사가 있다는 뜻이며, 이는 채권수요를 감소시킨다.

기대인플레이션율이 상승하면 채권공급자들은 더 높은 명목이자율을 지급할 의사가 있다. 이는 채권에 대해 더 낮은 가격을 수취할 의사가 있다는 뜻이며, 이는 채권공급을 증가시킨다.

결과적으로 채권자와 채무자가 동일한 기대인플레이션율을 가지는 경우 채권거래량은 불변이고, 채권가격만 하락한다.

30 채권시장 및 외환시장에 대한 다음 설명 중 옳지 않은 것은? 2013년 공인회계사

① 기대이론에 따르면 수익률곡선이 우하향할 때에는 미래의 단기이자율이 현재보다 낮아질 것으로 기대된다.

② 기발행된 이표채권의 이표이자율(coupon rate)보다 시장이자율이 높아진다면 이 채권의 가격은 액면가보다 높아진다.

③ 다른 조건이 동일하다면 채권의 만기가 길수록 시장이자율 변화에 대한 채권가격의 변화가 심해진다.

④ 금융위기 기간에 안전자산 선호 현상이 발생한다면 회사채 이자율과 국채 이자율 사이의 스프레드가 확대된다.

⑤ 국제금융위기 기간에 국제적으로 안전자산에 대한 선호 현상이 발생하면 원화가치가 하락한다.

hint

① 기대이론에 따르면 장기이자율은 각 기간별 단기이자율의 단순평균이다. 수익률곡선이 우하향할 때에는 미래의 단기이자율이 현재보다 낮아질 것으로 기대하며, 수익률곡선이 우상향할 때에는 미래의 단기이자율이 현재보다 높아질 것으로 기대한다.

② 이표이자율보다 시장이자율이 높다면 이표 지급으로 인한 보상보다 원금의 할인효과가 더 크다. 따라서 채권가격은 액면가보다 낮아진다.

④ 안전자산인 국채를 선호하게 된다면 국채의 가격은 상승할 것이다. 이로 인해 국채 이자율은 하락하고 회사채 이자율과 국채 이자율 사이의 스프레드는 확대된다.

⑤ 국제금융에서 안전자산은 금, 달러 등 주요국 화폐 및 국채이기 때문에 달러가치는 상승하고 원화가치는 하락한다.

정답 27 ② 28 ④ 29 ④ 30 ②

31 **현재 1년 만기 국채이자율이 2%이고, 1년 후 1년 만기 국채이자율이 4%로 예상되며, 1년 만기 대비 2년 만기 국채의 유동성 프리미엄은 0.3%라고 한다. 이자율의 기간구조 이론 중 기대이론과 유동성프리미엄이론에 따른 현재 2년 만기 국채이자율을 각각 순서대로 올바로 나열한 것은?** (단, 소수점 둘째 자리에서 반올림)

2018년 보험계리사

① 3.0%, 3.3%
② 3.3%, 3.0%
③ 3.0%, 4.3%
④ 3.3%, 4.0%

hint

기대이론에 의하면 장기이자율은 단기이자율의 단순평균이다. ⇒ $i_{2,t} = \frac{2\% + 4\%}{2} = 3\%$
유동성프리미엄이론에 의하면 채권투자자들은 유동성이 높은 단기 채권을 선호하므로 만기가 길어질수록 (+)의 만기프리미엄이 붙게 된다. ⇒ $i_{2,t} = \frac{2\% + 4\%}{2} + 0.3\% = 3\% + 0.3\% = 3.3\%$

32 **다음과 같이 수익률곡선이 상승하는 모습을 보이고 있을 때 이에 대한 설명으로 옳은 것은?**

2017년 공인회계사

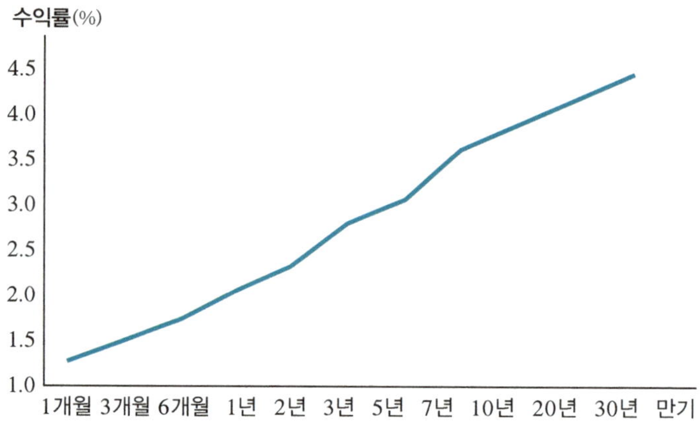

① 단기 이자율이 미래에 급격히 하락할 것으로 기대된다.
② 단기 이자율이 미래에 완만하게 하락할 것으로 기대된다.
③ 단기 이자율이 미래에 변화가 없을 것으로 기대된다.
④ 단기 이자율이 미래에 상승할 것으로 기대된다.
⑤ 장기 이자율이 미래에 변화가 없을 것으로 기대된다.

hint

기대이론에 따르면 장기이자율은 단기이자율의 평균으로 결정되며 미래 단기이자율이 상승할 것이라 예상될 경우 수익률곡선(yield curve)이 우상향한다. [문제에 기대이론을 전제한다는 내용을 포함하였으나, 이를 밝히지 않았더라도 사람이 눈치라는 것이 있어야 한다.]

33 **매년 이자를 지급하는 일반 이표채권**(straight coupon bond)**의 가격 및 이자율과 관련된 설명으로 옳지 않은 것은?** 2014년 국가직 7급

① 이 이표채권의 가격은 액면가 아래로 낮아질 수 있다.

② 이 이표채권의 가격이 액면가보다 높다면 이 채권의 시장수익률은 이표이자율보다 낮다.

③ 이미 발행된 이 이표채권의 이표이자액은 매년 시장수익률에 따라 다르게 지급된다.

④ 이표채권 가격의 상승은 그 채권을 매입하여 얻을 수 있는 수익률의 하락을 의미한다.

hint

①, ②

만기수익률 $\underset{<}{\overset{>}{=}}$ 이표이자율 ⇒ 시장가격 $\underset{>}{\overset{<}{=}}$ 액면가격

③ 이표이자액은 사전에 확정된 것으로 변하지 않는다.

④ 채권가격이 상승하면 이자율(수익률)이 하락한다.

이 문제에 대한 직관적 이해방법은 다음과 같다. '이표이자율보다 만기수익률이 높다는 것은 액면가보다 채권을 싸게 구입했음을 의미한다.' 또는 '액면가보다 채권을 싸게 구입했다면 이표이자율보다 만기수익률이 높다.'

정답 31 ① 32 ④ 33 ③

34 **다음 그래프는 경기가 회복되고 있는 A국에 존재하는 금융상품의 기대수익률 추이를 나타낸 것이다. 각 기대수익률을 해당 금융상품과 바르게 짝지은 것은?** (단, 채권의 만기 기간은 5년이고, 위험기피 투자자를 가정한다.)

2014년 국가직 7급

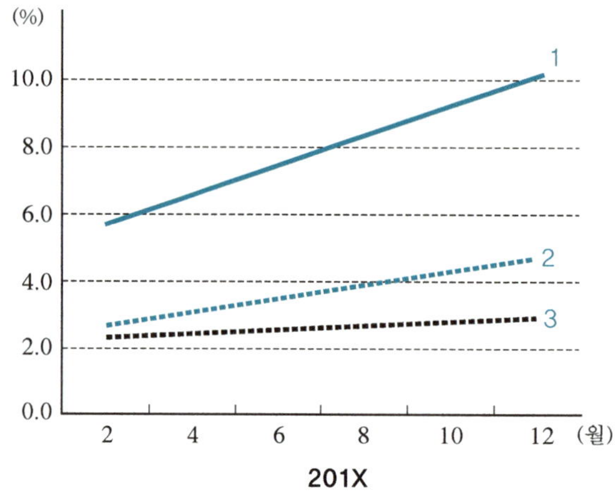

	1	2	3
①	주식	회사채(AA등급)	국고채
②	회사채(AA등급)	주식	국고채
③	국고채	주식	회사채(AA등급)
④	국고채	회사채(AA등급)	주식

hint

설문의 그림은 각 자산별 수익률의 시간경로를 나타내고 있다. 수익률곡선의 기울기는 만기스프레드를 담고 있으며, 수익률곡선 간의 간격은 발행자 및 해당 자산의 위험도를 나타내는 신용스프레드를 반영한다. 일반적으로 위험도의 순서는 주식 > 회사채 > 국채이므로 고위험-고수익 관계에 의할 때 수익률 역시 주식 > 회사채 > 국채 순서가 되어야 한다.

*** 참고사항**

일반적으로 만기스프레드 및 신용스프레드는 다음과 같이 측정한다.

만기스프레드(장 · 단기 금리차) = 장기채권 수익률 − 단기채권 수익률 (단, 동일 발행주체 가정)
신용스프레드 = 회사채 수익률 − 국채 수익률 (단, 동일 만기 가정)

일반적으로 만기스프레드는 경기순행하고, 신용스프레드는 경기역행한다.

35 어떤 기업에 대하여 〈보기〉의 상황을 가정할 때 이 기업의 가치에 대한 설명으로 옳지 않은 것은? 2018년 국회 8급

- 이 기업의 초기 이윤은 $\pi_0 = 100$이다.
- 이 기업의 이윤은 매년 $g = 5\%$씩 성장할 것으로 기대된다.
- 이 기업이 자금을 차입할 경우, 금융시장에서는 $i = 10\%$의 이자율을 적용한다.

① 이 기업의 가치는 $PV = \pi_0 \frac{1+g}{i-g}$로 계산된다.
② 이 기업의 가치는 2,200이다.
③ 이 기업의 가치는 i가 상승하면 감소한다.
④ 이 기업의 가치는 g가 커지면 증가한다.
⑤ 초기 이윤을 모두 배당으로 지급하면 이 기업의 가치는 2,100이 된다.

hint

기업가치는 기업이윤의 현재가치의 합과 동일하다.

$$PV = \sum_{t=0}^{\infty} \frac{\pi_0 (1+g)^t}{(1+i)^t} = \frac{\pi_0}{1 - \frac{1+g}{1+i}} = \frac{1+i}{i-g} \pi_0 = 2,200$$

* **주의사항**
단, 본 문제가 성립하기 위해서는 기업은 무한 기간 존속한다고 가정하여야 한다.

정답 34 ① 35 ①

36 금융시장과 금융상품에 관한 서술 중 옳은 것을 〈보기〉에서 모두 고른 것은? 2018년 서울시 7급

ㄱ. 효율시장가설(efficient markets hypothesis)에 따르면 자산가격에는 이미 공개되어 있는 모든 정보가 반영되어 있다.

ㄴ. 주가와 같이 예측 불가능한 자산가격 변수가 시간이 흐름에 따라 나타나는 움직임을 임의보행(random walk)이라 한다.

ㄷ. 어떤 자산이 큰 손실 없이 재빨리 현금으로 전환될 수 있을 때 그 자산은 유동적이며, 그 반대의 경우는 비유동적이다.

ㄹ. 일정한 시점 혹은 기간 동안에 미리 정해진 가격으로 어떤 상품을 살 수 있는 권리를 풋옵션(put option)이라고 한다.

① ㄱ, ㄴ ② ㄱ, ㄴ, ㄷ

③ ㄱ, ㄷ, ㄹ ④ ㄱ, ㄴ, ㄷ, ㄹ

hint

ㄱ. (O), 지문의 내용은 준강형 효율시장가설을 의미한다.

ㄴ. (O), 변화를 예측할 수 없는 변수의 움직임을 임의보행(random walk)이라 한다.

ㄷ. (O), 다른 자산으로 쉽게 바꿀 수 있는 성질을 유동성이라 한다.

ㄹ. (×), 일정한 시점 혹은 기간 동안에 미리 정해진 가격으로 어떤 상품을 살 수 있는 권리를 콜옵션(call option)이라고 하고 팔 수 있는 권리를 풋옵션(put option)이라고 한다.

정답 36 ②

제13장 거시경제정책 논쟁

Testbank for Economics [macroeconomics]

핵 심 출 제 논 점

1. 정책시차의 문제
2. 재량과 준칙
3. 시간비일관성 문제
4. 통화정책의 중간목표
5. 테일러 준칙
6. 통화정책의 전달경로
7. 재정적자의 경제적 효과
8. 리카도 대등정리

I 정책 운용에 대한 일반론

1. 비교

	(대체로) 고전학파	(대체로) 케인즈학파
개입 여부 및 정도	▪ 소극적 정책(비개입주의) : 거시경제는 근본적으로 안정적 1. 길고 가변적인 시차의 존재 2. 예측력의 한계(루카스 비판)	▪ 적극적 정책(개입주의) : 거시경제는 근본적으로 불안정적 1. 자율조정기능의 한계 2. 경기변동으로 인한 각종의 비용
개입의 방식	▪ 준칙주의(정책의 신뢰성 강조) 1. 공공선택이론과 정치적 경기변동론 2. 프리드먼의 신화폐수량설(k% rule)* 3. 정책무력성 명제 4. 최적 정책의 비일관성	▪ 재량 인정(정책의 신축성 강조) 1. 정책환경의 불확실성 2. 미래 예측력의 한계 3. 완벽한 통화, 재정준칙의 부재(통화량 준칙, 균형재정준칙 등에 대한 비판)

* 통화주의자들은 V는 안정적이며 통화정책은 강력하지만, 시차의 존재로 인해 준칙이 바람직하다고 주장
* 주로 소극적 정책과 준칙, 적극적 정책과 재량이 조합이 되지만 '적극적 준칙'도 가능
* 신뢰성 문제의 해결 : 입법에 의한 해결, 계약에 의한 해결, 평판에 의한 해결

2. 시차의 문제와 자동안정화 장치

시차의 구분

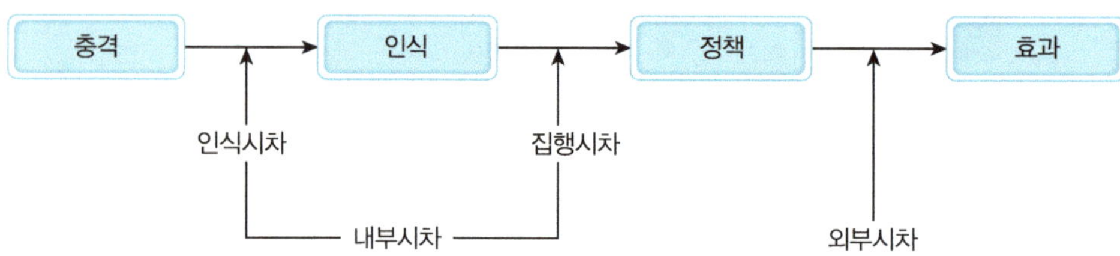

▪ 재정정책 : 외부시차는 짧지만 매우 오랜 내부시차가 존재한다.

▪ 통화정책 : 내부시차는 짧지만 매우 길고 가변적인 외부시차가 존재한다.

▪ 자동안정화 장치 : 경기침체 시 정부가 별도의 조치를 취하지 않더라도 총수요가 증가하도록 만드는 재정정책수단 ⇒ 내부시차를 최소화 ⇒ 누진세(비례세), 실업보험 ⇒ 승수 축소

3. 최적 정책의 시간비일관성

▪ 시간이 흐름에 따라 최적 정책이 바뀌는 현상, 정책의 일관성, 신뢰성 훼손 ⇒ 준칙주의 근거

▪ 통화정책과 재정정책의 다양한 분야에서 발생됨

Ⅱ 통화정책의 문제

1. 중간목표변수의 선정

(1) 중간변수의 선택기준과 양자택일의 문제

- ① 통제가능성, ② 측정가능성, ③ 최종변수와의 밀접한 관련성
- 이러한 조건을 만족하는 대표적인 변수는 단기 명목이자율과 통화량이다. 그러나 통화량과 이자율 간 양자택일의 문제가 있어 하나를 선택해야 한다.

(2) 불확실성과 중간변수의 선택

- 실물부문에 불확실성이 크면 통화량을, 화폐부문에 불확실성이 크면 이자율을 중간지표로 선택하는 것이 경기안정화에 바람직

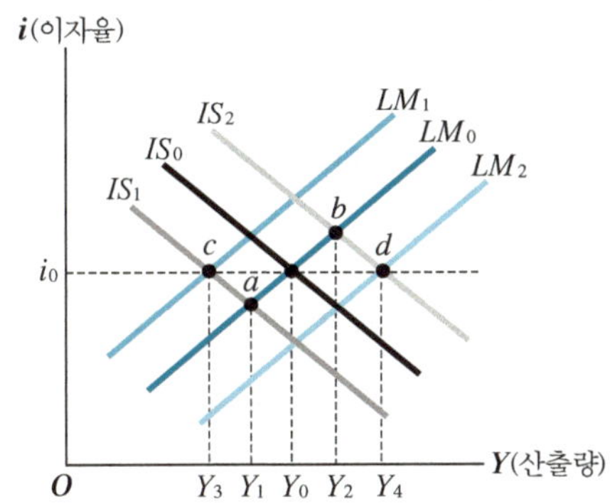

(a) 실물부문의 불안정성

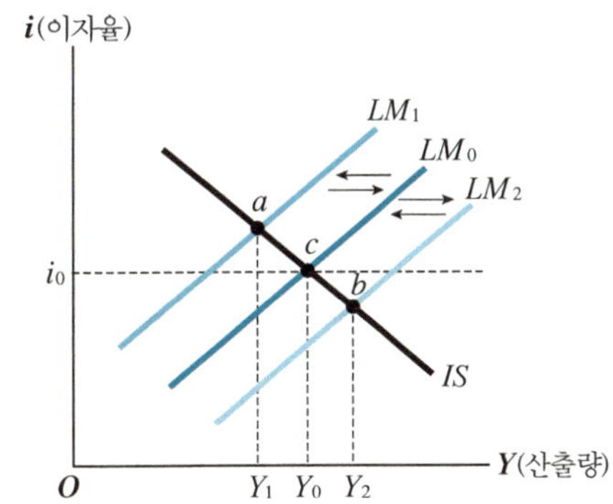

(b) 화폐부문의 불안정성

2. 통화정책의 전달경로(파급경로)

<table>
<tr><th>금리경로</th><th>자산가격경로</th><th>환율경로</th><th>신용경로</th></tr>
<tr><td>LM곡선</td><td colspan="3">IS곡선</td></tr>
<tr><td>전통적 통화정책</td><td colspan="3">양적완화정책*</td></tr>
<tr><td colspan="3">가격경로</td><td>수량경로</td></tr>
<tr><td colspan="3">청산경로</td><td>비청산경로</td></tr>
<tr><td>표준적 IS-LM 경로</td><td>q이론
자산효과</td><td>개방경제경로
BP곡선 함께 이동</td><td>비대칭정보 강조
대차대조표 경로
금융가속기능</td></tr>
</table>

* 양적완화정책의 경우 *IS*와 *LM*이 모두 우측이동

3. 우리나라의 통화정책 : 물가안정목표제(inflation targeting) ⇒ 완화된 준칙, 제한된 재량

	설명
정의	인플레이션 목표치를 설정한 후 실제 인플레이션율이 이보다 낮은 경우 자동적으로 통화량을 증가시키고, 실제 인플레이션율이 이보다 높은 경우 자동적으로 통화량을 감소시키는 정책운영 방식
특징	통화정책의 시차 강조 : 선제적 대응 강조 통화정책의 대외적 신뢰성(credibility)을 강조하지만 : 단일목표, 사전 공지 정책 운영상에 있어서는 상당한 재량의 여지(flexibility)를 제공 : 각종의 정책수단 사용, 경직적인 중간목표 폐지
목표물가지수	근원물가지수* ⇒ 소비자물가지수(CPI)
목표달성기간	당해연도 물가안정목표제 ⇒ 중기 물가안정목표제
운용목표	콜금리 ⇒ 한은기준금리

* 근원물가지수(core inflation)란 소비자물가지수에서 통제가 힘든 농산물, 원자재 가격 등을 제외한 지수

* 최근 물가안정목표제의 단기금리 운영지침으로 테일러 준칙을 사용하는 국가가 증가 ⇒ 상호 보완

Tips 농산물, 원자재 가격 급등 시 소비자물가지수가 근원물가지수보다 높아진다.

4. 테일러 준칙 : 현대 중앙은행이 명시적, 암묵적 또는 잠재의식적으로 따르는 금리결정 방식

- 명목정책금리 = 실제 물가상승률 + 2 + 0.5 × 인플레이션 갭 − 0.5 × GDP 갭

  $$\Rightarrow i = \pi + 2 + 0.5 \times (\pi - \pi^{*}) - 0.5 \times \left(\frac{\overline{Y} - Y}{\overline{Y}}\right)$$

- 적극적 준칙의 대표적인 예
- 테일러 원칙(Taylor's principle) : 경기안정화를 위해 π가 1%p 상승 시 i는 1%p보다 크게 인상

III 재정정책의 문제

1. 재정정책의 기초

- 재정적자 : 유량(flow), 국가부채 : 저량(stock)
- GDP 대비 정부채무의 비율 : $\frac{D_t}{Y_t} - \frac{D_{t-1}}{Y_{t-1}} \fallingdotseq (r-g)\frac{D_{t-1}}{Y_{t-1}} + \frac{G_t - T_t}{Y_t}$

2. 리카도 대등정리

	전통적인 견해	리카도 대등정리
가정	정부지출은 일정하게 주어져 있을 때 감세로 인해 재정적자가 발생한 경우, 즉 부채로 조달된 감세정책(debt funded tax cut) 가정	
정부저축	감소	
가처분소득	증가	
소비	증가	불변
민간저축	정부저축 감소보다 소폭 증가	정부저축 감소와 동일 폭 증가
국민저축	감소	불변
이자율	상승	불변
투자	감소	불변
환율	하락(평가 상승)	불변
경상수지(순수출)	악화	불변
총수요	단기 증대, 장기 구축	불변
자본축적	저해	불변
세대 간 전가 문제	상환기의 미래세대에 전가	저축 및 상속에 의해 전가효과 상쇄
평가	단기적 효과에 불과, 장기적으로는 해악	선도 악도 아님, 중요한 것은 정부지출의 규모와 구성
성립 조건 또는 비판	1. 현실의 조세는 비례세, 누진세 2. 현실의 경제주체는 근시안 3. 현실의 자본시장은 차입제약, 유동성제약 4. 현실적으로 세대 간 연계성 완벽하지 않음	1. 모든 조세는 정액세 2. 민간의 완벽한 합리성 3. 완전한 자본시장 4. 세대 간 강한 연계성*
실증 근거	주요국 감세 시 소비 증가 광범위한 차입제약, 유동성제약 사람들의 근시안적 행동 경향	주요국 감세 시 이자율 불변 매년 막대한 금액이 미래세대에 상속

* 이 외에 인구증가율이 0이어야 한다는 등의 조건을 추가하기도 함. * RET 성립 시 ΔG의 효과는 약화되지만 무력하지는 않음.

Tips 전통적인 견해에 의하면 감세 시 민간은 주로 소비를 증가시키지만, 리카도 대등정리에 따르면 감세 시 민간은 오직 저축만을 증가시킨다.

Tips

*** 리카도 대등정리의 다양한 표현**

1. 조세와 공채가 민간에 미치는 효과는 동일하다.
2. 공채는 자산이지만 동시에 부채이기 때문에 순부가 아니다.
3. 조세를 공채로 대체하는 정책은 아무런 효과가 없다.
4. 공공 재무관리의 무용성 문제
5. 감세는 공짜 점심이 아니다(Tax cut is no free lunch).

Part-1 기본 문제

01 **정책시차가 길고 가변적이라면 다음 중 옳은 것은?**

① 재량에 근거한 적극적인 안정화 정책을 실시해야 한다.
② 준칙에 입각한 소극적 안정화 정책을 실시해야 한다.
③ 재정정책이 금융정책보다 더 바람직하다.
④ 금융정책이 재정정책보다 더 바람직하다.
⑤ 금리보다 통화량을 통화정책의 지표로 삼는 것이 바람직하다.

hint

정책의 시차가 길수록 개입주의(적극적 정책)보다는 비개입주의(소극적 정책)가 타당하다. 또한 정책의 시차가 길수록 재량보다 준칙이 타당하다.

02 **재정의 자동안정장치(automatic stabilizer)에 대한 설명으로 옳은 것만을 모두 고르면?**

2020년 국가직 7급

ㄱ. 경제정책의 내부시차를 줄여주는 역할을 한다.
ㄴ. 경기회복기에는 경기회복을 더디게 만들 수 있다.
ㄷ. 누진적 소득세제와 실업보험제도는 자동안정장치이다.

① ㄱ, ㄴ
② ㄱ, ㄷ
③ ㄴ, ㄷ
④ ㄱ, ㄴ, ㄷ

hint

세 가지 보기는 모두 옳다. 재정의 자동안정장치는 일반적으로 승수를 감소시키므로 독립소비와 독립투자가 증가해도 경기회복의 폭이 더디다.

03 **준칙에 의한 통화정책이 필요한 이유로 볼 수 없는 것은?** 2000년 국가직 7급

① 가격의 경직성
② 이익집단의 로비 가능성
③ 최적 정책의 시간비일관성 현상
④ 길고 가변적인 통화정책의 시차

hint

가격의 경직성이 존재한다면 신축적 정책개입이 필요해지므로 준칙보다 재량에 의한 정책이 바람직해질 것이다.

04 **甲국 통화당국의 손실함수와 필립스곡선이 다음과 같다. 인플레이션율에 대한 민간의 기대가 형성되었다. 이후, 통화당국이 손실을 최소화하기 위한 목표 인플레이션율은?** (단, π, π^e, u, u_n은 각각 인플레이션율, 민간의 기대인플레이션율, 실업률, 자연실업률이고, 단위는 %이다.) 2018년 감정평가사

- 통화당국의 손실함수 : $L(\pi, u) = u + \frac{1}{2}\pi^2$
- 필립스곡선 : $\pi = \pi^e - \frac{1}{2}(u - u_n)$

① 0% ② 1% ③ 2%
④ 3% ⑤ 4%

hint

통합된 극소화 문제는 다음과 같다.

$$\min L(\pi, \pi^e) = \left[u_n - 2(\pi - \pi^e)\right] + \frac{1}{2}\pi^2$$

$\Rightarrow$ 1계 조건 : $\frac{\partial L}{\partial \pi} = -2 + \pi = 0 \Rightarrow \pi^* = 2$

05 **각 학파의 경제이론에 대한 설명으로 잘못된 것은?**

① 케인즈학파 : 투기적 화폐수요는 이자율에 매우 민감하며, 통화정책은 총수요곡선을 이동시키지 못한다.
② 고전학파 : 화폐수요는 이자율에 영향을 받지 않으며, 재정정책은 총수요곡선을 이동시키지 못한다.
③ 통화주의 : 화폐정책은 매우 강력하므로 적극적인 화폐정책을 실시해야 한다.
④ 새고전학파 : 예상치 못한 통화정책은 짧은 기간 효과를 거둘 수 있다.
⑤ 공급주의자 : 감세정책은 총수요와 총공급을 모두 증가시킨다.

hint

③ 통화주의 : 화폐정책은 매우 강력하지만 정책효과의 불확실성 및 시차의 존재 등으로 준칙에 의한 소극적 통화정책을 실시할 것을 주장하였다. 특히 프리드먼은 사전적으로 고정된 통화증가율을 정해 놓고 이를 기계적으로 지키는 방안을 제안했는데 이를 k% rule이라고 한다.

정답 1 ② 2 ④ 3 ① 4 ③ 5 ③

06 **통화정책의 중간목표로는 단기 이자율과 통화량을 고려할 수 있다. 이에 대한 설명으로 잘못된 것은?**

① 통화정책의 중간목표는 관측가능성, 통제가능성, 최종 목표와의 밀접성을 가져야 한다.
② 화폐유통속도가 안정적이라면 통화량을 중간목표로 삼는 것이 바람직하다.
③ 단기적으로 이자율과 통화량을 동시에 통제하는 것은 불가능하다.
④ 화폐시장에 비해 재화시장에 불확실성이 크다면 이자율을 중간목표로 채택하는 것이 바람직하다.
⑤ 우리나라는 현재 이자율을 통화정책의 중간목표로 사용하고 있다.

hint

③ (×), 소득안정화의 입장에서 화폐시장에 불확실성이 크다면 이자율을 중간목표로 채택하는 것이 바람직하며, 재화시장에 불확실성이 크다면 통화량을 중간목표로 채택하는 것이 바람직하다.
⑤ (○), 참고로 한국은행은 공식적으로 중간목표라는 용어를 사용하지 않지만 각종 시험이나 언론에서는 여전히 중간목표라는 용어를 쓰기 때문에 유의하기 바란다. 재무상태표로 바뀐 지 오래되었지만 대차대조표라고 부르는 사람들이 있는 것과 비슷하다고 할까?

07 **최근 한국은행의 금융통화위원회에서 16개월간 동결되었던 정책금리를 인상하였다. 이에 따라 예상되는 결과로 옳지 않은 것은?** 2010년 국회 8급

① 채권가격의 하락
② 총수요의 감소로 인한 경제성장 둔화
③ 실질 GDP 감소와 물가하락
④ 원화가치의 하락
⑤ 통화증가율의 감소

hint

1. 기준금리 인상 ⇒ ① 금리와 역의 관계에 있는 채권가격은 하락
2. 기준금리 인상 ⇒ ⑤ 통화량, 통화증가율 감소 ⇒ ② 총수요의 감소 ⇒ ③ 실질 GDP 감소와 물가하락
3. 기준금리 인상 ⇒ 국내투자가 유리해짐 ⇒ 자본금융수지가 흑자 ⇒ ④ 환율은 하락, 원화가치는 상승

08 **통화정책의 전달경로 중 신용경로(credit channel)에 대한 설명으로 옳지 않은 것은?**

2017년 생활안전직 7급

① 기준금리가 낮아지면 명목환율이 상승하여 수출입에 영향을 미치는 것이다.
② 통화정책이 가계와 기업의 대차대조표를 변화시킴으로써 소비와 투자에 영향을 미치는 것이다.
③ 팽창적 통화정책이 역선택 및 도덕적 해이 문제를 완화시킴으로써 실물 부문에 영향을

미치는 것이다.

④ 증권화의 진전이나 금융자유화가 되면 은행의 자금조달 경로가 다양해져 신용경로의 중요성이 작아진다.

hint

① (×), 이 보기는 환율경로를 의미한다.
② (○), 가계와 기업의 재무상황이 나빠질 경우 신규대출이 이루어지지 않는다.
③ (○), 시중유동성이 충분해질 경우 파산위험이 감소하므로 비대칭정보의 문제가 완화된다.
④ (○), 신용경로는 은행대출 이외의 자금조달 경로가 제한된 경우일수록 강하게 작용한다.

09 **다음 테일러 준칙(Taylor rule)에 따라 중앙은행이 목표 명목정책금리를 결정한다. 이에 대한 설명으로 옳지 않은 것은?** 2022년 국가직 7급

> ▪ 목표 명목정책금리 = 실제 인플레이션율 + 균형 실질정책금리 + 0.5 × 산출 갭 + 0.5 × 인플레이션 갭
>
> (단, 산출 갭 = $\left(\dfrac{\text{실제 실질GDP} - \text{잠재 실질GDP}}{\text{잠재 실질GDP}}\right) \times 100$,
>
> 인플레이션 갭 = 실제 인플레이션율 − 목표 인플레이션율)

① 산출 갭과 인플레이션 갭이 목표 명목정책금리 결정에 영향을 준다.

② 현재의 실제 인플레이션율이 목표 인플레이션율보다 낮은 경우 목표 명목정책금리를 내린다.

③ 중앙은행이 경제의 잠재 실질GDP를 과소평가하고 있다면, 목표 명목정책금리는 적정 수준보다 낮게 결정된다.

④ 균형 실질정책금리가 실제보다 과대평가되어 있다면, 목표 명목정책금리는 적정 수준보다 높아지게 된다.

hint

③ (×), 중앙은행이 잠재 실질GDP를 과소평가하고 있다면 산출 갭은 과대평가되므로 목표 명목정책금리는 적정 수준보다 높게 결정된다.

정답	6 ④	7 ④	8 ①	9 ③

10 리카도 대등정리(Ricardian Equivalence Theorem)에 대한 설명으로 옳지 않은 것은?

2015년 지방직 7급

① 정부지출이 경제에 미치는 효과는 정액세로 조달되는 경우와 국채발행으로 조달되는 경우가 서로 다르다는 주장이다.

② 리카도 대등정리가 성립하기 위해서는 저축과 차입이 자유롭고 저축이자율과 차입이자율이 동일하다는 가정이 충족되어야 한다.

③ 정부지출의 변화 없이 조세감면이 이루어진다면 경제주체들은 증가된 가처분소득을 모두 저축하여 미래의 조세증가를 대비한다고 주장한다.

④ 현재의 조세감면에 따른 부담이 미래세대에게 전가될 경우 후손들의 후생에 관심이 없는 경제주체들에게는 리카도 대등정리가 성립하지 않게 된다.

hint

① (×), 리카도 대등정리에 의하면 정부지출을 조세로 조달하든 공채로 조달하든 그 효과는 동일하다.
② (○), 리카도 대등정리가 성립하기 위해서는 완전한 합리성, 완전한 자본시장, 비왜곡적 조세, 세대 간 전가 효과가 없음 등의 조건이 만족되어야 한다.
③ (○)
④ (○), 미래세대를 고려하지 않는다면 조세감면 시 일부 소비를 증가시키므로 리카도 대등정리가 성립하지 않는다.

11 리카도의 대등정리가 성립하는 경우 다음 중 옳은 것은?

2018년 공인노무사

① 조세징수보다 국채발행이 더 효과적인 재원조달 방식이다.

② 정부가 발행한 국채는 민간의 순자산을 증가시키지 않는다.

③ 조세감면으로 발생한 재정적자를 국채발행을 통해 보전하면 이자율이 상승한다.

④ 조세감면으로 재정적자가 발생하면 민간의 저축이 감소한다.

⑤ 재원조달 방식의 중립성이 성립되지 않아 재정정책이 통화정책보다 효과적이다.

hint

① (×), 리카도 대등정리는 조세와 공채가 동등함을 의미한다.
② (○), 국채는 자산이자 부채이므로 국채의 발행은 민간의 순자산을 증가시키거나 감소시키지 않는다.
③ (×), 정부저축의 감소분만큼 민간저축의 증가가 이루어져서 이자율은 불변이다.
④ (×), 조세감면이 이루어지면 민간은 조세감면액을 모두 저축한다.
⑤ (×), 재원조달 방식의 중립성이 성립하여 재정정책보다 통화정책이 GDP에 미치는 영향이 크다.

12 다음 중 중앙은행이 소득을 안정화하기 위해 확장적 통화정책을 실시해야 하는 경우만을 모두 고르면? 2019년 공인회계사

가. 인공지능 시스템 도입을 위하여 기업들이 새로운 컴퓨터를 구입하였다.
나. 금융불안으로 금융기관의 초과지급준비금이 크게 증가하였다.
다. 지정학적 리스크 확대로 투자심리가 악화되어 기업의 투자가 감소되었다.

① 가　② 나　③ 다
④ 나, 다　⑤ 가, 나, 다

hint

가. (×), 투자 증가 ⇒ IS 우측이동 ⇒ 긴축통화정책 필요
나. (○), 통화승수 감소 ⇒ LM 좌측이동 ⇒ 확장통화정책 필요
다. (○), 투자 감소 ⇒ IS 좌측이동 ⇒ 확장통화정책 필요

정답　10 ①　11 ②　12 ④

Part-2 실전 문제

01 밑줄 친 부분에 들어갈 단어는?

> 통화정책당국이 경제상황을 진단한 후 적절한 대책을 마련하고 그 정책이 효과를 내기까지는 상당한 기간이 경과되어야 한다. 정책의 필요성이 발생한 시점과 당국이 정책을 입안 확정할 때까지의 시차를 ___ⓐ___라 하며 그러한 정책이 시행되어 경제에 효과를 미치는 데 걸리는 시간을 ___ⓑ___라 한다.

	ⓐ	ⓑ		ⓐ	ⓑ
①	내부시차	외부시차	②	외부시차	내부시차
③	내부시차	인식시차	④	외부시차	인식시차
⑤	인식시차	내부시차			

hint

정책의 시차는 크게 정책이 시행될 때까지 지연된 시간을 의미하는 내부시차와 정책이 실시된 후 효과를 거두기까지의 시간인 외부시차로 이루어진다. 또한 내부시차는 인식시차와 집행시차로 이루어진다.

◉ 시차의 구분

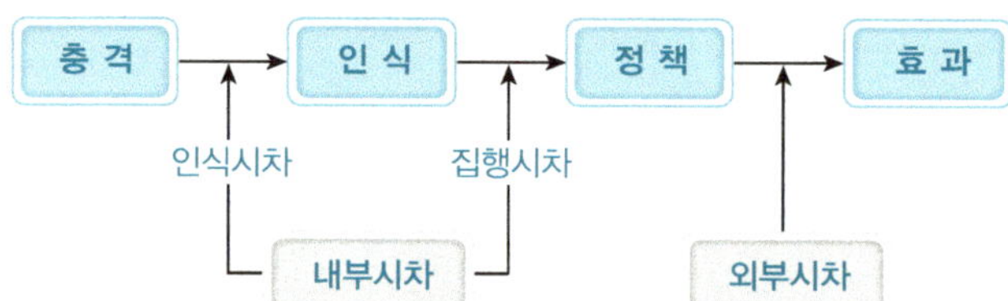

02 재정정책에 대한 설명으로 옳지 않은 것은? 2008년 국가직 7급

① 일반적으로 금융정책에 비하여 내부시차(inside lag)가 짧다.

② 정부지출 수요가 증가하여 민간투자가 늘어나는 효과는 투자가속도(investment accelerator) 효과이다.

③ 정부지출의 승수효과는 한계소비성향이 커지면 증가한다.

④ 재정 확대는 이자율을 상승시켜 총수요 증가의 일부를 상쇄시킨다.

hint

통화정책은 내부시차는 짧지만 길고 가변적인 외부시차를 갖는다. 반면 재정정책은 외부시차는 짧지만 의회를 통과해야 하는 관계로 상당히 길고 가변적인 내부시차(집행시차)를 갖게 된다.

03 **경기안정화 정책과 관련된 다음 설명 중 옳지 않은 것은?** 2013년 공인회계사

① 자동안정화 장치는 주로 재정정책과 관련된 제도적 장치이다.

② 자동안정화 장치는 정책의 내부시차와 외부시차 중에서 외부시차를 줄이기 위해 만들어진 장치이다.

③ 루카스 비판은 과거의 자료를 이용하여 추정된 계량모형을 가지고 새로운 정책의 효과를 예측하면 오류가 발생한다는 것이다.

④ 경기예측력이 제고된다면 재량적 정책의 정당성이 강화된다.

⑤ 동태적 비일관성(time inconsistency)의 문제가 존재한다면 재량적 정책보다는 준칙이 효과적인 방법이다.

hint

①, ② 자동안정화 장치는 주로 재정정책의 내부시차를 줄이기 위해 만들어진 장치이다.

04 **경기가 후퇴함에 따라 지출액이 자동적으로 증가하는 사회보장제도가 도입될 경우 경제에 미치는 영향에 대한 설명으로 옳은 것은?** 2003년 국가직 7급 응용

① 투자승수의 크기가 더 커진다.

② *IS*곡선의 기울기가 더 완만하게 된다.

③ *LM*곡선이 우측으로 이동한다.

④ *LM*곡선의 기울기가 더 완만하게 된다.

⑤ 재정정책과 화폐정책의 효과가 모두 약화된다.

hint

자동안정화 장치의 예로 비례세를 도입하는 경우 한계소비성향이 $c(1-t)$로 감소되고, 승수가 $\frac{1}{1-c(1-t)}$로 감소한다. 이는 *IS*곡선을 가파르게 만들어 화폐시장의 충격이 경기에 미치는 영향을 완화시키고 *IS*곡선의 이동폭을 감소시켜 재화시장의 충격이 경기에 미치는 영향 역시 감소시킨다.

정답	1 ①	2 ①	3 ②	4 ⑤

05 재정정책에 대한 설명으로 옳은 것만을 〈보기〉에서 모두 고르면? 2021년 국회 8급

ㄱ. 경제가 유동성 함정에 빠진 경우 확장적 재정정책의 구축효과는 없다.
ㄴ. 최적 조세와 같은 재정정책에서도 경제정책의 동태적 비일관성 문제가 발생할 수 있다.
ㄷ. 재정의 자동안정화 장치가 강화되면 승수효과는 커진다.
ㄹ. 재정의 자동안정화 장치는 정책의 외부시차가 없어 경기안정화 효과가 즉각적이다.

① ㄱ ② ㄱ, ㄴ ③ ㄴ, ㄷ
④ ㄱ, ㄴ, ㄷ ⑤ ㄴ, ㄷ, ㄹ

hint

ㄱ. (○), 유동성 함정의 경우 LM곡선이 수평이 되고, 구축효과는 발생하지 않는다.
ㄴ. (○), 예를 들어 정부가 사전에 조세감면을 약속했다가 사후에 이를 취소하는 일이 이에 해당한다.
ㄷ. (×), 자동안정화 장치는 독립지출에 대한 승수효과를 감소시키는 장치이다.
ㄹ. (×), 재정의 자동안정화 장치는 정책의 내부시차를 줄이는 장치이다.

06 케인즈학파와 통화주의자에 대한 설명 중 옳은 것은? 2016년 공인회계사

가. 케인즈학파는 경제가 내재적으로 불안정하므로 정부가 장기적으로는 경기변동을 완화하는 안정화 정책을 실시하고, 단기적으로는 총공급 능력을 확충해야 한다고 주장하였다.
나. 통화주의자들은 장기적으로 화폐가 중립적일 때 인플레이션과 실업률 간에 역의 관계가 성립한다고 주장하였다.
다. 케인즈학파는 낮은 총수요가 낮은 소득과 높은 실업의 원인이라고 주장하였다.
라. 통화주의자들은 중앙은행이 통화를 공급할 때에 사전에 명시되고 공표된 준칙을 따라야 한다고 주장하였다.

① 가, 나 ② 가, 다 ③ 나, 다
④ 나, 라 ⑤ 다, 라

hint

가. (×), 케인즈학파는 단기적으로 안정화 정책을 주장하였으며, 장기에 대해서는 크게 입장을 갖고 있지 않다.
나. (×), 통화주의자들은 단기에 인플레이션과 실업 간에 역의 관계가 존재하지만 장기적으로 이러한 관계는 사라진다고 주장한다.
다. (○), 케인즈학파는 가격이 경직적인 단기에 심리적 요인에 영향을 받는 총수요가 경기변동을 유발한다고 주장한다.
라. (○), 통화주의자들은 매년 일정한 비율로 통화공급량을 늘려나가는 $k\%$ rule을 주장하였다.

07 **경기안정화 정책에 대한 설명으로 적합하지 않은 것은?** (이준구 · 이창용 저, 『경제학원론』 응용)

① 경기안정화 정책은 주로 총공급보다는 총수요를 조절하는 것에 초점이 맞춰져 있다.

② 케인즈 경제학자들은 경제상황에 따라 적절한 정책을 선택하는 재량적 정책을 사용해야 한다고 주장했다.

③ 준칙에 의한 정책을 시행하면 경제상황에 대한 적극적인 정책은 펼칠 수 없게 된다.

④ 통화주의자들은 소위 k% 준칙이라고 불리는 통화정책을 사용해야 한다고 주장했다.

⑤ 임금과 물가에 경직성이 존재한다면 합리적 기대를 도입하더라도 정책무력성이 성립하지 않는다.

hint

③ 준칙에도 경제상황에 적극적으로 대응하는 적극적 준칙이 있을 수 있기 때문에 준칙을 사용한다고 반드시 소극적 정책기조를 취하는 것은 아니다.

08 **재량**(discretion)**에 의한 통화정책보다 준칙**(rule)**에 의한 통화정책이 더 바람직한 이유로 볼 수 없는 것은?** 2003년 공인회계사

① 통화정책의 외부시차가 길고 가변적이므로

② 재량정책은 시간적 비일관성(time-inconsistency) 문제를 야기할 수 있으므로

③ 재량정책 하에서는 통화당국의 대리인 문제가 심각할 수 있으므로

④ 신축적인 안정화 정책이 필요하므로

⑤ 재량정책 하에서는 정치적 경기변동이 발생할 수 있으므로

hint

준칙을 주장하는 경제학자들은 재량을 통해 얻을 수 있는 정책의 신축성보다 준칙을 통해 얻을 수 있는 정책의 신뢰성이 더 중요하다고 주장한다. (rules rather than discretion)

*** 준칙주의의 이론적 근거**

1. 정치적 경기변동론
2. 공공선택이론과 본인-대리인 문제
3. 신화폐수량설
4. 정책무력성의 명제
5. 최적 정책의 비일관성(시간불일치성)

(그 외 길고 가변적인 정책시차 등을 포함시키기도 함)

정답 5 ② 6 ⑤ 7 ③ 8 ④

09 **동태적 비일관성(time-inconsistency)의 문제에 대한 설명으로 옳지 않은 것은?** 2003년 행시

① 정책당국자들의 정책공시와 일반인들의 기대형성에 대한 문제이다.
② 통화정책에 있어서 재량적 정책보다 준칙에 따른 정책이 더 좋다는 주장의 논거로 사용된다.
③ 정책의 결정은 이익집단의 영향력에 의해 좌우된다는 주장이다.
④ 일반인들이 정부의 정책발표를 믿지 않는 현상에 대한 설명이다.
⑤ 일반인들의 기대가 정책효과에 영향을 미치기 때문에 발생한다.

hint

최적 정책의 비일관성은 합리적 기대 이론의 논리적 연장선 상에 있다. 이 이론의 주된 내용은 비록 통화당국이 선량하고 유능하고, 이해관계의 상충이 없다고 하더라도 재량에 의한 결과보다는 준칙에 의한 결과가 우월하다(rules rather than discretion)는 것이다.

10 **정부 정책과 관련된 설명 중 옳은 것을 모두 고르면?** 2008년 감정평가사

ㄱ. 시간불일치(time inconsistency)의 문제를 완화하는 하나의 방법은 준칙에 따른 정책을 수행하는 것이다.
ㄴ. 균형을 회복하는 시장의 조정과정이 빠를수록 재량적 정책이 선호된다.
ㄷ. 정책시차가 길고 정책의 효과가 불확실할수록 재량적 정책이 선호된다.

① ㄱ
② ㄴ
③ ㄷ
④ ㄱ, ㄴ
⑤ ㄱ, ㄷ

hint

ㄱ. 시간불일치 문제(최적 정책의 비일관성)는 정책의 신뢰성을 해치기 때문에 준칙을 주장하는 근거가 된다.
ㄴ. 시장의 조정속도가 느릴수록 재량적 정책이 필요하다.
ㄷ. 정책의 효과가 길고 가변적일 경우 재량정책보다 준칙이 바람직하다.

11 **A국 통화당국의 손실함수와 필립스곡선이 다음과 같다. 이 경우 민간이 기대인플레이션율을 결정하고 통화당국이 실제 인플레이션율을 결정하면 실업률이 결정된다. 통화당국은 통화정책으로 인한 손실을 최소화하려고 한다. 이 경우 재량정책이 실시된 경우의 최종 손실과 준칙정책이 실시된 경우의 최종 손실을 나타낸 것으로 옳은 것은?** (단, π, π^e, u, u_n은 각각 인플레이션율, 기대인플레이션율, 실업률, 자연실업률이고 단위는 %이다. 통화정책과 무관하게 자연실업률은 일정하게 주어진다고 가정한다. 또한 민간은 가능한 정확하게 기대인플레이션율을 형성하는 것을 목표로 한다.)

> 통화당국의 손실함수 : $L(\pi, u) = u + \frac{1}{2}\pi^2$
> 필립스곡선 : $\pi = \pi^e - \frac{1}{2}(u - u^n)$

	재량에 의하는 경우	준칙에 의하는 경우
①	$u^n + 2$	u^n
②	$u^n + 1$	u^n
③	$u^n + 1$	$u^n + 1$
④	u^n	$u^n + 1$
⑤	u^n	$u^n + 2$

hint

1. **재량에 의하는 경우**

재량에 의하는 경우 중앙은행은 이미 결정된 민간의 기대인플레이션율을 전제로 최적 인플레이션율을 결정한다.

$\min L(\pi, \pi^e) = [u^n - 2(\pi - \pi^e)] + \frac{1}{2}\pi^2$

$\Rightarrow$ 1계 조건 : $\frac{\partial L}{\partial \pi} = -2 + \pi = 0 \Rightarrow \pi^* = 2,\ L^* = u^n + 2$

2. **준칙에 의하는 경우**

준칙의 경우 중앙은행이 먼저 인플레이션율을 결정하고 민간이 기대인플레이션율을 결정한다. 이 경우 민간의 목표는 $\pi^e = \pi$이므로 이를 대입하면 다음과 같다.

$\min L(\pi) = u^n + \frac{1}{2}\pi^2 \Rightarrow$ 1계 조건 : $\frac{dL}{d\pi} = \pi = 0 \Rightarrow \pi^* = 0,\ L^* = u^n + 0$

*** 참고사항**

이 문제는 최근 재량으로 주로 출제되었으나 향후 준칙으로 출제될 수도 있으므로 잘 준비하기 바란다.

정답 **9** ③ **10** ① **11** ①

12 어느 경제의 필립스곡선과 중앙은행의 손실함수가 다음과 같다고 하자. 필립스곡선은 중앙은행에게 제약조건으로 작용하며, 중앙은행은 손실함수가 최소화되도록 인플레이션율(π)을 선택한다. 장기균형에서의 인플레이션율(π)은? 2021년 국회 8급

> 필립스곡선 : $u = u_n - (\pi - \pi^e)$
>
> 손실함수 : $L = 4(u - 0.02)^2 + 6(\pi - 0.01)^2$
>
> (단, u는 실제 실업률, u_n은 자연실업률로 0.05(5%), π^e는 기대인플레이션율이다.)

① 0% ② 1% ③ 2%
④ 3% ⑤ 5%

hint

여러 풀이 방법이 있으나 정식의 풀이를 제시하면 다음과 같다. 우선 필립스곡선을 손실함수에 대입하여 통합하여 극소화 문제를 쓰면 다음과 같다. [단, 이 문제는 중앙은행의 재량정책을 전제하고 있음에 유의할 것]

$$\min L = 4[u_n - (\pi - \pi^e) - 0.02]^2 + 6(\pi - 0.01)^2$$

합성함수 미분법을 사용하여 미분하면 다음과 같다.

$$\frac{dL}{d\pi} = -8[u_n - (\pi - \pi^e) - 0.02] + 12(\pi - 0.01) = 0$$

위 식에 $u_n = 0.05$와 장기균형의 조건 $\pi = \pi^e$를 대입하면 다음과 같다.

$$\frac{dL}{d\pi} = -8(0.05 - 0.02) + 12(\pi - 0.01) = -0.24 + 12\pi - 0.12 = 12\pi - 0.36 = 0 \Rightarrow \pi = 0.03$$

13 갑국의 필립스곡선은 다음과 같다.

$$\pi_t = \pi_{t-1} - 0.5(u_t - u_t^n)$$

여기서 π_t, π_{t-1}, u_t, u_t^n은 각각 t기 인플레이션, $t-1$기 인플레이션, t기 실업률, t기 자연실업률을 나타낸다. t기 자연실업률은 이력현상(hysteresis)의 존재로 $t-1$기 실업률과 같아 $u_t^n = u_{t-1}$이 성립한다. 중앙은행의 손실함수(LF)는 다음과 같다.

$$LF = 50(\pi_L)^2 + (u_L - 0.05)$$

여기서 π_L, u_L은 각각 장기 인플레이션, 장기 실업률을 나타낸다. 현시점은 1기이고 장기균형 상태이며, 1기 및 0기 인플레이션은 모두 3%이고, 0기 실업률은 5%이다. 중앙은행이 손실함수가 최소화되도록 2기 이후 인플레이션을 동일하게 설정할 경우 장기 인플레이션은?

2022년 공인회계사

① 0% ② 1% ③ 2%
④ 3% ⑤ 4%

hint

1. 필립스곡선의 재정리

1기의 필립스곡선 : $\pi_1 = \pi_0 - 0.5(u_1 - u_0) = 0.03 - 0.5(u_1 - 0.05)$

2기의 필립스곡선 : $\pi_2 = \pi_1 - 0.5(u_2 - u_1) = 0.03 - 0.5(u_2 - 0.05) \Rightarrow u_2 - 0.05 = -2(\pi_2 - 0.03)$

2기 이후 인플레이션이 동일하므로 $\pi_2 = \pi_L$로 두고, $u_2 = u_L$로 두면 다음과 같다.

$u_L - 0.05 = -2(\pi_L - 0.03)$

2. 손실함수의 재정리와 장기 인플레이션율 도출

손실함수를 재정리하여 1계 최적 조건을 구하면 다음과 같다.

$\min LF = 50(\pi_L)^2 + (u_L - 0.05) = 50(\pi_L)^2 - 2(\pi_L - 0.03)$

$\Rightarrow$ 1계 조건 : $\frac{dLF}{d\pi_L} = 100\pi_L - 2 = 0 \Rightarrow \pi_L = 0.02$

* 참고사항

이 문제는 지나치게 복잡한 데다가 숨은 의미 같은 것도 없다. 이해 안 되어도 크게 신경쓰지 말기 바란다.

14 통화정책에 관한 다음 서술 중에서 가장 옳지 않은 것은? 2009년 공인회계사

① 화폐수요함수가 불안정할수록 통화정책의 효과가 불확실해진다.
② 루카스의 화폐적 경기변동이론에 의하면 통화당국은 예측 가능한 정책을 운용함으로써 물가예상 착오로 인한 경기변동을 줄일 수 있다.
③ 통화정책의 신용경로는 통화량의 변화가 이자율보다는 대출량에 영향을 미쳐 실물경제에 파급되는 과정을 의미한다.
④ 자본이동이 완전히 자유로운 변동환율제도 하에서는 통화정책이 재정정책보다 국민소득에 미치는 효과가 더 크다.
⑤ 실물부문에 비해 화폐시장의 불확실성이 클수록 이자율보다는 통화량을 중간목표로 설정하는 것이 경기안정화에 더 효과적이다.

hint

④ 자본이동이 완전할 때 변동환율제 하에서는 통화정책이, 고정환율제 하에서는 재정정책이 소득에 미치는 효과가 강력해진다. ⑤ 실물부문의 불확실성이 크면 통화량을, 화폐시장의 불확실성이 크면 이자율을 중간목표로 설정하는 것이 경기안정화에 더 효과적이다.

정답 12 ④ 13 ③ 14 ⑤

15 **이자율 타겟팅 정책과 통화량 타겟팅 정책에 대한 다음 설명 중 옳은 것을 모두 고르면?** (단, *IS*곡선은 우하향하고 *LM*곡선은 우상향한다.)

2013년 공인회계사

(가) 이자율과 통화량을 동시에 타겟팅하는 것은 생산물시장의 균형을 변화시키는 충격이 존재하는 한 불가능하다.

(나) 경기변동의 주요 요인이 생산물시장의 균형을 변화시키는 충격이라면, 이자율 타겟팅 정책이 통화량 타겟팅 정책보다 국민소득 안정화에 더 효과적이다.

(다) 경기변동의 주요 요인이 주로 화폐시장의 균형을 변화시키는 충격이라면, 통화량 타겟팅 정책이 이자율 타겟팅 정책보다 국민소득 안정화에 더 효과적이다.

① (가) ② (나) ③ (다)

④ (나), (다) ⑤ (가), (나), (다)

hint

(가) 산출량 변동 시 화폐수요곡선이 이동하는데, 이 경우 이자율과 통화량을 동시에 타겟팅하는 것은 불가능하다.

(나) 생산물시장(실물시장)의 충격이 클 때는 통화량 타겟팅이 보다 효과적이다.

(다) 화폐시장의 충격이 클 때는 이자율 타겟팅이 보다 효과적이다.

16 다음 그림은 폐쇄경제의 *IS*-*LM*곡선을 나타낸다. 중앙은행은 다음 두 가지 방식 중 하나로 통화정책을 실시한다. 다음 설명 중 옳지 않은 것은? 2018년 공인회계사

- 방식 (가) : 이자율이 현재 균형 수준에서 일정하게 유지되도록 통화량을 조절하는 방식
- 방식 (나) : 통화량을 현재 균형 수준에서 일정하게 유지하고 이자율이 변동할 수 있도록 허용하는 방식

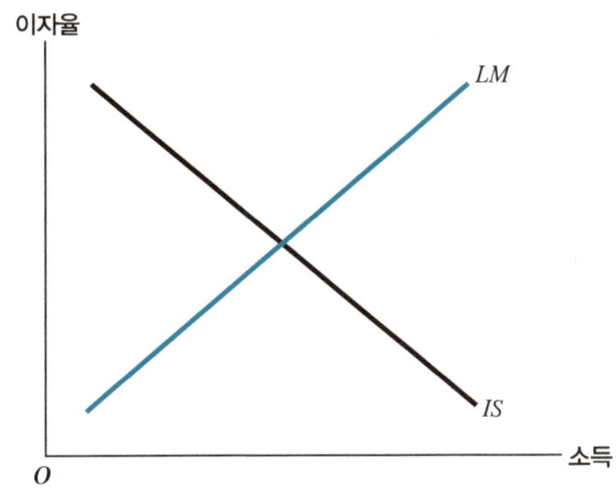

① 방식 (가)를 실시할 경우, 화폐수요가 외생적으로 증가하면 통화량이 감소한다.

② 방식 (가)를 실시할 경우, 화폐수요가 외생적으로 증가하더라도 소득이 변화하지 않는다.

③ 방식 (가)를 실시할 경우, 재정지출이 증가하면 통화량이 증가한다.

④ 방식 (나)를 실시할 경우, 재정지출이 증가하면 소득이 증가한다.

⑤ 방식 (나)를 실시할 경우, 재정지출이 증가하면 구축효과가 나타난다.

hint

① (×), 독립적 화폐수요 증가로 *LM*곡선이 좌측이동하는 경우 중앙은행이 통화공급을 늘려 대응한다.

② (○), ①의 결과 소득은 원래 수준을 유지한다.

③ (○), 이자율은 불변이며 총소득은 크게 증가한다.

④ (○), 총소득은 증가하며 이자율은 상승한다.

⑤ (○), 이자율이 상승하며 투자가 감소한다.

정답 15 ① 16 ①

17 **A국의 통화당국은 통화량 또는 이자율을 중간목표로 운영하여 소득변동을 최소화함으로써 경기를 안정시키는 정책목표를 달성하고자 한다. 통화량 중간목표제는 통화량을 현재 수준으로, 이자율 중간목표제는 이자율을 현재 수준으로 유지하는 것이다. 재화시장에 충격이 발생하여 *IS*곡선이 이동하였다고 하자. *IS*-*LM*곡선을 이용한 분석으로 옳은 것만을 모두 고르면?** (단, *IS*곡선은 우하향하고 *LM*곡선은 우상향한다.)

2021년 공인회계사

> 가. 통화량 중간목표제가 이자율 중간목표제에 비해 정책목표 달성에 더 효과적이다.
> 나. 통화량 중간목표제의 경기안정 효과는 화폐수요의 이자율탄력성이 높을수록 작아진다.
> 다. 이자율 중간목표제의 경기안정 효과는 투자의 이자율탄력성이 높을수록 커진다.

① 가 ② 나 ③ 가, 나
④ 나, 다 ⑤ 가, 나, 다

hint

가. (○), 일반적으로 실물(재화)시장의 충격을 안정화하기 위해서는 통화량 중간목표제가 보다 효과적이다.

나. (○), 〈그림 1〉에서 LM_1은 화폐수요의 이자율탄력성(h)이 작은 경우, LM_2는 h가 큰 경우를 나타낸다. 최초 균형이 a점이고 IS곡선이 IS_1에서 IS_2로 이동할 때 h가 작은 경우 균형은 b점, h가 큰 경우 균형은 c점이 된다. 즉, h가 클수록 소득변동이 커지고 경기안정 효과는 작아진다.

다. (×), IS_1은 투자의 이자율탄력성(b)이 작은 경우, IS_2는 b가 큰 경우를 나타낸다. 재화시장 충격으로 IS곡선이 동일한 거리만큼 수평이동한다고 가정하자. 이 경우 이자율목표제를 채택한 경우라면 이자율 상승을 막기 위해 중앙은행이 통화공급을 증가시킬 것이며, 두 경우 모두 d점에서 새로운 균형이 이루어진다. 즉, 이자율목표제를 실시하는 경우 투자의 이자율탄력성은 소득변동성에 영향을 미치지 않는다. [이자율목표제를 채택할 경우 사실상 LM곡선이 수평이 된다는 점을 활용해도 좋다.]

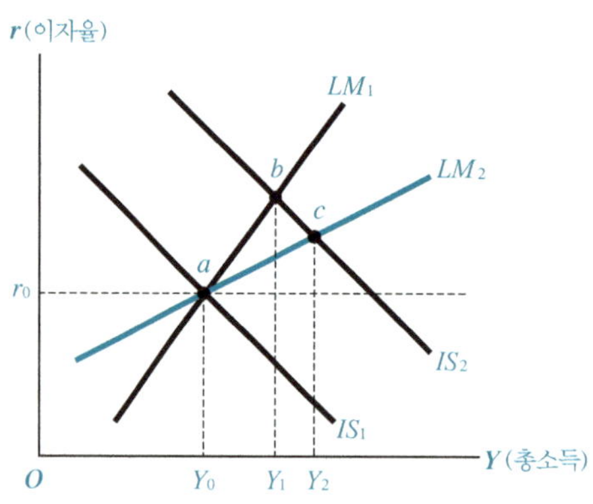

〈그림 1〉 통화량목표제 : h의 차이

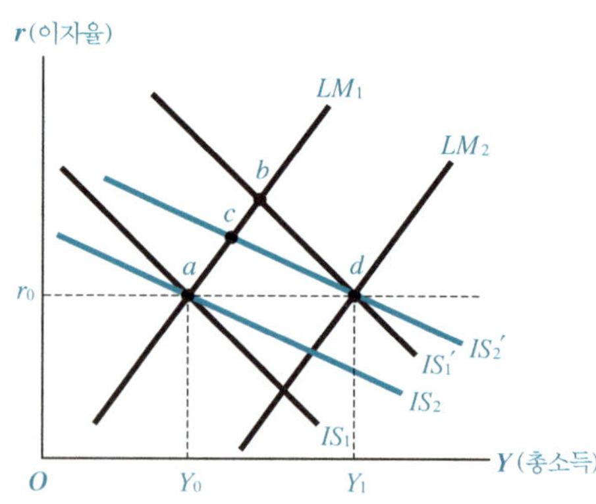

〈그림 2〉 이자율목표제 : b의 차이

18 확장적 통화정책의 전달경로로서 가능한 것을 모두 고르면? 2014년 공인회계사

가. 자산가격이 상승하여 소비가 증가한다.
나. 토빈(Tobin)의 q가 상승하여 투자가 증가한다.
다. 자금 수요자와 공급자 사이의 정보비대칭성 문제가 심화되어 자금공급이 증가한다.
라. 국내 통화가치가 하락하여 수출이 증가한다.

① 가, 나 ② 가, 나, 라 ③ 가, 다, 라
④ 나, 다, 라 ⑤ 가, 나, 다, 라

hint

가, 나. 자산가격경로
다. 통화공급이 증가하면 부도위험성이 낮아지므로 정보비대칭성 문제의 중요성이 감소한다.
라. 환율경로

19 다음은 통화정책의 전달경로를 나타낸 것이다. 이에 대한 설명으로 틀린 것은?

통화량 변화 → 은행 및 기업 재무상태 변화 → 은행 대출규모 변화 → 총수요 변화

① 통화정책의 신용경로를 의미한다.
② 통화정책의 대차대조표 경로를 의미한다.
③ IS곡선의 이동을 유발한다.
④ 비대칭정보 하에서 그 영향력이 강해진다.
⑤ 0의 명목금리가 되면 그 효과가 사라진다.

hint

① (O)
② (O), 신용경로는 직접경로인 은행대출 경로와 간접경로인 대차대조표 경로로 이루어진다.
③ (O)
④ (O)
⑤ (×), 신용경로는 0의 명목금리에서도 여전히 효과를 발휘한다.

정답 17 ③ 18 ② 19 ⑤

20 **통화정책에서 신용중시 견해(credit view)에 대한 설명으로 옳지 않은 것은?** 2013년 국가직 7급

① 신용중시 견해는 금융중개가 물가와 생산활동에 중요한 영향을 미친다는 점을 강조하는 견해이다.

② 은행과 차입자 사이에 정보의 비대칭성이 존재한다.

③ 은행은 높은 이자율을 지불할 의향이 있는 자보다 신용이 높은 자에게 대출을 한다.

④ 은행의 대출과 채권은 완전대체재이다.

hint

① 금융중개란 은행의 예금수신 및 대출공급을 의미한다.

② 은행과 차입자 사이에 정보의 비대칭성 때문에 신용할당이 발생한다. 이 경우 금리경로보다 신용경로가 강조된다.

③ 은행이 인위적으로 낮은 이자율을 결정한 후 신용도나 담보제공 여부에 따라 대출을 하는 것을 신용할당이라고 한다.

④ 은행의 대출과 채권은 불완전한 대체재이다. 대기업의 경우 은행대출이 어렵다면 채권을 발행할 수도 있지만, 중소기업의 경우에는 은행대출이 막히면 채권을 발행하기 어렵기 때문에 현금흐름상 심각한 압박을 받게 된다.

21 **시중은행의 대출(credit supply)과 관련된 설명으로 가장 옳지 않은 것은?** 2015년 보험계리사

① 중앙은행의 통화량 조절과 별도로 경기에 영향을 미칠 수 있다.

② 불황기에 시중은행은 대출을 증가시켜 경기를 부양하려 한다.

③ 이자율이 높아지면 시중은행은 대출을 늘려 이득을 취하려 하므로 중앙은행의 통화량 감소 정책을 어느 정도 상쇄하는 경향이 있다.

④ 대출은 경기와 같은 방향(procyclical)으로 변동한다.

hint

① (O), 통화보다 신용을 강조하는 견해를 신용중시 견해(credit view)라고 한다.

② (×), 불황이 되면 은행은 비관적 견해를 갖게 되고 대출을 축소시킨다.

③ (O), 이러한 내생적 효과가 반영된다면 통화공급곡선은 우상향하게 된다.

④ (O)

22 제로금리에 직면한 A국의 중앙은행 총재가 다음과 같은 기자회견을 하였다고 하자. 이 기자회견에 나타난 정책의 의도로 보기 어려운 것은? 2017년 공인회계사

> "앞으로 디플레이션에 대한 염려가 불식될 때까지 양적완화를 실시하고 제로금리를 계속 유지하겠습니다."

① 풍부한 유동성의 공급
② 기대인플레이션의 상승
③ 자국 통화가치의 상승
④ 은행의 대출 증가
⑤ 장기금리의 하락

hint

양적완화정책은 나라마다 다양한 형태로 진행되었다. 전통적 통화정책이 금리경로를 통한 LM곡선만의 이동으로 나타내어질 수 있다면 양적완화정책은 자산가격, 환율, 신용경로 등을 통해 LM곡선과 IS곡선이 동시에 이동하는 형태로 나타내어진다.

① (O)
② (O), 실질이자율 하락으로 인한 투자 증가
③ (×), 환율 상승으로 인한 순수출 증가
④ (O), 금융회사 재무상황 개선을 통한 신용경색의 해소
⑤ (O), 장기국채 구매를 통한 장기국채 가격 상승

정답 20 ④ 21 ② 22 ③

23 현재 명목이자율이 0이다. 명목이자율의 하한이 0일 때 다음 설명 중 옳은 것은?

2016년 공인회계사

> 가. 명목이자율 하한이 존재하지 않는 경우에 비해 확장재정정책은 안정화 정책으로서 유효성이 작아진다.
> 나. 명목이자율 하한이 존재하지 않는 경우에 비해 전통적인 확장통화정책은 안정화 정책으로서 유효성이 작아진다.
> 다. 양적완화정책(quantitative easing)을 실시하여 인플레이션 기대가 상승하면 실질이자율이 하락한다.
> 라. 양적완화정책을 실시할 경우 전통적인 통화정책을 실시할 경우에 비하여 중앙은행이 보유하는 채권의 다양성이 줄어든다.

① 가, 나　　② 가, 다　　③ 나, 다
④ 나, 라　　⑤ 다, 라

hint

가. (×), 명목이자율이 더 이상 하락할 수 없는 상황에서 LM곡선은 수평이 된다. 따라서 확장재정정책의 유효성은 강해진다.

나. (○), 명목이자율이 더 이상 하락할 수 없다면 통화정책은 안정화 정책으로서 유효성이 작아진다.

다. (○), 비록 명목이자율이 0보다 낮아질 수 없다고 하더라도 인플레이션 기대가 상승하면 실질이자율은 얼마든지 (−)의 값을 가질 수 있다.

라. (×), 양적완화정책이란 금융기관이 보유한 다양한 자산을 구입하는 정책을 말한다. 따라서 중앙은행이 보유하는 채권의 다양성이 늘어난다.

24 중앙은행의 통화정책 운용에 대한 다음 설명 중 옳은 것을 모두 고르면? 2015년 공인회계사

> 가. 중앙은행이 물가안정, 완전고용 등의 최종 목표를 달성하기 위해 중점적으로 관리하는 명목기준지표(nominal anchor)에는 인플레이션율, 통화량, 환율, 실업률 등이 있다.
> 나. 물가안정목표제(inflation targeting) 하에서는 중앙은행이 재량적 정책을 수행하기 쉽고 경기부양에 대한 정치적 압력도 늘어날 수 있기 때문에 통화정책의 신뢰 문제가 악화될 수 있다.
> 다. 물가안정목표제는 중앙은행이 명시적인 중간목표 없이 물가안정을 직접 달성하는 방식으로서 통화량 이외의 많은 변수가 정책 결정에 사용된다.
> 라. 테일러 준칙(Taylor rule)에 따르면 중앙은행은 인플레이션 갭(실제 인플레이션율 - 목표 인플레이션율)의 증가에 반응하여 정책금리를 상향조정한다.

① 가, 나 ② 나, 다 ③ 다, 라
④ 가, 다, 라 ⑤ 나, 다, 라

hint

가. (×), 실업률은 명목지표가 아닌 실질지표이다.
나. (×), 원칙적으로 물가안정목표제에서는 인플레이션율을 단일 목표로 하며, 목표 인플레이션율을 사전공지 함으로서 대외 신뢰성을 얻어내는 것을 핵심으로 한다.
다. (○), 물가안정목표제는 단일 중간목표를 채택하지 않고 다양한 변수를 정보변수로 참고한다.
라. (○)(단, 인플레이션 갭이라는 표현은 다양한 의미로 사용되므로 주의할 것)

25 최근 연구결과에 의하면 근원물가의 상승률이 소비자물가의 상승률보다 낮게 측정되었다고 한다. 이러한 현상이 나타날 수 있는 원인으로 가장 적당한 것은?

① 부동산 가격 하락 ② 소비심리의 회복
③ 국제원자재 가격 상승 ④ FTA 체결로 인한 관세인하
⑤ 국제신용등급의 하락

hint

근원인플레이션(core inflation)은 소비자물가(CPI)에서 곡물 이외의 농산물, 석유류를 제외하고 산출한 물가지수이다. 즉, 농산물과 국제원자재 가격 변화 등 중앙은행이 통제 불가능한 일시적 · 단기적인 물가충격 요인을 제외하고 산출하는 장기적 물가상승률이다. 따라서 근원물가지수 상승률이 소비자물가 상승률보다 낮게 측정되었다면 이는 제외된 두 요인인 농산물과 석유류의 가격이 빠른 속도로 상승하였기 때문일 것이다.

정답 23 ③ 24 ③ 25 ③

26 **현재 우리나라 중앙은행의 물가안정목표제에 대한 설명 중 옳은 것을 모두 고르면?**

2016년 공인회계사

가. 매년 물가안정목표를 설정한다.
나. 중간목표를 명시적으로 설정한 물가안정목표제를 취하고 있다.
다. 물가안정목표의 기준이 되는 것은 소비자물가지수의 상승률이 아니라 근원인플레이션이다.
라. 예상치 못한 국내외 경제충격, 경제여건 변화 등으로 물가안정목표의 변경이 필요할 경우 정부와 협의하여 물가목표를 재설정할 수 있다.

① 가 ② 다 ③ 라
④ 가, 나 ⑤ 다, 라

hint

가. (×), 우리나라의 경우 3년에 한 번 물가안정목표를 설정한다.
나. (×), 우라나라의 물가안정목표제는 명시적 중간목표를 갖고 있지 않다.
다. (×), 물가안정목표의 기준이 되는 것은 소비자물가지수의 상승률이다.
라. (○), 급격한 환경변화에 대응하기 위해 물가목표를 재설정할 수 있다.

27 **물가안정목표제(inflation targeting)에 대한 설명으로 옳은 것만을 모두 고르면?**

2020년 공인회계사

가. 물가안정목표제는 자유재량 정책에 비해 중앙은행 정책 수행의 투명성을 높인다.
나. 물가안정목표제는 자유재량 정책에 비해 시간불일치성(time inconsistency) 문제를 증가시킨다.
다. 물가안정목표제는 물가안정에 초점을 두기 때문에 자유재량 정책에 비해 생산과 고용의 변동에 적절히 대응하지 못한다.
라. 우리나라 물가안정목표제의 기준 지표는 GDP 디플레이터이다.

① 가, 나 ② 가, 다 ③ 나, 라
④ 가, 다, 라 ⑤ 나, 다, 라

hint

물가안정목표제는 '완화된 준칙' 또는 '제한된 재량'의 성격을 가진다. 이 문제에서와 같이 자유재량 정책과 비교되는 경우에는 준칙의 성격이 부각된다.

가. (O)
나. (×), 물가안정목표제는 준칙의 성격을 갖기 때문에 시간불일치성 문제를 줄일 수 있다.
다. (O), 이러한 문제를 완화하기 위해서 테일러 준칙을 사용한다.
라. (×), 우리나라 물가안정목표제의 기준 지표는 소비자물가지수이다.

28 **중앙은행의 기준금리 결정 과정인 테일러 준칙에 대한 설명으로 옳지 않은 것은?** 2023년 국회 8급

① 기준금리는 인플레이션 갭과 산출 갭에 영향을 받는다.
② 코로나 사태나 금융위기와 같은 충격으로 경기침체가 발생하는 경우 중앙은행은 기준금리를 인하한다.
③ 현재 인플레이션율이 목표치보다 지나치게 높거나 경기가 과열되는 경우 중앙은행은 기준금리를 인상한다.
④ 지나친 경기침체나 경기과열이 발생하는 경우 중앙은행은 재량대로 통화량을 조절한다.
⑤ 중앙은행은 선제적으로 대응하기 위해 기대인플레이션율을 고려한다.

hint

테일러 준칙의 일반적 형태 : $i = 0.02 + \pi + 0.5(\pi - \pi^*) + 0.5\left(\frac{Y - Y^*}{Y^*}\right)$
단, $\pi - \pi^*$: 인플레이션 갭, $\frac{Y - Y^*}{Y^*}$: 산출 갭

① (O)
② (O), 경기침체가 발생하면 $\frac{Y - Y^*}{Y^*} < 0$가 되어 기준금리가 인하된다.
③ (O), $\pi - \pi^* > 0$이거나 $\frac{Y - Y^*}{Y^*} > 0$이면 기준금리가 인상된다.
④ (×), 중앙은행이 테일러 준칙을 따른다면 이는 재량적 정책이 아니다. 예를 들어 산출 갭이 1%가 될 경우 기준금리는 0.5%p 상승하도록 정해져 있다.
⑤ (O), 예를 들어 $\frac{Y - Y^*}{Y^*} > 0$이면 향후 인플레이션이 발생될 것으로 기대된다. 따라서 $\frac{Y - Y^*}{Y^*}$ 부분은 미래 인플레이션에 대한 예측을 간접적으로 반영한다.

정답 26 ③ 27 ② 28 ④

29 **최근 정부당국자들과 경제학자들 사이에서는 이른바 출구전략**(exit strategy)**의 시행시기가 논란이 되고 있다. 즉, 금융위기 시 급격히 인하한 금리를 언제쯤 다시 인상시켜야 하는지가 논점이다. 이러한 논쟁에 기준이 되고 있는 것이 이른바 테일러의 금리준칙**(Taylor's rule)**인데 가장 단순한 형태의 테일러 준칙은 다음과 같다.**

> 정책금리(%) = 실제 물가상승률 + 2 + 0.5 × (실제 물가상승률 − 목표물가상승률) + 0.5 × (실제 성장률 − 잠재성장률)

중앙은행이 위 수식에 기초하여 금리를 결정한다고 할 때 다음 보기 중 잘못된 것은?

① 중앙은행이 목표로 하는 실질금리수준은 2%이다.
② 실제 물가상승률이 상승하면 정책금리는 인상된다.
③ 실제 성장률이 상승하면 정책금리는 인상된다.
④ 외부적으로 유리한 총수요충격이 발생하였을 때 정책금리는 인하된다.
⑤ 외부적으로 불리한 총공급충격이 발생하였을 때 정책금리는 인상될 수도 있고 인하될 수도 있다.

hint

① 실제 물가상승률이 목표물가상승률과 일치하고 실제 성장률이 잠재성장률과 일치할 때 다음이 성립한다.

(명목)정책금리 = 실제 물가상승률 + 2 또는 (명목)정책금리 − 실제 물가상승률 = 2

즉, 중앙은행이 목표로 하는 실질금리수준은 2%이다.

②, ③, ④ 유리한 총수요충격이 발생하면 실제 물가상승률과 실제 성장률이 높아진다. 따라서 이 경우 정책금리는 인상된다.

⑤ 불리한 총공급충격이 발생하면 실제 물가상승률은 높아지지만 실제 성장률은 낮아진다. 이 경우 정책금리는 인상될 수도 있고 인하될 수도 있다.

30 **다음은 A국 중앙은행이 따르는 테일러준칙이다. 현재 인플레이션율이 4%이고 GDP갭이 1%일 때 A국의 통화정책에 대한 설명으로 옳지 않은 것은?** (단, r은 중앙은행의 목표이자율, π는 인플레이션율, Y^*는 잠재 GDP, Y는 실제 GDP이다.) 2018년 국가직 7급

$$r = 0.03 + \frac{1}{4}(\pi - 0.02) - \frac{3}{4}\frac{Y^* - Y}{Y^*}$$

① 목표이자율은 균형이자율보다 높다.
② 목표 인플레이션율은 2%이다.
③ 균형이자율은 3%이다.

④ 다른 조건이 일정할 때 인플레이션 갭 1%p 증가에 대해 목표이자율은 0.25%p 증가한다.

hint

균형이자율 : $\pi = 0.02,\ Y = Y^* \Rightarrow\ r^* = 0.03$
목표이자율 : $r = 0.03 + \frac{1}{4}(0.04 - 0.02) - \frac{3}{4} \times 0.01 = 0.0275$

* **주의사항**
1. 이 문제에서 r은 목표 '실질' 이자율을 의미하는 것으로 보는 것이 타당하다.
2. GDP 갭은 $\frac{Y^* - Y}{Y^*}$, $\frac{Y - Y^*}{Y^*}$, $Y^* - Y$, $Y - Y^*$ 등 다양하게 정의하기 때문에 문제에서 보다 명확한 정의를 주었어야 한다고 본다.

31 **중앙은행은 다음과 같은 테일러 준칙(Taylor rule)에 따라 명목이자율을 결정한다. 이에 대한 설명으로 옳은 것만을 〈보기〉에서 모두 고르면?**

$$i_t = \pi_t + \rho + \alpha(\pi_t - \pi^*) + \beta(u_n - u_t)$$

(단, i_t는 t기의 명목이자율, π_t는 t기의 인플레이션율, ρ는 자연율 수준의 실질이자율, π^*는 목표 인플레이션율, u_n은 자연실업률, u_t는 t기의 실업률이며, α와 β는 1보다 작은 양의 상수라고 가정하자.)

ㄱ. t기의 인플레이션율이 1%p 증가하면 중앙은행은 t기의 명목이자율을 α%p 올려야 한다.
ㄴ. t기의 실업률이 1%p 증가하면 중앙은행은 t기의 명목이자율을 1%p 낮춰야 한다.
ㄷ. 장기균형에서 명목금리 $i_t = \pi^* + \rho$가 된다.

① ㄱ ② ㄴ ③ ㄱ, ㄷ
④ ㄴ, ㄷ ⑤ ㄷ

hint

ㄱ. (×), $\frac{\partial i_t}{\partial \pi_t} = 1 + \alpha$이므로, 1%p의 인플레이션율 증가에 대응하여 $(1 + \alpha)$%p의 명목이자율을 올려야 한다.
ㄴ. (×), $\frac{\partial i_t}{\partial u_t} = -\beta$이므로 중앙은행은 1%p의 실업률 증가에 대하여 $-\beta$%p의 명목이자율을 낮춰야 한다.
ㄷ. (○), 장기균형의 조건은 $\pi_t = \pi_t^*$, $u_t = u_n$이므로 $i_t = \pi^* + \rho$이 된다 .

정답 29 ④ 30 ① 31 ⑤

32 갑국의 중앙은행은 다음의 이자율 준칙에 따라 명목이자율을 정한다.

$$i = \max\left\{0, 0.02 + \pi + 0.5(\pi - \pi^*) + 0.5\left(\frac{Y - Y^*}{Y^*}\right)\right\}$$

이 경제에 대한 다음 설명 중 옳은 것을 모두 고르면? (단, i, π, π^*, Y, Y^*는 각각 명목이자율, 물가상승률, 목표 물가상승률, 총생산, 잠재총생산을 나타낸다.) 2023년 공인회계사

가. 명목이자율이 0보다 클 때 물가상승률이 1% 포인트 상승하면 중앙은행은 명목이자율을 0.5% 포인트 인상한다.
나. 실질이자율은 음수가 될 수 없다.
다. 극심한 불황이어도 명목이자율을 더 이상 낮출 수 없는 (π, Y)의 조합이 존재한다.
라. 투자가 실질이자율과 음(−)의 관계에 있을 때 명목이자율이 0이어도 기대물가상승률을 높일 수 있다면 불황을 벗어나는 데 도움이 될 수 있다.

① 가, 나 ② 가, 다 ③ 나, 다
④ 다, 라 ⑤ 가, 나, 다

hint

가. (×), 물가상승률이 1% 포인트 상승하면 중앙은행은 명목이자율을 1.5% 포인트 인상한다. 인플레이션 상승분보다 명목이자율 상승분이 더 커야 한다는 것을 테일러 원칙(Taylor principle)이라고 한다.
나. (×), 비록 i가 0보다 낮아질 수 없다고 하더라도 i보다 π가 크면 r은 음수가 될 수 있다.
다. (○), 위 식에 의하면 i는 0보다 낮아질 수 없다.
라. (○), $i = 0$일 때 $\pi > 0$이면 $r < 0$이 되며, 투자가 증가할 수 있다. 이를 먼델–토빈 효과라고 한다.

33 **아래와 같은 *IS–MP* 모형을 이용한 총수요–총공급 분석에서 총수요곡선의 기울기는?** (단, *IS–MP* 모형에서 총수요곡선은 수평축에 총생산을, 수직축에 인플레이션율을 나타낸다.)

- MP곡선 : $r = \bar{r} + \lambda\pi$
- IS곡선 : $Y = a - br$

(단, r은 실질금리, $\bar{r}$는 정책목표실질금리, π는 인플레이션율, Y는 총생산이며 a, b, λ는 모두 양수)

① $\frac{1}{a}$ ② b ③ $-\frac{a}{b}$
④ $-b\lambda$ ⑤ $-\frac{1}{b\lambda}$

hint

IS–*MP* 모형은 *IS*–*LM*을 대체하는 총수요 모형으로 향후 더 많은 출제가 이루어질 수 있다. 여기서 *MP*곡선은 통화정책 규칙(monetary policy)으로, 대표적인 것으로는 테일러 규칙이 있다. *MP*곡선을 *IS*곡선에 대입하면 *AD*곡선을 구할 수 있다.

*AD*곡선 : $Y = a - b(\bar{r} + \lambda\pi)$

*AD*곡선의 기울기는 $-\frac{1}{b\lambda}$이며, 재정정책에 영향을 받는 a, 통화정책에 영향을 받는 $\bar{r}$ 등에 의해 이동한다. 참고로 확장재정정책은 a의 증가, 확장통화정책은 $\bar{r}$의 하락이 된다.

34 **아래 그림과 같은 *IS*(투자저축)–*MP*(통화정책) 모형과 이로부터 도출되는 인플레이션율(수직축)–실질소득(수평축) 평면 상의 총수요(*AD*)곡선과 관련된 다음의 설명 중 가장 옳은 것은?** (단, 언급되지 않은 다른 요인들은 일정하다고 가정한다.) 2022년 군무원 7급

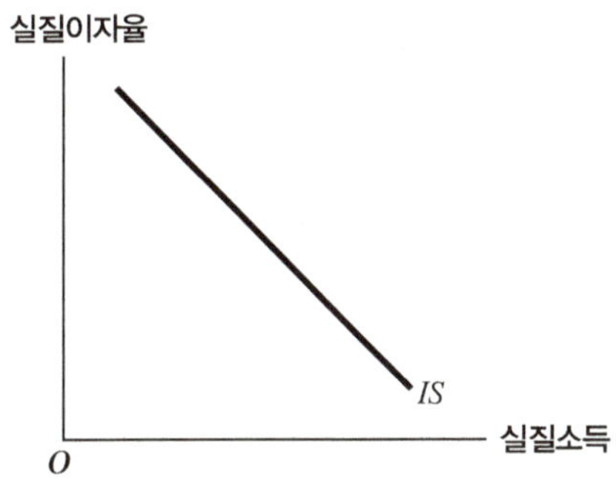

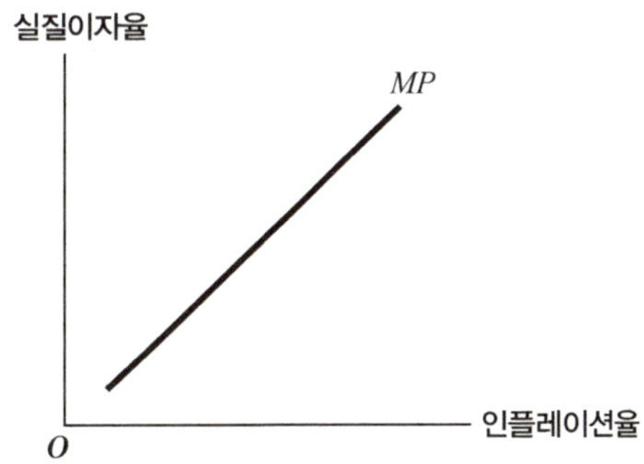

① 외생적인 정부지출 증가는 주어진 인플레이션 수준에서 총수요를 감소시킨다.

② 중앙은행의 목표인플레이션율 인상은 주어진 인플레이션 수준에서 총수요를 증가시킨다.

③ 디스인플레이션(disinflation)이 발생하면 총수요는 감소한다.

④ 금융마찰은 *IS*곡선의 좌측이동과 총수요곡선의 우측이동을 초래한다.

hint

몇 가지 차이점을 제외하면 *IS*–*MP* 모형에서 대부분의 분석은 *IS*–*LM* 모형의 경우와 유사하다.

① (×), 정부지출 증가는 *IS*곡선 및 *AD*곡선을 우측으로 이동시킨다.

② (○), 목표인플레이션율의 인상은 인플레이션을 용인하겠다는 것이므로 확장적 통화정책의 성격을 가진다.

③ (×), 디스인플레이션을 위해서는 총수요를 감소시켜야 한다.

④ (×), 금융마찰이란 금융시장의 불완전성을 의미하는 것으로 대표적인 예는 차입제약(유동성제약)이다. 차입제약이 존재하면 소비와 투자가 감소하는데 이는 *IS*곡선 및 *AD*곡선의 좌측이동을 유발한다.

정답 32 ④ 33 ⑤ 34 ②

35 **다음 중 국가채무와 재정적자를 측정하는 과정에서 발생할 수 있는 문제에 대해 지적한 것으로 옳지 않은 것은?**

① 인플레이션이 발생하면 재정적자는 과대 측정된다.
② 이자율이 상승하면 국가채무가 감소한다.
③ 자본지출이 많은 경우 재정적자는 과대 측정될 수 있다.
④ 잠재적 부채를 고려할 때 국가채무는 공식적으로 발표된 것보다 훨씬 작을 수도 있다.
⑤ 호황에는 세금이 많이 걷히기 때문에 재정적자가 축소되는 경향이 있다.

hint

잠재적 부채 또는 숨겨진 부채의 존재로 인해 재정적자의 규모는 발표되는 것보다 훨씬 클 수도 있다고 비판을 받는다.

36 **재정적자를 용인하는 것이 더 나은 이유로 옳지 않은 것은?** 2012년 보험계리사

① 거시경제의 불안정성 완화
② 조세 평탄화
③ 세대 간 재분배의 필요성
④ 정부지출의 지속적 확대 촉진

hint

① 불황기에는 어느 정도 재정적자를 용인하여 세금을 낮추고 지출을 늘리는 것이 경기회복에 도움이 된다.
② 초과부담은 세율의 제곱에 비례하기 때문에 정부지출이 증가하는 시기에는 어느 정도 재정적자를 인정하고 지출수요가 낮은 시기에 세금을 거두어들임으로써 초과부담의 합을 줄일 수 있다.
③ 지출의 혜택이 미래세대에게 돌아가는 경우 세대 간 재분배 차원에서 재정적자가 용인될 수 있다. 또한 미래세대가 현재세대보다 부유하다는 점도 조세부담의 일부 전가를 허용할 수 있는 근거가 된다.
④ 재정적자가 타당성 없는 사업을 확대하는 경로가 되는 것은 바람직하지 못하다.

37 **정부가 불황기에 균형재정(balanced budget)을 유지하려고 한다면 경기에 미치는 영향은?**

① 경기를 회복시키는 효과가 있다.
② 경기침체를 심화시키는 효과가 있다.
③ 경기에 아무런 영향을 미치지 않는다.
④ 경기를 회복시킬 수도 있고 악화시킬 수도 있다.
⑤ 경기침체의 원인이 무엇이었는지에 따라 다르다.

hint

정부가 균형재정을 유지하려고 할 때 경기호황이나 불황을 더욱 심화시키는 문제를 유발할 수 있는데 이를 균형재정함정(balanced budget trap)이라고 한다.

38 **상당한 기간 동안 매년 재정적자를 기록해 온 국가에서 금년부터는 균형재정을 달성하기로 조세 · 재정정책의 기조를 변경하였다. 그 효과로 볼 수 없는 것은?** 2014년 보험계리사

① 정부가 재정지출을 감축할 것이므로 경제는 불황으로 빠질 수 있다.

② 정부가 조세수입을 늘리려 할 것이므로 민간의 가처분소득이 감소하여 소비가 위축될 것이다.

③ 일정 기간 동안 균형재정을 유지하면 정부의 부채를 탕감할 수 있다.

④ 균형재정은 이자율을 하락시켜 민간의 투자는 늘어날 수 있다.

hint

③ 연도별 균형재정을 유지하더라도 기존 채무의 규모가 감소하지는 않는다. 기존 채무가 감소하기 위해서는 연도별 재정수지가 흑자가 지속되어야 한다.

④ 균형재정을 달성한다면 현재보다 정부저축이 늘어날 것이다. 이는 이자율을 하락시키고 민간투자를 증가시킨다.

39 **2010년의 통계를 이용하여 다음 물음에 답하시오.** 2016년 보험계리사

	2010년
GDP	8,000억원
세출(정부지출)	1,100억원
세입(조세)	1,000억원

다른 조건이 일정할 때 2009년 말의 정부부채가 1,900억원이면, 2010년 GDP 대비 2010년 말의 정부부채 비율은 얼마인가?

① 15% ② 20%

③ 25% ④ 30%

hint

정부부채는 저량(stock)이며, 재정적자는 유량(flow)으로 다음 관계가 성립한다.

금기 말 정부부채 = 전기 말 정부부채 + 신규 재정적자

2010년 말 정부부채 = 1,900 + (1,100 − 1,000) = 2,000 (단위 : 억원)
2010년 말 정부부채 비율 = 2,000(억원)/8,000(억원) = 0.25

* **주의사항** : 이 문제에서 세출은 기존 부채에 대한 이자지출을 포함한 것으로 보았다.

정답 35 ④ 36 ④ 37 ② 38 ③ 39 ③

40 **다른 조건이 동일하다고 할 때 국가부채 비율이 가장 빨리 상승하는 것은?**

① 실질이자율과 경제성장률이 모두 높은 경우
② 실질이자율과 경제성장률이 모두 낮은 경우
③ 실질이자율은 높고 경제성장률은 낮은 경우
④ 실질이자율은 낮고 경제성장률은 높은 경우
⑤ 실질이자율과 경제성장률이 동일한 경우

hint

국가부채 비율 공식은 다음과 같다.

$$\frac{D_t}{Y_t} - \frac{D_{t-1}}{Y_{t-1}} \fallingdotseq (r-g)\frac{D_{t-1}}{Y_{t-1}} + \frac{G_t - T_t}{Y_t}$$

위 공식에서 실질이자율이 높을수록, 경제성장률이 낮을수록, 본원적 재정적자 비율이 높을수록 국가부채 비율이 빨리 상승한다.

41 **리카도의 대등정리(Ricardian equivalence theorem)에 대한 설명으로 가장 옳지 않은 것은?**

2018년 서울시 7급

① 정부지출의 규모가 동일하게 유지되면서 조세감면이 이루어지면 합리적 경제주체들은 가처분소득의 증가분을 모두 저축하여 미래에 납부할 조세의 증가를 대비한다는 이론이다.
② 현실적으로 대부분의 소비자들이 유동성제약(liquidity constraint)에 직면하기 때문에 리카도의 대등정리는 현실 설명력이 매우 큰 이론으로 평가된다.
③ 리카도의 대등정리에 따르면 재정적자는 장기뿐만 아니라 단기에서조차 아무런 경기팽창 효과를 내지 못한다.
④ 정부지출의 재원조달 방식이 조세든 국채든 상관없이 경제에 미치는 영향에 아무런 차이가 없다는 이론이다.

hint

① (O)
② (×), 리카도 대등정리는 완전한 자본시장 완전한 합리성 등을 가정으로 한다.
③ (O), 이 점이 리카도 대등정리와 구축효과의 차이이다.
④ (O), 리카도 대등정리는 조세와 공채의 대등성을 의미한다.

42 **리카도 대등정리(Ricardian equivalence theorem)에 대한 설명으로 옳지 않은 것은?**

① 정부지출 증가가 소비에 미치는 효과는 조세와 국채발행 간 차이가 없다.

② 유동성제약이 있으면 이 정리는 성립하지 않는다.

③ 소비자들이 근시안적인 소비행태를 보이면 이 정리는 성립하지 않는다.

④ 무제한의 계획기간을 전제하면 이 정리는 성립하지 않는다.

⑤ 왜곡적 조세가 존재하는 경우라면 이 정리는 성립하지 않는다.

hint

④ (×), 리카도 대등정리는 무제한의 계획기간을 전제한다. 실제 인간의 수명은 유한하기 때문에 자신의 후신인 자손에 대한 상속가능성을 암묵적으로 전제한다.

[**주의사항** : 보기 ①은 정부지출이 증가할 때 그 재원을 조세로 충당하든, 국채로 충당하든 아무런 차이가 없다는 의미이다. 가끔 리카도 대등정리는 정부지출이 증가하는 경우에는 적용할 수 없다고 서술한 책이 있는데 이는 잘못된 것임을 확인할 수 있다. 왜냐하면 리카도 대등정리는 조세와 공채가 동일하다는 것을 의미하는 것이므로 정부지출이 일정한지, 변화하는지와는 무관하기 때문이다. 일반적으로 리카도 대등정리를 설명할 때 정부지출이 일정하다고 두는 것은 순전히 '편의상'일 뿐이다.]

정답 40 ③ 41 ② 42 ④

43 **다음은 리카디언 등가(Ricardian equivalence)라고 불리는 주장이다. 다음 (　　) 안에 들어갈 단어는?**

> 정부는 현재의 지출을 조달하기 위해 조세를 증가시키거나 채권을 발행해야 한다. 정부가 조세를 증가시키면, 민간의 소득이 (ⓐ)하므로 소비가 (ⓑ)한다. 정부가 채권을 발행하면, 언젠가는 이자와 원금을 지불하기 위해 조세를 증가시켜야 한다. 그런데 미래의 조세 증가는 미래소득의 (ⓒ)를 의미하고, 미래소득의 (ⓓ)는 현재소비의 (ⓔ)를 초래한다. 따라서 채권발행과 조세증가는 같은 효과를 나타낸다.

	ⓐ	ⓑ	ⓒ	ⓓ	ⓔ
①	증가	증가	증가	증가	증가
②	감소	감소	감소	감소	감소
③	증가	감소	증가	증가	감소
④	감소	증가	감소	감소	증가
⑤	증가	감소	감소	감소	증가

hint

리카디언 등가란 조세와 공채는 모두 민간이 부담해야 할 동일한 부담(Tax and bond are equivalent.)이므로 공채는 민간의 순자산이 아니며 민간의 소비, 투자 등에 미치는 효과가 동일하다는 주장이다.

44 **리카디언 등가정리(Ricardian equivalence theorem)가 성립할 경우 옳은 설명을 모두 고른 것은?**

2017년 감정평가사

> ㄱ. 현재소비는 기대되는 미래소득과 현재소득을 모두 포함한 평생소득(lifetime income)에 의존한다.
> ㄴ. 소비자는 현재 차입제약 상태에 있다.
> ㄷ. 다른 조건이 일정할 때 공채 발행을 통한 조세삭감은 소비에 영향을 줄 수 없다.
> ㄹ. 정부지출 확대정책은 어떠한 경우에도 경제에 영향을 줄 수 없다.

① ㄱ, ㄷ　　② ㄱ, ㄹ　　③ ㄴ, ㄷ
④ ㄱ, ㄷ, ㄹ　　⑤ ㄴ, ㄷ, ㄹ

hint

ㄱ. (O), 길게는 미래세대의 소득까지 고려범위에 넣을 수 있다.
ㄴ. (×), 차입제약 하에서는 *RET*가 성립하지 않는다.

ㄷ. (○)

ㄹ. (×), RET는 T와 B가 동일하다는 의미이지 G의 효과에 대한 이론이 아니다. G가 변할 경우 RET 성립 여부와 무관히 경제에 영향을 미친다.

45 **대부자금**(loanable fund)**의 공급은 실질이자율의 증가함수이고 대부자금의 수요는 실질이자율의 감소함수인 대부자금시장 모형에서 정부가 조세삭감을 시행했을 때 소비자들이 조세삭감만큼 저축을 늘리는 경우 다음 중 옳은 것은?** (단, 정부지출은 일정 수준으로 주어져 있다고 가정한다.)

2013년 공인회계사

① 자금수요가 증가하고 균형이자율이 상승한다.

② 자금수요가 감소하고 균형이자율이 하락한다.

③ 자금공급이 증가하고 균형이자율은 하락한다.

④ 자금공급이 감소하고 균형이자율은 상승한다.

⑤ 균형이자율은 변하지 않는다.

hint

대부자금의 공급을 국민저축(= 민간저축 + 정부저축)으로 정의하고, 대부시장의 수요를 투자로 정의할 때 정부의 조세삭감은 정부저축을 감소시키는데, 민간이 이와 동일한 폭으로 저축을 늘린다면 대부자금의 공급인 국민저축은 불변이다. 국민저축과 투자가 모두 불변이므로 균형이자율도 변하지 않는다.

* **참고사항 1** : 본 문제는 리카도 대등정리가 성립하는 경우를 묘사하고 있다.

* **참고사항 2** : 교과서에 따라서는 대부자금의 공급을 민간저축으로 정의하고, 대부자금의 수요를 투자와 재정적자의 합으로 정의하기도 한다. 이러한 경우라면 대부자금의 수요와 공급이 동일한 폭으로 증가하며, 균형이자율은 변하지 않는다.

정답 43 ② 44 ① 45 ⑤

46 재정정책에 대한 다음 설명 중 옳은 것을 모두 고르면? 2011년 공인회계사

가. 변동환율제도를 채택하고 자본이동이 완전히 자유로운 소규모 개방경제에서 정부지출의 증가는 경상수지를 악화시킨다. (단, 우하향하는 IS곡선과 우상향하는 LM곡선을 가정한다.)
나. 지속적인 재정적자로 인한 미래 조세부담의 증가는 재정정책의 효과를 감소시킬 수 있다.
다. 공급측면의 경제학(supply-side economics)은 근로소득세율 인하가 노동시간의 감소를 초래한다고 주장한다.
라. 재정정책은 내부시차보다 외부시차가 더 길다.

① 가, 나 ② 나, 다 ③ 다, 라
④ 가, 나, 다 ⑤ 나, 다, 라

hint

가. 변동환율제 + 완전자본이동 하에서 재정정책은 총소득을 증가시키지 못하고 환율을 하락시킨다.
나. 지속적인 재정적자로 인한 미래 조세부담의 증가는 평생 부의 감소를 통해 소비를 감소시킨다.
다. 공급측면의 경제학은 근로소득세율 인하 시 노동시간이 매우 탄력적으로 증가한다고 주장한다.
라. 재정정책은 외부시차보다 내부시차가 더 길다.

47 다음 중 경기변동에 관련하여 옳은 설명만 묶은 것은? 2012년 보험계리사

㉠ '고용 없는 성장' 현상은, 고용이 GDP와 같은 방향으로 움직인다는 기존의 주장을 지지한다.
㉡ 총공급-총수요(AS-AD) 모형에서 총수요의 변동이 경기변동의 요인이라고 보는 견해에 따르면, 물가는 경기와 반대로 움직인다는 경기역행성이 지지된다.
㉢ 투자는 소비에 비해 GDP 대비 변동성이 심하여, 경기변동의 주요 원인으로 지목된다.
㉣ 기간 간 고른 소비(consumption smoothing)가 어려운 저소득계층이 늘어나면, 이전에 비해 경기변동이 심해질 수 있다.
㉤ 실물적 경기변동론(real business cycle theory)은 경기변동을 자연실업률 자체가 변화하여 일어나는 것으로 설명한다.

① ㉠, ㉡, ㉢ ② ㉡, ㉢, ㉣
③ ㉢, ㉣, ㉤ ④ ㉡, ㉣, ㉤

hint

㉠ '고용 없는 성장' 현상은, GDP는 증가하지만 고용은 불변 또는 감소하는 현상이다.

㉡ 총수요가 경기변동을 주도하면 물가는 경기와 같이 움직이는 경기순행성이 지지된다.

㉣ 기간 간 고른 소비가 어려워지면 소비의 변동성이 증가한다.

㉤ 실물적 경기변동론(real business cycle theory)은 경기변동을 자연률의 변화(movement of natural rate)로 파악한다. [이 경우 자연률은 자연실업률, 자연산출량, 자연이자율 등이 포함되는 포괄적 개념이지만, 출제 관행상 보기에는 자연률을 대표하여 자연실업률을 언급하는 경우가 많다.]

48 국제결제은행의 금융기관 안정성기준(BIS 기준)에 대한 설명 중 옳지 않은 것은?

① 금융기관의 지나치게 방만한 운영을 방지하기 위해 마련되었다.

② BIS 자기자본비율은 경기에 역행한다. 즉, 불황이 되면 BIS 자기자본비율이 상승하는 경향이 있다.

③ BIS 자기자본비율을 높이려면 자기자본을 늘리거나 위험자산의 비중을 축소시켜야 한다.

④ 보유주식의 가치하락이나 대출기업 부실화 등은 BIS 자기자본비율을 하락시킨다.

⑤ 은행이 BIS 기준을 충족하기 위해 노력하는 과정에서 경기침체가 더욱 심각해질 수 있다.

hint

① BIS 안정성 기준이란 각국 은행의 건전성과 안정성 확보를 위해 마련한 국제적 기준이다.

BIS 자기자본비율 $= \frac{\text{자기자본}}{\text{위험가중자산}} \times 100$으로서, 일반적으로 이 비율이 8%를 넘는 것을 건전성의 기준으로 삼고 있지만 그 이상을 요구하는 경우도 있다.

② 경기가 불황이 되면 대출자산의 부도가능성이 높아지면서 위험가중자산이 크게 측정된다. 따라서 BIS 비율이 하락하는 경향이 있다. 즉, BIS 비율은 경기에 순행한다.

⑤ 불황이 왔을 때 은행이 BIS 기준을 만족시키기 위해 자금을 조달한 후 대출하지 않거나 기존 대출의 회수에 나서면 경기침체가 가속화된다.

정답 46 ① 47 ③ 48 ②

49 **다음 중 시계열 차원의 거시건전성 정책수단으로서 금융의 경기순응성을 완화하기 위한 정책으로 옳지 않은 것은?** 2021년 보험계리사

① 호황기에 은행의 의무 자기자본비율을 높인다.
② 불황기에 LTV(Loan-to-Value)를 높인다.
③ 호황기에 대손충당금 적립 의무를 높인다.
④ 불황기에 은행 자산에 은행세(bank levy)를 부과한다.

hint

금융의 경기순응성이란 호황에 대출이 늘어나 경기를 더욱 과열시키고, 불황에 대출이 줄어 경기를 더욱 수축시키는 것을 말한다. 따라서 금융의 경기순응성을 막기 위해서는 호황에 대출을 감소시키고, 불황에 대출을 증가시켜야 한다.

① (○), 이는 호황기에 대출을 줄이는 효과가 있다.
② (○), 이는 불황기에 대출을 늘리는 효과가 있다.
③ (○), 이는 호황기에 대출을 줄이는 효과가 있다.
④ (×), 은행세란 은행이 보유하고 있는 자산 중 안전성이 검증되지 않은 자산에 부과하는 세금이므로 은행세를 부과하면 대출을 줄이는 효과가 있다.

50 **최근 저축은행의 영업정지에 따른 예금인출 사태와 예금자 보호 문제가 발생하고 있다. 이에 관련된 설명 중 옳지 않은 것은?** 2011년 보험계리사

① 예금보험과 같은 예금자 보호를 위한 정부의 안전망은 은행에서 예금인출 사태를 억제하고, 예금자를 보호함으로써 은행 시스템에 돈을 맡기기를 꺼리는 것을 차단할 수 있다.
② 정보의 비대칭성 때문에 예금자는 자신의 거래은행이 건실한지 혹은 지급불능에 빠질 만큼 부실한지를 알 수 없기 때문에 건실한 은행에서조차 예금인출이 일어나며, 한 은행의 도산이 다른 은행의 도산을 유발하는 전염효과가 일어날 수 있다.
③ 중앙은행이 어려움에 처한 은행을 대출을 통해 지원하는 것을 중앙은행의 '최종대부자(lender of last resort)' 기능이라고 한다.
④ 예금자 보호를 위한 정부의 안정망이 있는 경우 시장은 역선택의 위험에 노출된다. 즉, 예금자는 은행이 도산하더라도 자신은 손해를 보지 않으므로, 은행이 과도한 위험을 취한다고 의심이 들어도 예금을 인출하는 행동(action)을 취하지 않는다.

hint

④ 은행이 과도한 위험을 취하는 것과 예금자가 합리적 의심이 있어도 예금을 인출하지 않는 행동(action)은 도덕적 해이의 예이다.

51 **미국의 서브프라임 모기지 사태로 촉발된 2007～2008년 글로벌 금융위기와 세계경기 침체에 대한 다음 설명 중 옳은 것을 모두 고르면?** 2010년 공인회계사

가. 글로벌 금융위기는 오랜 기간 지속된 저금리 정책기조와 고위험 · 고수익 파생금융상품의 확대 등 구조적 문제에 기인했다.
나. 금융기관 레버리지(leverage = 총자산/총자본)의 경기순응성이 금융불균형을 가져왔다.
다. 신흥시장국가들(emerging market economies)의 평균 경제성장률이 선진국들의 평균 경제성장률보다 더 많이 하락했다.
라. 미국의 경우 1930년대 대공황 당시와 비슷한 수준의 실업률 증가를 가져왔다.

① 가, 나　② 가, 라　③ 나, 다
④ 가, 다, 라　⑤ 나, 다, 라

hint

가, 나, 다 모두 옳다. 라. 대공황 당시에 비해 적절한 정책대응으로 실업률의 증가폭이 크지 않았다.

정답　49 ④　50 ④　51 ①, ③

제14장 경기변동이론의 발전

Testbank for Economics [macroeconomics]

핵 심 출 제 논 점

1. 화폐경기변동이론
2. 실물경기변동이론
3. 새케인즈학파 경기변동이론

I 새고전학파와 새케인즈학파

1. 학파 간 주요 비교

<table>
<tr><th></th><th>새케인즈학파</th><th>화폐적 균형경기변동론</th><th>실물적 균형경기변동론</th></tr>
<tr><td>공통점</td><td colspan="3">민간 경제주체들의 합리적 기대와 최적화 행위(미시적 기초)</td></tr>
<tr><td>가격변수</td><td>경직적</td><td colspan="2">신축적</td></tr>
<tr><td>전파과정</td><td>경기변동은 불균형현상
(비청산모형)</td><td colspan="2">경기변동은 균형현상
(청산모형, 노동의 기간대체, 투자건설기간)</td></tr>
<tr><td>충격기제</td><td colspan="2">주로 총수요 충격
(소비, 투자, 회수의 심리요인) ↔ (통화정책 충격)</td><td>주로 총공급 기술충격
(실물적 요인)</td></tr>
<tr><td>화폐관</td><td colspan="2">화폐의 비중립성
(임금 및 가격 경직성 강조) ↔ (물가에 대한 착각 강조)</td><td>화폐의 중립성
(역의 인과관계 주장)</td></tr>
<tr><td>산출량 변화</td><td colspan="2">잠재적 산출량으로부터의 이탈과 회귀</td><td>잠재적 산출량 자체의 변화</td></tr>
<tr><td>경기변동관-1</td><td>가격경직성으로 인한
불균형의 전파과정</td><td colspan="2">외적 충격(화폐, 실물)에 대한 경제주체들의 최적 대응</td></tr>
<tr><td>경기변동관-2</td><td>시장실패</td><td>정부실패</td><td>효율적인 경제현상</td></tr>
<tr><td>고용변화</td><td>비자발적(임금경직성)</td><td colspan="2">자발적(노동의 기간대체)</td></tr>
<tr><td>정부개입</td><td>필요함(적극적, 재량)</td><td colspan="2">불필요함(소극적, 준칙)</td></tr>
</table>

2. 새고전학파의 주요 이론

<table>
<tr><td>불완전정보 모형
(루카스 공급모형)</td><td>▪ 일반물가 상승을 상대가격 상승으로 착각
▪ 합리적 기대 명시 반영, 실질임금 경기순행(가정에 따라 역행 가능)</td></tr>
<tr><td>정책무력성 명제</td><td>▪ 일정한 조건 하에 예상된 정책은 비록 단기에도 효과가 없음
▪ ① 합리적 기대, ② 가격 완전신축성, ③ 정책 사전 공지, ④ 정책 신뢰성</td></tr>
<tr><td>최적 정책 비일관성</td><td>▪ 시간이 흐름에 따라 최적 정책이 바뀌는 현상
▪ 정책의 신뢰성을 훼손하므로 준칙이 바람직</td></tr>
<tr><td>노동의 기간대체 가설</td><td>▪ 기간상대임금 : $\frac{w_1(1+r)}{w_2}$ ⇒ 고용변화는 기간상대임금에 대한 자발적 조정
▪ 고용변화의 자발성, 경기변동의 최적성, 경기변동 지속성의 근거</td></tr>
<tr><td>솔로우잔차
경기순행성</td><td>▪ 경기변동과 기술변동이 밀접한 관련이 있다는 증거
▪ 경기변동과 경제성장의 통합적 이해 가능성</td></tr>
<tr><td>투자의 건설기간</td><td>▪ 자본축적에 상당한 시간이 소요되므로 투자는 미래지향적으로 이루어짐
▪ 경기변동 지속성의 근거</td></tr>
</table>

역의 인과관계	▪ 통화변화가 실물변화에 미치는 영향보다 실물변화가 통화변화에 미치는 영향 강조
리카도 대등정리	▪ 조세와 공채는 본질적으로 동일 ▪ 감세 시 가처분소득 증가분을 모두 저축

Tips

* 실물경기변동론자의 특징

1. 경제성장론과 경기변동론의 통합적 이해
2. 경제성장이 불규칙하게 이루어지는 과정이 경기변동
3. 경기변동의 가장 중요한 원인은 총공급 측의 기술(생산성)충격
4. 경기변동은 잠재생산량 자체가 변동하는 현상
5. 고용변화의 대부분은 노동자들의 자발적인 대응
6. 경기변동은 바람직한 현상으로 정부의 개입이 불필요

3. 새케인즈학파의 주요 이론

재화 가격 경직성	메뉴비용	▪ 가격변경을 위한 비용 ▪ 일반적으로 독점적 경쟁기업을 가정 ▪ 메뉴비용은 작아도 작동하지만 이로 인해 큰 경기변동 가능
	중첩가격결정	▪ 기업의 가격결정 시점의 불일치 ▪ 상호의존관계, 공정성에 대한 선호로 인한 가격경직성
명목 임금 경직성	장기계약 가설	▪ 협상비용 감소, 안정된 고용 유지 등을 위해 장기임금계약이 이루어짐
	중첩임금결정	▪ 기업의 명목임금 결정 시점의 불일치 ▪ 상호의존관계, 공정성에 대한 선호로 인한 명목임금 경직성
실질 임금 경직성	효율성 임금 가설	▪ 기업이 스스로 청산균형보다 높은 실질임금을 지급하는 현상 ▪ 높은 임금을 지급하면 생산성이 향상되기 때문
	암묵적 계약 가설	▪ 위험중립적 기업이 위험기피적 노동자를 위해 안정된 임금을 지급 ▪ 안정된 임금은 일종의 보험과 같은 역할
	내부자-외부자 이론	▪ 협상력이 강한 노조(내부자)에 의해 높은 실질임금이 지급되는 현상
이자율 경직성	신용할당	▪ 인위적으로 낮은 이자율을 결정하여 초과수요를 유발한 후 신용평가, 담보제공 여부에 따라 대출 제공
기타 이론	노동저장	▪ 해고 및 재고용 비용으로 인해 불황에도 고용을 쉽게 줄이지 않는 현상
	총수요외부효과	▪ 한 기업의 의사결정이 다른 기업에 미치는 거시경제적 영향
	조정실패	▪ 여러 개의 균형이 존재할 때 모든 사람들이 선호하는 상태가 실현 가능함에도 불구하고 이에 도달하지 못한 상태 ▪ 비록 시장이 청산되고 경기변동이 균형 현상인 경우에도 정부개입 정당화 ▪ 재화가격 경직성의 근거로 언급되기도 함

Part-1 기본 문제

01 **경제학파들의 안정화 정책에 대한 주장 중 옳지 않은 것은?** 2006년 공인회계사

① 초기의 케인즈 경제학자들은 필립스곡선은 우하향하며, 경제안정화 정책에 유용하게 활용할 수 있다고 생각했다.

② 통화주의자들은 재량적 정책보다는 사전에 정해진 준칙에 따라 경제정책을 운영해 나가야 한다고 주장했다.

③ 통화주의자들의 신화폐수량설에 따르면 화폐의 유통속도가 고정되어 있지는 않아도 안정적이다.

④ 새케인즈 경제학자들은 합리적 기대 이론을 분석의 틀로 수용하되, 임금과 물가의 경직성에 대하여 미시경제학적으로 설명하고자 했다.

⑤ 새고전파 경제학자들이 수용하고 있는 합리적 기대 이론에 따르면 예상되지 못한 정책도 실질변수에 영향을 미치지 못하게 된다.

hint

① 초기의 케인즈 경제학자들은 필립스곡선은 우하향하며 그 관계는 안정적이어서 재량적인 경제안정화 정책에 유용하게 활용할 수 있다고 생각했다. ④, ⑤ 새케인즈 경제학자들과 새고전파 경제학자들의 공통점은 합리적 기대 이론을 받아들이고 있다는 점이다. 그러나 새케인즈 경제학자들은 가격의 경직성을 증명함으로써 정부의 정책이 효과가 있다는 점을 강조하는 반면, 새고전파 경제학자들은 가격의 신축성을 가정하며 예상된 정책은 효과가 없고, 예상되지 못한 정책은 일시적으로 효과가 있으나 바람직하지 못한 결과(정부 신뢰성 상실)를 유발할 뿐이라고 주장한다.

02 **새고전학파와 새케인즈학파의 정책효과에 대한 설명으로 가장 옳은 것은?** 2016년 서울시 7급

① 새고전학파에 따르면 예상치 못한 정부지출의 증가는 장기적으로 국민소득을 증가시킨다.

② 새고전학파에 따르면 예상된 통화공급의 증가는 단기적으로만 국민소득을 증가시킨다.

③ 새케인즈학파에 따르면 예상치 못한 통화공급의 증가는 장기적으로 국민소득을 증가시킨다.

④ 새케인즈학파에 따르면 예상된 정부지출의 증가는 단기적으로 국민소득을 증가시킨다.

hint

① (×), 새고전학파에 따르면 예상치 못한 정부지출의 증가는 단기적으로만 국민소득을 증가시킨다.
② (×), 새고전학파에 따르면 예상된 통화공급의 증가는 단기적으로도 국민소득을 변화시키지 못한다.

③ (×), 새케인즈학파에 따르면 예상치 못한 통화공급의 증가는 장기적으로 국민소득을 변화시키지 못한다.
④ (○), 새케인즈학파에 따르면 예상된 정부지출의 증가는 단기적으로 국민소득을 증가시킨다.
[단, 이 문제에서 국민소득은 실질 GDP를 의미한다.]

03 **다음 글의 밑줄 친 ㉠, ㉡에 들어갈 알맞은 것은?** 2006년 국가직 7급

> 실물경기변동(RBC)이론에 따르면 임금이 __㉠__ 으로 상승하고, 이자율이 __㉡__ 경우가 현재 노동공급을 늘리기에 가장 적합한 상황이다.

	㉠	㉡
①	항구적	높은
②	항구적	낮은
③	일시적	높은
④	일시적	낮은

hint

일반적으로 기간 간 상대임금은 $\frac{w_1(1+r)}{w_2}$ 로 정의된다. 이때 임금이 일시적으로 상승하면서 이자율이 상승하는 경우가 가장 큰 기간 간 대체효과를 유발하게 된다.

04 **다음 중 괄호 안에 들어갈 적합한 내용으로 짝지어진 것은?**

> 산출량의 변동은 실물경기변동이론에 의하면 (　　)의 변화 때문이고 신케인즈학파 이론에 의하면 (　　)의 변화 때문이다.

① 총수요, 재고투자
② 총수요, 정부수요
③ 자연산출량, 총수요
④ 자연산출량, 재고투자

hint

실물경기변동론자들은 경기변동이 자연산출량의 변화(movement of natural rate)라고 주장하는 반면, 새케인즈 경제학자들은 경기변동이 자연산출량으로부터의 이탈현상(deviation from natural rate)이라고 주장한다.

정답 1 ⑤ 2 ④ 3 ③ 4 ③

05 **실물경기변동**(real business cycle)**이론에 대한 설명으로 옳지 않은 것은?** 2020년 국가직 7급

① 일시적으로 이자율이 하락하는 경우 노동자들은 노동공급량을 증가시킨다.

② 화폐의 중립성이 장기뿐만 아니라 단기에도 성립한다고 가정하여 통화량 변화는 경기에 아무런 영향을 미치지 못한다.

③ 경기변동을 유발하는 주요 요인은 기술충격(technical shock)이다.

④ 임금 및 가격이 신속히 조정되어 시장이 청산된다.

hint

① (×), 직관적으로 이자율이 상승할 때 미리 일해서 저축해 놓으면 유리하다고 생각하면 된다.

② (○), 실물경기변동이론은 달리 말하면 비화폐적 경기변동이론이다.

③ (○)

④ (○), 초기의 RBC는 항상 $Y = Y_N$이 성립한다고 가정하였다. 물론 그 이후에 현실적 분석이 가미되었다고 하나 시험은 초기의 RBC를 기준으로 출제된다.

06 **새케인즈**(new Keynesian)**학파의 주장으로 옳지 않은 것은?** 2011년 공인노무사

① 화폐는 중립적(Neutral)이다.

② 임금과 물가의 경직성(rigidity)이 있다.

③ 가격조정비용(menu cost)이 존재한다.

④ 가격협상에 대한 조정실패(coordination failure)가 존재한다.

⑤ 총수요의 외부효과(aggregate demand externality)가 발생한다.

hint

새케인즈 경제이론에서는 각 시장에 존재하는 다양한 가격경직성을 미시적으로 규명하였으며, 이에 근거하여 재정 · 통화정책이 유효할 수 있는 경로를 설명하고 있다.

정답 5 ① 6 ①

Part-2 실전 문제

01 **1990년대 후반 지속된 미국 경제의 호황은 정보기술 발전에 따른 생산성 증대의 결과라는 주장이 있다. 이 주장을 뒷받침하는 이론으로 옳은 것은?** 2015년 국가직 7급

① 케인지안(Keynesian) 이론

② 통화주의(Monetarism) 이론

③ 합리적 기대 가설(Rational Expectations Hypothesis) 이론

④ 실물경기변동(Real Business Cycle) 이론

hint

* 실물경기변동론자의 특징

1. 경제성장론과 경기변동론의 통합적 이해
2. 경제성장이 불규칙하게 이루어지는 과정이 경기변동
3. 경기변동의 가장 중요한 원인은 총공급 측의 기술(생산성)충격
4. 경기변동은 잠재생산량 자체가 변동하는 현상
5. 고용변화의 대부분은 노동자들의 자발적인 대응
6. 경기변동은 바람직한 현상으로 정부의 개입이 불필요

02 **시간에 걸친 대체효과(intertemporal substitution effect)에 관한 설명 중 옳지 않은 것은?** 2003년 행시

① 이자율 상승으로 인해 현재의 소비를 증가시키고 미래소비를 감소시키는 것을 소비에 있어서의 시간에 걸친 대체효과라 한다.

② 이자율이 상승하는 경우 현재의 노동을 증가시키고 미래의 노동을 감소시키는 것을 노동에 있어서의 시간에 걸친 대체효과라 한다.

③ 새고전학파(new classical school)의 경기변동이론에 대한 중요한 이론적 기반이 된다.

④ 동일 재화에 대한 현재가격과 미래가격의 상대적 변화를 중요시한다.

⑤ 시간에 걸친 대체효과에 의해 소비뿐만 아니라 여가선택과 생산도 변화할 수 있다.

hint

이자율이 상승하면 현재소비의 기회비용이 높아지기 때문에 기간 간 대체효과는 현재소비를 줄이고 미래소비를 늘리는 방향으로 작용한다.

정답 1 ④ 2 ①

03 **합리적이고 미래 전망적인 소비자와 기업에 대한 다음 설명 중 옳지 않은 것은?** 2011년 공인회계사

① 기업의 기계설비 구입에 대한 조세감면(investment tax credit)은 투자를 증가시킨다.

② 리카도 대등정리(Ricardian equivalence theorem)에 의하면, 주어진 정부지출의 재원조달 방식(조세 부과 또는 채권발행)은 소비에 영향을 미치지 않는다.

③ 실질이자율 상승의 기간 간 대체효과는 현재 노동공급의 감소와 미래 노동공급의 증가를 가져온다.

④ 실질임금 상승의 소득효과는 노동공급의 감소를 가져온다.

⑤ 실질이자율이 상승하면 차입자의 현재소비가 감소하는 반면, 저축자의 현재소비는 증가, 감소 또는 불변한다.

hint

① 투자세액공제는 자본재의 실효가격(effective price)을 사실상 하락시키는 효과가 있다.
③ 실질이자율 상승의 대체효과는 기간상대임금 $\frac{w_1(1+r)}{w_2}$을 상승시켜 현재 노동공급을 증가시키고 미래 노동공급을 감소시킨다.
④ 일반적으로 여가가 정상재임을 가정하므로 실질임금 상승으로 인한 평생 부의 증가는 노동공급의 감소를 가져온다.

04 **실물경기변동이론(real business cycle theory)에 관련된 설명으로 옳지 않은 것은?**

2013년 보험계리사 응용

① 생산량 변동이 통화공급의 변동을 일으키므로 통화공급은 내생적이라고 한다.

② 실질임금과 고용량은 단기적으로는 정(+)의 상관관계를 가지나 장기적으로는 서로 무관하다.

③ 경기변동은 피할 수 없는 효율적 경제현상이므로 정부의 정책개입은 불필요하다.

④ 경기변동은 단기적 현상이며 경제성장은 장기적 현상이므로 두 가지는 엄격하게 구분된다.

⑤ 경기변동은 균형현상이며 불경기에도 생산의 효율성이 달성된다.

hint

④ (×), 실물경기변동이론에서 경기변동은 경제성장이 불규칙하게 이루어지는 과정이므로 두 가지 현상을 구분할 수 없다.

05 **RBC이론**(실물적 경기변동이론)**에 대한 설명 중 옳지 않은 것은?** 2005년 국가직 7급

① RBC이론은 프리드먼-루카스의 화폐적 경기변동이론과 함께 새고전학파의 경기변동이론으로 분류된다.

② RBC이론은 일회적인 실물충격에 의해 균형수준 자체가 내생적으로 변화하게 되므로 경기순환이 지속성을 보인다고 설명한다.

③ RBC이론이 말하는 실물충격이란 기술변화뿐만 아니라 흉작, 유가충격, 공해 관련 정부규제 등을 포괄하는 개념이다.

④ RBC이론은 1920년대 말 대공황시기에 산출이 줄면서 물가가 하락한 현상과 1970년대 에너지 위기 때 산출이 줄면서 물가가 상승한 현상을 모두 설득력 있게 설명한다.

hint

RBC이론에서 지적하는 경기변동의 원인은 총공급 측면의 기술충격이다. 그러나 1920년대의 대공황은 총수요의 급격한 감소로 인해 발생한 것이므로 RBC이론으로 1920년대의 대공황을 만족할 만하게 설명하기는 어렵다.

06 **실물적 균형경기변동론에 대한 다음 설명 중 바르지 못한 것은?**

① 경기변동이 주로 생산성 충격, 노동시장 규모의 변화, 정부지출의 변화, 민간저축의 변화 등 실물적 충격으로 인해 발생한다고 설명한다.

② 유리한 공급충격이 발생하면 경기호황, 불리한 공급충격이 발생하면 경기가 침체된다고 설명한다.

③ 경기침체기에는 균형산출량이 완전고용 산출량보다 작다.

④ 경기변동의 지속성을 제대로 설명하지 못하는 화폐적 균형경기변동론의 한계를 극복한 것으로 평가받고 있다.

⑤ 노동공급곡선은 상당히 완만한 형태를 가진다고 주장한다.

hint

실물경기변동론자들은 경기변동을 완전고용 산출량 자체가 변하는 것으로 이해한다.

정답 3 ③ 4 ④ 5 ④ 6 ③

07 **실물적 경기변동**(Real Business Cycle)**에 대한 설명으로 옳은 것만을 〈보기〉에서 모두 고르면?** 2023년 국회 8급

> ㄱ. 실질이자율의 변동은 현재 및 미래 소비에 영향을 미친다.
> ㄴ. 통화량이 증가하면 산출량도 동일한 비율로 증가한다.
> ㄷ. 불완전경쟁 하에서 호황과 불황은 비대칭적으로 발생한다.
> ㄹ. 기술충격으로 인해 경기변동이 발생한다.
> ㅁ. 가격경직성으로 인해 경기변동이 발생한다.

① ㄱ, ㄷ　② ㄱ, ㄹ　③ ㄴ, ㄹ
④ ㄴ, ㅁ　⑤ ㄷ, ㄹ

hint

실물적 경기변동모형은 새고전파 경제학에 포함되는 경기변동이론으로 합리적 기대, 최적화 이론, 신축적 가격, 소비와 노동의 기간대체 가설 등을 포함하는 이론이다. 이들은 공급측 실물충격이 경기변동의 주된 원인이며 경기변동은 외적 충격에 대한 최적 대응이므로 정부개입은 불필요하다고 본다.

ㄱ. (○), 예를 들어 실질이자율이 상승하면 대체효과는 현재소비를 줄이고 미래소비를 늘린다. 소득효과는 두 기간 소비가 모두 정상재일 때 저축자의 경우 두 기간 소비를 모두 늘리고, 소비자의 경우 두 기간 소비를 모두 줄인다.
ㄴ. (×), 실물적 경기변동모형은 통화가 경기변동에 영향을 미치지 못한다고 주장한다.
ㄷ. (×), 이는 새케인즈학파의 주장에 가깝다. 새고전학파 모형은 완전경쟁시장을 가정한다.
ㄹ. (○), 실물적 경기변동모형에서 경기변동의 주된 원인은 공급측 기술충격이다.
ㅁ. (×), 이는 새케인즈학파의 주장에 가깝다. 새고전학파 모형은 가격의 신축성을 가정한다.

08 **경기변동이론에 관한 설명으로 옳은 것은?** 2017년 감정평가사

① 실물경기변동이론(real business cycle theory)은 통화량 변동 정책이 장기적으로 실질 국민소득에 영향을 준다고 주장한다.
② 실물경기변동이론은 단기에는 임금이 경직적이라고 전제한다.
③ 가격의 비동조성(staggered pricing)이론은 새고전학파(New Classical) 경기변동이론에 포함된다.
④ 새케인즈학파(New Keynesian) 경기변동이론은 기술충격과 같은 공급충격이 경기변동의 근본 원인이라고 주장한다.
⑤ 실물경기변동이론에 따르면 불경기에도 가계는 기간별 소비선택의 최적 조건에 따라 소비를 결정한다.

hint

실물경기변동이론에도 다양한 모형이 있기 때문에 획일적 · 단정적으로 말할 수는 없으나 초기의 전형적인 실물경기변동이론을 기준으로 답하면 다음과 같다.

① (×), RBC는 화폐의 중립성 및 역의 인과관계를 주장한다.
② (×), RBC는 단기에도 모든 가격이 신축적이라고 가정한다.
③ (×), 가격의 비동조성(staggered pricing)이론 또는 중첩가격결정이론은 새케인즈학파의 이론이다.
④ (×), 새케인즈학파 이론에서는 총공급측 기술충격도 경기변동을 유발할 수 있지만 수요측 요인이 더 중요하다고 주장한다.
⑤ (○), RBC에 의하면 경기변동은 외부 충격에 대응하는 효율적인 과정이므로 불경기에도 최적 조건이 달성된다.

09 **임금결정이론에 관한 설명으로 옳지 않은 것은?** 2012년 공인노무사

① 중첩임금계약(staggered wage contracts) 모형은 실질임금이 경직적인 이유를 설명한다.
② 효율임금(efficiency wage)이론에 따르면 실질임금이 근로자의 생산성 또는 근로의욕에 영향을 미친다.
③ 효율임금이론에 따르면 높은 임금이 근로자의 도덕적 해이(moral hazard)를 억제하는 데 기여한다.
④ 내부자-외부자 모형에 따르면 내부자의 실질임금이 시장균형보다 높아져서 비자발적 실업이 발생한다.
⑤ 내부자-외부자 모형에서 외부자는 실업상태에 있는 노동자로서 기업과 임금협상을 할 자격이 없는 사람을 말한다.

hint

① 테일러(J. Taylor)의 중첩임금결정 모형이란, 노동자들의 임금계약기간이 서로 중첩될 경우 임금 결정에 있어서의 상호의존성(interdependence)으로 인해 그렇지 않은 경우보다 명목임금이 비신축성을 갖게 됨을 설명하는 이론이다.

*** 새케인즈학파의 가격경직성 이론**

재화가격의 경직성	중첩가격결정 모형, 메뉴비용 모형, 조정실패 모형
명목임금의 경직성	장기계약 가설, 중첩임금결정 모형
실질임금의 경직성	효율적 임금 가설, 내부자-외부자 이론, 암묵적 계약 가설
이자율의 경직성	비대칭정보 하에서의 역선택과 신용할당(credit rationing)

정답 7 ② 8 ⑤ 9 ①

10 **새케인즈학파는 가격변수가 단기에 완전신축적으로 변동하지 않는 이유를 규명하여 정부의 경제안정화정책의 필요성과 유효성을 옹호하고 있다. 다음의 서술 중 새케인즈학파 이론이 아닌 것은?** 2000년 감정평가사

① 현실경제의 불완전경쟁기업들은 자기회사 제품의 가격을 같은 시점에서 조정하지 않는다.

② 가격변경에 따른 비용 때문에 현실의 불완전경쟁기업들은 시장수요의 변동에 따라 즉각적으로 가격을 변경시키지 않는다.

③ 기업들이 근로자의 생산성을 높이고 유능한 인력을 확보하기 위하여 시장균형임금보다 높은 임금을 지급한다.

④ 근로자의 화폐환상(money illusion) 때문에 명목임금은 하방경직성을 갖는다.

⑤ 노동시장이 노동조합에 의해 주도되면 높은 수준의 임금이 유지된다.

hint

근로자의 화폐환상(money illusion) 또는 명목임금의 하방경직성은 합리적 기대가 도입되기 이전 케인즈학파의 주장이며, 합리적 기대와 최적화 원리를 반영하지 못하고 있다.

11 **다음은 새케인즈학파의 이론에 대한 설명이다. 다음 중 옳지 않은 것은?**

① 예상된 정책이라고 하더라도 단기적으로 효과를 나타낼 수 있다.

② 암묵적 노동계약이 이루어지려면 노동자보다 기업이 더 위험기피적이어야 한다.

③ 효율성임금은 노동의 평균생산성이 극대화되는 임금으로 시장의 균형임금보다 높다.

④ 내부자-외부자 모형에 따르면 실업률의 이력현상이 나타날 수 있다.

hint

암묵적 노동계약이 이루어지려면 기업보다 노동자가 더 위험기피적이어야 한다.

12 **새케인즈학파(New Keynesian)에 대한 설명으로 옳은 것은?** 022년 국가직 7급

① 개별 기업의 메뉴비용(menu cost)이 작다고 해도 가격의 경직성은 유지된다.

② 가계와 기업이 합리적인 선택을 한다는 원칙을 받아들이지 않는다.

③ 개별 생산자들이 매우 높은 경쟁관계를 유지하는 완전경쟁 상태에 있다고 가정한다.

④ 물가의 변동성이 커지면 단기 총공급곡선의 기울기는 수평에 가까워진다.

hint

① (○), 가격경직성이 유지되기 위해서는 메뉴비용이 가격변경 시 이윤 증가폭보다 커야 하는데 균형 주변에서는 가격변경 시 이윤 증가폭이 크지 않기 때문에 메뉴비용이 그다지 클 필요가 없다.
② (×), 가계와 기업이 합리적인 선택을 한다는 것을 받아들인다.
③ (×), 불완전경쟁 상태에 있다고 가정한다.
④ (×), 물가의 변동성이 크면 가격을 신축적으로 조정하는 기업의 비율이 늘어나며, 이에 따라 총공급곡선은 수직에 가까워진다.

13 새케인즈학파의 경기변동 모형에 대해 잘못 이해하고 있는 사람으로 묶인 것은? 2013년 보험계리사

> 현종 : 메뉴비용 모형에서는 비록 메뉴비용이 작더라도 그 존재 자체로 인하여 총수요 외부성(aggregate demand externality)이 발생하고 가격경직성이 지속되어 결국 경기변동으로 이어져.
>
> 석민 : 메뉴비용 모형은 완전경쟁 대신 독점적 경쟁을 가정하고 있기 때문에 경직적 가격은 개별 기업으로서는 최적의 선택이 아니지.
>
> 진우 : 전략적 보완성(strategic complementaries)에 따른 조정실패(coordination failure) 모형에서는 경제주체들이 자신들의 경제행위를 서로 조정하는 것이 힘들게 되므로, 고생산-저실업과 같은 바람직한 균형은 실현될 수 없는 것이 문제야.
>
> 재웅 : 조정실패 모형은 새고전학파처럼 가격과 임금이 신축적이고 모든 시장이 청산된다는 가정을 따르지만, 시장에 대한 정부의 개입에 대한 근거를 제공해.

① 현종, 진우 ② 석민, 재웅
③ 석민, 진우 ④ 현종, 재웅

hint

아래는 내가 각 등장인물에게 해줄 말이다.

To 현종 : 맞아. 맨큐는 이를 작은 메뉴비용과 큰 경기변동(small menu cost and large business cycle)이라고 했어.
To 석민 : 아니야. 메뉴비용으로 인해 가격경직성이 발생하지만 이는 기업의 입장에서는 최선의 선택이지.
To 진우 : 아니야. 조정실패란 두 균형이 모두 실현 가능함에도 불구하고 나쁜 균형이 실현된 상황을 말하는 거지. 너는 나랑 이름은 비슷한데 거시경제학 공부는 좀더 해야겠구나.
To 재웅 : 맞아. 완전한 청산모형이라고 하더라도 정부개입이 필요한 경우가 있다는 것을 보인 점에 이 모형의 의의가 있지. 넌 야구도 잘하는데 경제학도 잘하는구나!

정답 10 ④ 11 ② 12 ① 13 ③

14 **다음 중 경제에서 가격경직성을 유발하는 상황이 아닌 것은?** 2012년 보험계리사 응용

① 기업들이 가격순응자로서 행동하여 가격결정에 영향력이 없다.

② 독점적 경쟁에서 비교적 작은 메뉴비용이 존재한다.

③ 정보의 불완전성이 존재하고 그에 따른 위험이 존재한다.

④ 수요곡선이 굴절수요곡선일 경우에도 가격경직성이 나타날 수 있다.

⑤ 기업들이 가격을 결정하는 시기가 일치하지 않는다.

hint

①은 가격의 경직성과 무관하며 오히려 가격신축성을 가정하는 모형에 적합한 가정이다.

② 맨큐(Mankiw)에 의하면 독점, 과점, 독점적 경쟁 등에서는 상대적으로 작은 메뉴비용으로도 가격경직성이 유발될 수 있다. 설문은 마치 독점적 경쟁에서 메뉴비용이 작아야만 가격경직성이 유발될 수 있는 것처럼 표현하고 있지만 이는 오해를 불러일으킬 여지가 있다. 보다 정확하게 표현하면 '비록 메뉴비용이 작더라도 가격경직성이 유발될 수 있다' 라고 표현해야 한다. (Small menu cost and large business cycle)

15 **새케인즈 경제학에 대한 설명으로 적합하지 않은 것은?**

① 이들의 이론은 임금과 물가의 경직성에 대한 미시경제학적 설명을 제시하는 데 관심의 초점을 두고 있다.

② 임금과 물가의 경직성이 존재하면 정책무력성의 명제가 성립되지 않게 된다고 설명한다.

③ 새고전파 경제학자들과의 가장 큰 차이점은 합리적 기대 이론에 대한 입장 차이이다.

④ 기업이 가격을 변화시키려 할 때 발생하는 비용을 메뉴비용이라고 하는데 메뉴비용이 존재하는 경우 물가는 경직적이게 된다.

⑤ 기업별로 임금결정 시기가 일치하지 않는다면 임금의 경직성이 강화된다고 주장한다.

hint

③ 새케인즈학파 경제학자들도 대체로 합리적 기대의 유용성과 타당성을 인정한다. 새케인즈학파와 새고전학파의 가장 큰 차이는 가격의 신축성에 대한 견해의 차이이다.

16 **경제학파에 대한 설명으로 적합하지 않은 것은?** (이준구 · 이창용 저, 『경제학원론』 응용)

① 새케인즈 경제학자들은 합리적 기대 이론을 받아들이지 않는다.

② 공급 중시 경제학자들은 세율인하가 오히려 조세수입의 증가를 초래할 수도 있다고 주장한다.

③ 새고전파 경제학자들은 총수요팽창정책이 단기적으로는 물가만 상승시킬 뿐 실업률에 영향을 미치지 못한다는 정책무력성 명제를 제시했다.

④ 통화주의 경제학자들은 신화폐수량설을 바탕으로 통화정책이 k% 준칙에 의해 수행되어야 한다고 강조했다.

⑤ 실물경기변동론자들은 노동의 기간 간 대체로 인해 일시적인 기술충격이라 하더라도 지속적인 영향을 미칠 수 있다고 주장한다.

hint

① 새케인즈학파 경제학자들도 대체로 합리적 기대의 유용성과 타당성을 인정한다. 새케인즈학파와 새고전학파의 가장 큰 차이는 가격의 신축성에 대한 견해의 차이이다.

정답 **14** ① **15** ③ **16** ①

제15장 경제성장론

Testbank for Economics [macroeconomics]

핵 심 출 제 논 점

1. 솔로우 이전의 성장이론과 성장의 정형화된 사실
2. 솔로우 모형의 균형
3. 황금률 이론의 이해
4. 수렴가설 논쟁
5. 성장회계방정식
6. 내생적 성장이론의 주요 모형
7. 내생적 성장이론과 솔로우 모형의 비교
8. 경제발전론의 주요 개념

I 솔로우 이전의 경제성장이론

1. 맬서스(T. Malthus)의 이론

- "인구는 기하급수적으로 증가하지만, 식량은 산술급수적으로 증가한다."
- 인류는 영원히 생존수준에서 벗어나지 못할 것이라 예상

2. 해로드-도마(Harrod-Domar)의 이론

- "성장하는 경제는 본질적으로 불안정하다."
- 케인즈 이론을 동태화시킨 것으로서 자본주의 경제는 본질적으로 불안정하다는 결론

3. 칼도(N. Kaldor)의 정형화된 사실

- 1인당 소득(Y/L)은 지속적으로 증가하며, 생산성 증가율은 감소하지 않는다.*
- 1인당 자본량(K/L)은 지속적으로 증가한다.*
- 자본수익률은 대체로 일정하다.
- 자본계수(K/Y)는 대체로 일정하다.*
- 총소득 중 노동소득과 자본소득이 차지하는 비중은 대체로 일정하다.
- 국가 간 생산성 증가율에는 큰 차이가 있다.

* **자본계수** : 한 단위의 국민소득을 만들어내기 위해 필요한 자본량을 의미

* 자본의 축적 ⇒ 한계생산 체감 ⇒ 자본에 비해 산출량이 적게 증가 ⇒ 자본계수는 상승(자본계수가 일정하게 유지되고 있다는 것은 경제성장 과정에서 자본의 축적뿐만 아니라 기술진보가 동시에 이루어지고 있음을 의미한다.)

	해로드-도마 모형	솔로우 모형
장기균형 조건	$\frac{s}{v} = n$*	$\frac{sf(k)}{k} - \delta = n$
생산함수	레온티에프(고정계수, 신축적 조정 불가)	콥-더글라스(가변계수, 신축적 조정 가능)
특징	성장경로가 불안정	성장경로가 안정
황금시대**	달성 보장 ×	자동 달성 ○

* $v = \frac{K}{Y} = \frac{K/L}{Y/L} = \frac{k}{f(k)}$가 성립하므로 감가상각이 없다면 균형조건은 사실상 동일함.

** 황금시대(golden era) : $\hat{K} = \hat{L} = \hat{Y}$인 경우 노동 및 자본 완전고용

Ⅱ 솔로우 모형과 AK 모형의 비교

<table>
<tr><th>모형</th><th colspan="2">솔로우 모형</th><th>AK 모형</th></tr>
<tr><td>생산함수</td><td colspan="2">$Y=f(L,\ K)=AK^{\alpha}L^{1-\alpha}$</td><td>$Y=AK$</td></tr>
<tr><td>한계생산</td><td colspan="2">체감</td><td>일정</td></tr>
<tr><td>1인당 생산함수</td><td colspan="2">$y=f(k)$</td><td>$y=Ak$</td></tr>
<tr><td>1인당 투자</td><td colspan="2">$sy=sf(k)$</td><td>$sy=sAk$</td></tr>
<tr><td>1인당 자본축적식-1</td><td colspan="2">$\Delta k=sf(k)-(\delta+n)k$
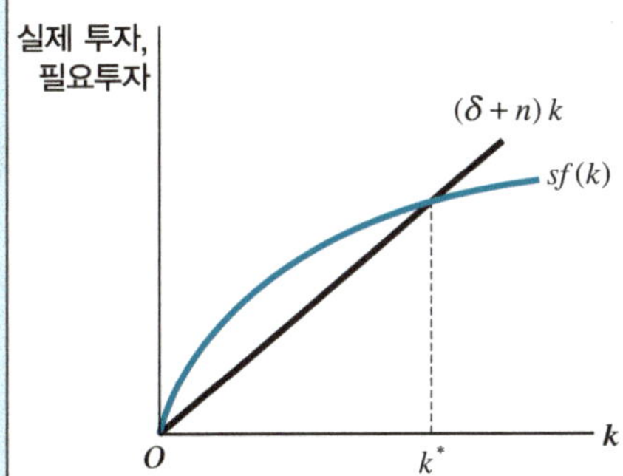</td><td>$\Delta k=sAk-(\delta+n)k$
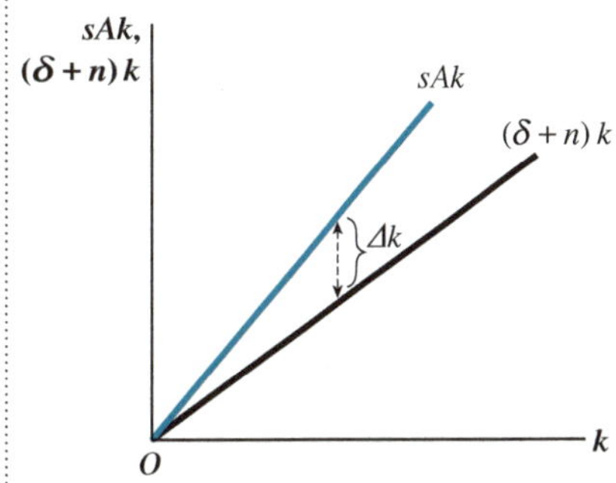</td></tr>
<tr><td>1인당 자본축적식-2</td><td colspan="2">$\frac{\Delta k}{k}=\frac{sf(k)}{k}-(\delta+n)$
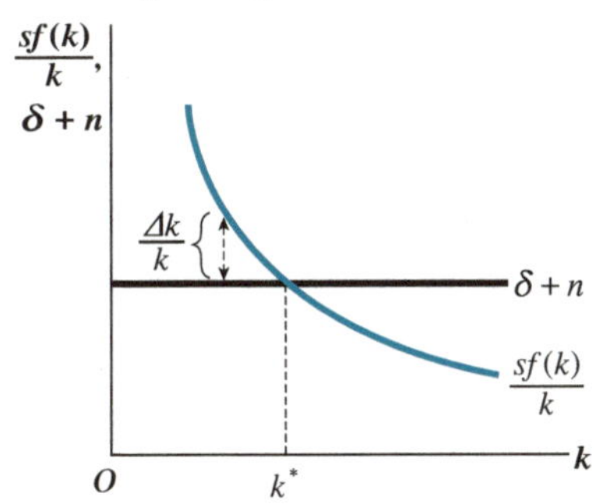</td><td>$\frac{\Delta y}{y}=\frac{\Delta k}{k}=sA-(\delta+n)$
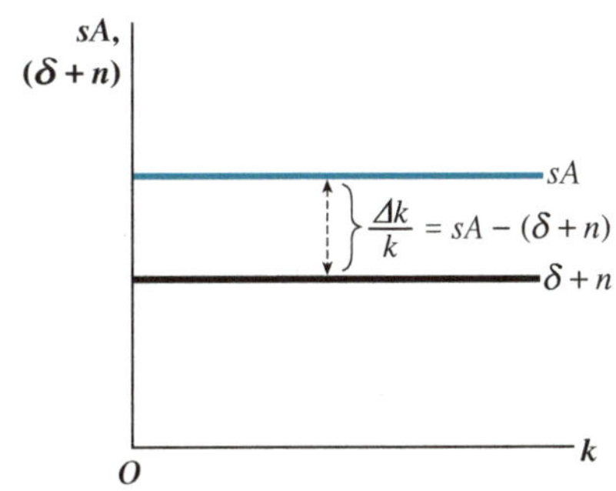</td></tr>
<tr><td>기술진보에 대한 가정</td><td>기술진보 ×</td><td>기술진보 ○</td><td>외생적 기술진보 가정 불필요</td></tr>
<tr><td>균형 총성장률</td><td>n</td><td>$n+g$</td><td>$sA-\delta$</td></tr>
<tr><td>균형 1인당 성장률</td><td>0</td><td>g</td><td>$sA-(\delta+n)$</td></tr>
<tr><td>장기 성장동력</td><td colspan="2">외생적 기술진보</td><td>지식자본, 인적자본, 연구개발 등 다양</td></tr>
<tr><td>물적 투자(저축)의 역할</td><td colspan="2">수준효과</td><td>수준효과 + 성장률효과</td></tr>
<tr><td>수렴가설</td><td colspan="2">성립</td><td>불성립</td></tr>
<tr><td>감속효과</td><td colspan="2">○</td><td>×</td></tr>
</table>

Ⅲ 외생적 기술진보가 있는 솔로우 모형 : 일정한 기술진보율

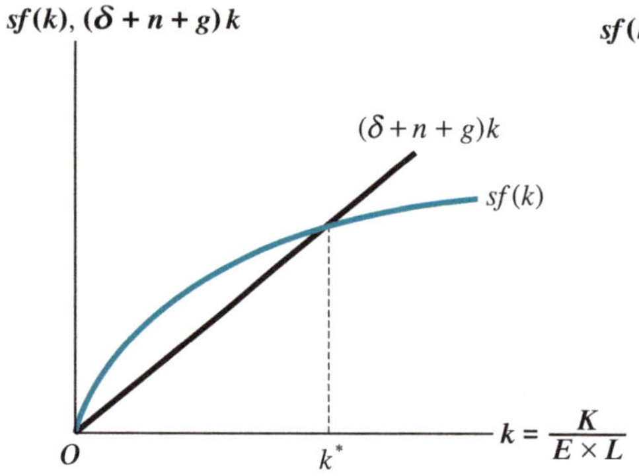

(a) 유효노동자 1인당 자본축적

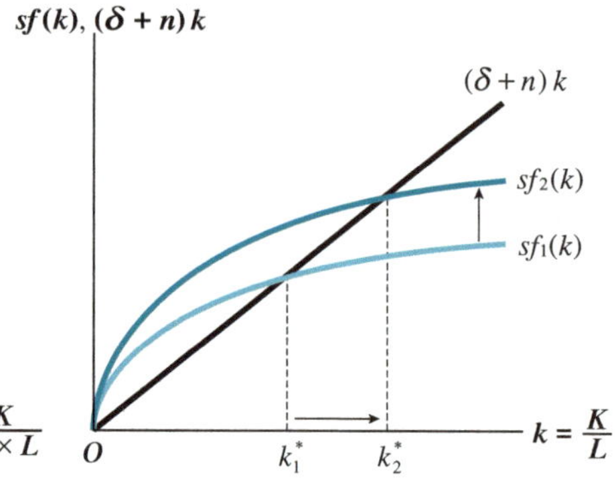

(b) 실제 노동자 1인당 자본축적

- 기술진보율 상승 시 유효 1인당 자본과 소득은 감소, 실제 1인당 자본과 소득은 증가

	총소득	총성장률	1인당 소득수준	1인당 성장률
s의 상승	↑	–	↑	–
n의 상승	↑	↑	↓	–
g의 상승	↑	↑	↑	↑

Ⅳ 황금률 이론

① 사회후생 극대화 균제상태

② 1인당 소비 극대화 균제상태

③ $MP_K = \delta + n + g$

④ $MP_K - \delta = n + g$

⑤ 노동소득은 모두 소비, 자본소득은 모두 저축($s_{gold} = \alpha$)

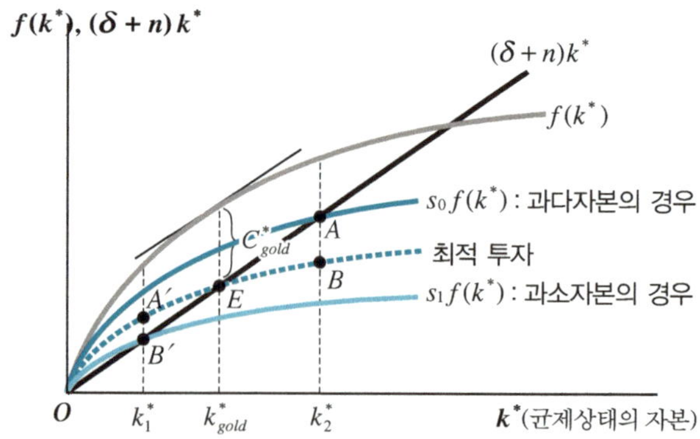

Tips

1. 저축률 상승 시 1인당 소득, 1인당 자본은 증가 but 1인당 소비는 증가 또는 감소
2. 과다자본 ⇒ 저축률 인하 ⇒ 모든 세대 후생 증가 (동태적 비효율)
3. 과소자본 ⇒ 저축률 인상 ⇒ 미래세대 이익, 현재세대 손해 (동태적 효율)

V 경제성장의 현실

1. 성장회계방정식

■ $\frac{\Delta Y}{Y}=\frac{\Delta A}{A}+\alpha\frac{\Delta K}{K}+(1-\alpha)\frac{\Delta L}{L} \Rightarrow \frac{\Delta y}{y}=\frac{\Delta A}{A}+\alpha\frac{\Delta k}{k}$

2. 수렴가설 논쟁

	내용	특징
절대적 수렴가설	모든 국가의 소득이 일정 수준으로 수렴 ⇒ 실증 불성립	한계생산 체감 ⇒ 자본축적속도 감속
조건부 수렴가설	유사 국가의 소득이 일정 수준으로 수렴 ⇒ 실증 성립	
신성장이론	수렴을 조건부로 해석하더라도 그 근거가 매우 미약	한계생산 불변 ⇒ 자본축적속도 일정

VI 신성장이론(내생적 성장이론)의 주요 모형

	내용
등장배경 (솔로우 모형의 한계)	■ ① 이론적 한계 : 성장동력인 기술진보율 g가 외생변수로 주어짐 ② 실증적 한계 : 수렴가설이 현실적으로 성립하지 않음 ③ 정책적 한계 : 성장률을 높이기 위한 정부의 역할이 제시되지 않음
발전방향	■ ① 기술진보율 등 주요 변수의 내생화 ② 자본 개념의 확대(자본의 한계생산 비체감) ③ 성장을 촉진하는 정책에 대한 연구
주요 모형	■ ① 축적된 지식과 자본의 외부효과 ② 연구, 개발에 의한 지속적 기술진보 ③ 인적자본의 축적 ④ 네오-슘페터 모형 : 독점이윤을 위한 기술혁신 ■ 그 외 학습효과(LBD), 자유무역 등

* 내생적 성장 모형의 구체적 형태는 매우 다양하여 자본에 대한 한계생산이 일정한 모형과 체감하는 모형이 있고, 규모수익도 일정한 모형과 체증하는 모형이 있다.

* 연구개발 모형 : 의도한 지식축적(배제성), 학습효과 모형 : 의도하지 않은 지식축적(비배제성)

Part-1 기본 문제

01 **솔로우(R. Solow) 성장모형에 대한 설명으로 옳지 않은 것은?** 2015년 공인회계사 응용

① 생산함수는 한계생산이 체감하며 규모수익 불변의 특징을 갖는다.

② 균제상태에서 지속적 기술진보가 1인당 자본량의 지속적 증가를 가져온다.

③ 자본 감가상각률의 증가는 균제상태에서 1인당 자본량의 증가율에 영향을 미치지 못한다.

④ 불균형에서 균형으로 회복이 가능하다.

⑤ 균제상태에서 저축률이 내생적으로 결정된다.

hint

① (○)

② (○), 1인당 자본량증가율 = 1인당 소득증가율 = 기술진보율

③ (○)

④ (○)

⑤ (×), 솔로우 모형에서는 저축률, 인구증가율, 감가상각률, 기술진보율이 외생적으로 주어짐

02 **최근 저출산이 사회적인 문제가 되고 있다. 이러한 저출산으로 인구증가율이 하락한다고 할 때 솔로우 모형에 의한 예측으로 옳은 것은?**

	1인당 소득수준	1인당 성장률	총성장률
①	상승	상승	상승
②	상승	불변	하락
③	하락	하락	하락
④	하락	불변	상승
⑤	불변	불변	불변

hint

인구증가율이 하락하면 1인당 소득수준은 상승하지만, 총성장률($n+g$)은 감소한다. 또한 1인당 성장률(g)은 불변이다.

03 **솔로우**(Solow) **성장모형이 〈보기〉와 같이 주어져 있을 때 균제상태**(steady state)**에서 1인당 자본량은?** (단, 기술진보는 없다.) 2018년 서울시 7급

- 생산함수 : $y = 2k^{\frac{1}{2}}$(단, y는 1인당 생산량, k는 1인당 자본량이다.)
- 감가상각률 5%, 인구증가율 5%, 저축률 20%

① 2　　② 4
③ 8　　④ 16

hint

$\Delta k = sf(k) - (\delta + n)k = 0.2 \times 2k^{\frac{1}{2}} - (0.05 + 0.05)k = 0 \Rightarrow k^* = 16$

04 **A국가의 생산함수는 $Y = K^{0.7}L^{0.3}$이다**(K는 자본, L은 노동, Y는 생산량)**. 이 국가의 노동증가율은 2%, 저축률은 60%, 감가상각률은 10%일 때 균제상태**(steady state)**에서 자본 1단위당 생산량($\frac{Y}{K}$)은?** 2018년 보험계리사

① 0.2　　② 0.4
③ 0.6　　④ 0.8

hint

$\Delta k = sy - (\delta + n)k = 0 \Rightarrow \frac{Y}{K} = \frac{y}{k} = \frac{\delta + n}{s} = \frac{10\% + 2\%}{60\%} = 0.2$

* **참고사항**

이 문제를 풀이하는 데 총생산함수에 대한 정보를 활용하지 않았음을 확인하기 바란다.

정답　1 ⑤　2 ②　3 ④　4 ①

05 **솔로우 성장 모형에서 A국의 저축률이 B국의 저축률보다 높을 때 균제상태**(steady state)**에서의 A국과 B국에 대한 설명으로 옳은 것은?** (단, 두 나라의 생산기술, 기술진보율, 인구증가율 등 다른 여건은 동일하다.)

2021년 지방직 7급

① A국의 경제성장률이 B국보다 높다.

② A국의 일인당 국민소득이 B국보다 많다.

③ A국의 일인당 국민소득 증가율이 B국보다 높다.

④ A국의 일인당 자본량이 B국보다 적다.

hint

① (×), 솔로우 모형에서 저축률은 수준효과만 있고 성장률 효과는 없다.

② (○)

③ (×)

④ (×)

06 **솔로우 경제성장 모형에서 균형에서의 1인당 소득과 1인당 경제성장률을 모두 상승시킬 수 있는 것은?**

① 인구증가율의 하락

② 감가상각률의 하락

③ 저축률의 상승

④ 기술진보율의 상승

⑤ 출산율의 증가

hint

솔로우 모형에서의 총성장률은 $n+g$이며, 1인당 성장률은 g이다. 솔로우 경제성장 모형에서 1인당 소득과 1인당 경제성장률에 모두 영향을 미칠 수 있는 것은 기술진보밖에 없다. 솔로우 모형의 주요 결론을 정리하면 다음과 같다.

모형	총소득 (Y)	총성장률 $(\dot{Y}/Y = n + g)$	1인당 소득수준 (y)	1인당 성장률 $(\dot{y}/y = g)$
s의 상승	상승	불변	상승	불변
n의 상승	상승	상승	하락	불변
g의 상승	상승	상승	상승	상승

(n = 인구증가율, S = 저축률, g = 기술진보율)

07 **경제성장의 황금률 이론(golden rule theory of growth)에 대한 설명으로 잘못된 것은?**

① 황금률의 저축률이란 성장률을 극대화하는 저축률을 의미한다.

② 황금률의 저축률이란 1인당 소비를 극대화하는 저축률을 의미한다.

③ 황금률의 저축률이란 사회후생을 극대화하는 저축률을 의미한다.

④ 과다자본 상태에서 황금률 정책을 도입하는 경우에는 모든 세대의 소비가 증가한다.

⑤ 과소자본 상태에서 황금률 정책을 도입하는 경우에는 현재세대와 미래세대 간의 이해관계가 상충하는 문제가 발생한다.

hint

경제성장의 황금률이란 사회후생을 극대화하는 성장을 위해 지켜야 할 규칙이다. 이는 성장률을 극대화하는 저축률과는 일치하지 않는다.

08 **A국 경제의 인구와 기술 수준은 고정되어 있다. 안정상태(steady state)에서 자본의 한계생산물은 0.125, 감가상각률은 0.1이다. 현재 안정상태의 자본량에 대한 설명으로 옳은 것은?** (단, 표준적인 솔로우 모형이다.)

① 황금률 수준(golden rule level)의 자본량보다 많다.

② 황금률 수준의 자본량보다 적다.

③ 황금률 수준의 자본량과 동일하다.

④ 황금률 수준의 자본량보다 많을 수도 적을 수도 있다.

hint

$MP_K = 0.125 > \delta + n + g = 0.1 \Rightarrow k^* < k^*_{gold} \Rightarrow$ 과소자본[한계생산이 더 낮아져야 하므로 현재 상태가 과소자본이라고 생각하면 된다.]

정답 5 ② 6 ④ 7 ① 8 ②

09 솔로우의 경제성장 모형에 대한 설명으로 가장 옳지 않은 것은? 2016년 서울시 7급

① 균제상태에서 자본량과 국민소득은 같은 속도로 증가한다.

② 기술수준이 높을수록 균제상태에서 1인당 국민소득의 증가율이 높다.

③ 균제상태에서 자본의 한계생산물은 일정하다.

④ 인구증가율이 낮아지면 균제상태에서 1인당 국민소득은 높아진다.

hint

② (×), 기술수준이 다르더라도 1인당 국민소득의 증가율에는 차이나지 않는다. '기술진보율'이 높아야 1인당 국민소득 증가율이 높다.

10 한 국가의 성장률이 9%이고 자본소득분배율과 노동소득분배율이 각각 0.3과 0.7이라고 하자. 이때 자본이 10%, 노동이 5% 증가했다고 할 때 총요소생산성의 증가율은?

① 1% ② 1.5% ③ 2%

④ 2.5% ⑤ 3%

hint

성장회계방정식 $\frac{\Delta Y}{Y} = \frac{\Delta A}{A} + \alpha \frac{\Delta L}{L} + (1-\alpha)\frac{\Delta K}{K}$에 주어진 값들을 대입하면 $9\% = \frac{\Delta A}{A} + 0.7 \times 5\% + 0.3 \times 10\%$가 된다.

11 내생적 성장이론에 대한 설명으로 옳지 않은 것은? 2003년, 2008년 국가직 7급 응용

① 지속적인 경제성장이 일어나게 만드는 요인을 모형 안에서 찾으려는 이론이다.

② 연구개발 투자 및 인적자본의 중요성을 강조하는 이론이다.

③ 일반적으로 자본에 대한 수확불변을 가정한다.

④ 선진국과 개도국 간의 생활수준 격차가 더 벌어질 가능성이 있다는 것을 설명한다.

⑤ 정부의 경제정책은 성장에 아무런 영향을 미치지 못한다.

hint

내생적 성장이론은 솔로우 모형이 정부의 역할에 대해 아무런 답을 주지 못하는 것을 비판하며 정부의 적절한 역할을 찾아내기 위해 다양한 방안을 제시하고 있다.

*** AK 모형의 등장배경 : 솔로우 모형의 한계**

1. **이론적 한계** : 지속적인 성장을 일으키는 동력(engine of growth)인 기술진보율 g가 외생변수로 주어져 있고 이에 대한 아무런 설명이 없다.
2. **실증적 한계** : 국가 간 성장률의 격차가 존재하는 이유를 충분히 설명하지 못한다. 즉, 수렴가설(convergence hypothesis)이 현실적으로 성립하지 않는다.
3. **정책적 한계** : 성장률을 높이기 위한 정부의 역할이 제시되지 못하였다.

12 다음 중 내생적 성장이론에서 강조하는 경제성장의 요인으로 가장 거리가 먼 것은?

① 물적자본의 축적　② 인적자본과 기술의 차이
③ 연구개발　④ 지식의 외부효과
⑤ 규제완화 및 부패방지 등 사회제도

hint

내생적 성장 모형 또는 신성장 모형에서는 전통적인 성장요인으로 언급된 인구, 자본, 저축 외에 주로 기술진보율과 총요소생산성에 영향을 미칠 수 있는 다양한 요인에 관심을 가진다.

13 내생적 성장이론에 대한 설명 중 옳지 않은 것은? 2001년 행시

① 각국의 지속적인 성장률 격차를 모형 안의 내생변수의 상호작용에 의해 설명한다.
② R&D 모형에서 기술수준은 자본과 노동에 의해 생산된다.
③ AK 모형에서는 자본의 한계수확이 체감하지 않는다.
④ 인적자본 모형에서는 교육과 지식축적에 영향을 미치는 정부 정책의 중요성을 강조한다.
⑤ 해로드-도마(Harrod-Domar) 모형의 문제점을 해결하려는 과정에서 출현하였다.

hint

내생적 성장이론 또는 신성장이론이란 외생적인 기술진보를 가정했던 솔로우 모형의 한계를 극복하기 위해 등장한 다양한 이론들로서 수렴가설의 한계와 지속적인 성장을 위한 정부의 역할을 강조하고 있다.

정답　9 ②　10 ④　11 ⑤　12 ①　13 ⑤

Part-2 실전 문제

01 **선진국의 역사적 경험에 의하면 자본증가율이 노동증가율을 상회하고, 자본계수(K/Y)는 일정하게 유지되어 왔는데 그 이유로 가장 적당한 것은?**

① 유효수요의 증가 ② 투자율 증가 ③ 저축률 증가
④ 기술진보 ⑤ 인플레이션의 안정

hint

칼도는 선진국의 경제성장 과정을 통해 자본계수(K/Y)가 일정하게 유지되는 특징을 발견했다. 만약 경제성장 과정에서 단순히 자본의 축적만 이루어진다면 한계생산이 체감하기 때문에 증가하는 자본에 비해 산출량이 적게 증가하여 자본계수는 상승해야만 한다. 그러나 자본계수가 일정하게 유지되고 있다는 것은 경제성장 과정에서 자본의 축적뿐만 아니라 기술진보가 동시에 이루어지고 있음을 의미한다.

02 **솔로우 모형에서 지진, 전쟁 등에 의해 자본의 파괴가 나타났다고 하자. 이러한 사건이 장기 균형자본량과 균형성장률에 미치는 영향을 설명한 것으로 옳은 것은?**

① 장기 균형자본량과 균형성장률이 모두 감소한다.
② 장기 균형자본량과 균형성장률이 모두 증가한다.
③ 장기 균형자본량은 감소하지만 균형성장률은 불변이다.
④ 장기 균형자본량은 불변이지만 균형성장률은 하락한다.
⑤ 장기 균형자본량과 균형성장률이 모두 불변이다.

hint

자본이 파괴되는 경우 자본의 한계생산성이 높아져 일시적으로 자본의 축적속도가 빨라진다. 오른쪽 그래프에서 자본의 파괴로 k'으로 자본량이 감소했을 때 자본의 축적속도가 빨라짐을 알 수 있다. 이러한 현상은 전후 일본, 독일, 우리나라 등이 겪었던 경험과 일치한다. 그러나 저축률, 인구성장률, 기술진보율 등이 변화가 없다면 결국 동일한 균제상태인 k^*로 수렴하게 되기 때문에 장기 균형자본량이나 균형성장률에는 아무런 변화가 생기지 않는다.

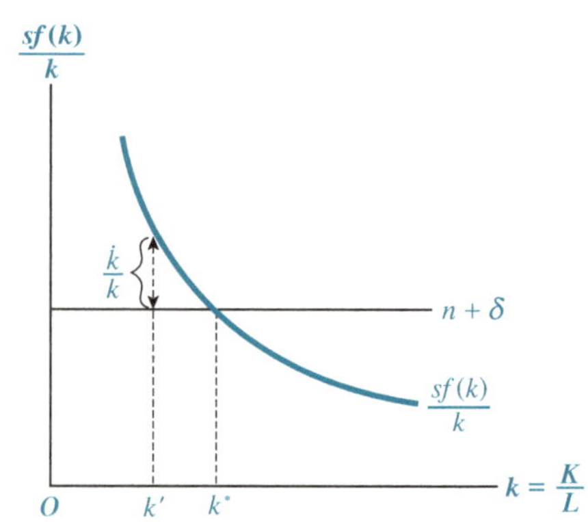

03 **1인당 실질 GDP가 A국에서는 21,000원이고 B국에서는 15,000원이며 C국에서는 6,000원이라고 가정한다. 또한 1인당 저축량이 세 국가 모두 2,000원이다. 현재 3개 국가는 모두 균제상태보다 낮은 소득을 가지고 있으며 언급된 사항 이외의 모든 요인은 동일하다고 하자. 현재 각 국가의 경제성장률은 어떠하겠는가?**

① 3국가 모두 경제성장률이 같을 것이다.
② A국가의 성장률이 가장 높을 것이다.
③ B국가의 성장률이 가장 높을 것이다.
④ C국가의 성장률이 가장 높을 것이다.
⑤ C국가의 성장률이 가장 낮을 것이다.

hint

1. 다른 조건이 일정할 때 솔로우 모형에서 1인당 소득 및 1인당 자본이 커질수록, 즉 균제상태에 다가갈수록 성장률이 하락한다. 이에 따르면 경제성장률이 높은 순서는 C국 > B국 > A국이 될 것이다.
2. 다른 조건이 일정할 때 솔로우 모형에서 저축률이 높은 국가가 이행과정에서 성장률이 높다. 1인당 저축이 동일하다면 1인당 소득이 낮은 국가일수록 저축률이 높다. 이에 따르면 경제성장률이 높은 순서는 C국 > B국 > A국이 될 것이다.

두 가지 요인을 고려할 때 경제성장률이 높은 순서는 C국 > B국 > A국임을 알 수 있다.

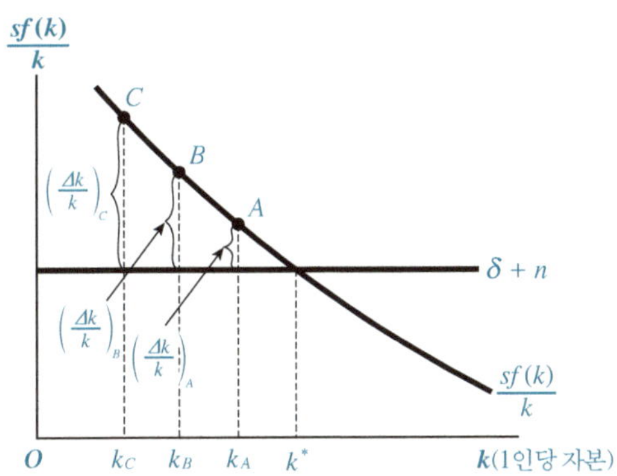

〈그림 1〉 1인당 자본의 차이

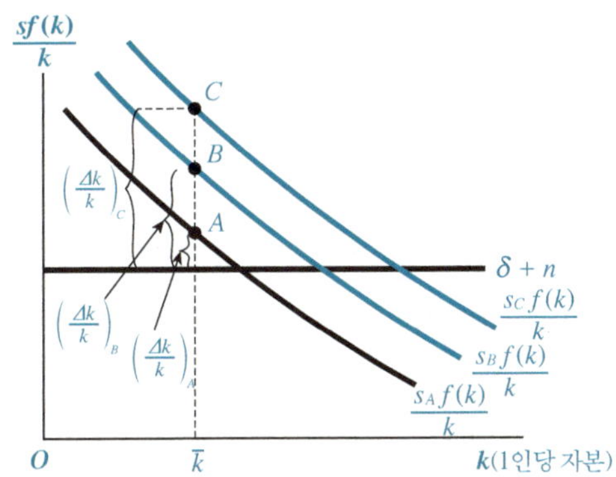

〈그림 2〉 저축률의 차이

정답 1 ④ 2 ⑤ 3 ④

04 **정상 상태(steady state)에 있던 경제에 지진이 발생하였다. 솔로우(Solow) 모형을 이용하여 지진이 경제성장에 미치는 영향을 설명한 것 중 옳지 않은 것은?** (단, 지진으로 생산시설이 파괴되었지만 인명피해는 발생하지 않았으며, 지진 전후 생산함수, 저축률, 감가상각률 및 인구증가율의 변화는 없다.)

2011년 공인회계사

① 1인당 소득이 이전보다 감소한다.
② 1인당 소득증가율은 이전보다 높다.
③ 1인당 투자량은 이전보다 크다.
④ 실질이자율은 이전보다 높다.
⑤ 정상 상태로 복귀하면 1인당 소득수준은 이전과 동일하다.

hint

① (○), k 감소 시 1인당 소득 $y = f(k)$는 감소한다.
② (○), k 감소 시 1인당 소득증가율을 결정하는 $\frac{\Delta k}{k} = \frac{sf(k)}{k} - (\delta + n)$은 상승한다.
③ (×), $i = sf(k)$는 감소한다.
④ (○), k가 감소했으므로 자본의 한계생산을 반영하는 실질이자율은 이전보다 높다.

05 **솔로우(Solow) 성장모형에 따를 때 저축의 증가가 지속적인 성장을 초래하지 않는 원인은?**

2014년 감정평가사

① 자본의 한계생산성 감소
② 자본의 한계생산성 증가
③ 노동의 한계생산성 감소
④ 노동의 한계생산성 증가
⑤ 노동의 한계생산성 불변

hint

솔로우 모형에서 자본의 한계생산은 체감한다. 이로 인해 저축은 수준효과는 갖지만 성장률효과는 갖지 못하며, 자본축적의 감속현상과 수렴현상이 나타나게 된다.

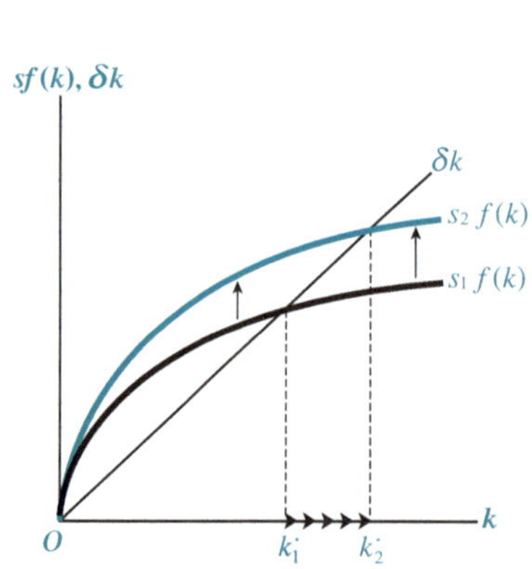

(i) 저축률상승의 효과-1

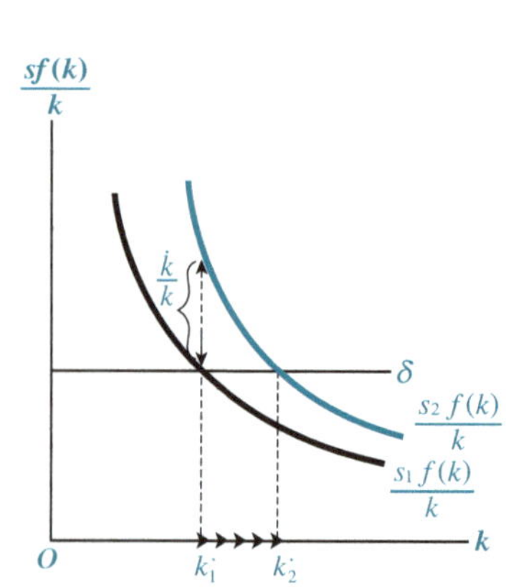

(ii) 저축률상승의 효과-2

06 기술진보가 없는 솔로우 모형을 고려하자. 총생산함수는 다음과 같다.

$$Y_t = K_t^{\frac{1}{2}} L_t^{\frac{1}{2}}$$

감가상각률과 저축률은 각각 10%, 30%이다. 노동(인구)**증가율이 0%일 때의 정상 상태** (steady state)**와 비교하여 −2%일 때의 정상 상태에 대한 다음 설명 중 옳은 것은?** (단, Y_t, K_t, L_t는 각각 t기 경제 전체의 생산, 자본, 노동을 나타낸다.) 2021년 공인회계사

① 1인당 자본이 감소한다.

② 1인당 생산이 감소한다.

③ 1인당 소비가 감소한다.

④ 1인당 생산 대비 1인당 소비 비율은 변하지 않는다.

⑤ 1인당 생산 대비 1인당 자본 비율은 변하지 않는다.

hint

①~③ 솔로우 모형에서 인구증가율이 하락하면 1인당 자본, 1인당 소득, 1인당 소비의 수준은 상승한다.

④ $c = (1 - s)y$이므로 소득과 소비의 비율은 변하지 않는다.

⑤ 균제상태에서 $sy = (\delta + n)k$이므로 1인당 소득과 1인당 자본의 비율은 변화한다.

정답 4 ③ 5 ① 6 ④

07 솔로우(R. M. Solow)의 경제성장 모형에서는 저축률, 감가상각률, 인구증가율, 기술진보가 중요한 역할을 한다. 솔로우 모형에 대한 설명으로 다음에서 옳은 것을 모두 고른 것은?

2012년 국회 8급

ㄱ. 인구증가율이 상승하면 장기적으로 1인당 소득증가율이 감소한다.
ㄴ. 저축률이 상승하면 단기적으로 1인당 소득과 경제성장률이 모두 높아진다.
ㄷ. 장기 1인당 소득은 감가상각률에 영향을 받지 않는다.
ㄹ. 장기 1인당 소득은 인구증가율에 영향을 받지 않는다.
ㅁ. 장기 1인당 소득증가율은 저축률에 영향을 받지 않는다.

① ㄱ, ㄴ　② ㄱ, ㄹ　③ ㄴ, ㄷ
④ ㄴ, ㅁ　⑤ ㄷ, ㅁ

hint

ㄱ. 인구증가율이 상승하면 1인당 소득수준은 감소, 1인당 장기성장률은 불변, 장기총성장률은 증가한다.
ㄴ, ㅁ. 저축률의 증가는 1인당 소득수준을 높이므로 단기적으로 경제성장률이 높아지지만, 장기성장률에는 영향을 미치지 못한다.

08 솔로우(Solow)의 성장모형에 대한 설명으로 옳은 것만을 모두 고른 것은? 2014년 국가직 7급

ㄱ. 생산요소 간의 비대체성을 전제로 한다.
ㄴ. 기술진보는 균형성장경로의 변화요인이다.
ㄷ. 저축률 변화는 1인당 자본량의 변화요인이다.
ㄹ. 인구증가율이 상승할 경우 새로운 정상상태(steady-state)의 1인당 산출량은 증가한다.

① ㄱ, ㄴ　② ㄴ, ㄷ
③ ㄷ, ㄹ　④ ㄱ, ㄹ

hint

ㄱ. 솔로우 모형은 요소 간 대체가 가능한 콥-더글라스 생산함수를, 해로드-도마 모형은 요소 간 대체가 불가능한 레온티에프 생산함수를 사용한다.
ㄹ. 인구성장률이 상승하면 정상 상태에서의 총성장률은 상승시키지만, 1인당 소득수준(산출량)은 감소시킨다.

09 솔로우 성장 모형을 따르는 어느 경제에서 생산함수가

$$Y = AK^{\frac{1}{2}}L^{\frac{1}{2}}$$

이고, 인구증가율이 0%, 감가상각률이 10%, 저축률이 10%, 총요소생산성 수준이 0.5이다. 총요소생산성 수준이 1로 변할 경우 정상 상태(steady state)에서 1인당 소비의 증가량은? (단, Y는 생산량, A는 총요소생산성 수준, K는 자본량, L은 노동량이다.) 2020년 공인회계사

① 0.325 ② 0.500 ③ 0.675
④ 0.850 ⑤ 1.025

hint

이 문제는 1회적 영구적 기술진보의 효과를 묻고 있다. 1회적 영구적 기술진보와 일정한 양의 기술진보율을 가지는 경우를 구분할 수 있어야 한다.

1. 변화 이전 : $y = 0.5k^{\frac{1}{2}} \Rightarrow \Delta k = 0.1 \times 0.5k^{\frac{1}{2}} - 0.1k = 0 \Rightarrow k_0 = \frac{1}{4},\ y_0 = \frac{1}{4},\ c_0 = (1-0.1)y_0 = \frac{9}{40}$

2. 변화 이후 : $y = k^{\frac{1}{2}} \Rightarrow \Delta k = 0.1k^{\frac{1}{2}} - 0.1k = 0 \Rightarrow k_1 = 1,\ y_1 = 1,\ c_1 = (1-0.1)y_1 = \frac{9}{10}$

10 어떤 국가의 인구가 매년 1%씩 증가하고 있고, 국민들의 연평균 저축률은 20%로 유지되고 있으며, 자본의 감가상각률은 10%로 일정할 경우, 솔로우(Solow) 모형에 따른 이 경제의 장기균형의 변화에 대한 설명으로 옳은 것은? 2018년 국회 8급

① 기술이 매년 진보하는 상황에서 이 국가의 1인당 자본량은 일정하게 유지된다.
② 이 국가의 기술이 매년 2%씩 진보한다면, 이 국가의 전체 자본량은 매년 2%씩 증가한다.
③ 인구증가율의 상승은 1인당 산출량의 증가율에 영향을 미치지 못한다.
④ 저축률이 높아지면 1인당 자본량의 증가율이 상승한다.
⑤ 감가상각률이 높아지면 1인당 자본량의 증가율이 상승한다.

hint

① (×), 기술진보가 이루어지는 상황에서 1인당 자본량은 기술진보율로 증가한다.
② (×), 기술진보가 이루어지는 상황에서 총자본은 기술진보율과 인구증가율의 합의 비율로 증가한다.
③ (○), 기술진보가 이루어지는 상황에서 1인당 자본의 증가율은 기술진보율이며, 기술진보가 없는 경우 1인당 자본의 증가율은 0이다.
④ (×), 솔로우 모형의 균제상태에서 저축은 수준효과는 있으나 성장률효과는 없다.
⑤ (×), 감가상각률은 1인당 자본량의 증가율에 영향을 미치지 않는다.

정답 7 ④ 8 ② 9 ③ 10 ③

11 다음은 인구증가와 노동부가형(labor-augmenting) 기술진보를 고려한 솔로우 모형을 나타낸 그래프이다. L, E는 노동량과 노동의 효율성을 나타내고, 각각의 연간 증가율은 n과 g이며, 모두 양(+)이다. K는 총자본량이며 효율노동(= $L \times E$) 1단위당 자본량은 $k = \frac{K}{(L \times E)}$로 정의된다. 총생산($Y$)에 대한 생산함수는 $Y = F(K, L \times E)$로 일차 동차이며, 효율노동 1단위당 생산량으로 표시된 생산함수는 $y = f(k)$이다. s, δ는 각각 저축률, 감가상각률을 나타내며, 노동량은 인구와 같다. 2019년 공인회계사

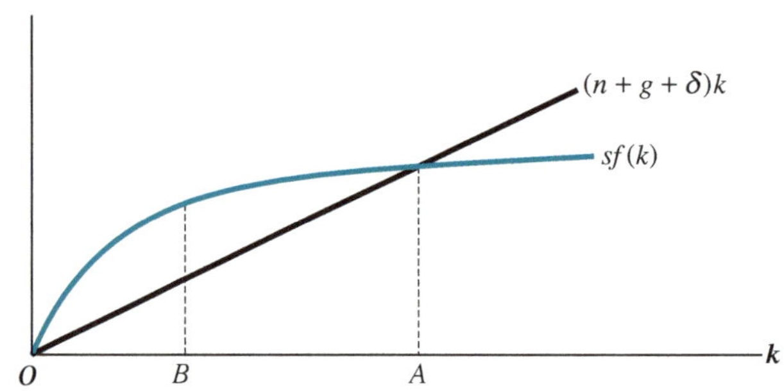

x, y, z를 각각 '$k = A$일 때 1인당 생산($\frac{Y}{L}$)의 증가율', '$k = A$일 때 총생산(Y)의 증가율', '$k = B$일 때 총생산(Y)의 증가율'이라고 할 때 이들 사이의 대소를 비교한 결과로 옳은 것은?

① $x > y > z$ ② $y = z > x$ ③ $z > y = x$
④ $z > x > y$ ⑤ $z > y > x$

hint

기술진보를 반영한 솔로우 모형에서,
1. 균제상태에서의 1인당 생산증가율은 g, 총생산증가율은 $n + g$이다. 따라서 $x < y$
2. 균제상태보다 자본이 작을수록 자본축적률 및 총생산증가율이 높다. 따라서 $y < z$

12 솔로우(Solow)의 경제성장 모형 하에서 A국의 생산함수는 $Y = 10\sqrt{LK}$, 저축률은 30%, 자본 감가상각률은 연 5%, 인구증가율은 연 1%, 2015년 초 A국의 1인당 자본량은 100일 경우 2015년 한 해 동안 A국의 1인당 자본의 증가량은? (단, L은 노동, K는 자본을 나타낸다.) 2015년 국가직 7급

① 24 ② 25
③ 26 ④ 27

hint

1인당 생산함수 : $y = f(k) = 10k^{\frac{1}{2}}$
1인당 자본의 변화량 : $\Delta k = sf(k) - (\delta + n)k = 0.3 \times 10k^{\frac{1}{2}} - (0.05 + 0.01)k = 30 - 6 = 24$

13 GDP 중 자본의 비중이 0.3인 콥-더글라스(Cobb-Douglas) 생산함수를 갖는 한 나라의 경제가 안정상태에 있다고 가정하자. 이 경제에서 생산량의 평균증가율은 매년 3퍼센트, 감가상각률은 매년 4퍼센트, 자본-생산량 비율은 약 3이다. 이때 솔로우의 경제성장 모형(신고전학파적 성장모형)을 이용하여 초기 안정상태의 저축률을 구하면 얼마인가? 2004년 입시

① 7퍼센트 ② 10퍼센트
③ 13퍼센트 ④ 21퍼센트
⑤ 40퍼센트

hint

솔로우 모형의 장기균형에서 노동, 자본, 산출량은 동일한 속도로 증가하므로 이 경제에서 인구증가율도 3%이다. 솔로우 모형의 장기균형 조건은 $\Delta k = sf(k) - (\delta + n)k = 0$ 또는 $\frac{\Delta k}{k} = \frac{sf(k)}{k} - (n + \delta) = 0$로 나타낼 수 있다. 이때 $k = K/L$이며 $y = f(k) = Y/L$이므로 $\frac{\Delta k}{k} = \frac{sY}{K} - (n + \delta) = 0$로 나타낼 수 있는데, 설문에서 주어진 값들을 대입하면 $\frac{\Delta k}{k} = \frac{s}{3} - (3\% + 4\%) = 0$이 된다. 이 식을 만족시키기 위해 저축률 $s = 21\%$가 되어야 한다.

14 생산함수가 $Y = K^{\alpha}L^{1-\alpha}$인 경제에서 저축률이 s이고, 감가상각률이 δ이다. 인구증가율이 n이고 기술진보가 없다고 가정할 때 황금률 정상 상태(steady state)에서 1인당 총생산을 바르게 나타낸 것은?

① $\left(\frac{s}{\delta+n}\right)^{\frac{1}{1-\alpha}}$ ② $\left(\frac{s}{\delta+n}\right)^{\frac{1-\alpha}{\alpha}}$ ③ $\left(\frac{\alpha}{\delta+n}\right)^{\frac{\alpha}{1-\alpha}}$
④ $\left(\frac{s}{2\delta+n}\right)^{\frac{2}{\alpha}}$ ⑤ $\left(\frac{2s}{\delta+n}\right)^{\frac{1-\alpha}{3}}$

hint

생산함수 : $Y = K^{\alpha}L^{1-\alpha} \Rightarrow y = f(k) = k^{\alpha}$

일반적 균제조건 : $\Delta k = sf(k) - (\delta + n)k = sk^{\alpha} - (\delta + n)k = 0 \Rightarrow s = (\delta + n)k^{1-\alpha}$

$$\Rightarrow k^* = \left(\frac{s}{\delta+n}\right)^{\frac{1}{1-\alpha}},\ y^* = \left(\frac{s}{\delta+n}\right)^{\frac{\alpha}{1-\alpha}}$$

황금률의 조건이 $s = \alpha$이므로 황금률 균제상태의 조건은 다음과 같다.

$$\Rightarrow k^* = \left(\frac{\alpha}{\delta+n}\right)^{\frac{1}{1-\alpha}},\ y^* = \left(\frac{\alpha}{\delta+n}\right)^{\frac{\alpha}{1-\alpha}}$$

정답 11 ⑤ 12 ① 13 ④ 14 ③

15 **오른쪽 그림은 기술진보가 없는 경우의 솔로우 성장 모형을 나타낸 그래프이다**(n은 인구증가율, δ는 감가상각률, s는 저축률, k는 1인당 자본, y는 1인당 소득을 의미한다.). **다음 설명 중 옳은 것은?** 2003년 공인회계사

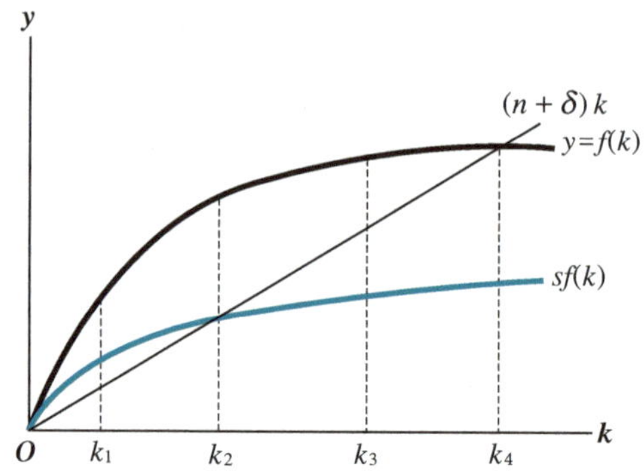

① k_1점이 황금률 수준의 자본량일 경우 자본의 한계생산은 $(s+n+\delta)$와 일치해야 한다.

② k_2점에서 1인당 소득은 증가하지 않는다.

③ 초기 자본량이 k_3인 나라는 초기 자본량이 k_1인 나라에 비하여 장기균형 상태의 1인당 소득이 크다.

④ k_4점에서 1인당 소비가 최대로 된다.

⑤ 장기균형점은 k_4이다.

hint

① (×), 황금률의 조건은 $MP_K = n+\delta$이다.

② (○)

③ (×), 장기균형소득은 k_2로 동일하다.

④ (×), k_4는 유지될 수 없는 상태이며, 소비가 최대화된 상태도 아니다.

⑤ (×), 장기균형소득은 k_2이다.

16 **완전경쟁경제 하에 있는 A국의 생산함수는 $Y = AL^{0.6}K^{0.4}$이다. 자본(K)의 감가상각률이 1%, 인구(L)의 증가율이 3%, 기술진보율이 4%이다. 이 국가의 경제가 황금률(Golden Rule)의 자본수준에 있다고 할 때 〈보기〉에서 옳은 것을 모두 고르면?** 2014년 국회 8급

ㄱ. 총소득(Y)의 성장률은 8%이다.
ㄴ. 자본은 소득의 5배이다.
ㄷ. 저축률은 40%이다.
ㄹ. 1인당 소득($\frac{Y}{L}$)의 성장률은 4%이다.
ㅁ. 자본의 실질임대가격의 성장률은 1%이다.

① ㄱ, ㄴ, ㄷ　② ㄴ, ㄷ, ㄹ　③ ㄴ, ㄷ, ㅁ
④ ㄴ, ㄹ, ㅁ　⑤ ㄷ, ㄹ, ㅁ

hint

ㄱ, ㄹ. 총소득(Y) 성장률 $\frac{\Delta Y}{Y} = n + g = 7\%$, 1인당 소득($\frac{Y}{L}$) 성장률 $\frac{\Delta y}{y} = g = 4\%$

ㄴ, ㄷ. 황금률의 저축률 = 자본소득분배율(α) = $\frac{MP_K K}{Y} = 40\%$

황금률의 조건 $MP_K = \delta + n + g = 8\% \Rightarrow \therefore \frac{K}{Y} = 5$

ㅁ. 솔로우 모형에서 자본의 실질임대가격은 일정하다.

[**주의사항** : 본 문제에서 기술진보율은 노동증가적 기술진보에서 노동효율성 E의 증가율을 의미한다. 이 값은 총요소생산성인 A의 증가율과 다른 값을 갖게 되므로 조심할 필요가 있다.]

17 **인구증가율, 감가상각률, 기술진보율이 각각 n, δ, g라고 할 때 다음에서 황금률(golden rule)에 대한 설명으로 옳은 것을 모두 고른 것은?** 2012년 국회 8급

ㄱ. 황금률은 정상 상태(균제상태)의 소비를 극대화하는 저축률과 자본량을 말한다.
ㄴ. 황금률은 저축률이 자본소득분배율과 같을 때 달성된다.
ㄷ. 황금률은 자본의 한계생산이 g와 같을 때 달성된다.
ㄹ. 황금률은 자본의 한계생산이 $\delta + g$와 같을 때 달성된다.
ㅁ. 황금률 상태에서는 1인당 소비의 크기가 노동소득과 일치한다.

① ㄱ, ㄴ, ㄹ ② ㄱ, ㄴ, ㅁ ③ ㄱ, ㄹ, ㅁ
④ ㄴ, ㄷ, ㅁ ⑤ ㄱ, ㄴ, ㄹ, ㅁ

hint

황금률의 자본량은 노동소득을 모두 소비하고 자본소득을 모두 저축한 경우의 자본량과 동일하다. 황금률은 다음의 여러 가지 형태로 나타낼 수 있다.

1) 사회후생 및 소비가 극대화된 상태
2) 자본의 한계생산 = 감가상각률 + 인구증가율 + 기술진보율
3) 자본의 순한계생산 = 인구증가율 + 기술진보율 = 균형성장률
4) 실질이자율 = 균형성장률
5) 노동소득은 모두 소비되고 자본소득은 모두 저축되는 경우

정답 15 ② 16 ② 17 ②

18 **솔로우(Solow) 경제성장 모형에서 생산이 이루어지고 있을 때 다음 설명 중 옳은 것을 모두 고르면?**

2008년 감정평가사

ㄱ. 인구증가율이 낮아지면 1인당 국민소득은 장기적으로 낮아진다.
ㄴ. 저축률이 0.2에서 0.3으로 높아질 때 장기적으로 경제성장률이 높아진다.
ㄷ. 1인당 자본스톡(capital stock)이 균제상태(steady state)보다 낮은 수준에서 균제상태로 접근함에 따라 경제성장률이 둔화된다.
ㄹ. 자본소득을 모두 저축하고 노동소득을 모두 소비한다면, 이 경제의 균제상태는 황금률(golden rule)을 달성한다.

① ㄱ, ㄴ ② ㄱ, ㄷ ③ ㄷ, ㄹ
④ ㄱ, ㄴ, ㄹ ⑤ ㄴ, ㄷ, ㄹ

hint

솔로우 모형에서,
ㄱ. 인구증가율이 낮아지면 장기균형에서의 1인당 국민소득이 높아진다.
ㄴ. 저축률의 증가는 소득수준을 높일 수는 있으나 장기적으로 경제성장률을 높일 수는 없다.
ㄷ. 이런 현상을 자본축적의 감속현상이라고 한다.
ㄹ. 황금률 상태란 사회후생이 극대화되는 경제성장 또는 1인당 소비를 극대화하는 경제성장을 의미한다. 이러한 상태는 구체적으로 자본소득을 모두 저축하고 노동소득을 모두 소비하는 경우와 일치한다.

19 **솔로우(Solow) 모형에서 생산함수는 $Y = K^{0.5}(E \times L)^{0.5}$이다**($K$는 자본, L은 노동, E는 노동의 효율성, Y는 생산량). **이 경제에서 저축률은 20%, 노동증가율은 5%, 노동효율성 증가율은 5%, 감가상각률은 10%일 때 현재 균제상태(steady state)에 있는 이 경제에 대한 설명으로 옳은 것은?**

2018년 보험계리사

① 이 경제는 황금률(golden rule) 자본수준에 있다.
② 황금률 자본수준으로 가기 위해서는 저축률을 높여야 한다.
③ 황금률 자본수준으로 가기 위해서는 현재 효율노동 단위당 소비를 증가시켜야 한다.
④ 황금률 자본수준에 도달하면 효율노동단위당 소비는 현재 균제상태보다 낮아진다.

hint

① (×), $s = 0.2 < \alpha = 0.5$ 상태이므로 과소저축, 과소자본상태이다.
② (○)
③ (×), 저축률을 상승시킬 경우 현재 효율노동단위당 소비는 즉각적으로 감소한다.
④ (×), 저축률을 상승시킬 경우 균제상태에서의 효율노동단위당 소비는 최종적으로 증가한다.

20 다음 그림은 생산함수가 $y = k^{\frac{1}{4}}$, 자본의 축적식이 $\Delta k = sy - \delta k$, 국민소득계정 항등식이 $y = c + i$인 솔로우 모형에서 황금률 수준의 k에 도달하기 위하여 저축률을 변화시켰을 때 시간에 따른 c의 움직임을 나타낸 것이다. 이러한 움직임을 만들어낸 저축률의 변화로 가장 적절한 것은? (단, y는 1인당 생산량, k는 1인당 자본량, c는 1인당 소비, i는 1인당 투자, s는 저축률, δ는 감가상각률을 의미하고, 저축률을 변화시키기 직전까지 k가 황금률 수준보다 작은 정상상태(steady state)에 있었다.) 2018년 공인회계사

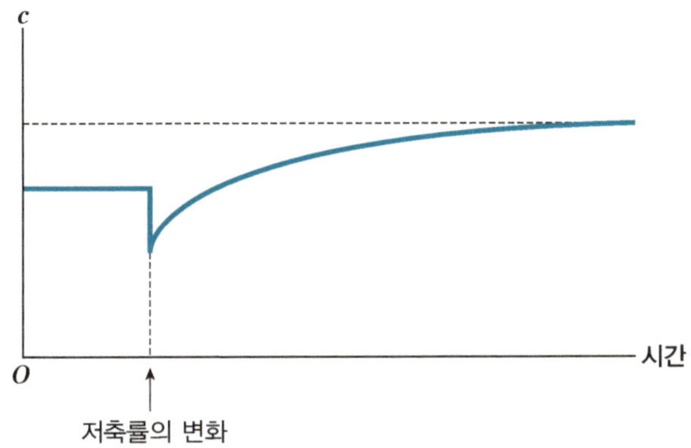

① 저축률을 현재의 20%에서 25%로 5%p 올렸을 때
② 저축률을 현재의 25%에서 20%로 5%p 내렸을 때
③ 저축률을 현재의 30%에서 25%로 5%p 내렸을 때
④ 저축률을 현재의 25%에서 30%로 5%p 올렸을 때
⑤ 저축률을 현재의 30%에서 35%로 5%p 올렸을 때

hint

주어진 생산함수에서 황금률 저축률 $s_{gold} = \alpha = \frac{1}{4}$이다.
저축률 변화 시 1인당 소비가 감소하였으므로 이 시점에서 저축률 인상이 이루어졌다.
따라서 저축률 변화 이전의 저축률은 $\frac{1}{4}$보다 낮았을 것이다.

이상의 조건을 만족하는 것은 ①이다.

정답 18 ③ 19 ② 20 ①

21 **솔로우(Solow) 모형에 대한 설명 중 옳지 않은 것은?** 2016년 공인회계사

① 가계가 저축률을 최적으로 조정하여 항상 황금률이 달성된다.

② 1인당 소득이 지속적으로 성장하는 유일한 이유는 지속적인 기술진보이다.

③ 한 국가의 인구증가율 상승은 균제상태에서 1인당 자본량과 1인당 소득을 감소시킨다.

④ 저축률이 황금률 수준의 저축률보다 낮은 경우에 저축률을 황금률 수준으로 높이면, 현재 투자와 미래투자 모두 저축률을 높이기 이전보다 늘어난다.

⑤ 저축률이 황금률 수준의 저축률보다 높은 경우에 저축률을 황금률 수준으로 낮추면, 현재 소비와 미래소비 모두 저축률을 낮추기 이전보다 늘어난다.

hint

① (×), 우연이 아닌 한 황금률이 자동으로 달성된다는 보장이 없다.

② (○), 솔로우 모형에서 1인당 소득의 장기성장률은 g(노동증가적 기술진보율)이다.

③ (○), 한 국가의 인구증가율이 상승하면 자본을 나눠써야 하므로 1인당 자본이 감소한다.

④ (○), 저축률이 황금률 수준의 저축률보다 낮은 경우에 저축률을 황금률 수준으로 높이면 〈그림 2〉에서 투자가 즉각적으로 늘어날 뿐만 아니라 장기적으로도 늘어난다.

⑤ (○), 저축률이 황금률 수준의 저축률보다 높은 경우에 저축률을 황금률 수준으로 낮추면, 〈그림 1〉에서 현재소비가 즉각적으로 늘어날 뿐만 아니라 황금률이 달성됨에 따라 미래소비도 증가한다.

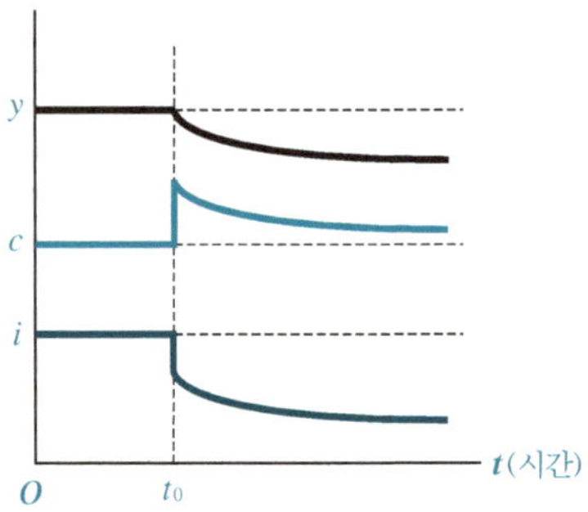

〈그림 1〉 과다자본에서 저축률 인하

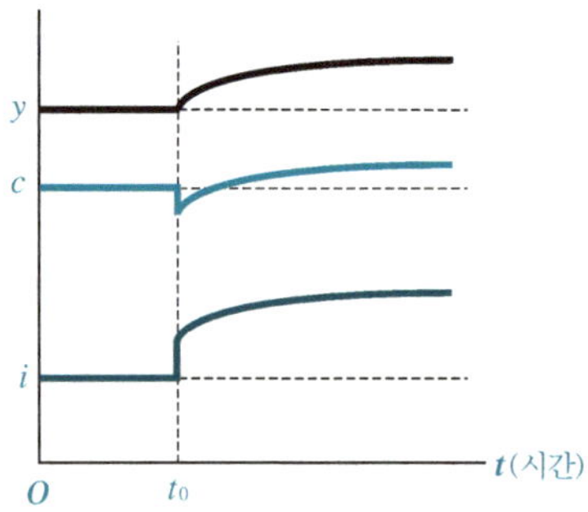

〈그림 2〉 과소자본에서 저축률 인상

22 인구 증가를 고려한 솔로우 모형에서 1인당 생산(y), 자본(k), 투자(i)로 표시된 생산함수와 1인당 자본축적방정식이 각각 다음과 같다.

$$y = \sqrt{k}$$
$$\Delta k = i - (n + \delta)k$$

인구성장률(n)과 감가상각률(δ)은 각각 0.15와 0.05이고, 저축률은 0.6이다. 현재 이 경제는 균제상태이다. 다음 중 이 경제의 황금률 균제상태와 황금률 균제상태로의 이행과정에 대한 설명으로 옳지 않은 것은? 2022년 공인회계사

① 황금률 균제상태에 부합하는 저축률은 0.5이다.
② 황금률 균제상태에서 1인당 생산은 2.5이다.
③ 황금률 균제상태에서 1인당 소비는 현재의 균제상태에서보다 크다.
④ 황금률 균제상태에 도달하기 전까지 1인당 자본의 증가율은 0보다 작다.
⑤ 황금률 균제상태에 도달하기 전까지 1인당 자본과 1인당 생산의 증가율은 같다.

hint

① (○), 황금률의 저축률은 자본소득분배율과 같다. $s_{gold} = \alpha = \frac{1}{2}$
② (○), $\Delta k = 0.5k^{0.5} - 0.2k = 0 \Rightarrow y^*_{gold} = \sqrt{k^*_{gold}} = 2.5$
③ (○), 현재 비황금률 균제상태이므로 황금률 균제상태의 소비는 당연히 더 크다.
④ (○), 현재 과다자본 상태이므로 황금률로의 이행과정에서 자본이 감소한다.
⑤ (×), 1인당 생산함수가 $y = \sqrt{k}$이므로 $\hat{y} = \frac{1}{2}\hat{k}$가 성립한다. 즉, 1인당 소득의 증가율은 1인당 자본의 증가율의 $\frac{1}{2}$이다.

정답 21 ① 22 ⑤

23 기술진보가 없는 솔로우 모형을 따르는 어느 경제의 총생산함수는 다음과 같다.

$$Y = \sqrt{LK}$$

Y, L, K는 각각 총생산, 노동, 자본을 나타낸다. 이 경제의 인구증가율과 감가상각률은 각각 0.02와 0.03이고, 저축률은 0.3이다. 현재 이 경제의 1인당 자본이 30일 때 이 경제에 대한 다음 설명 중 옳지 않은 것은? 2023년 공인회계사

① 다음 기에 1인당 자본은 현재보다 더 크다.
② 황금률 균제상태에 도달하기 위해서는 저축률을 높여야 한다.
③ 황금률 균제상태에 도달하면 1인당 소비는 현재보다 높아진다.
④ 현재 이 경제는 균제상태에 있지 않다.
⑤ 이 경제의 균제상태는 동태적으로 비효율적이다.

hint

① (○), $\Delta k = sf(k) - (\delta + n)k = 0.3\sqrt{30} - 0.05 \times 30 > 0$이므로 1인당 자본은 증가할 것이다. [균제상태의 1인당 자본을 구하면 $k^* = 36$이 되는데, 현재 1인당 자본 $k = 36$이 균제상태의 1인당 자본보다 작기 때문에 1인당 자본이 증가할 것이라 보아도 좋다.]
② (○), 황금률이 성립하기 위해서는 저축률(s)과 자본소득분배율(α)이 일치해야 한다. 그러나 현재 $s = 0.3 < \alpha = 0.5$이므로 과소자본 상태에 해당한다.
③ (○), 황금률 균제상태는 1인당 소비가 극대화된 상태이다.
④ (○), $s = 0.3$에서 균제상태의 조건 $\Delta k = sf(k) - (\delta + n)k = sk^{\frac{1}{2}} - 0.05k = 0$을 풀면 균제자본량은 $k^* = 36$이 된다.
⑤ (×), 동태적 비효율성이란 과다자본 상태를 의미하는 다른 표현이다. 외워라. 과다동비!

24 갑국 경제의 성장회계와 자본의 한계생산물이 다음과 같다.

- 성장회계 : $\dot{Y} = \dot{A} + \alpha\dot{K} + (1-\alpha)\dot{L}$
- 자본의 한계생산물 : $MPK = \alpha\dfrac{Y}{K}$

여기서 $\dot{Y}$, $\dot{A}$, $\dot{K}$, $\dot{L}$은 각각 경제 전체의 생산량, 총요소생산성, 자본량, 노동량의 변화율을 나타낸다. 이 경제에서 $\dot{Y}$, $\dot{K}$, $\dot{L}$은 각각 3%, 3%, −1%, $\dfrac{Y}{K}$는 25%, 자본의 실질임대료는 10%로 일정하다. 이 경제에 고전학파 분배이론이 적용될 경우 총요소생산성 변화율은?

① 1.4% ② 2.4% ③ 3.4%

④ 4.4% ⑤ 5.4%

hint

$MPK = \alpha\dfrac{Y}{K} \Rightarrow 10\% = \alpha \times 25\% \Rightarrow \alpha = 0.4$

$\dot{Y} = \dot{A} + \alpha\dot{K} + (1-\alpha)\dot{L} \Rightarrow 3\% = \dot{A} + 0.4 \times 3\% + 0.6 \times (-1\%) \Rightarrow \dot{A} = 2.4\%$

25 A국의 1인당 GDP(y), 1인당 물적자본스톡(k), 그리고 1인당 인적자본스톡(h)의 연평균 증가율은 각각 1.54%, 0.84%, 0.63%이며, 총생산함수는 $y = zk^{\alpha}h^{1-\alpha}$이다. 이 경우 A국의 총요소생산성의 연평균 증가율은? (단, z는 총요소생산성이며, $\alpha = \dfrac{1}{3}$이다.)

① 0.07% ② 0.70%

③ 0.84% ④ 1.09%

hint

$\hat{y} = \hat{z} + \alpha\hat{k} + (1-\alpha)\hat{h} \Rightarrow 1.54\% = \hat{z} + \dfrac{1}{3} \times 0.84\% + \dfrac{2}{3} \times 0.63\% \Rightarrow \hat{z} = 0.84\%$

* **주의사항**

측정방식에 따라서는 인적자본의 증가분 역시 총요소생산성에 포함시키는 경우가 있으므로 유의해야 한다.

정답 23 ⑤ 24 ② 25 ③

26 다음 표는 생산함수가 $y = z\sqrt{k}\sqrt{h}$로 동일한 두 국가(A국과 B국)의 1인당 GDP(y), 1인당 물적자본스톡(k), 1인당 인적자본스톡(h)을 나타내고 있다. B국의 1인당 GDP가 A국의 1인당 GDP의 2.4배라고 할 때 B국의 생산성은 A국 생산성의 몇 배인가? (단, z는 생산성을 나타낸다.)

2015년 지방직 7급

구분	A국	B국
1인당 GDP(y)	100	(　)
1인당 물적자본스톡(k)	100	100
1인당 인적자본스톡(h)	25	64

① 1.2 ② 1.5
③ 2.0 ④ 2.4

hint

$\frac{y_B}{y_A} = \frac{z_B}{z_A}\frac{\sqrt{k_B}}{\sqrt{k_A}}\frac{\sqrt{h_B}}{\sqrt{h_A}} \Rightarrow 2.4 = \frac{z_B}{z_A} \times \frac{\sqrt{100}}{\sqrt{100}} \times \frac{\sqrt{64}}{\sqrt{25}} = \frac{z_B}{z_A} \times \frac{1}{1} \times \frac{8}{5} \Rightarrow \frac{z_B}{z_A} = 1.5$

27 국가 간의 자료를 비교 · 분석하여 볼 때 경제성장에 관한 일반적인 설명 중 옳지 않은 것은?

2004년 행시

① 인구증가율이 높은 나라일수록 1인당 소득이 낮은 경향이 있다.
② 저축률이 높은 나라일수록 1인당 소득이 높은 경향이 있다.
③ 1인당 소득의 국제적 차이를 설명하는 데 인적자본은 물적자본 못지않게 중요하다.
④ 개발도상국과 선진국 간의 1인당 소득격차는 줄어드는 추세를 보인다.
⑤ 지적재산권이나 특허권의 도입은 기술혁신을 촉진시킨다.

hint

실증자료에 의하면 선진국 간에는 수렴가설이 성립하지만 후진국 간 또는 전 세계적으로는 수렴의 근거를 찾기 어렵다고 한다. 이러한 특징을 1인당 소득과 1인당 성장률 간의 그래프로 나타내면 역 U자의 형태가 나타나게 된다.

28 다음 중 국제적인 성장경험과 수렴가설(convergence hypothesis)에 대한 논쟁으로 옳지 않은 것은?

① 실증연구에 의하면 선진국 간의 소득은 수렴하지만 선 · 후진국 간의 소득은 수렴하지 않는다.
② 수렴가설에 따르면 고도성장을 하고 있는 중국이나 인도의 성장률도 결국 하락하게

된다.

③ 내생적 성장이론에 따르면 전 세계적인 성장률이 수렴하지 않는 것은 총생산함수에서 자본의 생산성이 체감하지 않기 때문이다.

④ 솔로우 성장이론에 따르면 국가 간 저축률이나 인구증가율이 상이하더라도 1인당 소득의 전 세계적 수렴현상이 발생하게 된다.

⑤ 최근의 실증연구에 따르면 인구증가율의 상승이 기술진보를 촉진하면 오히려 1인당 소득을 증가시킬 수도 있다고 한다.

hint

로머(P. Romer) 등의 실증연구에 따르면 선진국 간의 소득은 수렴하지만 전 세계적인 수렴은 나타나지 않는다. 이러한 한계를 극복하기 위해서 새로운 모형을 제시한 것이 내생적 성장이론이다. 반면 솔로우 성장이론을 옹호하는 입장에서는 전 세계적 수렴현상이 발생하지 않는 것은 솔로우 성장 모형이 잘못되었기 때문이 아니라, 각국이 처한 여건, 즉 국가 간 저축률이나 인구증가율이 상이하기 때문이라고 한다. 이처럼 각국이 처한 여건이 상이하기 때문에 전 세계적인 수렴은 성립하지 않고, 여건이 비슷한 국가들끼리의 수렴이 발생하게 된다는 주장을 조건부 수렴가설(conditional convergence hypothesis)이라고 한다.

29 **내생적 성장이론에 대한 설명 중 가장 옳지 않은 것은?** 2005년 공인회계사

① 금융시장이 발달하면 저축이 증가하고 투자의 효율성이 개선되어 경제성장이 촉진된다.

② 외부효과를 가지는 지식의 경우에는 수확체감의 법칙이 적용되지 않는다.

③ 정부소비지출의 증가는 경제성장을 촉진한다.

④ 교육은 인적자본의 축적을 통해 경제성장을 촉진한다.

⑤ 국가 간 소득수준의 수렴현상이 나타나지 않을 수 있다.

hint

내생적 성장이론 또는 신성장이론이란 외생적인 기술진보를 가정했던 솔로우 모형의 한계를 극복하기 위해 등장한 다양한 이론들로서 수렴가설의 한계와 지속적인 성장을 위한 정부의 역할을 강조하고 있다. 내생적 성장이론이 강조하는 성장동력으로는 인적자본, 지식 및 자본의 외부효과, 자유무역, 연구개발 등이 있다. 이들에 의하면 사회간접자본 등 정부의 투자적 지출은 장기적으로 성장을 촉진할 수 있으나 정부의 소비지출 증가는 투자를 저해하고 성장을 저해할 가능성이 크다.

정답 26 ② 27 ④ 28 ④ 29 ③

30 **내생적 성장이론에 대한 설명으로 옳지 않은 것은?** 2002년 행시

① 기술진보율은 외생적으로 주어지는 것이 아니라, 가계의 효용극대화 또는 기업의 이윤극대화 행동에 따라 달라질 수 있다.

② 교육기간이 긴 나라일수록 1인당 소득증가율이 높은 경향이 있다.

③ 연구개발(R&D) 투자로부터 사회 전체가 얻는 이익보다 연구개발자가 개인적으로 얻는 이익이 더 큰 경향이 있다.

④ 지식창출과 인적자본 축적이 지속적인 성장을 유발하는 중요한 요소이다.

⑤ 금융시장의 발달이 경제성장의 한 요인이다.

hint

내생적 성장이론에서 성장의 동인은 인적자본, 연구개발, 기술, 지식자본의 외부효과 등이 대표적이다. 그 외에도 경제의 개방화, 규제의 감소, 재산권의 확립, 공공부패의 척결 등도 중요한 성장의 동인으로 설명된다. 연구개발 등에 있어서도 긍정적 외부효과가 존재하여 사회 전체가 얻는 이익이 연구개발자가 개인적으로 얻는 이익보다 더 큰 경향이 있다고 보는 것이 일반적인 견해이다.

31 **내생적 성장이론**(endogenous growth theory)**에 대한 설명으로 옳은 것은?** 2023년 보험계리사

① 교육은 인적자본의 축적을 통해 경제성장을 촉진한다.

② 균제상태에서 경제성장률은 외생적 기술진보율과 일치한다.

③ 중앙은행의 통화긴축정책은 투자를 감소시켜 경제성장을 저해한다.

④ 고소득 국가에 비해 저소득 국가의 성장 속도가 빠르기 때문에 저소득 국가의 소득수준이 고소득 국가에 수렴한다.

hint

내생적 성장이론이란 솔로우 모형을 대체 또는 보완하려는 다양한 이론을 총칭하는 개념이다. 이에는 다양한 모형이 포함되는데, 일반적이며 공통된 특징에 근거하여 답하면 다음과 같다.

① (○), 인적자본은 내생적 성장모형에서 중요한 성장동력 중 하나이다.

② (×), 내생적 성장이론의 경우 외생적 기술진보가 없어도 지속적 성장이 가능하다. 외생적 성장동력을 내생화하는 것이 내생적 성장이론의 큰 특징이다.

③ (×), 대부분 성장이론에서 통화정책은 장기성장에 중립적이라고 본다.

④ (×), 솔로우 모형과 달리 내생적 성장이론에서는 수렴이 나타나지 않을 수도 있다. 예를 들어 대표적 모형인 AK 모형의 경우에는 수렴이 발생하지 않는다.

32 **내생경제성장이론**(endogenous growth theory)**에 대한 설명으로 옳지 않은 것은?**

2007년 공인회계사

① 현실에서 발견되는 지속적인 경제성장을 설명하기 위한 이론이다.

② 인적자본이 외부효과를 통하여 경제성장에 크게 기여한다고 보기도 한다.

③ 수확체감법칙이 적용되지 않는 성장요인을 찾는 노력으로 볼 수도 있다.

④ 무역을 통한 기술지식의 전파가 후진국의 경제성장에서 중요하다고 보기도 한다.

⑤ 선진국의 후진국에 대한 외국인 직접투자는 투자이익이 선진국으로 유출되므로 후진국의 경제성장과는 거리가 먼 것으로 본다.

hint

내생적 성장이론 또는 신성장이론이란 외생적인 기술진보를 가정했던 솔로우 모형의 한계를 극복하기 위해 등장한 다양한 이론들로서 수렴가설의 한계와 지속적인 성장을 위한 정부의 역할을 강조하고 있다. 내생적 성장이론이 강조하는 성장 동력으로는 인적자본, 지식 및 자본의 외부효과, 자유무역, 연구개발 등이 있다.

33 **다음 중 내생적 성장이론에 대한 설명으로 옳은 것은?**

2015년 공인회계사

① 로머(P. Romer)의 R&D 모형에 따르면 연구인력 증가만으로도 장기 경제성장률을 높일 수 있다.

② 가난한 나라와 부유한 나라의 1인당 소득수준이 장기적으로 수렴한다고 예측한다.

③ *AK* 모형에 따르면 저축률의 상승은 장기 경제성장률을 높일 수 없다.

④ 로머의 R&D 모형에 따르면 지식이 경합성을 가지므로 지식자본의 축적을 통해 지속적인 성장이 가능하다.

⑤ 루카스(R. Lucas)의 인적자본 모형에 따르면 교육 또는 기술습득의 효율성이 장기 경제성장률에는 영향을 미치지 못한다.

hint

① (O)

② (×), 내생적 성장이론에서는 수렴의 실질적 근거가 없다고 주장한다.

③ (×), 내생적 성장이론에서는 저축률 상승이 수준효과와 성장률효과를 모두 가진다.

④ (×), 로머의 모형에서는 지식자본이 비경합적이어서 공공재적 성격을 가진다고 보았다.

⑤ (×), 루카스는 인적자본의 축적이 경제성장률을 결정하는 중요 요인임을 강조했다.

정답 30 ③ 31 ① 32 ⑤ 33 ①

34 경제성장에 관한 설명으로 옳지 않은 것은? 2009년 국회 8급

① 경제발전의 양적 성장은 노동과 자본의 확충에 의한 성장을, 질적 성장은 기술진보에 의한 성장을 의미한다.

② 성장회계는 일정한 기간 동안 달성된 경제성장에 대해 어떤 요인이 어느 정도의 기여를 했는지 알아보는 분석방법이다.

③ 솔로우의 성장모형에서는 1인당 소득이 낮은 나라일수록 경제가 빠르게 성장하여 선진국 수준으로 수렴한다.

④ 쿠즈네츠 가설에 따르면 경제성장의 초기 단계에서 소득분배가 일단 악화되는 추세를 보이다가 성장이 어느 정도 이루어지면서 차츰 개선된다.

⑤ 내생적 성장에 관한 학습효과(learning-by-doing)모형은 의도적인 교육투자의 중요성을 강조한다.

hint

⑤ 기술 및 지식의 축적과 관련된 모형 중 연구개발 모형은 의도적인 지식축적을 강조하며, 학습효과 모형은 생산과정에서 우연히 이루어지는 지식축적을 강조한다. 연구개발 모형은 주로 특허 등을 통해 배제 가능한 지식의 축적에 적용되며, 학습효과 모형은 배제가 불가능한 지식의 축적에 적용된다.

35 내생적 성장이론에 대한 다음 설명 중 가장 옳지 않은 것은? 2009년 공인회계사

① 장기적으로 지속적 성장을 위해서는 생산함수가 모든 투입요소에 대하여 한계생산 체감을 보이지 않아야 한다.

② R&D 모형에 의하면 비경합성과 배제가능성을 갖는 지식의 축적으로 지속적 성장이 가능해진다.

③ 인적자본 모형에 의하면 효율적인 교육정책은 경제성장률을 영구적으로 높일 수 있다.

④ 물적자본과 인적자본의 동시축적으로 자본의 한계생산성이 체감하지 않도록 함으로써 1인당 소득의 지속적 증가를 설명할 수 있다.

⑤ 가난한 나라와 부유한 나라의 1인당 소득수준이 장기적으로 수렴하지 않는 현상을 설명할 수 있다.

hint

① 각 요소에 대해 한계생산이 체감하더라도 지속적 성장이 가능하다. 예를 들어 인적자본이 반영된 모형에서 물적자본과 인적자본의 동시축적으로 자본의 한계생산성이 체감하지 않도록 함으로써 1인당 소득의 지속적 증가를 설명할 수 있다.

36 **내생적 성장이론에 관한 설명으로 옳지 않은 것은?** 2001년 행시

① 신 슘페터 성장모형은 독점이윤을 허용하는 불완전경쟁체제 하의 분석이다.

② 작업현장에서 이루어지는 경험으로부터의 학습도 생산성 향상의 주요한 원인이 된다.

③ 루카스-로머의 수확체증 모형에서 인적자본은 외부효과를 갖는다.

④ 일국의 경제가 개방되었을 때 경제성장이 촉진되는 이유를 설명할 수 있다.

⑤ 신 슘페터 성장모형은 정부의 정책개입을 반대하는 논리를 정당화시킨다.

hint

신 슘페터 이론에서는 혁신적인 신생기업들이 독점이윤을 차지하기 위한 창조적 파괴(creative destruction)로서의 연구, 개발 및 특허 획득을 위한 노력이 장기성장의 중요 원천이 된다고 주장한다. 이를 위해서 정부가 전통적인 독점규제방식에서 벗어나 기업들의 연구 · 개발의 성과를 보장하는 새로운 형태의 정책구조를 마련해야 한다고 주장한다.

37 **다양한 신성장 모형에서 총생산함수를 $Y = AK$로 둘 수 있다고 주장한다. 이러한 주장의 이론적 배경으로 옳지 않은 것은?**

① 물적자본의 축적에 외부효과가 있을 수 있다.

② 물적자본과 인적자본이 동시에 축적되면 자본의 한계생산이 체감하지 않는다.

③ 인구의 유입으로 자본의 한계생산이 감소하지 않는다.

④ 학습효과로 인해 의도하지 않은 비배제적 지식이 축적될 수 있다.

⑤ 연구개발 과정에서 배제적 지식이 축적되어 한계생산이 체감하지 않는다.

hint

③ (×), 인구 유입 또는 증가의 효과는 신고전파 성장모형(솔로우 모형)에도 반영되어 있다. 단순한 인구증가는 신성장 모형이 강조하는 요인이 아니다.

정답 34 ⑤ 35 ① 36 ⑤ 37 ③

38 **솔로우**(Solow) **경제성장 모형에서 생산함수가 다음과 같이 바뀌었을 때 경제의 성장에 대한 다음 설명 중 적절한 것을 모두 고르면?** (단, Y는 생산량, A는 생산성 수준, K는 자본을 나타낸다.) 2008년 감정평가사

$$Y = AK$$

ㄱ. 자본에 대한 수확체감이 성립하지 않는다.
ㄴ. 총자본스톡 증가율은 $sA - \delta$이다(s는 저축률, Δ는 감가상각률).
ㄷ. 총자본스톡 증가율이 인구증가율보다 크면 1인당 소득은 영구히 증가한다.

① ㄱ ② ㄴ ③ ㄱ, ㄷ
④ ㄴ, ㄷ ⑤ ㄱ, ㄴ, ㄷ

hint

ㄱ. $MP_K = A$로 일정하다.
ㄴ. 총자본축적공식 $\Delta K = sAK - \delta K$에서 $\frac{\Delta K}{K} = sA - \delta$가 된다.
ㄷ. $k = \frac{K}{L}$에서 '1인당 자본증가율 = 총자본스톡 증가율 − 인구증가율'이므로 총자본스톡 증가율이 인구증가율보다 크면 1인당 소득은 영구히 증가한다.

솔로우 모형과 AK 모형의 비교

모형	솔로우 모형	AK 모형
생산함수	한계생산 체감	한계생산 일정
수렴가설	성립	불성립
저축 및 투자의 역할	수준효과	수준효과 + 성장률효과
균형 총성장률	$n+g$	$sA - \delta$
균형 1인당 성장률	g	$sA - (\delta + n)$

39 **한 경제의 생산함수와 자본축적공식 및 인구증가율이 다음과 같이 주어졌다고 하자.** 행시 응용

생산함수 : $Y = AK$ 자본축적공식 : $\Delta K = sY - \delta K$ 인구증가율 : $\frac{\Delta L}{L} = n$
(단, Y = 산출, A = 상수, K = 자본, s = 저축률, δ = 감가상각률, L = 노동, n = 인구증가율이다.)

이 경제의 자본-산출계수(K/Y)**는 4이고, GDP 가운데 감가상각이 차지하는 비율은 16%이며, 인구증가율은 2%라고 할 때 1인당 경제성장률 4%를 지속적으로 달성하기 위해서는 저축률이 어느 수준으로 유지되어야 하겠는가?**

① 10% ② 20% ③ 30%
④ 40% ⑤ 50%

hint

AK 모형에서 A는 상수이므로 $\frac{\Delta Y}{Y} = \frac{\Delta K}{K} = sA - \delta$가 된다. $y = \frac{Y}{L}$에서 1인당 성장률 $\frac{\Delta y}{y} = \frac{\Delta Y}{Y} - n = sA - (\delta + n)$이 성립한다. 이 경제의 자본-산출계수 $\frac{K}{Y} = 4$에서 정리하면 $Y = AK = \frac{1}{4}K$이므로 $A = \frac{1}{4}$이 성립한다. 또한 감가상각은 GDP의 16%라고 하였으므로 $\delta K = 0.16Y$에서 감가상각률 $\delta = \frac{0.16Y}{K} = \frac{0.16}{K/Y} = 0.04$가 된다. 주어진 값들을 대입하면 $\frac{\Delta y}{y} = sA - (\delta + n) = s \times \frac{1}{4} - (0.04 + 0.02) = 0.04$가 구해진다.

40 **경제성장 모형에 관한 설명으로 옳은 것을 모두 고른 것은?** (단, Y는 총생산, A는 생산성 수준을 나타내는 양(+)의 상수이고, K는 자본을 나타냄) 2012년 공인노무사

ㄱ. 다른 조건이 일정할 때 솔로우(Solow) 모형에서 일회적인 기술진보는 장기적으로 1인당 산출량의 성장률을 증가시킨다.
ㄴ. 솔로우 모형에서 국가 간 1인당 소득수준이 수렴한다는 주장은 기본적으로 한계수확체감의 법칙에 기인한다.
ㄷ. 로머(P. Romer)는 기술진보를 내생화한 성장모형을 제시하였다.
ㄹ. 총생산함수가 $Y = AK$인 경우 K의 한계생산물은 일정하다.

① ㄱ, ㄴ ② ㄱ, ㄴ, ㄷ ③ ㄱ, ㄴ, ㄷ, ㄹ
④ ㄴ, ㄷ, ㄹ ⑤ ㄷ, ㄹ

hint

ㄱ. 솔로우 모형에서 1회적 기술진보, 즉 생산함수의 1회적 상방이동은 1인당 산출량의 수준을 증가시키지만 장기 성장률을 높이지는 못한다.
ㄴ. 자본의 한계생산이 체감하지 않는 모형에서는 수렴이 발생하지 않는다.

정답 38 ⑤ 39 ④ 40 ④

41 **경제성장에 관한 다음의 서술 중 옳지 않은 것은?** 2008년 보험계리사

① 해로드-도마 모형은 자본과 노동 간 완전 보완관계를 전제하는 반면 솔로우 모형은 자본과 노동 간 대체관계를 전제로 이론을 전개한다.

② 솔로우 모형은 규모에 대한 보수의 불변을 전제하는 반면 내생적 성장이론은 규모에 대한 보수의 증가를 전제하고 이론을 전개한다.

③ 해로드-도마 모형에서 자본계수가 2.0이고 노동증가율이 1.5%라면 완전고용 균형성장을 달성하기 위해서는 경제성장률이 6%가 되어야 한다.

④ 내생적 성장이론에서는 기술진보가 물적자본의 축적, 인적자본에 대한 투자, 연구 및 개발 등에 의해 내생적으로 발생한다고 본다.

hint

해로드와 도마는 노동의 완전고용을 달성하는 성장률을 자연성장률(n), 자본의 완전고용을 달성하는 성장률을 적정 성장률($\frac{s}{v}$)이라 하였으며, 양자가 일치할 때($\frac{s}{v}=n$) 완전고용 하에 성장이 이루어질 수 있어 이를 황금시대(golden age)라고 불렀으나 이 모형에서는 경제가 스스로 이 상태로 수렴하는 경향이 없어 매우 불안정적인 성장을 예측하였다.

42 **경제성장에 관한 해로드-도마 모형**(Harrod-Domar model)**과 솔로우 모형**(Solow model)**의 공통점에 대한 설명으로 옳은 것을 다음에서 모두 고르면?** 2011년 국회 8급

> ㄱ. 생산요소 간 대체가 가능하고 규모에 대한 보수가 불변인 콥-더글라스(Cobb-Douglas) 1차 동차 생산함수를 가정한다.
> ㄴ. 매 기당 인구증가율과 자본증가율은 외생적으로 일정하게 주어진다.
> ㄷ. 저축률은 일정한 반면 사전적 투자수요와 사후적 투자지출이 같아서 매 기당 균형이 유지된다.
> ㄹ. 완전고용균형성장은 경제성장률, 자본증가율, 노동증가율이 같을 때 이루어진다.

① ㄱ, ㄴ　　② ㄱ, ㄷ　　③ ㄴ, ㄷ
④ ㄴ, ㄹ　　⑤ ㄷ, ㄹ

hint

ㄱ. 솔로우 모형 : 콥-더글라스 생산함수, 해로드-도마 모형 : 레온티에프 생산함수

ㄴ. 해로드-도마 모형에서는 인구증가율을 자연성장률(G_n), 자본증가율을 적정 성장률 또는 보장성장률(G_w)이라고 하며, 외생적으로 주어진다. 솔로우 모형에서도 인구증가율은 일정하게 주어지지만 자본증가율은 $\frac{\Delta k}{k}=\frac{sf(k)}{k}-(\delta+n)$이 되어 현재 자본수준에 내생적으로 영향을 받는다.

ㄷ~ㄹ. 이는 두 모형의 공통된 특징이다. 단, 솔로우 모형에서는 ㄹ이 자동으로 성립하지만 해로드-도마 모형에서는 ㄹ이 성립한다는 보장이 없다.

43 다음 중 연결이 올바르지 않은 것은? 2005년 국가직 7급

① 넉시 — 균형성장론 ② 허쉬만 — 불균형성장론

③ 로스토우 — 경제발전 5단계설 ④ 해로드와 도마 — 자본주의 경제의 안정성

hint

해로드와 도마의 성장이론에 의하면 성장하는 자본주의 경제는 불안정적이다. 경제발전론의 유명한 두 이론을 비교하면 다음과 같다.

	균형성장론	불균형성장론
대표학자	넉시(Nurkse)	허쉬만(Hirschman)
주요 내용	후진국의 발전을 위해 모든 부분이 균형적으로 개발되어야 한다.	후진국의 발전을 위해 선도부분을 선정하여 집중적으로 육성해야 한다.
근거	후진국이 직면한 빈곤의 악순환을 끊기 위해서는 수요와 공급 측면에서의 전반적인 성장이 필요하다.	후진국은 자원이 부족하기 때문에 부족한 자원을 결집해야 한다.
발전전략	상호 수요촉진을 통한 시장규모 확대 위장실업의 제거 및 국제적 전시효과의 억제	전 · 후방 연관효과가 강한 산업을 선정하여 강력한 지원
평가	자원이 풍부하고 시장기능이 원활하며 내수의존도가 높은 경우에 타당성이 높음.	자원이 빈약하고, 시장기능이 제한되고, 수출에 의한 발전가능성이 큰 경우에 타당성이 높음.

44 경제성장이론에 관한 설명 중 옳지 않은 것은? 2003년 공인회계사

① 노동이 유일한 생산요소인 맬서스 경제는 수확체감의 법칙으로 인해 장기에서 더 이상의 성장이 일어나지 않는 정체상태(stationary state)에 빠지게 된다.

② 솔로우 모형에서는 저축률이 상승하더라도 균제상태(steady-state)의 성장률이 변하지 않는다.

③ 내생성장이론에 따르면 국가 간 소득격차가 줄어드는 수렴현상(convergence)이 가속화된다.

④ 쿠즈네츠의 가설은 경제성장의 초기 단계에 성장과 함께 소득불평등의 정도가 점차 심화될 수 있다는 경험적 명제이다.

⑤ 허쉬만의 불균형성장이론에 따르면 파급효과가 큰 산업을 우선적으로 육성해야 한다.

hint

솔로우 모형의 주요 특징으로는 자본축적의 감속현상, 국가 간 소득의 수렴현상, 저축이 수준효과는 갖지만 성장률효과는 가지지 못하는 점 등을 들 수 있다. 반면 내생적 성장이론에서는 자본축적의 감속이 발생하지 않으므로 수렴현상이 발생하지 않는다. 또한 저축이 수준효과뿐만 아니라 성장률효과도 함께 갖는다.

정답 41 ③ 42 ⑤ 43 ④ 44 ③

제16장 국제무역론

Testbank for Economics [macroeconomics]

핵 심 출 제 논 점

1. 산업 간 무역과 산업 내 무역
2. 교역조건의 개념과 응용
3. 리카도 모형과 비교우위의 이해
4. 헥셔-오린 모형의 이해
5. 자유무역과 계층별 이해관계
6. 관세, 수입할당, 수출자율규제의 비교
7. 무역통합이론

I 국제거래의 종류 및 무역의 이익

산업 간 무역(inter industry trade)	**산업 내 무역**(intra industry trade)
서로 다른 산업 간에 이루어지는 무역	동종, 유사한 산업 내에서 이루어지는 무역
ex〉 농산물-공산품 간의 교역	ex〉 대형차-소형차 간의 교역
선 · 후진국 간 무역	대체로 선진국 간 무역
비교우위로 인한 무역의 이익**	비교우위 외의 이익***
리카도 이론/헥셔-오린 이론	아담 스미스/크루그먼 이론
소득분배효과(갈등) 심각	소득분배효과(갈등) 크지 않음

* 현실에선 산업 간 무역뿐만 아니라 산업 내 무역 역시 매우 활발히 이루어짐.

** 비교우위의 원인 : 기술의 차이(Ricardo), 요소부존의 차이(H-O), 선호, 역사의 차이

*** 비교우위 이외의 무역의 이익 : 규모의 경제, 제품차별화, 독점적 왜곡의 제거

II 비교우위이론

1. 리카도 이론 : 기술격차 비교우위

(1) 기초 개념

- 절대우위 : 산업의 우위를 '생산성(productivity)' 에 근거하여 평가
- 비교우위 : 산업의 우위를 '기회비용(opportunity cost)' 에 근거하여 평가
- 교역조건 $= \dfrac{P_X}{P_M} = \dfrac{\text{수출재 가격}}{\text{수입재 가격}} = \dfrac{\text{취득한 수입재의 양}}{\text{제공되는 수출재의 양}}$

  ① 국가 간 거래에 있어서 결정된 상품 간의 가격비율 또는 교환비율

  ② 수출품과 수입품 간의 상대가격(수입품 단위로 나타낸 수출품의 상대가격)

  ③ 수출품 한 단위로 얻어 올 수 있는 수입품의 양

* 교역조건의 상승을 교역조건의 개선이라고도 함. 환율 상승 ⇒ 교역조건 악화 ⇒ 순수출 증가!!!

(2) 기본 가정

- 2국-2재-1유동요소(노동 only)
- $L = L_X + L_Y$
- CRS, 완전경쟁, 완전고용
- 국가 간 선호 동일, 요소 동일, 기술 상이

(3) 리카도 모형의 생산가능곡선

- $a_X X + a_Y Y = \overline{L} \Rightarrow Y = -\dfrac{a_X}{a_Y}X + \dfrac{\overline{L}}{a_Y}$ (a_X, a_Y는 산업별 단위요소 요구량)

(4) 리카도 모형에서 생산의 결정

■ $\frac{P_X}{P_Y} \begin{matrix} > \\ = \\ < \end{matrix} MRT_{XY} \Rightarrow \begin{matrix} X \text{ only} \\ X, Y \text{ 모두 생산 가능} \\ Y \text{ only} \end{matrix}$

(5) 주요 내용

① 비교우위의 원천은 노동생산성의 국가 간 격차, 즉 기술의 국가 간 격차이다.

② 한 국가가 모든 산업에 절대우위를 가질 수 있으나, 모든 산업에 비교우위를 가질 수는 없다.

③ 무역 개시 이후 교역조건은 양국 교역 이전 가격의 사이에서 결정된다.

④ 이때 교역조건이 자국의 교역 이전 가격에서 멀어질수록 무역의 이익이 크다.

2. 헥셔-오린 이론 : 요소(자원) 격차 비교우위

(1) 기본 가정

■ 2국-2재-2유동요소

■ $L = L_X + L_Y,\ K = K_X + K_Y$

■ CRS, 완전경쟁, 완전고용

■ 국가 간 선호 동일, 기술 동일, 요소부존 상이

(2) 4개의 세부 정리와 1개의 실증연구

	내용
■ 헥셔-오린 정리 : 자원과 비교우위	■ 비교우위 결정이론 : 각국은 자국에 풍부하게 부존된 요소(즉, 값싼 요소)를 집약적으로 사용하는 산업에 비교우위를 갖는다. ■ 자유무역의 분배이론 : 무역은 자국에 풍부하게 부존된 요소에 대한 분배 몫을 늘린다.
■ 요소가격 균등화 정리 : 자유무역의 최종 균형	■ 요소의 국제적 이동이 불가능하다 할지라도 재화의 국제적 이동이 완전히 자유롭다면, 재화의 국가 간 교역은 요소의 이동을 대체하여 교역국의 요소가격을 상대적으로 뿐만 아니라 절대적으로도 균등화시킨다.
■ 스톨퍼-사무엘슨 정리 1) 가격변화의 분석 2) 무역과 실질소득	■ 요소부존에는 변화가 없고 한 재화의 가격이 상승하는 경우, 그 재화의 생산에 집약적으로 사용되는 요소의 가격은 상대적으로나 절대적으로나 상승하고 다른 요소의 가격은 상대적으로나 절대적으로나 하락한다. ⇒ 선진국 사양산업 보호무역 근거
■ 립진스키 정리 1) 수량변화의 분석 2) 자원과 생산	■ 재화가격에는 변화가 없고 한 생산요소의 부존량이 증가할 경우, 그 요소를 집약적으로 사용하는 재화의 생산이 상대적으로나 절대적으로나 증가하고 타 요소를 집약적으로 이용하는 재화의 생산이 상대적으로나 절대적으로나 감소한다.
■ 레온티에프의 역설 : 실증연구	■ 자본이 풍부한 미국이 자본집약적인 재화를 수입하는 역설적인 결과 ■ 레온티에프 역설에 대한 이론적 설명 ① 생산요소의 이질성 ② 미국의 천연자원 부족 ③ 인적자본의 고려 ④ 제품수명주기이론 ⑤ 그 외의 설명 : 요소집약도의 역전 현상, 수요편향 현상, 무역장벽의 존재 등

3. 주요 무역이론의 비교

아담 스미스	리카도	헥셔-오린
1요소(노동가치설)		2요소 이상(국내 소득분배 고려)
절대우위	비교우위	
규모의 경제	기술격차	요소부존 격차
산업 내 무역	산업 간 무역	
완전특화		불완전특화
(기회비용) 체감	불변	체증

4. 다국적기업과 직접투자이론

① 입지이론(location theory) : 자원지향, 시장지향

② 내부화이론(internalization theory) : 기술이전, 수직적 통합

5. 특정요소 모형 : 헥셔-오린의 단기모형

- 2국-2재-1유동-1고정요소
- 균형조건 : 두 부문에서 유동요소가 수취하는 (순)임금이 동일해지는 경우
  $\Rightarrow VMP_L^X = VMP_L^Y$
- 자유무역 시 특정요소 손익 명확, 유동요소 손익 불명확

6. 국제적 가격차별 모형

- $MR_d = MR_i = MC$, 국내 한계수입 = 해외 한계수입 = 한계비용

Ⅲ 무역정책의 기초 : 국가 간, 계층 간 이해관계

1. 무역의 이해관계

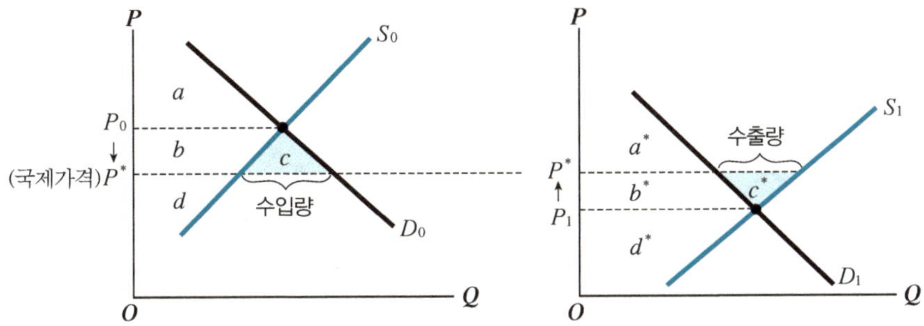

(a) 수입국 (b) 수출국

	수입국	수출국
조건	국제가격 < 국내가격	국제가격 > 국내가격
소비자잉여	$+b+c$	$-b^*$
생산자잉여	$-b$	$+b^*+c^*$
사회잉여	$+c$	$+c^*$

2. 평가

- 긍정적 평가 : 자유무역은 모든 국가에 이익이 된다.
  부정적 평가 : 자유무역이 모든 계층에 이익이 되는 것은 아니다.

Ⅳ 보호무역론과 전략적 무역론

1. 보호무역론의 근거

① 실업의 방지 ② 국가 안보에 따른 우려
③ 유치산업보호론 ④ 시장실패에 대한 대응
⑤ 교역조건의 개선 ⑥ 협상의 수단으로서의 보호무역 논리

2. 전략적 무역론의 근거

- 의미 : 정부의 적극적 지원으로 전략적 산업의 우위를 확보해야 한다는 주장
- 지원 산업의 선정 : ① 긍정적 외부효과의 존재, ② 규모수익 체증의 존재

V 무역규제의 구체적 방식

1. 관세와 수입할당(수출자율규제) : 소국의 경우

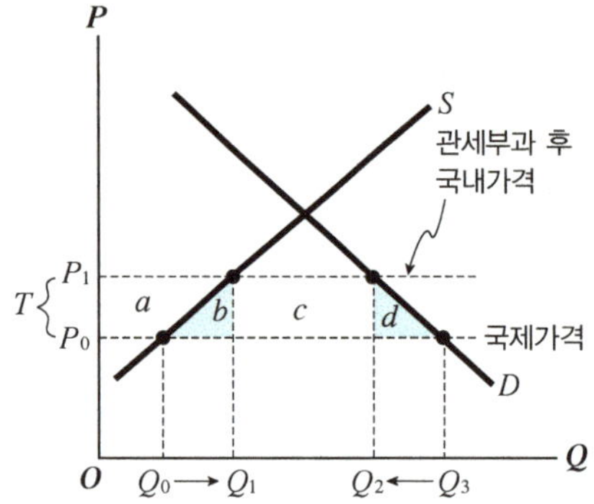

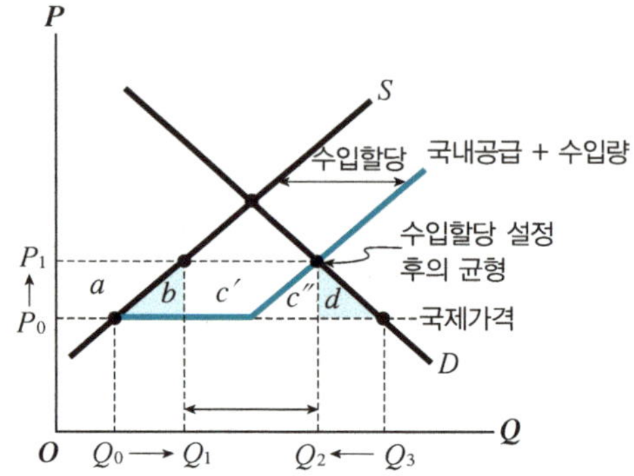

	관세	수입할당	수출자율규제*
기본 성격	가격규제	수량규제	
국내가격	상승	상승	상승
생산량	증가	증가	증가
소비량	감소	감소	감소
수입량	감소	감소	감소
소비자잉여	$-a-b-c-d$	$-a-b-c'-c''-d$	$-a-b-c'-c''-d$
생산자잉여	$+a$	$+a$	$+a$
지대 (귀속)	$+c$ (정부)	$+c'+c''$ (국내 수입업자)	$+c'+c''$ (외국 수출업자)
사회적 잉여**	$-b-d$	$-b-d$	$-b-c'-c''-d$
평가	3가지 제도는 ① 자원배분 측면에서 동일, ② 소득분배 측면에서 상이		

* 수입하는 나라의 정부가 수출하는 나라의 정부 또는 기업에게 압력을 가해 자율적으로 수출물량을 줄이도록 유도하는 정책.

** 단, 수입국 입장에서는 관세, 수입할당보다 수출자율규제가 불리

2. 관세의 효과 : 대국의 경우

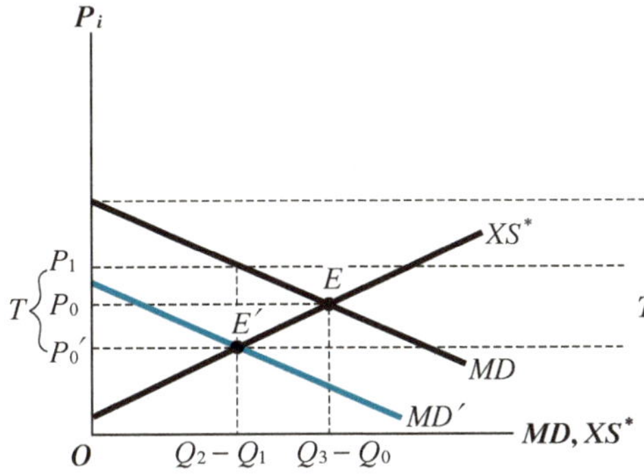

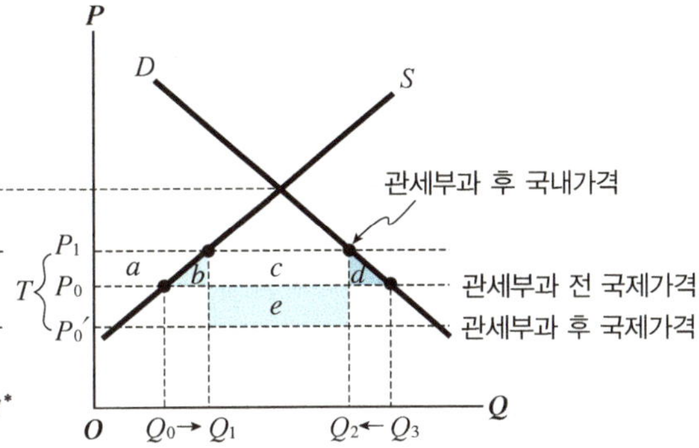

- 대국의 경우 :
  - ① 관세와 수량할당은 수입품 국제가격 하락(교역조건 개선) ⇒ 사회후생 개선 가능
  - ② 수출자율규제는 수입품 국제가격 상승(교역조건 악화) ⇒ 사회후생 분명 악화
- 소국의 경우 : 상대국의 XS^*곡선 수평 ⇒ 교역조건 불변 ⇒ 사회후생 분명 악화

3. 기타 관세의 주요 개념

	의미	주의사항
최적관세율 (optimum tariff)	▪ 자국의 후생을 극대화시키기 위해 부과하는 관세율 ▪ 교역조건 개선(+)과 무역 감소(−)를 고려 ▪ 소국의 최적관세 = 0 ▪ 대국의 최적관세 = 상대국 수입수요탄력성(ε)에 역비례	▪ 무관세 < 최적관세 < 최대관세 < 금지관세
최대관세율 (maximum tariff)	▪ 조세수입을 극대화시키는 관세율, 일반적으로 최적관세율보다 높다.	
금지관세율 (prohibitive tariff)	▪ 관세율이 너무 높아 더 이상 수입이 이루어지지 않는 수준의 관세율	
실효보호관세율(*ERP*) (effective rate of protection)	▪ 부가가치로 측정된 보호율 : $NRP = \frac{P' - P}{P}$, $ERP = \frac{V' - V}{V}$	▪ 경사관세 부과 시, 실효보호율 > 명목보호율 (*ERP* > *NRP*)
경사관세 (tariff escalation)	▪ 무역규제를 피하기 위해 원자재보다 완제품에 높은 관세율을 부과하는 것	
반덤핑관세 (antidumping duties)	▪ 외국 기업이 고의로 싼 가격에 수출하는 덤핑을 하고 있다는 의심이 가는 경우 부과하는 관세	▪ 표면적으로 자유무역을 지키려는 조치라는 명분, 사실은 무역장벽 역할
상계관세 (countervailing duties)	▪ 다른 나라 정부가 기업들에게 지급하는 보조금의 효과를 상쇄하려는 목적으로 부과하는 관세	

4. 실효보호(관세)율과 경사관세

- 부가가치로 측정된 보호율
- 세전 부가가치 : $V = P(1-a)$, 세후 부가가치 : $V' = P[(1+t) - a(1+\tau)]$
- $t_E = \dfrac{V' - V}{V} = \dfrac{t - a\tau}{1-a} = t + \dfrac{a}{1-a}(t - \tau)$ $\Rightarrow$ $t \gtreqless \tau$ 이면 $t_E \gtreqless t \gtreqless \tau$

  [P : 최종재 가격, t : 최종재 관세율, τ : 중간재 관세율, a : 최종재 1원당 중간재 비율]
- 중간재보다 최종재의 관세율이 높은 경우 실효보호율이 최종재에 대한 명목보호율보다 높아지고, 반대의 경우 실효보호율이 최종재에 대한 명목보호율보다 낮아진다.
- 최종재에 가까워질수록 높은 세율구조를 설정하는 것을 경사관세라고 한다. 경사관세는 국제기구의 관세상한이나 상대국의 무역규제를 피하는 데 유용하다.

5. 무역정책과 오퍼곡선(offer curve) : 무역의 일반균형접근

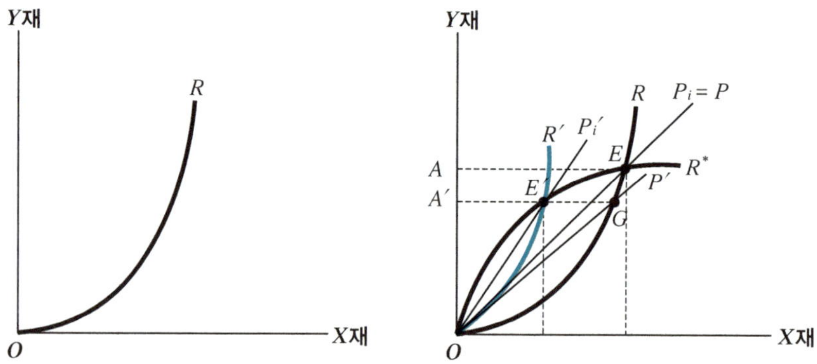

(a) Y 수입국의 오퍼곡선　　(b) Y 수입국의 관세부과

⇒ 일반적으로 수입관세 부과 시 해당 재화의 국제가격은 하락하고 국내가격은 상승한다.
(예외 : 메츨러 역설)

6. 기타 무역정책[교역조건의 개선(+), 악화(−)]

	관세	보조금
수입	수입관세(+)	수입보조금(−)
수출	수출(관)세(+)	수출보조금(−)

Ⅵ 자유무역을 위한 국제적 노력

1. 지역적 차원에서의 자유무역

유형	조건				
자유무역지대 (free trade area)	역내 무관세				
관세동맹 (custom union)	역내 무관세	역외 공동관세			
공동시장 (common market)	역내 무관세	역외 공동관세	생산요소의 자유로운 이동		
경제동맹 (economic union)	역내 무관세	역외 공동관세	생산요소의 자유로운 이동	경제정책의 조정	
완전경제통합	역내 무관세	역외 공동관세	생산요소의 자유로운 이동	경제정책의 조정	경제정책의 통일

- 무역창출(trade creation) : 비효율적인 공급원 ⇒ 효율적인 공급원(후생 개선)
- 무역전환(trade diversion) : 효율적인 공급원 ⇒ 비효율적인 공급원(후생 개선 또는 악화)

* PTA(preferential trade agreement) or RTA(regional trade agreement)

① 가맹국 간 특혜를 제공하나 무관세에 이르지는 못한 형태(협의)

② 지역적 자유무역조치를 통칭(광의)

* APEC(아시아-태평양 경제협력기구) : PTA에 미치지 못하는 단순 협력기구

2. 범세계적 차원에서의 자유무역

GATT(1948 출범) ⇒ UR ⇒ WTO(1995 출범)
단순한 국제협정에서 법인격을 갖춘 국제기구로
분쟁해결 권한 강화(분쟁 전담 해결기구 DSB 설치)
공산품 중심에서 농산품, 서비스 등으로 확대
관세인하 중심에서 비관세, 회색지역조치 철폐로 확대
현재 도하 라운드(도하 개발 아젠다) 협상 진행 중

* GATT의 주요 원칙 ① 최혜국 대우, ② 내국민 대우, ③ 상호주의

⇒ 특혜무역협정의 여러 형태들은 이 중 최혜국 대우의 예외로 인정된 것

Ⅶ 경제성장과 국제무역정책

1. 무역과 성장정책

수출촉진정책	수입대체정책
주로 아시아 국가가 채택	주로 남미 국가가 채택
수출보조금, 생산보조금	관세, 수입할당
기술의 이전, 학습효과, 인적자본의 축적, 외환의 원활한 공급, 정부의 간섭 배제 등	해외 경기변동요인으로부터의 독립
교역조건 악화 가능성	교역조건 개선 가능성
일반적으로 수출주도전략이 수입대체전략보다 더 나은 성과 (자국 시장이 좁은 경우일수록 규모의 경제를 위해 수출촉진정책이 더욱 바람직)	

2. 자유무역이 경제성장에 미치는 부정적 효과

바그와티의 궁핍화 성장론(immiserizing growth)	싱거-프레비쉬 가설
경제성장이 교역조건을 악화시키거나 국내의 왜곡을 증폭시켜 오히려 경제성장이 국내의 후생을 감소시킬 수 있는 가능성	경제가 성장함에 따라 농산물에 대한 수요는 천천히 증가하는 반면 공산물에 대한 수요는 급격히 증가하기 때문에 후진국의 교역조건은 악화될 수밖에 없다는 주장
교역조건 악화의 부정적 영향	
공급측면의 편향성	수요측면의 편향성
수요의 가격탄력성	수요의 소득탄력성
① (대국에서) 수출재 분야에 편중된 성장, ② 수출재에 대한 국제적인 수요가 가격에 매우 비탄력적인 경우	① 후진국이 농산물에 특화 ② 농산물 수요는 소득비탄력, 공산품 수요는 소득탄력

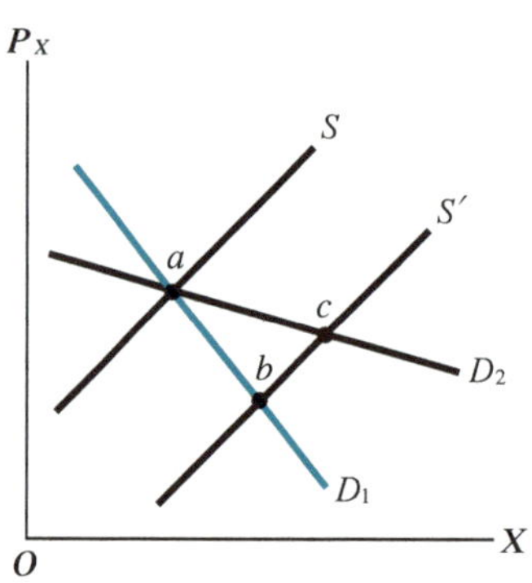

(a) 궁핍화 성장의 조건

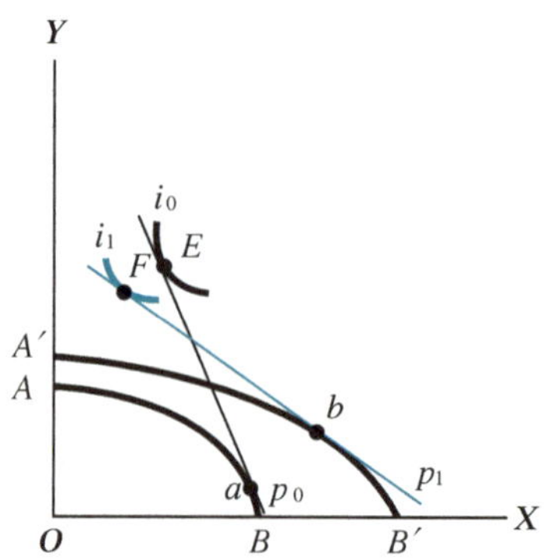

(b) 궁핍화 성장의 발생

Part-1 기본 문제

01 **산업 내 무역에 관한 설명으로 옳은 것은?** 2014년 국가직 7급

① 산업 내 무역은 규모의 경제와 관계없이 발생한다.

② 산업 내 무역은 부존자원의 상대적인 차이 때문에 발생한다.

③ 산업 내 무역은 경제여건이 다른 국가 사이에서 이루어진다.

④ 산업 내 무역은 유럽연합 국가들 사이의 활발한 무역을 설명할 수 있다.

hint

산업 간 무역(inter-industry trade)은 상이한 산업 간에 이루어지는 무역을 의미하며, 산업 내 무역(intra-industry trade)은 동종, 유사한 산업 내에서 이루어지는 무역을 의미한다. 산업 간 무역은 비교우위로 인해, 산업 내 무역은 규모의 경제나 제품차별화를 위해 발생하며 두 가지 무역 모두 참가국에 이익을 가져다준다.

산업 간 무역(inter-industry trade)	**산업 내 무역**(intra-industry trade)
서로 다른 산업 간에 이루어지는 무역 예) 농산물-공산품 간의 교역	동일 · 유사한 산업 내에서 이루어지는 무역 예) 대형차-소형차 간의 교역
선 · 후진국 간 무역	대체로 선진국 간 무역
비교우위로 인한 무역의 이익	비교우위 외의 이익(규모의 경제, 제품차별화)
리카도 이론/헥셔-오린 이론	아담 스미스/크루그먼 이론
소득분배효과(갈등) 심각	소득분배효과(갈등) 크지 않음.

정답 1 ④

02 자동차를 수출하고 포도주를 수입하는 국가가 있다고 하자. 원래 자동차 1대의 가격으로 포도주 100병을 살 수 있었으나, 환율의 상승으로 포도주를 80병밖에 살 수 없게 되었다고 할 때 가장 적당한 것은?

① 교역조건은 개선되었고 수출이 증가할 것이다.
② 교역조건은 개선되었고 수출이 감소할 것이다.
③ 교역조건은 악화되었고 수출이 증가할 것이다.
④ 교역조건은 악화되었고 수출이 감소할 것이다.
⑤ 교역조건은 불변이다.

hint

교역조건(terms of trade)은 수출품과 수입품 간의 상대가격($TOT = \frac{P_X}{P_M}$) 또는 수출품 1단위로 살 수 있는 수입품의 양으로 정의된다. 설문의 경우, 교역조건은 악화되었으며 수출품의 가격이 하락하고 수입품의 가격이 상승한 셈이므로 수출이 증가하고 수입이 감소할 것이다.

03 리카도의 비교생산비이론의 주요 전제라고 볼 수 없는 것은?

① 두 나라에서 생산기술은 같다.
② 생산요소는 노동 하나뿐이다.
③ 국가 간 요소의 이동은 없다.
④ 생산물시장은 경쟁적이다.
⑤ 생산가능곡선은 직선이다.

hint

리카도의 무역이론은 기술격차에 근거한 비교우위이론이라 평가할 수 있다. 이 이론의 주요 가정은 1. 2국-2재-1요소(노동), 2. 국가 간 기술격차(노동생산성 격차)의 존재, 3. 규모수익 불변(직선의 생산가능곡선), 4. 요소의 부문 간 이동은 자유롭지만 국가 간 이동은 불가능할 것 등이다.

04 두 나라 사이에 교역이 이루어지는 기본 원리와 관련하여 옳은 설명을 모두 고르면?

2008년 감정평가사

ㄱ. 각국은 기회비용이 작은 재화를 생산한다.
ㄴ. 한 나라가 모든 재화에 절대적인 우위가 있는 경우 교역은 이루어지지 않는다.
ㄷ. 교역이 이루어지는 경우 한 나라가 이득을 보면 다른 나라는 손해를 본다.
ㄹ. 기회비용의 크기는 비교우위를 결정한다.

① ㄱ, ㄴ
② ㄱ, ㄹ
③ ㄴ, ㄷ
④ ㄴ, ㄹ
⑤ ㄷ, ㄹ

hint

ㄱ, ㄹ. 비교우위란 각 산업의 우위를 기회비용에 근거해 측정한 것을 의미한다.

ㄴ. 한 국가가 어떤 산업에도 절대우위가 없더라도 비교우위는 있다.

ㄷ. 비교우위에 의해 무역을 하게 되면 참여한 국가는 모두 이익을 보게 된다.

05 **A국과 B국이 자동차 1대와 옷 1벌을 생산하는 데 소요되는 노동의 양이 아래 표와 같다고 한다. 리카도의 비교우위에 관한 설명으로 옳지 않은 것은?** 2022년 공인노무사

구분	A국	B국
자동차	10	6
옷	5	2

① A국은 자동차 생산에 비교우위가 있다.

② B국은 옷 생산에 비교우위가 있다.

③ B국의 자동차 생산의 기회비용은 옷 2벌이다.

④ B국은 옷 생산에 있어 A국에 비해 절대우위에 있다.

⑤ A국은 자동차 생산에 특화하고, B국은 옷 생산에 특화하여 교역을 하는 것이 상호 이익이다.

hint

구분	A국	B국
자동차	10(2)*	6(3)
옷	5(1/2)	2(1/3)*

단, 괄호 안의 숫자는 다른 재화로 나타낸 기회비용, * 표시는 비교우위를 나타냄

③ (×), 자동차 한 단위의 기회비용은 옷 3벌이다.

정답 2 ③ 3 ① 4 ② 5 ③

06 **A국과 B국의 주민들은 다음과 같이 노동을 통해 쌀과 옷을 생산하여 생활한다.** 2020년 국회 8급

- A국의 주민들은 쌀 1kg의 생산에 2시간의 노동을 투입하며 옷 1벌의 생산에 3시간의 노동을 투입한다.
- B국의 주민들은 쌀 1kg의 생산에 3시간의 노동을 투입하며 옷 1벌의 생산에 4시간의 노동을 투입한다.
- A국의 주민들은 주어진 기간 동안 1,400시간의 노동을 할 수 있으며, B국의 주민들은 주어진 기간 동안 1,200시간의 노동을 할 수 있다.

이러한 상황에서 A국과 B국 사이에 무역이 이루어지는 경우 아래 〈보기〉에서 옳은 것만을 모두 고르면? (단, A국과 B국 간 거래비용은 존재하지 않는다.)

ㄱ. 무역이 이루어지기 전에 A국의 쌀 1kg은 옷 $\frac{2}{3}$벌과 교환된다.
ㄴ. 무역이 이루어지기 전에 B국의 옷 1벌은 쌀 $\frac{3}{4}$kg과 교환된다.
ㄷ. 두 국가 사이에 무역이 이루어지면 A국이 생산하는 쌀의 양은 700kg이다.
ㄹ. 두 국가 사이에 무역이 이루어지면 쌀 1kg은 최대 옷 $\frac{2}{3}$벌과 교환될 수 있다.

① ㄱ, ㄷ ② ㄴ, ㄹ ③ ㄱ, ㄷ, ㄹ
④ ㄴ, ㄷ, ㄹ ⑤ ㄱ, ㄴ, ㄷ, ㄹ

hint

쌀을 X재, 옷을 Y재라고 하자.

A국 생산가능곡선 : $2X+3Y=1,400 \Rightarrow \left(\frac{a_X}{a_Y}\right)_A = \frac{2}{3}$ ⇒ A국 X 생산의 기회비용, A국 무역 이전 국내가격

B국 생산가능곡선 : $3X+4Y=1,200 \Rightarrow \left(\frac{a_X}{a_Y}\right)_B = \frac{3}{4}$ ⇒ B국 X 생산의 기회비용, B국 무역 이전 국내가격

ㄱ. (○)
ㄴ. (×), 무역이 이루어지기 전에 B국의 옷 1벌은 쌀 $\frac{4}{3}$kg과 교환된다.
ㄷ. (○), A국은 X재 생산의 기회비용이 작기 때문에 X재에 완전특화하며 이때 생산량은 700이다.
ㄹ. (×), 두 국가 사이에 무역이 이루어지면 쌀 1kg은 최소 옷 $\frac{2}{3}$벌에서 최대 옷 $\frac{3}{4}$벌과 교환될 수 있다.

07 **각국은 상대적으로 풍부한 생산요소를 더 집약적으로 사용하는 생산물에 비교우위를 갖게 되고, 그 생산물을 수출한다는 이론은?**

① 리카도(Ricardo) 이론

② 헥셔-오린(Heckscher-Ohlin) 정리

③ 스톨퍼-사무엘슨(Stolper-Samuelson) 정리

④ 립진스키(Rybczynski) 정리

⑤ 레온티에프(Leontief) 역설

hint

① 리카도 이론 : 기술격차에 근거한 비교우위이론
② 헥셔-오린 정리 : 요소부존 격차에 근거한 비교우위이론
③ 스톨퍼-사무엘슨 정리 : 재화가격 변화와 요소가격 변화 간의 관계에 대한 증명
④ 립진스키 정리 : 요소부존 변화와 재화생산 패턴 변화에 대한 관계의 증명
⑤ 레온티에프 역설 : 헥셔-오린 이론의 예측과 상반되는 실증연구결과

08 **헥셔-오린(Heckscher-Ohlin) 모형의 기본 가정으로 옳지 않은 것은?** 2020년 국가직 7급

① 각 산업에서 규모수익은 일정하게 유지된다.

② 양국 간 기술수준 및 선호는 다르다.

③ 노동과 자본의 산업 간 이동은 완전히 자유롭다.

④ 노동과 자본의 국가 간 이동은 완전히 불가능하다.

hint

헥셔-오린 모형의 주요 가정

1. 2국-2재-2요소
2. CRS, 완전경쟁, 완전고용
3. 요소의 부문 간 자유로운 이동, 국가 간 이동 불가
3. 기술 동일, 선호 동일, 요소부존 상이

정답 6 ① 7 ② 8 ②

09 **갑국과 을국으로 이루어진 세계경제가 있다. 생산요소는 노동과 자본이 있는데, 갑국은 노동 200단위와 자본 60단위, 을국은 노동 800단위와 자본 140단위를 보유하고 있다. 양국은 두 재화 X와 Y를 생산할 수 있는데, X는 노동집약적 재화이고 Y는 자본집약적 재화이다. 헥셔-오린 모형에 따를 때 예상되는 무역 패턴은?** (단, 노동과 자본은 양국에서 모두 동질적이다.)

2018년 국가직 7급

① 갑국은 Y를 수출하고 을국은 X를 수출한다.

② 갑국은 X를 수출하고 을국은 Y를 수출한다.

③ 갑국과 을국은 X와 Y를 모두 생산하며, 그중 일부를 무역으로 교환한다.

④ 갑국과 을국은 X와 Y를 모두 생산하며, 각자 자급자족한다.

hint

$\left(\frac{K}{L}\right)_{갑} = \frac{60}{200} > \left(\frac{K}{L}\right)_{을} = \frac{140}{800}$이므로 갑국이 자본풍부국, 을국이 노동풍부국이다.

헥셔-오린 이론에 의하면 각국은 자국에 풍부한 요소를 집약적으로 사용하는 상품에 특화하여 수출한다.

10 **2국가**(A국, B국) **2재화**(X재, Y재) **헥셔-오린**(Heckscher-Ohlin) **모형을 가정하자. X재는 노동집약재이고, Y재는 자본집약재이다. A국의 $\frac{\text{노동부존량}}{\text{자본부존량}}$ 비율이 B국보다 높을 때 다음 설명 중 옳은 것을 모두 고르면?** (단, w는 노동임금, r은 자본임대료이다.)

2023년 공인회계사

가. A국에서는 Y재로 표시한 X재의 한계생산비용이 일정하다.

나. 무역 이후 양국의 $\frac{w}{r}$는 같아진다.

다. 무역 이후 B국 노동자와 자본가의 실질소득은 모두 감소한다.

① 가　② 나　③ 다

④ 가, 나　⑤ 나, 다

hint

가. (×), 헥셔-오린 모형은 일반적으로 원점에 대해 오목한 생산가능곡선을 가정한다. 즉, 기회비용 체증을 가정한다.

나. (○), 요소가격 균등화 정리에 의하면 양국 요소가격은 상대적으로, 절대적으로 모두 일치한다.

다. (×), 헥셔-오린 모형에서 무역을 하면 자국에 풍부하게 부존된 요소의 분배몫이 상대적으로, 절대적으로 모두 증가한다.

11 **숙련노동자가 비숙련노동자에 비해 풍부한 A국과 비숙련노동자가 숙련노동자에 비해 풍부한 B국이 있다. 폐쇄경제를 유지하던 두 나라가 무역을 개시하여 A국은 B국에 숙련노동집약적인 재화를 수출하고, B국으로부터 비숙련노동집약적인 재화를 수입한다고 가정하자. 헥셔-오린 모형의 예측에 따라 이러한 무역 형태가 A국과 B국의 노동시장에 미칠 영향에 대한 설명으로 옳은 것은?** (단, 두 나라 모두 숙련노동자의 임금이 비숙련노동자의 임금에 비해 높다.) 2016년 7급

① A국의 숙련노동자와 비숙련노동자의 임금격차가 확대될 것이다.

② B국의 숙련노동자와 비숙련노동자의 임금격차가 확대될 것이다.

③ A국 비숙련노동자의 교육 투자를 통한 숙련노동자로의 전환 인센티브가 감소한다.

④ B국 비숙련노동자의 교육 투자를 통한 숙련노동자로의 전환 인센티브가 증가한다.

hint

헥셔-오린 이론에 의하면 무역은 각국의 풍부하게 부존된 요소에 대한 상대가격을 상승시킨다.

① (○), A국에서 숙련노동자의 상대임금이 상승하므로 임금격차는 확대될 것이다.

② (×), B국에서 비숙련노동자의 상대임금이 상승하므로 임금격차는 축소될 것이다.

③ (×), A국에서 임금격차가 확대되므로 비숙련노동자의 교육 투자를 통한 숙련노동자로의 전환 인센티브가 증가한다.

④ (×), B국에서 임금격차가 축소되므로 비숙련노동자의 교육 투자를 통한 숙련노동자로의 전환 인센티브가 감소한다.

정답 9 ① 10 ② 11 ①

12 **A국은 세계 철강시장에서 무역을 시작하였다. 무역 이전과 비교하여 무역 이후에 A국 철강시장에서 발생하는 현상으로 옳은 것을 모두 고른 것은?** (단, 세계 철강시장에서 A국은 가격수용자이며 세계 철강 가격은 무역 이전 A국의 국내가격보다 높다. 또한 무역 관련 거래비용은 없다.)

2018년 공인노무사

ㄱ. A국의 국내 철강 가격은 세계 가격보다 높아진다.	
ㄴ. A국의 국내 철강 거래량은 감소한다.	ㄷ. 소비자잉여는 감소한다.
ㄹ. 생산자잉여는 증가한다.	ㅁ. 총잉여는 감소한다.

① ㄱ, ㄴ, ㄷ ② ㄱ, ㄴ, ㄹ ③ ㄱ, ㄷ, ㅁ
④ ㄴ, ㄷ, ㄹ ⑤ ㄷ, ㄹ, ㅁ

hint

무역 이전 국내가격을 P, 국제가격을 P^*라고 할 때 $P > P^*$이므로 이 국가는 무역에 참가할 경우 수출국이 될 것이다.

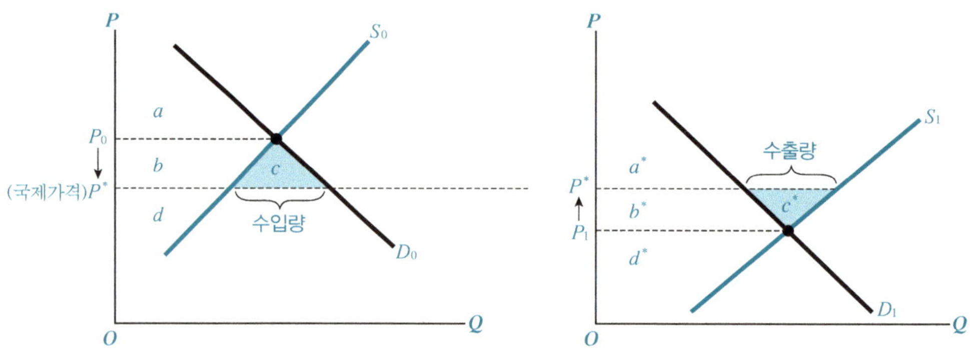

(a) 수입국 (b) 수출국

ㄱ. (×), 무역이 개시되면 P가 상승하여 $P = P^*$가 된다.
ㄴ. (○), 국내생산은 늘어나지만 국내에서 판매되는 양은 줄어든다.
ㄷ. (○), P가 상승하므로 소비자잉여는 감소한다.
ㄹ. (○), P가 상승하므로 생산자잉여는 증가한다.
ㅁ. (×), 총잉여는 증가한다.

13 **개방경제체제 하에 있는 소국 A는 세계시장에서 의류 한 벌을 10달러에 수입할 수 있다고 한다. A국 내 의류의 공급곡선(S)은 $S = 50 + 5P$이고, 수요곡선(D)은 $D = 450 - 15P$이다. 의류 한 벌당 5달러의 관세를 부과할 때 A국에 미치는 사회적 후생 순손실(deadweight loss)은?** (단, P는 가격이다.) 2014년 국가직 7급

① 125달러　　② 250달러
③ 350달러　　④ 375달러

hint

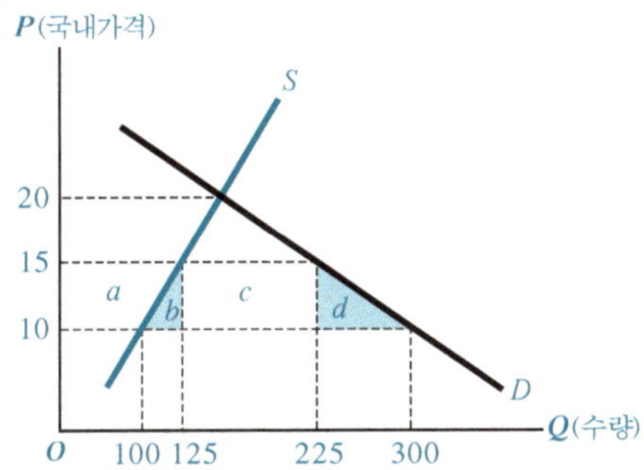

* **소국에서 관세부과 시 후생효과**

소비자잉여의 변화	:	$-a-b-c-d$
생산자잉여의 변화	:	$+a$
관세수입	:	$+c$
사회후생의 변화	:	$-b \quad -d = (-)\frac{1}{2} \times 25 \times 5 + (-)\frac{1}{2} \times 75 \times 5 = (-)\,250$

정답　12 ④　13 ②

14 **관세와 수입할당제 간의 근본적인 차이에 대한 설명으로 옳은 것은?** 2005년 공인노무사

① 관세는 경제적 순손실(deadweight losses)을 발생시키지만, 수입할당제는 경제적 순손실을 발생시키지 않는다.
② 수입할당제는 경제적 순손실을 발생시키지만 관세는 경제적 순손실을 발생시키지 않는다.
③ 관세는 국내 소비자에게 도움이 되지만, 수입할당제는 국내 생산자에게 도움이 된다.
④ 수입할당제는 국내 소비자에게 도움이 되지만, 관세는 국내 생산자에게 도움이 된다.
⑤ 관세는 정부에 대해서 관세수입을 증가시키지만, 수입할당제는 수입면허 소유자의 잉여를 증가시킨다.

hint

소국에서 관세와 수입할당이 자원배분에 미치는 효과는 기본적으로 동일하다. 즉, 국내가격 상승, 생산증가, 소비감소, 무역감소 등의 동일한 효과를 유발하지만, 관세의 경우 관세수입이 정부에 귀속되는 반면 수입할당의 경우 관세와 동일한 크기가 수입업자에게 귀속된다는 차이점이 있다.

15 **바그와티(J. Bagwati)의 궁핍화 성장이 발생할 수 있는 조건으로 가장 적당한 것은?** 2004년 국가직 7급 응용

① 수출편향적 성장이 이루어지고 국제수요의 탄력성이 높은 경우
② 수출편향적 성장이 이루어지고 국제수요의 탄력성이 낮은 경우
③ 수입편향적 성장이 이루어지고 국제수요의 탄력성이 높은 경우
④ 수입편향적 성장이 이루어지고 국제수요의 탄력성이 낮은 경우
⑤ 중립적 성장이 이루어지고 국제수요의 탄력성이 낮은 경우

hint

궁핍화 성장이 이루어지기 위해서는 수출편향적 성장이 이루어지고 국제수요의 탄력성이 낮아서 교역조건이 크게 악화되어야 한다.

16 발라싸가 제시한 경제통합의 여러 단계에 대한 특징으로 잘못된 것은? 2001년 입시

① 자유무역지역에서는 역내 무관세가 이루어진다.

② 관세동맹에서는 동맹국가 간에 각국별로 자국이 정한 관세를 부과하나, 역외 국가에 대해서는 공동관세를 부과한다.

③ 공동시장에서는 자본, 노동 등의 이동이 자유롭게 이루어진다.

④ 경제동맹에서는 구성국들 간에 경제정책의 조정이 이루어진다.

⑤ 완전경제통합 시에는 초국가기구가 존재하여 각국의 경제정책자율권이 제한된다.

hint

발라싸가 정의한 경제통합의 단계는 자유무역지역 < 관세동맹 < 공동시장 < 경제동맹의 순으로 점차 강화되며, 1. 역내 무관세, 2. 역외 공동관세, 3. 요소의 자유로운 이동, 4. 정책의 조정의 조건이 차례로 추가되어야 한다.

유형	조건				
자유무역지대 (free trade area)	역내 무관세				
관세동맹 (custom union)	역내 무관세	역외 공동관세			
공동시장 (common market)	역내 무관세	역외 공동관세	생산요소의 자유로운 이동		
경제동맹 (economic union)	역내 무관세	역외 공동관세	생산요소의 자유로운 이동	경제정책의 조정	
완전경제통합	역내 무관세	역외 공동관세	생산요소의 자유로운 이동	경제정책의 조정	경제정책의 통일

정답 14 ⑤ 15 ② 16 ②

Part-2 실전 문제

01 **산업 내 무역과 산업 간 무역에 대한 다음의 설명 중 옳지 않은 것은?**

① 산업 내 무역은 주로 산업구조가 유사한 나라들 사이에 많이 발생한다.
② 산업 간 무역은 규모의 경제로 인하여 발생되는 반면, 산업 내 무역은 국가 간 자원부존도 등의 차이로 발생된다.
③ 산업 간 무역이 산업 내 무역에 비해 계층 간 갈등의 문제가 더 심각하다.
④ 제품차별화는 산업 내 무역이 발생하는 중요한 원인이다.
⑤ 최근 선진국을 중심으로 산업 내 무역의 비중이 점차 커지고 있다.

hint

산업 간 무역은 비교우위로 인해 발생하며, 비교우위는 기술격차나 자원부존도 차이에 의해 발생한다. 규모의 경제와 제품차별화는 산업 내 무역을 발생시키는 원인이 된다. 헥셔-오린 정리나 스톨퍼-사무엘슨 정리에 따르면 산업 간 무역은 심각한 소득분배의 문제를 유발할 수 있다. 그러나 산업 내 무역은 소득분배효과가 발생하더라도 그다지 크지 않기 때문에 큰 갈등을 유발하지 않는 것으로 알려져 있다.

산업 간 무역(inter industry trade)	**산업 내 무역**(intra industry trade)
서로 다른 산업 간에 이루어지는 무역 예) 농산물-공산품 간의 교역	동일 · 유사한 산업 내에서 이루어지는 무역 예) 대형차-소형차 간의 교역
선 · 후진국 간 무역	대체로 선진국 간 무역
비교우위로 인한 무역의 이익	비교우위 외의 이익(규모의 경제, 제품차별화)
리카도 이론/헥셔-오린 이론	아담 스미스/크루그먼 이론
소득분배효과(갈등) 심각	소득분배효과(갈등) 크지 않음.

02 **A국과 B국의 독점적 경쟁시장에서 생산되는 자동차를 고려하자. 두 국가 간 자동차 무역에 대한 다음 설명 중 옳은 것은?** 2016년 공인회계사

가. 무역은 자동차 가격의 하락과 다양성의 감소를 초래한다.
나. 산업 내 무역(intra-industry trade)의 형태로 나타난다.
다. A국과 B국의 비교우위에 차이가 없어도 두 국가 간 무역이 일어난다.
라. 각국의 생산자잉여를 증가시키지만, 소비자잉여를 감소시킨다.

① 가, 나 ② 가, 다 ③ 나, 다
④ 나, 라 ⑤ 다, 라

hint

가. (×), 무역이 이루어지면 양국 소비자들은 더욱 다양한 상품을 더 낮은 가격에 소비하게 된다. 이를 미시경제학 독점적 경쟁시장의 *PP*−*CC* 모형을 통해 나타내면 *CC*곡선이 우하방으로 회전이동하는 것으로 나타내어진다.

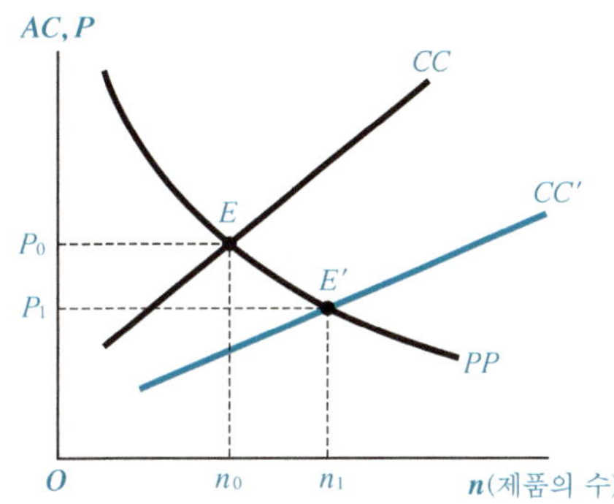

나. (○), 독점적 경쟁시장의 특징인 제품차별화는 산업 내 무역의 중요한 이유가 된다.

다. (○), 산업 내 무역은 비교우위가 없어도 발생할 수 있다.

라. (×), 양국 소비자들은 다양한 상품을 낮은 가격에 소비하므로 소비자잉여가 증가하지만 생산자들은 장기에 0의 이윤을 얻는다.

03 국제무역에 관한 설명 중 가장 옳지 않은 것은? 2006년 공인회계사

① 궁핍화 성장론에 의하면 한 나라가 수출산업 위주의 경제성장을 하면 오히려 사회후생을 감소시킬 수 있다.

② 레온티에프 역설에 의하면 생산요소의 부존량과 집약도에 비교우위가 있는 상품이 수출되지 않고 오히려 수입된다.

③ 규모의 경제가 발생하면 비교우위가 있는 상품으로 완전특화하는 경우에 무역으로부터 얻는 이익을 극대화할 수 있다.

④ 비교우위가 존재하는 경우 자유무역은 교역국가 모두의 사회후생을 증가시키는 효과가 있다.

⑤ 산업 내 무역은 비교우위가 있는 상품을 수출하는 방향으로 발생한다.

hint

③ 비교우위와 규모의 경제가 동시에 나타난다면 무역의 이익을 가장 크게 달성할 수 있을 것이다.

⑤ 산업 내 무역은 규모의 경제와 제품차별화 등 비교우위 이외의 요인들로 인한 이익을 달성하기 위해 이루어진다.

정답	1 ②	2 ③	3 ⑤

04 교역조건(terms of trade)과 관련된 다음 설명 중 적절하지 못한 것은? 2002년 공인회계사

① 교역조건이란 한 단위의 수출상품과 수입상품이 교환되는 비율을 말한다.

② 자국의 화폐가 평가절하되면 교역조건은 악화된다.

③ 이론적으로 교역조건은 상품의 수출입뿐 아니라 서비스 거래까지 포함한다.

④ 한 국가의 수출상품 1단위와 교환될 수 있는 수입품의 양이 증가하면 교역조건은 개선된 것이다.

⑤ 교역조건이 악화되면 반드시 국제수지가 악화된다.

hint

교역조건($TOT = \frac{P_X}{P_M}$)의 악화란 수입품 가격의 상승 또는 수출품 가격의 하락을 의미한다. 이때 수입이 탄력적으로 감소하고 수출이 탄력적으로 증가한다는 마샬-러너의 조건이 만족된다면 국제수지(경상수지)가 개선될 것이다.

05 아래의 표를 이용한 설명 중 옳지 않은 것은? 2004년 입시

구분	1단위를 생산하는 데 소요되는 시간		40시간 투입할 때의 생산량	
	치즈	빵	치즈	빵
영국	1	2	40	20
스페인	2	8	20	5

① 스페인에서 치즈 1단위에 대한 기회비용은 빵 $\frac{1}{4}$단위이다.

② 영국에서 빵 1단위에 대한 기회비용은 치즈 $\frac{1}{2}$단위이다.

③ 영국은 빵 생산에 있어서 비교우위가 있고, 스페인은 치즈 생산에 있어서 비교우위가 있다.

④ 영국은 빵과 치즈의 생산에 있어서 모두 절대우위를 가지고 있고, 스페인은 어느 것에도 절대우위를 가지고 있지 않다.

⑤ 스페인에서 빵 1단위에 대한 기회비용은 치즈 4단위이다.

hint

현재 영국은 스페인에 비해 모든 산업에서 생산성이 높아 절대우위를 가지고 있다. 그러나 영국에서 빵 1단위 생산에 대한 기회비용은 치즈 2단위이며, 스페인의 빵 1단위 생산에 대한 기회비용은 치즈 4단위이다.

06 **리카도의 국제무역 모형을 가정하자. A국과 B국에서 치즈 1파운드와 와인 1병을 생산하는 데 소요되는 노동시간이 아래 표와 같을 때 다음 설명 중 옳지 않은 것은?** (단, A국과 B국의 총 노동공급시간은 300으로 동일하다.) 2011년 공인회계사

	A국	B국
치즈	2	5
와인	5	10

① 치즈의 상대가격이 0.4보다 작다면 양국은 모두 와인 생산에 완전특화한다.

② 치즈의 상대가격이 0.4이면 B국의 와인 생산량은 30병이다.

③ 치즈의 상대가격이 0.45이면 A국은 치즈 생산에 완전특화하고 B국은 와인 생산에 완전특화한다.

④ 자유무역을 할 때 치즈의 균형상대가격은 0.5보다 크다.

⑤ 치즈의 상대가격이 0.5이면 A국은 치즈 생산에 완전특화한다.

hint

각국에서 재화별 생산의 기회비용을 나타내면 다음과 같다. 단, 치즈를 X, 와인을 Y라고 나타낸다.

	A국	B국
치즈(X)	$2\,(\frac{2}{5}Y)$	$5\,(\frac{1}{2}Y)$
와인(Y)	$5\,(\frac{5}{2}X)$	$10\,(2X)$

또한 리카도 모형에서 각국의 생산특화에 대한 의사결정은 다음과 같다.

X재 상대가격 $\frac{P_X}{P_Y}$ > X재 생산의 기회비용 ⇒ X 생산에 완전특화

X재 상대가격 $\frac{P_X}{P_Y}$ = X재 생산의 기회비용 ⇒ 무차별

X재 상대가격 $\frac{P_X}{P_Y}$ < X재 생산의 기회비용 ⇒ Y 생산에 완전특화

① X재의 상대가격이 0.4보다 작다면 양국에서 모두 X재의 가격보다 기회비용이 높기 때문에 양국이 모두 Y재의 생산에 완전특화하려 할 것이다. 따라서 국제균형가격은 0.4보다 작을 수 없다.

④ 비교우위에 의한 무역이 지속되기 위해서는 교역조건이 양국 생산의 기회비용 사이에 위치해야 한다. 따라서 X재의 국제균형가격은 0.4와 0.5 사이의 값이어야 한다.

정답 4 ⑤ 5 ② 6 ④

07 세 국가 A, B, C로 이루어진 세계경제에서 노동력이 유일한 생산요소인 리카도(Ricardo) 모형을 가정하자. 밀과 자동차 두 가지 재화만 존재하며, 각 재화 1단위를 생산하는 데에 소요되는 노동량은 다음 표와 같다. 단, 세 국가가 자유무역을 하게 되면 밀과 자동차의 교역조건은 1 : 1이 된다고 가정하자. 다음 설명 중 가장 옳지 않은 것은? 2009년 공인회계사

	밀	자동차
A국	3	6
B국	2	5
C국	4	2

① A국에서 밀 생산의 기회비용은 자동차 $\frac{1}{2}$단위이다.
② 세 국가가 자유무역을 할 때 A국은 밀과 자동차를 모두 생산한다.
③ B국은 A국에 비해 밀 생산 및 자동차 생산에서 절대우위를 갖는다.
④ B국은 A국 및 C국에 비해 밀 생산에서 비교우위를 갖는다.
⑤ 세 국가가 자유무역을 할 때 C국은 자동차 생산에 특화한다.

hint

노동을 L, 밀을 X, 자동차를 Y라고 하고 설문의 표를 재정리하면 다음과 같다.

	필요노동량		기회비용	
	밀	자동차	밀	자동차
A국	$3L$	$6L$	$\frac{1}{2}Y$	$2X$
B국	$2L$	$5L$	$\frac{2}{5}Y$	$\frac{5}{2}X$
C국	$4L$	$2L$	$2Y$	$\frac{1}{2}X$

①~② A국에서 밀 생산의 기회비용은 자동차 $\frac{1}{2}$단위이다. 따라서 밀과 자동차의 교역조건이 1 : 1이 된다면 A국은 자국의 기회비용이 낮은 밀 생산에 특화하여 밀을 수출하는 대신 자동차는 수입할 것이다. (리카도 모형에서는 기회비용이 불변이기 때문에 일반적으로 완전특화가 발생한다.)

08 2국가 2재화 리카도(Ricardo) 모형을 가정하자. 아래의 표는 A국과 B국이 각각 1시간의 노동으로 생산할 수 있는 X재 및 Y재의 양이다.

구분	A국	B국
X재	6개	1개
Y재	4개	2개

A국 임금은 시간당 A국 통화 6단위이고, B국 임금은 시간당 B국 통화 1단위이다. B국 통화 1단위당 A국 통화 2단위가 교환될 경우 다음 중 옳은 것을 모두 고르면? 2022년 공인회계사

가. 교역 이전, A국에서 X재의 개당 가격은 A국 통화 1단위다.
나. 교역 이전, B국에서 Y재의 개당 가격은 A국 통화로 환산하면 A국 통화 1단위다.
다. 교역 이전, A국 통화로 환산한 Y재의 개당 가격은 B국에서 더 낮다.
라. A국은 X재를 수출하고, B국은 Y재를 수출할 것이다.

① 가 ② 가, 다 ③ 나, 라
④ 나, 다, 라 ⑤ 가, 나, 다, 라

hint

한계생산력설에 의하면 $w = P \times MP_L$ 또는 $P = w \times \frac{1}{MP_L}$이 성립해야 한다. 단, 편의상 각국 화폐단위를 A와 B로 표시하였다.

구분	A국	B국
X재	$P_X^A = 6A \times \frac{1}{6} = 1A = \frac{1}{2}B^*$	$P_X^B = 1B \times 1 = 1B = 2A$
Y재	$P_Y^A = 6A \times \frac{1}{4} = \frac{3}{2}A = \frac{3}{4}B$	$P_Y^B = 1B \times \frac{1}{2} = \frac{1}{2}B = 1A^*$

*는 교역 이전 가격이 낮아 각국이 수출하게 되는 재화를 나타낸다.

정답 7 ② 8 ⑤

09 **2국가**(A국, B국) **2재화**(X재, Y재) **리카도**(Ricardo) **모형을 가정하자. 아래의 표는 A국과 B국이 각 재화를 1단위 생산하는 데 필요한 노동투입량**(시간)**과 각국의 총노동부존량**(시간)**을 나타낸다.**

구분	A국	B국
X재	$\frac{1}{6}$시간	1시간
Y재	$\frac{1}{4}$시간	$\frac{1}{2}$시간
총노동부존량	30시간	60시간

각국이 비교우위 재화에 완전특화 후 교역을 할 경우 다음 중 옳은 것을 모두 고르면? (단, X재 상대가격은 $\frac{X\text{재 가격}}{Y\text{재 가격}}$을 의미한다.) 2023년 공인회계사

가. 교역 이전, Y재 단위로 표시한 X재 생산의 기회비용은 A국이 B국보다 작다.
나. 교역 이전, B국의 생산가능곡선식은 $Y = -2X + 120$이다.
다. 교역 시, X재 상대가격이 $\frac{2}{3}$보다 커질수록 A국의 교역이익은 작아진다.
라. 교역 시, X재와 Y재를 1 : 1 비율로 교환한다면 B국은 X재를 최대 120단위 소비할 수 있다.

① 가, 나 ② 다, 라 ③ 가, 나, 다
④ 가, 나, 라 ⑤ 나, 다, 라

hint

A국 생산가능곡선 : $\frac{1}{6}X + \frac{1}{4}Y = 30 \Rightarrow 2X + 3Y = 360 \Rightarrow Y$ 표시 X 생산 기회비용 : $\frac{2}{3}$

B국 생산가능곡선 : $X + \frac{1}{2}Y = 60 \Rightarrow 2X + Y = 120 \Rightarrow Y$ 표시 X 생산 기회비용 : 2

가. (○)
나. (○)
다. (×), 교역 시 가격이 자국의 무역 이전 가격에서 멀수록 이익이 커진다.
라. (○), B국이 Y재에 완전특화하여 1 : 1로 교환하는 경우 소비가능집합은 $X + Y = 120$이 된다.

10 **두 국가**(자국과 외국)**와 두 재화**(X재와 Y재)**로 구성된 리카도 모형을 가정하자. 자국의 X재와 Y재의 단위노동투입량**(unit labor requirement)**을 a_{LX}와 a_{LY}로, X재와 Y재의 가격을 P_X와 P_Y로 표시한다. 그리고 외국의 X재와 Y재의 단위노동투입량을 a^*_{LX}와 a^*_{LY}로 표시한다. 다음 설명 중 옳지 않은 것은?** 2018년 공인회계사

① $\frac{P_X}{P_Y} > \frac{a_{LX}}{a_{LY}}$이면 자국은 X재만 생산한다.

② 폐쇄경제 균형에서 자국이 두 재화를 모두 생산하는 경우 $\frac{P_X}{P_Y} = \frac{a_{LX}}{a_{LY}}$가 성립한다.

③ $\frac{a^*_{LX}}{a^*_{LY}} > \frac{a_{LX}}{a_{LY}}$이면 자국은 X재에 대해 비교우위를 갖는다.

④ $\frac{a^*_{LX}}{a^*_{LY}} > \frac{a_{LX}}{a_{LY}}$이면 자유무역 하에서 X재의 균형 상대가격은 $\frac{a_{LX}}{a_{LY}}$보다 크거나 같다.

⑤ 자국이 외국과 비교하여 두 재화의 생산에 있어 절대우위를 가질 때 자유무역은 자국의 임금과 외국의 임금을 일치시킨다.

hint

본국 생산가능곡선 : $a_{LX}X + a_{LY}Y = \overline{L} \Rightarrow Y = -\frac{a_{LX}}{a_{LY}}X + \frac{\overline{L}}{a_{LY}} \Rightarrow X$ 생산 기회비용 $MRT_{XY} = \frac{a_{LX}}{a_{LY}}$

외국 생산가능곡선 : $a^*_{LX}X^* + a^*_{LY}Y^* = \overline{L^*} \Rightarrow Y^* = -\frac{a^*_{LX}}{a^*_{LY}}X^* + \frac{\overline{L^*}}{a^*_{LY}} \Rightarrow X$ 생산 기회비용 $MRT^*_{XY} = \frac{a^*_{LX}}{a^*_{LY}}$

① (○), $\frac{P_X}{P_Y} > \frac{a_{LX}}{a_{LY}}$이면 X의 상대가격이 X 생산의 기회비용보다 크기 때문에 X재만 생산한다.

② (○), $\frac{P_X}{P_Y} = \frac{a_{LX}}{a_{LY}}$이면 X의 상대가격과 X 생산의 기회비용이 같기 때문에 어느 재화를 생산해도 무관하다.

③ (○), $\frac{a^*_{LX}}{a^*_{LY}} > \frac{a_{LX}}{a_{LY}}$이면 X 생산에 있어 자국이 기회비용이 낮기 때문에 자국이 비교우위를 가진다.

④ (○), 자유무역이 이루어지기 위해서는 $\frac{a^*_{LX}}{a^*_{LY}} > p_i > \frac{a_{LX}}{a_{LY}}$이 성립하여야 한다. 즉, 균형상대가격이 양국 생산의 기회비용(= 교역이전상대가격) 범위 내에서 결정되어야 한다.

⑤ (×), 리카도 무역에서는 국가 간 생산성의 격차가 있기 때문에 자유무역이 이루어지더라도 요소가격 균등화가 이루어지지 않는다.

정답 9 ④ 10 ⑤

11 **A국과 B국은 다음과 같은 생산가능곡선을 가지고 있다. 〈보기〉에서 옳은 것을 모두 고르면?**

(단, X는 냉장고 생산량, Y는 자동차 생산량임) 2010년 국회 8급

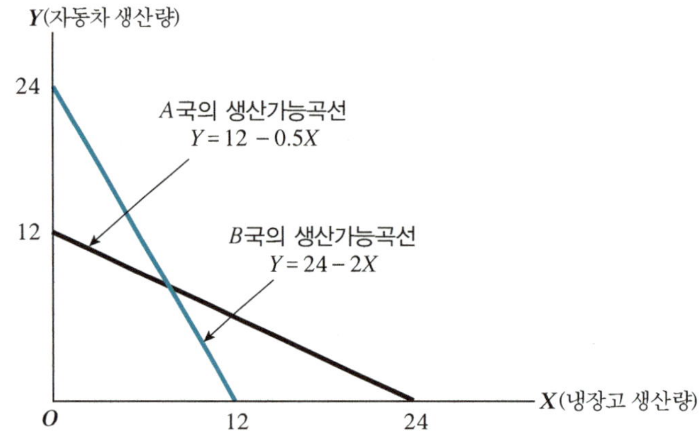

가. A국에서 자동차 생산의 상대가격은 B국보다 크다.

나. 두 나라가 자유롭게 교역할 때 냉장고 1대는 자동차 3대와 교환될 수 있다.

다. 교역이 발생할 때 B국은 자동차를 자국이 소비하는 양보다 더 많이 생산한다.

라. 두 나라의 생산가능곡선이 교차하는 곳에서 각국이 소비하고 있다면 교역은 발생하지 않는다.

① 가, 나 ② 가, 다 ③ 나, 다

④ 가, 라 ⑤ 다, 라

hint

가, 다.

A국에서 Y재를 단위로 나타낸 X재 생산의 기회비용 = 0.5 ⇒ X재 생산에 비교우위

B국에서 Y재를 단위로 나타낸 X재 생산의 기회비용 = 2 ⇒ Y재 생산에 비교우위

[자동차(Y) 생산의 상대가격은 냉장고(X) 생산의 상대가격의 역수임]

나. 교역이 이루어질 수 있는 냉장고(X) 가격의 범위는 0.5 ~ 2의 사이이다.

라. 두 나라의 생산가능곡선이 교차하는 곳에서 각국이 소비하고 있다는 것은 수요가 어느 한 재화에 치우치지 않는다는 말이다. 리카도 모형에서 무역이 이루어지지 않는 경우는 한 국가가 지나치게 한 재화만 선호하는 경우뿐이다.

12 2국 2재화 리카도(Ricardo) 모형을 가정하자. 두 국가는 각각 100시간의 노동을 보유한다. 다음 표는 각국이 재화 X, Y 각 1단위를 생산하는 데 필요한 노동투입 시간과 교역 후 소비조합을 나타낸다. 2020년 공인회계사

	단위당 노동투입 시간		교역 후 소비조합	
	A국	B국	A국	B국
X재	1	$\frac{5}{4}$	60	a
Y재	2	$\frac{5}{4}$	b	c

다음 설명 중 옳은 것만을 모두 고르면? (단, 교역은 이득이 양(+)인 경우에만 일어난다.)

가. A국은 X재, B국은 Y재에 비교우위가 있다.
나. a는 60이다.
다. b는 20보다 크고 40보다 작아야 한다.
라. c가 50이면 A국은 수출 재화 1단위당 수입 재화 $\frac{3}{4}$단위의 이득을 본다.

① 가, 나 ② 가, 다 ③ 나, 라
④ 가, 다, 라 ⑤ 나, 다, 라

hint

A국 생산가능곡선 : $X + 2Y = 100 \Rightarrow MRT^{A}_{XY} = \frac{1}{2}$ ⇒ A국 X 생산의 기회비용, A국 무역 이전 국내가격

B국 생산가능곡선 : $\frac{5}{4}X + \frac{5}{4}Y = 100 \Rightarrow MRT^{B}_{XY} = 1$ ⇒ B국 X 생산의 기회비용, B국 무역 이전 국내가격

가. (○), $MRT^{A}_{XY} = \frac{1}{2} < MRT^{B}_{XY} = 1$이므로 A국은 X재에 비교우위를 가진다.

나. (×), A국이 X재에 완전특화할 경우 총생산량이 100이므로 a는 40이 된다.

다. (○), 두 국가가 모두 이득을 보는 가격범위는 $MRT^{A}_{XY} = \frac{1}{2} < p_i < MRT^{B}_{XY} = 1$이다. 이는 X재에 완전특화한 A국이 X재를 40단위 수출할 때 최소한 Y재 20단위를 받아야 하며 최대한 40단위를 받아야 한다는 의미이다.

라. (×), B국이 Y재에 완전특화할 경우 총생산량이 80인데 c가 50이란 것은 X재 40단위와 Y재 30단위가 거래되었음을 의미한다. 자급자족 경제라면 X재 생산을 40단위 감소시키는 경우 Y재를 20단위 더 생산할 수 있다. 그러나 무역을 하면 X재를 40단위 판매하여 Y재 30단위를 얻을 수 있으므로 X재 40단위당 Y재 10단위 또는 X재 1단위당 Y재 $\frac{1}{4}$단위의 이득을 얻는다.

정답 11 ② 12 ②

13 **자유무역에서 부분특화 또는 불완전특화**(partial or incomplete specialization) **현상이 일어나는 이유는?** 2009년 국가직 7급

① 생산가능곡선이 직선이기 때문이다.

② 생산을 늘릴수록 생산의 기회비용이 체증하기 때문이다.

③ 노동생산성이 생산의 규모의 경제와 상관없이 일정하기 때문이다.

④ 생산가능곡선이 원점에 대하여 볼록(convex)하기 때문이다.

hint

기회비용 체증 ⇒ 생산가능곡선이 원점에 대해 오목 ⇒ 불완전특화 (예외적으로 완전특화 가능)
기회비용 불변 ⇒ 생산가능곡선이 직선 ⇒ 완전특화
기회비용 체감 ⇒ 생산가능곡선이 원점에 대해 볼록 ⇒ 완전특화

14 **다음 그림의 청색 음영 부분은 식량과 에너지 두 재화만 존재하는 경제의 국내 생산가능집합을 나타낸다. A와 C를 지나는 직선과 B에서 생산가능경계와 접하는 직선의 기울기는 −2이고, A에서 생산가능경계와 접하는 직선의 기울기는 −1이다. 생산가능집합의 우상방에 그려진 세 개의 곡선은 대표적 국내소비자의 무차별곡선이다. 폐쇄경제에서는 두 재화의 균형가격이 동일하고, 국제시장에서는 식량가격이 에너지가격의 2배라고 할 때 다음 설명 중 가장 옳지 않은 것은? 단, 무역개방은 국제가격에 영향을 미치지 않는다.** 2009년 공인회계사

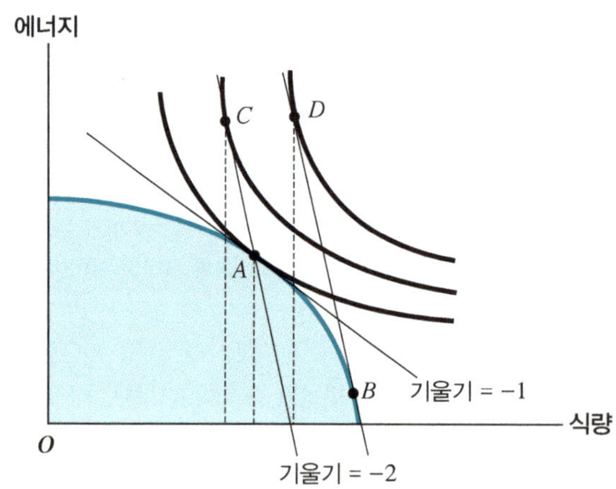

① 폐쇄경제에서 균형생산은 A에서 이루어진다.

② 폐쇄경제의 균형생산량을 유지하면서 국제무역이 이루진다면 이 나라는 식량을 수출하고 에너지를 수입하게 될 것이다.

③ 개방경제균형에서 이 나라는 식량 생산을 늘리고 에너지 생산을 줄일 것이다.

④ 개방경제균형에서 이 나라 소비자는 식량과 에너지를 모두 더 많이 소비하게 될 것이다.

⑤ A를 지나는 무차별곡선에서의 후생과 C를 지나는 무차별곡선에서의 후생의 차이로 무역이득을 설명할 수 있다.

hint

② 폐쇄경제의 균형생산량을 유지하면서 국제무역이 이루진다면 이 나라는 A점에서 생산해서 C점에서 소비한다. ③~⑤ 생산의 조정이 가능하다면 이 국가는 B점에서 생산해서 D점에서 소비할 것이다.

15 **헥셔-오린(Heckscher-Ohlin) 모형과 관련된 다음 설명 중 옳지 않은 것은?** 2015년 공인회계사

① 2국가-2재화-2요소 모형으로 나타낼 수 있다.

② 레온티에프(W. Leontief)의 역설은 자본이 상대적으로 풍부한 나라인 미국이 노동집약적인 제품을 수출하고 자본집약적인 제품을 수입하는 현상을 일컫는다.

③ 각국은 상대적으로 풍부한 생산요소를 많이 사용하여 생산하는 제품에 비교우위가 있다.

④ 생산요소의 국가 간 이동이 불가능하더라도 생산요소의 상대가격이 균등화되는 경향이 있다.

⑤ 국가 간 생산함수에 차이가 있다고 가정한다.

hint

* 헥셔-오린 모형의 주요 가정

1. 2국-2재-2요소
2. 요소의 국가 간 이동 불가, 부문 간 이동 자유
3. CRS, 완전고용, 완전경쟁
4. 국가 간 선호, 기술 동일, 요소부존 상이

위 조건 중 하나라도 깨어지면 엄격한 의미에서 헥셔-오린 모형이 아니다. [단, 1에서 국가, 재화, 요소의 수가 늘어나는 것은 무관]

정답 13 ② 14 ⑤ 15 ⑤

16 **헥셔-오린**(Heckscher-Orlin) **모형에 대한 설명으로 옳지 않은 것은?** 2011년 보험계리사 응용

① 각 국가는 풍부한 자원을 집약적으로 이용하는 상품에 비교우위를 가진다.

② 상품교역이 완전히 자유로워지면 생산요소의 이동은 불필요하게 된다.

③ 무역패턴에 따라 소득재분배 현상이 나타날 수 있다.

④ 세계경제의 효율성은 증대되고 소득분배는 보다 평등해진다.

⑤ 자유무역이 이루어지면 각국 산업구조는 점차 상이해진다.

hint

① 헥셔-오린 정리
② 요소가격 균등화 정리
③ 헥셔-오린 정리, 스톨퍼-사무엘슨 정리
④ 세계경제의 효율성은 증대되지만 국가에 따라 소득분배는 평등해질 수도 있고 불평등해질 수도 있다.
⑤ 자유무역이 이루어지면 비교우위에 따른 특화가 이루어지므로 산업구조는 상이해진다. 오히려 관세부과 등으로 무역이 감소하면 산업구조가 유사해진다.

17 **A국과 B국이 교역하는 헥셔-오린**(Heckscher-Ohlin) **모형을 고려해 보자. 양국은 자동차와 의류를 생산하며 두 재화에 대한 동일한 상대수요곡선을 갖고 있다. 양국의 요소부존량이 다음 표와 같이 주어져 있을 때 다음 설명 중 옳지 않은 것은?** (단, 자동차는 자본집약적 재화이고 의류는 노동집약적 재화이다.)

	A국	B국
노동	25	50
자본	30	55

① A국이 B국에 비하여 자본이 상대적으로 풍부한 국가이다.

② B국은 의류 생산에 비교우위를 갖는다.

③ 양국은 무역을 통하여 이익을 창출할 수 있다.

④ 무역을 하면 양국의 자동차의 의류에 대한 상대가격은 수렴한다.

⑤ 무역을 하면 A국에서 노동의 자본에 대한 상대요소가격은 상승한다.

hint

① 요소부존도를 자본/노동 비율로 정의할 때 A국의 요소부존도 = $\frac{30}{25}$ > B국의 요소부존도 = $\frac{55}{50}$ 이므로 A국은 자본풍부국, B국은 노동풍부국이다.
② 노동풍부국인 B국은 노동집약재인 의류 생산에 비교우위를 갖는다.
⑤ 무역을 하면 A국에서는 자국에 풍부하게 부존된 자본의 상대요소가격이 상승한다.

18 아래의 그림은 자유무역 하에서 어느 국가의 생산점(P)과 소비점(C)을 생산가능곡선과 사회무차별곡선을 사용하여 나타낸 것이다. 다음 중 헥셔-오린 무역이론의 입장에서 볼 때 옳지 않은 것은? (단, X재는 노동집약적 재화, Y재는 자본집약적 재화이다.) 2011년 국회 8급

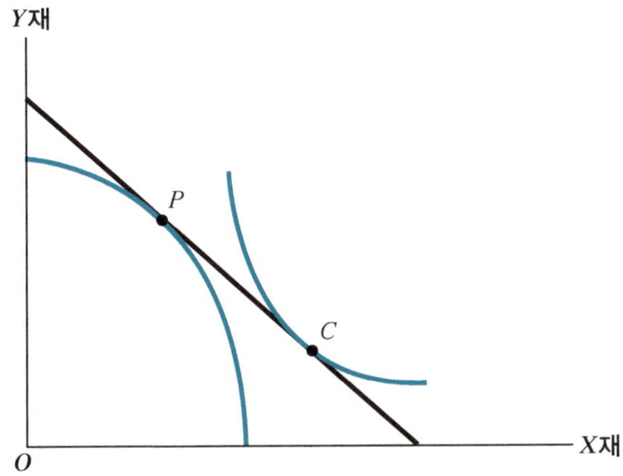

① 이 국가는 상대적으로 자본이 풍부한 국가이다.

② 교역 후 이 국가에서는 Y재의 상대가격이 상승하였다.

③ 교역 후 이 국가에서는 자본의 상대가격과 실질소득이 상승하였다.

④ 교역 후 이 국가에서는 Y재 생산의 자본집약도가 상승하였다.

⑤ 이 국가의 무역수지는 균형을 이루고 있다.

hint

① 이 국가는 자본집약재인 Y재를 수출하므로 자본이 풍부한 국가이다.

② 교역 이전에 비해 더 비싼 가격으로 Y재를 팔 수 있기 때문에 생산을 증가시켜 수출하게 된다.

③ Y재 생산을 증가시키기 위해서는 많은 자본이 필요하므로 자본의 가격이 상승한다.

④ 자본의 가격이 상승하면 각 부문에서는 상대적으로 자본을 덜 쓰려 하는 요소대체효과(factor substitution effect)가 유발된다.

⑤ 무역삼각형 상의 수출과 수입의 가치는 일치한다. 즉, 이 국가의 무역수지는 균형을 이루고 있다. [일반적으로 국제무역이론은 모두 국제수지(경상수지)의 균형을 가정한다.]

정답 16 ④ 17 ⑤ 18 ④

19 **노동(L)과 자본(K)을 사용하여 X재와 Y재를 생산하는 헥셔-오린(Heckscher-Ohlin) 모형을 고려하자. 아래 그래프에 대한 설명에서 (가)와 (나)를 바르게 짝지은 것은?** (단, XX와 YY는 X재와 Y재의 등량곡선을 나타내며, 상대임금은 (임금/임대료)를 의미한다. 등비용선은 각 등량곡선과 한 점에서 접한다.)

2016년 공인회계사

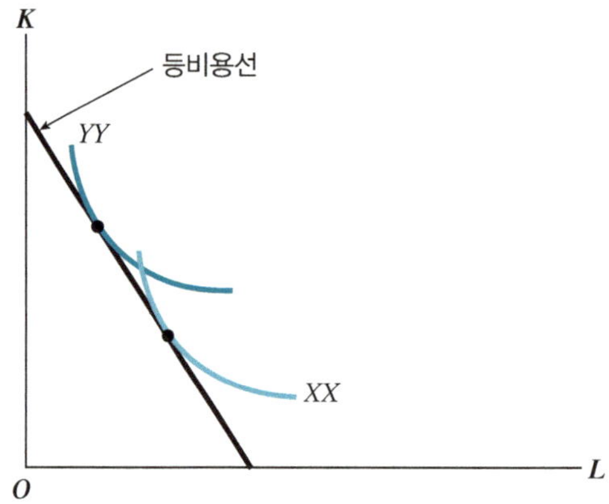

- X재의 가격이 상승하면 상대임금은 (가).
- Y재의 가격이 상승하면 상대임금은 (나).

	(가)	(나)
①	하락한다	하락한다
②	상승한다	하락한다
③	하락한다	상승한다
④	상승한다	상승한다
⑤	변하지 않는다	변하지 않는다

hint

헥셔-오린 정리에 의하면 한 재화의 상대가격이 상승하면 그 재화의 생산에 집약적으로 사용되는 요소의 상대가격도 상승한다.

X재 가격 상승 ⇒ X재에 집약적으로 사용되는 노동의 상대가격 상승 ⇒ 상대임금 상승
Y재 가격 상승 ⇒ Y재에 집약적으로 사용되는 자본의 상대가격 상승 ⇒ 상대임금 하락

20 A국과 B국이 두 생산요소 노동(L)과 자본(K)을 가지고 두 재화 X와 Y를 생산한다고 가정하자. 두 재화 X와 Y의 생산기술은 서로 다르나 A국과 B국의 기술은 동일하다. 그리고 A국과 B국의 노동과 자본의 부존량은 각각 $L_A = 100$, $K_A = 50$이며, $L_B = 180$, $K_B = 60$이다. 또한 두 재화 X와 Y의 생산함수는 각각 $X = L^2K$, $Y = LK^2$으로 주어진다. 헥셔-오린(Heckscher-Ohlin)이론에 따를 경우 옳은 것을 모두 고르면? 2013년 국가직 7급

ㄱ. 상대적으로 자본이 풍부한 나라는 B국이다.
ㄴ. 상대적으로 노동집약적인 산업은 X재 산업이다.
ㄷ. A국은 Y재, B국은 X재에 비교우위가 있다.

① ㄱ, ㄴ
② ㄴ, ㄷ
③ ㄱ, ㄷ
④ ㄱ, ㄴ, ㄷ

hint

ㄱ. $\left(\frac{K}{L}\right)_A = \frac{50}{100} > \left(\frac{K}{L}\right)_B = \frac{60}{180}$이므로 상대적으로 자본이 풍부한 나라는 A국이다.

ㄴ. $MRTS^X_{LK} = \frac{2K}{L} > MRTS^Y_{LK} = \frac{K}{2L}$이므로 동일한 요소가격이 주어질 경우 X산업에서 노동을 더 많이 사용한다.

ㄷ. 헥셔-오린 정리에 의하면 각국은 자국에 풍부하게 부존된 요소를 집약적으로 사용하는 산업에 비교우위를 갖는다. 따라서 A국은 Y재, B국은 X재에 비교우위가 있다.

*** 참고사항**

주어진 생산함수는 두 산업 모두 3차 동차 생산함수로 규모수익 체증이 나타난다. 이 경우 완전분배 정리가 성립하지 않기 때문에 헥셔-오린 모형의 일반적인 가정에 따라 규모수익 불변인 생산함수를 제시하는 것이 보다 좋았을 것이다.

정답 19 ② 20 ②

21 **2국가**(A국 및 B국) **2재화**(X재 및 Y재) **헥셔-오린 모형을 가정하자. X재는 노동집약재이고 Y재는 자본집약재이다. 만약 A국이 상대적 노동풍부국, B국이 상대적 자본풍부국일 경우 다음 설명 중 옳지 않은 것은?** 2022년 공인회계사

① 무역 이전 $\frac{X\text{재 가격}}{Y\text{재 가격}}$은 A국이 B국보다 낮다.

② 무역 이전 $\frac{\text{단위당 자본사용보수}}{\text{단위당 노동사용보수}}$는 B국이 A국보다 낮다.

③ A국은 X재를, B국은 Y재를 각각 불완전특화 생산하여 수출한다.

④ 무역의 결과 양국 간 단위당 노동사용보수의 격차는 감소하지만 단위당 자본사용보수의 격차는 증가한다.

⑤ 무역의 결과 A국 자본 소유자의 실질소득은 감소한다.

hint

① (○), 헥셔-오린 정리에 의하면 노동풍부국인 A국은 노동집약재인 X재를 값싸게 생산한다.
② (○), 자본풍부국인 B국은 자본이 상대적으로 저렴하다.
③ (○), 이는 헥셔-오린 정리가 의미하는 바와 일치한다.
④ (×), 요소가격 균등화 정리에 의하면 노동과 자본 가격 모두 격차가 감소한다.
⑤ (○), 스톨퍼-사뮤엘슨 정리에 의하면 무역 이후 각국에 풍부하게 부존된 요소의 소득은 증가하고 그렇지 않은 요소의 소득은 감소한다.

22 **다음 설명과 가장 관계가 깊은 것은 무엇인가?** 2002년 공인회계사

> 유럽의 어느 나라는 1960년대에 자기 영해에서 막대한 양의 천연가스를 발견하였다. 이 천연가스의 발견은 특정 생산요소의 부존량이 증가하는 것으로 생각할 수 있다. 이에 따라 이 천연가스를 개발하기 위하여 다른 산업으로부터 노동과 자본 등 다른 생산요소가 이동하기 시작하였다. 그 결과 천연가스를 집약적으로 사용하는 광업부문의 생산과 고용은 증대한 반면, 천연가스를 집약적으로 사용하지 않는 여타 부문 예컨대 공업부문의 생산과 고용은 줄어들기 시작하였다.

① 립진스키 정리(Rybczynski theorem)

② 레온티에프 역설(Leontief paradox)

③ 헥셔-오린 정리(Hecksher-Ohlin theorem)

④ 스톨퍼-사무엘슨 정리(Stolper-Samuelson theorem)

⑤ 요소가격 균등화 정리(factor price equalization theorem)

hint

설문의 내용은 자원부존의 변화가 생산패턴에 미치는 효과를 설명하는 립진스키 이론을 설명한 것이다. 이와 반대로 국제무역에서 가격변화의 효과를 설명한 이론으로는 스톨퍼-사무엘슨 정리가 있다.

23 **A국은 주어진 노동 1,000시간과 자본 3,000단위를 사용해 두 재화 X와 Y를 생산한다. X재 1개를 생산하기 위해 노동 1시간과 자본 2단위가 필요하고, Y재 1개를 생산하기 위해 노동 1시간과 자본 4단위가 필요하다. 다음 설명 중 옳은 것은?** (단, A국은 생산가능곡선 상에서만 생산한다.)

2020년 공인회계사

① X재 최대 생산량은 1,500개이다.

② Y재 최대 생산량은 1,000개이다.

③ X재 생산의 기회비용은 일정하다.

④ X재와 Y재를 균등하게 생산하는 경우 유휴자원은 발생하지 않는다.

⑤ X재의 가격이 2, Y재의 가격이 3이면 X재와 Y재 생산에 노동과 자본이 균등하게 배분된다.

hint

노동제약 : $1X + 1Y = 1{,}000(ab) \Rightarrow$ 기울기 = -1

자본제약 : $2X + 4Y = 3{,}000(cd) \Rightarrow$ 기울기 = $-\frac{1}{2}$

두 가지 제약이 모두 만족되어야 하므로 생산가능곡선은 ceb와 같이 꺾은 선의 형태가 된다.

① (×), X재 최대 생산량은 1,000개이다.

② (×), Y재 최대 생산량은 750개이다.

③ (×), X재 생산의 기회비용은 ce구간에서 Y재 $\frac{1}{2}$개, eb구간에서는 Y재 1개로 변한다.

④ (○), e점, 즉 (500, 500)에서 생산이 이루어지는 경우 노동과 자본 모두 완전고용이 달성된다.

⑤ (×), $p = \frac{2}{3}$일 때 $\frac{1}{2} < p < 1$이 성립하므로 e점에서 생산이 이루어진다. 이 경우 노동의 사용량은 500으로

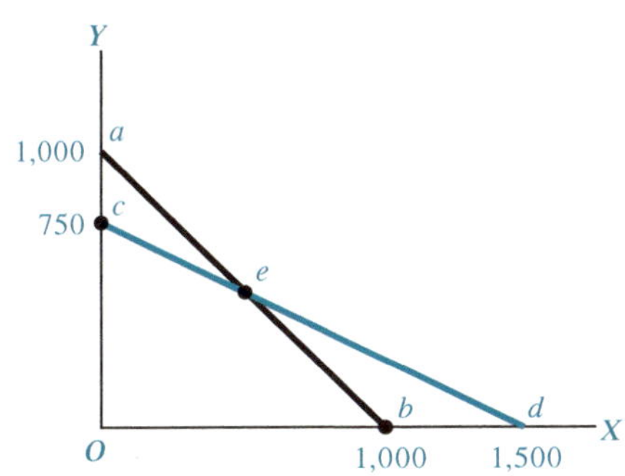

정답 21 ④ 22 ① 23 ④

24 **국내에서 X재를 생산하는 우리나라 기업이 A국의 시장에 신규로 진입하려고 한다. 이 기업은 수출을 하거나, 외국 기업에 생산기술을 이전하고 로열티를 받을 수도 있으며, 또는 해외직접투자를 통하여 A국에서 생산하여 판매할 수도 있다. 이 기업의 해외진출전략에 대한 설명 중 옳지 않은 것은?** 2012년 공인회계사

① 다른 조건이 일정할 때, 국내 생산의 규모의 경제가 클수록 수출보다 해외직접투자가 더 유리하다.

② 다른 조건이 일정할 때, 이 기업이 생산하는 재화에 대한 A국의 수입관세가 높을수록 수출보다 해외직접투자가 더 유리하다.

③ 다른 조건이 일정할 때, 이 기업이 보유하고 있는 생산기술을 외국의 기업에게 이전할 때 발생하는 거래비용이 클수록 해외직접투자가 생산기술의 이전보다 더 유리하다.

④ 외국의 정치적 불안정성은 해외직접투자를 억제하는 요인 중 하나이다.

⑤ 외국의 저임금은 해외직접투자를 촉진하는 요인 중 하나이다.

hint

① 국내 생산의 규모의 경제가 클수록 국내 생산을 늘리고 수출하는 방법을 선택하는 것이 유리하다.

25 **다국적 기업과 해외직접투자에 대한 다음 설명 중 옳은 것을 모두 고르면?** 2018년 공인회계사

가. 다른 조건이 일정할 때, 규모의 경제가 클수록 기업은 수출보다는 해외직접투자를 선호한다.

나. 독립된 기업으로부터 중간재를 조달(outsourcing)할 때 발생하는 거래비용은 기업들로 하여금 해외직접투자를 선호하게 만드는 요인이다.

다. 다른 조건이 일정할 때, 한 국가의 수입관세가 높을수록 그 국가로의 해외직접투자가 일어날 가능성은 커진다.

① 가　　② 나　　③ 다

④ 가, 나　　⑤ 나, 다

hint

가. (×), 규모의 경제가 있다면 하나의 공장에서 생산해서 수출하는 것이 유리하다.

나. (○), 중간재 조달과정에서 발생하는 거래비용과 불확실성을 줄이기 위해 기업은 내부화를 시도한다.

다. (○), 관세가 높을 경우 본국에서 생산해서 수출하는 것보다 현지 생산이 유리하다.

26 다양한 무역이론이 주장하는 소득재배분효과에 관한 설명들 중 가장 틀린 설명은?

2008년 국가직 7급

① 리카도의 비교우위론은 생산요소가 하나만 존재하기 때문에 소득재배분효과를 잘 설명하지 못한다.

② 특정요소 모형에서 수출재화의 특정 생산요소를 가진 사람들과 노동자의 소득은 증가한다.

③ 헥셔-오린 모형은 무역을 통해 상대적으로 풍부한 생산요소를 가진 사람들의 소득이 증가할 것이라고 주장한다.

④ 스톨퍼-사무엘슨 정리에서 생산물가격 변동이 소득배분의 변화를 발생시킨다고 주장한다.

⑤ 산업 내 무역이론에서 소득재배분효과는 크지 않고 가격하락으로 인한 소비자후생 증대효과가 나타난다.

hint

헥셔-오린 모형은 산업 간 생산요소 이동이 자유롭다고 가정하는 데 비해 특정요소 모형(specific-factors model)은 산업 간 이동이 가능한 유동요소와 이동이 불가능한 특정요소를 모두 포함하고 있다. 헥셔-오린 모형에서 자유무역은 수출산업에 집약적으로 사용되는 요소의 소득을 늘리고 그렇지 않은 요소의 소득은 감소시키는데 이러한 결론은 스톨퍼-사무엘슨 정리를 통해 엄밀하게 검증되었다. 반면 특정요소 모형에서 자유무역은 수출산업에 특화된 요소의 소득을 증가시키고, 수입산업에 특화된 요소의 소득을 감소시키는 반면 유동요소의 소득은 불명확하다. 설문에서 다른 모든 보기는 옳기 때문에 일반적인 관행과 마찬가지로 노동을 유동요소로 간주하고 노동의 소득이 증가한다고 한 ②를 잘못된 보기로 선택하였다.

정답　24 ①　25 ⑤　26 ②

27 **다음 그림은 소규모 개방경제의 어떤 기업이 국내시장에서 독점력을 행사함을 나타낸다. 다음 설명 중 옳은 것은?** (단, MR, D, MC는 각각 국내 판매의 한계수입곡선, 국내수요곡선, 한계비용곡선이다.)

2012년 국회 8급

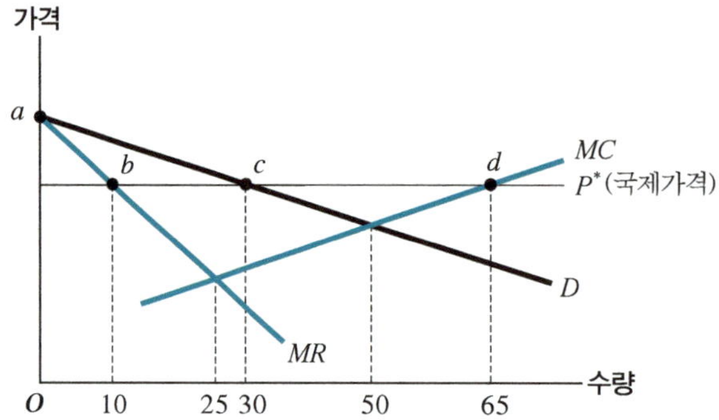

① 국내가격은 국제가격과 동일하다.

② 총생산량은 50이다.

③ 수출량은 10이다.

④ 이 기업의 실효 MR은 점 a, b, c, d를 잇는 선이다.

⑤ 독점이윤을 최대화하는 국내 소비량은 25이다.

hint

소규모 개방경제의 기업이 국내시장에서 독점력을 행사할 수 있다면 이 기업은 국제적 가격차별을 실시하고 있는 상황이 된다. 가격차별의 이윤극대화 조건이 $MR_{국내} = MR_{국제} = MC$이며 국제가격이 일정하므로 $MR_{국제}$도 일정함을 고려하여 보기들을 설명하면 다음과 같다.

④ 독점기업은 국내와 국제의 MR을 비교하여 10단위까지는 국내에 판매하고 그 이후에는 국제시장에 판매하는 전략을 세울 것이다. 따라서 실효 MR곡선은 점 a, b, c, d를 잇는 선이 된다.

② 이 경우 총생산량은 65가 된다.

⑤ 그중 국내시장에는 10단위를 판매할 것이다.

③ 따라서 수출량은 55(= 65 − 10)가 된다.

① 이때 국제가격보다 높은 국내가격이 설정될 것이다.

28 아래의 소규모 폐쇄경제 국가가 개방하였을 때 나타나는 현상으로 옳은 것은?

2014년 보험계리사 응용

> 개방 전의 X재 국내시장의 수요와 공급
>
> $Q_X^D = 400 - P_X$
>
> $Q_X^S = -400 + 3P_X$
>
> 개방 전 세계시장에서의 X재 가격은 150원임.
>
> (단, Q_X^D는 X재의 수요량, Q_X^S는 X재의 공급량, P_X는 X재의 가격임.)

① 개방 후 소비자잉여는 감소한다.

② 개방 후 X재의 국내가격은 상승한다.

③ 개방 후 X재의 국내소비량은 증가한다.

④ X재의 세계시장 가격이 160원이면, 개방 후 국가는 X재를 수출하게 된다.

hint

개방 전 균형 $Q_X^D = 400 - P_X = Q_X^S = -400 + 3P_X \Rightarrow P_X = 200 > 150$이므로 시장개방 시 수입국이 된다. 수입국이 무역에 참가할 때 국내가격 하락, 소비자잉여 증가, 국내생산량 감소, 국내소비량 증가가 나타난다.

[**주의사항** : 원문에는 ③에서 '국내소비량'이 '국내거래량'이라고 되어 있었는데 이 경우 국내생산량을 의미하는지 국내소비량을 의미하는지가 불명확한 문제가 발생한다. 그러나 이러한 경우에도 다른 보기가 분명히 잘못되었기 때문에 실전에서는 당연히 ③을 선택했어야 한다.]

정답 27 ④ 28 ③

29 민간항공기는 A국과 B국에서만 생산한다. 두 국가 항공사의 보수(이윤)행렬이 다음과 같다. 만일 두 나라 정부가 자국 항공사가 생산할 경우 각각 10억 달러의 생산보조금을 지급할 때 내쉬균형은 무엇인가? 2014년 감정평가사

		B국 항공사	
		생산함	생산하지 않음
A국 항공사	생산함	−5억 달러, −5억 달러	100억 달러, 0달러
	생산하지 않음	0달러, 100억 달러	0달러, 0달러

① A국과 B국에서 생산함
② A국에서만 생산함
③ B국에서만 생산함
④ A국과 B국에서 생산하지 않음
⑤ ②, ④ 두 가지 경우

hint

보조금이 없는 경우 내쉬균형은 (생산함, 생산하지 않음), (생산하지 않음, 생산함) 두 개다. 그런데 생산하는 경우 A, B 모두 10억 달러의 보조금을 받을 수 있다면 보수행렬이 다음과 같이 달라진다. 바뀐 보수행렬을 가지고 내쉬균형을 구하면 (생산함, 생산함)이 된다.

		B국 항공사	
		생산함	생산하지 않음
A국 항공사	생산함	5억 달러*, 5억 달러*	110억 달러*, 0달러
	생산하지 않음	0달러, 110억 달러*	0달러, 0달러

30 **소규모 개방경제인 K국의 국내 컴퓨터 수요곡선과 공급곡선은 각각 $Q_d = -\frac{P}{2} + 3,000$, $Q_s = \frac{P}{2}$이고, 컴퓨터의 국제가격은 1,500이다.** (단, Q_d는 수요량이고 Q_s는 공급량, P는 가격이다.) **K국 정부가 국내 컴퓨터 생산자를 보호하기 위해 단위당 500의 수입관세를 부과한다면 관세 부과로 인한 경제적 순손실은?** (단, 관세 이외의 무역장벽은 없다.) 2017년 보험계리사

① 62,500 ② 125,000
③ 250,000 ④ 381,250

hint

1. 폐쇄경제

$Q_d = -\frac{P}{2} + 3,000 = Q_s = \frac{P}{2} \Rightarrow P = 3,000$

2. 무관세 자유무역

$P = P_i = 1,500$, $Q_d = -\frac{P}{2} + 3,000 = 2,250$, $Q_s = \frac{P}{2} = 750 \Rightarrow$ 수입량 : 1,500

3. 유관세 자유무역

$P = P_i + T = 2,000$, $Q_d = -\frac{P}{2} + 3,000 = 2,000$, $Q_s = \frac{P}{2} = 1,000 \Rightarrow$ 수입량 : 1,000

4. 자중손실

자중손실의 크기는 그림의 $b + d$의 면적에 해당한다. $EB = \left(\frac{1}{2} \times 250 \times 500\right) + \left(\frac{1}{2} \times 250 \times 500\right) = 125,000$

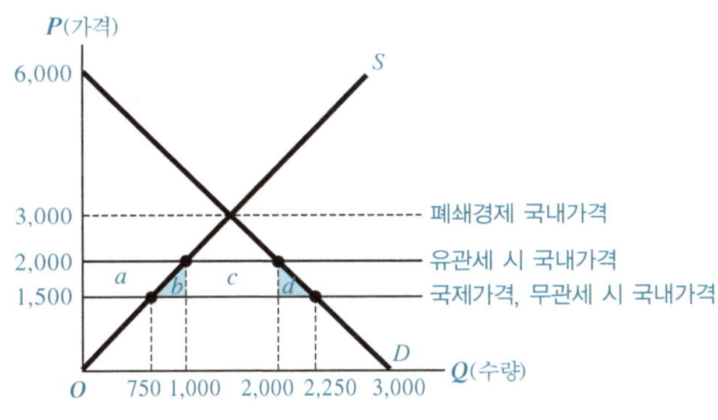

정답 29 ① 30 ②

31 **A국과 B국으로 구성된 경제를 고려하자. 자동차에 대한 양국의 수요함수와 공급함수가 아래와 같이 주어져 있을 때 다음 설명 중 옳지 않은 것은?** (단, P는 가격, Q는 수량을 나타낸다.)

2011년 공인회계사

A국 : 수요함수 $Q = 30 - P$, 공급함수 $Q = 10 + P$
B국 : 수요함수 $Q = 30 - P$, 공급함수 $Q = 16 + P$

① 폐쇄경제 하에서 A국의 균형가격은 10이다.

② 폐쇄경제 하에서 A국의 균형가격은 B국의 균형가격보다 더 높다.

③ 자유무역을 하게 되면 균형가격은 10보다 낮다.

④ A국에서 자동차 수입에 대해 관세를 부과하게 되면 B국에서의 균형가격은 7보다 낮다.

⑤ 자유무역을 할 때 A국의 수입량은 3이다.

hint

①, ② A국의 무역 전 균형 : $30 - P = 10 + P$에서 $P_A = 10$

B국의 무역 전 균형 : $30 - P = 16 + P$에서 $P_B = 7$

③, ⑤ 자유무역 시 A국은 수입국이 되고, B국은 수출국이 된다.

A국의 수입수요함수 : $MD_A = (30 - P) - (10 + P) = 20 - 2P$

B국의 수출공급함수 : $XS_B = (16 + P) - (30 - P) = -14 + 2P$

$MD_A = XS_B$에서 정리하면 국제가격 $P_i = 8.5$가 되고, 이때 무역량은 3이 된다.

④ A국에서 수입관세를 부과할 경우 무역규모가 감소하며, B국의 국내가격은 다시 7을 향해 하락한다. 그러나 7보다 가격이 낮아진다면 수출이 이루어지지 않을 것이므로 7보다 낮은 가격이 형성될 수는 없다.

32 다음 그림은 X재의 국내 수요곡선(D)과 공급곡선(S)을 나타내고 있다. 폐쇄경제 하의 국내균형은 E, 무관세 자유무역 하에서의 소비자가격은 P_1, X재 수입에 대하여 한 개당 t원의 관세가 부과되는 경우의 소비자가격은 P_2이다. 이에 관한 설명으로 옳지 않은 것은?

2012년 공인노무사

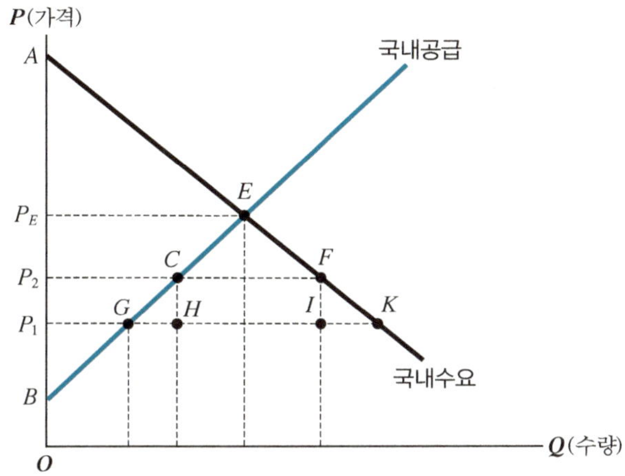

① 관세부과 후 X재의 수입량은 CF이다.

② 폐쇄경제와 비교하면 관세부과 무역으로 인한 소비자잉여 증가분은 $P_E EFP_2$이다.

③ 폐쇄경제와 비교하면 무관세 자유무역으로 인한 총잉여 증가분은 EGK이다.

④ 무관세 자유무역과 비교하면 관세부과로 인한 경제적 손실은 $CFKG$이다.

⑤ 무관세 자유무역과 비교하면 관세부과로 인한 생산자잉여 증가분은 $P_2 CGP_1$이다.

hint

② 폐쇄경제의 균형가격은 P_E, 관세부과 무역 시의 가격은 P_2이다. 따라서 폐쇄경제에 비한 관세부과 무역 시 소비자잉여의 변화 = $+P_E EFP_2$, 생산자잉여의 변화 = $-P_E ECP_2$이다.

④ 무관세 자유무역 시의 균형가격은 P_1, 관세부과 무역 시의 가격은 P_2이다. 이 경우 소비자잉여와 생산자잉여의 합은 $CFKG$만큼 감소하지만 $CFIH$는 관세수입으로 이전된 부분이므로 경제적 순손실에 포함되지 않는다. 따라서 경제적 순손실은 CHG와 FKI의 합이 된다.

정답 31 ④ 32 ④

33 **소국인 A국의 B재화에 대한 수요함수와 공급함수는 다음과 같다.**

> 수요함수 : $Q_D = 20 - 4P$ 　　 공급함수 : $Q_S = 8 + 2P$
> 여기서 Q_D는 수요량, Q_S는 공급량, P는 가격이다.

국제시장 가격이 1.5라고 가정하자. A국이 B재화의 수입에 대해 1만큼의 관세(종량세)를 부과하였을 경우 A국의 B재화의 수입량은 얼마인가? 2005년 공인회계사

① 0　② 6　③ 10
④ 12　⑤ 16

hint

무역 개시 이전 국내 균형가격은 $Q_D = Q_S$, 즉 $20 - 4P = 8 + 2P$에서 $P^* = 2$가 된다. 그런데 단위당 1원의 가격이 부과되면 국내로 수입되는 가격은 2.5원이 되어 수입이 중단된다. 이처럼 수입이 중단될 정도로 높은 관세를 금지적 관세(prohibitive tariff)라고 한다.

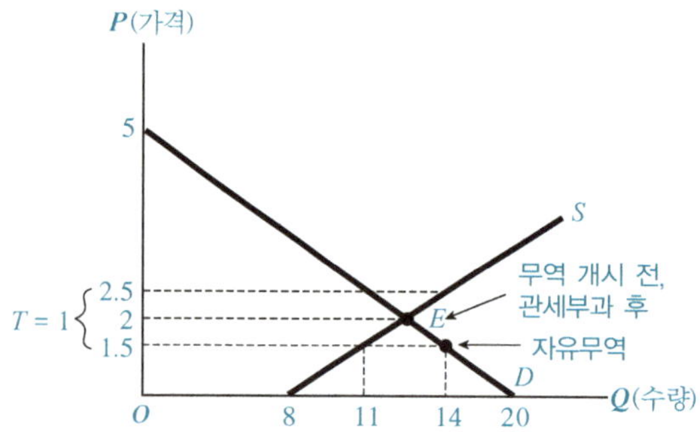

34 수입관세 부과의 효과에 대한 부분균형분석을 고려해 보자. 소국의 수입관세 부과는 X재의 국제가격에 영향을 주지 않으나, 대국의 수입관세 부과는 X재의 국제가격을 하락시킨다. 수입관세 부과의 효과에 대한 다음 설명 중 옳지 않은 것은? 2018년 공인회계사

① 소국의 수입관세 부과는 소국의 소비자잉여를 감소시킨다.
② 소국의 수입관세 부과는 소국의 생산자잉여를 증가시킨다.
③ 소국의 수입관세 부과는 소국의 사회후생을 감소시킨다.
④ 대국의 수입관세 부과가 대국의 사회후생에 미치는 효과는 일률적이지 않다.
⑤ 대국의 수입관세 부과는 대국의 교역조건을 악화시킨다.

hint

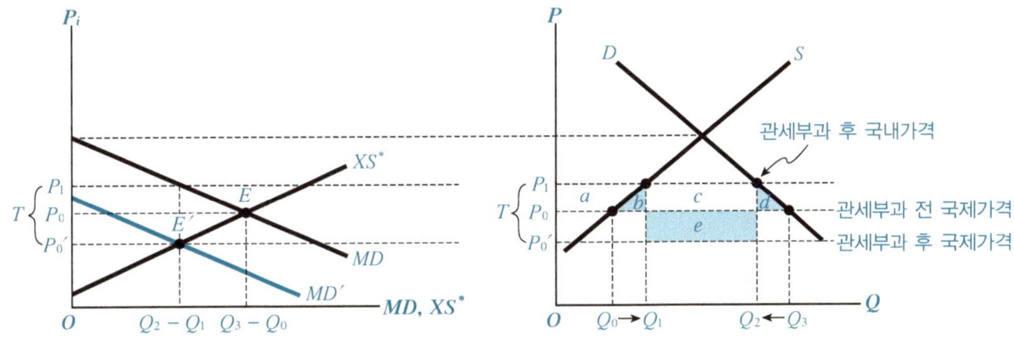

① (○), 소국에서 관세는 국내가격을 상승시켜 소비자잉여를 감소시킨다.
② (○), 소국에서 관세는 국내가격을 상승시켜 생산자잉여를 증가시킨다.
③ (○)
④ (○), 대국의 경우 관세의 부과가 교역조건을 개선시킬 수 있으므로 사회후생이 개선될 수도 있다.
⑤ (×), 대국에서 관세가 수입품 국제가격을 하락시키는데 이는 교역조건 개선에 해당한다.

정답 33 ① 34 ⑤

35 아래 그림은 대국이 X재에 수입관세를 부과할 때 나타나는 경제적 효과를 보여준다. S는 X재에 대한 대국의 공급곡선을, D는 수요곡선을 나타낸다. 수입관세 부과는 X재의 세계시장 가격을 P_W에서 P_T^*로 하락시키고 X재의 국내가격을 P_T로 상승시킨다. 수입관세 부과의 경제적 효과에 대한 다음 설명 중 옳지 않은 것은? 2022년 공인회계사

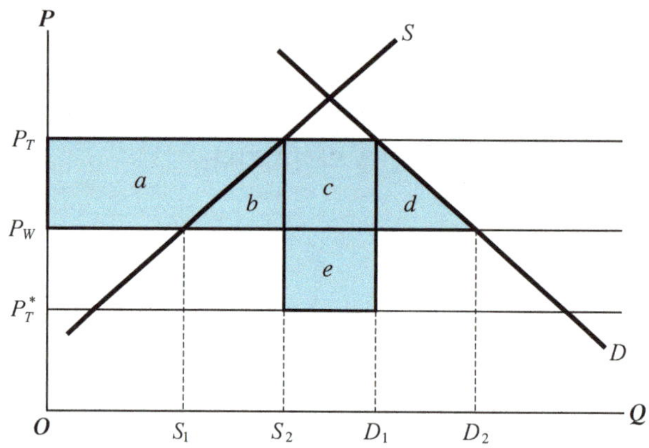

① 소비자잉여의 감소는 $a+b+c+d$이다.

② 대국의 사회적 후생 증가 조건은 $c > b+d$이다.

③ c는 국내 소비자에게 전가되는 관세 부담이다.

④ e는 관세의 교역조건 효과이다.

⑤ 생산자잉여의 증가는 a이다.

hint

소비자잉여 : $-a-b-c-d$
생산자잉여 : $+a$
조세수입 : $+c \quad +e$

사회후생 : $-b \quad -d+e$

② (×), 사회적 후생 증가 조건은 $e > b+d$이다. [단, 소문자는 문자가 포함된 영역의 면적을 의미]

36 최적관세에 관한 설명 중 옳은 것은? 2001년 국가직 7급

① 수입상품의 공급이 무한탄력적이 아니면 최적관세율은 0이다.

② 대부분의 상품에 대해 최적관세는 수입을 금지시킬 만큼 높다.

③ 최적관세는 관세부과국의 후생을 증가시키나 전 세계의 후생은 낮춘다.

④ 관세를 부과하는 국가의 수입이 세계시장과 비교해서 작을 경우 최적관세는 크게 늘어난다.

hint

최적관세는 관세부과국의 입장에서 정의된 개념이다. 전 세계적인 입장에서는 관세가 부과되면 무역규모가 축소되고 자원배분이 왜곡되므로 관세부과가 바람직하지 못하다.

37 다음 중 여러 관세 간의 관계를 나타낸 것으로 가장 옳은 것은?

① 최적관세율 = 최대관세율 = 수입금지적 관세율
② 최적관세율 < 최대관세율 = 수입금지적 관세율
③ 최적관세율 < 최대관세율 < 수입금지적 관세율
④ 최적관세율 = 최대관세율 < 수입금지적 관세율
⑤ 최적관세율 > 최대관세율 > 수입금지적 관세율

hint

최적관세란 자국의 사회후생을 극대화시키는 관세를 말한다. 최대관세란 관세수입을 극대화시키는 관세를 말한다. 수입금지적 관세란 더 이상 수입이 이루어지지 못할 정도로 높은 관세를 부과하는 것을 말한다.

38 소국 개방경제인 A국 정부는 자국 산업을 보호하기 위해 X재와 Y재에 각각 40%와 20%의 종가관세를 부과한다. X재의 세계시장 가격은 100이고 X재의 생산에 투입되는 유일한 부품인 Y재의 세계시장 가격은 40이다. X재 1개당 Y재 2개가 사용되는 경우 A국이 X재에 대해 부과한 관세의 실효보호율은? 2020년 공인회계사 응용

① 60% ② 120% ③ 130%
④ 150% ⑤ 180%

hint

실효보호율(effective rate of protection)이란 관세부과에 의한 부가가치의 증가율을 의미한다.

관세부과 전 : $V_0 = 100 - 2 \times 40 = 20$
관세부과 후 : $V_1 = (1 + 0.4)100 - 2 \times (1 + 0.2)40 = 44$
실효보호율 : $t_E = \dfrac{V_1 - V_0}{V_0} = 1.2$

정답 35 ② 36 ③ 37 ③ 38 ②

39 **관세부과와 수량할당제의 공통점과 차이점을 잘못 설명한 것은?**

① 관세와 수량할당은 모두 사회적 손실을 초래한다.

② 관세와 수량할당은 모두 생산자잉여를 증가시킨다.

③ 소비자잉여는 두 경우 모두 감소한다.

④ 관세부과의 경우 (국내에 상품을 수출하는) 외국생산자의 수입은 감소한다.

⑤ 수입국 입장에서 수량할당제를 설정하는 것이 더 바람직하다.

hint

관세, 수량할당, 수출자율규제가 자원배분에 미치는 기본적인 효과는 동일하다. 단, 관세의 경우 관세수입(= C)이 발생하지만 수량할당의 경우 관세수입과 동일한 크기의 할당지대(= $C' + C''$)가 발생하며, 이는 직접적으로 정부가 아닌 수입업자에게 귀속된다. 반면 수출자율규제의 경우에는 할당지대가 외국의 수출업자에게 귀속된다. 관세부과의 사회적 비용(후생손실)면에서는 수량할당, 수입관세는 차이가 없지만 수출자율규제는 할당지대(quota rent)가 수출국에 귀속되므로 세 가지 방법 중 가장 열등하다 할 것이다.

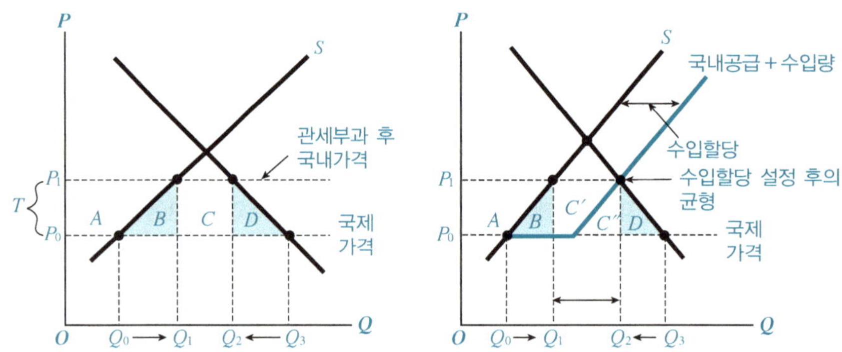

〈그림 1〉 관세부과의 효과 〈그림 2〉 수입할당의 효과

40 **어느 나라가 kg당 10달러에 땅콩을 수입하며, 세계 가격에는 영향을 미칠 수 없다고 가정한다. 이 나라의 땅콩에 대한 수요곡선과 공급곡선은 각각 $Q_d = 4{,}000 - 100P$ 및 $Q_s = 500 + 50P$로 표현된다. 수입을 500kg으로 제한하는 수입할당제를 시행할 때 새로운 시장가격과 이때 발생하는 할당지대는?** (단, Q_d는 수요량, Q_s는 공급량, P는 가격이다.) 2016년 7급

① 20달러, 4,000달러 ② 15달러, 4,000달러

③ 20달러, 5,000달러 ④ 15달러, 5,000달러

hint

500단위의 수입할당이 이루어질 경우 국내공급곡선은 우측으로 500 이동한다. 따라서 이때 균형가격은 다음과 같이 구할 수 있다.

$$Q_d = 4{,}000 - 100P = Q_s = 500 + 50P + 500 \Rightarrow P_1 = 20(\text{달러})$$

이 경우 수입단위당 국제가격과 국내가격의 차이인 10(달러)의 이익을 얻는다. 따라서 총할당지대는 다음과 같다.

할당지대 : $500 \times (20 - 10) = 5{,}000$

41 **국내에서 X재의 생산은 기업 A가 독점하며, X재의 수입은 금지되어 있었는데, 다음과 같이 주어진 정보에 따라 정부가 수입쿼터제를 도입하여 수입쿼터를 40으로 정하였다. 다음 설명 중 옳은 것은?** 2021년 국회 8급

- $C = 50Q + Q^2$
- $Q_d = 450 - P$
- X재의 국제 거래가격은 250이다.

(단, Q, Q_d, P, C는 각각 기업 A의 생산량, 국내 수요량, 국내가격, 생산비용을 의미하며, 수입에 따른 관세나 운송비용은 0으로 가정한다.)

① X재 수입이 금지되어 있는 경우 균형에서 기업 A의 한계수입은 350이다.
② 쿼터제 도입으로 국내 수요량은 40만큼 증가한다.
③ 쿼터제 도입으로 국내가격은 40만큼 감소한다.
④ 쿼터제 도입 후 균형에서 기업 A의 한계비용은 감소한다.
⑤ 국제 거래가격이 230으로 하락하면 쿼터제 하에서 기업 A의 생산량은 감소한다.

hint

④ (O), 관세의 경우 시장이 개방되면 독점기업은 더 이상 독점력을 행사할 수 없다. 반면 수입쿼터의 경우에는 쿼터를 제외한 나머지에 대해 독점력을 행사할 수 있다.
수입쿼터 이후 생산량이 감소할 것이므로 한계비용도 감소할 것이다. 수입쿼터 이후에도 독점력을 행사할 수 있으며 생산이 감소한다는 것을 알고 있다면 계산을 하지 않고도 답을 찾을 수 있다.

* 쿼터제 도입 이전[폐쇄경제]	* 쿼터제 도입 이후
$P = 450 - Q$	$P = 410 - Q$
$MR = 450 - 2Q$	$MR = 410 - 2Q$
$MC = 50 + 2Q$	$MC = 50 + 2Q$
$Q_0 = 100$	$Q_1 = 90$
$P_0 = 350$	$P_1 = 320$
$MR_0 = 250$	$MR_1 = 230$

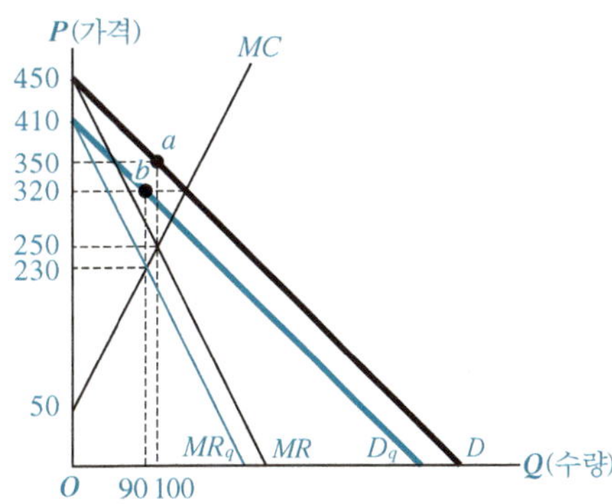

정답 39 ⑤ 40 ③ 41 ④

42 무역장벽과 관련한 다음 설명 중 가장 옳지 않은 것은? 2006년 국가직 7급

① 수입할당제는 비관세 무역장벽에 속한다.
② 상계관세는 해당 제품의 수입국에서 수입가격과 국내가격의 차이만큼 관세를 부과하여 국내산업을 보호하려는 관세이다.
③ 수입할당제와 관세는 후생 측면에서 비슷한 결과를 보이지만 관세에 비해 수입할당제는 정부 수입을 감소시킨다.
④ 수입식품 검사기준의 강화는 일종의 비관세 무역장벽이다.
⑤ 수출자율규제는 수입할당제와 매우 비슷한 효과를 보이는 무역장벽이다.

hint

상계관세란 수출국에서 직간접적으로 생산 또는 수출에 대하여 장려금이나 보조금을 지급하였을 때 이를 상쇄하기 위해 부과하는 관세를 말한다. 예를 들어 수출국 국내가격이 100이고 수출가격이 80이며, 수입국 국내가격이 130이면 100과 80의 차이인 20만큼이 상계관세가 된다.

43 무역정책에 대한 설명 중 옳지 않은 것은? 2012년 공인회계사

① 수입량을 동일하게 제한하는 수출자율규제(voluntary export restraints)와 관세 중 수출자율규제가 수입국의 후생 측면에서 더 유리하다.
② 수출재 1단위당 보조금을 지급하는 경우 수출기업은 자국 내 가격이 외국에 대한 수출가격보다 수출보조금만큼 커지도록 수출량을 증가시킨다.
③ 특정 집단의 이익을 위한 정치적 활동을 공공재로 보는 관점에 따르면 해당 집단이 잘 조직화되어 있고 구성원 수가 적을 때 그 집단이 추구하는 정책이 실현될 가능성이 커진다.
④ 시장실패가 존재하는 경우 적절한 무역정책을 통하여 사회후생을 증가시킬 수도 있다.
⑤ 자국 기업과 외국 기업이 복점시장에서 경쟁하는 경우 자국 기업에 대한 수출보조금 지급 등 전략적 무역정책을 통하여 사회후생이 증가하는 경우가 있다.

hint

① 관세, 수입할당, 수출자율규제가 자원배분에 미치는 효과는 동일하지만 소득분배효과는 상이하다. 관세의 경우 조세수입이 발생하지만, 수입할당의 경우에는 수입업자의 할당지대가 발생한다. 반면 수출자율규제는 외국 수출업자의 수출지대가 발생하기 때문에 수출자율규제는 수입국의 후생 측면에서 열등한 방식이다.

44 **소규모 개방경제 모형에서 수입관세 부과와 수출보조금 지원의 무역정책 효과에 관한 설명으로 옳지 않은 것은?** (단, 수요곡선은 우하향, 공급곡선은 우상향한다.) 2017년 보험계리사

① 수입관세 부과는 국내 생산량을 증가시킨다.

② 수입관세 부과와 수출보조금 지원 모두 국내 생산자잉여를 증가시킨다.

③ 수입관세 부과와 수출보조금 지원 모두 국내 소비자잉여를 감소시킨다.

④ 수입관세 부과와 수출보조금 지원 모두 정부수입을 증가시킨다.

hint

	수입관세	수출보조금
국제가격	불변	불변
국내가격	상승	상승
생산자잉여	증가	증가
소비자잉여	감소	감소
정부재정	흑자	적자
사회후생	감소	감소

정답 42 ② 43 ① 44 ④

45 **X재를 교역하는 수입국과 수출국에 관한 다음 설명 중 옳은 것만을 모두 고르면?** (단, 수요곡선은 우하향하고 공급곡선은 우상향한다.) 2021년 공인회계사

가. 교역 이후 수출국의 X재 가격은 상승하나 수입국의 X재 가격은 하락한다.
나. 대국인 수입국이 수입관세를 부과할 경우 수입국의 후생 변화는 불분명하다.
다. 소국인 수입국이 수입관세를 부과할 경우 수입국의 소비자는 손실을 보고 생산자는 이득을 얻는다.
라. 수출국이 수출보조금을 도입하는 경우 수출국의 후생은 증가한다.

① 가, 나 ② 나, 다 ③ 다, 라
④ 가, 나, 다 ⑤ 가, 다, 라

hint

가. (○)
나. (○), 대국 관세의 경우 교역조건 개선 효과가 있기 때문에 후생이 개선될 수도 있다.
다. (○)
라. (×), 수출보조금의 경우 소국의 후생도 악화되지만 대국의 경우 교역조건 악화로 인해 더 큰 폭으로 후생이 악화된다.

*** 참고 : 수출보조금의 경제적 효과**

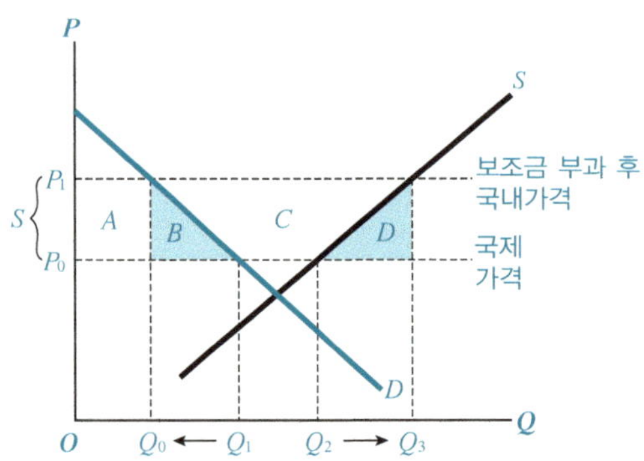

(a) 소국

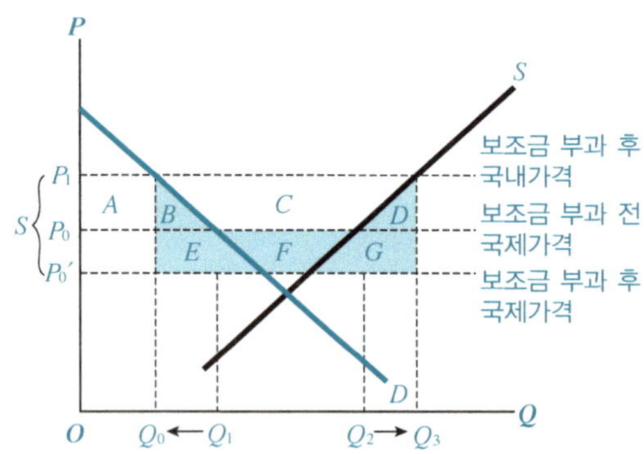

(b) 대국

(a) 소국		
소비자잉여의 감소	: $-A-B$	
생산자잉여의 증가	: $+A+B+C$	
보조금 지급액	:	$-B-C-D$
사회적 잉여의 변화 :	$-B$	$-D$

(b) 대국		
소비자잉여의 감소	: $-A-B$	
생산자잉여의 증가	: $+A+B+C$	
보조금 지급액	:	$-B-C-D-E-F-G$
사회적 잉여의 변화 :	$-B$	$-D-E-F-G$

46 대국 개방경제인 A국의 X재에 대한 시장수요와 시장공급이 다음과 같다. 2020년 공인회계사

- 시장수요 : $Q_d = 100 - 20P$
- 시장공급 : $Q_s = 20 + 20P$

(단, Q_d, Q_s, P는 각각 X재의 수요량, 공급량, 가격을 나타낸다.)

X재의 세계시장 가격은 3이고, A국은 세계시장 가격에 X재를 수출하고 있다. 정부는 수출을 증진하기 위해 수출하는 물량을 대상으로 개당 1의 보조금 정책을 도입한다. 이 정책으로 인해 수출량이 늘어남에 따라 세계시장 가격이 2.5로 하락한다면, 다음 설명 중 옳은 것은?

① 수출은 30만큼 증가한다.
② 국내 소비는 20만큼 감소한다.
③ 보조금은 40만큼 지출된다.
④ 생산자잉여는 80만큼 증가한다.
⑤ 사회적 후생은 35만큼 감소한다.

hint

이는 대국 모형에서 수출보조금의 효과를 묻는 문제이다. 단위당 T의 수출보조금이 지급되는 경우 $P_i = P - T$ 또는 $P = P_i + T$의 관계가 성립한다.

보조금 지급 이전 : $P = P_i = 3$, $Q_d = 40$, $Q_s = 80$, 수출량 $XS_0 = 40$
보조금 지급 이후 : $P_i = 2.5$, $P = P_i + T = 3.5$, $Q_d = 30$, $Q_s = 90$, 수출량 $XS_1 = 60$

이를 그림으로 나타내면 다음과 같다.

소비자잉여의 변화	:	$-a-b$	$(= -17.5)$
생산자잉여의 변화	:	$+a+b+c$	$(= +42.5)$
보조금 지급액	:	$-b-c-d-f-g-h-i-j$	$(= -60)$
자중손실	:	$-b \quad -d-f-g-h-i-j$	$(= -35)$

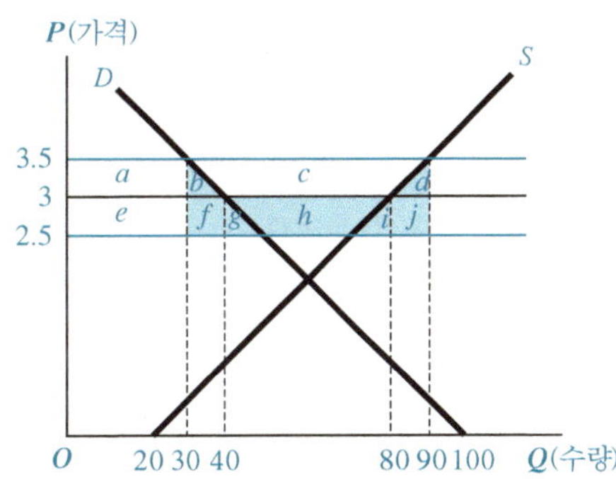

① (×), 수출은 20만큼 증가한다.
② (×), 소비는 10만큼 감소한다.
③ (×), 보조금은 60만큼 지출된다.
④ (×), 생산자잉여는 42.5만큼 증가한다.
⑤ (○)

정답 45 ④ 46 ⑤

47 소규모 개방경제에서 전염성이 높은 변종 바이러스가 발생하여 빠르게 전파되는 상황을 가정하자. 이 바이러스의 감염을 효과적으로 억제할 수 있는 백신은 이미 개발되어 시중에 유통되고 있다. 국내시장에서 변종 바이러스 백신의 수요함수와 공급함수는 각각 $P = 50 - \frac{1}{2}Q_D$, $P = 5 + Q_S$인 것으로 알려져 있다. 바이러스의 확산이 급격히 진행되자 방역당국은 백신 수입을 결정하였으며, 효과를 극대화하기 위해 수입백신에 대한 보조금을 지급하기로 하였다. 백신의 국제가격이 30으로 주어졌을 때 단위당 수입보조금을 10씩 부과하는 경우를 가정하자. 다음 설명 중 옳지 않은 것을 모두 고르면? (단, P는 가격, Q_D는 수요량, Q_S는 공급량) 2010년 공인회계사

> 가. 수입보조금 정책으로 인한 국내생산량 감소분보다 수입량 증가분이 더 크다.
> 나. 수입보조금 정책으로 국내소비자의 잉여는 증가하는 반면, 국내 백신생산업자의 잉여는 감소한다.
> 다. 수입보조금 정책으로 수입량은 정책 이전에 비해 1.5배 증가한다.
> 라. 수입보조금 정책으로 발생하는 자중손실(deadweight loss)은 100이다.
> 마. 수입보조금 정책으로 정부가 부담해야 하는 보조금의 액수는 450이다.

① 가, 나　　② 가, 마　　③ 나, 다
④ 다, 라　　⑤ 라, 마

hint

주어진 수요함수와 공급함수는 $Q_D = 100 - 2P$, $Q_S = P - 5$로 정리된다.

1. 보조금 지급 이전의 균형(국내가격 30) ⇒ $Q_D = 40,\ Q_S = 25,\ M = 15$
2. 보조금 지급 이후의 균형(국내가격 20) ⇒ $Q_D = 60,\ Q_S = 15,\ M = 45$
3. 후생변화의 측정

소비자잉여의 변화	: $+a+b+c+d+e$	$= +500$
생산자잉여의 변화	: $-a-b$	$= -200$
정부보조금 지급액	: $-b-c-d-e-f$	$= -450$
사회적 후생변화(자중손실)	: $-b\quad -f$	$= -150$

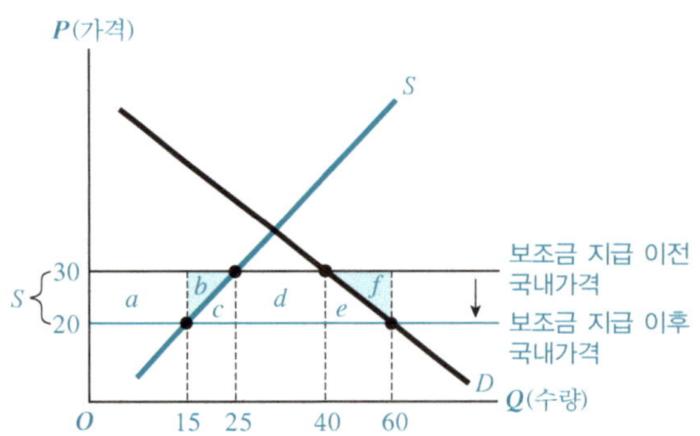

48 **다음 중 교역조건(terms of trade)에 미치는 영향이 다른 하나는?** (단, 해당 산업에 있어서 대국인 경우를 가정한다.)

① 수출보조금의 지급
② 수입관세의 축소
③ 수출세의 부과
④ 수입보조금의 지급
⑤ 수출재 중심의 경제성장

hint

① 수출보조금의 지급 ⇒ 수출 증가 ⇒ 수출품 국제가격 하락 ⇒ 교역조건 악화
② 수입관세의 축소 ⇒ 수입 증가 ⇒ 수입품 국제가격 상승 ⇒ 교역조건 악화
③ 수출세의 부과 ⇒ 수출 감소 ⇒ 수출품 국제가격 상승 ⇒ 교역조건 개선
④ 수입보조금의 지급 ⇒ 수입 증가 ⇒ 수입품 국제가격 상승 ⇒ 교역조건 악화
⑤ 수출재 중심의 경제성장 ⇒ 수출 증가 ⇒ 수출품 국제가격 하락 ⇒ 교역조건 악화

49 **상호수요곡선(오퍼곡선)이란?** 2000년 국가직 7급

① 상호 간의 쿼터에 의해 설정된 무역량을 나타내는 곡선이다.
② 교역조건의 변화에 따른 쌍방의 수출입 수요량의 변화를 나타내는 곡선이다.
③ 환율과 각국의 무역수지에 따라 두 나라의 국내수요가 서로 어떻게 영향을 받는가를 그래프로 나타낸 것이다.
④ 관세의 변화에 따라 두 나라의 관세 수입이 어떻게 변화해 가는가를 표시한 곡선이다.

hint

오퍼곡선은 국제 교역조건을 결정하는 대표적인 모형으로 교역조건의 변화에 따른 양국의 수출입 수요량의 변화를 나타내는 곡선이다.

정답 47 ④ 48 ③ 49 ②

50 **지역경제통합(regional economic integration)의 여러 형태에 대한 다음 설명 중 가장 적절한 것은?**

2002년 공인회계사

① 관세동맹(customs union)으로 인한 무역창출효과는 무역전환효과보다 크다.

② 공동시장(common market)보다 관세동맹이 보다 강력한 지역경제통합 형태이다.

③ 현재 유럽연합(European Union)은 공동시장의 단계에 있으며 유로라는 단일 화폐를 사용하고 있음에도 불구하고 경제연합(economic union)의 단계에 접어들지는 않았다.

④ 자유무역협정(free trade agreement)은 지리적 근접성을 이유로 형성되기도 하나 지리적으로 멀리 떨어져 있는 나라들 사이에서 체결되기도 한다.

⑤ 특혜무역협정(preferential trade agreement)에서는 생산요소의 자유로운 이동이 이루어진다.

hint

지역경제통합의 강도는 자유무역지역 < 관세동맹 < 공동시장 < 경제연합의 순서이며, 유럽연합은 이미 경제연합의 단계로 접어든 것으로 평가된다. 특혜무역협정(PTA)이란 특정 국가로부터 특정 상품에 대한 우선적인 접근을 허락하는 무역 블록이다. 이는 관세를 줄여 주지만 완전히 폐지하지는 않는다. 특혜무역협정(PTA)은 경제통합의 가장 낮은 단계라고 볼 수 있다.

유형	조건				
자유무역지대 (free trade area)	역내 무관세				
관세동맹 (custom union)	역내 무관세	역외 공동관세			
공동시장 (common market)	역내 무관세	역외 공동관세	생산요소의 자유로운 이동		
경제동맹 (economic union)	역내 무관세	역외 공동관세	생산요소의 자유로운 이동	경제정책의 조정	
완전경제통합	역내 무관세	역외 공동관세	생산요소의 자유로운 이동	경제정책의 조정	경제정책의 통일

51 **관세동맹(customs union)의 체결에 따른 효과에 대한 설명으로 가장 옳지 않은 것은?**

2005년 공인회계사

① 가장 효율적으로 생산하는 비동맹국으로부터의 수입이 비효율적으로 생산하는 동맹국으로부터의 수입으로 대체되는 무역전환(trade diversion)효과가 나타날 수 있다.

② 관세의 인하 또는 폐지로 자국에서 생산되던 재화가 동맹국으로부터 수입되는 무역창출(trade creation)효과가 나타날 수 있다.

③ 무역전환효과가 무역창출효과보다 충분히 크면 관세동맹의 체결로 인하여 사회적 후생이 감소할 수 있다.

④ 무역전환효과는 항상 무역창출효과보다 크다.

⑤ 무역전환효과와 무역창출효과는 동시에 나타날 수 있다.

hint

무역전환효과와 무역창출효과는 동시에 나타날 수 있다. 무역전환이 더 크게 나타난다면 후생이 감소할 가능성이 크고, 무역창출이 크게 나타난다면 후생이 증가할 가능성이 크다.

52 **1980년대 이후 정보화 · 세계화 추세가 진전됨에 따라 보다 광범위한 분야에 걸친 무역규범의 확립이 시대적 요구사항이 되었다. 이에 1986년 우루과이에서 새로운 다자간 무역협상이 시작되어 1994년에 타결되었는데 이를 우루과이 라운드라고 한다. 이 협상으로 우루과이 라운드 협정(UR 협정)이 체결되었고, 이를 관할하며 국제무역분쟁을 해결하는 세계무역기구(WTO)가 1995년에 설립되었다. 다음 중 UR 협정의 기본 방향이 아닌 것은?** 2014년 공인회계사

① 공산품의 관세 인하

② 농산물시장의 개방

③ 서비스시장의 개방

④ 지적재산권의 보호 강화

⑤ 수입쿼터제의 전면 확대

hint

⑤ UR 협정의 기본 방향은 예외 없는 관세화(comprehensive tariffication)이다. 이는 수입쿼터를 포함한 모든 비관세무역장벽을 관세로 전환한 후 이를 서서히 낮추어 완전한 자유무역을 달성하겠다는 것이다.

정답 50 ④ 51 ④ 52 ⑤

53 **1948년에 발효된 GATT와 1995년 출범한 WTO에 관한 다음 설명 중 사실과 가장 거리가 먼 것은?**

2002년 공인회계사

① WTO는 GATT 주관 하에 진행된 제8차 다자간무역협상인 UR의 결과 탄생하였다.

② GATT는 주로 공산품에 대한 세계무역을 관할해 왔으나, WTO에서는 공산품뿐만 아니라 서비스와 지적재산권 같은 새로운 분야도 관할하게 되었다.

③ UR의 결과 농산물과 섬유도 WTO 안에서 다루어지게 되었다.

④ GATT와 비교할 때 WTO의 분쟁해결절차는 negative consensus를 도입하는 등 그 기능이 약화되었다.

⑤ 2002년 3월부터 시작되는 도하개발의제(Doha Development Agenda)는 WTO 주관 하에 이루어지는 첫 번째의 다자간무역협상이다.

hint

GATT와 비교할 때 WTO의 가장 큰 특징 중 하나는 분쟁해결기능 및 징계기능이 강화되었다는 점이다.

54 **다음 중 수출촉진정책이 수입대체정책에 비해 우월한 점들을 모두 모은 것으로 옳은 것은?**

가. 기술개발의 촉진과 인적자원의 개발	나. 인플레이션의 억제
다. 정부의 간섭 배제	라. 원활한 외환공급
마. 해외시장 충격으로부터의 안정성	

① 가
② 가, 나, 다
③ 가, 나, 다, 라
④ 가, 다, 라, 마
⑤ 가, 나, 다, 라, 마

hint

마.는 수출촉진정책의 단점이며, 그 외는 모두 수출촉진정책의 장점이다. 이러한 이유로 수입대체정책을 채택한 국가보다는 수출촉진정책을 채택한 국가들의 성장률이 상대적으로 높게 나타난다.

55 **바그와티(J. Bagwati)의 궁핍화 성장이 발생할 수 있는 조건이 아닌 것은?** 2004년 국가직 7급

① 불변가격 조건 하에서(의) 성장이 수출재 부문에 치중되어 수출이 급격히 증대되는 경우
② 시장점유율을 높이기 위한 수출증대 노력이 교역조건을 악화시키는 경우
③ 자국의 수출재에 대한 해외수요의 탄력성이 매우 낮은 경우
④ 수출재가 타국에 비해 노동집약적인 경우

hint

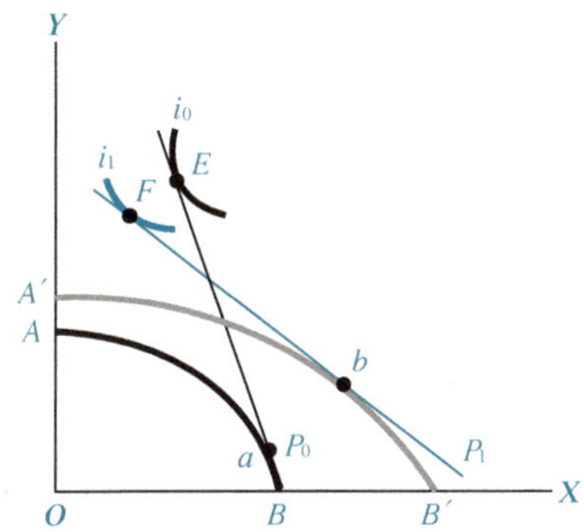

바그와티의 궁핍화 성장은 성장으로 인한 교역조건의 악화로 인해 양적 성장에도 불구하고 전반적인 후생이 감소하는 매우 예외적인 현상을 의미한다. 오른쪽 그림에서 성장 이전 a를 생산하여 E에서 소비하면 i_0의 효용을 얻지만, 성장 후 b를 생산하여 F를 소비하면 효용이 i_1으로 오히려 감소한다. 이러한 궁핍화 성장이 발생하기 위해서는 수출재 부분에 큰 성장이 발생하며 이에 대한 해외의 탄력성이 매우 낮아야 한다. ①은 가격변화를 고려하지 않았을 때 산업구조가 수출재의 큰 증가로 나타난다는 것으로서 맞는 보기로 판단된다. 원문에서는 ( )로 표시한 부분이 없었는데 이 경우에는 약간의 논란의 여지가 있을 수도 있다. 만약 보기 ④를 노동풍부국에서 노동이 증가한 것으로 해석한다면 궁핍화 성장이 발생할 수도 있겠지만 이를 궁핍화 성장의 일반적인 조건이라 볼 수는 없다.

56 **싱거-프레비쉬 가설에 의하면 경제성장 과정에서 농산물에 특화한 개도국의 교역조건은 지속적으로 악화될 수밖에 없다고 한다. 싱거-프레비쉬 가설에 대한 설명으로 틀린 것은?**

① 선진국은 공산품에 특화한다.
② 개도국은 농산품에 특화한다.
③ 공산품 수요는 소득에 탄력적이다.
④ 농산품 수요는 소득에 비탄력적이다.
⑤ 자본은 선진국에서 개도국으로 이동한다.

hint

싱거-프레비쉬 가설이란 경제가 성장함에 따라 농산물에 대한 수요는 천천히 증가하는 반면 공산물에 대한 수요는 급격히 증가하기 때문에 후진국의 교역조건은 악화될 수밖에 없다는 주장이다. 국제적 자본이동은 싱거-프레비쉬 가설과 직접적 관련이 없다.

궁핍화 성장론 : 공급측면의 편향성, 개도국 수출품에 대한 수요가 가격비탄력
싱거-프레비쉬 가설 : 수요측면의 편향성, 개도국 수출품에 대한 수요가 소득비탄력

정답 53 ④ 54 ③ 55 ④ 56 ⑤

57 교역조건에 관한 다음의 설명 중 옳지 않은 것은? 2011년 공인회계사

① 한 국가의 수출재 가격을 수입재 가격으로 나눈 값을 그 국가의 교역조건이라고 정의한다.

② A국이 수출하는 재화에 대한 A국의 한계소비성향이 B국의 한계소비성향보다 작은 경우, A국이 B국으로부터 원조를 받으면 A국의 교역조건은 악화된다.

③ 수입재산업 위주의 경제성장이 일어나면 교역조건이 악화되어 경제성장 이전보다 사회후생수준이 하락할 수 있다.

④ 대국(large country)의 경우에 수입재에 대해 관세를 부과하면 교역조건이 개선되어 사회후생이 증가할 수 있다.

⑤ 소국(small country)의 경우에 수입재에 대해 관세를 부과하면 교역조건에 영향을 미치지 않으며 사회후생은 감소한다.

hint

② 이러한 원조의 결과 원조를 받은 A국에서의 수출재에 대한 수요증가보다 B국에서의 수요감소가 더 크다면 자국 수출재에 대한 총수요는 감소한다. 이는 결국 수출재의 가격하락, 즉 교역조건의 악화로 이어진다.
③ 수입재산업 위주의 경제성장은 수입재 가격을 하락시켜 교역조건의 개선을 유발한다.

정답 57 ③

제17장 국제금융론

Testbank for Economics [macroeconomics]

핵 심 출 제 논 점

1. 명목환율과 실질환율
2. 환율제도
3. 환율변화의 원인과 효과
4. 구매력평가설 : 장기환율결정이론
5. 이자율평가설 : 단기환율결정이론
6. 국제수지표
7. 국제수지항등식
8. 마샬-러너 조건과 *J*-곡선 효과
9. 먼델-플레밍 모형
10. 기타 개방경제 일반균형모형

Ⅰ 환율의 기초 개념

1. 명목환율(nominal exchange rate)

- 일국의 화폐가 외국의 화폐와 교환되는 비율, 외국 화폐의 상대적 가치

$$e = \frac{\text{동가의 자국 화폐(₩)}}{\text{외국 화폐 1단위(\$)}}$$

2. 실질환율(real exchange rate)

- 일국의 상품이 외국의 상품과 교환되는 비율, 외국 상품의 상대적 가치(교역조건의 역수)

$$\varepsilon = \frac{\text{외국 상품의 가격}}{\text{자국 상품의 가격}} = \frac{eP^*}{P}$$

- 실질환율 상승 ⇒ 국내 상품의 상대가격 하락 ⇒ 수출경쟁력 상승
- 수출경쟁력은 실질환율에 의해 결정

Ⅱ 환율제도의 이해

1. 환율제도에 따른 외환시장 불균형의 조정

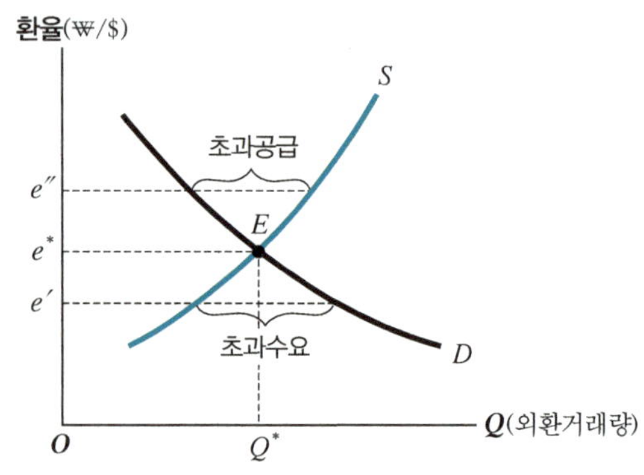

- 균형환율은 외환시장에서 수요와 공급이 일치하는 수준에서 결정된다.
- 외환시장에서의 공급은 상품 또는 자산의 판매에서 비롯된다.
- 외환시장에서의 수요는 상품 또는 자산의 구입에서 비롯된다.

2. 환율제도의 비교(장 · 단점)

고정환율제	변동환율제
국제수지 불균형이 통화량에 의해 조정	국제수지 불균형이 환율에 의해 조정
가격의 안정성 무역과 투자의 증가	대외균형(국제수지 균형)의 자동적 달성 통화정책의 자주성(정책수단의 확보)
금본위제/브레튼우즈 체제	킹스턴 체제

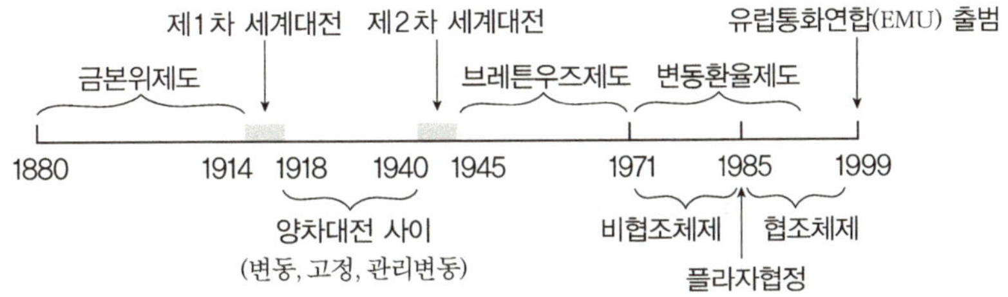

3. 환율변화의 원인

환율 상승(평가절하)	환율 하락(평가절상)
외환시장 초과수요(국제수지 적자)	외환시장 초과공급(국제수지 흑자)
자국 화폐에 대한 수요 감소	외국 화폐에 대한 수요 감소
자국 물가의 상승	외국 물가의 상승
자국 이자율의 하락	외국 이자율의 하락
평가하락의 예상	평가상승의 예상

4. 환율변화의 효과*

환율 상승(평가절하)	환율 하락(평가절상)
자국 화폐의 가치하락	자국 화폐의 가치상승
자국 상품 해외가격 하락	자국 상품 해외가격 상승
외국 상품 국내가격 상승	외국 상품 국내가격 하락
수출의 증가, 수입의 감소	수출의 감소, 수입의 증가
경상수지 개선 전망	경상수지 악화 전망
경기회복 전망	경기악화 우려
물가상승 우려	물가하락 전망
외화 표시 채무의 실질부담 증가	외화 표시 채무의 실질부담 감소
교역조건의 악화	교역조건의 개선
소득분배의 악화	소득분배의 개선
외국인 노동자 감소	외국인 노동자 증가
외국인 관광객 증가	외국인 관광객 감소

* 환율 상승 및 하락 어느 경우에나 구조조정으로 인한 비용이 발생함

Ⅲ 경상거래와 장기환율결정이론 : 구매력평가설

1. 절대적 구매력평가설($\varepsilon = 1$)

■ $e = \dfrac{P}{P^*}$: 환율의 절대적 수준은 양국의 물가수준에 의해서 결정

2. 상대적 구매력평가설($\hat{\varepsilon} = 0, \varepsilon = \bar{k}$)

■ $\dfrac{\Delta e}{e} = \dfrac{\Delta P}{P} - \dfrac{\Delta P^*}{P^*}$: 환율의 변화율은 양국의 물가변화율(인플레이션율)에 의해서 결정

3. 구매력평가설의 한계 : 일물일가의 법칙의 한계

(1) 수송비, 무역장벽의 존재

(2) 비교역재(non tradable goods)의 존재

(3) 국가 간 상품의 이질성

(4) 지수의 문제(index problem)

(5) 국제적 가격차별의 존재

4. 빅맥지수의 이해

	한국	미국
빅맥 가격	₩2,000	$2
현행 환율	$1 = ₩1,200	

⇒ 달러화는 구매력평가에 비해 고평가되고, 원화는 저평가됨

Tips

1. 구매력평가는 국가 간 상품거래의 일물일가! 이자율평가는 국가 간 자본이동의 일물일가!
2. 절구면 상구지만 상구라고 절구인 것은 아니다!
3. PPP 성립 시 물가상승, 환율 상승 ⇒ 실질환율 불변, 순수출 변화 알 수 없음

Ⅳ 자본거래와 단기환율결정이론 : 이자율평가설

1. 유위험 이자율평가설(uncovered interest rate parity ; UIRP)

- $i = i^* + \dfrac{e^e_{+1} - e}{e} \Rightarrow e = \dfrac{e^e_{+1}}{1 + i - i^*} = e(i, i^*, e^e_{+1})$

  자국 이자율 = 외국 이자율 + 환율의 예상 상승률(예상 절하율)

2. 무위험 이자율평가설(covered interest rate parity ; CIRP)

- $i = i^* + \dfrac{f - e}{e} \Rightarrow e = \dfrac{f}{1 + i - i^*} = e(i, i^*, f)$

  자국 이자율 = 외국 이자율 + 선물환 프리미엄
- 불편기대가설($f = e^e_{+1}$) 성립 시 유위험 이자율평가설과 무위험 이자율평가설은 동일

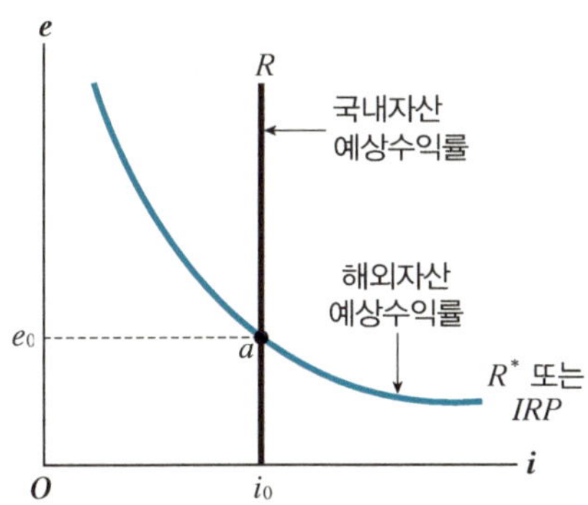

3. 주의사항

- 국내 이자율이 높다고 반드시 자본이 유입되는 것은 아님
- IRP 성립 시 $i \gtreqless i^*$라면 $e^e_{+1} \gtreqless e$, 즉 환율 상승/불변/하락을 예상하고 있는 것 (상태)
- i가 상승하(여 IRP가 파괴되)면 조정과정에서 e 하락 (변화)

4. 실질이자율평가(real interest rate parity ; RIRP)

- 이자율평가와 구매력평가가 동시에 성립하면 양국 실질이자율이 동일해짐
- $i - i^* = \hat{e}^e = \pi^e - (\pi^*)^e \Rightarrow r = r^*$

V 국제수지표의 이해

1. 국제수지표의 변천 과정

<table>
<tr><th>BPM 5 :
(~2010)</th><th colspan="2">BPM 6 1단계 이행 :
(2010~2016)</th><th>BPM 6 이행 완료 :
현재 기준 (2016~)</th></tr>
<tr><td>경상수지</td><td colspan="2">경상수지</td><td>경상수지</td></tr>
<tr><td rowspan="2">자본수지</td><td colspan="2">자본수지</td><td>자본수지</td></tr>
<tr><td rowspan="2">(광의)
금융수지</td><td>(협의) 금융수지</td><td rowspan="2">금융계정</td></tr>
<tr><td>준비자산 증감</td><td>준비자산 증(−)감(+)</td></tr>
<tr><td>오차 및 누락</td><td colspan="2">오차 및 누락</td><td>오차 및 누락</td></tr>
</table>

* 현재 BPM 6가 이행 완료되었으나 교과서 및 출제 관행은 1단계 이행을 따르는 경우가 많음.

* 현재 기준 '금융계정'은 해외금융자산 순취득을 의미하며, 1단계 이행 기준으로 (광의) 금융수지 적자에 해당한다. [∴ 경상수지 + 자본수지 − 금융계정 = 0]

2. 국제수지표 항등식

- 경상수지 + 자본수지 + (광의) 금융수지 ≡ 0 [오차 및 누락은 없다고 가정]
- 경상수지 + 자본수지 + [(협의) 금융수지 + 준비자산 증(−)감(+)] ≡ 0
- 경상수지 + 자본수지 + (협의) 금융수지 ≡ 준비자산 증가
- 국제수지 ≡ 경상수지 + 자본수지 + (협의) 금융수지

Tips 오차 및 누락이 없을 때,

1. 경상수지, 자본수지, 그리고 광의 금융수지의 합은 항상 0이 된다. (○)
2. 경상수지, 자본수지, 그리고 협의 금융수지의 합은 항상 0이 된다. (×)

3. 개방경제 국민소득항등식

- 총소득 – 총지출 ≡ 수출 – 수입 $\Rightarrow Y-A\equiv X-M$
- 국민저축 – 국내투자 ≡ 수출 – 수입 $\Rightarrow S-I\equiv X-M$
- 국민저축 ≡ 국내투자 + 해외투자 $\Rightarrow S\equiv I+(X-M)$
- 국내투자 ≡ 국민저축 + 해외저축 $\Rightarrow I\equiv S+(M-X)$
- (민간저축 – 국내투자) + 정부저축 ≡ 수출 – 수입 $\Rightarrow (S_P-I)+(T-G)\equiv X-M$
- 국내투자 ≡ (민간저축 + 정부저축) + 해외저축 $\Rightarrow I\equiv S_P+(T-G)+(M-X)$
- 재정적자 ≡ 민간순저축 + 해외저축 민간차입 + 해외차입
  $\Rightarrow G-T\equiv (S_P-I)+(M-X)$
- 순자본유출 ≡ 순수출 $\Rightarrow NCO\equiv NX$
- (국민경제) 순대외자산 증가 ≡ 경상수지 흑자 $\Rightarrow \Delta NFA\equiv CA$

4. 국제수지가 통화부문에 미치는 영향

① 국제수지 흑자 = 준비자산 증가 = 중앙은행 순대외자산 증가(≒ 외환보유고 증가)

② 중앙은행 순대외자산 변화 + 중앙은행 순국내자산 변화 ≡ 본원통화 변화

③ 불태화정책

국제수지 (+) ⇒ 통화량 증가 ⇒ 상쇄 위해 채권 매각

국제수지 (–) ⇒ 통화량 감소 ⇒ 상쇄 위해 채권 매입

* 변동환율제 하에서 불태화정책 불필요, 완전자본이동 하에서 불태화정책 불가능

Tips

1. $S=I+(X-M)$ $(X-M)>0$를 해외투자라고 하고
2. $I=S+(M-X)$ $(M-X)>0$를 해외저축이라고 한다.
3. 경상수지 흑자 = 해외투자 = 순대외자산 증가 = 자본의 순유출(자본의 순공급)

Ⅵ 환율과 경상수지의 관계

1. 마샬-러너 조건

■ $\varepsilon_m^d + \varepsilon_m^f > 1$ ⇔ 자국의 수입수요탄력성 + 외국의 수입수요탄력성 > 1[1]

환율의 상승이 경상수지를 개선시키기 위해서는 '가격변화로 인한 경상수지 악화보다 더욱 큰 수출의 증가 또는 수입의 감소' 가 나타나야 한다.

2. *J*-곡선 효과(*J*-curve effect)

■ 환율이 상승한 직후에는 오히려 경상수지가 악화되었다가 상당한 시간이 지나서야 경상수지가 개선되는 현상

원인 1 : 가격과 수량의 시차효과

원인 2 : 미약한 환율전가(환율전가율 < 1)

Ⅶ 완전자본이동 하에서 먼델-플레밍 모형(M-F model)

1. 주의사항(암기)

■ 고정환율제 : e 외생, M 내생 ⇒ 불균형 시 LM곡선 이동

변동환율제 : e 내생, M 외생 ⇒ 불균형 시 IS, (BP)곡선 이동

2. *BP*의 주요 성질

① 일반적 우상향, 자본이동성이 높을수록 완만

② 좌상방 흑자(초과공급), 우하방 적자(초과수요)

③ 완전자본이동 ⇒ 수평, 자본통제 ⇒ 수직

③ 환율 상승, 외국 소득 증가, 외국물가 상승, 자국물가 하락 ⇒ 우측이동

1. 외국의 수입은 자국의 수출과 동일하기 때문에 M-L 조건을 '수입탄력성 + 수출탄력성 > 1' 로 정의하기도 한다.

3. 주요 분석

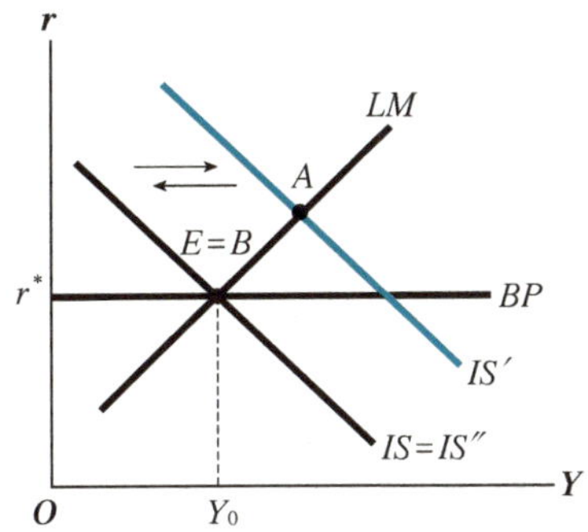

(a) 변동환율제 하에서의 재정정책

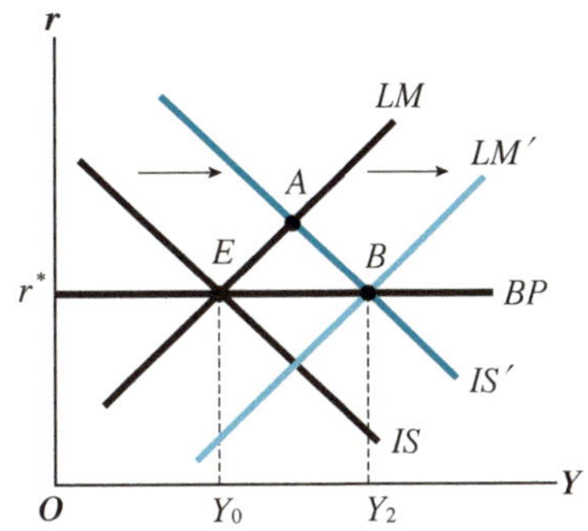

(b) 고정환율제 하에서의 재정정책

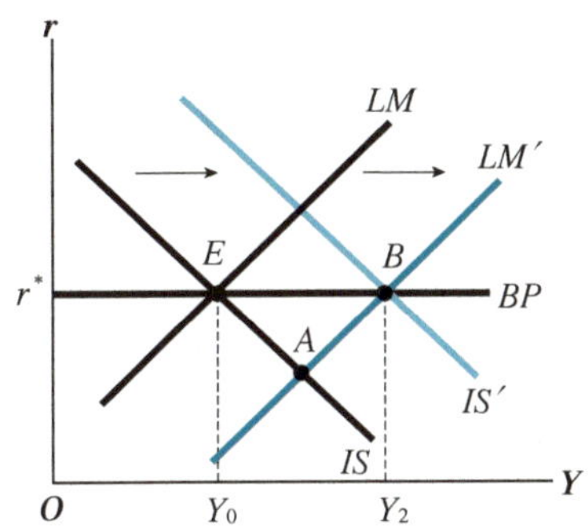

(c) 변동환율제 하에서의 통화정책

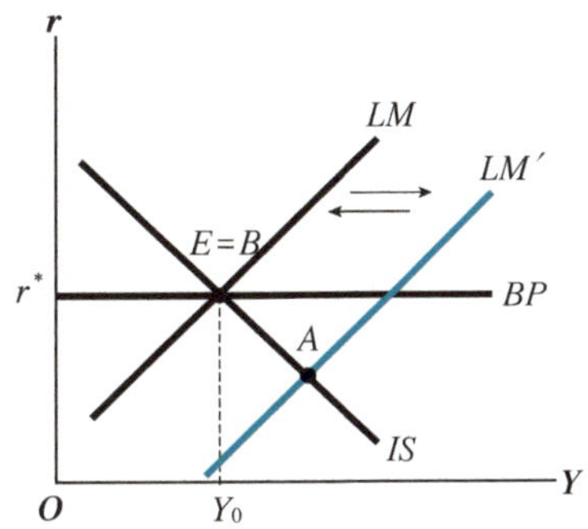

(d) 고정환율제 하에서의 통화정책

환율제도	정책	국민소득	환율	경상수지**
변동환율제도	재정정책	불변	하락	악화
	통화정책	증가	상승	개선
고정환율제도	재정정책	증가	–	불변(악화)*
	통화정책	불변	–	불변

* 만약 경상수지가 소득의 감소함수라면 경상수지는 악화

** 경상수지 + 준제자금 = 0이므로 경상 (+) 시 준제자금 (–)

Ⅷ 불완전자본이동 하에서 먼델-플레밍 모형

1. 주요 분석

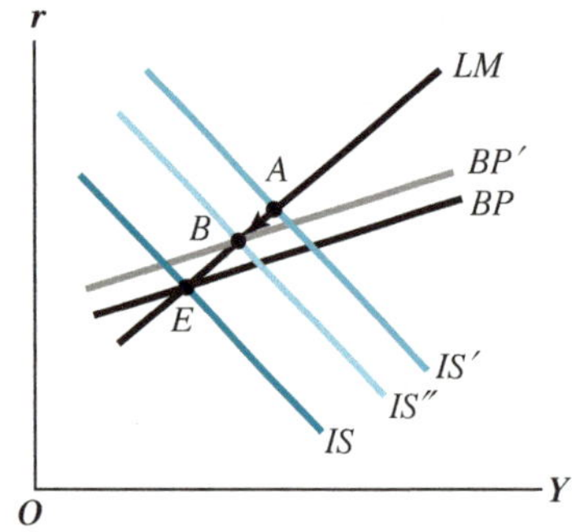

(a) 변동환율제 하에서의 재정정책

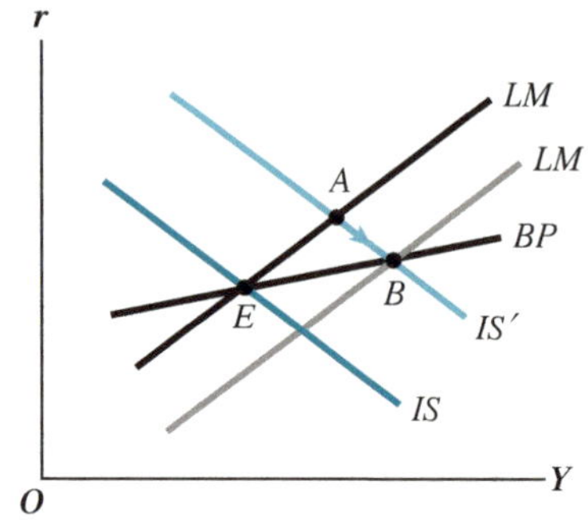

(b) 고정환율제 하에서의 재정정책

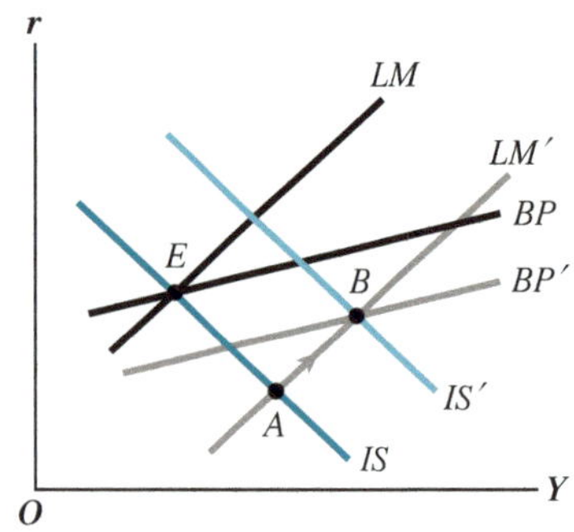

(c) 변동환율제 하에서의 통화정책

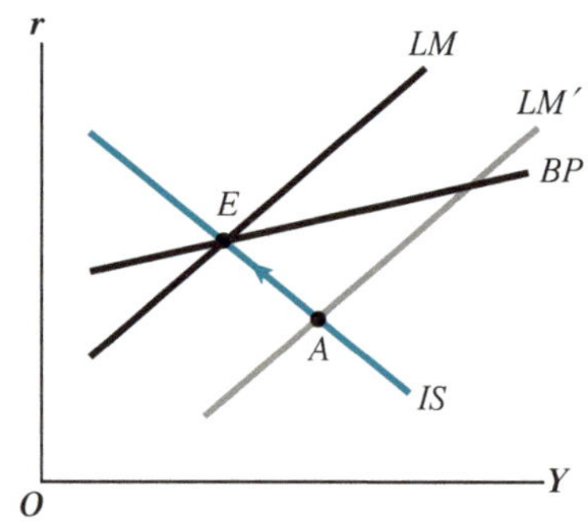

(d) 고정환율제 하에서의 통화정책

2. 자본이동성이 높은 경우의 정책효과 정리

환율제도	정책	국민소득	환율	경상수지	이자율	투자
변동환율제도	재정정책	증가(약)	하락	악화	상승	감소
	통화정책	증가(강)	상승	개선	하락	증가
고정환율제도	재정정책	증가(강)	불변	악화	상승	감소
	통화정책	효과 없음	불변	불변	불변	불변

Ⅸ 국제금융론의 기타 주요 논점

1. 삼각불가능성정리

- ① 자유로운 자본이동, ② 독자적인 통화정책의 수행, ③ 안정적인 환율운영(고정환율제) 이 3가지 정책목표를 동시에 달성하는 것은 불가능하다.
- 즉, 위 3가지 목표 중 한 가지를 포기함으로써 나머지 두 가지를 지킬 수 있다.

	자유로운 자본이동	독자적인 통화정책	안정적인 환율운영	대표적 사례
선택 1	○	○	×	자유변동환율, 미국
선택 2	○	×	○	금본위제, 홍콩
선택 3	×	○	○	브레튼우즈, 중국[2]

2. 국제수지조정정책

	지출조정정책	지출전환정책
의미	국제수지의 조정을 위해 총지출의 규모를 변화시키는 정책	국제수지의 조정을 위해 총지출의 구성을 변화시키는 정책
사례	재정정책과 금융정책이 대표적이다.	환율조정(평가조정), 관세, 보조금 등이 있으나 환율조정이 대표적이다.

3. 틴버겐의 법칙과 먼델의 법칙

① 틴버겐의 법칙(Tinbergen' s principle) : n개의 정책목표를 달성하기 위해서는 최소한 n개 이상의 정책수단이 필요하다.

② 먼델의 법칙(Mundell' s principle) : 각 정책수단이 가진 비교우위에 따라 각 정책목표에 정책수단을 배정해야 정책목표들을 동시에 달성할 수 있다.

2. 완전한 자본이동과 고정환율제 하에서 통화정책은 일시적으로도 아무런 효과가 없지만, 불완전한 자본이동과 고정환율제 하에서는 조정의 속도가 느려지기 때문에 통화정책이 일시적으로 효과를 거둘 수 있음을 전제로 하고 있다.

Part-1 기본 문제

01 **실질환율 상승이 의미하는 바를 바르게 나타낸 것은?**

① 외국 화폐와 교환되는 자국 화폐량의 증가

② 외국 화폐와 교환되는 자국 화폐량의 감소

③ 외국 상품과 교환되는 자국 상품량의 증가

④ 외국 상품과 교환되는 자국 상품량의 감소

⑤ 수출경쟁력의 하락

hint

실질환율이란 양국 상품가격의 비율 또는 양국 상품의 교환비율을 나타내는 개념으로 $\varepsilon = \frac{eP_f}{P} = \frac{\text{외국 재화 가격}}{\text{국내 재화 가격}}$ = 외국 상품 1단위와 거래되는 자국 상품의 수량으로 정의된다. 실질환율이 상승할 경우 자국 상품의 가격이 하락하는 것이므로 이를 실질절하라고 부르기도 한다. 실질절하가 이루어질 경우 경상수지는 개선될 수 있지만 교역조건은 악화되며 사회후생은 악화될 가능성이 크다. (실질환율과 교역조건은 역의 관계임을 명심하기 바란다.)

02 **다음 중 변동환율제도의 장점으로 꼽을 수 있는 것은?** 2002년 감정평가사

> ㉠ 국제수지 불균형의 신속한 조정
> ㉡ 국내경제 안정을 위한 금융통화정책의 자유로운 사용
> ㉢ 국제결제상의 불확실성 축소

① ㉠, ㉡ ② ㉠, ㉢ ③ ㉡, ㉢

④ ㉢ ⑤ ㉠, ㉡, ㉢

hint

변동환율제는 환율의 불안정성을 받아들이는 대신 대외균형의 신속한 조정 및 강력한 통화정책수단을 얻을 수 있는 제도이다. 반면 고정환율제도는 안정된 환율을 지키기 위해 통화정책을 포기하는 제도라고 생각하면 된다. 각 환율제도의 특징들을 정리하면 다음과 같다.

고정환율제	변동환율제
국제수지 불균형이 통화량에 의해 조정	국제수지 불균형이 환율에 의해 조정
가격의 안정성 **무역과 투자의 증가**	**대외균형**(국제수지균형)**의 자동적 달성** **통화정책의 자주성**(정책수단의 확보)
금본위제/브레튼우즈 체제	킹스턴 체제

03 **외환시장에서 국내 통화가치를 상승시키는 요인으로 옳은 것을 모두 고르면?** 2020년 공인회계사

가. 국내 실질이자율 상승
나. 수입수요의 증가
다. 외국 물가 대비 국내 물가수준의 하락
라. 우리나라 제품에 대한 외국의 무역장벽 강화

① 가, 나 ② 가, 다 ③ 나, 다
④ 나, 라 ⑤ 다, 라

hint

국제수지 흑자(외환시장 초과공급) ⇒ 환율 하락, 통화가치 상승
국제수지 적자(외환시장 초과수요) ⇒ 환율 상승, 통화가치 하락

따라서 국제수지 개선요인을 찾으면 된다.

가. 금융자본 유입, 자본금융수지 개선
나. 경상수지 악화
다. 실질환율 상승, 경상수지 개선
라. 경상수지 악화

04 **원화 환율 상승(평가절하)의 직접적 효과를 설명한 것으로 올바른 것은?**

① 수입품의 국내가격을 하락시키고 수출품의 해외가격을 상승시킨다.
② 수입품의 국내가격을 상승시키고 수출품의 해외가격을 하락시킨다.
③ 수입품의 국내가격과 수출품의 해외가격을 모두 상승시킨다.
④ 수입품의 국내가격과 수출품의 해외가격을 모두 하락시킨다.
⑤ 수입품의 국내가격과 수출품의 해외가격에 아무런 영향을 미치지 않는다.

hint

환율이 상승하면 수입품의 국내가격 eP_f가 상승하게 되며 수출품의 해외가격 $\frac{P}{e}$가 하락하게 된다. 따라서 일반적으로 수입이 감소하고 수출이 증가하여 경상수지가 개선될 것으로 예상한다.

정답 1 ③ 2 ① 3 ② 4 ②

05 **"원화가 달러화에 대해 절상되면 대체로 (   )." 다음 중 (   ) 안에 들어갈 표현으로 가장 올바른 것은?** 2003년 감정평가사 응용

① 우리나라의 수출과 수입이 모두 증가할 것이다.
② 우리나라의 수출과 수입이 모두 감소할 것이다.
③ 우리나라의 수출은 증가하고 수입은 감소할 것이다.
④ 우리나라의 수입은 증가하고 수출은 감소할 것이다.
⑤ 우리나라의 수출과 수입은 영향을 받지 않을 것이다.

hint

원화의 절상이란 환율의 하락을 의미하고, 원화의 절하란 환율의 상승을 의미한다. 환율 하락의 직접적인 효과는 수출품의 해외가격을 상승시키고 수입품의 국내가격을 하락시키는 것이다. 따라서 원화의 절상 또는 환율의 하락이 나타나는 경우 수출이 감소하고 수입이 증가할 것으로 예상된다.

환율 상승(평가절하)	**환율 하락**(평가절상)
자국 화폐의 가치하락	자국 화폐의 가치상승
자국 상품의 가격하락	자국 상품의 가격상승
수출의 증가, 수입의 감소	수출의 감소, 수입의 증가
경상수지 개선 전망	경상수지 악화 전망
경기회복 전망	경기악화 우려
물가상승 우려	물가하락 전망
외화 표시 채무의 실질부담 증가	외화 표시 채무의 실질부담 감소

06 **자국 통화로 표시한 외국 통화 1단위의 가치인 명목환율이 7% 올랐고, 자국과 외국의 물가상승률은 각각 2%와 7%였다고 하자. 실질환율을 외국의 재화·서비스 1단위와 교환 가능한 자국의 재화·서비스의 양으로 정의할 때 실질환율의 변화와 그에 따른 자국 수출량의 변화로 옳은 것은?** 2014년 공인회계사

	실질환율	수출량		실질환율	수출량
①	불변	불변	②	2% 하락	증가
③	2% 상승	증가	④	12% 하락	감소
⑤	12% 상승	증가			

hint

실질환율의 정의 $\varepsilon = \frac{eP^f}{P}$를 변화율로 나타내면 다음과 같다.

$\frac{d\varepsilon}{\varepsilon} = \frac{de}{e} + \frac{dP^f}{P^f} - \frac{dP}{P} = 7\% + 7\% - 2\% = 12\%$ ⇒ 자국 상품 상대가격 하락 ⇒ 수출량 증가

07 다음 중 구매력평가설과 가장 관계가 먼 것은?

① 어떤 통화 1단위의 실질가치가 모든 나라에서 동일하다.

② 국가 간 자유로운 자본거래를 전제로 한다.

③ 국가 간 자유로운 상품거래를 전제로 한다.

④ 일물일가법칙을 전제로 한다.

⑤ 주로 장기의 환율변화를 설명하는 데 유용하다.

hint

구매력평가설은 주로 장기환율을 예측하는 데 유용하며, 국가 간 자유로운 상품거래로 인한 일물일가법칙을 전제로 한다. 국가 간 자유로운 자본거래를 전제로 하는 것은 단기환율결정이론인 이자율평가설이다.

08 다음 각각이 의미하는 바를 잘 연결한 것은?

(가) 국제자본시장이 균형일 경우 동일한 화폐로 환산한 수익률은 어느 국가에서나 동일하다.
(나) 국제무역이 자유로울 때 동일한 화폐로 구매할 수 있는 상품의 양은 어느 국가에서나 동일하다.

① (가) 구매력평가설, (나) 이자율평가설

② (가) 구매력평가설, (나) 불편기대설

③ (가) 이자율평가설, (나) 구매력평가설

④ (가) 이자율평가설, (나) 불편기대설

⑤ (가) 불편기대설, (나) 구매력평가설

hint

단기 외환거래의 대부분은 국가 간 자산거래로 이루어지므로 단기환율결정이론으로는 이자율평가설이 적당하다. 반면 장기적으로는 경상수지가 균형을 이루어야 하므로 장기환율결정이론으로는 구매력평가설이 적당하다.

정답 5 ④ 6 ⑤ 7 ② 8 ③

09 다음은 2020년과 2021년 한국과 미국의 물가지수, 원/달러 명목환율 추이를 나타낸 표이다. 이에 대한 설명으로 옳은 것은?

2022년 국가직 7급

	2020년	2021년
한국 물가지수	10,000	12,000
미국 물가지수	100	100
원/달러 명목환율	100	120

① 구매력평가설(purchasing power parity)에 따른 실질환율은 불변이다.

② 명목환율 움직임은 이자율평가설(interest rate parity)의 주장과 일치한다.

③ 명목환율 움직임은 구매력평가설(purchasing power parity)의 주장과 반대된다.

④ 명목환율 상승으로 한국의 대미 순수출이 증가한다.

hint

① (○), 구매력평가설이 성립할 경우 실질환율은 일정하다.

② (×), 이자율이 제시되지 않은바 확인할 수 없다.

③ (×), 주어진 자료는 구매력평가설과 부합한다.

④ (×), 순수출은 명목환율이 아닌 실질환율에 따라 결정된다.

10 한국과 미국 간에 이자율평가설(interest rate parity theory)이 성립한다. 현재 한국의 명목이자율이 2%, 미국의 명목이자율이 1%, 예상환율이 1달러당 1,212원일 때 현재환율은?

2009년 감정평가사

① 1,164 ② 1,188 ③ 1,200

④ 1,212 ⑤ 1,236

hint

단기환율결정이론인 유위험 이자율평가설에 따르면 국제 자본시장의 균형상태에서 다음 조건이 성립한다. 이 식에 주어진 값들을 대입하면 현재환율을 구할 수 있다.

$i = i^* + \frac{e^e_{+1} - e}{e}$, 즉 국내이자율 = 해외이자율 + 예상환율변화율

11 **현재 원/달러 환율이 1,000원/달러이다. 달러로 예금할 경우 연 1% 수익을 얻고 원화로 예금할 경우 연 2% 수익을 얻는다. 금융시장에서 환율변동을 고려할 경우 달러 예금과 원화 예금의 1년 투자수익률이 동일하다고 기대된다. 금융시장에서 기대되는 1년 후 원/달러 환율은?** (단, 소수점 이하는 반올림하며 거래비용은 존재하지 않는다.) 2020년 공인회계사

① 980 ② 990 ③ 1,000
④ 1,010 ⑤ 1,020

hint

이자율평가 조건은 4개의 변수로 이루어진 1개의 식이므로 3개의 외생변수와 1개의 내생변수(미지수)를 가지게 된다. 4개의 변수 중 무엇을 미지수로 두는지에 따라 모형의 성격이 결정된다. 이 문제는 기대환율이 미지수이다.

$$i = i^* + \frac{e^e_{+1} - e}{e} \Rightarrow 2\% = 1\% + \frac{e^e_{+1} - 1,000}{1,000}$$

12 **다음은 이자율평형 조건**(interest rate parity condition)**에 대한 설명이다. (가)와 (나)를 바르게 짝지은 것은?** 2017년 공인회계사

> 이자율평형 조건이 성립할 때 가로축을 환율(외국 통화 1단위에 대한 자국 통화의 교환비율), 세로축을 국내이자율로 하는 그래프를 그리면 (가) 형태로 그려진다. 이 그래프는 외국의 이자율이 상승할 경우 (나)으로 이동한다.

	(가)	(나)		(가)	(나)
①	우상향하는	왼쪽으로 이동한다	②	우상향하는	오른쪽으로 이동한다
③	수직인	움직이지 않는다	④	우하향하는	왼쪽으로 이동한다
⑤	우하향하는	오른쪽으로 이동한다			

hint

이자율평형 조건 : $i = i^* + \frac{e^e_{+1} - e}{e}$

위 균형조건을 그림으로 나타내면 다음과 같다. [그림은 해설시간에 함께 그려보아요 ^^]

이 곡선을 *IRP*곡선이라고 하였을 때 i의 변화는 곡선 상의 이동이며, i^*, e^e_{+1}는 곡선의 이동으로 나타내어진다.

정답 9 ① 10 ③ 11 ④ 12 ⑤

13 **다음 중 국제수지의 구성을 나타낸 것으로 옳지 않은 것은?** (단, 오차 및 누락은 없다고 가정한다.)

① 국제수지 = 경상수지 + 자본금융계정(준비자산 제외)

② 경상수지 = 상품수지 + 서비스수지 + 본원소득수지 + 이전소득수지

③ 자본금융계정 = 자본수지 + 금융계정

④ 경상수지 + 자본금융계정 + 준비자산 증감 = 0

⑤ 경상수지 + 자본금융계정 = 0

hint

새로운 국제수지통계 편제기준(BPM6)에서는 준비자산 증감을 자본금융계정에 포함시켜 경상수지와 자본금융계정의 합이 0이 되게 하였다.

14 **한국의 경상수지에 기록되지 않는 항목은?** 2016년 감정평가사

① 한국에서 생산된 쌀의 해외 수출

② 중국인의 한국 내 관광 지출

③ 한국의 해외 빈국에 대한 원조

④ 한국 노동자의 해외 근로소득 국내 송금

⑤ 한국인의 해외 주식 취득

hint

① 상품수지 흑자
② 서비스수지 흑자
③ 이전소득수지 적자
④ 본원소득수지 흑자
⑤ 금융수지 적자[직접투자수지 또는 증권투자수지]

15 **다음 중 국제수지론에서 이야기하는 자본의 유출에 해당하는 것은?**

① 외국 상품의 구입 ② 자국 상품의 수출 ③ 외국 증권의 구입

④ 자국 증권의 수출 ⑤ 해외노동력의 유입

hint

국제거래는 크게 재화, 서비스 등 상품거래와 주식, 채권 등 자산거래로 구분해 볼 수 있다. 이 중 국내자산을 해외에 매각할 경우 해외자본이 유입된다. 반대로 우리나라 사람들이 외국의 주식, 채권을 사들일 때 외국 은행에 예금할 때 국내자본이 유출된다.

16 **변동환율제 하에서의 국제수지표에 대한 설명으로 옳은 것만을 모두 고르면?** (단, 국제수지표에서 본원소득수지, 이전소득수지, 오차와 누락은 모두 0과 같다.) 2018년 국가직 7급

ㄱ. 국민소득이 국내 총지출보다 크면 경상수지는 적자이다.
ㄴ. 국민저축이 국내투자보다 작으면 경상수지는 적자이다.
ㄷ. 순자본유출이 정(+)이면 경상수지는 흑자이다.

① ㄱ ② ㄴ
③ ㄱ, ㄷ ④ ㄴ, ㄷ

hint

ㄱ. (×), $Y - A = X - IM$ ㄴ. (○), $S - I = X - IM$
ㄷ. (○), $\Delta NFA = X - IM$, 경상수지가 흑자인 국가는 순대외자산을 갖게 되는데 이를 순자본유출이라고 한다.

17 **다음 (a)와 (b)에 적당한 말을 바르게 고른 것은?**

국제수지 흑자가 발생할 경우 일반적으로 통화량이 (a)하는데, 통화량의 (a)를 막기 위해서는 중앙은행이 채권을 (b)해야 한다.

① 증가, 매각 ② 증가, 매입 ③ 감소, 매각
④ 감소, 매입 ⑤ 불변, 매각

hint

국제수지 흑자는 통화량의 증가를 유발한다. 이를 상쇄시키기 위해서는 채권을 매각해서 본원통화를 환수해야 한다.

정답 13 ④ 14 ⑤ 15 ③ 16 ④ 17 ①

18 환율이 상승할 때 경상수지가 개선될 조건 또는 국제무역의 안정성 조건으로 이야기되는 마샬-러너 조건을 옳게 나타낸 것은?

① 자국의 수출탄력성 + 외국의 수출탄력성 = 0
② 자국의 수출탄력성 + 외국의 수출탄력성 > 0
③ 자국의 수출탄력성 + 외국의 수출탄력성 > 1
④ 자국의 수출탄력성 + 외국의 수출탄력성 = 1
⑤ 자국의 수출탄력성 + 외국의 수출탄력성 < 1

hint

환율 상승이 경상수지에 미치는 효과는 '가격효과'와 '수량효과'로 나누어 볼 수 있는데, 환율의 상승은 수입품을 비싸게 만들고, 수출품을 값싸게 만들어 가격 측면에서 경상수지를 악화시키는 효과를 유발한다. 반면 수량 측면에서는 수입이 감소하고 수출이 증가하여 경상수지를 개선시키는 효과가 나타난다. 따라서 환율 상승 시 경상수지가 개선되기 위해서는 수출과 수입이 환율에 탄력적으로 반응하여야 한다. 이러한 조건은 일반적으로 '양국 수입수요탄력성의 합이 1보다 크다' 또는 '양국 수출탄력성의 합이 1보다 크다'라고 이야기된다.

19 다음 (　　) 안에 들어갈 내용이 순서대로 올바른 것은? 2011년 감정평가사

> J-curve 효과는 '환율이 (ㄱ)하면 한국의 경상수지가 초기에는 (ㄴ)되고 시간이 경과된 후에는(도) (ㄷ)되는 효과가 나타나는 것'을 의미한다. (단, 환율은 미국 달러에 대한 원화의 환율 : ₩/$, 양국의 물가수준은 불변)

① ㄱ. 상승, ㄴ. 악화, ㄷ. 개선
② ㄱ. 상승, ㄴ. 개선, ㄷ. 개선
③ ㄱ. 상승, ㄴ. 악화, ㄷ. 악화
④ ㄱ. 하락, ㄴ. 악화, ㄷ. 개선
⑤ ㄱ. 하락, ㄴ. 악화, ㄷ. 불변

hint

환율이 상승하는 경우 가격효과와 수량효과의 시차반응, 그리고 미약한 환율전가 등으로 인해 실제 경상수지의 개선은 상당한 시간이 소요되는데, 이러한 경우를 그래프로 나타내면 다음과 같은 J형의 곡선이 된다.

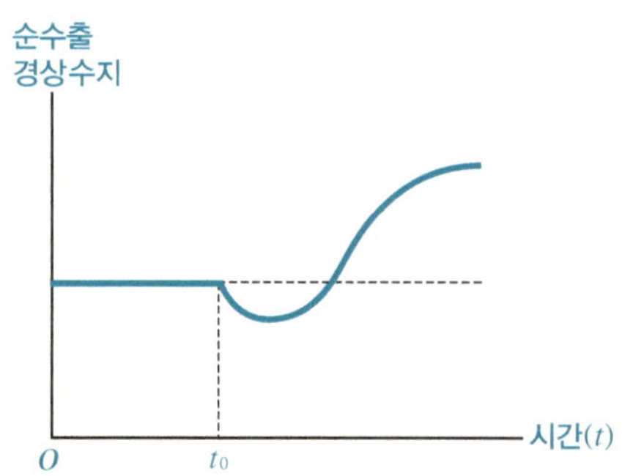

20 **변동환율제도를 채택하고 있는 소규모 개방국가가 확대재정정책을 실시한다고 하자. 다음 중 새로운 단기균형을 가장 잘 나타낸 것은?** (단, 완전한 자본이동을 가정한다.) 2003년 감정평가사

① 국민소득은 증가하고, 국내통화는 평가절하된다.

② 국민소득은 증가하고, 국내통화는 평가절상된다.

③ 국민소득은 불변이고, 국내통화는 평가절하된다.

④ 국민소득은 불변이고, 국내통화는 평가절상된다.

⑤ 국민소득과 통화가치 모두 불변이다.

hint

완전자본이동을 가정하는 먼델-플레밍 모형에서 확장적 재정정책은 환율 하락(평가절상) 및 순수출 감소에 의해 완전히 구축된다. 완전한 자본이동 하에서 먼델-플레밍 모형의 주요 결론을 정리하면 다음과 같다.

환율제도	정책	국민소득	환율	경상수지
변동환율제도	재정정책	불변	하락	악화
	통화정책	증가	상승	개선
고정환율제도	재정정책	증가	-	불변(악화)*
	통화정책	불변	-	불변

* 경상수지가 환율만의 함수인 경우 경상수지는 불변, 경상수지가 환율뿐만 아니라 소득의 함수이기도 하다면 경상수지는 악화

21 **완전자본이동, 소규모 개방국가의 먼델-플레밍 모형에서 총지출의 규모와 구성에 아무런 영향을 미치지 못하는 정책을 나타낸 것으로 가장 적당한 것은?**

① 변동환율제 하에서 정부구매의 증가

② 고정환율제 하에서 정부구매의 증가

③ 변동환율제 하에서 통화량의 증가

④ 고정환율제 하에서 통화량의 증가

⑤ ①과 ④

hint

고정환율제 하에서의 통화량 증가나 변동환율제 하에서의 정부구매의 증가는 모두 총지출의 규모에 영향을 미치지 못한다. 그러나 후자의 경우 경상수지가 악화되므로 총지출의 구성에서 정부구매가 차지하는 비중이 늘어나고 순수출이 차지하는 비중이 감소한다.

정답 18 ③ 19 ① 20 ④ 21 ④

22 **다음 중 완전한 자본이동 하의 먼델-플레밍 모형이 강조하고 있는 통화정책의 전달경로는?**

① 금리경로 ② 자산가격경로
③ 신용경로 ④ 환율경로
⑤ 기대경로

hint

일반적인 *IS-LM* 모형에서 통화정책은 이자율을 하락시키고 투자를 증가시킨다. 반면 먼델-플레밍 모형에서는 통화정책이 환율을 상승시키고 순수출을 증가시킨다.

23 **자본의 이동성이 높으나 완전하지 않은 경제에서 고정환율제를 채택하고 있다고 할 때 재정정책과 통화정책의 효과에 대해 잘못 설명한 것은?** (단, 정책의 효과는 소득에 미치는 효과를 의미함)

① 고정환율제 하에서 재정정책의 효과는 폐쇄경제에 비해 강하다.
② 고정환율제 하에서 통화정책의 효과는 폐쇄경제에 비해 약하다.
③ 고정환율제 하에서 재정정책의 효과는 자본이동이 완전한 경우에 비해 약하다.
④ 자본의 이동성과 무관하게 고정환율제 하에서 통화정책은 효과가 없다.
⑤ 자본의 이동성과 무관하게 고정환율제 하에서 재정정책은 효과가 없다.

hint

고정환율제 하에서 재정정책은 자본이동성이 강할수록 효과가 강해진다.
고정환율제 하에서 통화정책은 자본의 이동성과 무관하게 효과가 없다.
변동환율제 하에서 재정정책은 자본이동성이 강할수록 효과가 약해진다.
변동환율제 하에서 통화정책은 자본의 이동성이 강할수록 효과가 강해진다.

환율제도	정책	자본의 이동성이 높을수록 ……
변동환율제도	재정정책	약화
	통화정책	강화
고정환율제도	재정정책	강화
	통화정책	자본이동성과 무관하게 효과 없음

24 **먼델-플레밍**(Mundell-Fleming) **모형을 가정할 때 다음의 상황에서 나타날 수 있는 현상으로 옳지 않은 것은?** (단, 마셜-러너 조건이 충족된다고 가정한다.) 2021년 국가직 7급

- A국과 B국은 소규모 개방경제 하에서 변동환율제도를 채택하고 있고 단기적으로 물가가 고정되어 있으며 자본유출입은 자유롭다.
- 글로벌 경기침체를 극복하기 위해 A국은 국채를 통한 재정지출을 증가시키고 B국은 통화량을 증가시켰다.

① 자본이 B국에서 A국으로 이동한다.
② A국의 경상수지가 악화된다.
③ A국의 통화가 평가절상된다.
④ A국과 B국의 경기가 회복된다.

hint

A국 : 자본유입, 환율 하락, 경상수지 악화, 총소득 불변
B국 : 자본유출, 환율 상승, 경상수지 개선, 총소득 증가

정답 22 ④ 23 ⑤ 24 ④

Part-2 실전 문제

01 실질환율과 명목환율에 관한 설명으로 옳지 않은 것은? 2009년 국회 8급

① 실질환율이 상승하는 것은 국내 재화에 대한 외국 재화의 상대가격이 상승함을 의미한다.

② 구매력평가설에 따르면 실질환율은 1이다.

③ 교역상대국의 물가가 모두 고정되어 있으면 명목환율과 실질환율은 같은 방향으로 움직인다.

④ 명목환율이 상승해도 국내물가가 상승하면 무역수지가 악화될 수 있다.

⑤ 명목환율이 10% 상승할 때 외국 재화의 가격이 10% 상승하면 실질환율은 불변이다.

hint

① 명목환율은 외국 화폐의 상대가격을, 실질환율은 외국 상품의 상대가격을 말한다.

실질환율의 정의식 : $\varepsilon = \frac{eP^f}{P}$

② 구매력평가설은 국가 간 무역거래가 완전하여 일물일가의 법칙이 성립함을 가정한다. 일물일가의 법칙을 의미하는 $P = eP^f$를 정리하면 실질환율 $\varepsilon = \frac{eP^f}{P} = 1$이 된다.

⑤ 실질환율의 정의식에서 명목환율이 10% 상승할 때 외국 재화의 가격이 10% 상승하면 실질환율은 20% 이상 상승한다.

02 〈보기〉에서 계산된 실질환율은 얼마인가? 2010년 국회 8급

> 외국과 국내에서 컴퓨터가 재화와 서비스의 평균적인 가격을 대표한다. 컴퓨터의 국내가격은 192만원이고 외국에서의 가격은 800달러이다. 명목환율은 1달러에 1,200원이다. (실질환율은 평균적인 외국의 재화와 서비스로 표시한 평균적인 국내재화와 서비스의 상대적 가격임)

① 1
② $\frac{1}{2}$
③ 2
④ $\frac{1}{4}$
⑤ 4

hint

실질환율 : $\varepsilon = \frac{P}{eP^*} = \frac{1{,}920{,}000}{1{,}200 \times 800} = 2$

[**주의사항** : 이 문제에서 실질환율은 '외국 상품의 상대가격'이 아닌 '자국 상품의 상대가격'의 형태로 일반적으로 사용하는 것과 반대로 정의되었다.]

03 외환시장에서 달러에 대한 수요함수는 $Q_d = 12,000 - 5E$, 달러의 공급함수는 $Q_s = 2,000 + 5E$ 라고 한다. 단, E는 원/달러 환율을 나타낸다. 중앙은행이 환율을 900원에 고정시킬 때 나타날 수 있는 현상이 아닌 것은? 2005년 감정평가사

① 달러화가 암시장에서 웃돈을 주고 거래된다.

② 달러의 초과공급이 발생한다.

③ 달러의 초과수요가 발생한다.

④ 중앙은행의 달러 자산이 감소한다.

⑤ 화폐공급이 감소한다.

hint

설문에서 균형환율을 구하면 1,000원/달러가 된다. 이때 환율을 900원/달러로 고정시키면 외환(달러)에 대한 초과수요가 발생할 것이다. 만약 사람들이 곧 환율이 결국 1,000원/달러로 조정될 것이라 예상한다면 지금 달러를 구입해 두려고 할 것인데, 이 과정에서 중앙은행이 달러를 매각하며 화폐를 회수하게 된다.

04 국제통화제도에 대한 설명으로 옳지 않은 것은? 2010년 국가직 7급

① 금본위제도는 전형적인 고정환율제도이다.

② 킹스턴 체제에서는 회원국들이 독자적인 환율제도를 선택할 수 있는 재량권을 부여하고 있다.

③ 브레튼우즈 체제는 달러화를 기축통화로 하는 변동환율제도 도입을 골자로 한다.

④ 1985년 플라자협정의 결과로 달러화의 가치가 하락하였다.

hint

③ 브레튼우즈 체제는 일정 비율로 금과 태환을 자유롭게 허용한 달러화를 기축통화로 하는 고정환율제도이다.

④ 플라자협의로 인해 달러화의 강세가 약세로 반전되었으며, 이후 달러화 가치가 지나치게 하락함에 따라 이를 특정 목표대에서 유지하기 위해 루브르 협정이 이루어진다.

정답 1 ⑤ 2 ③ 3 ② 4 ③

05 **〈보기〉에서 원화의 가치가 하락하는 경우는 모두 몇 개인가?** (단, 우리나라는 변동환율제도를 채택하고 있다고 가정한다.) 2020년 국회 8급

ㄱ. 우리나라 기업들의 해외공장 설립이 늘어날 때
ㄴ. 우리나라에서 확장적인 통화정책이 시행될 때
ㄷ. 국내 항공사들의 미국산 항공기에 대한 수요가 증가할 때
ㄹ. 국내 물가수준이 상승할 때
ㅁ. 해외투자의 예상 수익률이 상승할 때

① 1개 ② 2개 ③ 3개
④ 4개 ⑤ 5개

hint

원화가치 하락(환율 상승)을 유발하는 것은 국제수지 적자(외환시장 초과수요)이므로 국제수지 적자를 유발하는 요인들을 고르면 된다.

ㄱ. 직접투자수지 적자
ㄴ. 경상수지 및 자본금융수지 적자
ㄷ. 수입 증가, 경상수지 적자
ㄹ. 실질환율 하락, 경상수지 적자
ㅁ. 금융자본 유출, 자본금융수지 적자

06 **환율**(원/미국 달러 환율)**에 관한 설명으로 옳지 않은 것은?** 2014년 공인노무사

① 환율이 올라간다는 것은 원화가치가 미국 달러화의 가치에 비해 상대적으로 하락함을 의미한다.
② 장기에서 우리나라의 물가상승률이 미국의 물가상승률보다 더 높은 경우 환율은 올라간다.
③ 환율이 내려가면 국내 대미 수출기업들의 수출은 증가한다.
④ 환율이 내려가면 미국에 유학생 자녀를 둔 부모들의 학비 송금에 대한 부담이 줄어든다.
⑤ 미국인의 주식투자자금이 국내에 유입되면 환율은 내려간다.

hint

① 원/미국 달러 환율은 미국 달러의 상대적 가치를 나타낸다. 즉, 환율이 높을수록 미국 달러의 가치가 상승하고, 원화의 가치가 하락한다.
② 이 지문은 상대적 구매력평가 조건을 의미한다.
③, ④ 환율이 하락하면 원화의 가치가 상승한다. 따라서 다른 조건이 일정할 때 원화로 표시된 수출품의 상대가격도 상승한다. 또한 더 적은 원화로도 동일한 유학생활을 할 수 있게 된다.

⑤ 자본유입 ⇒ 자본금융수지 흑자(준비자산 제외) ⇒ 외환시장 초과공급 ⇒ 환율 하락

환율 상승(평가절하)	**환율 하락**(평가절상)
자국 화폐의 가치하락	자국 화폐의 가치상승
자국 상품의 가격하락	자국 상품의 가격상승
수출의 증가, 수입의 감소	수출의 감소, 수입의 증가
경상수지 개선 전망	경상수지 악화 전망
경기회복 전망	경기악화 우려
물가상승 우려	물가하락 전망
외화 표시 채무의 실질부담 증가	외화 표시 채무의 실질부담 감소

07 **다음 중 평가절하가 이루어졌을 때 나타날 것으로 예상되는 것은?**

가. 수출물량이 증가하고 수입물량이 감소한다.
나. 국내경기가 회복된다.
다. 우리나라의 소득분배가 악화된다.
라. 달러에 대해 쇼트포지션을 가진 기업들의 재무상태가 악화된다.
마. 우리나라의 교역조건이 개선된다.

① 가　　② 가, 나
③ 가, 나, 다　　④ 가, 나, 다, 라
⑤ 가, 나, 다, 라, 마

hint

다. 환율이 상승하면 수출 대기업들의 성과는 좋아지지만 수입필수품들의 물가는 상승한다.
라. 달러 표시 부채초과(short position)를 가진 기업들은 환율 상승 시 자산보다 부채가 큰 폭으로 증가한다.
마. 환율의 상승은 자국 상품 해외가격의 하락, 외국 상품 국내가격의 상승을 초래하므로 교역조건은 악화된다. 즉, 평가절하 시의 순수출 증가는 교역조건 악화를 댓가로 한 것이다.

정답　5 ⑤　6 ③　7 ④

08 환율(원/달러) 변동에 대한 설명으로 옳은 것은?

2009년 국가직 7급

ㄱ. 국내물가가 상승하면 국내산 재화의 가격이 올라 상대적으로 값이 싸진 외국 제품의 수입이 증대하고, 이에 따라 외환수요가 늘어 환율이 하락한다.

ㄴ. 국내 실질이자율이 상승하면 원화 표시 금융자산의 예상수익률이 상승하고, 이에 따라 원화 표시 금융자산에 대한 수요가 증가하면서 외국자금의 유입이 증가하여 환율이 하락한다.

ㄷ. 환율이 상승하면 수출은 감소하고 수입은 증가하여(경상수지 악화), 수출기업이 위축되면서 경제성장이 둔화되고 실업이 증가한다.

ㄹ. 환율이 상승하면 수입원자재 가격이 상승하고 외화부채를 가진 기업의 부담이 커지고 국내물가가 상승한다.

① ㄱ, ㄷ　② ㄴ, ㄷ　③ ㄱ, ㄹ

④ ㄴ, ㄹ　⑤ ㄴ, ㄷ, ㄹ

hint

ㄱ. 외환수요가 늘어나면 외환의 가격인 환율은 상승한다.

ㄴ. 외국자금의 유입은 외환공급의 증가를 의미하며, 이때 외환의 가격인 환율은 하락한다.

ㄷ. 환율이 상승하면 수출은 증가하고 수입은 감소한다.

ㄹ. 환율이 상승하면 수입원자재 가격이 상승하고 외화부채를 가진 기업의 부담이 커지고 국내물가가 상승한다.

09 **아래 표와 같이 환율 변동이 발생했다면, 이에 따른 효과에 관한 설명으로 〈보기〉에서 옳은 것을 모두 고르면?** (단, 계약은 현지 화폐로 이루어진다.) 2022년 보험계리사

구분	원/달러	엔/달러
과거	1,050	100
현재	1,100	110

ㄱ. 달러 표시 외채를 가진 한국 기업의 상환 부담이 감소한다.
ㄴ. 부품을 한국에서 수입하는 일본 기업의 생산비가 상승하였다.
ㄷ. 한국에 수출하는 미국 제품의 가격경쟁력이 하락하였다.
ㄹ. 미국에 수출하는 일본 제품의 달러 표시 가격이 상승하였다.

① ㄱ, ㄹ
② ㄴ, ㄷ
③ ㄴ, ㄹ
④ ㄷ, ㄹ

hint

교차환율 공식 원/엔 = $\frac{\text{원/달러}}{\text{엔/달러}}$를 사용하여 정리하면 다음과 같다.

구분	원/달러	엔/달러	원/엔
과거	1,050	100	10.5
현재	1,100	110	10.0

정리하면, 달러는 원화와 엔화에 대해 모두 강세이며, 원화는 엔화에 대해 강세이다. 따라서 달러화 > 원화 > 엔화 순으로 화폐가치가 상승한다.

ㄱ. (×), 원/달러 환율이 상승하면 달러 표시 외채를 가진 한국 기업의 상환 부담은 증가한다.
ㄴ. (○), 원/엔 환율이 하락하면 한국에서 일본으로 수입되는 재화의 엔화 표시 가격이 상승하므로 생산비가 상승한다.
ㄷ. (○), 원/달러 환율이 상승하면 미국 입장에서는 동일 달러 가격 상품의 원화 표시 가격이 상승하므로 가격경쟁력이 하락한다.
ㄹ. (×), 엔/달러 환율이 상승하면 미국에 수출하는 일본 제품의 달러 표시 가격이 하락한다.

정답 8 ④ 9 ②

10 **A제품의 우리나라 가격은 2,600원, 미국 가격은 2달러, 그리고 원화의 달러 대비 명목환율은 1,200원/달러이다. 이에 대한 설명으로 옳은 것은?** 2022년 국회 8급

① 거래비용이 없다면 현재 재정거래(Arbitrage)의 기회는 존재하지 않는다.

② 실질환율에 의하면 국내의 A제품 1단위는 미국의 A제품 $\frac{13}{12}$단위와 교환될 것이다.

③ 구매력평가설에 따른 명목환율은 1,200원/달러이다.

④ 구매력평가설에 따른 원화가치는 저평가되어 있다.

⑤ 구매력평가설에 따른 명목환율과 실제 명목환율의 차이에 의하면 우리나라의 무역수지는 적자일 것이다.

hint

① (×), A제품은 우리나라에서 $P = 2{,}600$원이고 미국에서 $eP^* = 1{,}200 \times 2 = 2{,}400$원이므로 미국에서 사서 한국에 판매하는 재정거래(차익거래)가 가능하다.

② (×), 외국 상품의 상대가격을 나타내는 실질환율은 $\varepsilon = \frac{eP^*}{P} = \frac{1{,}200 \times 2}{2{,}600} = \frac{12}{13}$이다. 즉, 우리나라 A재 1단위는 미국 A재 $\frac{12}{13}$단위와 교환된다.

③ (×), 구매력평가설에 따른 명목환율은 $e_{PPP} = \frac{P}{P^*} = \frac{2{,}600}{2} = 1{,}300$원/달러이다.

④ (×), $e_{PPP} = 1{,}300 > e = 1{,}200$이므로 이론상 환율에 비해 실제 환율이 달러를 저평가하고 원화를 고평가하고 있다.

⑤ (○), $e_{PPP} = \frac{P}{P^*} > e$이므로 $P > eP^*$가 성립한다. 즉, 동일한 상품에 대해 우리나라의 상품이 비싸기 때문에 수입초과, 즉 무역수지 적자가 나타날 것이다.

11 **환율결정이론인 구매력평가설에 대한 다음의 서술 중 옳지 않은 것은?** 2000년 감정평가사

① 일물일가의 법칙이 국제시장에도 적용된다.

② 어떤 통화 1단위의 실질가치가 모든 나라에서 동일하다.

③ A국이 통화공급을 증가시키면 A국의 물가수준이 상승하고, 반면에 A국의 통화는 평가절상된다.

④ 현실적으로 상당수의 상품이 비교역재이기 때문에 실제 환율과 구매력평가에 의한 환율은 차이가 날 수 있다.

⑤ 환율의 장기적인 변동추세를 잘 설명하는 이론이다.

hint

구매력평가설에 의하면 환율은 양국의 물가수준에 의해 결정된다. 즉, $e = \frac{P}{P_f}$가 성립하는데, 물가가 상승하면 환율이 상승(평가하락)함을 알 수 있다. 이를 다음과 같이 접근할 수도 있다. 물가가 상승하면 이 화폐의 국내에서의 구매력이 하락한다. 이때 환율이 상승하면 이 화폐의 외국에서의 구매력도 하락하여 동일 화폐의 구매력이 양국에서 동일해진다(구매력평가의 성립).

12 **소규모 개방국가인 A국과 B국의 통화량 증가율은 매년 각각 5%와 3%이다. 두 국가의 실질 GDP 증가율은 매년 2%로 일정하고 여타 면에서도 서로 동일하다. 이때 두 국가의 장기균형에 관한 설명으로 옳지 않은 것은?** (단, 두 국가의 명목환율은 A국 통화 1단위와 교환되는 B국 통화의 양으로 정의한다.)

2014년 감정평가사

① 명목환율은 하락할 것이다.

② A국의 물가상승률이 B국보다 더 높을 것이다.

③ B국의 명목이자율이 A국보다 더 낮을 것이다.

④ A국의 명목 GDP 성장률이 B국보다 더 높을 것이다.

⑤ A국은 무역수지 흑자, B국은 무역수지 적자가 발생할 것이다.

hint

여타 면에서 동일하다는 조건이 주어졌으므로 양국 화폐유통속도변화율도 동일하다. 편의상 화폐유통속도의 변화율 = 0이라면 $\frac{\Delta M}{M} = \frac{\Delta P}{P} + \frac{\Delta Y}{Y}$의 관계가 성립한다.

① 구매력평가에 의하면 물가상승률이 높은 국가의 화폐가치가 하락한다. 이 경우 외국 화폐로 나타낸 자국 화폐의 환율이 하락한다.

② $\frac{\Delta P}{P} = \frac{\Delta M}{M} - \frac{\Delta Y}{Y}$이므로 A국의 물가상승률이 높다.

③ $i = r + \pi^e$에서 물가상승률이 낮은 B국은 명목이자율도 낮다.

④ $\frac{\Delta M}{M} = \frac{\Delta P}{P} + \frac{\Delta Y}{Y} = \frac{\Delta(PY)}{(PY)}$

⑤ 일반적으로 물가상승률이 높은 국가는 실질환율이 하락하여 무역적자를 보게 된다. 단, 장기에 구매력평가가 성립한다면 실질환율이 일정하며 무역수지의 변화는 알 수 없다.

정답 10 ⑤ 11 ③ 12 ⑤

13 **구매력평가가설**(Purchasing Power Parity ; PPP)**에 따르면 두 나라의 물가지수 비율과 통화의 교환비율은 같아야 한다. 다음 그림에서 A**(실선)**는 한국 대 미국의 소비자물가지수의 비율을, B**(점선)**는 원화 대 달러화의 교환비율을 지수 형태로 나타낸 것이다. 다음 그림과 PPP에 대한 설명으로 옳은 것을 모두 고르면?** (단, 두 지수는 2010년을 100으로 한다.) 2017년 공인회계사

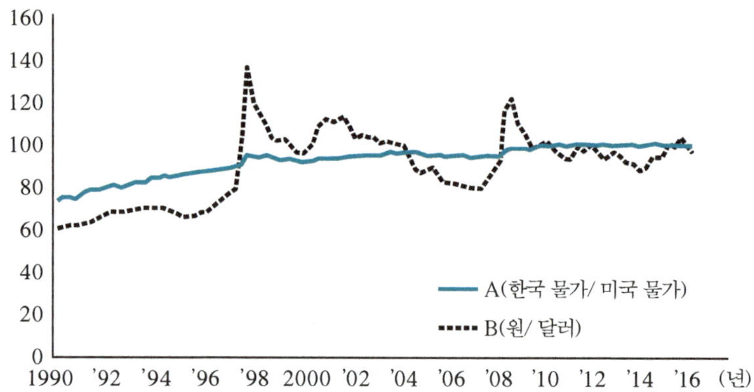

가. PPP에 따르면 실질환율은 명목환율과 반드시 일치해야 한다.
나. 2008년 글로벌 금융위기 이후 우리나라와 미국의 물가수준은 같다.
다. PPP에 따르면 1997년 IMF 사태 이전에 원화는 과대평가되었다.
라. 핸드폰 A의 국내가격이 1,000,000원일 때 미국에서 가격이 1,000달러라면, PPP에 의한 환율은 1,000원/달러여야 한다.

① 가, 나 ② 가, 다 ③ 가, 라
④ 나, 라 ⑤ 다, 라

hint

이 문제에서 PPP는 절대적 PPP를 의미한다. 절대적 PPP가 성립하면 상대적 PPP는 반드시 성립하지만 그 역은 성립하지 않는다.

가. (×), PPP에 따르면 실질환율은 명목환율에 양국 물가비율을 곱한 것과 일치한다.
나. (×), 양국 물가수준이 같다면 물가의 비율이 100에서 일정해야 한다.
다. (○), 1997년 이전 $e < e_{PPP} = \frac{P}{P^*}$가 성립한다. 이는 PPP에 따를 때 원화가 과대평가되었음을 의미한다.
라. (○), PPP가 성립한다면 $e = e_{PPP} = \frac{P}{P^*} = \frac{₩1,000,000}{\$1,000} = 1,000₩/\$$이 성립해야 한다.

14 **다음은 3년간 한국과 미국의 가상의 빅맥 가격이다. 빅맥 가격을 이용하여 구매력평가설로 예측한 적정 환율에 대한 설명으로 옳지 않은 것은?** (단, 3년간 달러에 대한 원화의 시장환율은 1,200원/달러로 일정하다)

연도(년) \ 가격	빅맥 가격	
	한국(원)	미국(달러)
2030	4,000	4
2031	5,400	4
2032	4,800	5

① 구매력평가설로 예측한 2030년 적정 환율은 1,000원/달러이다.

② 구매력평가설로 예측한 2031년 적정 환율은 전년도에 예측한 적정 환율에 비해 35% 상승하였다.

③ 구매력평가설로 예측한 2032년 적정 환율이 실제 환율에 반영된다면 달러에 대한 원화 가치는 상승할 것이다.

④ 2031년에 미국을 방문한 한국인은 미국의 빅맥 가격이 한국보다 비싸다고 느낄 것이다.

hint

④ (×), 2031년의 한국의 빅맥 가격을 달러로 환산하면 4.5달러가 되어 미국보다 비싸다. 이는 한국 화폐가 고평가되었음을 의미한다.

연도(년) \ 가격	빅맥 가격			PPP 환율
	한국(원)	미국(달러)	한국(달러)	
2030	4,000	4	3.33	1,000원/달러
2031	5,400	4	4.5	1,350원/달러
2032	4,800	5	4	960원/달러

정답 13 ⑤ 14 ④

15 **다음 표는 각국의 시장환율과 빅맥 가격을 나타낸다. 빅맥 가격으로 구한 구매력평가 환율을 사용할 경우, 옳은 것은?** (단, 시장환율의 단위는 '1달러당 각국 화폐' 로 표시되며, 빅맥 가격의 단위는 '각국 화폐' 로 표시된다.)

2017년 국가직 7급

국가(화폐단위)	시장환율	빅맥 가격
미국(달러)	1	5
브라질(헤알)	2	12
한국(원)	1,000	4,000
중국(위안)	6	18
러시아(루블)	90	90

① 브라질의 화폐가치는 구매력평가 환율로 평가 시 시장환율 대비 고평가된다.
② 한국의 화폐가치는 구매력평가 환율로 평가 시 시장환율 대비 저평가된다.
③ 중국의 화폐가치는 구매력평가 환율로 평가 시 시장환율 대비 고평가된다.
④ 러시아의 화폐가치는 구매력평가 환율로 평가 시 시장환율 대비 저평가된다.

hint

이 문제는 일반적인 경우와 기준을 달리 묻고 있다. 일반적인 경우 이론상의 구매력평가 환율 대비 실제 시장환율의 고평가 또는 저평가 여부를 묻는 데 비해 이 문제는 실제 시장환율 대비 구매력평가 환율의 고평가 또는 저평가 여부를 묻고 있다. [별로 좋은 문제는 아닌 것 같지만 이런 문제가 출제되었다는 것을 알아두도록 하자.]

$$\text{시장환율}(e) \begin{matrix} > \\ = \\ < \end{matrix} PPP\ \text{환율}(e_{PPP}) \Rightarrow e_{PPP}\text{가 } e\text{에 비해 달러를 } \begin{matrix}\text{저평가}\\ \cdot \\ \text{고평가}\end{matrix} \ \text{타 화폐를 } \begin{matrix}\text{고평가}\\ \cdot \\ \text{저평가}\end{matrix}$$

국가(화폐단위)	시장환율	빅맥 가격	PPP 환율
미국(달러)	1	5	1
브라질(헤알)	2	12	2.4
한국(원)	1,000	4,000	800
중국(위안)	6	18	3.6
러시아(루블)	90	90	18

16 **어떤 나라의 명목 GDP(달러 표시)가 PPP 기준 GDP(달러 표시)보다 크다고 할 때 다음 중 옳지 않은 것은?**

① 실질환율이 1보다 작다.

② 일물일가의 법칙이 성립하지 않는다.

③ 외국 대비 물가수준이 높다.

④ 구매력평가가 성립하지 않는다.

⑤ 명목 GDP에 근거한 국제소득 순위에 비해 실제 생활수준은 높다고 볼 수 있다.

hint

$$\frac{\frac{NGDP^{\text{₩}}}{e}}{\frac{NGDP^{\text{₩}}}{e_{PPP}}} = \frac{e_{PPP}}{e} = \frac{P}{eP^*} \overset{>}{\underset{<}{=}} 1 \Rightarrow P \overset{>}{\underset{<}{=}} eP^* \Rightarrow \varepsilon \overset{<}{\underset{>}{=}} 1 \Rightarrow \text{외국 대비 물가수준이 } \overset{\text{높음}}{\underset{\text{낮음}}{\text{같음}}}$$

① (O)

② (O), 일물일가의 법칙이 성립하면 PPP가 성립하고 실제 환율과 구매력평가 환율이 일치한다.

③ (O)

④ (O)

⑤ (×), 외국에 비해 물가수준이 높은 편이므로 국제소득 순위에 비해 실제 생활수준은 낮다.

정답 15 ③ 16 ⑤

17 **자국과 외국의 화폐시장은 각각 아래의 식에 따라 균형을 이루며, P를 제외한 M^s, Y, i는 외생적으로 결정된다고 가정하자.**

$$\frac{M^s}{P} = L(Y, i)$$

M^s는 화폐공급, P는 물가수준, $L(Y, i)$는 실질화폐수요, Y는 소득, i는 이자율이다. 실질화폐수요는 소득의 증가함수이고 이자율의 감소함수이다. 장기적으로 외환시장에서 환율은 구매력평가설(purchasing power parity)**로 결정될 때 화폐시장 변수가 환율에 미치는 영향을 설명한 것 중 옳은 것을 모두 고르면?** (단, 환율은 외국 화폐 1단위에 대한 자국 화폐의 교환비율이다.)

2023년 공인회계사

가. 자국 화폐공급의 영구적 증가는 장기적으로 환율을 상승시킨다.
나. 자국 소득의 영구적 증가는 장기적으로 자국 물가수준을 상승시켜 환율을 상승시킨다.
다. 외국 이자율의 영구적 상승은 장기적으로 외국 물가수준을 상승시켜 환율을 하락시킨다.

① 가　　② 나　　③ 다
④ 가, 다　　⑤ 나, 다

hint

이는 환율에 대한 신축가격통화모형으로 환율은 양국 화폐에 대한 상대적 공급과 상대적 수요에 의해 결정된다.

자국 화폐시장 균형 : $\frac{M}{P} = L(Y, i) \Rightarrow P = \frac{M}{L(Y, i)}$

외국 화폐시장 균형 : $\frac{M^*}{P^*} = L^*(Y^*, i^*) \Rightarrow P^* = \frac{M^*}{L^*(Y^*, i^*)}$

구매력평가 : $E = \frac{P}{P^*} = \frac{M}{M^*}\frac{L^*(Y^*, i^*)}{L(Y, i)}$

가. (○), 자국 화폐공급 증가 ⇒ 자국 화폐가치 하락 ⇒ 환율 상승
나. (×), 자국 소득 증가 ⇒ 자국 화폐수요 증가 ⇒ 자국 화폐가치 상승 ⇒ 환율 하락
다. (×), 외국 이자율 상승 ⇒ 외국 화폐수요 감소 ⇒ 외국 화폐가치 하락 ⇒ 환율 하락

* **주의사항** : 소득, 이자율 등이 외생변수인 모형이므로 먼델-플레밍 모형은 사용하면 안 됨.

18 **자국과 외국의 화폐시장이 다음의 균형조건을 각각 충족한다.**

$$\text{자국} : \frac{M}{P} = kY$$
$$\text{외국} : \frac{M^*}{P^*} = k^* Y^*$$

M, P, Y는 각각 명목화폐공급, 물가 및 총생산을 나타내며, k는 상수이다. 외국 변수는 별(*) 표시로 자국 변수와 구분한다. 자국의 명목화폐공급 증가율과 경제성장률이 외국에 비해 각각 7% 포인트와 2% 포인트 높다. 상대적 구매력평가가 성립한다고 할 때 명목환율의 변화율은? (단, 명목환율은 외국 화폐 1단위에 대한 자국 화폐의 교환비율이다.) 2022년 공인회계사

① 2.0% ② 3.5% ③ 5.0%
④ 7.0% ⑤ 9.0%

hint

이는 환율에 대한 신축가격통화모형으로 환율은 양국 화폐에 대한 상대적 공급과 상대적 수요에 의해 결정된다.

자국 : $\frac{M}{P} = kY \Rightarrow P = \frac{M}{kY}$

외국 : $\frac{M^*}{P^*} = k^* Y^* \Rightarrow P^* = \frac{M^*}{k^* Y^*}$

구매력평가 : $E = \frac{P}{P^*} = \frac{M}{M^*} \frac{k^* Y^*}{kY} \Rightarrow \hat{E} = (\hat{M} - \hat{M}^*) - (\hat{Y} - \hat{Y}^*) = 7\% - 2\% = 5\%$

정답 17 ④ 18 ③

19 **자국의 물가지수는 $P=(P_N)^{\alpha}(P_T)^{1-\alpha}$, 외국의 물가지수는 $P^*=(P_N^*)^{\beta}(P_T^*)^{1-\beta}$로 정의하자. P_N과 P_N^*는 각각 자국과 외국의 비교역재 물가지수, P_T와 P_T^*는 각각 자국과 외국의 교역재 물가지수로 $P_T=P_T^*$이다. α와 β는 상수이고, $0<\alpha<1$, $0<\beta<1$이다. 구매력평가설(purchasing power parity)이 성립할 경우 다음 설명 중 옳은 것을 모두 고르면?** (단, 환율은 외국 화폐 1단위에 대한 자국 화폐의 교환비율이다.) 2023년 공인회계사

가. 자국 물가지수 대비 외국 물가지수가 높아질수록 환율은 높아진다.
나. $\alpha=\beta$인 경우 P_N이 P_N^*보다 높아질수록 환율은 높아진다.
다. $\alpha=\beta$인 경우 P_N과 P_N^*의 상승률이 모두 5%이면 환율 상승률은 1%이다.

① 가 ② 나 ③ 다
④ 가, 나 ⑤ 나, 다

hint

구매력평가 및 양국 물가지수를 반영하여 환율을 나타내면 다음과 같다. (단, $\alpha=\beta$라고 가정한다.)

$$e=\frac{P}{P^*}=\frac{(P_N)^{\alpha}(P_T)^{1-\alpha}}{(P_N^*)^{\beta}(P_T^*)^{1-\beta}}=\left(\frac{P_N}{P_N^*}\right)^{\alpha}\left(\frac{P_T}{P_T^*}\right)^{1-\alpha}=\left(\frac{P_N}{P_N^*}\right)^{\alpha}\Rightarrow \hat{e}=\alpha(\hat{P}_N-\hat{P}_N^*)$$

가. (×), 외국 물가지수가 높아지면 환율은 하락한다.
나. (○)
다. (×), $\hat{P}_N=\hat{P}_N^*$이면 $\hat{e}=0$이 된다.

*** 참고사항**
이 문제의 물가지수는 기하평균(geometric mean)을 활용한 것이다. 이러한 방식은 실질환율 등을 설명할 때 자주 사용된다.

20 **국내와 미국에 투자를 고려하고 있는 국내 투자자를 상정해 보자. 이자율평형 조건(interest rate parity condition)에 대한 설명 중 옳지 않은 것은?** 2012년 공인회계사

① 다른 조건이 일정할 때 현재의 원/달러 환율과 달러 예금의 기대수익률 간에는 음(-)의 상관관계가 존재한다.
② 외환시장이 균형상태에 있을 때 이 투자자의 양국에서의 기대수익률이 일치해야 함을 의미한다.
③ 다른 조건이 일정할 때 달러 예금 금리의 상승은 원화의 절하를 초래한다.
④ 다른 조건이 일정할 때 원화 예금 금리의 상승은 원화의 절상을 초래한다.
⑤ 다른 조건이 일정할 때 미래의 기대 원/달러 환율의 상승은 원화의 절상을 초래한다.

hint

① 이자율평가 조건 $i = i^* + \frac{e^e_{+1} - e}{e}$에서 e가 상승하면 달러 예금의 기대수익률을 의미하는 우변이 감소한다.

③, ④, ⑤ 이자율평가 조건을 정리하면 $e = \frac{e^e_{+1}}{1 + i - i^*}$가 된다. 이때 기대환율의 상승은 환율의 상승, 즉 원화의 절하를 초래한다.

21 **다음은 이자율평형 조건(interest rate parity condition)에 대한 설명이다. (가)와 (나)를 바르게 짝지은 것은?** 2017년 공인회계사

> 이자율평형 조건이 성립할 때 가로축을 환율(외국 통화 1단위에 대한 자국 통화의 교환비율), 세로축을 국내이자율로 하는 그래프를 그리면 우하향하는 형태로 그려진다. 이때 이 그래프는 팽창적 통화정책으로 인하여 지속적으로 인플레이션이 발생한 경우에 (가), 단기에 상환하여야 할 외화부채가 증가한 경우에 (나).

	(가)	(나)
①	왼쪽으로 이동하고	왼쪽으로 이동한다
②	왼쪽으로 이동하고	오른쪽으로 이동한다
③	움직이고 않고	움직이지 않는다
④	오른쪽으로 이동하고	왼쪽으로 이동한다
⑤	오른쪽으로 이동하고	오른쪽으로 이동한다

hint

이자율평형 조건 : $i = i^* + \frac{e^e_{+1} - e}{e}$

위 균형조건을 그림으로 나타내면 오른쪽 그림과 같다.

이 곡선을 IRP곡선이라고 하였을 때 i의 변화는 곡선 상의 이동이며, i^*, e^e_{+1}는 곡선의 이동으로 나타내어진다.

(가) PPP를 가정할 때 지속적 인플레이션 e^e_{+1}을 상승시킬 것이다. 따라서 IRP곡선은 우측(상방)이동한다.

(나) 외화부채가 늘어난 것도 미래 외화수요의 증가로 e^e_{+1}을 상승시킬 것이다. 따라서 IRP곡선은 우측(상방)이동한다.

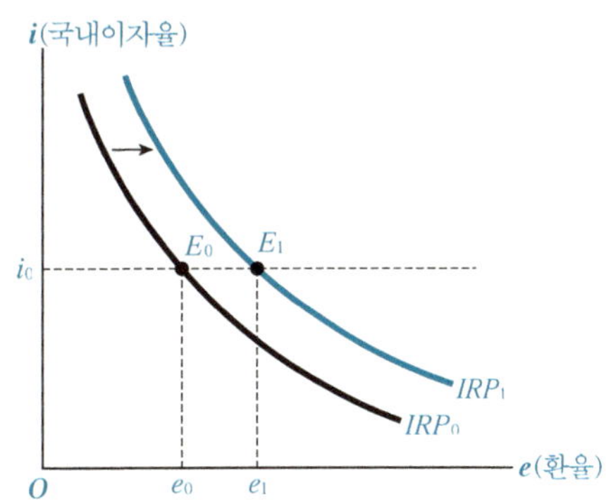

정답 19 ② 20 ⑤ 21 ⑤

22 국제적으로 자본시장은 균형상태에 있으며, 국내이자율이 8%, 미국의 이자율이 5%라고 하자. 이자율평가설이 성립한다고 할 때 다음 설명 중 가장 옳은 것은?

① 한국으로 자본유입이 이루어질 것이다.

② 미국의 이자율이 상승할 것이다.

③ 외환의 공급이 수요를 초과하는 상태이다.

④ 원화의 평가절하가 예상되고 있다.

⑤ 실질환율이 1이다.

hint

자본시장이 균형상태이므로 추가적으로 자본의 유출입이 발생하거나 환율이 변하지 않는다는 점에 유의하기 바란다. 대신 양국의 이자율이 차이가 나는데도 균형이 성립하는 것은 사람들이 그 차이만큼의 환율변화를 예측하고 있기 때문이다.

23 이자율평가설에 대해 다음 설명 중 옳은 것을 모은 것으로 가장 적당한 것은?

> 가. 이자율평가가 성립한 상태에서 외국의 이자율이 외생적으로 상승했다면 환율은 상승한다.
>
> 나. 이자율평가가 성립한 상태에서 외국의 이자율이 자국의 이자율보다 높다면 사람들은 환율이 하락할 것이라 기대하고 있을 것이다.
>
> 다. 다른 조건이 일정할 때 현물환율이 하락하면 원화 단위로 측정한 외국자산 투자수익률이 하락한다.
>
> 라. 현물환율이 상승할 것으로 예상하는 경우 원화 단위로 측정한 외국자산 투자수익률이 상승한다.
>
> 마. 이자율평가가 성립하기 위해서는 완전한 자본이동과 완전한 무역거래가 가능해야 한다.

① 가　　② 가, 나, 다　　③ 가, 나, 라

④ 가, 나, 마　　⑤ 가, 나, 다, 라

hint

이자율평가 : $i = i^* + \dfrac{e^e_{+1} - e}{e}$ 또는 $e = \dfrac{e^e_{+1}}{1 + i - i^*}$

가. (○), 다른 조건이 일정할 때 i^*가 상승하면 e가 상승한다.

나. (○), $i < i^*$라면 $i - i^* = \dfrac{e^e_{+1} - e}{e} < 0$

다. (×), 다른 조건이 일정할 때 e가 하락하면 $i^* + \dfrac{e^e_{+1} - e}{e}$는 상승한다.

라. (○), 다른 조건이 일정할 때 e^e_{+1}가 상승하면 $i^* + \dfrac{e^e_{+1} - e}{e}$는 상승한다.

마. (×), 이자율평가가 성립하기 위해서 완전한 자본거래만 이루어지면 되고 완전한 무역거래가 이루어질 필요는 없다.

24 **현재 현물환율(E)은 1,000원/달러이고 선물환율(F)은 1,100원/달러, 한국의 이자율은 5%, 미국의 이자율은 3%라고 가정할 때 다음 중 옳지 않은 것은?** (단, 외환시장에는 이자재정거래자만이 존재하고 두 국가 간 자본이동은 완전하다고 가정한다.) 2011년 국회 8급

① 한국의 이자율은 상승할 것이다.
② 미국의 이자율은 하락할 것이다.
③ E는 상승할 것이다.
④ F는 하락할 것이다.
⑤ 한국에 투자하는 것이 유리하다.

hint

무위험 이자율평가 조건은 $i = i^* + \frac{F-E}{E}$가 성립하는 것이다. 그러나 현재는 이 조건에서 $5\% < 3\% + \frac{1,100 - 1,000}{1,100}$이 성립한 상태로서 미국에 투자했을 때의 수익률이 더 높다. 이러한 경우 균형을 회복하기 위해서는 1. 한국 이자율 상승, 2. 미국 이자율 하락, 3. 현물환율의 상승, 4. 선물환율의 하락 중 하나 또는 그 이상이 나타나야 한다.

25 **환율결정이론 중 무위험 금리평가이론에 관한 설명으로 옳지 않은 것은?** 2009년 국회 8급

① 선물환율이 고정되어 있는 경우 국내금리가 상승하면 자본이 유입되어 현물환율이 하락한다.
② 선물환율이 고정되어 있는 경우 국제금리가 상승하면 자본이 유출되어 현물환율이 상승한다.
③ 선물환율이 고정되어 있는 경우 현물환율이 상승하면 자본이 유출되어 국내금리가 상승한다.
④ 현물환율이 고정되어 있는 경우 선물환율이 상승하면 자본이 유출되어 국내금리가 상승한다.
⑤ 무위험 금리평가이론이 성립하기 위해서는 자본이동이 완전히 자유로워야 한다.

hint

무위험 금리평가이론이란 국가 간 자본이동성이 완전하다면 동일한 화폐로 측정한 수익률은 어느 나라에서나 동일할 것이란 이론이다.

무위험 금리평가이론 : $i = i^* + \frac{F-S}{S}$ (i는 자국 이자율, i^*는 외국 이자율, F는 선물환율, S는 현물환율)

③ 선물환율이 고정되어 있을 때 현물환율이 상승하면 외국자산에 투자했을 때의 수익률을 의미하는 우변이 감소한다. 이 경우 상대적으로 수익률이 높아진 국내로 자본이 유입되며, 이는 국내금리의 하락으로 이어진다.

정답 22 ④ 23 ③ 24 ⑤ 25 ③

26 **커버된 이자율 재정거래가 다음과 같을 경우 나타날 수 있는 현상은?** (i_A는 A국의 이자율, i_B는 B국의 이자율, S는 현물환율, F는 선물환율)

2005년 국가직 7급

$$(1+i_A) < \frac{F}{S}(1+i_B)$$

① 환거래자는 B국의 현물환을 판다.
② 환거래자는 B국 채권을 산다.
③ 환거래자는 A국의 선물환을 판다.
④ 환거래자는 A국 현물환을 산다.

hint

설문에 따르면 B국에서의 커버된 투자수익률이 A국에서의 투자수익률보다 높다. 따라서 합리적인 투자자는 현물환시장에서 B국 화폐를 매입하여 B국 채권을 매입한 후 선물환시장에서 B국 화폐를 매각하는 거래를 통해 유리한 투자기회를 활용할 수 있게 된다.

27 **현재 원/달러 환율은 1,207.50원, 국내 원화 예금의 이자율은 연 4%, 달러 예금 이자율은 연 5%이다. 국내 수출업자가 상품 수출로 지급받은 1만 달러를 국내 원화 예금에 1년 투자한 경우와 달러 예금에 1년 투자한 경우에 원화로 계산된 1년 수익률이 동일하다고 한다. 현재 선물시장에서 1년 후 달러의 선물가격은?** (단, 모든 계산은 소수 셋째 자리에서 반올림하였다.)

2023년 공인회계사

① 1,185.77원
② 1,196.00원
③ 1,207.50원
④ 1,219.11원
⑤ 1,318.59원

hint

환위험이 제거된(무위험) 이자율평가 조건을 쓰면 다음과 같다.

접근 1 : $i = i^* + \frac{F-E}{E} \Rightarrow 4\% = 5\% + \frac{F-1,207.50}{1,207.50} \Rightarrow F = 1,195.425$

접근 2 : $1+i = \frac{F}{E}(1+i^*) \Rightarrow 1.04 = \frac{F}{1,207.50}(1.05) \Rightarrow F = 1,196$

접근 1은 근사식이다. 접근 2가 보다 엄밀한 식이다.

28 **현재 우리나라의 국채 이자율은 3%, 회사채 이자율은 7%이고, 미국의 국채 이자율은 2%, 회사채 이자율은 5%라고 하자. 채권의 만기는 모두 1년이다. 현재 대미 달러 원화환율이 1,500원/$일 때 다음 설명 중 가장 옳지 않은 것은? 단, 거래비용은 없다고 가정한다.**

2009년 공인회계사

① 이자율평형(interest parity) 조건에 따를 때 두 나라의 국가부도 위험에 차이가 없다면 1년 후 대미 달러 원화환율은 약 1% 상승할 것으로 기대된다.

② 1년 후 대미 달러 원화환율에 변화가 없을 것으로 기대된다면 한국의 국가부도 위험이 높다고 볼 수 있다.

③ 두 나라의 국가부도 위험에 차이가 없다면 1년 후 인도되는 달러의 선물환율은 약 1,515원/$일 것이다.

④ 회사채 이자율로 판단한 위험프리미엄은 미국시장보다 국내시장에서 더 크다.

⑤ 한국의 국채와 회사채 이자율이 미국보다 높기 때문에 자본수지는 항상 흑자를 기록할 것이다.

hint

①, ③ 국가 프리미엄이 없는 일반적인 유위험 이자율평형 또는 무위험 이자율평형에서 다음의 관계가 성립해야 한다.

3% = 2% + 예상환율 상승률 (단, 환율은 ₩/$)

3% = 2% + 선물환 프리미엄 (단, 선물환 프리미엄은 $\frac{\text{선물환율} - \text{현물환율}}{\text{현물환율}}$)

② 국가부도 위험이 존재한다면 다음의 관계가 성립해야 한다.

3% = 2% + 예상환율 상승률 + 국가 프리미엄

(단, 국가 프리미엄은 한국이 미국보다 상대적으로 위험한 정도를 반영)

④ 우리나라에서의 국채에 대한 회사채의 위험프리미엄은 7% − 3% = 4%이고, 미국에서의 국채에 대한 회사채의 위험프리미엄은 5% − 2% = 3%이다.

⑤ 자본금융수지는 단순히 이자율뿐만 아니라 환율의 예상 및 위험프리미엄에도 영향을 받기 때문에 자본금융수지가 흑자가 될 것이란 보장은 없다.

정답 26 ② 27 ② 28 ⑤

29 아래 그림은 자국의 화폐시장과 외환시장의 균형이 연계되어 있음을 보여준다. 국내 화폐시장에서 결정된 균형이자율(R^*)이 외환시장에서는 자국예금 수익률이 되어, 자국 화폐 표시 외국예금 기대수익률과 같아질 때 현재의 균형환율(E^*)이 결정된다. 아래의 그림을 이용한 단기 분석으로 옳은 설명을 모두 고르면? 2022년 공인회계사

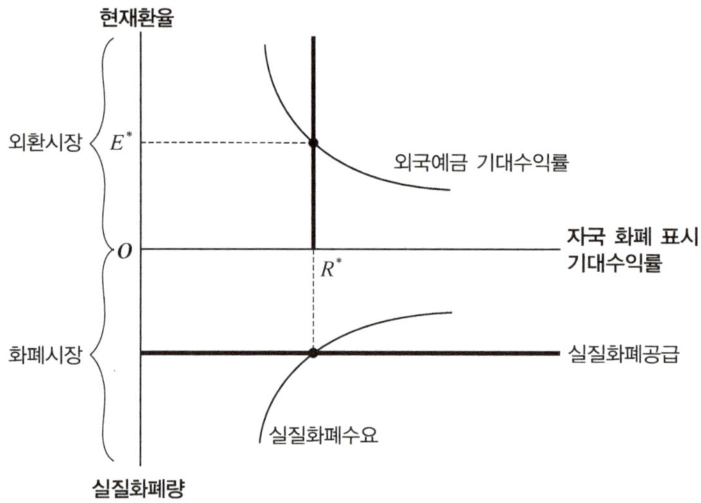

- 실질화폐공급 $= \dfrac{\text{명목화폐공급량}}{\text{물가수준}}$
- 외국예금 기대수익률 = 외국예금 이자율 $+ \dfrac{\text{예상미래환율} - \text{현재환율}}{\text{현재환율}}$
- 실질화폐수요는 소득의 증가함수이고, 이자율의 감소함수이다.

> 가. 자국의 소득증가는 현재의 자국 화폐가치를 상승시킨다.
> 나. 예상미래환율의 하락은 현재의 자국 화폐가치를 상승시킨다.
> 다. 외국예금 이자율의 하락은 현재의 자국 화폐가치를 상승시킨다.

① 가 ② 나 ③ 가, 다
④ 나, 다 ⑤ 가, 나, 다

hint

가. (O), 실질화폐수요 하방이동 ⇒ 자국 수익률 상승 ⇒ 환율 하락
나. (O), 외국예금 기대수익률곡선 좌측이동 ⇒ 환율 하락
다. (O), 외국예금 기대수익률곡선 좌측이동 ⇒ 환율 하락

30 고정환율제를 유지하고 있는 국가가 있다고 하자. 다음의 각 경우 고정환율을 유지하기 위한 적절한 정책대응으로 맞는 것은?

> 가. 사람들이 갑자기 환율 상승을 예상하게 되었다고 할 때
> 나. 외국의 금리인상이 있었을 때

① 가 : 금리인상, 나 : 금리인상
② 가 : 금리인상, 나 : 금리인하
③ 가 : 금리인하, 나 : 금리인상
④ 가 : 금리인하, 나 : 금리인하
⑤ 가 : 금리동결, 나 : 금리인상

hint

이자율평가설 $i = i^* + \frac{e^e_{+1} - e}{e}$(자국자산 수익률 = 외국자산 수익률)에서 사람들이 환율 상승을 예상하게 되거나 외국의 금리인상이 이루어지면 외국자산의 예상수익률이 상승한다. 이때 투자자들이 자국자산을 매각하고 외국자산에 투자하게 되면서 실제 환율도 상승한다. 이를 막기 위해서는 국내금리를 인상시켜야 한다.

정답 29 ⑤ 30 ①

31 **국제평가이론**(international parity theorem)**이 성립할 경우 *A*, *B*, *C*에 들어갈 숫자로 옳은 것은?** (단, 환율은 외국 화폐 1단위에 대한 자국 화폐의 교환비율이다.) 2022년 공인회계사

- 외국과 자국의 연간 기대인플레이션이 각각 3%와 (A)%이다.
- 외국과 자국의 1년 만기 국채금리가 각각 (B)%와 7%이다.
- 현물환율이 100이고, 1년 만기 선물환율이 (C)이다.

	A	B	C
①	4	6	102
②	5	5	102
③	5	6	103
④	5	6	102
⑤	4	5	103

hint

유위험 이자율평가 : $i - i^* = \frac{E^e_{+1} - E}{E}$

무위험 이자율평가 : $i - i^* = \frac{F - E}{E}$

상대적 구매력평가 : $\pi^e - (\pi^*)^e = \frac{E^e_{+1} - E}{E}$

$\Rightarrow i - i^* = \frac{E^e_{+1} - E}{E} = \frac{F - E}{E} = \pi^e - (\pi^*)^e$

$\Rightarrow 7\% - B\% = \frac{C - 100}{100} = A\% - 3\%$

$\Rightarrow A + B = 10$을 만족하는 조합은 ①과 ②이다. ①의 경우 $C = 103$, ②의 경우 $C = 102$가 성립해야 한다.

32 **상대적 구매력평가설**(relative purchasing power parity)**과 유위험 이자율평가설**(uncovered interest rate parity)**이 항상 성립할 때 A와 B에 들어갈 수 있는 숫자로 옳은 것은?** (단, 각국에서 피셔방정식이 성립한다.) 2023년 공인회계사

자국의 명목이자율은 4%이고 예상물가상승률은 (A)%이며,
외국의 명목이자율은 (B)%이고 예상물가상승률은 4%이다.

	A	B
①	1	4
②	2	6
③	2	8
④	4	5
⑤	6	5

hint

상대적 구매력평가설 : $(\hat{E})^e = \pi^e - (\pi^*)^e = A\% - 4\%$
유위험 이자율평가설 : $i - i^* = (\hat{E})^e = 4\% - B\%$

$\Rightarrow A\% - 4\% = 4\% - B\% \Rightarrow A + B = 8$

* **참고사항**
상대적 구매력평가와 유위험 이자율평가가 성립하면 실질이자율평가가 성립하므로 다음과 같이 식을 정리해도 좋다.

$r = 4\% - A\% = r^* = B\% - 4\% \Rightarrow A + B = 8$

33 **한국과 미국의 명목이자율은 각각 3%, 2%이다. 미국의 물가상승률이 2%로 예상되며, 현재 원/달러 환율은 1,000원일 때 옳은 것을 모두 고른 것은?** (단, 구매력평가설과 이자율평가설 및 피셔방정식이 성립한다.) 2020년 감정평가사 응용

ㄱ. 한국과 미국의 실질이자율은 같다.
ㄴ. 한국의 물가상승률은 3%로 예상된다.
ㄷ. 원/달러 환율은 1,010원이 될 것으로 예상된다.

① ㄱ ② ㄴ ③ ㄱ, ㄴ
④ ㄴ, ㄷ ⑤ ㄱ, ㄴ, ㄷ

hint

구매력평가설과 이자율평가설이 동시에 성립하므로 실질이자율평가설이 성립한다. 즉, 양국의 실질이자율이 일치해야 한다. 주어진 정보를 정리하면 다음과 같다. [가로방향은 피셔방정식, 세로방향은 이자율평가설과 구매력평가설을 반영]

	i	r	π^e
한국	3%	0%	3%
미국	2%	0%	2%
$\hat{e}^e$	1%	–	1%

정답 31 ② 32 ② 33 ⑤

34 **자국과 외국의 예상실질이자율은 아래의 식과 같이 명목이자율과 예상인플레이션의 차이로 표현된다.**

$$\text{자국} : r^e = i - \pi^e$$
$$\text{외국} : r^{*e} = i^* - \pi^{*e}$$

r^e는 예상실질이자율, i는 명목이자율, π^e는 예상인플레이션이며, 외국 변수는 별(*) 표시로 자국 변수와 구분한다. 실질환율을 명목환율 $\times \dfrac{\text{외국 물가}}{\text{자국 물가}}$로 정의하고, 유위험 이자율평가설 (uncovered interest rate parity)**이 항상 성립할 경우 다음 설명 중 옳은 것을 모두 고르면?** (단, 각국에서 피셔방정식이 성립하며, 명목환율은 외국 화폐 1단위에 대한 자국 화폐의 교환비율이다.)

2023년 공인회계사

가. 예상실질환율변화율은 자국과 외국 간 예상실질이자율의 차이로 설명된다.
나. 양국 간 명목환율이 구매력평가설에 의해 결정된다면 예상실질환율변화율은 0이다.
다. 양국 간 명목환율이 구매력평가설에 의해 결정된다면 자국과 외국의 예상실질이자율은 같다.

① 가 ② 나 ③ 가, 다
④ 나, 다 ⑤ 가, 나, 다

hint

실질환율의 정의 : $\varepsilon = \dfrac{EP^*}{P}$
유위험 이자율평가설 : $i - i^* = (\hat{E})^e$
상대적 구매력평가설 : $(\hat{E})^e = \pi^e - (\pi^*)^e$

가. (○), 예상실질환율변화율을 나타내면 다음과 같다.

$$(\hat{\varepsilon})^e = (\hat{E})^e + (\hat{P}^*)^e - (\hat{P})^e = (\hat{E})^e + (\pi^*)^e - (\pi)^e \quad (\text{식 } 1)$$

(식 1)에 유위험 이자율평가설과 피셔방정식을 대입하면 다음과 같다 .

$$(\hat{\varepsilon})^e = (\hat{E})^e + (\pi^*)^e - (\pi)^e = (i - i^*) + (\pi^*)^e - (\pi)^e = (i - \pi^e) - [i^* - (\pi^*)^e] = r^e - r^{*e} \quad (\text{식 } 2)$$

나. (○), (식 1)에 상대적 구매력평가설을 대입하면 $(\hat{\varepsilon})^e = 0$이 된다.
다. (○), 상대적 구매력평가설과 유위험 이자율평가설을 정리하면 $i - i^* = (\hat{E})^e = \pi^e - (\pi^*)^e$이며, 피셔방정식에 의하면 $r^e = r^{*e}$가 되는데, 이를 실질이자율평가설이라고 한다.

35 **우리나라의 반도체 수출업자가 미국에 1만 달러의 상품을 수출하고 그 대금을 6개월 후에 지급받기로 계약했다. 현재 선물시장에서 6개월 후 달러의 선물가격은 1,170원이다. 원화 금융시장에서 연간 이자율은 10%, 달러화 금융시장에서 연간 이자율은 12%이다. 수출업자가 수출계약 체결과 동시에 시행할 수 있는 환위험 관리 전략은 아래와 같다. 현물환율이 현재 달러당 1,200원에서 6개월 후에 달러당 1,150원이 된다면 6개월 후에 수출업자가 얻는 이득이 큰 순으로 나열된 것은?** (단, 수수료 및 거래비용은 없다.) 2021년 공인회계사

(가) 6개월 후에 1만 달러를 팔기로 하는 선물계약을 체결한다.
(나) 6개월 후에 원리금 1만 달러를 갚기로 하고 달러화 금융시장에서 해당 원금을 빌린 후에 원화 금융시장에 6개월 동안 투자한다.
(다) 아무런 조치를 취하지 않는다.

① (가)－(나)－(다) ② (가)－(다)－(나) ③ (나)－(가)－(다)
④ (나)－(다)－(가) ⑤ (다)－(가)－(나)

hint

(가) 선물 매도로 1,170만원 확보

(나) $\dfrac{10{,}000\text{달러}}{1+0.06} \times 1{,}200\text{원/달러} \times (1+0.05) \fallingdotseq 1{,}189\text{만원}$ 확보

(다) 현물거래로 1,150만원 확보

* **참고사항**
현재 선물환율이 6개월 만기로 주어졌으므로 이자율도 단위기간을 6개월로 맞춰야 한다.

정답 34 ⑤ 35 ③

36 다음과 같은 거래가 발생하였을 때 경상수지는 얼마인가? 2011년 공인회계사

가. 국내 회사가 자동차를 900만 달러어치 수출하였다.
나. 국내 회사가 철광석을 1,000만 달러어치 수입하였다.
다. 국내 회사가 500만 달러를 투자하여 미국 현지 공장을 설립하였다.
라. 국내 해운사가 외국 수입상으로부터 100만 달러의 운임을 받았다.
마. 국내 회사가 뉴욕 금융시장에서 800만 달러의 외화채권을 발행하였다.
바. 국내 회사가 외채에 대한 이자로 300만 달러를 지급하였다.

① 500만 달러 적자
② 300만 달러 적자
③ 100만 달러 적자
④ 경상수지 균형
⑤ 300만 달러 흑자

hint

가. 경상수지(상품수지)	+900만 달러
나. 경상수지(상품수지)	−1,000만 달러
다. 금융수지(직접투자수지)	−500만 달러
라. 경상수지(서비스수지)	+100만 달러
마. 금융수지(증권투자수지)	+800만 달러
바. 경상수지(본원소득수지)	−300만 달러

37 다음 중 우리나라 국제수지상의 경상수지 흑자로 기록되는 것은? 2021년 공인회계사

① 한국은행이 IMF로부터 10억 달러를 차입했다.
② 외국 투자자들이 국내 증권시장에서 1억 달러어치의 국내 기업 주식을 매입했다.
③ 국내 기업 A가 특허권을 외국에 매각하고 20만 달러를 벌었다.
④ 외국에서 1년 미만 단기로 일하는 우리나라 근로자가 근로소득으로 받은 10만 달러를 국내로 송금했다.
⑤ 우리나라 정부가 개발도상국에 2천만 달러의 무상원조를 제공했다.

hint

① 준비자산 증가
② 금융수지 흑자
③ 자본수지 흑자
④ 경상수지(본원소득수지) 흑자
⑤ 경상수지(이전소득수지) 적자

38 2013년에 한국은행이 국내 외환시장에서 8억 달러를 매입하였다. 이를 국제수지표에 기록한 것으로 옳은 것은? 2013년 국가직 7급

	차변	대변
①	준비자산 8억 달러	금융계정(기타투자) 8억 달러
②	준비자산 8억 달러	금융계정(증권투자) 8억 달러
③	금융계정(기타투자) 8억 달러	준비자산 8억 달러
④	금융계정(증권투자) 8억 달러	준비자산 8억 달러

hint

한국은행이 외환을 매입했으므로 준비자산이 증가한다. 이는 국제수지표의 차변에 기록된다. 또한 민간의 달러자산이 감소했는데 이는 기타투자의 대변에 기록된다.

39 2014년에 한 기업이 보유한 현금으로 외국에 현지유통법인을 설립하였다. 이때 설립비용이 8억 달러라고 할 때 국제수지표에 기록한 것으로 옳은 것은?

	차변	대변
①	경상계정(상품수지) 8억 달러	금융계정(기타투자) 8억 달러
②	금융계정(기타투자) 8억 달러	경상계정(상품수지) 8억 달러
③	경상계정(상품수지) 8억 달러	금융계정(증권투자) 8억 달러
④	금융계정(증권투자) 8억 달러	경상계정(상품수지) 8억 달러
⑤	금융계정(직접투자) 8억 달러	금융계정(기타투자) 8억 달러

hint

국제수지표의 차변에는 지급거래를, 대변에는 수취거래를 기록하며 반드시 양변에 1회씩 함께 기록한다. 위 거래의 경우 금융계정(직접투자수지)의 지급거래(차변)이다. 국제수지표에서 현금 및 외상잔액의 증감은 기타투자계정에 반영된다.

정답 36 ② 37 ④ 38 ① 39 ⑤

40 개방경제 하에서의 국민소득계정은 다음과 같다.

$$Y = C + I + G + (X - IM)$$

Y, C, I, G, X, IM은 각각 국민소득, 소비, 투자, 정부지출, 수출, 수입을 의미한다. 다음 설명 중 옳은 것을 모두 고르면? 2023년 공인회계사

가. 국민소득이 국내 총지출을 초과할 경우 경상수지는 흑자이다.
나. 투자가 민간저축을 초과하고 재정적자가 발생할 경우 경상수지는 흑자이다.
다. 총생산에서 재정적자, 민간저축, 국내투자가 차지하는 비중이 각각 2%, 20%, 19%라면 경상수지는 총생산 대비 3%이다.

① 가　② 나　③ 다
④ 가, 나　⑤ 나, 다

hint

가. (○), $Y - A = X - IM$에서 확인할 수 있다.
나. (×), $X - IM = (S_P - I) + (T - G)$에서 확인할 수 있다.
다. (×), $X - IM = (S_P - I) + (T - G)$에서 $\frac{X - IM}{Y} = (20\% - 19\%) + (-2\%) = -1\%$가 된다.

41 **甲국의 국민소득(Y)은 소비(C), 민간투자(I), 정부지출(G), 순수출(NX)의 합과 같다. 2016년과 같이 2017년에도 조세(T)와 정부지출의 차이($T - G$)는 음(−)이었고 절대크기는 감소하였으며, 순수출은 양(+)이었지만 절대크기는 감소하였다. 이로부터 유추할 수 있는 2017년의 상황으로 옳은 것을 모두 고른 것은?** 2018년 감정평가사

ㄱ. 국가채무는 2016년 말에 비해 감소하였다.
ㄴ. 순대외채권은 2016년 말에 비해 감소하였다.
ㄷ. 민간저축은 민간투자보다 더 많았다.
ㄹ. 민간저축과 민간투자의 차이는 2016년보다 그 절대크기가 감소하였다.

① ㄱ, ㄴ　② ㄱ, ㄷ　③ ㄴ, ㄷ
④ ㄴ, ㄹ　⑤ ㄷ, ㄹ

hint

식 1 : $-\Delta D = (T - G)$

식 2 : $\Delta NFA = NX = (S_P - I) + (T - G)$

[단, D는 국가부채, NFA는 순대외자산 또는 순대외채권]

ㄱ. (×), 유량변수인 재정적자의 절대크기가 감소하더라도 부호가 (−)인 한 저량변수인 국가채무는 증가한다.

ㄴ. (×), 유량변수인 경상흑자의 절대크기가 감소하더라도 부호가 (+)인 한 저량변수인 순대외채권은 증가한다.

ㄷ. (○), 식 2에서 $(S_P - I)$는 반드시 양수이다.

ㄹ. (○), 식 2에서 NX가 감소하고 $(T - G)$가 증가하였으므로 $(S_P - I)$는 감소한다.

42 **국민계정에서 투자가 전년도와 동일할 때 다음 설명 중 옳은 것은?**

① 국민저축이 증가했다면 순자본유입이 증가했을 것이다.

② 균형재정 하에서 민간저축이 증가했다면 순자본유출이 감소했을 것이다.

③ 경상수지 균형 하에서 민간저축이 증가했다면 재정수지가 악화되었을 것이다.

④ 민간저축은 변화가 없고 재정수지가 악화되었다면 경상수지가 개선되었을 것이다.

hint

순자본유입 : $NCI = M - X$, 경상수지 적자와 동일

순자본유출 : $NCO = X - M$, 경상수지 흑자와 동일

① (×), $S - I = X - M = -NCI$에서 S 증가 시 NCI는 감소한다.

② (×), $X - M = (S_P - I) + (T - G)$에서 S_P 증가 시 $NCO = X - M$은 증가한다.

③ (○), $X - M = (S_P - I) + (T - G)$에서 S_P 증가 시 재정수지$(T - G)$가 감소한다.

④ (×), $X - M = (S_P - I) + (T - G)$에서 $T - G$ 감소 시 $X - M$도 감소한다. 이를 쌍둥이 적자라고 한다.

정답 40 ① 41 ⑤ 42 ③

43 **환율 상승**(자국 통화가치의 하락)**을 유도하기 위한 중앙은행의 외환시장개입 중 불태화 개입**(sterilized intervention)**이 있었음을 나타내는 중앙은행의 재무상태표**(대차대조표)**로 가장 적절한 것은?** (단, ⇧는 증가, ⇩는 감소를 의미한다.)

2017년 공인회계사

①

자산	부채
국내자산	본원통화⇧
외화자산⇧	국내부채
	외화부채

②

자산	부채
국내자산⇩	본원통화
외화자산⇧	국내부채
	외화부채

③

자산	부채
국내자산	본원통화⇩
외화자산⇩	국내부채
	외화부채

④

자산	부채
국내자산	본원통화⇧
외화자산	국내부채⇩
	외화부채

⑤

자산	부채
국내자산⇧	본원통화⇧
외화자산	국내부채
	외화부채

hint

환율 상승을 위해 외화 매입 ⇒ 외화자산 증가, 본원통화 증가
본원통화 증가를 상쇄하기 위한 국내자산 매도 ⇒ 국내자산 감소, 본원통화 감소

이상에서 본원통화의 증감은 상쇄되므로 외화자산 증가와 국내자산 감소가 나타나게 된다.

44 **다음 그림은 국내 통화의 실질 절하**(real depreciation)**가 t_0에 발생한 이후의 무역수지 추이를 보여준다. 이에 대한 설명 중 옳지 않은 것은?** (단, 초기 무역수지는 균형으로 0이다.)

2018년 국회 8급

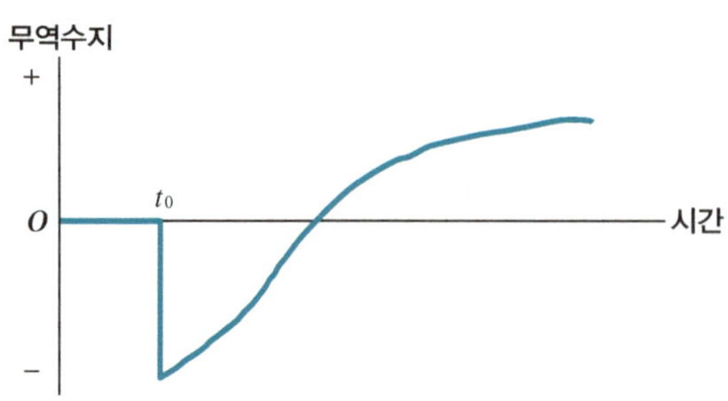

① 그림과 같은 무역수지의 조정과정을 J-곡선(J-curve)이라 한다.

② 실질 절하 초기에 수출과 수입이 모두 즉각 변화하지 않아 무역수지가 악화된다.

③ 실질 절하 후 시간이 흐름에 따라 수출과 수입이 모두 변화하므로 무역수지가 개선된다.

④ 수출수요탄력성과 수입수요탄력성의 합이 1보다 작다면 장기적으로 실질 절하는 무역수지를 개선한다.

⑤ 마샬-러너 조건(Marshall-Lerner condition)이 만족되면 장기적으로 실질 절하는 무역수지를 개선한다.

hint

④ (×), 마샬-러너 조건에 따르면 수출수요탄력성(외국 수입수요탄력성)과 수입수요탄력성의 합이 1보다 클 경우 실질환율 상승(실질평가 절하) 시 경상수지(무역수지)가 개선된다.

45 **A국과 B국만 존재하는 경우를 생각해 보자. A국의 환율이 상승하였으나 A국의 경상수지 개선은 미미하였다. 다음 중 그 이유로 보기 어려운 것은?**

① B국의 수출공급이 매우 탄력적인 경우

② A국의 수입수요가 매우 비탄력적인 경우

③ B국의 경기가 매우 침체상태에 있는 경우

④ A국이 원자재의 대부분을 수입에 의존하는 경우

hint

B국의 수출공급이 탄력적이라면 B국의 수출이 감소하면서 B국 경상수지가 크게 악화된다. 이는 A국 경상수지의 큰 개선을 의미한다.

정답 43 ② 44 ④ 45 ①

46 다음 지문의 내용이 언급하는 외환시장의 이상 현상으로 가장 적당한 것은?

> 외환시장의 시장가격이 일시적으로 폭등 · 폭락하였다가 장기균형 수준으로 수렴해 가는 현상을 말한다. 경제에 어떤 충격이 가해졌을 때 상품이나 금융자산의 시장가격이 일시적으로 폭등 · 폭락하여 장기균형 가격에서 벗어나거나, 단기균형 가격의 변동이 장기균형 가격보다 크게 나타나는 현상으로 외환의 수급상 급격한 변동에 의해 공급이 비탄력적이거나 시장의 효율성이 저하되는 경우에 나타난다.

① 환율의 랜덤워크 현상(random walk)　② 환율의 불편성 가설(unbiasedness)
③ 실질환율의 경직성　④ 환율의 오버슈팅(overshooting)
⑤ 환율기대의 자기실현(self fulfilling)

hint

지문의 내용은 환율의 오버슈팅을 나타낸다.

① 환율의 변화를 예측할 수 없는 현상
② 선물환율이 미래현물환율의 불편기대치가 된다는 이론
⑤ 환율 상승 또는 하락의 기대가 실제 환율 상승 또는 하락으로 이어지는 현상

47 아래와 같은 개방경제에서 대부시장이 균형일 때 이자율 수준은? 2023년 보험계리사

> ▪ $S_D = 1{,}200 + 1{,}000r$
> ▪ $I = 1{,}600 - 500r$
> ▪ $K_I = -400 + 2{,}500r$
> (단, S_D는 국내저축, I는 투자, K_I는 순자본유입, r은 이자율이다.)

① 15%　② 20%
③ 25%　④ 30%

hint

개방경제 대부시장의 균형조건을 정리하면 다음과 같다. (단, $S_D = Y - C - G$, $K_I = IM - X$)

$Y = C + I + G + (X - IM) \Rightarrow (Y - C - G) + (IM - X) = I$

$\Rightarrow S_D + K_I = I \Rightarrow 1{,}200 + 1{,}000r + (-400 + 2{,}500r) = (1{,}600 - 500r) \Rightarrow r^* = 0.2$

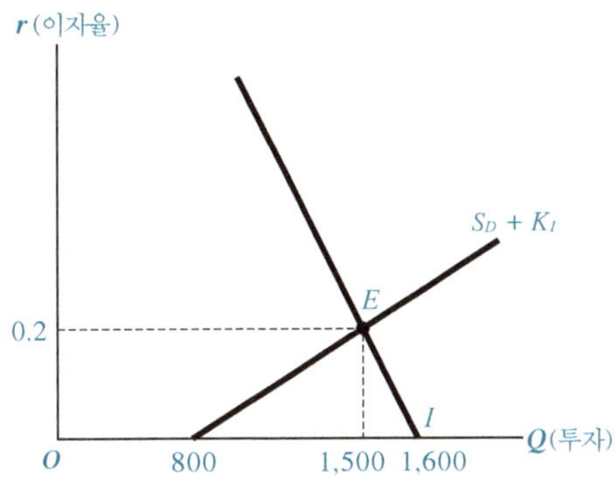

48 **개방경제의 대부자금시장**(loanable funds market) **모형을 이용하여 국가 신용등급 상향조정에 따른 외국인의 채권투자자금 순유입 증가가 거시경제에 미치는 영향을 분석한 것 중 옳지 않은 것은?** (단, 민간저축과 순자본유입은 각각 실질이자율의 증가함수이고, 투자는 실질이자율의 감소함수이다.)

2011년 공인회계사

① 국내 채권가격이 상승한다.

② 국내 민간저축량이 감소한다.

③ 민간투자량이 증가한다.

④ 순자본유입 증가만큼 대부자금 공급량이 증가한다.

⑤ 국내 총저축량이 감소한다.

hint

개방경제에서 균형은 다음과 같이 나타낼 수 있다. 단, $NCI = M - X$로 순자본유입을 의미한다.

$$S - I = X - M \Rightarrow S + (M - X) = S + NCI = I$$

① 이자율과 역의 관계에 있는 국내 채권가격이 상승한다.

②, ⑤ 정부저축이 불변이라고 가정할 때 국내 민간저축량과 국내 총저축은 $Q_2 - Q_1$만큼 감소한다.

③ 민간투자량은 $Q_3 - Q_2$만큼 증가한다.

④ 순자본유입은 $Q_3 - Q_1$이지만 대부자금 공급량은 총 $Q_3 - Q_2$만큼 증가한다.

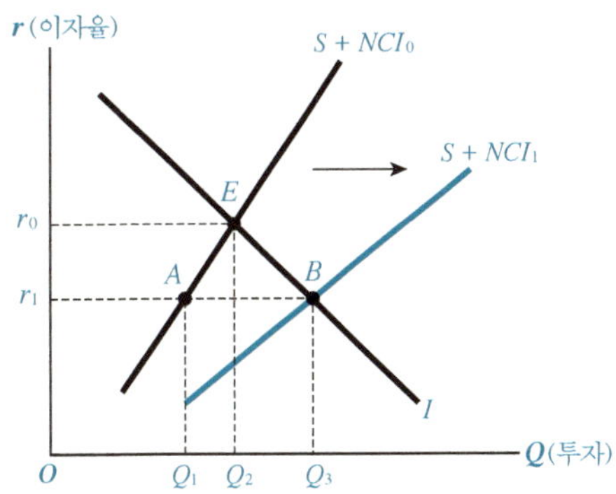

정답 46 ④ 47 ② 48 ④

49 다음 그림은 어떤 소규모 개방경제의 국내 저축과 국내 투자를 나타낸다. 세계이자율이 r_0에서 r_1으로 하락할 경우 이 경제에 발생할 변화에 대한 다음 설명 중 옳은 것은?

2012년 국회 8급

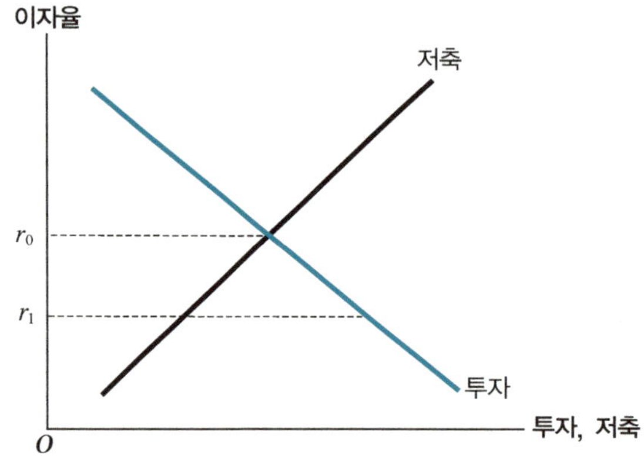

① 순수출은 증가한다.

② 순자본유출은 감소한다.

③ 실질환율(외국 물가 × 명목환율/자국 물가)은 상승한다.

④ 달러화 대비 명목환율은 상승한다.

⑤ 1인당 자본스톡은 감소한다.

hint

①, ② 세계이자율 하락 시 '투자 > 저축'이 성립하므로 경상수지는 적자가 되며, 경상수지의 적자는 순자본유입의 증가 또는 순자본유출의 감소를 수반한다.

③ 개방경제 균형 조건 $S - I = NX(\varepsilon)$에서 우변이 실질환율의 증가함수라고 가정할 때 좌변이 감소하면 실질환율이 하락한다.

④ 양국 물가가 일정하다면 명목환율이 하락한다.

⑤ 국내투자가 증가하므로 1인당 자본스톡은 증가할 것이다.

50 **다음 그림은 고정환율제를 채택하고 있는 어떤 소규모 개방경제의 *IS*-*LM*-*BP*곡선을 나타낸다. 중앙은행이 공개시장 매입을 1회 실시한 이후 새로운 균형에 도달했을 때 총소득 및 통화량 변화로 옳은 것은?** (단, 환율은 외국 통화 1단위에 대한 자국 통화의 교환비율을 의미한다.)

2017년 공인회계사 응용

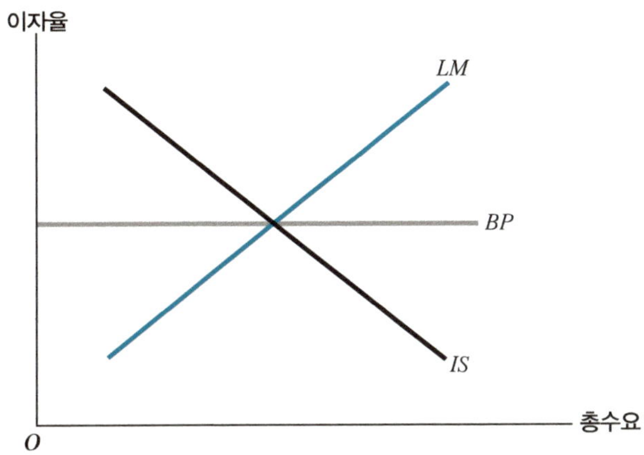

	통화량	총소득
①	증가	증가
②	증가	불변
③	불변	증가
④	불변	불변
⑤	증가	불변

hint

* **완전자본이동성 하에서의 팽창적 통화정책의 효과**
공개시장 매입 ⇒ 통화량 증가 ⇒ *LM*곡선 우측이동 ⇒ 외환시장 초과수요 유발 ⇒ 환율 상승 압력 ⇒ 중앙은행 외환매각 ⇒ 통화량 감소(원상회복) ⇒ 총소득 불변

정답 49 ② 50 ④

51 개방경제의 *IS*곡선과 *LM*곡선에 대한 설명으로 옳지 않은 것은? 2013년 보험계리사

① *IS*곡선은 폐쇄경제의 *IS*곡선에 비해 기울기가 더 가파르다.

② *IS*곡선은 폐쇄경제에 비해 실질환율 변화에 의해 영향을 덜 받는다.

③ 변동환율제도에서는 국내통화량이 국제수지 불균형에 의해 영향을 받지 않기 때문에, *LM*곡선은 폐쇄경제에서의 *LM*곡선과 동일하다.

④ 고정환율제도에서 국제수지 적자가 발생하면 *LM*곡선이 좌측이동한다.

hint

① 승수의 크기가 감소하므로 *IS*곡선이 가팔라진다.
② 폐쇄경제에서 *IS*곡선은 실질환율에 영향을 받지 않는다.
③ 변동환율제도에서 통화공급은 외생변수이다.
④ 고정환율제도에서 통화공급은 내생변수이다.

[**주의사항** : 개방경제가 되었을 때 승수가 변하기 때문에 *IS*곡선의 기울기 및 수평이동폭 등이 변화한다. 따라서 엄밀하게 말하자면 개방경제와 폐쇄경제의 정책효과는 직접 비교하기 어렵다. 그러나 대부분의 문제들이 *IS*곡선의 기울기 및 수평이동폭의 변화로 인해 발생하는 문제들을 무시하고 출제되고 있음에 주의하기 바란다.]

52 다음은 먼델-플레밍 모형을 이용하여 고정환율제도를 취하고 있는 국가의 정책 효과에 대해서 설명한 것이다. ㉠과 ㉡을 바르게 연결한 것은? 2017년 서울시 7급

> 정부가 재정지출을 (㉠)하면 이자율이 상승하고 이로 인해 해외로부터 자본유입이 발생한다. 외환 시장에서 외화의 공급이 증가하여 외화 가치가 하락하고 환율의 하락 압력이 발생한다. 하지만 고정환율제도를 가지고 있기 때문에 환율이 변할 수는 없다. 결국 환율을 유지하기 위해 중앙은행은 외화를 (㉡)해야 한다.

	㉠	㉡
①	확대	매입
②	확대	매각
③	축소	매입
④	축소	매각

hint

완전자본이동을 전제로 적절한 조합을 찾아보면 다음과 같다.

재정지출 확대 ⇒ *IS* 우측이동 ⇒ 흑초공 유발 ⇒ 외환 매입 ⇒ 통화 증가 ⇒ GDP 증가
재정지출 축소 ⇒ *IS* 좌측이동 ⇒ 적초수 유발 ⇒ 외환 매각 ⇒ 통화 감소 ⇒ GDP 불변

53 **자본이동이 자유로운 소규모 개방경제를 가정하자. 다음 설명 중 옳은 것을 모두 고르면?** (단, 우하향하는 *IS*곡선과 우상향하는 *LM*곡선을 가정한다.) 2010년 공인회계사

가. 고정환율제도 하에서 정부지출의 감소는 총수요를 정부지출 감소분에 케인즈 소득-지출승수를 곱한 값만큼 감소시킨다.
나. GDP 대비 재정적자가 3.5%, 민간저축이 22.3%, 국내투자가 19.8%라고 할 때 경상수지 흑자는 GDP의 1%가 된다.
다. 원화의 가치상승은 해외차관의 원리금상환 부담을 증가시킨다.
라. 고정환율제도 하에서 총수요곡선은 물가수준에 대해 우하향한다.

① 가, 나
② 가, 라
③ 나, 다
④ 가, 다, 라
⑤ 나, 다, 라

hint

가. 고정환율제 하에서는 재정정책이, 변동환율제 하에서는 통화정책이 강력하다.
나. 국제수지항등식을 다음과 같이 나타내면 경상수지 흑자는 −1%가 된다.

경상수지 흑자 = [민간저축(22.3%) − 국내투자(19.8%)] + 재정흑자(−3.5%) = −1%

다. 원화의 가치상승은 달러가치의 하락을 의미하므로 해외차관의 원리금상환 부담을 감소시킨다.
라. 고정환율제도 하에서도 물가의 하락은 실질환율의 상승을 의미하므로 총수요가 증가한다. 즉, 총수요곡선은 물가수준에 대해 우하향한다.

정답 51 ② 52 ① 53 ②

54 **자본이동이 자유롭고 변동환율제도를 채택한 소규모 개방경제에 대한 다음 설명 중 옳은 것을 모두 고르면?** (단, 우하향하는 *IS*곡선과 우상향하는 *LM*곡선을 가정한다.) 2010년 공인회계사

가. 정부지출의 증가는 재정적자와 경상수지 적자를 동시에 증가시킨다.
나. 국채의 공개시장 매각(open market sale)은 소비 감소와 순수출 증가를 가져온다.
다. 투자심리 하락에 따른 투자 감소는 총수요 측면의 균형국민소득에 아무런 영향을 미치지 못한다.
라. 대체지급수단(means of payment)의 개발에 따른 화폐유통속도의 증가는 소비와 순수출의 증가를 가져온다.

① 가, 나
② 가, 라
③ 나, 다
④ 가, 다, 라
⑤ 나, 다, 라

hint

가. 정부지출의 증가는 직접적으로 재정적자를 유발하며, 환율의 하락을 통해 경상수지 적자를 유발한다.
나. 국채의 공개시장 매각(open market sale)은 긴축적 통화정책에 해당한다. 변동환율제 하에서 긴축통화정책은 총소득 감소와 환율 하락을 유발하는데, 이는 소비 감소와 순수출 감소를 가져온다.
다. 만약 완전한 자본이동이 전제된 경우라면 설문에서처럼 *IS*곡선을 움직이는 충격들은 총수요 측면의 균형국민소득에 아무런 영향을 미치지 못한다. 그러나 자본이동이 완전하지 못한 경우라면 국민소득을 소폭 감소시킨다.
라. 수량방정식 $MV = PY$에서 화폐유통속도의 증가는 통화량의 증가와 동일한 효과를 유발한다. 즉, 총소득 증가와 환율 상승을 통해 소비와 순수출의 증가를 가져온다.

(본 문제는 출제 당시 완전한 자본이동을 전제하고 ④를 답으로 발표하였으나, 자본이동이 자유롭다는 표현이 완전히 자유로운지 상당히 자유로운지를 명확히 하지 않았다는 항의를 받아들여 ②도 정답으로 인정하였다.)

55 **자본이동이 완전히 자유로운 소규모 개방경제의 IS-LM-BP 모형에서 화폐수요가 감소할 경우 고정환율제도와 변동환율제도 하에서 발생하는 변화에 대한 설명으로 옳지 않은 것을 〈보기〉에서 모두 고르면?** 2018년 국회 8급

> ㄱ. 변동환율제도 하에서 화폐수요가 감소하면 LM곡선이 오른쪽으로 이동한다.
> ㄴ. 변동환율제도 하에서 이자율 하락으로 인한 자본유출로 외환수요가 증가하면 환율이 상승한다.
> ㄷ. 변동환율제도 하에서 평가절하가 이루어지면 순수출이 증가하고 LM곡선이 우측으로 이동하여 국민소득은 감소하게 된다.
> ㄹ. 고정환율제도 하에서 외환에 대한 수요증가로 환율 상승 압력이 발생하면 중앙은행은 외환을 매각한다.
> ㅁ. 고정환율제도 하에서 화폐수요가 감소하여 LM곡선이 오른쪽으로 이동하더라도 최초의 위치로는 복귀하지 않는다.

① ㄱ, ㄴ　② ㄴ, ㄷ
③ ㄷ, ㄹ　④ ㄷ, ㅁ
⑤ ㄹ, ㅁ

hint

ㄱ. (○), 독립적 화폐수요가 감소하면 LM곡선은 우측이동한다.
ㄴ. (○), 자본유출이 이루어지면 외환에 대한 초과수요가 유발된다.
ㄷ. (×), 평가절하가 이루어지고 순수출이 증가하면 IS곡선이 우측으로 이동한다.
ㄹ. (○), 외환에 대한 초과수요를 해소하기 위해서 중앙은행은 외환을 매각해야 한다.
ㅁ. (×), 완전자본이동 고정환율제 하에서는 LM곡선이 즉각적으로 원위치로 복귀한다.

정답　54 ②, ④　55 ④

56 최근 거시경제 환경의 불확실성이 증가하면서 환율제도가 경제안정화에 미치는 영향에 대해 많은 논의가 진행되고 있는데, 경기변동을 완화시키기 위해서는 고정환율제를 도입하는 것이 바람직하다는 주장과 오히려 변동환율제를 도입하는 것이 바람직하다는 주장이 대립하고 있다. 완전한 자본이동 하에서의 먼델-플레밍 모형을 가정할 때 가장 옳은 것은?

① 실물부문의 불확실성이 크다면 변동환율제도를 채택하는 것이 낫고, 화폐부문의 불확실성이 크다면 고정환율제도를 채택하는 것이 낫다.

② 실물부문의 불확실성이 크다면 고정환율제도를 채택하는 것이 낫고, 화폐부문의 불확실성이 크다면 변동환율제도를 채택하는 것이 낫다.

③ 실물부문의 불확실성이 크든, 화폐부문의 불확실성이 크든 고정환율제도를 채택하는 것이 낫다.

④ 실물부문의 불확실성이 크든, 화폐부문의 불확실성이 크든 변동환율제도를 채택하는 것이 낫다.

⑤ 해외부문에서의 경기변동이 큰 경우라면 고정환율제도를 채택하는 것이 낫다.

hint

1. 실물부문 불확실성의 경우(= 해외부문 불확실성)

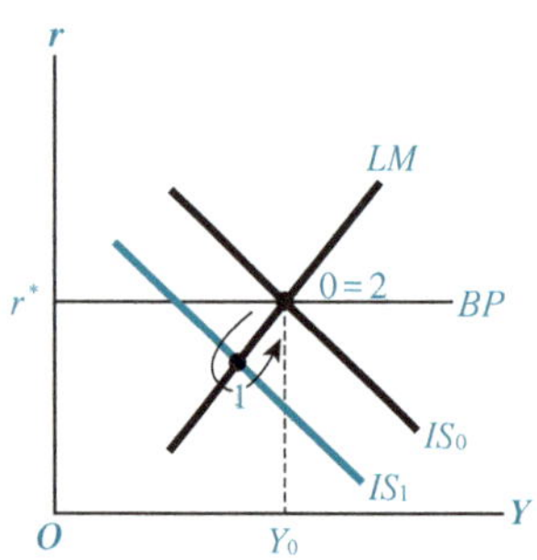

〈그림 1〉 변동환율제를 채택한 경우

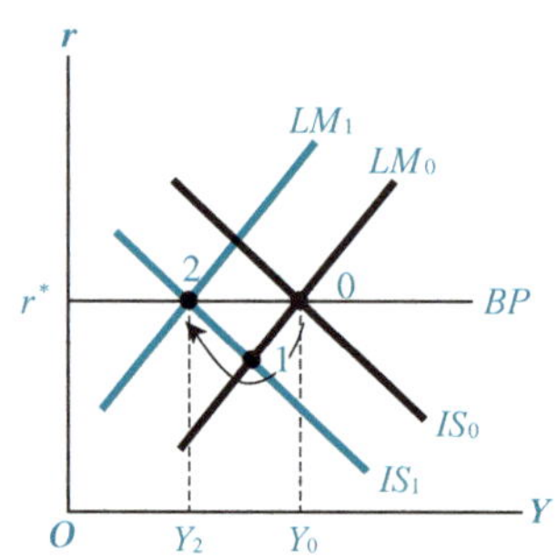

〈그림 2〉 고정환율제를 채택한 경우

2. 화폐부문 불확실성의 경우

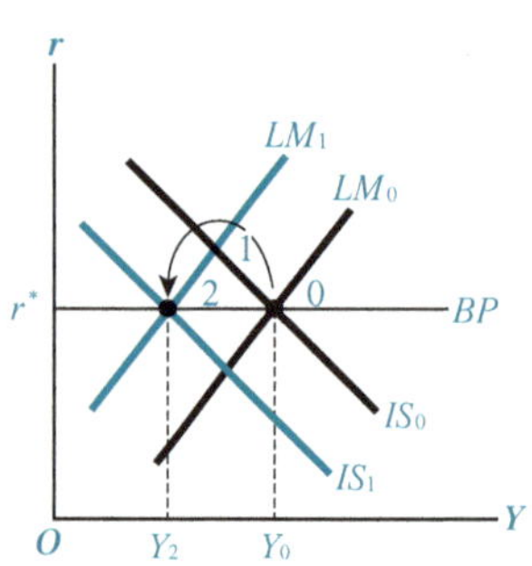

〈그림 3〉 변동환율제를 채택한 경우

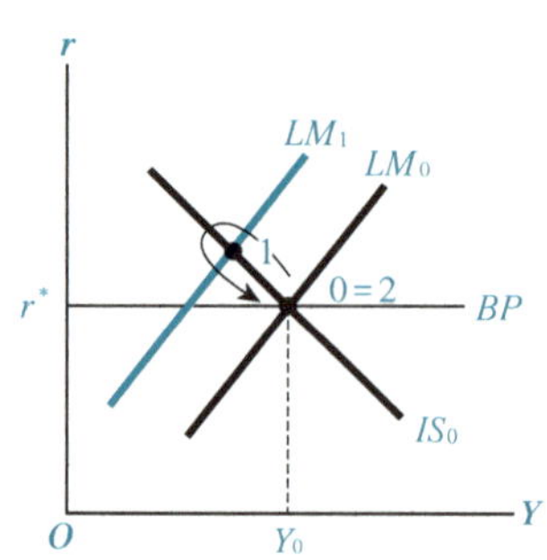

〈그림 4〉 고정환율제를 채택한 경우

57 **다음 중 변동환율제도의 장점을 모두 고른 것은?** 2005년 공인회계사 응용

> 가. 중앙은행은 환율을 일정하게 유지하기 위하여 외환시장에 개입하지 않아도 되므로, 통화정책을 독립적으로 사용하여 거시경제의 안정을 도모할 수 있다.
> 나. 통화정책을 적극적으로 실행하지 않더라도 시장에서 환율이 신속하게 조정되어 대내외 균형이 유지될 수 있다.
> 다. 환율변동에 따른 환위험을 최소화할 수 있다.
> 라. 실물부문의 충격으로부터 안정화되는 효과가 있다.

① 가, 나, 다
② 나, 다
③ 가, 다
④ 가, 나, 라
⑤ 다

hint

변동환율제의 장점은 대외균형이 자동적으로 달성되기 때문에 통화정책을 대내적 목표를 위해 독립적으로 사용할 수 있게 된다는 것이다. 반면 고정환율제도의 장점은 가격이 안정화되기 때문에 환율변동위험을 최소화하여 무역과 투자를 증가시킬 수 있다는 점이다. 변동환율제는 IS충격으로부터 경제를 안정화시키는 효과가 있다. 반면 고정환율제는 LM충격으로부터 경제를 안정시키는 효과가 있다.

58 **완전한 자본이동과 소규모 개방경제를 가정하는 먼델-플레밍(Mundell-Fleming) 모형을 고려하자. 변동환율제도 하에서 다른 모든 조건은 동일한 가운데, 교역상대국의 보호무역조치로 인해 수출이 외생적으로 감소하였다. 이에 따른 새로운 균형을 기존의 균형과 비교한 결과로 옳지 않은 것은?** (단, 소비는 처분가능소득만의 함수이고 투자는 실질이자율만의 함수이다.)

2019년 공인회계사

① 투자는 불변이다.
② 총소득은 불변이다.
③ 순수출은 감소한다.
④ 자국 통화가치는 하락한다.
⑤ 오쿤의 법칙이 성립하면 실업률은 불변이다.

hint

IS곡선 좌측이동 ⇒ 외환시장 초과수요 ⇒ 환율 상승 ⇒ IS곡선 우측이동(원상회복)

③ (×), 독립적 순수출은 감소하지만 환율이 상승하여 순수출은 불변이다.

정답 56 ① 57 ④ 58 ③

59 **다음은 고정환율제를 택하고 있는, 국가 간 자본이동이 완전한 소규모 개방경제의 모형이다. 해외이자율이 10으로 항상 일정할 때 정부구매를 50에서 100으로 증가시켰다고 하자. 정부구매 증가 전과 후의 균형국민소득의 차이는?** (단, Y는 국민소득, C는 소비, I는 투자, G는 정부지출, X는 수출, M은 수입, L^D는 실질화폐수요, L^S는 명목화폐공급, P는 물가수준, r은 국내이자율, 국내이자율 수준은 해외이자율 수준과 같다.)

> $Y = C + I + G + X - M$ (생산물시장의 균형)
> $L^D = \frac{L^S}{P}$ (화폐시장의 균형)
> $C = 50 + 0.8Y,\ I = 100 - 4r,\ G = 50,\ X = 100,\ M = 80 + 0.2Y$
> $L^D = 0.2Y - 2r,\ P = 2$

① 20 ② 50 ③ 100
④ 125 ⑤ 150

hint

완전자본이동-고정환율제도 하에서는 IS곡선의 위치가 총수요를 결정한다.
정부구매 증가 시 IS곡선의 수평이동폭은 $\Delta Y = \frac{1}{1-c+m}\Delta G = \frac{1}{1-0.8+0.2} \times 50 = 125$이다. 따라서 국민소득의 증가폭도 125이다.

60 **다음은 변동환율제를 택하고 있는, 국가 간 자본이동이 완전한 소규모 개방경제의 모형이다. 해외이자율이 10으로 항상 일정할 때 중앙은행이 공개시장 매입을 통해 본원통화를 10만큼 증가시켰으며 통화승수는 2라고 한다. 통화량 증가 전과 후의 균형국민소득의 차이는?** (단, Y는 국민소득, C는 소비, I는 투자, G는 정부지출, X는 수출, M은 수입, L^D는 실질화폐수요, L^S는 명목화폐공급, P는 물가수준, r은 국내이자율, 국내이자율 수준은 해외이자율 수준과 같다.)

> $Y = C + I + G + X - M$ (생산물시장의 균형)
> $L^D = \frac{L^S}{P}$ (화폐시장의 균형)
> $C = 50 + 0.8Y,\ I = 100 - 4r,\ G = 50$
> $L^D = 0.2Y - 2r,\ L^S = 100,\ P = 2$

① 0 ② 20 ③ 50
④ 80 ⑤ 100

hint

완전자본이동−변동환율제도 하에서는 LM곡선의 위치가 총수요를 결정한다.
본원통화가 10 증가하면 명목통화량은 20 증가하고, 실질통화량은 10 증가한다. 이 경우 화폐시장의 균형이 유지되기 위해 주어진 이자율수준에서 국민소득은 50만큼 증가해야 한다. 즉, LM곡선은 수평으로 50만큼 이동하며 이것이 소득의 증가폭이 된다.

61 **甲국은 자본이동이 완전히 자유로운 소규모 개방경제이다. 변동환율제도 하에서 甲국의 거시경제 모형이 다음과 같을 때 정책효과에 관한 설명으로 옳지 않은 것은?** (단, Y, M, r, e, p, r^*, p^*는 각각 국민소득, 통화량, 이자율, 명목환율, 물가, 외국 이자율, 외국 물가 이다.)

소비함수 : $C = 1{,}000 + 0.5(Y - T)$	투자함수 : $I = 1{,}200 - 10{,}000r$
순수출 : $NX = 1{,}000 - 1{,}000\varepsilon$	조세 : $T = 1{,}000$
정부지출 : $G = 2{,}000$	실질환율 : $\varepsilon = e\dfrac{p}{p^*}$

실질화폐수요 : $L^D = 40 - 1{,}000r + 0.01Y$
실질화폐공급 : $L^S = \dfrac{M}{p}$
$M = 5{,}000,\ p = 100,\ p^* = 100,\ r^* = 0.02$

① 정부지출을 증가시켜도 균형소득은 변하지 않는다.
② 조세를 감면해도 균형소득은 변하지 않는다.
③ 통화공급을 증가시키면 균형소득은 증가한다.
④ 확장적 재정정책을 실시하면 e가 상승한다.
⑤ 확장적 통화정책을 실시하면 r이 하락한다.

hint

① (○), 완전자본이동, 완전변동환율 하에서 재정정책은 총소득에 영향을 미치지 못한다.
② (○), 완전자본이동, 완전변동환율 하에서 재정정책은 총소득에 영향을 미치지 못한다.
③ (○), 완전자본이동, 완전변동환율 하에서 통화정책은 균형소득에 강한 영향을 미친다.
④ (○), 완전자본이동, 완전변동환율 하에서 확장적 재정정책은 외환시장 초과공급을 유발하여 외환의 평가하락과 지국 화폐의 평가상승을 유발한다. 주어진 문제에서 e는 자국 화폐의 상대가치, ε은 자국상품의 상대가치를 의미하므로 e는 상승한다.
⑤ (×), 소규모 개방경제의 정의상 본국의 정책이 국제이자율에 영향을 미치지 못한다.

*** 주의사항**
이 문제에서 명목환율 및 실질환율이 일반적인 경우와 반대로 정의되어 있음을 유의하기 바란다.

정답 59 ④ 60 ③ 61 ⑤

62 자본이동이 완전히 자유로운 어느 소규모 개방경제가 변동환율제도를 채택하고 있다고 할 때 다음 설명 중 옳은 것은? 2012년 국회 8급 응용

① 이자율이 세계이자율에 의하여 고정되고 총수요곡선이 *IS*곡선으로 결정되므로 재정정책은 유효하고 통화정책은 무력하다.

② 이자율이 세계이자율에 의하여 고정되고 총수요곡선이 *IS*곡선으로 결정되므로 무역정책은 유효하고 재정정책은 무력하다.

③ 이자율이 세계이자율에 의하여 고정되고 총수요곡선이 *LM*곡선으로 결정되므로 외국의 팽창적인 재정정책은 무력하다.

④ 이자율이 세계이자율에 의하여 고정되고 총수요곡선이 *LM*곡선으로 결정되므로 무역정책은 유효하고 통화정책은 무력하다.

⑤ 이자율이 세계이자율에 의하여 고정되고 총수요곡선이 *LM*곡선으로 결정되므로 통화정책은 유효하고 재정정책은 무력하다.

hint

완전자본이동 가정 시,
*IS*곡선의 이동 : 환율변화에 의해 상쇄 ⇒ 재정정책, 무역정책 등 총수요에 영향 미치지 않음
*LM*곡선의 이동 : 환율변화에 의해 강화 ⇒ 통화정책의 효과 강화

63 고정환율제도 하에서 자본이동이 완전한 경우 정부지출과 조세를 동일한 크기만큼 증가시켰을 때 장기 거시경제 균형의 변화에 관한 설명으로 옳지 않은 것은? 2014년 감정평가사

① 물가상승
② 명목임금 상승
③ 재화와 서비스에 대한 총수요량 불변
④ 실질 GDP 불변
⑤ 순수출 불변

hint

단기균형 : *IS*곡선 우측이동 ⇒ 외환시장 초과공급 ⇒ 통화량 증가 ⇒ *LM*곡선 우측이동 ⇒ *A*점 도달
장기균형 : $Y > \bar{Y}$이므로 물가상승 ⇒ *IS*곡선, *LM*곡선 좌측이동 ⇒ $B(=E)$점 도달

결과적으로 GDP 불변, 물가상승, 실질환율 하락, 소비 감소, 순수출 감소가 이루어진다. 즉, 재정정책이 장기에 산출량에 영향을 미치지 못하는 경우라 하더라도 총수요의 구성에는 영향을 미친다.

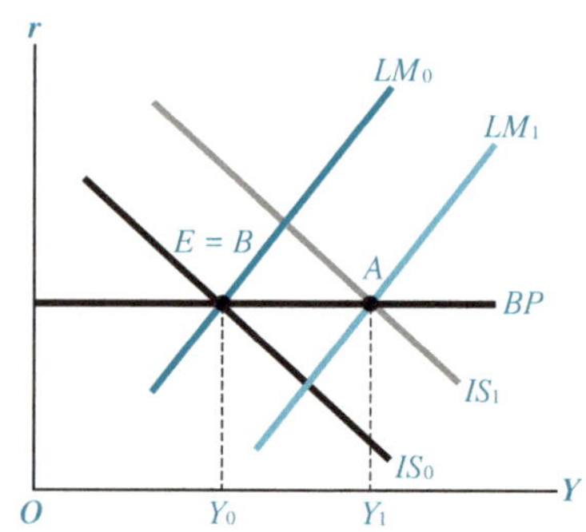

64 **다음 중 먼델-플레밍 모형에서 외환시장의 균형을 의미하는 *BP*곡선의 기울기를 결정짓는 요인에 대한 설명으로 옳지 않은 것은?**

① 자본통제가 실시된다면 *BP*곡선은 가팔라진다.
② 국가 간 금융자산이 유사할수록 *BP*곡선은 완만해진다.
③ 양국 투자자들이 위험기피적일수록 *BP*곡선이 가팔라진다.
④ 국가 간 환전비용 등 거래비용이 감소할수록 *BP*곡선이 완만해진다.
⑤ 국가 간 상품의 수출입이 자유로울수록 *BP*곡선이 완만해진다.

hint

*BP*곡선의 기울기는 국가 간 '자본이동성의 정도' 또는 '자본이동의 이자율탄력성'이 클수록 완만해진다. 국가 간 자본이동성에 영향을 미치는 요인들은 제도적 규제, 국가 간 자산의 대체성, 투자자들의 위험기피도, 거래비용 등 다양하다. 수식을 통해 확인해 본다면 상품수출이 자유로울수록 *BP*곡선은 가팔라지는데 이 효과는 자본이동성이 미치는 효과에 비해 미미하다.

65 **다음 중 *BP*(Balance of Payments)곡선**(가로축 : 소득, 세로축 : 이자율)**의 우하향 이동에 영향을 주는 외생변수의 변화에 관한 설명 중 가장 옳지 않은 것은?** (단, *BP*곡선은 우상향한다고 가정한다.) 2014년 국회 8급 응용

① 외국 소득의 증가
② 외국 상품 가격의 상승
③ 국내통화의 평가절상 예상
④ 외국 이자율의 상승
⑤ 국내기업 수익률의 상승 예상

hint

① 경상수지 개선 ⇒ *BP*곡선 우측이동
② 경상수지 개선 ⇒ *BP*곡선 우측이동
③ 자본금융수지(준비자산 제외) 개선 ⇒ *BP*곡선 우측이동
④ 자본금융수지(준비자산 제외) 악화 ⇒ *BP*곡선 좌측이동
⑤ 자본금융수지(준비자산 제외) 개선 ⇒ *BP*곡선 우측이동

정답 62 ⑤ 63 ⑤ 64 ⑤ 65 ④

66 현재 우리나라는 i) 국민저축이 국내투자를 초과하고, ii) 시중에는 돈이 풍부해 유동성이 넘치고, iii) 수출의 둔화와 외국인 증권투자자금의 이탈로 국제수지가 적자를 보이고 있다고 하자. 그렇다면 우리 경제는 아래의 *IS-LM-BP* 모형에서 어느 국면에 위치하고 있는가?

2011년 국회 8급

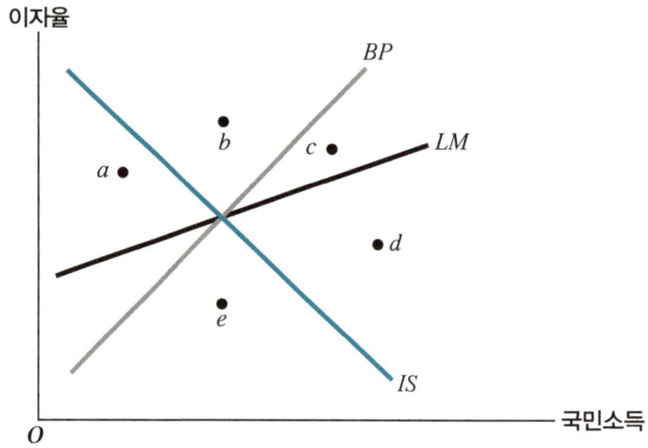

① a　　② b　　③ c

④ d　　⑤ e

hint

i) $S > I \Rightarrow Y > C + I + G \Rightarrow$ 재화시장 초과공급 $\Rightarrow$ *IS* 우측(상방) $\Rightarrow b,\ c,\ d$

ii) $\frac{M}{P} > L(Y, r) \Rightarrow$ 화폐시장 초과공급 $\Rightarrow$ *LM* 좌측(상방) $\Rightarrow a,\ b,\ c$

iii) 국제수지 적자 $\Rightarrow$ *BP* 우측(하방) $\Rightarrow c,\ d,\ e$

67 **다음 그림은 고정환율제를 채택하고 있는 어느 소규모 개방경제의 $IS-LM-BP$곡선을 나타낸다. BP곡선은 BP_1과 BP_2 중 하나이다. 다음 설명 중 옳지 않은 것은?** (단, 현재 균형점은 E이다.)

2021년 공인회계사

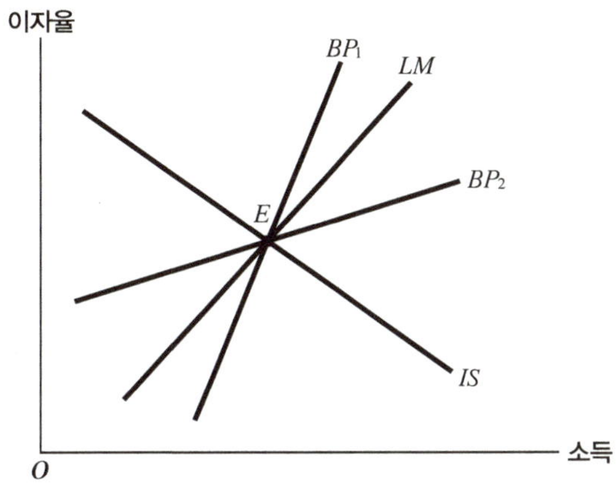

① 자본의 이동은 BP_1인 경우보다 BP_2인 경우에 더 자유롭다.

② 확장적 재정정책이 시행되면 BP_1인 경우와 BP_2인 경우 모두 이자율이 상승한다.

③ 확장적 재정정책에 따른 소득증가 효과는 BP_1인 경우보다 BP_2인 경우에 더 크다.

④ 확장적 재정정책에 따른 구축효과는 BP_1인 경우보다 BP_2인 경우에 더 크다.

⑤ 확장적 통화정책이 소득에 미치는 효과는 BP_1인 경우와 BP_2인 경우에 동일하다.

hint

확장적 재정정책이 실시되는 경우,

BP_1의 경우 ⇒ 국제수지 적자(외환시장 초과수요)
⇒ 통화량 감소 ⇒ LM 좌측이동 ⇒ 최종 균형 B점
BP_2의 경우 ⇒ 국제수지 흑자(외환시장 초과공급)
⇒ 통화량 증가 ⇒ LM 우측이동 ⇒ 최종 균형 C점

⑤ (O), 고정환율제에서 확장적 통화정책의 최종적인 효과는 어느 경우에나 모두 사라진다.

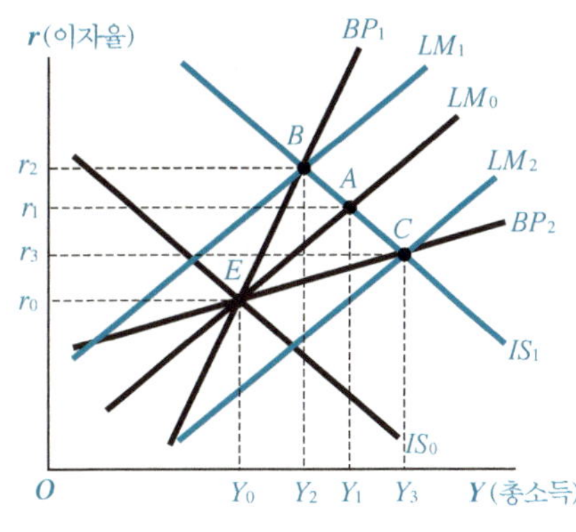

정답 66 ③ 67 ④

68 **자본의 이동성이 높으나 완전하지 않은 경제에서 재정정책과 통화정책의 효과에 대해 잘못 설명한 것은?**

① 변동환율제 하에서 재정정책은 투자를 감소시키며 경상수지를 악화시킨다.

② 변동환율제 하에서 통화정책은 투자를 증가시키며 경상수지를 개선시킨다.

③ 고정환율제 하에서 재정정책은 투자를 감소시키며 경상수지를 악화시킨다.

④ 고정환율제 하에서 통화정책은 투자를 감소시키며 경상수지를 개선시킨다.

hint

고정환율제 하에서 통화량은 조정변수이므로 자본의 이동성과 무관하게 통화정책은 무력하다. 각각의 경우 정책효과를 나타내면 다음 그림과 같다.

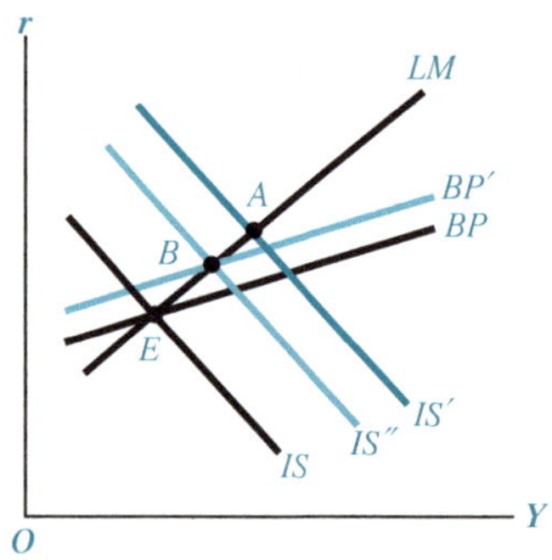

〈그림 1〉 변동환율제 하에서의 재정정책

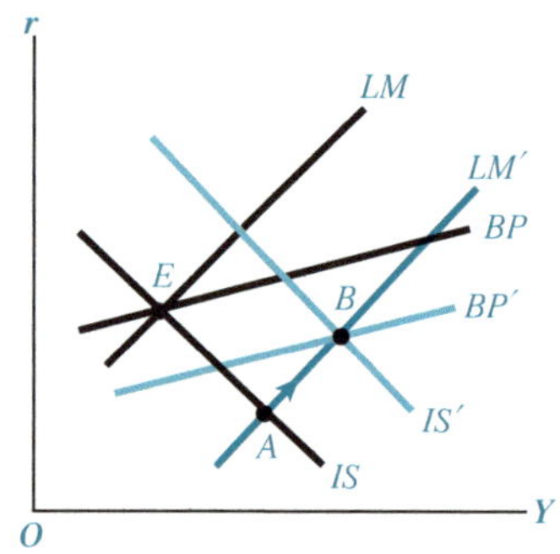

〈그림 2〉 변동환율제 하에서의 통화정책

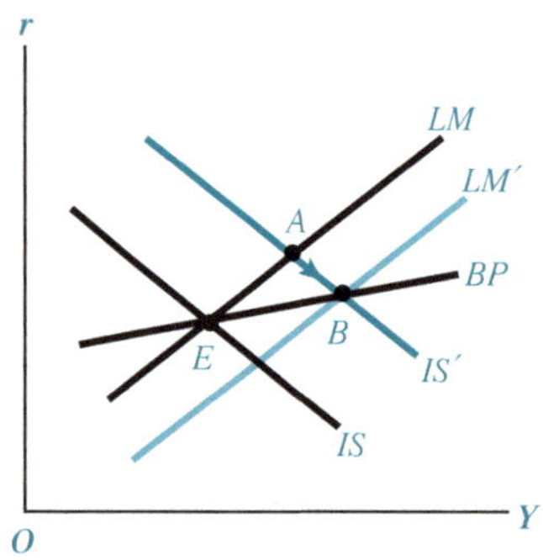

〈그림 3〉 고정환율제 하에서의 재정정책

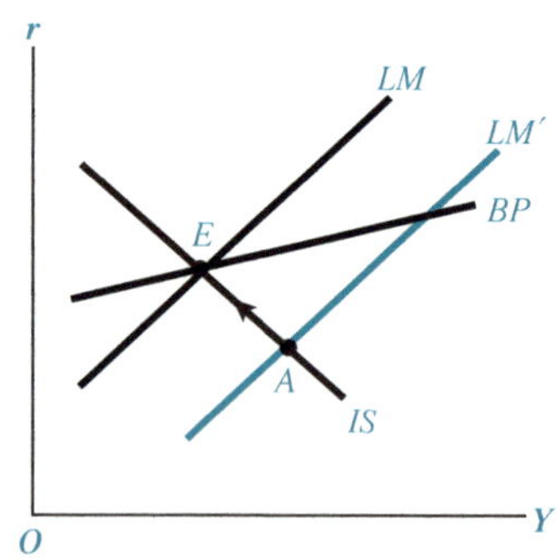

〈그림 4〉 고정환율제 하에서의 통화정책

*** 자본이동성이 높은 경우의 정책효과 정리**

환율제도	정책	국민소득	환율	경상수지	이자율	투자
변동환율제도	재정정책	증가(약)	하락	악화	상승	감소
	통화정책	증가(강)	상승	개선	하락	증가
고정환율제도	재정정책	증가(강)	불변	악화	상승	감소
	통화정책	효과 없음	불변	불변	불변	불변

69 **재화시장과 화폐시장에서 정상적인 균형관계가 성립할 때 고정환율제도 하에서 확장적 통화정책의 효과에 대한 설명으로 옳지 않은 것은?** (단, 확장적 통화정책은 국공채 매입을 통해 실시하고 국내 및 외국 물가수준은 고정이며, 자본이동이 불완전할 경우 중앙은행이 완전중화정책을 실시하지만 자본이동이 완전할 경우에는 실시하지 않는다고 가정한다.) 2011년 국회 8급

① 자본이동이 불완전한 경우에 확장적 통화정책은 금리를 하락시킨다.

② 자본이동이 불완전한 경우에 확장적 통화정책은 실질국민소득을 향상시킨다.

③ 자본이동이 불완전한 경우에 확장적 통화정책은 자본의 이동성 정도와는 상관없이 국제수지를 악화시킨다.

④ 자본이동이 완전한 경우에 확장적 통화정책은 금리에는 영향을 주지 못하지만 실질국민소득은 향상시킨다.

⑤ 자본이동이 완전한 경우에 확장적 통화정책은 국제수지에 영향을 미치지 못한다.

hint

불태화정책이란 국제수지의 불균형에도 불구하고 통화량을 일정하게 유지하는 정책이므로 일단 이동한 *LM*곡선의 위치를 일정하게 유지할 수 있다. 자본이동이 불완전한 경우 불태화정책이 이루어지면 균형은 *E*점에서 *A*점으로 이동한다. 반면 자본이동이 완전한 경우에 불태화정책을 하지 않으면 균형은 *E*점으로 돌아온다.

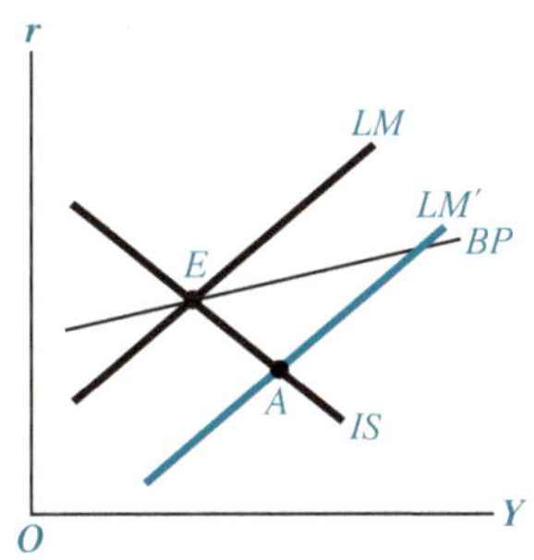

〈그림 1〉 불완전한 자본이동 시

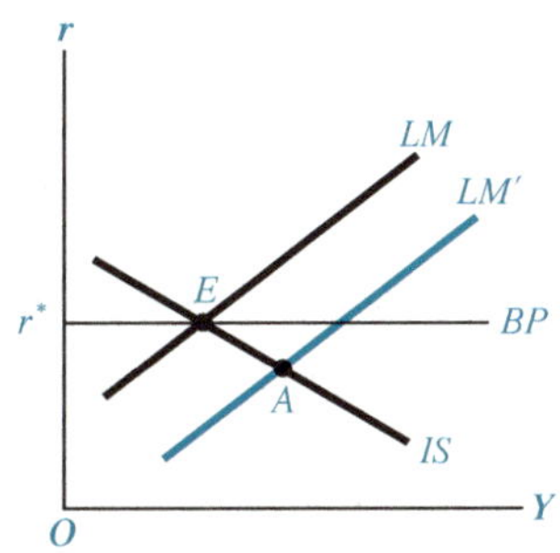

〈그림 2〉 완전한 자본이동 시

정답 68 ④ 69 ④

70 **국제거시분야의 불가능한 삼각정리 또는 정책트릴레마(trilemma)의 통화금융정책에 대한 주장으로 가장 옳은 것은?** 2022년 군무원

① 고정환율제 국가가 자유로운 국제자본이동을 허용하면 독립적인 통화정책을 수행할 수 있다.

② 변동환율제 국가가 독립적인 통화정책을 집행하기 위해서는 자유로운 국제자본이동을 허용해야 한다.

③ 변동환율제 국가는 자유로운 국제자본이동을 허용하면 독립적인 통화정책을 수행할 수 없다.

④ 고정환율제 국가가 독립적인 통화정책을 수행하기 위해서는 국제자본이동을 통제해야 한다.

hint

국제금융의 불가능한 삼각정리는 안정적 환율(고정환율제), 독립적인 통화정책, 자유로운 국제자본이동 셋을 동시에 전부 달성할 수는 없다는 이야기이다.

① (×), 고정환율제 국가가 자유로운 국제자본이동을 허용하면 독립적인 통화정책을 수행할 수 없다.
② (×), 변동환율제 국가는 자유로운 국제자본이동 여부와 무관하게 독립적인 통화정책을 집행할 수 있다.
③ (×), 변동환율제 국가는 자유로운 국제자본이동을 허용해도 독립적인 통화정책을 수행할 수 있다.
④ (○)

71 **외부로부터 디플레이션 충격이 발생하여 국내 경제에 영향을 미치고 있을 때 확장적 통화정책을 시행할 경우의 거시경제 균형에 대한 효과로 옳지 않은 것은?** 2015년 서울시 7급

① 폐쇄경제 모형에 따르면 이자율이 하락하여 투자가 증가한다.

② 자본시장이 완전히 자유로운 소규모 개방경제 모형에서는 고정환율을 유지하려면 다른 충격에 대응하는 통화정책을 독립적으로 사용할 수 없다.

③ 변동환율제를 채택하고 자본시장이 완전히 자유로운 소규모 개방경제 모형에서는 수출이 감소한다.

④ 교역상대국에서도 확장적 통화정책을 시행할 경우 자국 통화가치를 경쟁적으로 하락시키려는 환율전쟁 국면으로 접어든다.

hint

① (○)
② (○), 이는 3원불가능성 정리의 한 측면이다.
③ (×), 확장적 통화정책으로 환율이 상승하면 (순)수출은 증가한다.
④ (○), 환율정책은 외국의 경기를 후퇴시키는 것을 대가로 자국의 경기를 회복시키는 인근궁핍화 정책(beggar thy neighbor policy)이다. 따라서 상대국의 정책보복을 유발할 가능성이 크다.

72 **변동환율제와 고정환율제에 대한 다음 설명 중 옳은 것을 모두 고른 것은?** (단, 개방경제의 경우 국제적 자본이동이 완전히 자유롭다고 가정한다.) 2008년 공인회계사 응용

가. 시장균형환율에서 벗어난 고정환율은 투기적 공격의 대상이 될 수 있다.
나. 변동환율제를 채택한 개방경제에서 정부지출 확대정책의 효과는 폐쇄경제에 비해 크다.
다. 고정환율제를 채택한 개방경제에서 경기안정화 정책으로서의 통화정책의 효과는 폐쇄경제에 비해 작다.
라. 통화정책이 시장균형환율을 공식적인 고정환율과 같도록 설정하는 데 사용된다면, 통화정책은 국내 경제를 안정화시키기 위한 목적으로 더 이상 사용될 수 없다.

① 가, 나　② 나, 다　③ 다, 라
④ 가, 나, 라　⑤ 가, 다, 라

hint

완전자본이동, 변동환율제의 먼델-플레밍 모형에서 통화량 증가는 소득을 증가시키지만 화폐가치는 하락시킨다(원/달러 환율의 상승). 반면 정부지출 증가는 소득은 불변이지만 화폐가치를 상승시킨다(원/달러 환율의 하락). 완전자본이동, 고정환율제의 먼델-플레밍 모형에서 재정정책의 효과는 강력하지만, 통화정책은 아무런 효과를 유발하지 못하여 정책으로서의 의미를 상실한다. 따라서 정답은 ⑤번인데 출제 당시에는 문제가 '옳지 않은' 것을 모두 고르는 문제였기 때문에 '정답 없음'으로 처리되었다.

정답　70 ④　71 ③　72 ⑤

73 **소규모 개방경제에 대한 설명 중 옳지 않은 것을 모두 고르면?** (단, 우하향하는 *IS*곡선과 우상향하는 *LM*곡선을 가정한다.)

2011년 공인회계사

가. 우리나라의 연이자율이 4%, 미국의 연이자율이 3%이고, 달러당 환율이 1,000(원/달러)이라고 하자. 이자율평가설에 의하면 1년 후 달러당 환율이 상승할 것으로 예상된다.
나. 고정환율제도를 채택한 국가의 고평가된 통화에 대한 투기적 매도는 고정환율제도의 포기를 가져올 수 있다.
다. 변동환율제도를 채택하고 자본이동이 완전히 자유로운 소규모 개방경제에서 재정승수는 폐쇄경제와 동일하다.
라. 고정환율제도를 채택하고 자본이동이 완전히 자유로운 소규모 개방경제에서 중앙은행의 공개시장 매각은 경상수지를 악화시킨다.
마. 변동환율제도 하에서는 국내 정책목표 달성을 위해 독자적인 통화정책의 수행이 가능하다.

① 가, 나　　② 다, 라
③ 가, 나, 다　　④ 나, 다, 라
⑤ 다, 라, 마

hint

가. '우리나라의 연이자율 = 미국의 연이자율 + 달러당 환율 상승률'이 성립해야 하므로 향후 환율은 상승할 것이다.
나. 고평가된 통화에 대한 투기적 매도가 이루어질 때 해당국 중앙은행이 이를 모두 사들일 만큼의 외환보유고를 가지고 있지 못하다면 고정환율제를 포기해야 할 수도 있다.
다. 변동환율제도, 완전한 자본이동 하에서 재정정책의 승수는 0이다.
라. 고정환율제도, 완전한 자본이동 하에서 통화정책은 총소득과 경상수지에 영향을 미치지 못한다.
마. 변동환율제도, 완전한 자본이동 하에서 통화정책이 총소득에 미치는 영향은 매우 강력하다.

74 다음 그림은 변동환율제를 채택하고 있는 어느 소규모 개방경제의 $IS-LM-BP$ 곡선을 나타낸다. (가) 외국 소득 감소, (나) 외국 이자율 상승이 각각 가져오는 균형소득 변화로 옳은 것은?

2022년 공인회계사

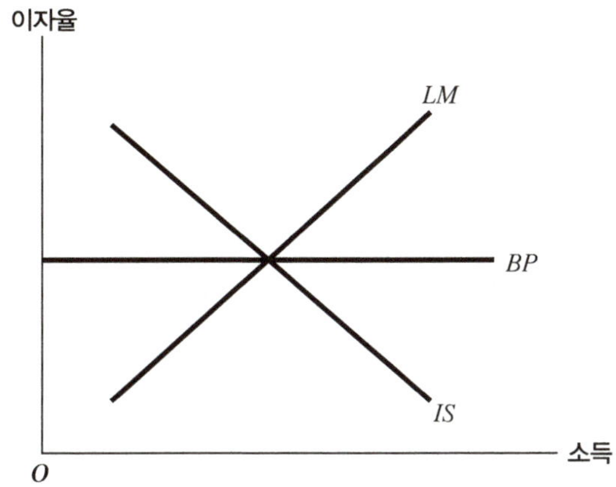

	(가)	(나)		(가)	(나)
①	소득 불변	소득 증가	②	소득 감소	소득 불변
③	소득 감소	소득 증가	④	소득 감소	소득 감소
⑤	소득 증가	소득 감소			

hint

(가) 외국 소득 감소 ⇒ 순수출 감소 ⇒ IS 좌측이동 ⇒ 외환시장 초과수요(적자요인) ⇒ 환율 상승 ⇒ IS 원상회복

(나) 외국 이자율이 상승 ⇒ BP 상방이동 ⇒ 외환시장 초과수요(적자요인) ⇒ 환율 상승 ⇒ IS 우측이동

정답 73 ② 74 ①

75 **자본이동이 완전한 먼델-플레밍의 모형을 고려하자. 다음 중 순자본유출이 예상되는 경우를 모두 고른 보기로 옳은 것은?** (단, 순수출은 환율의 증가함수이고, 소득의 감소함수로 가정)

ㄱ. 변동환율제도 하에서의 국제신용등급 하락 ㄴ. 고정환율제도 하에서의 국제신용등급 하락 ㄷ. 변동환율제도 하에서의 확장적 재정정책 ㄹ. 고정환율제도 하에서의 확장적 재정정책

① ㄱ
② ㄱ, ㄴ
③ ㄴ, ㄷ
④ ㄴ, ㄷ, ㄹ
⑤ ㄱ, ㄴ, ㄷ, ㄹ

hint

'순자본유출 = 순대외자산 증가 = 경상수지 흑자'의 등식이 성립하므로 본 문제는 경상수지 흑자가 발생하는 경우를 고르는 것과 같다.

ㄱ. 변동환율제도 하에서의 국제신용등급 하락 ⇒ 경상수지 개선
ㄴ. 고정환율제도 하에서의 국제신용등급 하락 ⇒ 경상수지 개선
ㄷ. 변동환율제도 하에서의 확장적 재정정책 ⇒ 경상수지 악화
ㄹ. 고정환율제도 하에서의 확장적 재정정책 ⇒ 경상수지 악화

(국제신용등급이 하락하면 해당 국가에 대한 위험프리미엄이 증가하며 *BP*곡선이 상방으로 이동한다. 이 경우 변동환율제에서는 환율이 크게 상승하며 소득이 증가하지만, 고정환율제 하에서는 통화량이 감소하면서 소득이 감소한다.)

76 **어떤 소규모 개방경제 모형이 다음과 같을 때 이와 관련된 설명 중 옳은 것은?** (단, $Y, C, I, G, NX, M, P, L, r, r^*, \theta, e$는 각각 소득, 소비, 투자, 정부지출, 순수출, 통화량, 물가, 실질화폐수요, 이자율, 해외이자율, 국가 위험할증, 환율(외국 통화 1단위에 대한 자국 통화의 교환비율)이고, 변수에 아래 첨자 0이 붙여진 것은 외생변수이다.) 2016년 공인회계사

> ■ 재화시장 : $Y = C(Y) + I(r_0) + G_0 + NX(e)$
> ■ 화폐시장 : $M_0 / P_0 = L(r_0, Y)$
> ■ 이자율 : $r_0 = r_0^* + \theta_0$
> (소비는 소득의 증가함수, 투자는 이자율의 감소함수, 순수출은 환율의 증가함수이다. 아울러 실질화폐수요는 이자율의 감소함수이고 소득의 증가함수이다.)

① 정부지출이 증가하면 환율이 상승한다.
② 정부지출이 증가하면 소득이 증가한다.
③ 정부지출이 증가하면 실질화폐수요가 감소한다.
④ 국가 위험할증이 높아지면 순수출이 증가한다.
⑤ 국가 위험할증이 높아지면 소득이 감소한다.

hint

① (×), 정부지출이 증가하면 환율이 하락한다.
② (×), 정부지출이 증가해도 총소득은 불변이다.
③ (×), 정부지출이 증가해도 실질화폐수요는 불변이다.
④ (○), 국가 위험할증이 높아지면 BP곡선이 상방이동한다. 이때 환율이 상승하며 순수출이 증가한다.
⑤ (×), 국가 위험할증이 높아지면 소득이 증가한다.

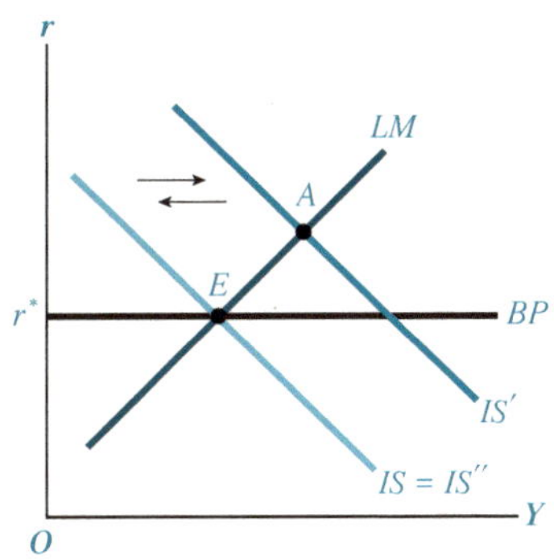

〈그림 1〉 정부지출 증가의 효과

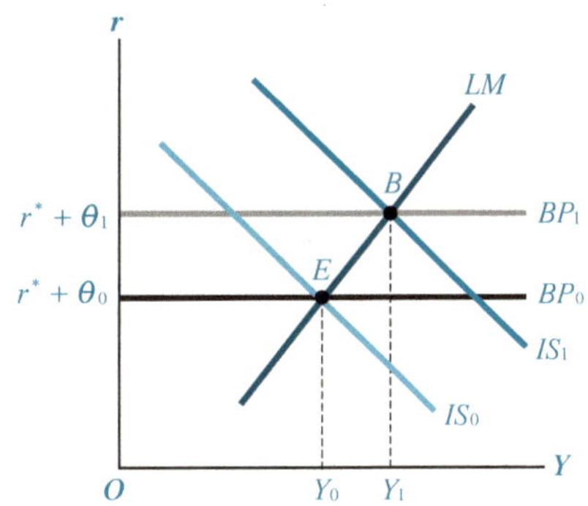

〈그림 2〉 위험프리미엄 증가의 효과

정답 75 ② 76 ④

77 **다음 개방경제 모형을 고려하자.**

$$IS: Y = C(Y) + I(i) + G_0 + NX\left(\frac{EP_0^*}{P_0}, Y_0^*\right)$$

$$LM: \frac{M_0}{P_0} = L(Y, i)$$

$$UIP(\text{유위험 이자율평가}): i = i_0^* + \frac{(E_0^e - E)}{E}$$

외국 소득 감소에 따른 분석으로 옳지 않은 것은? (단, $Y, C, I, i, G, NX, E, P, \frac{M}{P}, L, E^e$는 각각 소득, 소비, 투자, 명목이자율, 정부지출, 순수출, 명목환율, 물가, 실질화폐공급, 실질화폐수요, 기대환율이고, 위첨자 *가 있는 변수는 외국 변수이며, 아래첨자 0이 표시되어 있는 변수는 외생변수이다. 소비는 소득의 증가함수, 투자는 명목이자율의 감소함수, 순수출은 실질환율($\frac{EP^*}{P}$), 외국 소득에 대하여 모두 증가함수이며, 실질화폐수요는 소득, 명목이자율에 대하여 각각 증가함수, 감소함수이다.)

2021년 공인회계사

① 명목환율이 하락한다.
② 명목이자율이 하락한다.
③ 소득이 감소한다.
④ 투자가 증가한다.
⑤ 소비가 감소한다.

hint

이 문제는 $IS-LM-IRP$ 모형을 사용하는 문제로 객관식 시험에는 처음 출제되었다. 이 모형을 나타내는 일반적인 방법은 우측에 $IS-LM$ 모형, 좌측에 이자율평가 모형을 그리는 것이다. 이는 먼델-플레밍 모형과 같은 케인즈 계열 모형이지만 다른 결론이 나오는 경우가 많다. 이 모형에서 해외 소득이 감소하면 IS곡선이 좌측으로 이동하며 소득 감소, 이자율 하락, 환율 상승이 이루어진다.

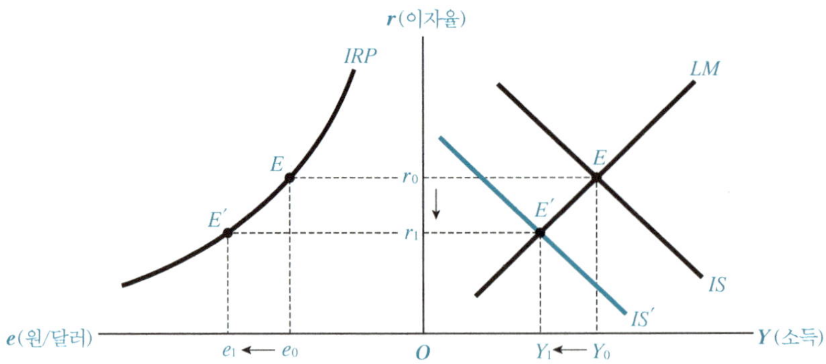

78 **소규모 개방경제 모형이 다음과 같을 때 정부지출 증가가 순수출 및 실질환율에 미치는 영향으로 옳은 것은?** 2020년 공인회계사

> ▪ 재화시장 : $Y_0 = C(Y_0) + I(r) + G_0 + NX(\varepsilon, Y_0, Y_0^*)$
> ▪ 실질이자율 : $r = r_0^*$
> (단, $Y, C, I, G, NX, \varepsilon, r, Y^*, r^*$는 각각 소득, 소비, 투자, 정부지출, 순수출, 실질환율, 실질이자율, 외국 소득, 외국 실질이자율을 나타낸다. 변수에 아래첨자 0이 표시되어 있으면 외생변수이다. 소비는 소득의 증가함수, 투자는 실질이자율의 감소함수, 순수출은 실질환율, 소득, 외국 소득에 대하여 각각 증가함수, 감소함수, 증가함수이다.)

	순수출	실질환율		순수출	실질환율
①	감소	하락	②	증가	하락
③	불변	하락	④	감소	상승
⑤	증가	상승			

hint

이 문제는 고전학파의 개방경제 단순모형이며, 유일한 내생변수는 실질환율이다. 이 모형에서 다음 사실에 유의하기 바란다.

1. 소득이 외생변수이다.
2. 화폐시장이 없다.
3. 환율제도에 대한 언급이 없다.

주어진 것이 재화시장 균형식밖에 없기 때문에 답도 주어진 재화시장 균형식에서 찾아야 한다. 이 식에서 G_0가 증가해도 Y_0가 외생 불변이므로 좌변 및 우변의 소비 불변, r_0^*가 외생 불변(∵ 소국)이므로 우변의 투자 불변이다. 따라서 NX는 반드시 감소해야 한다. NX가 감소하기 위해서는 유일한 내생변수인 실질환율이 하락할 수밖에 없다.

*** 참고사항**

혹시 누가 이 문제를 먼델-플레밍 모형으로 풀겠다고 하면 가서 물어봐라. '화폐시장이 없는데 어떻게 먼델-플레밍 모형을 쓰나요?', '환율제도에 대한 언급이 없는데 어떻게 먼델-플레밍 모형을 쓰나요?', '소득이 외생변수인데 굳이 먼델-플레밍 모형을 써야 하나요?' 아마 거시경제 모형에 대한 이해가 부족한 자들이 그런 짓을 할 가능성이 크다.

정답 77 ① 78 ①

79 **개방경제 하의 총수요-총공급 모형에 대한 설명으로 가장 옳지 않은 것은?** 2022년 서울시 7급

① 변동환율제도 하에서 화폐공급량을 늘리면 국민소득과 물가의 상승폭은 환율 상승으로 인해 폐쇄경제의 경우보다 더 크게 나타난다.

② 변동환율제도 하에서 정부지출을 늘리면 국민소득과 물가의 상승폭은 순수출의 감소로 일부 상쇄된다.

③ 고정환율제도 하에서 화폐공급량을 늘리면 외환의 초과공급을 해소시키는 과정에서 원래의 확장효과가 상쇄되는 결과가 나타난다.

④ 고정환율제도 하에서 정부지출을 늘리면 화폐공급의 증가로 경기확장 효과가 커지므로 통화정책보다 더욱 효과적인 경기조절 수단이 된다.

hint

변동환율제의 $AD-AS$ 모형에서 환율 상승 시

1. 마샬-러너 조건 성립 시 순수출 증가로 AD 우측이동
2. 수입원자재 가격 상승 등의 효과로 AS 좌측이동

일반적으로 1의 효과가 2의 효과보다 크다고 가정하여 총소득 증가, 물가상승을 예측한다.

① (○), 변동환율제 하에서 화폐공급량을 늘리면 환율이 상승한다.
② (○), 변동환율제 하에서 정부지출을 늘리면 환율이 하락한다.
③ (×), 고정환율제 하에서 화폐공급을 늘리면 외환시장의 초과수요(국제수지 적자)를 유발한다.
④ (○), 고정환율제 하에서 정부지출을 늘리면 외환시장 초과공급을 유발하며 화폐공급이 늘어난다.

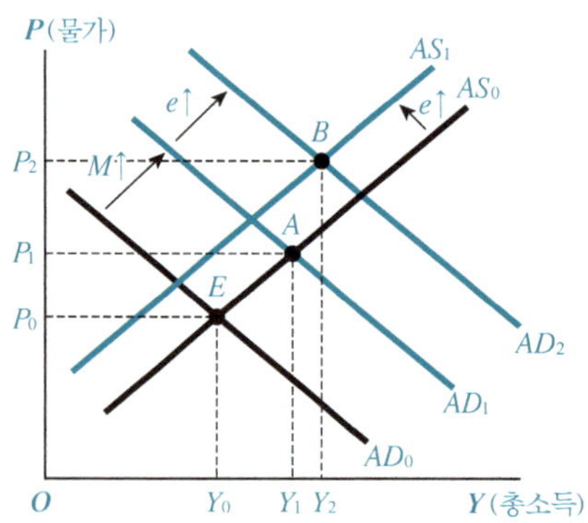

〈그림 1〉 변동환율, 통화정책

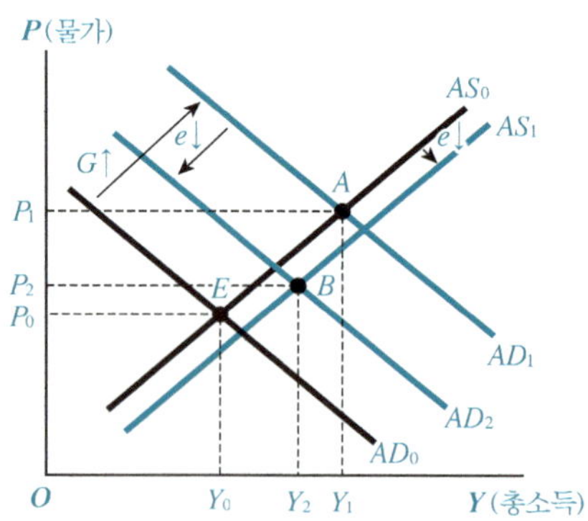

〈그림 2〉 변동환율, 재정정책

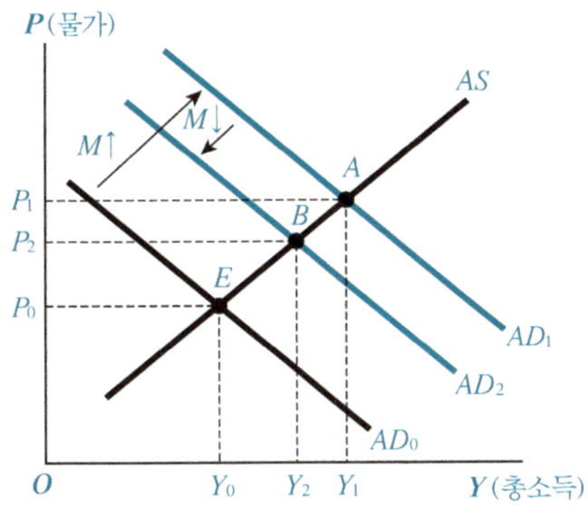

〈그림 3〉 고정환율, 통화정책

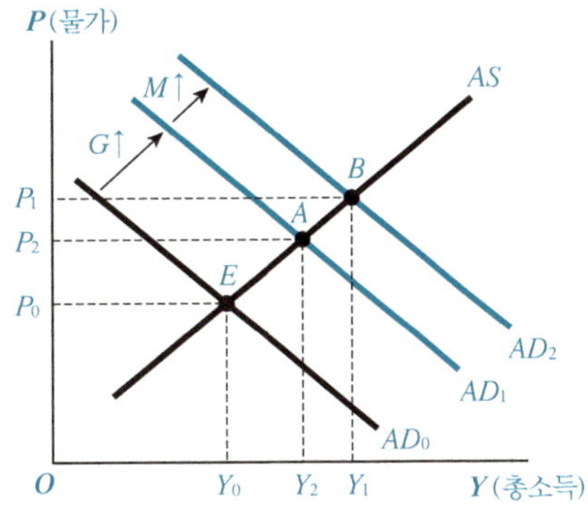

〈그림 4〉 고정환율, 재정정책

80 국제수지 조정정책은 크게 지출조정정책과 지출전환정책으로 나눌 수 있다. 다음 중 지출전환 정책에 속하는 것은?

① 조세감면 ② 정부지출 축소
③ 통화량 감축 ④ 금리인상
⑤ 자국 통화의 평가절하

hint

아래의 표를 참조하라.

	지출조정정책(expenditure adjusting policy)	지출전환정책(expenditure switching policy)
의미	국제수지의 조정을 위해 총지출의 규모를 변화시키는 정책	국제수지의 조정을 위해 총지출의 구성을 변화시키는 정책
사례	재정정책과 금융정책이 대표적이다.	환율조정(평가조정), 관세, 보조금 등이 있으나 환율조정이 대표적이다.

정답 79 ③ 80 ⑤

81 다음 보기 중 (가)와 (나)의 내용에 해당하는 정리를 적절히 연결한 것은?

> (가) n개의 정책목표를 달성하기 위해서는 최소한 n개 이상의 정책수단이 필요하다.
> (나) 정책수단을 정책목표에 배정함에 있어서 각 정책수단이 가진 비교우위에 따라서 각 정책목표에 배정해야 함으로써 정책목표들을 동시에 달성할 수 있다.

① (가) 틴버겐의 법칙(Tinbergen's principle) (나) 먼델의 법칙(Mundell's principle)
② (가) 먼델의 법칙(Mundell's principle) (나) 틴버겐의 법칙(Tinbergen's principle)
③ (가) 오쿤의 법칙(Okun's law) (나) 세이의 법칙(Say's law)
④ (가) 세이의 법칙(Say's law) (나) 오쿤의 법칙(Okun's law)
⑤ (가) 틴버겐의 법칙(Tinbergen's principle) (나) 파레토 법칙(Pareto's principle)

hint

틴버겐의 법칙과 먼델의 법칙은 경제정책 운용의 기본 원칙들이다. 틴버겐은 1969년, 먼델은 1999년 노벨경제학상을 수상하였다.

정답 81 ①

지은이에 대하여

이영환

서울대학교 상과대학 경제학과 졸업(1975년)

서울대학교 대학원 경제학과 졸업, 경제학석사(1977년)

미국 University of Pennsylvania 경제학과 졸업, 경제학박사(1986년)

공군사관학교 경제학 교관 역임(1977~1981년)

행정고시, 입법고시 등 국가고시 출제위원 역임

미국 Ohio State University 교환교수(1995~1996년)

동국대학교 기획인사처장 역임(2003~2004년)

동국대학교 사회과학대학 경제학과 교수 역임(1987~2018)

매일경제신문사 매경테스트 감수위원(2009~현재)

동국대학교 경제학과 명예교수(2018~현재)

주요 저서 및 논문

『시장경제의 통합적 이해』, 율곡출판사(2017년)

『코리아 디스카운트 vs 코리아 프리미엄』, 동국대학교 출판부(2014년)

『미시경제학』, 제4판, 율곡출판사(2014년)

『Beyond the Korea Discount』, 지필미디어(2013년)

『Rising Korean Potential, Declining American Privilege』(공저), 지필미디어(2012년)

『시장과 정보』, 동국대학교 출판부(2011년)

『과학에서 규범으로』(공저), 율곡출판사(2011년)

『해설이 있는 미시경제학』, 제3판, 율곡출판사(2011년)

『위험과 정보』, 율곡출판사(2008년)

『경제학 강의』(공저), 율곡출판사(2007년)

『위험의 경제학』, 율곡프레스(2006년)

『테이크아웃 경제학』(번역), 율곡프레스(2006년)

『위험의 경제분석』, 율곡프레스(2004년)

『경제학의 기본원리』(공역), 시그마프레스(2003년)

『정보경제학』, 율곡출판사(1999년) 외 논문 다수

김진욱

서울대학교 경제학과 졸업

서울대학교 경제학과 대학원 재학 중 행정고시 재경직 합격(제40회)

전 행정자치부, 정보통신부 사무관

서울대학교, 연세대학교, 성균관대학교, 이화여자대학교 등 다수 대학 특강

EBS 방송강의 경제학 특강

현재 베리타스법학원 경제학 강사(행정, 외교, 입법)

주요 저서

『객관식 경제학 강의』(제7판, 율곡출판사)

『경제학의 zip』(제7판, 네오시스)

『거시경제학입문』(제4판, 피데스)

『경제학 기출문제의 zip』(제8판, 네오시스)

『경제학 실전문제집 시리즈』(필통북스, 네오시스)

『재정학 모의고사의 zip』(제3판, 피데스)

『국제경제학 모의고사의 zip』(제4판, 피데스)

『이준구 · 조명환의 재정학 연습문제 해설집』(제6판, 문우사)

『김경수 · 박대근 거시경제학 연습문제 해설집』(제6판, 박영사)

번역서

『크루그먼의 경제학 해법』(제4판, 시그마프레스)

제7판 객관식 경제학 강의 [거시경제학]

초 판 1쇄 발행 2008년 12월 2일
제2판 1쇄 발행 2010년 11월 15일
제3판 1쇄 발행 2012년 11월 10일
제4판 1쇄 발행 2014년 11월 10일
제5판 1쇄 발행 2016년 6월 10일
제6판 1쇄 발행 2019년 10월 30일
제7판 1쇄 발행 2023년 10월 5일

지은이 이영환 · 김진욱
펴낸이 박기남
펴낸곳 **율곡출판사**
08590 서울시 금천구 가산디지털1로 84(에이스하이엔드 8차), 803호
전화 (代) 02) 718-9872/3
팩스 02) 718-9874
home-page www.yulgokbooks.co.kr
e-mail yulgokbook@naver.com
등록 1989.11.10. 제2014-000031호
ISBN 979-11-91812-54-1 93320

정가 30,000원